PACES
Un bon kilo de
QCM

PACES
Un bon kilo de
QCM

(plus de 1 000 QCM pour réviser tout le programme)

Luca Litman-Roventa
Stephan Levy
Constance Garnier

ellipses

Un grand merci à Eva Macleod
pour son aide dans la réalisation du projet!

ISBN 9782340-017696
©Ellipses Édition Marketing S.A., 2017
32, rue Bargue 75740 Paris cedex 15

www.editions-ellipses.fr

Table des matières

Chimie

1. Concernant le principe d'exclusion de Pauli, cocher la (les) proposition(s) correcte(s) :

- **a.** Deux électrons ne peuvent avoir le même état quantique.
- **b.** Une orbitale atomique contient au plus deux électrons de spins identiques.
- **c.** On peut caser $2n^2$ électrons par sous-couche sachant que n est le nombre quantique principal.
- **d.** On peut caser $2n^2$ électrons par couche sachant que n est le nombre quantique principal
- **e.** Le nombre d'électrons maximum par couche est constant quelle que soit la couche.

2. Concernant les règles de remplissage, cocher la (les) proposition(s) correcte(s) :

- **a.** He (Z=2) : 1s2
- **b.** Be (Z=4) : 1s2 2s2
- **c.** C (Z=6) : 1s2 2s2 3s2
- **d.** Fe3+ (Z=23) : 1s2 2s2 2p6 3s2 3p6 3d4
- **e.** Cr (Z=24) : 1s2 2s2 2p6 3s2 3p6 4s2 3d4

3. Concernant la règle de Hund, cocher la (les) proposition(s) correcte(s) :

- **a.** Les électrons occupent un maximum d'orbitales atomiques de même énergie.
- **b.** Si des électrons occupent plusieurs orbitales atomiques de même énergie alors ils se placent avec des spins parallèles.
- **c.** Les électrons occupent un maximum d'orbitales atomiques de même énergie avec des spins antiparallèles.
- **d.** Les électrons occupent un minimum d'orbitales atomiques de même énergie avec des spins antiparallèles.
- **e.** La règle de Hund ne contredit pas le principe d'exclusion de Pauli.

4. Concernant la construction des configurations électroniques, cocher la (les) proposition(s) correcte(s) :

- **a.** On applique toujours les règles de Pauli, de remplissage et de Hund pour la construction des configurations électroniques.
- **b.** Pour la construction des configurations électroniques l'application du principe d'exclusion de Pauli est suffisante.
- **c.** Les électrons sur les couches avant la dernière remplie sont les électrons de valence.
- **d.** Les électrons sur la dernière couche sont les électrons du cœur.
- **e.** Les électrons de valence sont les moins énergétiques.

5. Concernant le nombre quantique n, cocher la (les) proposition(s) correcte(s) :

- **a.** n est le nombre quantique magnétique.
- **b.** n définit la couche et le volume de l'orbitale atomique.
- **c.** L'énergie de liaison En diminue quand n augmente.
- **d.** L'énergie de liaison En est constante quelle que soit la couche.
- **e.** Aucune réponse n'est exacte.

6. Concernant le nombre quantique l, cocher la (les) proposition(s) correcte(s)

a. l est le nombre quantique principal.
b. l définit la couche.
c. l définit la forme de l'orbitale atomique.
d. l prend toujours une valeur entre 0 et n (le numéro de la couche).
e. Aucune des réponses n'est exacte.

7. Concernant le nombre quantique m, cocher la (les) proposition(s) correcte(s) :

a. m est le nombre quantique magnétique.
b. Le nombre quantique m définit la sous-couche
c. Pour chaque valeur de l (le nombre quantique) le nombre m est plus petit que l.
d. Pour chaque valeur de l (le nombre quantique) m prend en total 2l + 1 valeurs.
e. Toutes les réponses sont exactes.

8. Concernant le nombre quantique s, cocher la (les) proposition(s) correcte(s) :

a. Le nombre quantique s concerne les orbitales électroniques.
b. Le nombre quantique s définit le moment magnétique (le spin).
c. Les valeurs que le nombre s peut prendre sont 1 et -1.
d. Dans une même orbitale atomique les deux électrons peuvent avoir un spin identique.
e. Aucune réponse n'est exacte.

9. Concernant la classification périodique, cocher la (les) proposition(s) correcte(s) :

a. Sur une même période les atomes ont le même nombre d'électrons extérieurs.
b. Sur une même colonne les électrons ont le même nombre d'électrons extérieurs et donc des propriétés chimiques voisines.
c. À gauche dans le tableau périodique les atomes tendent à capter des électrons pour devenir un gaz rare, à droite les atomes tendent à céder des électrons.
d. Les atomes de la première colonne du tableau périodique sont les alcalins.
e. Les atomes de la dernière colonne du tableau périodique sont les halogènes.

10. Concernant les propriétés des atomes, cocher la (les) proposition(s) correcte(s) :

a. Le rayon covalent diminue quand le numéro atomique augmente.
b. L'énergie d'ionisation augmente quand le numéro atomique augmente, sauf pour le bore et l'oxygène.
c. L'électronégativité évolue dans le sens opposé de l'énergie d'ionisation.
d. L'électronégativité est l'aptitude d'un atome à gagner des électrons.
e. Toutes les réponses sont exactes.

11. Concernant l'origine de la liaison covalente, cocher la (les) proposition(s) correcte(s) :

a. Une liaison est possible quand elle permet d'augmenter l'énergie du système.
b. La stabilisation pour une liaison covalente est la plus grande pour une distance de 0,074 nm.

c. Dans le cas d'une liaison covalente hétérolytique l'atome donneur d'électrons est un acide de Lewis et l'atome accepteur d'électrons une base de Lewis.
d. La règle de l'octet est toujours respectée pour les atomes de la troisième période.
e. Aucune réponse n'est exacte.

12. Concernant la théorie VSEPR, cocher la (les) proposition(s) correcte(s):

a. Les paires d'électrons se placent pour maximiser la répulsion.
b. Dans la notation ALnEm A désigne l'atome central, Ln le nombre d'atomes voisins et Em le nombre de paires d'électrons non liants.
c. Si un atome est entouré par en total deux atomes voisins ou paires d'électrons non liants, l'ensemble adopte une géométrie linéaire.
d. Dans le cas d'une géométrie trigonale plane, on retrouve un angle de 120° entre les différentes liaisons.
e. Un ensemble d'atomes liés adoptent une géométrie tétraédrique si l'atome central est entouré par au total 3 atomes voisins ou doublets d'électrons non liants.

13. Concernant les notions d'orbitales moléculaires, cocher la (les) proposition(s) correcte(s):

a. Plus les liaisons sont multiples, plus elles sont solides.
b. Plus les liaisons sont solides, plus elles sont courtes.
c. L'orbitale moléculaire définit la région contenant l'électron avec une très haute probabilité.
d. Ordre de liaison = (Nombre d'électrons liants - Nombre d'électrons antiliants)/ 2
e. Plus l'ordre de liaison est grand, plus la liaison est forte.

14. Concernant les molécules polyatomiques, cocher la (les) proposition(s) correcte(s):

a. Pour une hybridation sp on a 180° entre les deux atomes liants.
b. Si la molécule prend une géométrie trigonale plane, on a une hybridation sp2.
c. Dans le cas d'une géométrie tétraédrique il ne reste pas d'orbitale atomique intacte.
d. Les orbitales atomiques représentent une approximation de la réalité.
e. Dans le cas d'une hybridation sp2 on a 109°30' entre les 4 atomes liants.

15. Concernant les molécules conjuguées, cocher la (les) proposition(s) correcte(s):

a. On observe uniquement une conjugaison des molécules dans le cas d'alternances psp.
b. Une double liaison est plus courte qu'une liaison simple.
c. Le système p est parallèle au squelette s plan.
d. La forme mésomère la plus représentative présente le plus de liaisons p.
e. L'énergie de résonance est habituellement d'à peu près une dizaine de kJ/mol.

16. Concernant l'écriture des formes mésomères, cocher la (les) proposition(s) correcte(s):

a. Des formes mésomères équivalentes traduisent une stabilité amoindrie.
b. À même nombre de liaisons p les formes sans séparation de charge sont les plus représentatives.

c. La forme à séparation de charges la plus représentative est celle ou la délocalisation d'un doublet est la plus grande.
d. À même nombre de liaisons p les formes avec séparation de charge sont les plus représentatives.
e. La forme à séparation de charges la plus représentative est celle ou la délocalisation d'un doublet est la plus petite.

17. Concernant les molécules aromatiques, cocher la (les) proposition(s) correcte(s) :

a. Pour être aromatique un composé n'a pas le droit de contenir de cycles aromatiques.
b. Pour être aromatique un composé doit posséder un squelette s plan.
c. Pour être aromatique un composé doit avoir (4n +2) électrons impliqués dans le système conjugué, n étant un nombre entier positif.
d. Les composés aromatiques ont une énergie de résonance importante.
e. L'aromaticité confère une faible stabilité.

18. Concernant la polarisation des liaisons, cocher la (les) proposition(s) correcte(s) :

a. Le moment dipolaire augmente quand la différence d'électronégativité diminue.
b. Si la différence d'électronégativité entre deux atomes liés devient trop grande on observe le cas limite de la liaison covalente.
c. La somme des degrés d'oxydation correspond à la charge partielle de l'édifice.
d. La polarisation résulte d'une différence d'électronégativité entre les 2 atomes liés.
e. Dans la notation du degré d'oxydation, l'atome le plus électronégatif reçoit - 1, le plus électronégatif reçoit plus 1.

19. Concernant l'effet inductif, cocher la (les) proposition(s) correcte(s) :

a. Dans la symbolisation de l'effet inductif, la flèche est orientée vers l'atome le mois électronégatif.
b. Les cations comptent parmi les meilleurs groupes inductifs attracteurs.
c. Les halogènes sont des groupements inductifs donneurs.
d. Les anions sont des groupements inductifs donneurs.
e. Toutes les réponses sont exactes.

20. Concernant l'effet mésomère, cocher la (les) proposition(s) correcte(s) :

a. L'effet mésomère peut se transmettre à l'ensemble d'une molécule.
b. Un bon mésomère accepteur doit attirer des électrons.
c. Un bon mésomère donneur doit repousser des électrons.
d. L'effet mésomère l'emporte sur l'effet inductif sauf pour les halogènes.
e. Toutes les réponses sont exactes.

21. Concernant les liaisons chimiques, cocher la (les) proposition(s) correcte(s) :

a. Une molécule conjuguée possède plusieurs représentations de Lewis dites mésomères.

b. L'énergie de résonance est la différence d'énergie entre l'entité réelle et la plus stable des structures hypothétiques.
c. Une molécule peut être aromatique en ayant un système partiellement conjugué.
d. L'effet inductif polarise les liaisons s.
e. L'effet mésomère les liaisons p.

22. Concernant les liaisons chimiques, cocher la (les) proposition(s) correcte(s):
a. Le nombre quantique secondaire p détermine la forme et l'énergie de la sous-couche de l'orbitale atomique.
b. D'après le principe d'exclusion de Pauli deux électrons ne peuvent avoir le même état quantique.
c. D'après le principe de Hund les électrons remplissent le maximum d'orbitales atomiques avec des spins antiparallèles.
d. Les éléments d'une même colonne ont des propriétés proches.
e. Les formes limite tiennent compte de l'électronégativité des atomes et traduisent la polarisation des liaisons.

23. Concernant les liaisons chimiques, cocher la (les) proposition(s) correcte(s):
a. L'histidine est un acide selon la théorie HSAB.
b. Un acide de Lewis est un donneur de doublets d'électrons.
c. Un acide de Brönsted est un accepteur de protons.
d. La polarisation d'une liaison est indépendante de l'électronégativité des atomes.
e. Aucune réponse n'est exacte.

24. Concernant les liaisons chimiques, cocher la (les) proposition(s) correcte(s):
a. La polarisabilité est la répartition des électrons selon l'électronégativité des atomes.
b. Les éléments mous sont peu polarisables.
c. L'électronégativité et l'énergie d'ionisation évoluent de la même façon en fonction du numéro atomique des éléments.
d. L'électronégativité et le rayon covalent évoluent de façon inverse en fonction du numéro atomique des éléments.
e. Les éléments d'une même période possèdent le même nombre quantique n.

25. Concernant les liaisons chimiques, cocher la (les) proposition(s) correcte(s):
a. Une molécule est paramagnétique si elle n'a pas d'électrons célibataires.
b. La polarisabilité augmente avec le déplacement des électrons et la taille.
c. L'électronégativité correspond à la tendance d'un atome à repousser les électrons.
d. La forme mésomère à séparation de charges la plus représentative est celle qui correspond à la plus petite délocalisation.
e. Aucune réponse n'est exacte.

26. Concernant les liaisons chimiques, cocher la (les) proposition(s) correcte(s) :

- **a.** Pour un ion la couche 4s se vide avant la couche 3d.
- **b.** Si l'acide est fort et instable sa base conjuguée est faible et stable.
- **c.** Si l'acide est faible et stable sa base conjuguée est forte et instable.
- **d.** n définit la couche et le volume de l'orbitale atomique.
- **e.** Toutes les réponses sont exactes.

27. Concernant les liaisons chimiques, cocher la (les) proposition(s) correcte(s) :

- **a.** m définit l'orientation de l'orbitale atomique dans la sous-couche.
- **b.** s détermine le spin de l'électron
- **c.** Si le moment dipolaire d'une molécule est nul, la molécule est polaire.
- **d.** Plus une molécule est polaire, plus elle est soluble.
- **e.** Toutes les réponses sont exactes.

28. Concernant les liaisons chimiques, cocher la (les) proposition(s) correcte(s) :

- **a.** Une forme neutre est moins soluble qu'une forme chargée.
- **b.** Une espèce radicalaire est une espèce respectant la règle de l'octet.
- **c.** Les deux atomes d'azote sont en configuration trigonale plane.
- **d.** Tous les atomes carbones de la molécule sont en configuration sp3.
- **e.** Toutes les réponses sont exactes.

29. Concernant les liaisons chimiques, cocher la (les) proposition(s) correcte(s) :

- **a.** Le composé méthane a une géométrie linéaire.
- **b.** Les deux azotes ont la même hybridation.
- **c.** Les deux atomes d'azote ont des doublets non liants dans une orbitale p.
- **d.** La molécule contient des cycles aromatiques.
- **e.** Le cycle benzène de la molécule est plan.

30. Concernant les liaisons chimiques, cocher la (les) proposition(s) correcte(s) :

- **a.** L'atome carbone du composé méthane a un degré d'oxydation de +2.
- **b.** L'atome oxygène a un degré d'oxydation de -2.
- **c.** L'atome carbone lié à l'oxygène a un degré d'oxydation nul.
- **d.** L'atome chlore à un degré d'oxydation de +1.
- **e.** Aucune réponse n'est exacte.

31. Concernant les caractéristiques d'un système, cocher la (les) proposition(s) correcte(s) :

- **a.** Dans un système thermodynamique ouvert il n'existe aucun échange.
- **b.** Dans un système fermé il y a uniquement des échanges d'énergie.
- **c.** Dans un système thermodynamique isolé il existe des échanges d'énergie et de matière.
- **d.** Les systèmes macroscopiques sont régis par les lois statiques.
- **e.** Aucune réponse n'est exacte.

32. Concernant les caractéristiques d'un système, cocher la (les) proposition(s) correcte(s):

a. Une fonction d'état est indépendante de l'état du système.
b. Arrivé à l'état d'équilibre thermodynamique le système n'échange plus rien avec l'extérieur.
c. À l'équilibre la valeur d'état d'un système est variable dans le temps et l'espace.
d. La température est une variable d'état.
e. La pression est une variable d'état.

33. Concernant le premier principe de la thermodynamique, cocher la (les) proposition(s) correcte(s):

a. ΔH : énergie thermique échangée.
b. Si $\Delta H > 0$ alors la réaction est exothermique.
c. Si $\Delta H < 0$ alors le système cède de l'énergie.
d. Si $\Delta H = 0$ alors le système est athermique.
e. Si le système est endothermique alors le système cède de l'énergie.

34. Concernant l'état standard, cocher la (les) proposition(s) correcte(s):

a. Les conditions dans l'état standard sont: $P = 1$ atm; $T = Cte$; $[C] = 1$ mol/L
b. La fusion est une réaction exothermique.
c. Lors d'une vaporisation $\Delta rH° < 0$.
d. Lors d'une solidification un liquide devient un solide.
e. La liquéfaction est une réaction exothermique.

35. Concernant l'enthalpie, cocher la (les) proposition(s) correcte(s):

a. $\Delta fH°$ est l'enthalpie de la réaction de la formation d'une mole de composé dans son état standard, à partir des corps simples pris dans leur état standard de référence.
b. $\Delta rH° = \Delta fH°(\text{produit}) - \Delta fH°(\text{réactif})$ d'après la loi de Hess.
c. L'énergie de liaison équivaut à une enthalpie.
d. L'énergie de liaison est l'énergie libérée lors de la formation d'une liaison covalente d'un produit à l'état gazeux à partir de deux atomes à l'état gazeux à $P = 1$ atm.

36. Toutes les réponses sont exactes. Concernant l'évolution spontanée d'un système, cocher la (les) proposition(s) correcte(s):

a. Une transformation est spontanée quand elle nécessite un apport d'énergie du milieu extérieur pour se produire.
b. Un système isolé évolue spontanément vers son état le plus hétérogène et ordonné.
c. Spontanément un système évolue vers un état de déséquilibre.
d. L'entropie S augmente avec l'ordre.
e. Aucune réponse n'est exacte.

37. Concernant l'enthalpie libre, cocher la (les) proposition(s) correcte(s) :

a. $\Delta rG = \Delta S - T\Delta rH$
b. Si dG = 0 la transformation thermomécanique est réversible.
c. Quand dG > 0 la transformation est réversible.
d. Si dG > 0 alors il n'y a pas de transformation.
e. Toutes les réponses sont exactes.

38. Concernant l'enthalpie libre, cocher la (les) proposition(s) correcte(s) :

a. $\Delta rG = \Delta rG° + RT\ln(G)$
b. Si $\Delta rG < 0$ alors le système connaît une évolution spontanée dans le sens 2.
c. Si $\Delta rG > 0$ alors le système connaît une évolution spontanée dans le sens 1.
d. Si $\Delta rG < 0$ alors la réaction est endergonique.
e. Si $\Delta rG > 0$ alors la réaction est exergonique.

39. Concernant l'enthalpie libre, cocher la (les) proposition(s) correcte(s) :

a. $\Delta rG°'pH = RT\ln[H30+]$
b. $\Delta rG°'pH = \Delta rG° - 2{,}3RT\ln(pH)$
c. Les conditions standard biologiques sont différentes des conditions cellulaires.
d. $\Delta rG° = \Delta fG°(\text{produit}) - \Delta fG°(\text{réactif})$
e. Toutes les réponses sont exactes.

40. Concernant les états stationnaires, cocher la (les) proposition(s) correcte(s) :

a. Un système est dans un état stationnaire quand sa composition ne varie pas dans le temps.
b. $\Delta rG° = RT\ln(K)$
c. K dépend des conditions initiales.
d. K dépend uniquement de la température.
e. Toutes les réponses sont exactes.

41. Concernant les états stationnaires, cocher la (les) proposition(s) correcte(s) :

a. Si G < K alors $\Delta rG > 0$.
b. Si G > K alors la réaction évolue dans le sens 2.
c. Quand $\Delta rG = 0$ alors G < K.
d. log(Ka) = pKa
e. Plus K est grand plus pKa est grand.

42. Concernant les états stationnaires, cocher la (les) proposition(s) correcte(s) :

a. $\Delta rG°'pH = \Delta rG°$ (+ ou -) $RT\ln[H30+]$
b. $\Delta rG°' = -RT\ln(K)$
c. D'après la loi de Hess tout système à l'équilibre soumis à une perturbation évolue de façon à modérer cette perturbation.
d. D'après le principe de Le Chatelier un système réagit dans le sens qui réduit une perturbation jusqu'à atteindre un nouvel état d'équilibre.
e. Aucune réponse n'est exacte.

43. Concernant les états stationnaires, cocher la (les) proposition(s) correcte(s):

- **a.** Si la température augmente l'équilibre est déplacé dans le sens endothermique.
- **b.** Si la température augmente l'équilibre est déplacé dans le sens exothermique.
- **c.** $\ln(K) = -(\Delta rH°/R)(1/T) + (\Delta rS°/R)$
- **d.** $\ln(K2/K1) = -(\Delta rH°/R)(1/T2 - 1/T1)$
- **e.** Toutes les réponses sont exactes.

44. Concernant les états stationnaires, cocher la (les) proposition(s) correcte(s):

- **a.** $\ln K' = (\Delta rS°'/R) + (\Delta rH°/RT)$
- **b.** Pour qu'une réaction soit réversible G doit être égal à K.
- **c.** $\Delta rG°'pH = RT\ln[H3O+]$
- **d.** K évolue exclusivement avec la température.
- **e.** $\Delta rG = \Delta rG° + RT\ln K$

45. Concernant les états stationnaires, cocher la (les) proposition(s) correcte(s):

- **a.** À l'équilibre $\Delta rG = 0$.
- **b.** Un système fermé échange de la matière avec le milieu extérieur.
- **c.** $K = \exp(-\Delta rG°/RT)$
- **d.** $\Delta rG°' = -RT\ln(K')$
- **e.** Toutes les réponses sont exactes.

46. Concernant les états stationnaires, cocher la (les) proposition(s) correcte(s):

- **a.** Énergie libérée > 0.
- **b.** Lorsqu'un système évolue vers l'équilibre, ΔrG diminue et ΔS augmente.
- **c.** La loi de Van't Hoff permet de calculer l'évolution de K en fonction de l'évolution de la température.
- **d.** Un système ouvert n'échange rien avec le milieu extérieur.
- **e.** Dans les conditions standard biologiques température = 298 K; pression = 1 bar, [C] = 1 mol/L sauf [H3O+] = 10^-7 car pH =7.

47. Concernant les états stationnaires, cocher la (les) proposition(s) correcte(s):

- **a.** L'enthalpie a pour unité le kJ/mol.
- **b.** L'entropie a pour unité le K/mol.
- **c.** L'enthalpie et l'enthalpie libre ont les mêmes unités.
- **d.** L'entropie et l'enthalpie ont des unités différentes.
- **e.** L'entropie et l'enthalpie ont des unités différentes.

48. Concernant les états stationnaires, cocher la (les) proposition(s) correcte(s):

- **a.** pKa= - log(Ka)
- **b.** K' = K (* ou/) [H30+]
- **c.** L'enthalpie d'un corps simple dans son état de référence dépend de la nature du corps simple.
- **d.** Lors d'une augmentation de température l'équilibre est atteint plus rapidement.
- **e.** Toutes les réponses sont exactes.

49. Concernant les états stationnaires, cocher la (les) proposition(s) correcte(s) :

a. ΔH(liquéfaction) = ΔH(vaporisation)

b. K est une fonction croissante de la température si ΔrH < 0.

c. ΔH(solidification) = - ΔH(fusion)

d. K est une fonction décroissante de température si ΔrH > 0.

e. K est une fonction croissante de la température si ΔrH < 0.

50. Concernant les états stationnaires, cocher la (les) proposition(s) correcte(s) :

a. L'enthalpie libre varie si la température varie.

b. Si un élément est consommé il est un réactif et non pas un catalyseur.

c. La rupture d'une liaison phosphodiester est peu énergétique.

d. Dans les conditions standard biologiques ΔrG' = ΔrG°'.

e. Toutes les réponses sont exactes.

51. Concernant les associations intermoléculaires, cocher la (les) proposition(s) correcte(s) :

a. Les molécules amphiphiles à une chaîne hydrophobe forment surtout des micelles.

b. Les molécules amphiphiles à deux chaînes hydrophobes forment toujours des micelles.

c. La force de la liaison de coordination se situe entre celle de la liaison covalente et celle de la liaison ionique.

d. L'effet chélate est un effet de forte stabilité d'origine essentiellement enthalpique qui implique un ligand polydente.

e. L'interaction charge-charge est la plus forte des liaisons faibles.

52. Concernant les associations intermoléculaires, cocher la (les) proposition(s) correcte(s) :

a. La géométrie octaèdrique s'obtient quand un métal est entouré de huit ligands.

b. On parle d'interaction hydrophobe car il n'y a pas de liaison entre les atomes.

c. Le métal de coordination change son degrés d'oxydation suite à la liaison aux ligands.

d. Le métal est une base de Lewis, les ligands des acides de Lewis.

e. Aucune réponse n'est exacte.

53. Concernant les associations intermoléculaires, cocher la (les) proposition(s) correcte(s) :

a. La force d'interaction d'une liaison faible diminue quand la distance augmente.

b. Au maximum : (électrons de valence) + ligands*2 = 12 électrons.

c. Un complexe tétra coordonné peut uniquement avoir la forme d'un tétraèdre.

d. La structure primaire des protéines se forme grâce à des liaisons faibles.

e. Aucune réponse n'est exacte.

54. Concernant les associations intermoléculaires, cocher la (les) proposition(s) correcte(s) :

a. Les structures secondaires, tertiaires et quaternaires des protéines se forment grâce à des liaisons covalentes tertiaires et quaternaires des protéines se forment grâce à des liaisons covalentes.

b. Les interactions à petites distances et avec recouvrement d'orbitale atomique et d'orbitale moléculaire sont des interactions faibles.
c. Les interactions faibles s'opposent à la déformation et la coupure des liaisons par agitation thermique.
d. La force d'une interaction charge-charge augmente quand la permittivité du milieu diminue.
e. Dans un milieu polaire la permittivité est petite.

55. Concernant les associations intermoléculaires, cocher la (les) proposition(s) correcte(s) :

a. La polarisabilité diminue avec la taille d'un ion.
b. La polarisabilité représente l'aptitude d'un nuage électronique à se déformer.
c. La polarisabilité augmente avec la délocalisation des électrons.
d. La force d'une interaction charge-charge diminue quand la distance entre les charges augmente.
e. Toutes les réponses sont exactes.

56. Concernant les associations intermoléculaires, cocher la (les) proposition(s) correcte(s) :

a. La température d'ébullition augmente avec la taille.
b. La liaison H est une liaison électrostatistique qui se fait entre un atome hydrogène et des atomes moins électronégatifs.
c. Une liaison H a une force de moins de 10 kJ/mol.
d. La cohésion du cristal pour l'eau en phase solide se fait grâce aux liaisons H.
e. Dans un liquide les liaisons H ne rompent jamais.

57. Concernant les associations intermoléculaires, cocher la (les) proposition(s) correcte(s) :

a. On peut avoir jusqu'à 4 liaisons H par molécule de H_2O.
b. Si l'eau est l'état solide les molécules d'H_2O forment un maximum de liaisons H.
c. Si l'eau est à l'état solide les molécules d'H_2O se placent en sorte qu'il y ait un maximum de répulsions.
d. Les liaisons H sont exclusivement intermoléculaires.
e. Toutes les réponses sont exactes.

58. Concernant les associations intermoléculaires, cocher la (les) proposition(s) correcte(s) :

a. L'eau est un solvant très polaire de permittivité forte.
b. L'H_2O est une base de Lewis.
c. L'eau favorise l'ionisation des molécules à liaisons polarisées.
d. L'eau solvate les ions.
e. Toutes les réponses sont exactes.

59. Concernant les associations intermoléculaires, cocher la (les) proposition(s) correcte(s) :

a. Une dissolution est spontanée si l'enthalpie de dissolution est positive.
b. L'effet hydrophobe amène une contribution enthalpique assez faible (de l'ordre d'une interaction de Van der Waals)
c. L'effet hydrophobe a un faible coût entropique.

d. Dans l'eau les molécules apolaires s'associent pour minimiser le coût entropique.
e. Dans l'eau les protéines externalisent les résidus apolaires.

60. Concernant les associations intermoléculaires, cocher la (les) proposition(s) correcte(s):

a. Les acides et bases durs sont des éléments grands.
b. Les acides et bases durs sont très polarisables.
c. Les bases et acides mous sont de gros éléments.
d. Les bases et acides mous sont très polarisables.
e. Les bases et acides mous sont peu électronégatifs.

61. Concernant l'isomérie, cocher la (les) proposition(s) correcte(s):

a. Deux isomères ont une formule brute différente mais une structure identique.
b. Deux isomères de constitution ont un enchaînement d'atomes différent.
c. Deux stéréoisomères ont un arrangement spatial identique.
d. Deux stéréoisomères de conformation sont identiques après rotation autour d'une liaison simple-
e. Deux stéréoisomères de configuration restent différents après rotation autour d'une liaison simple-

62. Concernant l'isomérie, cocher la (les) proposition(s) correcte(s):

a. Deux isomères de constitution ont des propriétés physique et chimique différente.
b. La tautomérie est la transformation d'un groupement fonctionnel en un autre par déplacement d'un atome d'oxygène.
c. On peut passer d'un isomère de configuration à un autre par rotation simple autour d'une liaison.
d. Dans la représentation de Newman la forme la plus stable est la forme éclipse.
e. Énantiomères et diastéréoisomères sont des stéréoisomères de conformation.

63. Concernant l'isomérie, cocher la (les) proposition(s) correcte(s):

a. Un objet est chiral quand il n'est pas superposable à son image dans un miroir.
b. Deux objets chiraux sont énantiomères s'ils sont l'image l'un de l'autre dans un miroir.
c. La chiralité d'une molécule en solution se caractérise par une propriété physique: l'activité optique.
d. Une substance optiquement active dévie le faisceau de lumière polarisée d'un angle a.
e. Toutes les réponses sont exactes.

64. Concernant l'isomérie, cocher la (les) proposition(s) correcte(s):

a. Si a > 0 la déviation se fait vers la droite et la molécule notée (+) est dextrogyre.
b. Si a < 0 la déviation se fait vers la gauche et la molécule notée (-) est lévogyre.
c. Deux énantiomères ont des pouvoirs rotatoires spécifiques égaux en valeur absolue mais des signes opposés.
d. Dans la projection de Fischer les liaisons latérales sont derrière.
e. Dans la projection de Fischer les liaisons verticales sont devant.

65. Concernant l'isomérie, cocher la (les) proposition(s) correcte(s):

- **a.** Dans la projection de Fischer la chaîne carbonée la moins longue est représentée en verticale.
- **b.** Pour les sucres la configuration D ou L réfère à la position du premier OH.
- **c.** Tous les oses habituels appartiennent à la configuration L.
- **d.** Pour les acides a aminés la configuration L ou D dépend de la position du groupement acide carboxylique.
- **e.** Aucune réponse n'est exacte.

66. Concernant l'isomérie, cocher la (les) proposition(s) correcte(s):

- **a.** La chiralité se rencontre en particulier dans les composés qui ont un carbone asymétrique (entouré de quatre substituants différents).
- **b.** Une solution achirale est une solution contenant un seul énantiomère.
- **c.** Deux énantiomères ont des propriétés différentes sauf celles liées à la chiralité.
- **d.** Un mélange racémique est un mélange équimolaire de deux énantiomères.
- **e.** Un mélange racémique est optiquement inactif.

67. Concernant l'isomérie, cocher la (les) proposition(s) correcte(s):

- **a.** La conformation la plus stable est la conformation en décaler, car il y a minimisation des répulsions entre les nuages électroniques.
- **b.** Une molécule doit être chirale pour avoir une activité optique.
- **c.** Les diastéréoisiomères ont des propriétés chimiques et physiques identiques.
- **d.** (+/-) = (L/D)
- **e.** Deux énantiomères sont de signes (+/-) opposés car ils sont de pouvoir rotatoire opposé.

68. Concernant l'isomérie, cocher la (les) proposition(s) correcte(s):

- **a.** Pour n carbones asymétriques il y a 2^n stéréoisomères.
- **b.** Dans la projection de Fisher le carbone le plus oxydé est le dernier en bas.
- **c.** Les acides aminés appartiennent habituellement à la série D.
- **d.** En général les enzymes ne reconnaissent qu'un seul stéréoisomère de leur substrat, c'est la stéréospécificité.
- **e.** Un composé méso est symétrique.

69. Concernant l'isomérie, cocher la (les) proposition(s) correcte(s):

- **a.** Pour la configuration Z les composants prioritaires sont d'un côté différent.
- **b.** Pour la configuration E les composants prioritaires sont du même côté.
- **c.** Pour qu'un cycle carboné prenne une conformation en chaise, les C sont nécessairement coplanaires.
- **d.** Un composé est énantiomériquement pur quand un seul énantiomère est présent.
- **e.** La configuration s-trans et s-cis concerne les liaisons doubles.

70. Concernant l'isomérie, cocher la (les) proposition(s) correcte(s) :

a. Un composé méso a un pouvoir rotatoire nul par compensation.
b. (+), (-) représente la configuration absolue.
c. (R), (S) représente la configuration absolue d'un carbone asymétrique.
d. (L), (D) représente le pouvoir rotatoire.
e. Pour une protéine, une configuration s-trans est plus stable qu'une configuration s-cis.

71. Concernant la cinétique chimique, cocher la (les) proposition(s) correcte(s) :

a. La vitesse et le temps de réaction sont influencés par la concentration en réactifs, la température ambiante et la présence d'un catalyseur.
b. La vitesse est proportionnelle aux concentrations en réactifs.
c. Une réaction élémentaire se fait en plusieurs étapes.
d. Dans une réaction d'ordre 1 la constante k a pour unité le 1/s.
e. Toutes les réponses sont exactes.

72. Concernant la cinétique chimique, cocher la (les) proposition(s) correcte(s) :

a. Le temps de demi-vie pour une réaction d'ordre 1 se calcule t(1/2) = ln(2)/k
b. Dans une réaction d'ordre 1 le temps de demi-réaction est indépendant de la concentration des réactifs.
c. Dans une réaction d'ordre 2 la constante k a pour unité le L/(mol*s).
d. Le temps de demi-vie pour une réaction d'ordre 2 se calcule t(1/2) = 1/k
e. Toutes les réponses sont exactes.

73. Concernant la cinétique chimique, cocher la (les) proposition(s) correcte(s) :

a. La diminution de la température favorise le franchissement de la barrière.
b. La catalyse acide spécifique se fait par un acide faible.
c. La vitesse augmente quand le pH augmente dans le cas d'une catalyse acide spécifique.
d. Lors d'une catalyse acide générale on utilise des acides faibles.
e. La vitesse augmente uniquement quand le pH diminue dans le cas d'une catalyse acide générale.

74. Concernant la cinétique chimique, cocher la (les) proposition(s) correcte(s) :

a. Pour une catalyse basique spécifique on utilise une base faible.
b. Dans le cas d'une catalyse basique spécifique la vitesse augmente quand le pH augmente.
c. Pour une catalyse basique générale on utilise une base forte.
d. Dans le cas d'une catalyse basique générale la vitesse augmente quand la concentration en tampon diminue.
e. Aucune réponse n'est exacte.

75. Concernant la cinétique chimique, cocher la (les) proposition(s) correcte(s) :

a. La constante apparente est égale à k[C].
b. Dans une réaction d'ordre 1 le réactif connaît un déclin hyperbolique.
c. Dans une réaction d'ordre 2 les réactifs connaissent un déclin exponentiel.
d. La concentration finale d'un produit ne dépend pas de la vitesse de formation.
e. La molécularité correspond à la somme des coefficients stœchiométriques des réactifs.

76. Concernant la chimie organique, cocher la (les) proposition(s) correcte(s) :

a. La SN1 et l'E1 se font en une étape.
b. SN2 et E2 se font en une étape.
c. Lors d'une E1 on produit en plus grande quantité le produit stable.
d. Si le réactif est trop stabilisé une SN ou une E se font en 2 étapes.
e. Les réactions en deux étapes sont stéréosélectives.

77. Concernant la chimie organique, cocher la (les) proposition(s) correcte(s) :

a. L'hydratation est une réaction régiosélective.
b. Lors d'une hydratation, la molécule d'eau se fixe préférentiellement sur l'atome de carbone le plus substitué.
c. L'activation de l'alcool se fait entre autres par un mécanisme d'addition-élimination.
d. Lors d'une E2 l'attaque se fait en coplanaire du groupe partant.
e. Si le degré d'oxydation d'une molécule augmente il y a réduction.

78. Concernant la chimie organique, cocher la (les) proposition(s) correcte(s) :

a. L'activation par tosylation est une réaction addition/élimination.
b. Le tosylate est un bon nucléofuge car très basique du fait de sa délocalisation.
c. Une crotonisation est une hydratation avec base faible.
d. L'estérification est irréversible.
e. En SN2 l'attaque du nucléophile se fait dans l'OM anti-liante impliquant l'électrophile et le groupe partant.

79. Concernant la chimie organique, cocher la (les) proposition(s) correcte(s) :

a. La saponification est l'hydratation basique d'un ester.
b. L'hydrolyse des amides peut se faire en milieu acide et basique.
c. L'hydrolyse des esters est plus dure que celle des amides.
d. Un benzaldéhyde peut réagir avec un amide uniquement en milieu acide par catalyse acide générale.
e. L'aldolisation est réversible, la décarboxylation ne l'est pas.

80. Concernant la chimie organique, cocher la (les) proposition(s) correcte(s) :

a. Imines et aldéhydes ont des propriétés voisines, on peut leur additionner du cyanure dans tout milieu.
b. Lors d'une catalyse acide spécifique la protonation se fait nécessairement sur le site le plus basique.

c. Une catalyse spécifique se fait en deux étapes, une catalyse générale en une.
d. L'hydrolyse des esters est une réaction addition/élimination.
e. Toutes les réponses sont exactes.

81. Concernant la chimie organique, cocher la (les) proposition(s) correcte(s) :
a. Les alcènes subissent souvent des substitutions nucléophiles.
b. Les amines sont plus nucléophiles que les alcools.
c. Une SN1 suit une cinétique d'ordre 1.
d. Une SN2 suit une cinétique d'ordre 2.
e. Si une fonction est très polarisable elle est un bon nucléophuge et un bon nucléophile.

82. Concernant la chimie organique, cocher la (les) proposition(s) correcte(s) :
a. Une condensation de Claisen est une réaction d'addition/élimination entre deux esters.
b. Une aldolisation se fait entre deux aldéhydes.
c. Une catalyse acide ou basique générale permet la formation d'acétal ou d'hémiacétal.
d. Une époxydation est une SN2.
e. Toutes les réponses sont exactes.

83. Concernant la chimie organique, cocher la (les) proposition(s) correcte(s) :
a. Le groupement conservant le doublet d'électrons après rupture de la liaison est un nucléophuge.
b. Pour un même atome, l'électrophilie diminue avec la déficience électronique.
c. Pour un même atome l'électrophilie augmente avec l'encombrement stérique.
d. Pour des atomes différents la nucléophilie augmente avec la polarisabilité.
e. Pour un même atome, la nucléophilie augmente avec la densité électronique.

84. Concernant la chimie organique, cocher la (les) proposition(s) correcte(s) :
a. Pour un même atome la nucléophile diminue avec l'encombrement stérique.
b. Pour des atomes différents, l'aptitude nucléofuge augmente avec la polarisabilité.
c. Pour un même atome, l'aptitude nucléofuge augmente avec la densité électronique.
d. Dans une réaction acide/base il y a transfert d'électrons entre deux couples.
e. Dans une réaction oxydant/réducteur il y a transfert d'électrons entre deux couples.

85. Concernant la chimie organique, cocher la (les) proposition(s) correcte(s) :
a. Lors d'une substitution nucléophile le groupe partant est remplacé par un électrophile.
b. Lors d'une réaction non régiosélective la réaction peut former plusieurs régioisomères.
c. Lors d'une réaction non stéréosélective il n'y a que formation d'un seul stéréo-siomère.

d. Les bases très faibles et polarisables sont de bons groupes partants.
e. Les halogènes sont électroattracteurs, ils polarisent les liaisons.

86. Concernant la chimie organique, cocher la (les) proposition(s) correcte(s) :

a. Lors d'une SN2 la rupture et la formation sont concertées.
b. Un électrophile peu encombré et la présence d'un bon nucléophile et d'un bon nucléofuge favorisent une SN1.
c. Un électrophile stabilisé et la présence d'un bon nucléofuge et d'un solvant polaire favorise une SN1.
d. Lors d'une élimination deux liaisons s sont formées et une liaison p est rompue.
e. La réaction d'élimination est régiosélective en faveur de l'alcène le plus substitué.

87. Concernant la chimie organique, cocher la (les) proposition(s) correcte(s) :

a. Un électrophile peu encombré, la présence d'une base forte et d'un bon nucléofuge favorisent une E1.
b. Un électrophile stabilisé, la présence d'un solvant polaire et d'un bon nucléofuge favorisent une E2.
c. HO- est un mauvais groupe partant car c'est une base forte.
d. Pour faire une activation des alcools en milieu acide il faut un acide fort.
e. La catalyse acide augmente l'électrophilie du groupement électrophile.

88. Concernant la chimie organique, cocher la (les) proposition(s) correcte(s) :

a. La catalyse basique augmente la nucléophilie du groupe nucléophile.
b. La formation d'hémiacétal et d'acétal est rendue totale en retirant l'H_2O au fur et à mesure de sa formation.
c. La réaction de formation d'hémiacétal et d'acétal est non renversable.
d. Les acétals sont stables en milieu neutre ou basique,
e. Avec des diols on peut former des acétals cycliques.

89. Concernant la chimie organique, cocher la (les) proposition(s) correcte(s) :

a. Les acides carboxyliques peuvent jouer le rôle de base en présence d'un acide fort.
b. L'électrophilie augmente lorsque la résonance augmente.
c. Un bon nucléofuge est polarisable et une base faible.
d. Un mauvais nucléofuge est peu polarisable et base forte.
e. Toutes les réponses sont exactes.

90. Concernant la chimie organique, cocher la (les) proposition(s) correcte(s) :

a. Les thiols sont moins acides que les alcools.
b. Les amines sont plus basiques que les alcools.
c. Le souffre est moins électronégatif et beaucoup plus polarisable que l'oxygène, il forme donc des sites plus nucléophiles.
d. En milieu acide ou basique, les aldéhydes peuvent se condenser deux à deux pour donner 1 seul composé, le ß-aldol.
e. Toutes les réponses sont exactes.

Corrigés

Chimie

Structure électronique de l'atome

1. Concernant le principe d'exclusion de Pauli, cocher la (les) proposition(s) correcte(s):
   a. **VRAI**: Deux électrons ne peuvent avoir le même état quantique.
   b. **FAUX**: Une orbitale atomique contient au plus deux électrons de spins identiques.
   Explication : Les 2 électrons contenus dans une même orbitale atomique ont forcément des spins opposés.
   c. **FAUX**: On peut caser $2n^2$ électrons par sous-couche sachant que n est le nombre quantique principal.
   Explication : On peut caser $2n^2$ électrons par couche.
   d. **VRAI**: On peut caser $2n^2$ électrons par couche sachant que n est le nombre quantique principal
   e. **FAUX**: Le nombre d'électrons maximum par couche est constant quelle que soit la couche.
   Explication : Le nombre d'électrons maximum par couche augmente avec le nombre de la couche défini par n, ainsi la couche 1 (ou K) comportera au maximum 2 électrons, alors que la couche 2 (ou L) en comportera au maximum 18.

2. Concernant les règles de remplissage, cocher la (les) proposition(s) correcte(s) :
   a. **VRAI**: He (Z=2) : 1s2
   b. **VRAI**: Be (Z=4) : 1s2 2s2
   c. **FAUX**: C (Z=6) : 1s2 2s2 3s2
   Explication : 2p se remplit avant 3s donc C (Z=6) : 1s2 2s2 3p2.
   d. **VRAI**: Fe3+ (Z=23) : 1s2 2s2 2p6 3s2 3p6 3d4
   e. **FAUX**: Cr (Z=24) : 1s2 2s2 2p6 3s2 3p6 4s2 3d4
   Explication : Cr est une exception car deux couches remplies à moitié confèrent plus de stabilité qu'une seule couche vide donc Cr (Z=24) : 1s2 2s2 2p6 3s2 3p6 4s1 3d5.

3. Concernant la règle de Hund, cocher la (les) proposition(s) correcte(s):
   a. **VRAI**: Les électrons occupent un maximum d'orbitales atomiques de même énergie.
   b. **VRAI**: Si des électrons occupent plusieurs orbitales atomiques de même énergie alors ils se placent avec des spins parallèles.
   c. **FAUX**: Les électrons occupent un maximum d'orbitales atomiques de même énergie avec des spins antiparallèles.
   Explication : Les électrons occupent un maximum d'orbitales atomiques de même énergie avec des spins parallèles.
   d. **FAUX**: Les électrons occupent un minimum d'orbitales atomiques de même énergie avec des spins antiparallèles.
   Explication : Voir réponse C
   e. **VRAI**: La règle de Hund ne contredit pas le principe d'exclusion de Pauli.

4. Concernant la construction des configurations électroniques, cocher la (les) proposition(s) correcte(s):
   a. **VRAI**: On applique toujours les règles de Pauli, de remplissage et de Hund pour la construction des configurations électroniques.
   b. **FAUX**: Pour la construction des configurations électroniques l'application du principe d'exclusion de Pauli est suffisante.
   Explication : Il faut aussi tenir compte des règles de remplissage et de la règle de Hund.

c. **FAUX** : Les électrons sur les couches avant la dernière remplie sont les électrons de valence.
Explication : Ce sont les électrons du cœur.

d. **FAUX** : Les électrons sur la dernière couche sont les électrons du cœur.
Explication : Ce sont les électrons de valence.

e. **FAUX** : Les électrons de valence sont les moins énergétiques.
Explication : Les électrons de valence sont les plus énergétiques.

5. Concernant le nombre quantique n, cocher la (les) proposition(s) correcte(s) :

a. **FAUX** : n est le nombre quantique magnétique.
Explication : n est le nombre quantique principal.

b. **VRAI** : n définit la couche et le volume de l'orbitale atomique.

c. **FAUX** : L'énergie de liaison En diminue quand n augmente.
Explication : Quand n augmente En augmente

d. **FAUX** : L'énergie de liaison En est constante quelle que soit la couche.
Explication : Voir réponse C.

e. **FAUX** : Aucune réponse n'est exacte.
Explication : La réponse B est correcte.

6. Concernant le nombre quantique l, cocher la (les) proposition(s) correcte(s) :

a. **FAUX** : l est le nombre quantique principal.
Explication : l est le nombre quantique secondaire.

b. **FAUX** : l définit la couche.
Explication : l définit la sous-couche.

c. **VRAI** : l définit la forme de l'orbitale atomique.

d. **FAUX** : l prend toujours une valeur entre 0 et n (le numéro de la couche).
Explication : l prend toujours une valeur entre 0 et n-1.

e. **FAUX** : Aucune des réponses n'est exacte.
Explication : La réponse C est exacte.

7. Concernant le nombre quantique m, cocher la (les) proposition(s) correcte(s) :

a. **VRAI** : m est le nombre quantique magnétique.

b. **FAUX** : Le nombre quantique m définit la sous-couche
Explication : Le nombre quantique m détermine l'orientation de l'orbitale atomique dans la sous-couche et le nombre d'orbitales atomiques par sous-couche.

c. **FAUX** : Pour chaque valeur de l (le nombre quantique) le nombre m est plus petit que l. Explication : Pour chaque valeur de l le nombre m est compris dans l'intervalle [-l ; l]

d. **VRAI** : Pour chaque valeur de l (le nombre quantique) m prend en total 2l + 1 valeurs

e. **FAUX** : Toutes les réponses sont exactes.
Explication : La réponse B et la réponse C sont fausses

8. Concernant le nombre quantique s, cocher la (les) proposition(s) correcte(s) :

a. **FAUX** : Le nombre quantique s concerne les orbitales électroniques.
Explication : Le nombre quantique s concerne les électrons

b. **VRAI** : Le nombre quantique s définit le moment magnétique (le spin).

c. **FAUX** : Les valeurs que le nombre s peut prendre sont 1 et -1.
Explication : Les valeurs que le nombre s peut prendre sont -1/2 et 1/2.

d. **FAUX** : Dans une même orbitale atomique les deux électrons peuvent avoir un spin identique.
Explication : D'après le principe d'exclusion de Pauli une orbitale atomique contient au plus deux électrons de spins opposés.

e. **FAUX** : Aucune réponse n'est exacte.
Explication : La réponse B est exacte.

9. Concernant la classification périodique, cocher la (les) proposition(s) correcte(s) :

a. **FAUX** : Sur une même période les atomes ont le même nombre d'électrons extérieurs.
Explication : Sur une même période les atomes ont le même nombre quantique n.

b. **VRAI** : Sur une même colonne les électrons ont le même nombre d'électrons extérieurs et donc des propriétés chimiques voisines.

c. **FAUX** : À gauche dans le tableau périodique les atomes tendent à capter des électrons pour devenir un gaz rare, à droite les atomes tendent à céder des électrons.
Explication : À gauche dans le tableau périodique les atomes tendent à céder des électrons pour devenir un gaz rare, à droite les atomes tendent à capter des électrons.

d. **VRAI** : Les atomes de la première colonne du tableau périodique sont les alcalins.

e. **FAUX** : Les atomes de la dernière colonne du tableau périodique sont les halogènes.
Explication : Les atomes de la dernière colonne du tableau périodique sont les gaz rares.

10. Concernant les propriétés des atomes, cocher la (les) proposition(s) correcte(s) :

a. **VRAI** : Le rayon covalent diminue quand le numéro atomique augmente.

b. **VRAI** : L'énergie d'ionisation augmente quand le numéro atomique augmente, sauf pour le bore et l'oxygène.

c. **FAUX** : L'électronégativité évolue dans le sens opposé de l'énergie d'ionisation.
Explication : L'électronégativité évolue dans le même sens que l'énergie d'ionisation.

d. **VRAI** : L'électronégativité est l'aptitude d'un atome à gagner des électrons.

e. **FAUX** : Toutes les réponses sont exactes.
Explication : La réponse C est fausse.

11. Concernant l'origine de la liaison covalente, cocher la (les) proposition(s) correcte(s) :

a. **FAUX** : Une liaison est possible quand elle permet d'augmenter l'énergie du systèmExplication : Une liaison est possible quand elle permet d'abaisser l'énergie du système.

b. **VRAI** : La stabilisation pour une liaison covalente est la plus grande pour une distance de 0,074 nm.

c. **FAUX** : Dans le cas d'une liaison covalente hétérolytique l'atome donneur d'électrons est un acide de Lewis et l'atome accepteur d'électrons une base de Lewis.
Explication : L'atome donneur d'électrons est une base de Lewis, l'accepteur d'électrons est un acide de Lewis.

d. **FAUX** : La règle de l'octet est toujours respectée pour les atomes de la troisième période.
Explication : Les atomes de la troisième période peuvent se lier théoriquement à 18 électrons.

e. **FAUX** : Aucune réponse n'est exacte.
Explication : La réponse B est exacte.

12. Concernant la théorie VSEPR, cocher la (les) proposition(s) correcte(s) :

a. **FAUX** : Les paires d'électrons se placent pour maximiser la répulsion.
Explication : Les paires d'électrons se placent pour minimiser la répulsion.

b. **VRAI** : Dans la notation ALnEm A désigne l'atome central, Ln le nombre d'atomes voisins et Em le nombre de paires d'électrons non liants.

c. **VRAI** : Si un atome est entouré par en total deux atomes voisins ou paires d'électrons non liants, l'ensemble adopte une géométrie linéaire.

d. **VRAI** : Dans le cas d'une géométrie trigonale plane, on retrouve un angle de 120° entre les différentes liaisons.

e. **FAUX** : Un ensemble d'atomes liés adoptent une géométrie tétraédrique si l'atome central est entouré par au total 3 atomes voisins ou doublets d'électrons non liants.
Explication : Un ensemble d'atomes liés adoptent une géométrie tétraédrique si l'atome central est entouré par au total 4 atomes voisins ou doublets d'électrons non liants.

13. Concernant les notions d'orbitales moléculaires, cocher la (les) proposition(s) correcte(s) :

a. **VRAI** : Plus les liaisons sont multiples, plus elles sont solides.

b. **VRAI** : Plus les liaisons sont solides, plus elles sont courtes.

c. **VRAI** : L'orbitale moléculaire définit la région contenant l'électron avec une très haute probabilité.

d. **VRAI** : Ordre de liaison = (Nombre d'électrons liants - Nombre d'électrons antiliants)/ 2

e. **VRAI** : Plus l'ordre de liaison est grand, plus la liaison est forte.

14. Concernant les molécules polyatomiques, cocher la (les) proposition(s) correcte(s) :

a. **VRAI** : Pour une hybridation sp on a 180° entre les deux atomes liants.

b. **VRAI** : Si la molécule prend une géométrie trigonale plane, on a une hybridation sp2.

c. **VRAI** : Dans le cas d'une géométrie tétraédrique il ne reste pas d'orbitale atomique intacte.

d. **VRAI** : Les orbitales atomiques représentent une approximation de la réalité.

e. **FAUX** : Dans le cas d'une hybridation sp2 on a 109°30' entre les 4 atomes liants.
Explication : Dans le cas d'une hybridation sp2 on a 120° entre les 3 atomes liants.

15. Concernant les molécules conjuguées, cocher la (les) proposition(s) correcte(s) :

a. **FAUX** : On observe uniquement une conjugaison des molécules dans le cas d'alternances psp.
Explication : On observe aussi une conjugaison dans le cas d'une alternance psp.

b. **VRAI** : Une double liaison est plus courte qu'une liaison simple.

c. **FAUX** : Le système p est parallèle au squelette s plan.
Explication : Le système p est perpendiculaire au squelette s plan.

d. **VRAI** : La forme mésomère la plus représentative présente le plus de liaisons p.

e. **VRAI** : L'énergie de résonance est habituellement d'à peu près une dizaine de kJ/mol.

16. Concernant l'écriture des formes mésomères, cocher la (les) proposition(s) correcte(s) :

a. **FAUX** : Des formes mésomères équivalentes traduisent une stabilité amoindrie.
Explication : Des formes mésomères équivalentes traduisent une stabilité accrue.

b. **VRAI** : À même nombre de liaisons p les formes sans séparation de charge sont les plus représentatives.

c. **VRAI** : La forme à séparation de charges la plus représentative est celle ou la délocalisation d'un doublet est la plus grande.
d. **FAUX** : À même nombre de liaisons p les formes avec séparation de charge sont les plus représentatives.
Explication : Voir réponse B.
e. **FAUX** : La forme à séparation de charges la plus représentative est celle ou la délocalisation d'un doublet est la plus petite.
Explication : Voir réponse C.

17. Concernant les molécules aromatiques, cocher la (les) proposition(s) correcte(s) :
a. **FAUX** : Pour être aromatique un composé n'a pas le droit de contenir de cycles aromatiques.
Explication : D'après la règle de Hückel un composé doit présenter un ou plusieurs cycles pour être aromatique.
b. **VRAI** : Pour être aromatique un composé doit posséder un squelette s plan.
c. **VRAI** : Pour être aromatique un composé doit avoir (4n +2) électrons impliqués dans le système conjugué, n étant un nombre entier positif.
d. **VRAI** : Les composés aromatiques ont une énergie de résonance importante.
e. **FAUX** : L'aromaticité confère une faible stabilité.
Explication : L'aromaticité confère une grande stabilité.

18. Concernant la polarisation des liaisons, cocher la (les) proposition(s) correcte(s) :
a. **FAUX** : Le moment dipolaire augmente quand la différence d'électronégativité diminu
Explication : Le moment dipolaire diminue quand la différence d'électronégativité diminue.
b. **FAUX** : Si la différence d'électronégativité entre deux atomes liés devient trop grande on observe le cas limite de la liaison covalente.
Explication : Si la différence d'électronégativité entre deux atomes liés devient trop grande on observe le cas limite de la liaison ionique.
c. **FAUX** : La somme des degrés d'oxydation correspond à la charge partielle de l'édifice.
Explication : La somme des degrés d'oxydation correspond à la charge globale de l'édifice.
d. **VRAI** : La polarisation résulte d'une différence d'électronégativité entre les 2 atomes liés.
e. **VRAI** : Dans la notation du degré d'oxydation, l'atome le plus électronégatif reçoit - 1, le plus électronégatif reçoit plus 1.

19. Concernant l'effet inductif, cocher la (les) proposition(s) correcte(s) :
a. **FAUX** : Dans la symbolisation de l'effet inductif, la flèche est orientée vers l'atome le mois électronégatif.
Explication : Dans la symbolisation de l'effet inductif, la flèche est orientée vers l'atome le plus électronégatif.
b. **VRAI** : Les cations comptent parmi les meilleurs groupes inductifs attracteurs.
c. **FAUX** : Les halogènes sont des groupements inductifs donneurs.
Explication : Les halogènes sont des groupements inductifs attracteurs.
d. **VRAI** : Les anions sont des groupements inductifs donneurs.
e. **FAUX** : Toutes les réponses sont exactes.
Explication : Les réponses A et C sont fausses.

20. Concernant l'effet mésomère, cocher la (les) proposition(s) correcte(s) :

a. VRAI : L'effet mésomère peut se transmettre à l'ensemble d'une molécule.

b. VRAI : Un bon mésomère accepteur doit attirer des électrons.

c. VRAI : Un bon mésomère donneur doit repousser des électrons.

d. VRAI : L'effet mésomère l'emporte sur l'effet inductif sauf pour les halogènes.

e. VRAI : Toutes les réponses sont exactes.

21. Concernant les liaisons chimiques, cocher la (les) proposition(s) correcte(s) :

a. VRAI : Une molécule conjuguée possède plusieurs représentations de Lewis dites mésomères.

b. VRAI : L'énergie de résonance est la différence d'énergie entre l'entité réelle et la plus stable des structures hypothétiques.

c. FAUX : Une molécule peut être aromatique en ayant un système partiellement conjugué.
Explication : Une molécule est uniquement aromatique quand le système est complètement conjugué.

d. VRAI : L'effet inductif polarise les liaisons s.

e. VRAI : L'effet mésomère les liaisons p.

22. Concernant les liaisons chimiques, cocher la (les) proposition(s) correcte(s) :

a. VRAI : Le nombre quantique secondaire p détermine la forme et l'énergie de la sous-couche de l'orbitale atomique.

b. VRAI : D'après le principe d'exclusion de Pauli deux électrons ne peuvent avoir le même état quantique.

c. FAUX : D'après le principe de Hund les électrons remplissent le maximum d'orbitales atomiques avec des spins antiparallèles.
Explication : D'après le principe de Hund les électrons remplissent le maximum d'orbitales atomiques avec des spins parallèles.

d. VRAI : Les éléments d'une même colonne ont des propriétés proches.

e. VRAI : Les formes limite tiennent compte de l'électronégativité des atomes et traduisent la polarisation des liaisons.

23. Concernant les liaisons chimiques, cocher la (les) proposition(s) correcte(s) :

a. FAUX : L'histidine est un acide selon la théorie HSAB.
Explication : L'histidine est une base intermédiaire selon la théorie HSAB.

b. FAUX : Un acide de Lewis est un donneur de doublets d'électrons.
Explication : Un acide de Lewis est un accepteur de doublets d'électrons.

c. FAUX : Un acide de Brönsted est un accepteur de protons.
Explication : Un acide de Brönsted est un donneur de protons.

d. FAUX : La polarisation d'une liaison est indépendante de l'électronégativité des atomes.
Explication : La polarisation d'une liaison est la répartition des électrons selon l'électronégativité des atomes.

e. VRAI : Aucune réponse n'est exacte.

24. Concernant les liaisons chimiques, cocher la (les) proposition(s) correcte(s):

a. **FAUX**: La polarisabilité est la répartition des électrons selon l'électronégativité des atomes.
Explication: La polarisabilité correspond à l'aptitude du nuage électronique à se déformer.

b. **FAUX**: Les éléments mous sont peu polarisables.
Explication: Les éléments mous sont très polarisables.

c. **VRAI**: L'électronégativité et l'énergie d'ionisation évoluent de la même façon en fonction du numéro atomique des éléments.

d. **VRAI**: L'électronégativité et le rayon covalent évoluent de façon inverse en fonction du numéro atomique des éléments.

e. **VRAI**: Les éléments d'une même période possèdent le même nombre quantique n.

25. Concernant les liaisons chimiques, cocher la (les) proposition(s) correcte(s):

a. **FAUX**: Une molécule est paramagnétique si elle n'a pas d'électrons célibataires.
Explication: Une molécule est diamagnétique si elle n'a pas d'électrons célibataires.

b. **VRAI**: La polarisabilité augmente avec le déplacement des électrons et la taille.

c. **FAUX**: L'électronégativité correspond à la tendance d'un atome à repousser les électrons.
Explication: L'électronégativité correspond à la tendance d'un atome à attirer les électrons.

d. **FAUX**: La forme mésomère à séparation de charges la plus représentative est celle qui correspond à la plus petite délocalisation.
Explication: La forme mésomère à séparation de charges la plus représentative est celle qui correspond à la plus grande délocalisation.

e. **FAUX**: Aucune réponse n'est exacte.
Explication: La réponse B est vraie.

26. Concernant les liaisons chimiques, cocher la (les) proposition(s) correcte(s):

a. **FAUX**: Pour un ion la couche 4s se vide avant la couche 3d.
Explication: Pour un ion la couche 3d se vide avant la couche 4s.

b. **VRAI**: Si l'acide est fort et instable sa base conjuguée est faible et stable.

c. **VRAI**: Si l'acide est faible et stable sa base conjuguée est forte et instable.

d. **VRAI**: n définit la couche et le volume de l'orbitale atomique.

e. **FAUX**: Toutes les réponses sont exactes.
Explication: La réponse A est fausse.

27. Concernant les liaisons chimiques, cocher la (les) proposition(s) correcte(s):

a. **VRAI**: m définit l'orientation de l'orbitale atomique dans la sous-couche.

b. **VRAI**: s détermine le spin de l'électron

c. **FAUX**: Si le moment dipolaire d'une molécule est nul, la molécule est polairExplication: Si le moment dipolaire d'une molécule est nul, la molécule n'est pas polaire.

d. **VRAI**: Plus une molécule est polaire, plus elle est soluble.

e. **FAUX**: Toutes les réponses sont exactes.
Explication: La réponse C est fausse.

28. Concernant les liaisons chimiques, cocher la (les) proposition(s) correcte(s):

a. **VRAI**: Une forme neutre est moins soluble qu'une forme chargée.

b. **VRAI**: Une espèce radicalaire est une espèce respectant la règle de l'octet.

c. **FAUX**: Les deux atomes d'azote sont en configuration trigonale plane.
Explication: Les deux atomes d'azote sont en configuration tétraèdrique.

d. **VRAI**: Tous les atomes carbone de la molécule sont en configuration sp3.

e. **FAUX**: Toutes les réponses sont exactes.
Explication: La réponse C est fausse.

29. Concernant les liaisons chimiques, cocher la (les) proposition(s) correcte(s):

a. **FAUX**: Le composé méthane a une géométrie linéaire.
Explication: Le composé méthane a une géométrie tétraèdrique car le C est sous forme AL4.

b. **VRAI**: Les deux azotes ont la même hybridation.

c. **FAUX**: Les deux atomes d'azote ont des doublets non liants dans une orbitale p.
Explication: L'atome d'azote de configuration AL2E1 a son doublet non liant dans une orbitale sp2.

d. **VRAI**: La molécule contient des cycles aromatiques.

e. **VRAI**: Le cycle benzène de la molécule est plan.

30. Concernant les liaisons chimiques, cocher la (les) proposition(s) correcte(s):

a. **FAUX**: L'atome carbone du composé méthane a un degré d'oxydation de +2.
Explication: L'atome carbone du composé méthane a un degré d'oxydation de -2.

b. **VRAI**: L'atome oxygène a un degré d'oxydation de -2.

c. **FAUX**: L'atome carbone lié à l'oxygène a un degré d'oxydation nul.
Explication: L'atome carbone lié à l'oxygène a un degré d'oxydation de -3.

d. **FAUX**: L'atome chlore a un degré d'oxydation de +1.
Explication: L'atome chlore a un degré d'oxydation de -1.

e. **FAUX**: Aucune réponse n'est exacte.
Explication: La réponse B est exacte.

31. Concernant les caractéristiques d'un système, cocher la (les) proposition(s) correcte(s):

a. **FAUX**: Dans un système thermodynamique ouvert il n'existe aucun échange.
Explication: Dans un système thermodynamique ouvert il existe des échanges d'énergie et de matière.

b. **VRAI**: Dans un système fermé il y a uniquement des échanges d'énergie.

c. **FAUX**: Dans un système thermodynamique isolé il existe des échanges d'énergie et de matière.
Explication: Dans un système thermodynamique isolé il n'existe aucun échange.

d. **FAUX**: Les systèmes macroscopiques sont régis par les lois statiques.
Explication: Les systèmes microscopiques sont régis par les lois statiques.

e. **FAUX**: Aucune réponse n'est exacte.
Explication: La réponse B est exacte.

32. Concernant les caractéristiques d'un système, cocher la (les) proposition(s) correcte(s):

a. **FAUX**: Une fonction d'état est indépendante de l'état du système.
Explication: Une fonction d'état ne dépend que de l'état du système.

b. **VRAI**: Arrivé à l'état d'équilibre thermodynamique le système n'échange plus rien avec l'extérieur.

c. **FAUX**: À l'équilibre la valeur d'état d'un système est variable dans le temps et l'espace.
Explication: À l'équilibre la valeur d'état d'un système est constante dans le temps et l'espace.

d. **VRAI**: La température est une variable d'état.

e. **VRAI**: La pression est une variable d'état.

33. Concernant le premier principe de la thermodynamique, cocher la (les) proposition(s) correcte(s):

a. **FAUX**: Les parois du tube des jonctions communicantes sont formées par 12 connexines.
Explication: Les parois du tube des jonctions communicantes sont formées par 6 connexines.

b. **VRAI**: Les jonctions à interstice permettent la communication chimique entre les cellules voisines.

c. **FAUX**: Les jonctions adhérentes sont exclusivement zonulaires.
Explication: Les jonctions adhérentes sont soit zonulaires, soit maculaires.

d. **FAUX**: Les desmosomes sont des jonctions adhérentes zonulaires.
Explication: Les desmosomes sont des jonctions adhérentes maculaires.

e. **FAUX**: Aucune réponse n'est exacte.
Explication: La réponse B est exacte.

34. Concernant l'état standard, cocher la (les) proposition(s) correcte(s):

a. **VRAI**: Les conditions dans l'état standard sont: $P = 1$ atm; $T = Cte$; $[C] = 1$ mol/L

b. **FAUX**: La fusion est une réaction exothermique.
Explication: La fusion est un procédé endothermique.

c. **FAUX**: Lors d'une vaporisation $\Delta rH° < 0$.
Explication: Lors d'une vaporisation $\Delta rH° > 0$.

d. **VRAI**: Lors d'une solidification un liquide devient un solide.

e. **VRAI**: La liquéfaction est une réaction exothermique.

35. Concernant l'enthalpie, cocher la (les) proposition(s) correcte(s):

a. **VRAI**: $\Delta fH°$ est l'enthalpie de la réaction de la formation d'une mole de composé dans son état standard, à partir des corps simples pris dans leur état standard de référence.

b. **VRAI**: $\Delta rH° = \Delta fH°(\text{produit}) - \Delta fH°(\text{réactif})$ d'après la loi de Hess.

c. **VRAI**: L'énergie de liaison équivaut à une enthalpie.

d. **VRAI**: L'énergie de liaison est l'énergie libérée lors de la formation d'une liaison covalente d'un produit à l'état gazeux à partir de deux atomes à l'état gazeux à $P = 1$ atm.

e. **VRAI**: Toutes les réponses sont exactes.

36. Concernant l'évolution spontanée d'un système, cocher la (les) proposition(s) correcte(s):

a. FAUX : Une transformation est spontanée quand elle nécessite un apport d'énergie du milieu extérieur pour se produire.
Explication : Une transformation est spontanée quand elle se produit sans apport d'énergie du milieu extérieur.

b. FAUX : Un système isolé évolue spontanément vers son état le plus hétérogène et ordonné.
Explication : Un système isolé évolue spontanément vers son état le plus homogène et désordonné.

c. FAUX : Spontanément un système évolue vers un état de déséquilibr
Explication : Spontanément un système évolue vers un état d'équilibre.

d. FAUX : L'entropie S augmente avec l'ordre.
Explication : L'entropie S augmente avec le désordre.

e. VRAI : Aucune réponse n'est exacte.

37. Concernant l'enthalpie libre, cocher la (les) proposition(s) correcte(s):

a. FAUX : $\Delta rG = \Delta S - T\Delta rH$
Explication : $\Delta rG = \Delta rH - T\Delta S$

b. VRAI : Si $dG = 0$ la transformation thermomécanique est réversible.

c. FAUX : Quand $dG > 0$ la transformation est réversible.
Explication : Quand $dG > 0$ la transformation est irréversible.

d. VRAI : Si $dG > 0$ alors il n'y a pas de transformation.

e. FAUX : Toutes les réponses sont exactes.
Explication : Les réponses A et C sont fausses.

38. Concernant l'enthalpie libre, cocher la (les) proposition(s) correcte(s):

a. VRAI : $\Delta rG = \Delta rG° + RT\ln(G)$

b. FAUX : Si $\Delta rG < 0$ alors le système connaît une évolution spontanée dans le sens 2.
Explication : Si $\Delta rG < 0$ alors le système connaît une évolution spontanée dans le sens 1.

c. FAUX : Si $\Delta rG > 0$ alors le système connaît une évolution spontanée dans le sens 1.
Explication : Si $\Delta rG > 0$ alors le système connaît une évolution spontanée dans le sens 2.

d. FAUX : Si $\Delta rG < 0$ alors la réaction est endergonique.
Explication : Si $\Delta rG < 0$ alors la réaction est exergonique.

e. FAUX : Si $\Delta rG > 0$ alors la réaction est exergonique.
Explication : Si $\Delta rG > 0$ alors la réaction est endergonique.

39. Concernant l'enthalpie libre, cocher la (les) proposition(s) correcte(s):

a. VRAI : $\Delta rG°'pH = RT\ln[H30+]$

b. FAUX : $\Delta rG°'pH = \Delta rG° - 2{,}3RT\ln(pH)$
Explication : $\Delta rG°'pH = \Delta rG° - 2{,}3RTpH$

c. VRAI : Les conditions standard biologiques sont différentes des conditions cellulaires.

d. VRAI : $\Delta rG° = \Delta fG°(\text{produit}) - \Delta fG°(\text{réactif})$

e. FAUX : Toutes les réponses sont exactes.
Explication : La réponse B est fausse.

40. Concernant les états stationnaires, cocher la (les) proposition(s) correcte(s) :

- **a. VRAI** : Un système est dans un état stationnaire quand sa composition ne varie pas dans le temps.
- **b. FAUX** : $\Delta rG° = RTln(K)$
  Explication : $\Delta rG° = -RTln(K)$
- **c. FAUX** : K dépend des conditions initiales.
  Explication : K est indépendant des conditions initiales.
- **d. VRAI** : K dépend uniquement de la température.
- **e. FAUX** : Toutes les réponses sont exactes.
  Explication : Les réponses B et C sont exactes.

41. Concernant les états stationnaires, cocher la (les) proposition(s) correcte(s) :

- **a. FAUX** : Les parois du tube des jonctions communicantes sont formées par 12 connexines.
  Explication : Les parois du tube des jonctions communicantes sont formées par 6 connexines.
- **b. VRAI** : Les jonctions à interstice permettent la communication chimique entre les cellules voisines.
- **c. FAUX** : Les jonctions adhérentes sont exclusivement zonulaires.
  Explication : Les jonctions adhérentes sont soit zonulaires, soit maculaires.
- **d. FAUX** : Les desmosomes sont des jonctions adhérentes zonulaires.
  Explication : Les desmosomes sont des jonctions adhérentes maculaires.
- **e. FAUX** : Aucune réponse n'est exacte.
  Explication : La réponse B est exacte.

42. Concernant les états stationnaires, cocher la (les) proposition(s) correcte(s) :

- **a. VRAI** : $\Delta rG°'pH = \Delta rG°$ (+ ou -) $RTln[H30+]$
- **b. FAUX** : $\Delta rG°' = -RTln(K)$
  Explication : $\Delta rG°' = -RTln(K')$
- **c. FAUX** : D'après la loi de Hess tout système à l'équilibre soumis à une perturbation évolue de façon à modérer cette perturbation.
  Explication : D'après le principe de Le Chatelier tout système à l'équilibre soumis à une perturbation évolue de façon à modérer cette perturbation.
- **d. VRAI** : D'après le principe de Le Chatelier un système réagit dans le sens qui réduit une perturbation jusqu'à atteindre un nouvel état d'équilibre.
- **e. FAUX** : Aucune réponse n'est exacte.
  Explication : Les réponses A et D sont exactes.

43. Concernant les états stationnaires, cocher la (les) proposition(s) correcte(s) :

- **a. VRAI** : Si la température augmente l'équilibre est déplacé dans le sens endothermique.
- **b. VRAI** : Si la température augmente l'équilibre est déplacé dans le sens exothermique.
- **c. VRAI** : $ln(K) = -(\Delta rH°/R)(1/T) + (\Delta rS°/R)$
- **d. VRAI** : $ln(K2/K1) = -(\Delta rH°/R)(1/T2 - 1/T1)$
- **e. VRAI** : Toutes les réponses sont exactes.

44. Concernant les états stationnaires, cocher la (les) proposition(s) correcte(s) :

a. FAUX : $lnK' = (\Delta rS°'/R) + (\Delta rH°/RT)$
Explication : $lnK' = (\Delta rS°'/R) - (\Delta rH°/RT)$

b. VRAI : Pour qu'une réaction soit réversible G doit être égal à K.

c. FAUX : $\Delta rG°'pH = RTln[H3O+]$
Explication : $\Delta rG°'pH = \Delta rG°$ (+ ou -) $RTln[H3O+]$

d. VRAI : K évolue exclusivement avec la température.

e. FAUX : $\Delta rG = \Delta rG° + RTlnK$
Explication : $\Delta rG = \Delta rG° + RTlnG$

45. Concernant les états stationnaires, cocher la (les) proposition(s) correcte(s) :

a. VRAI : À l'équilibre $\Delta rG = 0$.

b. FAUX : Un système fermé échange de la matière avec le milieu extérieur.
Explication : Un système fermé échange uniquement de l'énergie avec le milieu extérieur.

c. VRAI : $K = exp(-\Delta rG°/RT)$

d. VRAI : $\Delta rG°' = -RTln(K')$

e. FAUX : Toutes les réponses sont exactes.
Explication : La réponse B est fausse.

46. Concernant les états stationnaires, cocher la (les) proposition(s) correcte(s) :

a. FAUX : Énergie libérée > 0.
Explication : Énergie libérée < 0.

b. VRAI : Lorsqu'un système évolue vers l'équilibre, ΔrG diminue et ΔS augmente.

c. VRAI : La loi de Van't Hoff permet de calculer l'évolution de K en fonction de l'évolution de la température.

d. FAUX : Un système ouvert n'échange rien avec le milieu extérieur.
Explication : Un système ouvert échange de la matière et de l'énergie avec le milieu extérieur.

e. VRAI : Dans les conditions standard biologiques température = 298 K ; pression = 1 bar, [C] = 1 mol/L sauf [H3O+] = 10^-7 car pH =7.

47. Concernant les états stationnaires, cocher la (les) proposition(s) correcte(s) :

a. VRAI : L'enthalpie a pour unité le kJ/mol.

b. FAUX : L'entropie a pour unité le K/mol.
*Explication : L'entropie a pour unité le J/(K*mol)*

c. FAUX : L'enthalpie libre a pour unité le mol/kJ.
Explication : L'enthalpie libre a pour unité le kJ/mol.

d. VRAI : L'enthalpie et l'enthalpie libre ont les mêmes unités.

e. VRAI : L'entropie et l'enthalpie ont des unités différentes.

48. Concernant les états stationnaires, cocher la (les) proposition(s) correcte(s) :

a. VRAI : $pKa = -\log(Ka)$

b. VRAI : K' = K (* ou/) [H30+]

c. FAUX : L'enthalpie d'un corps simple dans son état de référence dépend de la nature du corps simple.
Explication : L'enthalpie de tout corps simple dans son état de référence est de 0 kJ/mol.

d. **VRAI** : Lors d'une augmentation de température l'équilibre est atteint plus rapidement.
e. **FAUX** : Toutes les réponses sont exactes.
Explication : La réponse C est fausse.

49. Concernant les états stationnaires, cocher la (les) proposition(s) correcte(s) :
a. **FAUX** : ΔH(liquéfaction) = ΔH(vaporisation)
Explication : ΔH(liquéfaction) = - ΔH(vaporisation)
b. **VRAI** : ΔH(sublimation) = - ΔH(condensation)
c. **VRAI** : ΔH(solidification) = - ΔH(fusion)
d. **FAUX** : K est une fonction décroissante de température si $\Delta rH > 0$.
Explication : K est une fonction croissante de la température si $\Delta rH > 0$.
e. **FAUX** : K est une fonction croissante de la température si $\Delta rH < 0$.
Explication : K est une fonction décroissante de la température si $\Delta rH < 0$.

50. Concernant les états stationnaires, cocher la (les) proposition(s) correcte(s) :
a. **VRAI** : L'enthalpie libre varie si la température varie.
b. **VRAI** : Si un élément est consommé il est un réactif et non pas un catalyseur.
c. **FAUX** : La rupture d'une liaison phosphodiester est peu énergétique.
Explication : La rupture d'une liaison phosphodiester est particulièrement énergétique (environ 30 kJ/mol).
d. **VRAI** : Dans les conditions standard biologiques $\Delta rG' = \Delta rG°'$.
e. **FAUX** : Toutes les réponses sont exactes.
Explication : La réponse C est fausse.

51. Concernant les associations intermoléculaires, cocher la (les) proposition(s) correcte(s) :
a. **VRAI** : Les molécules amphiphiles à une chaîne hydrophobe forment surtout des micelles.
b. **FAUX** : Les molécules amphiphiles à deux chaînes hydrophobes forment toujours des micelles.
Explication : Les molécules amphiphiles à deux chaînes hydrophobes forment des bicouches.
c. **VRAI** : La force de la liaison de coordination se situe entre celle de la liaison covalente et celle de la liaison ionique.
d. **FAUX** : L'effet chélate est un effet de forte stabilité d'origine essentiellement enthalpique qui implique un ligand polydente.
Explication : L'effet chélate est d'origine essentiellement entropique.
e. **VRAI** : L'interaction charge-charge est la plus forte des liaisons faibles.

52. Concernant les associations intermoléculaires, cocher la (les) proposition(s) correcte(s) :
a. **FAUX** : La géométrie octaèdrique s'obtient quand un métal est entouré de huit ligands.
Explication : La géométrie octaèdrique s'obtient quand un métal est entouré de six ligands.
b. **VRAI** : On parle d'interaction hydrophobe car il n'y a pas de liaison entre les atomes.
c. **FAUX** : Le métal de coordination change son degré d'oxydation suite à la liaison aux ligands.
Explication : Le métal de coordination garde son degré d'oxydation initial.
d. **FAUX** : Le métal est une base de Lewis, les ligands des acides de Lewis.
Explication : Le métal est un acide de Lewis, les ligands des bases de Lewis.

e. **FAUX** : Aucune réponse n'est exacte.
Explication : La réponse B est exacte.

53. Concernant les associations intermoléculaires, cocher la (les) proposition(s) correcte(s) :
a. **VRAI** : La force d'interaction d'une liaison faible diminue quand la distance augmente.
b. **FAUX** : Au maximum : (électrons de valence) + ligands*2 = 12 électrons.
*Explication : Au maximum : (électrons de valence) + ligands*2 = 18 électrons.*
c. **FAUX** : Un complexe tétra coordonné peut uniquement avoir la forme d'un tétraèdre.
Explication : Un complexe tétra coordonné peut aussi avoir la forme d'un plan carré.
d. **FAUX** : La structure primaire des protéines se forme grâce à des liaisons faibles.
Explication : La structure primaire des protéines se forme grâce à des liaisons covalentes.
e. **FAUX** : Aucune réponse n'est exacte.
Explication : La réponse A est exacte.

54. Concernant les associations intermoléculaires, cocher la (les) proposition(s) correcte(s) :
a. **FAUX** : Les structures secondaires, tertiaires et quaternaires des protéines se forment grâce à des liaisons covalentes tertiaires et quaternaires des protéines se forment grâce à des liaisons covalentes.
Explication : Les structures secondaires, tertiaires et quaternaires des protéines se forment grâce à des liaisons faibles.
b. **FAUX** : Les interactions à petites distances et avec recouvrement d'orbitale atomique et d'orbitale moléculaire sont des interactions faibles.
Explication : Les interactions à grandes distances et sans recouvrement d'orbitale atomique ni d'orbitale moléculaire sont des interactions faibles.
c. **VRAI** : Les interactions faibles s'opposent à la déformation et la coupure des liaisons par agitation thermique.
d. **VRAI** : La force d'une interaction charge-charge augmente quand la permittivité du milieu diminue.
e. **FAUX** : Dans un milieu polaire la permittivité est petite.
Explication : Dans un milieu polaire la permittivité est grande.

55. Concernant les associations intermoléculaires, cocher la (les) proposition(s) correcte(s) :
a. **FAUX** : La polarisabilité diminue avec la taille d'un ion.
Explication : La polarisabilité augmente avec la taille d'un ion.
b. **VRAI** : La polarisabilité représente l'aptitude d'un nuage électronique à se déformer.
c. **VRAI** : La polarisabilité augmente avec la délocalisation des électrons.
d. **VRAI** : La force d'une interaction charge-charge diminue quand la distance entre les charges augmente.
e. **FAUX** : Toutes les réponses sont exactes.
Explication : La réponse A est fausse.

56. Concernant les associations intermoléculaires, cocher la (les) proposition(s) correcte(s) :
a. **VRAI** : La température d'ébullition augmente avec la taille.
b. **FAUX** : La liaison H est une liaison électrostatistique qui se fait entre un atome hydrogène et des atomes moins électronégatifs.

Explication : La liaison H est une liaison électrostatistique qui se fait entre un atome hydrogène et des atomes plus électronégatifs.

c. **FAUX** : Une liaison H a une force de moins de 10 kJ/mol.
Explication : Une liaison H possède une force entre 10 kJ/mol et 40 kJ/mol.

d. **VRAI** : La cohésion du cristal pour l'eau en phase solide se fait grâce aux liaisons H.

e. **FAUX** : Dans un liquide les liaisons H ne rompent jamais.
Explication : Dans un liquide les liaisons H sont sans cesse rompues et reformées.

57. Concernant les associations intermoléculaires, cocher la (les) proposition(s) correcte(s) :

a. **VRAI** : On peut avoir jusqu'à 4 liaisons H par molécule de H_2O.

b. **VRAI** : Si l'eau est l'état solide les molécules d'H_2O forment un maximum de liaisons H.

c. **FAUX** : Si l'eau est à l'état solide les molécules d'H_2O se placent en sorte qu'il y ait un maximum de répulsions.
Explication : Si l'eau est à l'état solide les molécules d'H_2O se placent en sorte qu'il y ait un minimum de répulsions.

d. **FAUX** : Les liaisons H sont exclusivement intermoléculaires.
Explication : Les liaisons H peuvent être inter- ou intramoléculaires.

e. **FAUX** : Toutes les réponses sont exactes.
Explication : Les réponses C et D sont fausses.

58. Concernant les associations intermoléculaires, cocher la (les) proposition(s) correcte(s) :

a. **VRAI** : L'eau est un solvant très polaire de permittivité forte.

b. **VRAI** : L'H_2O est une base de Lewis.

c. **VRAI** : L'eau favorise l'ionisation des molécules à liaisons polarisées.

d. **VRAI** : L'eau solvate les ions.

e. **VRAI** : Toutes les réponses sont exactes.

59. Concernant les associations intermoléculaires, cocher la (les) proposition(s) correcte(s) :

a. **FAUX** : Une dissolution est spontanée si l'enthalpie de dissolution est positive.
Explication : Une dissolution est spontanée si l'enthalpie de dissolution est négative.

b. **VRAI** : L'effet hydrophobe amène une contribution enthalpique assez faible (de l'ordre d'une interaction de Van der Waals)

c. **FAUX** : L'effet hydrophobe a un faible coût entropique.
Explication : L'effet hydrophobe a un coût entropique important.

d. **VRAI** : Dans l'eau les molécules apolaires s'associent pour minimiser le coût entropique.

e. **FAUX** : Dans l'eau les protéines externalisent les résidus apolaires.
Explication : Dans l'eau les protéines externalisent les résidus polaires.

60. Concernant les associations intermoléculaires, cocher la (les) proposition(s) correcte(s) :

a. **FAUX** : Les acides et bases durs sont des éléments grands.
Explication : Les acides et bases durs sont des éléments petits.

b. **FAUX** : Les acides et bases durs sont très polarisables.
Explication : Les acides et bases durs sont peu polarisables.

c. **VRAI** : Les bases et acides mous sont de gros éléments.

d. **VRAI** : Les bases et acides mous sont très polarisables.

e. **VRAI** : Les bases et acides mous sont peu électronégatifs.

61. Concernant l'isomérie, cocher la (les) proposition(s) correcte(s) :

- **a. FAUX** : Deux isomères ont une formule brute différente mais une structure identique.
  Explication : Deux isomères ont la même formule brute mais une structure différente.
- **b. VRAI** : Deux isomères de constitution ont un enchaînement d'atomes différent.
- **c. FAUX** : Deux stéréoisomères ont un arrangement spatial identique.
  Explication : Deux stéréoisomères ont un arrangement spatial différent.
- **d. VRAI** : Deux stéréoisomères de conformation sont identiques après rotation autour d'une liaison simple-
- **e. VRAI** : Deux stéréoisomères de configuration restent différents après rotation autour d'une liaison simple-

62. Concernant l'isomérie, cocher la (les) proposition(s) correcte(s) :

- **a. VRAI** : Deux isomères de constitution ont des propriétés physique et chimique différente.
- **b. FAUX** : La tautomérie est la transformation d'un groupement fonctionnel en un autre par déplacement d'un atome d'oxygène.
  Explication : La tautomérie est la transformation d'un groupement fonctionnel en un autre par déplacement d'un atome d'hydrogène.
- **c. FAUX** : On peut passer d'un isomère de configuration à un autre par rotation simple autour d'une liaison.
  Explication : Pour passer d'un isomère de configuration à un autre il faut rompre des liaisons.
- **d. FAUX** : Dans la représentation de Newman la forme la plus stable est la forme éclipse.
  Explication : Dans la représentation de Newman la forme la plus stable est la forme décalée.
- **e. FAUX** : Énantiomères et diastéréoisomères sont des stéréoisomères de conformation.
  Explication : Énantiomères et diastéréoisomères sont des stéréoisomères de configuration.

63. Concernant l'isomérie, cocher la (les) proposition(s) correcte(s) :

- **a. VRAI** : Un objet est chiral quand il n'est pas superposable à son image dans un miroir.
- **b. VRAI** : Deux objets chiraux sont énantiomères s'ils sont l'image l'un de l'autre dans un miroir.
- **c. VRAI** : La chiralité d'une molécule en solution se caractérise par une propriété physique : l'activité optique.
- **d. VRAI** : Une substance optiquement active dévie le faisceau de lumière polarisée d'un angle a.
- **e. VRAI** : Toutes les réponses sont exactes.

64. Concernant l'isomérie, cocher la (les) proposition(s) correcte(s) :

- **a. VRAI** : Si $a > 0$ la déviation se fait vers la droite et la molécule notée (+) est dextrogyre.
- **b. VRAI** : Si $a < 0$ la déviation se fait vers la gauche et la molécule notée (-) est lévogyre.
- **c. VRAI** : Deux énantiomères ont des pouvoirs rotatoires spécifiques égaux en valeur absolue mais des signes opposés.
- **d. FAUX** : Dans la projection de Fischer les liaisons latérales sont derrière.
  Explication : Dans la projection de Fischer les liaisons latérales sont devant.
- **e. FAUX** : Dans la projection de Fischer les liaisons verticales sont devant.
  Explication : Dans la projection de Fischer les liaisons verticales sont derrière.

65. Concernant l'isomérie, cocher la (les) proposition(s) correcte(s):

a. **FAUX**: Dans la projection de Fischer la chaîne carbonée la moins longue est représentée en verticale.
Explication: Dans la projection de Fischer la chaîne carbonée la plus longue est représentée en verticale.

b. **FAUX**: Pour les sucres la configuration D ou L réfère à la position du premier OH.
Explication: Pour les sucres la configuration D ou L réfère à la position de l'avant dernier OH.

c. **FAUX**: Tous les oses habituels appartiennent à la configuration L.
Explication: Tous les oses habituels appartiennent à la configuration D.

d. **FAUX**: Pour les acides a aminés la configuration L ou D dépend de la position du groupement acide carboxylique.
Explication: Pour les acides a aminés la configuration L ou D dépend de la position du groupement amine.

e. **VRAI**: Aucune réponse n'est exacte.

66. Concernant l'isomérie, cocher la (les) proposition(s) correcte(s):

a. **VRAI**: La chiralité se rencontre en particulier dans les composés qui ont un carbone asymétrique (entouré de quatre substituants différents).

b. **FAUX**: Une solution achirale est une solution contenant un seul énantiomère.
Explication: Une solution achirale est un mélange équimolaire de deux énantiomères.

c. **FAUX**: Deux énantiomères ont des propriétés différentes sauf celles liées à la chiralité.
Explication: Deux énantiomères ont des propriétés identiques sauf celles liées à la chiralité.

d. **VRAI**: Un mélange racémique est un mélange équimolaire de deux énantiomères.

e. **VRAI**: Un mélange racémique est optiquement inactif.

67. Concernant l'isomérie, cocher la (les) proposition(s) correcte(s):

a. **VRAI**: La conformation la plus stable est la conformation en décalée, car il y a minimisation des répulsions entre les nuages électroniques.

b. **VRAI**: Une molécule doit être chirale pour avoir une activité optique.

c. **FAUX**: Les diastéréoisiomères ont des propriétés chimiques et physiques identiques.
Explication: Les diastéréoisiomères ont des propriétés chimiques et physiques différentes.

d. **FAUX**: (+/-) = (L/D)
Explication: (+/-) ≠ (L/D)

e. **VRAI**: Deux énantiomères sont de signes (+/-) opposés car ils sont de pouvoir rotatoire opposé.

68. Concernant l'isomérie, cocher la (les) proposition(s) correcte(s):

a. **VRAI**: Pour n carbones asymétriques il y a 2^n stéréoisomères.

b. **FAUX**: Dans la projection de Fisher le carbone le plus oxydé est le dernier en bas.
Explication: Dans la projection de Fisher le carbone le plus oxydé est le premier en haut.

c. **FAUX**: Les acides aminés appartiennent habituellement à la série D.
Explication: Les acides aminés appartiennent habituellement à la série L.

d. **VRAI**: En général les enzymes ne reconnaissent qu'un seul stéréoisomère de leur substrat, c'est la stéréospécificité.

e. **VRAI**: Un composé méso est symétrique.

69. Concernant l'isomérie, cocher la (les) proposition(s) correcte(s) :

- **a. FAUX** : Pour la configuration Z les composants prioritaires sont d'un côte différent.
  Explication : Pour la configuration Z les composants prioritaires sont du même côté.
- **b. FAUX** : Pour la configuration E les composants prioritaires sont du même côté.
  Explication : Pour la configuration E les composants prioritaires sont d'un côté différent.
- **c. VRAI** : Pour qu'un cycle carboné prenne une conformation en chaise, les C sont nécessairement coplanaires.
- **d. VRAI** : Un composé est énantiomériquement pur quand un seul énantiomère est présent.
- **e. FAUX** : La configuration s-trans et s-cis concerne les liaisons doubles.
  Explication : La configuration s-trans et s-cis concerne uniquement les liaisons peptidiques.

70. Concernant l'isomérie, cocher la (les) proposition(s) correcte(s) :

- **a. VRAI** : Un composé méso a un pouvoir rotatoire nul par compensation.
- **b. FAUX** : (+), (-) représente la configuration absolue.
  Explication : (+)(-) représente le pouvoir rotatoire.
- **c. VRAI** : (R), (S) représente la configuration absolue d'un carbone asymétrique.
- **d. FAUX** : (L), (D) représente le pouvoir rotatoire.
  Explication : (L), (D) représente la configuration absolue d'une molécule.
- **e. VRAI** : Pour une protéine, une configuration s-trans est plus stable qu'une configuration s-cis.

71. Concernant la cinétique chimique, cocher la (les) proposition(s) correcte(s) :

- **a. VRAI** : La vitesse et le temps de réaction sont influencés par la concentration en réactifs, la température ambiante et la présence d'un catalyseur.
- **b. VRAI** : La vitesse est proportionnelle aux concentrations en réactifs.
- **c. FAUX** : Une réaction élémentaire se fait en plusieurs étapes.
  Explication : Une réaction élémentaire se fait en une seule étape.
- **d. VRAI** : Dans une réaction d'ordre 1 la constante k a pour unité le 1/s.
- **e. FAUX** : Toutes les réponses sont exactes.
  Explication : La réponse C est fausse.

72. Concernant la cinétique chimique, cocher la (les) proposition(s) correcte(s) :

- **a. VRAI** : Le temps de demi-vie pour une réaction d'ordre 1 se calcule $t(1/2) = \ln(2)/k$
- **b. VRAI** : Dans une réaction d'ordre 1 le temps de demi-réaction est indépendant de la concentration des réactifs.
- **c. VRAI** : Dans une réaction d'ordre 2 la constante k a pour unité le L/(mol*s).
- **d. FAUX** : Le temps de demi-vie pour une réaction d'ordre 2 se calcule $t(1/2) = 1/k$
  Explication : Le temps de demi-vie pour une réaction d'ordre 2 se calcule $t(1/2) = 1/k[A]$ ([A] étant la concentration en réactif).
- **e. FAUX** : Toutes les réponses sont exactes.
  Explication : La réponse D est fausse.

73. Concernant la cinétique chimique, cocher la (les) proposition(s) correcte(s) :

- **a. FAUX** : La diminution de la température favorise le franchissement de la barrièr
  Explication : L'augmentation de la température favorise le franchissement de la barrière.

b. **FAUX** : La catalyse acide spécifique se fait par un acide faible.
Explication : La catalyse acide spécifique se fait par un acide fort.
c. **FAUX** : La vitesse augmente quand le pH augmente dans le cas d'une catalyse acide spécifique.
Explication : La vitesse augmente quand le pH diminue dans le cas d'une catalyse acide générale.
d. **VRAI** : Lors d'une catalyse acide générale on utilise des acides faibles.
e. **FAUX** : La vitesse augmente uniquement quand le pH diminue dans le cas d'une catalyse acide générale.
Explication : La vitesse augmente aussi quand on augmente la concentration du tampon.

74. Concernant la cinétique chimique, cocher la (les) proposition(s) correcte(s) :
a. **FAUX** : Pour une catalyse basique spécifique on utilise une base faible.
Explication : Pour une catalyse basique spécifique on utilise une base forte.
b. **VRAI** : Dans le cas d'une catalyse basique spécifique la vitesse augmente quand le pH augmente.
c. **FAUX** : Pour une catalyse basique générale on utilise une base forte.
Explication : Pour une catalyse basique générale on utilise une base faible.
d. **FAUX** : Dans le cas d'une catalyse basique générale la vitesse augmente quand la concentration en tampon diminue.
Explication : Dans le cas d'une catalyse basique générale la vitesse augmente quand la concentration en tampon augmente.
e. **FAUX** : Aucune réponse n'est exacte.
Explication : La réponse B est exacte.

75. Concernant la cinétique chimique, cocher la (les) proposition(s) correcte(s) :
a. **VRAI** : La constante apparente est égale à k[C].
b. **FAUX** : Dans une réaction d'ordre 1 le réactif connaît un déclin hyperbolique.
Explication : Dans une réaction d'ordre 1 le réactif connaît un déclin exponentiel.
c. **FAUX** : Dans une réaction d'ordre 2 les réactifs connaissent un déclin exponentiel.
Explication : Dans une réaction d'ordre 2 les réactifs connaissent un déclin hyperbolique.
d. **VRAI** : La concentration finale d'un produit ne dépend pas de la vitesse de formation.
e. **VRAI** : La molécularité correspond à la somme des coefficients stœchiométriques des réactifs.

76. Concernant la chimie organique, cocher la (les) proposition(s) correcte(s) :
a. **FAUX** : La SN1 et l'E1 se font en une étape.
Explication : La SN1 et l'E1 se font en deux étapes.
b. **VRAI** : SN2 et E2 se font en une étape.
c. **VRAI** : Lors d'une E1 on produit en plus grande quantité le produit stable.
d. **VRAI** : Si le réactif est trop stabilisé une SN ou une E se font en 2 étapes.
e. **FAUX** : Les réactions en deux étapes sont stéréosélectives.
Explication : Les réactions en une étape sont stéréosélectives, celles en 2 étapes ne le sont pas.

77. Concernant la chimie organique, cocher la (les) proposition(s) correcte(s) :

a. VRAI : L'hydratation est une réaction régiosélective.

b. VRAI : Lors d'une hydratation, la molécule d'eau se fixe préférentiellement sur l'atome de carbone le plus substitué.

c. VRAI : L'activation de l'alcool se fait entre autres par un mécanisme d'addition-élimination.

d. FAUX : Lors d'une E2 l'attaque se fait en coplanaire du groupe partant.
Explication : Lors d'une E2 l'attaque se fait en anticoplanaire du groupe partant.

e. FAUX : Si le degré d'oxydation d'une molécule augmente il y a réduction.
Explication : Si le degré d'oxydation d'une molécule augmente il y a oxydation.

78. Concernant la chimie organique, cocher la (les) proposition(s) correcte(s) :

a. VRAI : L'activation par tosylation est une réaction addition/élimination.

b. FAUX : Le tosylate est un bon nucléofuge car très basique du fait de sa délocalisation.
Explication : Le tosylate est un bon nucléofuge car très peu basique du fait de sa délocalisation.

c. FAUX : Une crotonisation est une hydratation avec base faible.
Explication : Une crotonisation est une déshydratation avec base faible.

d. FAUX : L'estérification est irréversible.
Explication : L'estérification est réversible.

e. VRAI : En SN2 l'attaque du nucléophile se fait dans l'OM anti-liante impliquant l'électrophile et le groupe partant.

79. Concernant la chimie organique, cocher la (les) proposition(s) correcte(s) :

a. FAUX : La saponification est l'hydratation basique d'un ester.
Explication : La saponification est l'hydrolyse basique d'un ester.

b. VRAI : L'hydrolyse des amides peut se faire en milieu acide et basique.

c. FAUX : L'hydrolyse des esters est plus dure que celle des amides.
Explication : L'hydrolyse des amides est plus dure que celle des esters.

d. FAUX : Un benzaldéhyde peut réagir avec un amide uniquement en milieu acide par catalyse acide générale.

e. VRAI : L'aldolisation est réversible, la décarboxylation ne l'est pas.

80. Concernant la chimie organique, cocher la (les) proposition(s) correcte(s) :

a. VRAI : Imines et aldéhydes ont des propriétés voisines, on peut leur additionner du cyanure dans tout milieu.

b. VRAI : Lors d'une catalyse acide spécifique la protonation se fait nécessairement sur le site le plus basique.

c. VRAI : Une catalyse spécifique se fait en deux étapes, une catalyse générale en une.

d. VRAI : L'hydrolyse des esters est une réaction addition/élimination.

e. VRAI : Toutes les réponses sont exactes.

81. Concernant la chimie organique, cocher la (les) proposition(s) correcte(s) :

a. FAUX : Les alcènes subissent souvent des substitutions nucléophiles.
Explication : Les SN ne se font pas sur des alcènes.

b. VRAI : Les amines sont plus nucléophiles que les alcools.

c. VRAI : Une SN1 suit une cinétique d'ordre 1.

d. **VRAI** : Une SN2 suit une cinétique d'ordre 2.

e. **VRAI** : Si une fonction est très polarisable elle est un bon nucléophuge et un bon nucléophile.

82. Concernant la chimie organique, cocher la (les) proposition(s) correcte(s) :

a. **VRAI** : Une condensation de Claisen est une réaction d'addition/élimination entre deux esters.

b. **VRAI** : Une aldolisation se fait entre deux aldéhydes.

c. **VRAI** : Une catalyse acide ou basique générale permet la formation d'acétal ou d'hémiacétal.

d. **VRAI** : Une époxydation est une SN2.

e. **VRAI** : Toutes les réponses sont exactes.

83. Concernant la chimie organique, cocher la (les) proposition(s) correcte(s) :

a. **VRAI** : Le groupement conservant le doublet d'électrons après rupture de la liaison est un nucléophuge.

b. **FAUX** : Pour un même atome, l'électrophilie diminue avec la déficience électronique.
Explication : Pour un même atome, l'électrophilie augmente avec la déficience électronique.

c. **FAUX** : Pour un même atome l'électrophilie augmente avec l'encombrement stérique.
Explication : Pour un même atome l'électrophilie diminue avec l'encombrement stérique.

d. **VRAI** : Pour des atomes différents la nucléophilie augmente avec la polarisabilité.

e. **VRAI** : Pour un même atome, la nucléophilie augmente avec la densité électronique.

84. Concernant la chimie organique, cocher la (les) proposition(s) correcte(s) :

a. **VRAI** : Pour un même atome la nucléophile diminue avec l'encombrement stérique.

b. **VRAI** : Pour des atomes différents, l'aptitude nucléofuge augmente avec la polarisabilité.

c. **FAUX** : Pour un même atome, l'aptitude nucléofuge augmente avec la densité électronique.
Explication : Pour un même atome, l'aptitude nucléofuge diminue avec la densité électronique.

d. **FAUX** : Dans une réaction acide/base il y a transfert d'électrons entre deux couples.
Explication : Dans une réaction acide/base il y a transfert de protons entre deux couples.

e. **VRAI** : Dans une réaction oxydant/réducteur il y a transfert d'électrons entre deux couples.

85. Concernant la chimie organique, cocher la (les) proposition(s) correcte(s) :

a. **FAUX** : Lors d'une substitution nucléophile le groupe partant est remplacé par un électrophile.
Explication : Lors d'une substitution nucléophile le groupe partant est remplacé par un nucléophile.

b. **VRAI** : Lors d'une réaction non régiosélective la réaction peut former plusieurs régioisomères.

c. **FAUX** : Lors d'une réaction non stéréosélective il n'y a que formation d'un seul stéréosiomère.
Explication : Lors d'une réaction non stéréosélective il y a formation de plusieurs stéréoisomère.
d. **VRAI** : Les bases très faibles et polarisables sont de bons groupes partants.
e. **VRAI** : Les halogènes sont électroattracteurs, ils polarisent les liaisons.

86. Concernant la chimie organique, cocher la (les) proposition(s) correcte(s)
a. **VRAI** : Lors d'une SN2 la rupture et la formation sont concertées.
b. **FAUX** : Un électrophile peu encombré et la présence d'un bon nucléophile et d'un bon nucléofuge favorisent une SN1.
Explication : Un électrophile peu encombré et la présence d'un bon nucléophile et d'un bon nucléofuge favorisent une SN2.
c. **VRAI** : Un électrophile stabilisé et la présence d'un bon nucléofuge et d'un solvant polaire favorise une SN1.
d. **FAUX** : Lors d'une élimination deux liaisons s sont formées et une liaison p est rompue.
Explication : Lors d'une élimination deux liaisons s sont rompues et une liaison p est formée.
e. **VRAI** : La réaction d'élimination est régiosélective en faveur de l'alcène le plus substitué.

87. Concernant la chimie organique, cocher la (les) proposition(s) correcte(s) :
a. **FAUX** : Un électrophile peu encombré, la présence d'une base forte et d'un bon nucléofuge favorisent une E1.
Explication : Un électrophile peu encombré, la présence d'une base forte et d'un bon nucléofuge favorisent une E2.
b. **FAUX** : Un électrophile stabilisé, la présence d'un solvant polaire et d'un bon nucléofuge favorisent une E2.
Explication : Un électrophile stabilisé, la présence d'un solvant polaire et d'un bon nucléofuge favorisent une E1.
c. **VRAI** : HO- est un mauvais groupe partant car c'est une base forte.
d. **VRAI** : Pour faire une activation des alcools en milieu acide il faut un acide fort.
e. **VRAI** : La catalyse acide augmente l'électrophilie du groupement électrophile.

88. Concernant la chimie organique, cocher la (les) proposition(s) correcte(s) :
a. **VRAI** : La catalyse basique augmente la nucléophilie du groupe nucléophile.
b. **VRAI** : La formation d'hémiacétal et d'acétal est rendue totale en retirant l'H_2O au fur et à mesure de sa formation.
c. **FAUX** : La réaction de formation d'hémiacétal et d'acétal est non renversable.
Explication : La réaction de formation d'hémiacétal et d'acétal est renversable en milieu aqueux acide.
d. **VRAI** : Les acétals sont stables en milieu neutre ou basique,
e. **VRAI** : Avec des diols on peut former des acétals cycliques.

89. Concernant la chimie organique, cocher la (les) proposition(s) correcte(s):

- **a.** **VRAI**: Les acides carboxyliques peuvent jouer le rôle de base en présence d'un acide fort.
- **b.** **FAUX**: L'électrophilie augmente lorsque la résonance augmente.
  Explication: L'électrophilie diminue lorsque la résonance augmente.
- **c.** **VRAI**: Un bon nucléofuge est polarisable et une base faible.
- **d.** **VRAI**: Un mauvais nucléofuge est peu polarisable et base forte.
- **e.** **FAUX**: Toutes les réponses sont exactes.
  Explication: La réponse B est fausse.

90. Concernant la chimie organique, cocher la (les) proposition(s) correcte(s):

- **a.** **FAUX**: Les thiols sont moins acides que les alcools.
  Explication: Les thiols sont plus acides que les alcools.
- **b.** **VRAI**: Les amines sont plus basiques que les alcools.
- **c.** **VRAI**: Le souffre est moins électronégatif et beaucoup plus polarisable que l'oxygène, il forme donc des sites plus nucléophiles.
- **d.** **VRAI**: En milieu acide ou basique, les aldéhydes peuvent se condenser deux à deux pour donner 1 seul composé, le ß-aldol.
- **e.** **FAUX**: Toutes les réponses sont exactes.
  Explication: La réponse A est fausse.

Biochimie

1. Concernant les macromolécules biologiques, cocher la (les) proposition(s) correcte(s) :

a. Les macromolécules biologiques sont responsables des caractéristiques structurales de l'ensemble des systèmes biologiques des organismes du vivant.
b. Les macromolécules biologiques sont responsables des caractéristiques fonctionnelles de l'ensemble des systèmes biologiques des organismes du vivant.
c. Les molécules biologiques sont trop grandes pour s'associer entre elles.
d. Les macromolécules sont des polymères constitués de plusieurs monomères.
e. Toutes les réponses sont exactes.

2. Quelles sont les 3 grandes classes de macromolécules biologiques, cocher la (les) proposition(s) correcte(s) :

a. Les glucides.
b. Les lipides.
c. Les polysaccharides.
d. Les protéines.
e. Les acides nucléiques.

3. Quels sont les différents rôles des macromolécules biologiques, cocher la (les) proposition(s) correcte(s) :

a. Le stockage de l'information.
b. L'expression d'information génétique.
c. L'architecture des organisations biologiques.
d. La catalyse des organisations biologiques.
e. Toutes les réponses sont correctes.

4. Concernant les macromolécules biologiques, cocher la (les) proposition(s) correcte(s) :

a. Les 3 grandes classes de macromolécules ont la même sorte de liaisons.
b. La liaison caractéristique des polysaccharides est la liaison glucidique.
c. La liaison caractéristique des protéines est la liaison électrostatique.
d. La liaison caractéristique des acides nucléiques est l'interaction hydrophobe.
e. Lors de la formation des liaisons des macromolécules il y a perte d'une molécule H_2O par liaison.

5. Concernant les polysaccharides, cocher la (les) proposition(s) correcte(s) :

a. Certains polysaccharides ont pour rôle le stockage.
b. L'amidon a un rôle structural.
c. Certains polysaccharides ont un rôle structural.
d. Les polysaccharides de la membrane bactérienne ont un rôle structural.
e. Toutes les réponses sont exactes.

6. Quelles sont les différentes catégories de protéines, cocher la (les) proposition(s) correcte(s) :

a. Les protéines globulaires.
b. Les protéines hydrophiles.

c. Les protéines apolaires.
d. Les protéines filamenteuses.
e. Les protéines membranaires.

7. Concernant les acides aminés, cocher la (les) proposition(s) correcte(s):

a. Les lipides sont majoritairement constitués par les 22 acides aminés principaux.
b. Les acides aminés qui constituent les protéines peuvent subir des remaniements post-traductionnels.
c. Les acides aminés produits par le corps sont appelés essentiels.
d. Les acides aminés essentiels sont indispensables et doivent être apportés au corps par la nutrition.
e. Les propriétés du radical R définissent l'acide aminé.

8. Concernant les acides aminés, cocher la (les) proposition(s) correcte(s):

a. Le tryptophane est un acide aminé non essentiel.
b. La leucine est un acide aminé essentiel pour les adultes.
c. La thréonine est un acide aminé essentiel pour les adultes.
d. L'arginine est un acide aminé essentiel pour les adultes.
e. L'histidine est un acide aminé uniquement essentiel pour les enfants.

9. Concernant les acides aminés, cocher la (les) proposition(s) correcte(s):

a. Le carbone central de la glycine est non asymétrique.
b. Tous les acides aminés sauf la glycine ont un centre chiral.
c. Tous les acides aminés sauf la glycine sont en configuration « L ».
d. Tous les acides aminés sauf la glycine sont en configuration « S ».
e. L'isoleucine et la thréonine ont deux carbones asymétriques.

10. Quelles sont les caractéristiques qu'on regarde pour analyser un acide amine, cocher la (les) proposition(s) correcte(s):

a. L'encombrement stérique.
b. La charge.
c. La polarité.
d. Les caractères d'oxydation ou de réduction.
e. Toutes les réponses sont exactes.

11. Concernant cet acide aminé, cocher la (les) proposition(s) correcte(s):

a. Cet acide aminé est la lysine.
b. Cet acide aminé est polaire.
c. Cet acide aminé n'est pas hydrophobe.
d. Cet acide aminé a l'encombrement stérique le plus fort.
e. Toutes les réponses sont fausses.

12. Concernant cet acide aminé, cocher la (les) proposition(s) correcte(s) :

a. Cet acide aminé est l'alanine.
b. Cet acide aminé est hydrophobe.
c. Cet acide aminé a un encombrement faible.
d. Cet acide aminé a l'encombrement stérique le plus faible de tous les acides aminés.
e. Toutes les réponses sont exactes.

13. Concernant cet acide aminé, cocher la (les) proposition(s) correcte(s) :

a. Cet acide aminé est l'asparagine.
b. Cet acide aminé est polaire.
c. Cet acide aminé fait partie de la classe d'acides aminés à radical R ramifié.
d. La leucine et cet acide aminé font partie de la même classe d'acides aminés.
e. L'isoleucine et cet acide aminé ne font pas partie de la même classe d'acides aminés.

14. Concernant cet acide aminé, cocher la (les) proposition(s) correcte(s) :

a. Cet acide aminé est la thréonine.
b. C'est un acide aminé hydrophobe.
c. C'est un acide aminé encombrant.
d. Cet acide aminé et l'isoleucine sont des isomères de conformation.
e. Cet acide aminé a un radical R linéaire.

15. Concernant cet acide aminé, cocher la (les) proposition(s) correcte(s) :

a. Cet acide aminé est la valine.
b. Cet acide aminé est très polaire.
c. Cet acide aminé est encombrant.
d. Cet acide aminé et la leucine sont des isomères.
e. Cet acide aminé a un radical R ramifié.

16. Concernant cet acide aminé, cocher la (les) proposition(s) correcte(s) :

a. Cet acide aminé est la proline.
b. Cet acide aminé est basique.
c. Cet acide aminé est polaire.
d. Cet acide aminé forme un homocycle.
e. Aucune réponse n'est exacte.

17. Concernant cet acide aminé, cocher la (les) proposition(s) correcte(s) :

a. Cet acide aminé est la tyrosine.
b. Cet acide aminé est le seul possédant un groupement alcool.
c. Cet acide aminé est polaire.
d. Cet acide aminé peut former des liaisons phosphodiester.
e. Cet acide aminé peut subir une N-glycosylation en post-traductionnel.

18. Concernant cet acide aminé, cocher la (les) proposition(s) correcte(s) :

a. Cet acide aminé est la thréonine.
b. Cet acide aminé possède un groupement amine au sein de sa chaîne latérale.
c. Cet acide aminé est hydrophobe.
d. Cet acide aminé est phosphorylable.
e. Cet acide aminé peut subir une O-glycosylation.

19. Concernant cet acide aminé, cocher la (les) proposition(s) correcte(s) :

a. Cet acide aminé est la glutamine.
b. Cet acide aminé est polaire.
c. Cet acide aminé a un seul élément de différence par rapport à la sérine.
d. Deux de ces acides aminés seraient capables de former un pont disulfure.
e. La cystéine possède un radical R souffré.

20. Concernant cet acide aminé, cocher la (les) proposition(s) correcte(s) :

a. Cet acide aminé est la méthionine.
b. Cet acide aminé est non polaire.
c. Cet acide aminé est le seul acide aminé ayant un radical R souffré.
d. Cet acide aminé est capable de former des ponts disulfures.
e. Cet acide aminé est acide.

21. Concernant cet acide aminé, cocher la (les) proposition(s) correcte(s) :

a. Cet acide aminé est l'acide aspartique.
b. Cet acide aminé est acide.
c. Cet acide aminé est toujours acide.
d. Cet acide aminé est hydrophobe.
e. L'asparagine est la base conjuguée de cet acide aminé.

22. Concernant cet acide aminé, cocher la (les) proposition(s) correcte(s) :

a. Cet acide aminé est l'acide glutamique.
b. Cet acide aminé est basique.
c. Cet acide aminé est hydrophile.
d. La glutamine a un groupement de différence avec cet acide aminé.
e. Toutes les réponses sont exactes.

23. Concernant cet acide aminé, cocher la (les) proposition(s) correcte(s) :

a. Cet acide aminé est la cystéine.
b. Cet acide aminé est apolaire.
c. Cet acide aminé est neutre.
d. Cet acide aminé est chargé au pH physiologique.
e. Aucune réponse n'est exacte.

24. Concernant cet acide aminé, cocher la (les) proposition(s) correcte(s) :

- **a.** Cet acide aminé est la leucine.
- **b.** Cet acide aminé est hydrophobe.
- **c.** Cet acide aminé est basique.
- **d.** Cet acide aminé est chargé au pH physiologique.
- **e.** Aucune réponse n'est exacte.

25. Concernant cet acide aminé, cocher la (les) proposition(s) correcte(s) :

- **a.** Cet acide aminé est l'arginine.
- **b.** Cet acide aminé est l'acide aminé le plus acide.
- **c.** Cet acide aminé est capable de pi-stacking.
- **d.** Cet acide aminé est apolaire.
- **e.** Aucune réponse n'est exacte.

26. Concernant cet acide aminé, cocher la (les) proposition(s) correcte(s) :

- **a.** Cet acide aminé est le tryptophane.
- **b.** Cet acide aminé est basique.
- **c.** Cet acide aminé peut changer de charge au voisinage du pH physiologique.
- **d.** Cet acide aminé est polaire.
- **e.** Toutes les réponses sont exactes.

27. Concernant cet acide aminé, cocher la (les) proposition(s) correcte(s) :

- **a.** Cet acide aminé est la lysine.
- **b.** Cet acide aminé est acide.
- **c.** Cet acide aminé possède un radical R à fin apolaire.
- **d.** Cet acide aminé possède une chaine aliphatique.
- **e.** La chaîne aliphatique de cet acide aminé est polaire.

28. Concernant cet acide aminé, cocher la (les) proposition(s) correcte(s) :

- **a.** Cet acide aminé est l'arginine.
- **b.** Cet acide aminé est apolaire.
- **c.** Cet acide aminé est acide.
- **d.** Cet acide aminé est capable de pi-stacking.
- **e.** Cet acide aminé est aromatique.

29. Concernant cet acide aminé, cocher la (les) proposition(s) correcte(s) :

- **a.** Cet acide aminé est la tyrosine.
- **b.** Cet acide aminé est polaire.
- **c.** Cet acide aminé ne peut plus être modifié après la traduction.
- **d.** Cet acide aminé est capable de pi-stacking.
- **e.** Cet acide aminé est aromatique.

30. Concernant cet acide aminé, cocher la (les) proposition(s) correcte(s) :

- **a.** Cet acide aminé est le tryptophane.
- **b.** Cet acide aminé est le plus volumineux des acides aminés.
- **c.** Cet acide aminé est hydrophobe.
- **d.** Cet acide aminé est aromatique.
- **e.** Toutes les réponses sont exactes.

31. Concernant les acides aminés, cocher la (les) proposition(s) correcte(s) :

- **a.** Une fois la traduction finalisée les acides aminés ne peuvent plus être remaniés.
- **b.** On retrouve des dérivés de la proline dans le collagène.
- **c.** Le pyroglutamate est un dérivé de glutamine.
- **d.** Tous les acides aminés comportant un groupement alcool peuvent être phosphorylés.
- **e.** Toutes les réponses sont exactes.

32. Concernant les acides aminés, cocher la (les) proposition(s) correcte(s) :

- **a.** Trois acides aminés absorbent les rayons ultraviolets.
- **b.** La phenylalanine absorbe les rayons ultraviolets.
- **c.** La thréonine absorbe les rayons ultraviolets.
- **d.** Les acides aminés aromatiques absorbent les rayons ultraviolets.
- **e.** Les 3 acides aminés absorbent les rayons ultraviolets à une longueur d'onde de 260-280 nm.

33. Concernant les acides aminés, cocher la (les) proposition(s) correcte(s) :

- **a.** La solubilité de tous les acides aminés est la même.
- **b.** Les acides aminés ont un caractère amphotère.
- **c.** Pour calculer le pH isoélectrique on pose (pKa1 + pKa2)/4.
- **d.** La lysine est le meilleur tampon parmi les acides aminés.
- **e.** Aucune réponse n'est exacte.

34. Concernant les acides aminés, cocher la (les) proposition(s) correcte(s) :

- **a.** Les lysines peuvent former des liaisons intercaténaires.
- **b.** Il y a possibilité d'acétylation des acides aminés avec des acides gras.
- **c.** L'acétylation peut mener à un ancrage des protéines aux membranes cellulaires.
- **d.** Les acides aminés peuvent former des liaisons glycosidiques avec des chaînes glycanniques et ainsi former des glycoprotéines.
- **e.** Toutes les réponses sont exactes.

35. Concernant les acides aminés, cocher la (les) proposition(s) correcte(s) :

- **a.** L'asparagine peut subir une N-glycosylation.
- **b.** La serine, la thréonine et l'hydroxylysine peuvent subir une O-glycosylation.
- **c.** Pour faire un mélange d'acides aminés on peut utiliser la spectrophotométrie de masse.

d. La chromatographie de partage bidimensionnelle départage les acides aminés d'après la polarité.
e. Une chromatographie sur colonne par échange d'ions départage les ions d'après le volume.

36. Concernant les peptides, cocher la (les) proposition(s) correcte(s):
a. La liaison peptidique est une liaison covalente normale.
b. Chaque unité peptidique contient un groupement accepteur et un groupement donneur.
c. Le groupe acide carboxylique est le groupement accepteur de l'unité peptidique.
d. Le groupe amine est le groupement accepteur de l'unité peptidique.
e. Le caractère liaison simple confère une planéité aux acides aminés.

37. Concernant les peptides, cocher la (les) proposition(s) correcte(s):
a. On parle de configuration Cis quand les deux carbones alpha sont placés du même côté par rapport à la liaison peptidique.
b. On parle de configuration trans quand les deux carbones alpha sont placés du même côté par rapport à la liaison peptidique.
c. À cause de contraintes stériques la forme trans est très prépondérante dans les peptides.
d. Dans le cas de la proline la forme trans n'est pas aussi prépondérante que pour les autres acides aminés.
e. La rotation est possible sur 2 axes autour de la liaison peptidique.

38. Concernant les acides aminés, cocher la (les) proposition(s) correcte(s):
a. Il y a des limites de libre rotation à cause des interférences stériques.
b. Le diagramme de Ramachandran montre la fréquence des différents couples d'angles de deux acides aminés autour d'une liaison peptidique.
c. La présence de glycine assouplit une protéine.
d. L'extrémité N-term d'un peptide a une terminaison amine libre.
e. Toutes les réponses sont exactes.

39. Concernant les peptides atypiques, cocher la (les) proposition(s) correcte(s):
a. Le glutathion est créé par synthèse ribosomique.
b. Les peptides hormonaux hypothalamiques sont protégées contre les amido peptidases et les carboxy peptidases.
c. Les peptides hormonaux post-hypophysaires connaissent une circularisation à cause de leurs ponts disulfures.
d. L'enképhaline qui est une protéine native donne plusieurs protéines fonctionnelles suite à un découpage.
e. L'enképhaline donne de l'ACTH suite à un découpage.

40. Concernant les protéines, cocher la (les) proposition(s) correcte(s):
a. Les protéines globulaires sont hydrophiles à l'intérieur.

b. Les protéines globulaires sont hydrophobes à l'extérieur.
c. L'eau est attirée à l'intérieur des protéines globulaires.
d. Les liaisons hydrogène assurent la stabilité de la structure primaire des protéines.
e. Aucune réponse n'est exacte.

41. Concernant les protéines, cocher la (les) proposition(s) correcte(s):

a. La structure secondaire est l'organisation périodique régulière de segments de chaînes peptidiques.
b. La stabilité des structures secondaires est conférée par les liaisons hydrogène.
c. Une hélice alpha se forme quand les angles Y et F sont identique.
d. Un feuillet bêta se forme quand les angles Y et F tournent dans le sens opposé.
e. Toutes les réponses sont exactes.

42. Concernant les hélices alpha, cocher la (les) proposition(s) correcte(s):

a. Les chaînes radicales R des acides aminés composant une hélice alpha se positionnent au centre de l'hélice.
b. Dans une hélice alpha les plans successifs des acides aminés forment une spirale.
c. L'hélice alpha est une hélice droite.
d. L'hélice a un pas de 5,4 nm.
e. Dans une hélice alpha il y a 3,6 acides aminés par tour de spire.

43. Concernant les hélices alpha, cocher la (les) proposition(s) correcte(s):

a. Dans les hélices alpha il y a une liaison hydrogène tous les 5 acides aminés.
b. Chaque tour d'hélice alpha est stabilisé par 4 liaisons hydrogène.
c. L'hélice alpha est un macrodipôle.
d. Les seules liaisons stabilisant l'hélice alpha sont les liaisons hydrogène.
e. Les hélices alpha complètement exposées sont très hydrophobes.

44. Concernant les hélices alpha, cocher la (les) proposition(s) correcte(s):

a. Les hélices alpha enfouies sont très hydrophiles.
b. Les hélices alpha partiellement exposées sont amphipathiques.
c. Les hélices droites existent uniquement à cause de répétitions identiques d'acides aminés.
d. Le collagène est une hélice gauche.
e. Les hélices de collagène sont très instables.

45. Concernant les feuillets bêta, cocher la (les) proposition(s) correcte(s):

a. Les feuillets bêta ont une structure en accordéon.
b. Un brin bêta peut persister seul sans dénaturer.
c. Des feuillets bêta se liant par liaisons hydrogène forment des brins bêta.
d. On parle de feuillets parallèles quand la terminaison C et la terminaison N sont du même côté sur les brins bêta.
e. On parle de feuillets parallèles quand la terminaison C et la terminaison N sont du côté opposé sur les brins bêta.

46. Concernant les feuillets bêta, cocher la (les) proposition(s) correcte(s) :

a. Les feuillets bêta parallèles sont plus stables que les feuillets bêta antiparallèles.
b. Les chaînes radicales R des acides aminés composant le brin bêta se placent en parallèle du brin.
c. Les feuillets bêta sont toujours plans.
d. On ne trouvera jamais des feuillets bêta antiparallèles s'associant à des feuillets bêta parallèles.
e. Toutes les réponses sont fausses.

47. Concernant les structures secondaires non périodiques, cocher la (les) proposition(s) correcte(s) :

a. On appelle les structures secondaires non périodiques longues des boucles.
b. On appelle les structures secondaires non périodiques longues des coudes.
c. Les boucles ont comme seul rôle la connexion des structures secondaires entre elles.
d. Les boucles peuvent avoir un rôle catalytique.
e. Les coudes peuvent avoir un rôle de reconnaissance.

48. Concernant les feuillets bêta, cocher la (les) proposition(s) correcte(s) :

a. Les boucles sont majoritairement constituées d'acides aminés apolaires.
b. Les boucles sont constituées de 8 à 14 acides aminés.
c. Un coude g turn est composé de 3 acides aminés.
d. Un coude b turn est composé de 5 acides aminés.
e. Les b turn de type IV contiennent souvent des prolines en conformation cis.

49. Concernant les superstructures secondaires, cocher la (les) proposition(s) correcte(s) :

a. Une épingle à cheveux est toujours une association entre deux feuillets bêta.
b. On n'observe presque jamais des motifs bêta-alpha-bêta à cause des encombrements stériques.
c. Les motifs bêta-alpha-bêta sont appelés motifs en doigt de zinc.
d. Les motifs bêta en épingle à cheveux peuvent se combiner et former des complexes en méandres ou en motif grec.
e. Aucune des réponses n'est exacte.

50. Concernant les structures tertiaires, cocher la (les) proposition(s) correcte(s) :

a. Les structures tertiaires sont stabilisées par des liaisons non covalentes ou par des ponts disulfures.
b. Les liaisons faibles stabilisant les structures tertiaires se font entre les différentes chaînes radicales R des acides aminés.
c. Les ponts disulfures se forment automatiquement entre deux cystéines.
d. La détermination des structures tertiaires en 3D se fait grâce aux rayons X.
e. La détermination des structures tertiaires en 3D se fait grâce aux résonances magnétiques nucléaires.

51. Concernant les structures tertiaires, cocher la (les) proposition(s) correcte(s) :

a. L'unité fondamentale de structure des protéines est appelée domaine.
b. Il y a 4 types de domaines différents.
c. Un domaine alpha est exclusivement composé d'hélices alpha.
d. Dans les domaines alpha le tassement des hélices alpha se fait en 90°, 50° ou 20°.
e. Un domaine bêta est exclusivement composé de feuillets bêta.

52. Concernant les domaines bêta, cocher la (les) proposition(s) correcte(s) :

a. Un tonneau bêta est composé de feuillets bêta antiparallèles.
b. Un tonneau bêta est composé de 6 à 22 brins.
c. Dans les domaines bêta on retrouve aussi des sandwichs bêta.
d. Les anticorps ont souvent une structure en sandwichs bêta par exemple l'immunoglobine
e. Toutes les réponses sont exactes.

53. Concernant les domaines, cocher la (les) proposition(s) correcte(s) :

a. Dans un domaine alpha/bêta il y a une succession régulière de feuillets bêta et d'hélices alpha.
b. Dans un tonneau alpha/bêta les hélices sont majoritairement à l'intérieur et les feuillets bêta à l'extérieur.
c. Une crevasse entre deux boucles constitue un site de liaison.
d. Dans un domaine alpha/bêta les structures secondaires sont tout simplement mélangées.
e. Toutes les réponses sont exactes.

54. Concernant la dénaturation des protéines, cocher la (les) proposition(s) correcte(s) :

a. À une température extrême une protéine se dénature irréversiblement.
b. À un pH extrême une protéine se dénature réversiblement.
c. L'urée et le guanidium réduisent les ponts disulfures.
d. Le b-mercaptoéthanol affaiblit les liaisons hydrogène.
e. Le dodecyl sulfate de sodium (SDS) est le détergent anionique le plus puissant.

55. Concernant la structure quaternaire, cocher la (les) proposition(s) correcte(s) :

a. La structure quaternaire est une association spécifique de plusieurs chaînes polypeptidiques, par l'intermédiaire de liaisons faibles ou de ponts disulfures.
b. Un homodimère est une structure quaternaire consistant dans l'association de deux protéines différentes.
c. Un héterotétramère est une structure quaternaire consistant dans l'association de quatre protéines semblables.
d. On peut observer une structure quaternaire appelée superhélice quand deux hélices alpha s'associent.
e. La structure quaternaire en superhélice tient grâce à une fermeture éclair à lysine appelée « lysin zipper ».

56. Concernant le collagène, cocher la (les) proposition(s) correcte(s):

a. Le tropocollagène est une hélice droite.
b. Le tropocollagène est formé par l'association de 3 hélices gauches alpha.
c. La présence de nombreuses glycines dans le tropocollagène rend la molécule élastique.
d. On retrouve souvent des hydroxylysines dans les molécules de tropocollagène.
e. On retrouve souvent des prolines hydroxylées dans les molécules de tropocollagène.

57. Concernant la kératine, cocher la (les) proposition(s) correcte(s):

a. On retrouve la kératine alpha chez les reptiles et oiseaux.
b. On retrouve la kératine bêta chez les reptiles.
c. La kératine alpha est un superfeuillet composé de nombreux feuillets bêta.
d. Un dimère de kératine est composé de deux sous unités enroulées en superhélice de pas droit.
e. Aucune réponse n'est exacte.

58. Concernant la kératine, cocher la (les) proposition(s) correcte(s):

a. Une association de deux protofilaments de kératine forme un dimère de kératine.
b. Une association de plusieurs macrofibrilles de kératine forme un protofilament de kératine.
c. Une association de plusieurs microfibrilles de kératine forme une macrofibrille de kératine.
d. Une association de plusieurs protofibrilles de kératine forme une microfibrille de kératine.
e. Une association de plusieurs microfibrilles de kératine forme un cheveu.

59. Concernant les acides nucléiques, cocher la (les) proposition(s) correcte(s):

a. Un nucléoside est l'association d'un acide nucléique avec un pentose.
b. Un nucléotide est un assemblage de plusieurs nucléosides.
c. Un acide nucléique est un assemblage de nucléosides.
d. Un nucléoside est l'association d'une base nucléique avec un pentose.
e. Un nucléotide est l'association d'un nucléoside avec un groupement phosphate.

60. Concernant les acides nucléiques, cocher la (les) proposition(s) correcte(s):

a. Le groupement phosphate constituant les nucléotides est H2PO4-.
b. Le pentose constituant les nucléosides est soit un désoxyribose soit un ribose.
c. La base azotée constituant les nucléosides est soit une purine, soit une pyrimidine.
d. La modification d'un seul carbone sur les pentoses les composant va changer toute la forme de l'ADN ou de l'ARN.
e. Toutes les réponses sont exactes.

61. Concernant les acides nucléiques, cocher la (les) proposition(s) correcte(s) :

a. Les purines sont liées par leur azote en position 1 avec le carbone 1 du pentose.
b. Les pyrimidines sont liées par leur azote en position 9 avec le carbone 1 du pentose.
c. Les nucléosides ont leur liaison phosphodiester avec le groupement phosphate toujours en 5'.
d. Le spectre d'absorption des bases, nucléosides et nucléotides est dans l'infra-rouge.
e. Les bases modifiées dans l'ARN résultent de réactions se produisant après la transcription.

62. Concernant les acides nucléiques, cocher la (les) proposition(s) correcte(s) :

a. Dans la conformation syn-pyrimidique le groupe pyrimidique est en dessous du pentose.
b. Dans la conformation anti-pyrimidique le groupe pyrimidique est au-dessus du pentose.
c. Dans la conformation syn-purique le groupe purique est en dessous du pentose.
d. Dans la conformation anti-purique le groupe purique est au-dessus du pentose.
e. Aucune réponse n'est exacte.

63. Concernant la structure de l'ADN, cocher la (les) proposition(s) correcte(s) :

a. Dans la quasi-totalité de l'organisme on retrouve l'ADN sous conformation ADN-
b. Entre thymine et adénine il y a deux liaisons hydrogène.
c. Entre cytosine et guanine il y a quatre liaisons hydrogène.
d. Dans la conformation C2' endo les bases sont dans la conformation syn.
e. Le grand sillon de l'ADN constitue une zone de contact privilégiée entre l'ADN et les protéines.

64. Concernant la structure de l'ADN, cocher la (les) proposition(s) correcte(s) :

a. L'ADN-A est moins stable que l'ADN-B.
b. L'ARN bicaténaire est uniquement retrouvé en forme
c. Dans l'ARN en C2' endo le groupement OH du carbone 2 créerait un gène stérique car il serait projeté dans l'intérieur.
d. Dans la conformation ADN-Z on peut retrouver des associations cytosine adénine.
e. Dans l'ADN-Z on a une alternance régulière de bases pyrimidiques et puriques.

65. Concernant la structure des macromolécules, cocher la (les) proposition(s) correcte(s) :

a. La stabilité d'une structure tertiaire protéique est partiellement conférée par la présence de liaisons covalentes entre les cystéines.
b. Une hélice alpha ne peut pas exister seule.
c. Le glutathion est un puissant oxydant nécessitant la présence de glutathion peroxydase.

d. La thyrolibérine est un tripeptide comprenant une 5-oxoproline en C-ter et une proline amidifiée en N-ter.
e. L'ocytocine et la vasopressine ne diffèrent que par deux acides aminés mais ont un rôle complètement différent.

66. Concernant la structure des macromolécules, cocher la (les) proposition(s) correcte(s) :

a. La vasopressine augmente la pression artérielle.
b. L'ocytocine joue un rôle dans les contractions utérines.
c. Tous les acides aminés inclus dans les protéines sont de série L.
d. On trouve les enképhalines seulement dans l'encéphale.
e. La thréonine a un encombrement stérique supérieur à la sérine.

67. Concernant la structure des macromolécules, cocher la (les) proposition(s) correcte(s) :

a. Sérine et thréonine comportent un groupement hydroxyle, sont polaires et phosphorylables.
b. Le pH isoélectrique est le pH ou l'acide aminé est non chargé.
c. L'aspartate est une base, la lysine est un acide, l'histidine est un acide transitoire.
d. Il existe cinq collagènes différents.
e. Le collagène est une protéine extracellulaire.

68. Concernant la structure des macromolécules, cocher la (les) proposition(s) correcte(s) :

a. La structure secondaire composant le collagène est en hélice droite.
b. Les réactions d'hydroxylation, de glycosylation ou d'oxydation des acides aminés sont des modifications post-traductionnelles.
c. La structure tertiaire d'une protéine n'est pas statique.
d. Les acides aminés sont en conformation trans la plupart du temps.
e. La masse moyenne d'un acide aminé est de 200 Da.

69. Concernant la structure des macromolécules, cocher la (les) proposition(s) correcte(s) :

a. Sérine et tyrosine sont des sites potentiels de O-glycosylation.
b. La liaison peptidique présente une polarité.
c. La liaison peptidique absorbe les rayons ultraviolets de longueur d'onde inférieure à 220 nm.
d. Tyrosine et tryptophane absorbent les rayons ultraviolets de longueur d'onde 280 nm.
e. Le carbone asymétrique d'un acide aminé appartient à deux plans peptidiques successifs.

70. Concernant la structure des macromolécules, cocher la (les) proposition(s) correcte(s) :

a. L'arginine et la cystéine sont polaires.
b. La cystéine est réductrice grâce à son groupement SH.
c. Le domaine N-ter d'une protéine est le domaine d'activation transcriptionnelle.
d. Le domaine C-ter d'une protéine est le domaine de régulation.
e. À 65° C la plupart des protéines sont dénaturées.

71. Concernant la structure des macromolécules, cocher la (les) proposition(s) correcte(s) :

a. Un domaine est de type alpha/bêta quand on observe une alternance des structures secondaires et que les feuillets sont antiparallèles.
b. La structure alpha bêta roll est une hélice alpha entourée par un feuillet bêta.
c. Les motifs bêta-alpha-bêta sont appelés motifs de Rossman.
d. On retrouve des liaisons hydrogène au sein les feuillets bêta permettant de stabiliser les brins bêta.
e. Toutes les réponses sont exactes.

72. Concernant la structure des macromolécules, cocher la (les) proposition(s) correcte(s) :

a. Les feuillets bêta antiparallèles sont plus stables que les feuillets bêta parallèles.
b. Les hélices alpha permettent de créer des interfaces polaire/hydrophobe.
c. L'encombrement stérique n'a aucune corrélation avec la masse.
d. L'asparagine possède un groupe amide.
e. Les radicaux R des acides aminés se trouvent à l'extérieur de l'hélice alpha.

73. Concernant la structure des macromolécules, cocher la (les) proposition(s) correcte(s) :

a. Les feuillets bêta et les hélices alpha sont des structures secondaires périodiques.
b. Les boucles et les coudes sont des structures secondaires périodiques.
c. Les hélices alpha sont stabilisées par des liaisons H en direction de l'axe de la chaîne protéique.
d. Les feuillets bêta sont antiparallèles quand les brins sont orientés dans le même sens.
e. Les feuillets bêta sont parallèles quand les brins sont orientés dans le même sens.

74. Concernant la structure des macromolécules, cocher la (les) proposition(s) correcte(s) :

a. Les domaines en faisceau d'hélices sont caractérisés par l'association compacte de quatre hélices.
b. La différence entre les coudes b de type I et de type II est la valeur des angles F et Y entre i + 2 et i + 3.
c. Un coude de type g présente 3 résidus.
d. Tous les coudes b présentent 4 résidus et une liaison H entre i et i + 3.
e. Un coude b de type VI possède obligatoirement une proline en configuration trans en position i + 2.

75. Concernant la structure des macromolécules, cocher la (les) proposition(s) correcte(s) :

a. Les prolines sont des briseuses d'hélices alpha.
b. Dans une hélice alpha les acides aminés i et i + 4 se lient par liaison H.
c. Les boucles sont la plupart du temps dans le centre de la protéine.
d. Les protéines à « leucine zipper » ont une affinité pour le grand sillon de l'ADN.
e. Toutes les réponses sont exactes.

76. Concernant les modifications post-traductionnelles des acides aminés, cocher la (les) proposition(s) correcte(s) :

- **a.** La méthylation est un ajout de OH.
- **b.** L'acétylation est l'ajout d'un COCH3.
- **c.** L'hydroxylation est l'ajout d'un CH3.
- **d.** La méthylation est l'ajout d'un COCH3.
- **e.** L'hydroxylation est l'ajout d'un OH.

77. Concernant la structure des macromolécules, cocher la (les) proposition(s) correcte(s) :

- **a.** Les passages transmembranaires sont le plus souvent des feuillets bét
- **b.** L'architecture alpha/bêta fermée est appelée tonneau.
- **c.** L'architecture alpha/bêta fermée est appelée sandwich.
- **d.** L'architecture alpha/bêta ouverte est appelée tonneau.
- **e.** L'architecture alpha/bêta ouverte est appelée sandwich.

78. Concernant la purification des protéines, cocher la (les) proposition(s) correcte(s) :

- **a.** L'activité spécifique s'exprime en unités/mg.
- **b.** Activité spécifique = Activité totale/Protéine totale
- **c.** Rendement = (Activité totale à l'étape Y/Activité totale dans l'extrait brute) * 100
- **d.** Niveau de purification = Activité totale à l'étape Y/Activité totale dans l'extrait brut
- **e.** Toutes les réponses sont exactes.

79. Concernant la précipitation différentielle, cocher la (les) proposition(s) correcte(s) :

- **a.** Lors de la précipitation différentielle on sépare les protéines en conditions non dénaturantes.
- **b.** Lors de la précipitation différentielle on sépare les protéines en fonction de leur taille.
- **c.** Lors de la précipitation différentielle on sépare les protéines en fonction du pH.
- **d.** Lors de la précipitation différentielle on sépare les protéines en fonction de la force ionique.
- **e.** Lors de la précipitation différentielle on sépare les protéines en fonction de la température.

80. Concernant la chromatographie, cocher la (les) proposition(s) correcte(s) :

- **a.** Lors d'une chromatographie on peut séparer les protéines selon 2 critères différents.
- **b.** Lors d'une chromatographie d'exclusion-diffusion on sépare les protéines en fonction de la taille et de la forme.
- **c.** Lors d'une chromatographie d'échange d'ion on sépare les protéines en fonction de la différence de charge.
- **d.** Lors d'une chromatographie d'interaction hydrophobe on sépare les protéines en fonction de l'hydrophobicité.
- **e.** Lors d'une chromatographie d'affinité on sépare les protéines en fonction de la spécificité.

81. Concernant l'électrophorèse, cocher la (les) proposition(s) correcte(s) :

- **a.** Une électrophorèse en condition non dénaturante peut séparer les protéines selon la charge.
- **b.** Une électrophorèse en condition non dénaturante peut séparer les protéines selon la taille.
- **c.** Une électrophorèse en condition non dénaturante peut séparer les protéines selon la forme.
- **d.** Une électrophorèse en condition dénaturante se fait avec l'ajout d'SDS Page.
- **e.** Une électrophorèse en condition dénaturante sépare en fonction de la taille et de la masse moléculaire des protéines.

82. Concernant les méthodes d'étude générale des macromolécules, cocher la (les) proposition(s) correcte(s) :

- **a.** Lors d'une isofocalisation on sépare les protéines sur un gradient de pH.
- **b.** La première étape d'une électrophorèse bidimensionnelle est de dénaturer les protéines à l'SDS Page.
- **c.** La deuxième étape d'une électrophorèse bidimensionnelle est de dénaturer les protéines à l'SDS Page et de les séparer selon la masse.
- **d.** Une spectrométrie de masse détermine la charge et la séquence d'une protéine.
- **e.** Une spectrométrie de masse met en évidence les modifications post-transcriptionnelles.

83. Concernant la méthode d'Edman, cocher la (les) proposition(s) correcte(s) :

- **a.** La trypsine coupe avant l'acide aspartique ou l'acide glutamique.
- **b.** La trypsine coupe avant la lysine ou l'arginine.
- **c.** La chymotrypsine coupe avant tous les acides aminés aromatiques.
- **d.** La chymotrypsine coupe avant la phénylalanine, la tyrosine et le tryptophane.
- **e.** Le bromure de cyanogène coupe avant la méthionine.

84. Concernant les méthodes d'études générales des macromolécules, cocher la (les) proposition(s) correcte(s) :

- **a.** Taux de purification = activité spécifique finale/activité spécifique initiale.
- **b.** Lors d'une purification, l'activité spécifique augmente à chaque étape.
- **c.** Lors d'une purification, le taux de purification augmente à chaque étape.
- **d.** Pour une chromatographie échangeuse d'ions, le seul critère de séparation est la charge.
- **e.** Lors d'une chromatographie de filtration sur gel les protéines de haut poids moléculaire sont éluées après celles de bas poids.

85. Concernant la chromatographie échangeuse d'ions, cocher la (les) proposition(s) correcte(s) :

- **a.** Lors d'une chromatographie échangeuse d'ions le NaCl permet une élution par compétition avec les acides nucléiques chargés.
- **b.** Lors d'une chromatographie échangeuse d'ions les ions jouent un rôle d'éluant.

c. La chromatographie échangeuse d'ions est une élution par gradient de pH.
d. Lors d'une chromatographie échangeuse d'ions la colonne est éluée avant l'introduction des extraits protéiques.
e. Aucune réponse n'est exacte.

86. Concernant les méthodes d'études générales des macromolécules, cocher la (les) proposition(s) correcte(s) :

a. Le bêta-mercaptoéthanol permet de rompre des ponts disulfures se formant entre deux cystéines.
b. Activité moléculaire = activité spécifique/masse de la molécule
c. L'activité moléculaire est variable pour une même enzyme.
d. Si on fait l'immunoprécipitation et la révélation avec le même anticorps on veut vérifier que la protéine reconnue avec l'anticorps de révélation interagit bien avec celle de l'immunoprécipitation.
e. Si on fait l'immunoprécipitation et la révélation avec deux anticorps différents on veut vérifier que la protéine est bien précipitée.

87. Concernant les méthodes d'études générales des macromolécules, cocher la (les) proposition(s) correcte(s) :

a. La chromatographie en phase inverse et la HLPC séparent les molécules en fonction de leur charge.
b. Lors d'une chromatographie échangeuse d'ions les molécules neutres sont retrouvées dans les premières fractions recueillies.
c. Une colonne échangeuse d'anions est composée de cations, une colonne échangeuse de cations est composée d'anions.
d. Lors d'une chromatographie échangeuse d'ions l'élution se fait toujours par gradient de force ionique.
e. L'immunocytochimie permet de repérer des protéines dans une cellule grâce à des anticorps, l'immunohistochimie les repère dans un tissu.

88. Concernant les méthodes d'études générales des macromolécules, cocher la (les) proposition(s) correcte(s) :

a. Les acides aminés C-term peuvent être déterminés par une carboxypeptidase ou le dinitrofluorobenzène, les acides aminés N-term peuvent être déterminés par une aminopeptidase.
b. Les sous-unités sont séparées par des agents dissociant comme le SDS et l'urée, les chaînes par du bêta-mercaptoéthanol.
c. Pour dénaturer l'ADN il faut baisser la température.
d. L'interaction protéine-protéine est détectable par double hybride.
e. La pepsine coupe en C-ter des acides aminés aromatiques.

89. Concernant les méthodes d'études générales des macromolécules, cocher la (les) proposition(s) correcte(s) :

a. La chromatographie DEAE est une échangeuse d'anions.
b. La chromatographie CM est composée de cations.

c. Lors d'une migration en SDS-Page la conformation des protéines est conservée.
d. L'élution en chromatographie d'affinité peut se faire en diminuant progressivement la force ionique.
e. La purification des protéines peut se faire par immuno précipitation.

90. Concernant les méthodes d'études générales des macromolécules, cocher la (les) proposition(s) correcte(s):

a. La centrifugation différentielle sépare les molécules selon poids et volume.
b. La centrifugation zonale sépare les molécules selon le poids moléculaire et permet de déterminer la forme des molécules.
c. La spectrophotométrie de masse permet d'analyser le temps de vol d'ions issus des protéines soumises au laser.
d. En HLPC les protéines hydrophiles sont retenues.
e. La méthode de double hybride ne peut être appliquée qu'à des protéines.

91. Concernant les enzymes, cocher la (les) proposition(s) correcte(s):

a. Une enzyme est une protéine.
b. Les enzymes sont des catalyseurs.
c. Les enzymes ont un faible pouvoir catalytique.
d. Les enzymes possèdent une grande spécificité.
e. Les enzymes possèdent une capacité de régulation.

92. Concernant les enzymes, cocher la (les) proposition(s) correcte(s):

a. Les constantes de vitesse des réactions catalysées par des enzymes sont jusqu'à 10^6 fois plus petites que celles des réactions non catalysées.
b. Les réactions enzymatiques ont préférentiellement lieu à pH neutre.
c. Les enzymes ont une grande spécificité de réaction.
d. Les enzymes ont une grande spécificité de substrat.
e. Les enzymes ont une grande spécificité de produit.

93. Concernant les enzymes, cocher la (les) proposition(s) correcte(s):

a. Une enzyme est capable de modifier l'équilibre de la réaction catalysée.
b. Les cofacteurs des enzymes peuvent être des ions alcalins.
c. Les cofacteurs des enzymes peuvent être des coenzymes.
d. Pour une enzyme la vitesse v = (d [P])/ dt , [P] étant la concentration en produit.
e. Pour une enzyme la vitesse v = k2 [S], [S] étant la concentration en substrat.

94. Concernant les enzymes, cocher la (les) proposition(s) correcte(s):

a. On pose Km = k1/(k-1 + k2)
b. L'équation de Michaelis-Menten se note: v = Vmax * ([S]/ (KM + [S]))
c. Km est la concentration de substrat pour laquelle v = Vmax.
d. Km est la concentration pour laquelle tous les sites actifs sont occupés.
e. Aucune réponse n'est exacte.

95. Concernant les enzymes, cocher la (les) proposition(s) correcte(s) :

a. Plus la Km est faible, plus l'affinité est grande.
b. La Km s'exprime en mol/s.
c. On parle de saturation des sites actifs quand la concentration du substrat est supérieure à 5*Km.
d. Pour déterminer la Vmax, il faut déterminer la température optimum pour l'enzyme.
e. Pour déterminer la Vmax, il faut uniquement déterminer la température optimum pour l'enzyme.

96. Concernant les enzymes, cocher la (les) proposition(s) correcte(s) :

a. Vmax = k2*[E]t, [E]t étant la concentration totale en enzymes.
b. La Vmax s'exprime en s/(mol*L)
c. L'activité moléculaire est représentée par la constante Km.
d. kcat est environ égale à k2.
e. Vmax = kcat*[E]t, [E]t étant la concentration totale en enzymes.

97. Concernant les enzymes, cocher la (les) proposition(s) correcte(s) :

a. kcat s'exprime en/s.
b. Km/kcat permet d'apprécier l'efficacité catalytique.
c. Habituellement k-1 >> k2.
d. Km tend vers k2/k1.
e. k1 tend vers k2/Km.

98. Concernant les enzymes, cocher la (les) proposition(s) correcte(s) :

a. kcat/Km tend vers k1.
b. Les isoenzymes sont des enzymes identiques au plan moléculaire mais ayant des actions enzymatiques différentes.
c. Un inhibiteur compétitif agit au niveau de la k1.
d. Un inhibiteur non compétitif agit au niveau de la k2.
e. Toutes les réponses sont exactes.

99. Concernant l'inhibition compétitive, cocher la (les) proposition(s) correcte(s) :

a. Un inhibiteur compétitif peut se fixer à une enzyme associée à un substrat.
b. Un inhibiteur compétitif ne se fixe qu'aux enzymes libres.
c. Un inhibiteur compétitif diminue la Km.
d. Un inhibiteur compétitif augmente la Km.
e. Un inhibiteur compétitif ne modifie pas la Vmax.

100. Concernant l'inhibition non compétitive, cocher la (les) proposition(s) correcte(s) :

a. Un inhibiteur non compétitif ne peut pas se fixer à une enzyme associée à un substrat.
b. Un inhibiteur non compétitif ne se fixe qu'aux enzymes libres.
c. Un inhibiteur non compétitif ne modifie pas la Km.
d. Un inhibiteur non compétitif diminue la Vmax.
e. Un inhibiteur non compétitif modifie la Vmax.

101. Concernant le maintien et le transfert de l'information, cocher la (les) proposition(s) correcte(s) :

a. La fonction des protéines est liée à la structure primaire.
b. Il n'y a pas de relation entre la structure primaire et la structure tertiaire d'une protéine.
c. Les acides nucléiques contiennent de l'information sous forme linéaire.
d. L'information des acides nucléiques n'est pas transmise aux protéines.
e. La reproduction des acides nucléiques doit être fidèle d'une génération à l'autre.

102. Concernant le maintien et le transfert de l'information, cocher la (les) proposition(s) correcte(s) :

a. La reproduction des acides nucléiques doit être fidèle dans la même génération.
b. Lors de la réplication l'information des acides nucléiques est transférée aux protéines.
c. Lors de la réparation l'information des acides nucléiques est reproduite sans erreurs.
d. Lors de l'expression l'information des acides nucléiques est reproduite sans erreurs.
e. Comme les acides nucléiques servent de matrice, les produits peuvent avoir toute taille chimique possible.

103. Concernant les acides nucléiques, cocher la (les) proposition(s) correcte(s) :

a. L'accès à l'information se fait uniquement dans le grand sillon de l'ADN.
b. L'ADN peut exister sous deux formes différentes.
c. L'ADN peut exister sous forme accessible non associée à une protéine.
d. L'ADN peut exister sous forme non accessible associée à une protéine.
e. Toutes les réponses sont exactes.

104. Concernant la réplication, cocher la (les) proposition(s) correcte(s) :

a. La réplication est conservative.
b. La synthèse de l'ADN s'effectue de 5' en 3'.
c. De nombreuses enzymes et protéines sont nécessaires à la réplication.
d. La synthèse d'ADN démarre toujours à une origine de réplication.
e. Le super enroulement de l'ADN facilite la réplication.

105. Quel est l'ordre des 3 étapes de la réplication, cocher la (les) proposition(s) correcte(s) :

a. Initiation → Terminaison → Élongation
b. Élongation → Initiation → Terminaison
c. Initiation → Élongation → Terminaison
d. Élongation → Initiation → Terminaison
e. Terminaison → Élongation → Initiation

106. Concernant la réplication, cocher la (les) proposition(s) correcte(s) :

a. La terminaison est catalysée par l'ADN polymérase.
b. L'ADN polymérase a besoin d'une amorce avec 3' OH libre.
c. L'ADN polymérase catalyse l'élongation dans la direction de 3' vers 5'.

d. Certaines ADN polymérases ont une activité de correction de 3' vers 5'.
e. La lecture de la matrice par l'ADN polymérase se fait de 3' vers 5'.

107. Concernant la réplication, cocher la (les) proposition(s) correcte(s) :

a. Sur le brin leader l'élongation se fait fragment par fragment.
b. Sur le brin tardif l'élongation se fait fragment par fragment.
c. Les fragments résultant de l'élongation seront finalement collés par une DNA ligase.
d. Pour que l'ADN polymérase puisse fonctionner l'ADN doit être relaxée.
e. Le rôle de l'hélicase est de maintenir l'ADN relaxée.

108. Concernant la réplication, cocher la (les) proposition(s) correcte(s) :

a. Les groupements d'enzymes accompagnant la réplication sont appelés réplisomes.
b. Les protéines de réplication sont éparpillées tout au long de la chaîne d'ADN.
c. Les origines de réplication sont reconnues par les protéines car elles comportent une suite d'acides nucléiques spécifique.
d. La réplication est unidirectionnelle.
e. Tout au long de la réplication des bulles de réplication se forment à l'endroit initial des origines de réplication.

109. Concernant la réplication, cocher la (les) proposition(s) correcte(s) :

a. Les ADN procaryotes ont de nombreuses origines de réplication.
b. Les ADN eucaryotes ont une seule origine de réplication.
c. La topoisomérase permet de laisser tourner les brins d'ADN lors de l'élongation.
d. Le blocage des tropoisomérases engendre des cancers.
e. Aucune réponse n'est exacte.

110. Quelles sont les protéines à la fourche de réplication, cocher la (les) proposition(s) correcte(s) :

a. La topoisomérase III.
b. La hélicase.
c. L'ARN ligase.
d. La SS
e. L'ADN polymérase.

111. Concernant le maintien et le transfert de l'information, cocher la (les) proposition(s) correcte(s) :

a. Les télomérases sont responsables pour le début de la réplication du chromosome.
b. Une télomérase contient un petit fragment d'ARN complémentaire à la séquence dont elle est responsable.
c. Le fragment d'ADN des télomérases servira de matrice pour la production des télomères de l'ADN.
d. Le contrôle strict de l'ADN sert de protection contre la mutation.
e. Le contrôle lâche possède un risque de mutation mais favorise l'évolution.

112. Quels peuvent être les facteurs engendrant une modification de l'ADN, cocher la (les) proposition(s) correcte(s) :

a. Des rayons infrarouges.
b. Un stress réducteur.
c. Certains produits chimiques.
d. Des mésappariements.
e. Tous les facteurs cités.

113. Concernant le maintien et le transfert de l'information, cocher la (les) proposition(s) correcte(s) :

a. Les mutations sont perpétuées au cours de la réplication.
b. Le mécanisme de réparation se base sur le fait que l'information perdue sur un brin persiste sur l'autre.
c. Les microsatellites sont presque jamais l'endroit de mésappariements.
d. Lors de la réparation par excision de base la coupure se fait entre sucre et base.
e. La réparation par excision de nucléotide prend place quand l'erreur est reconnue lors de la transcription.

114. Quel est l'ordre des étapes du mécanisme de réparation, cocher la (les) proposition(s) correcte(s) :

a. Reconnaissance de lésion → resynthèse → coupure → ligation → restauration.
b. Reconnaissance de lésion → coupure → resynthèse → ligation → restauration.
c. Reconnaissance de lésion → ligation → resynthèse → coupure → restauration.
d. Reconnaissance de lésion → restauration → resynthèse → coupure → ligation.
e. Reconnaissance de lésion → coupure → restauration → ligation → resynthèse.

115. Quel est l'ordre des étapes du mécanisme de réparation par excision de base, cocher la (les) proposition(s) correcte(s) :

a. Création du site abasique → reconnaissance du site → coupure → resynthèse → ligation → restauration.
b. Reconnaissance du site → création du site abasique → coupure → resynthèse → ligation → restauration.
c. Création du site abasique → reconnaissance du site → ligation → resynthèse → coupure → restauration.
d. Création du site abasique → reconnaissance du site → coupure → restauration → ligation → resynthèse.
e. Reconnaissance du site → coupure → resynthèse → ligation → restauration → création du site abasique.

116. Concernant le maintien de l'intégrité du génome, cocher la (les) proposition(s) correcte(s) :

a. Les ADN polymérases ne font jamais d'erreurs.
b. Les ADN polymérases infidèles sont importantes pour la synthèse translésionnelle.

c. Lors d'une cassure double brin la réparation peut se faire par une remise bout à bout.
d. La réparation par bout à bout est extrêmement sûre.
e. Une recombinaison se produit quand une cassure double brin est réparée en utilisant les chromosomes homologues.

117. Concernant le maintien de l'intégrité du génome, cocher la (les) proposition(s) correcte(s) :

a. On peut observer le phénomène de recombinaison homologue lors de la mitose.
b. On peut observer le phénomène de recombinaison homologue lors de la réparation.
c. Les bactéries utilisent la recombinaison spécifique de site lorsqu'elles attaquent un organisme.
d. La recombinaison spécifique de site consiste dans l'élimination d'un brin d'ARN pour en intégrer un autre.
e. Aucune réponse n'est exacte.
Explication : La réponse B est exacte.

118. Concernant la transcription, cocher la (les) proposition(s) correcte(s) :

a. Il y a besoin d'une amorce pour l'élongation de l'ARN.
b. Le procédé d'élongation de l'ARN est très différent de celui de l'ADN.
c. La synthèse d'ARN se fait grâce à l'ADN polymérase.
d. La transcription démarre grâce à un complexe protéique reconnaissant une séquence spécifique.
e. La séquence contenant l'information de démarrage est appelée le promoteur.

119. Concernant la transcription, cocher la (les) proposition(s) correcte(s) :

a. La TATA box se situe en amont du promoteur.
b. Les séquences permettant la fixation de protéines stabilisatrices sont appelées silencers.
c. Les séquences permettant la fixation de protéines déstabilisatrices sont appelées silencers.
d. La régulation du gène se fait au niveau du complexe de terminaison.
e. L'élongation s'interrompt aléatoirement.

120. Concernant la transcription, cocher la (les) proposition(s) correcte(s) :

a. L'ARN polymérase I participe à la transcription de l'ARNr.
b. L'ARN polymérase II participe à la transcription de l'ARNm.
c. L'ARN polymérase III participe à la transcription de l'ARNt.
d. L'ARN polymérase I participe à la transcription de l'ARNt.
e. L'ARN polymérase III participe à la transcription de l'ARNm.

Corrigés

Biochimie

1. Concernant les macromolécules biologiques, cocher la (les) proposition(s) correcte(s):
   a. **VRAI**: Les macromolécules biologiques sont responsables des caractéristiques structurales de l'ensemble des systèmes biologiques des organismes du vivant.
   b. **VRAI**: Les macromolécules biologiques sont responsables des caractéristiques fonctionnelles de l'ensemble des systèmes biologiques des organismes du vivant.
   c. **FAUX**: Les molécules biologiques sont trop grandes pour s'associer entre elles.
   Explication: Les molécules biologiques peuvent s'associer en complexes.
   d. **VRAI**: Les macromolécules sont des polymères constitués de plusieurs monomères.
   e. **FAUX**: Toutes les réponses sont exactes.
   Explication: La réponse C est fausse.

2. Quelles sont les 3 grandes classes de macromolécules biologiques, cocher la (les) proposition(s) correcte(s):
   a. **FAUX**: Les glucides.
   Explication: Ceci n'est pas l'une des grandes classes de macromolécules biologiques.
   b. **FAUX**: Les lipides.
   Explication: Ceci n'est pas l'une des grandes classes de macromolécules biologiques.
   c. **VRAI**: Les polysaccharides.
   d. **VRAI**: Les protéines.
   e. **VRAI**: Les acides nucléiques.

3. Quels sont les différents rôles des macromolécules biologiques, cocher la (les) proposition(s) correcte(s):
   a. **VRAI**: Le stockage de l'information.
   b. **VRAI**: L'expression d'information génétique.
   c. **VRAI**: L'architecture des organisations biologiques.
   d. **VRAI**: La catalyse des organisations biologiques.
   e. **VRAI**: Toutes les réponses sont correctes.

4. Concernant les macromolécules biologiques, cocher la (les) proposition(s) correcte(s):
   a. **FAUX**: Les 3 grandes classes de macromolécules ont la même sorte de liaisons.
   Explication: Chaque classe de macromolécules a ses liaisons caractéristiques.
   b. **FAUX**: La liaison caractéristique des polysaccharides est la liaison glucidiquExplication: La liaison caractéristique des polysaccharides est la liaison glycosidique.
   c. **FAUX**: La liaison caractéristique des protéines est la liaison électrostatique.
   Explication: La liaison caractéristique des protéines est la liaison peptidique.
   d. **FAUX**: La liaison caractéristique des acides nucléiques est l'interaction hydrophobe.
   Explication: La liaison caractéristique des acides nucléiques est le pont phosphodiester.
   e. **VRAI**: Lors de la formation des liaisons des macromolécules il y a perte d'une molécule H_2O par liaison.

5. Concernant les polysaccharides, cocher la (les) proposition(s) correcte(s):
   a. **VRAI**: Certains polysaccharides ont pour rôle le stockage.
   b. **FAUX**: L'amidon a un rôle structural.
   Explication: L'amidon a un rôle de stockage.
   c. **VRAI**: Certains polysaccharides ont un rôle structural.

d. **VRAI** : Les polysaccharides de la membrane bactérienne ont un rôle structural.
e. **FAUX** : Toutes les réponses sont exactes.
Explication : La réponse B est fausse.

6. Quelles sont les différentes catégories de protéines, cocher la (les) proposition(s) correcte(s) :

a. **VRAI** : Les protéines globulaires.
b. **FAUX** : Les protéines hydrophiles.
Explication : Ceci n'est pas l'une des catégories de protéines.
c. **FAUX** : Les protéines apolaires.
Explication : Ceci n'est pas l'une des catégories de protéines.
d. **VRAI** : Les protéines filamenteuses.
e. **VRAI** : Les protéines membranaires.

7. Concernant les acides aminés, cocher la (les) proposition(s) correcte(s) :

a. **FAUX** : Les lipides sont majoritairement constituées par les 22 acides aminés principaux.
Explication : Les protéines sont majoritairement constituées par les 22 acides aminés principaux.
b. **VRAI** : Les acides aminés qui constituent les protéines peuvent subir des remaniements post-traductionnels.
c. **FAUX** : Les acides aminés produits par le corps sont appelés essentiels.
Explication : Les acides aminés produits par le corps sont appelés non essentiels.
d. **VRAI** : Les acides aminés essentiels sont indispensables et doivent être apportés au corps par la nutrition.
e. **VRAI** : Les propriétés du radical R définissent l'acide aminé.

8. Concernant les acides aminés, cocher la (les) proposition(s) correcte(s) :

a. **FAUX** : Le tryptophane est un acide aminé non essentiel.
Explication : Le tryptophane est un acide aminé essentiel.
b. **VRAI** : La leucine est un acide aminé essentiel pour les adultes.
c. **VRAI** : La thréonine est un acide aminé essentiel pour les adultes.
d. **FAUX** : L'arginine est un acide aminé essentiel pour les adultes.
Explication : L'arginine est un acide aminé essentiel pour les enfants.
e. **VRAI** : L'histidine est un acide aminé uniquement essentiel pour les enfants.

9. Concernant les acides aminés, cocher la (les) proposition(s) correcte(s) :

a. **VRAI** : Le carbone central de la glycine est non asymétrique.
b. **VRAI** : Tous les acides aminés sauf la glycine ont un centre chiral.
c. **VRAI** : Tous les acides aminés sauf la glycine sont en configuration « L ».
d. **FAUX** : Tous les acides aminés sauf la glycine sont en configuration « S ».
Explication : Tous les acides aminés sauf la cystéine sont en configuration « S ».
e. **VRAI** : L'isoleucine et la thréonine ont deux carbones asymétriques.

10. Quelles sont les caractéristiques qu'on regarde pour analyser un acide aminé, cocher la (les) proposition(s) correcte(s) :

- **a. VRAI** : L'encombrement stérique.
- **b. VRAI** : La charge.
- **c. VRAI** : La polarité.
- **d. VRAI** : Les caractères d'oxydation ou de réduction.
- **e. VRAI** : Toutes les réponses sont exactes.

11. Concernant cet acide aminé, cocher la (les) proposition(s) correcte(s) :

- **a. FAUX** : Cet acide aminé est la lysin
  Explication : Cet acide aminé est la glycine.
- **b. FAUX** : Cet acide aminé est polaire.
  Explication : Cet acide aminé n'est ni polaire ni hydrophobe.
- **c. VRAI** : Cet acide aminé n'est pas hydrophobe.
- **d. FAUX** : Cet acide aminé a l'encombrement stérique le plus fort.
  Explication : Cet acide aminé a l'encombrement stérique le plus faible.
- **e. FAUX** : Toutes les réponses sont fausses.
  Explication : La réponse B est exacte.

12. Concernant cet acide aminé, cocher la (les) proposition(s) correcte(s) :

- **a. VRAI** : Cet acide aminé est l'alanine.
- **b. VRAI** : Cet acide aminé est hydrophobe.
- **c. VRAI** : Cet acide aminé a un encombrement faible.
- **d. FAUX** : Cet acide aminé a l'encombrement stérique le plus faible de tous les acides aminés.
  Explication : La glycine a un encombrement stérique plus faible que l'alanine.
- **e. FAUX** : Toutes les réponses sont exactes.
  Explication : La réponse D est fausse.

13. Concernant cet acide aminé, cocher la (les) proposition(s) correcte(s) :

- **a. FAUX** : Cet acide aminé est l'asparagine.
  Explication : Cet acide aminé est la valine.
- **b. FAUX** : Cet acide aminé est polaire.
  Explication : Cet acide aminé est apolaire.
- **c. VRAI** : Cet acide aminé fait partie de la classe d'acides aminés à radical R ramifié.
- **d. VRAI** : La leucine et cet acide aminé font partie de la même classe d'acides aminés.
- **e. FAUX** : L'isoleucine et cet acide aminé ne font pas partie de la même classe d'acides aminés.
  Explication : L'isoleucine et cet acide aminé font partie de la même classe d'acides aminés, les acides aminés à radical R ramifié.

14. Concernant cet acide aminé, cocher la (les) proposition(s) correcte(s) :

- **a. FAUX** : Cet acide aminé est la thréonine.
  Explication : Cet acide aminé est la leucine.
- **b. VRAI** : C'est un acide aminé hydrophobe.
- **c. VRAI** : C'est un acide aminé encombrant.

d. **FAUX** : Cet acide aminé et l'isoleucine sont des isomères de conformation.
Explication : Cet acide aminé et l'isoleucine sont des isomères de constitution.
e. **FAUX** : Cet acide aminé a un radical R linéaire.
Explication : Cet acide aminé a un radical R ramifié.

15. Concernant cet acide aminé, cocher la (les) proposition(s) correcte(s) :
a. **FAUX** : Cet acide aminé est la valine.
Explication : Cet acide aminé est l'isoleucine.
b. **FAUX** : Cet acide aminé est très polaire.
Explication : Cet acide aminé est très apolaire.
c. **VRAI** : Cet acide aminé est encombrant.
d. **VRAI** : Cet acide aminé et la leucine sont des isomères.
e. **VRAI** : Cet acide aminé a un radical R ramifié.

16. Concernant cet acide aminé, cocher la (les) proposition(s) correcte(s) :
a. **VRAI** : Cet acide aminé est la proline.
b. **FAUX** : Cet acide aminé est basique.
Explication : La proline est apolaire.
c. **FAUX** : Cet acide aminé est polaire.
Explication : La proline est apolaire.
d. **FAUX** : Cet acide aminé forme un homocycle.
Explication : La proline forme un hétérocycle.
e. **FAUX** : Aucune réponse n'est exacte.
Explication : La réponse A est exacte.

17. Concernant cet acide aminé, cocher la (les) proposition(s) correcte(s) :
a. **FAUX** : Cet acide aminé est la tyrosine.
Explication : Cet acide aminé est la sérine.
b. **FAUX** : Cet acide aminé est le seul possédant un groupement alcool.
Explication : La thréonine possède aussi un groupement alcool.
c. **VRAI** : Cet acide aminé est polaire.
d. **VRAI** : Cet acide aminé peut former des liaisons phosphodiester.
e. **FAUX** : Cet acide aminé peut subir une N-glycosylation en post-traductionnel.
Explication : Cet acide aminé peut subir une O-glycosylation en post-traductionnel.

18. Concernant cet acide aminé, cocher la (les) proposition(s) correcte(s) :
a. **VRAI** : Cet acide aminé est la thréonine.
b. **FAUX** : Cet acide aminé possède un groupement amine au sein de sa chaîne latérale.
Explication : Cet acide aminé possède un groupement alcool.
c. **FAUX** : Cet acide aminé est hydrophobe.
Explication : Cet acide aminé est hydrophile.
d. **VRAI** : Cet acide aminé est phosphorylable.
e. **VRAI** : Cet acide aminé peut subir une O-glycosylation.

19. Concernant cet acide aminé, cocher la (les) proposition(s) correcte(s) :

a. **FAUX** : Cet acide aminé est la glutamine.
Explication : Cet acide aminé est la cystéine.

b. **VRAI** : Cet acide aminé est polaire.

c. **VRAI** : Cet acide aminé a un seul élément de différence par rapport à la sérine.

d. **VRAI** : Deux de ces acides aminés seraient capables de former un pont disulfure.

e. **VRAI** : La cystéine possède un radical R souffré.

20. Concernant cet acide aminé, cocher la (les) proposition(s) correcte(s) :

a. **VRAI** : Cet acide aminé est la méthionine.

b. **VRAI** : Cet acide aminé est non polaire.

c. **FAUX** : Cet acide aminé est le seul acide aminé ayant un radical R souffré.
Explication : La cystéine a aussi un radical R souffré.

d. **FAUX** : Cet acide aminé est capable de former des ponts disulfures.
Explication : Seule la cystéine est capable de former des ponts disulfures.

e. **FAUX** : Cet acide aminé est acide.
Explication : La méthionine est apolaire.

21. Concernant cet acide aminé, cocher la (les) proposition(s) correcte(s) :

a. **VRAI** : Cet acide aminé est l'acide aspartique.

b. **VRAI** : Cet acide aminé est acide.

c. **FAUX** : Cet acide aminé est toujours acide.
Explication : Cet acide aminé est basique au pH physiologique.

d. **FAUX** : Cet acide aminé est hydrophobe.
Explication : Cet acide aminé est hydrophile.

e. **FAUX** : L'asparagine est la base conjuguée de cet acide aminé.
Explication : L'asparagine est neutre, ce n'est pas une base.

22. Concernant cet acide aminé, cocher la (les) proposition(s) correcte(s) :

a. **VRAI** : Cet acide aminé est l'acide glutamique.

b. **FAUX** : Cet acide aminé est basique.
Explication : Cet acide aminé est acide.

c. **VRAI** : Cet acide aminé est hydrophile.

d. **VRAI** : La glutamine a un groupement de différence avec cet acide aminé.

e. **FAUX** : Toutes les réponses sont exactes.
Explication : La réponse B est fausse.

23. Concernant cet acide aminé, cocher la (les) proposition(s) correcte(s) :

a. **FAUX** : Cet acide aminé est la cystéine.
Explication : Cet acide aminé est l'asparagine.

b. **FAUX** : Cet acide aminé est apolaire.
Explication : Cet acide aminé est polaire.

c. **VRAI** : Cet acide aminé est neutre.

d. **FAUX** : Cet acide aminé est chargé au pH physiologique.
Explication : Cet acide aminé est non chargé au pH physiologique puisqu'il est neutre.

e. **FAUX** : Aucune réponse n'est exacte.
Explication : La réponse C est fausse.

24. Concernant cet acide aminé, cocher la (les) proposition(s) correcte(s)
  a. **FAUX** : Cet acide aminé est la leucine.
  Explication : Cet acide aminé est la glutamine.
  b. **FAUX** : Cet acide aminé est hydrophobe.
  Explication : Cet acide aminé est hydrophile.
  c. **FAUX** : Cet acide aminé est basique.
  Explication : Cet acide aminé est neutre.
  d. **FAUX** : Cet acide aminé est chargé au pH physiologique.
  Explication : Cet acide aminé est neutre au pH physiologique.
  e. **VRAI** : Aucune réponse n'est exacte.

25. Concernant cet acide aminé, cocher la (les) proposition(s) correcte(s) :
  a. **VRAI** : Cet acide aminé est l'arginine.
  b. **FAUX** : Cet acide aminé est l'acide aminé le plus acide.
  Explication : Cet acide aminé est l'acide aminé le plus basique.
  c. **VRAI** : Cet acide aminé est capable de pi-stacking.
  d. **FAUX** : Cet acide aminé est apolaire.
  Explication : Cet acide aminé est polaire.
  e. **FAUX** : Aucune réponse n'est exacte.
  Explication : La réponse C est exacte.

26. Concernant cet acide aminé, cocher la (les) proposition(s) correcte(s) :
  a. **FAUX** : Cet acide aminé est le tryptophane.
  Explication : Cet acide aminé est l'histidine.
  b. **VRAI** : Cet acide aminé est basique.
  c. **VRAI** : Cet acide aminé peut changer de charge au voisinage du pH physiologique.
  d. **VRAI** : Cet acide aminé est polaire.
  e. **FAUX** : Toutes les réponses sont exactes.
  Explication : La réponse A est fausse.

27. Concernant cet acide aminé, cocher la (les) proposition(s) correcte(s) :
  a. **VRAI** : Cet acide aminé est la lysine.
  b. **FAUX** : Cet acide aminé est acide.
  Explication : Cet acide aminé est basique.
  c. **FAUX** : Cet acide aminé possède un radical R à fin apolaire.
  Explication : Cet acide aminé possède un radical R à fin polaire.
  d. **VRAI** : Cet acide aminé possède une chaîne aliphatique.
  e. **FAUX** : La chaîne aliphatique de cet acide aminé est polaire.
  Explication : La chaîne aliphatique de cet acide aminé est apolaire.

28. Concernant cet acide aminé, cocher la (les) proposition(s) correcte(s) :

- **a. FAUX** : Cet acide aminé est l'arginine.
  Explication : Cet acide aminé est la phenylalanine.
- **b. VRAI** : Cet acide aminé est apolaire.
- **c. FAUX** : Cet acide aminé est acide.
  Explication : Cet acide aminé est apolaire.
- **d. VRAI** : Cet acide aminé est capable de pi-stacking.
- **e. VRAI** : Cet acide aminé est aromatique.

29. Concernant cet acide aminé, cocher la (les) proposition(s) correcte(s) :

- **a. VRAI** : Cet acide aminé est la tyrosine.
- **b. VRAI** : Cet acide aminé est polaire.
- **c. FAUX** : Cet acide aminé ne peut plus être modifié après la traduction.
  Explication : Cet acide aminé peut subir une phosphorylation après la traduction.
- **d. VRAI** : Cet acide aminé est capable de pi-stacking.
- **e. VRAI** : Cet acide aminé est aromatique.

30. Concernant cet acide aminé, cocher la (les) proposition(s) correcte(s) :

- **a. VRAI** : Cet acide aminé est le tryptophane.
- **b. VRAI** : Cet acide aminé est le plus volumineux des acides aminés.
- **c. VRAI** : Cet acide aminé est hydrophobe.
- **d. VRAI** : Cet acide aminé est aromatique.
- **e. VRAI** : Toutes les réponses sont exactes.

31. Concernant les acides aminés, cocher la (les) proposition(s) correcte(s) :

- **a. FAUX** : Une fois la traduction finalisée les acides aminés ne peuvent plus être remaniés.
  Explication : Les acides aminés peuvent être remaniés après la traduction.
- **b. VRAI** : On retrouve des dérivés de la proline dans le collagène.
- **c. VRAI** : Le pyroglutamate est un dérivé de glutamine.
- **d. VRAI** : Tous les acides aminés comportant un groupement alcool peuvent être phosphorylés.
- **e. FAUX** : Toutes les réponses sont exactes.
  Explication : La réponse A est fausse.

32. Concernant les acides aminés, cocher la (les) proposition(s) correcte(s) :

- **a. VRAI** : Trois acides aminés absorbent les rayons ultraviolets.
- **b. VRAI** : La phenylalanine absorbe les rayons ultraviolets.
- **c. FAUX** : La thréonine absorbe les rayons ultraviolets.
  Explication : La phénylalanine, la tyrosine et le tryptophane sont les seuls acides aminés absorbant les rayons ultraviolets.
- **d. VRAI** : Les acides aminés aromatiques absorbent les rayons ultraviolets.
- **e. VRAI** : Les 3 acides aminés absorbent les rayons ultraviolets à une longueur d'onde de 260-280 nm.

33. Concernant les acides aminés, cocher la (les) proposition(s) correcte(s):

a. FAUX: La solubilité de tous les acides aminés est la même.
Explication: La solubilité varie d'après les acides aminés.

b. VRAI: Les acides aminés ont un caractère amphotère.

c. FAUX: Pour calculer le pH isoélectrique on pose (pKa1 + pKa2)/4.
Explication: Pour calculer le pH isoélectrique on pose (pKa1 + pKa2)/2.

d. FAUX: La lysine est le meilleur tampon parmi les acides aminés.
Explication: L'histidine est le meilleur tampon parmi les acides aminés.

e. FAUX: Aucune réponse n'est exact
Explication: La réponse B est exacte.

34. Concernant les acides aminés, cocher la (les) proposition(s) correcte(s):

a. VRAI: Les lysines peuvent former des liaisons intercaténaires.

b. VRAI: Il y a possibilité d'acétylation des acides aminés avec des acides gras.

c. VRAI: L'acétylation peut mener à un ancrage des protéines aux membranes cellulaires.

d. VRAI: Les acides aminés peuvent former des liaisons glycosidiques avec des chaînes glycanniques et ainsi former des glycoprotéines.

e. VRAI: Toutes les réponses sont exactes.

35. Concernant les acides aminés, cocher la (les) proposition(s) correcte(s):

a. VRAI: L'asparagine peut subir une N-glycosylation.

b. VRAI: La serine, la thréonine et l'hydroxylysine peuvent subir une O-glycosylation.

c. FAUX: Pour faire un mélange d'acides aminés on peut utiliser la spectrophotométrie de masse.
Explication: Pour fractionner un mélange d'acides aminés on peut utiliser la spectrophotométrie de masse.

d. VRAI: La chromatographie de partage bidimensionnelle départage les acides aminés d'après la polarité.

e. FAUX: Une chromatographie sur colonne par échange d'ions départage les ions d'après le volume.
Explication: Une chromatographie sur colonne par échange d'ions départage les ions d'après la charge.

36. Concernant les peptides, cocher la (les) proposition(s) correcte(s):

a. FAUX: La liaison peptidique est une liaison covalente normale.
Explication: La liaison peptidique n'est pas une liaison covalente normale, car les isomères lui donnent un caractère de double liaison.

b. VRAI: Chaque unité peptidique contient un groupement accepteur et un groupement donneur.

c. VRAI: Le groupe acide carboxylique est le groupement accepteur de l'unité peptidique.

d. FAUX: Le groupe amine est le groupement accepteur de l'unité peptidique.
Explication: Le groupe amine est le groupement donneur de l'unité peptidique.

e. FAUX: Le caractère liaison simple confère une planéité aux acides aminés.
Explication: Le caractère double liaison confère une planéité aux acides aminés.

37. Concernant les peptides, cocher la (les) proposition(s) correcte(s):

a. VRAI: On parle de configuration Cis quand les deux carbones alpha sont placés du même côté par rapport à la liaison peptidique.

b. FAUX: On parle de configuration trans quand les deux carbones alpha sont placés du même côté par rapport à la liaison peptidique.
Explication: On parle de configuration trans quand les deux carbones alpha sont placés du côté opposé par rapport à la liaison peptidique.

c. VRAI: À cause de contraintes stériques la forme trans est très prépondérante dans les peptides.

d. VRAI: Dans le cas de la proline la forme trans n'est pas aussi prépondérante que pour les autres acides aminés.

e. VRAI: La rotation est possible sur 2 axes autour de la liaison peptidique.

38. Concernant les acides aminés, cocher la (les) proposition(s) correcte(s):

a. VRAI: Il y a des limites de libre rotation à cause des interférences stériques.

b. VRAI: Le diagramme de Ramachandran montre la fréquence des différents couples d'angles de deux acides aminés autour d'une liaison peptidique.

c. VRAI: La présence de glycine assouplit une protéine.

d. VRAI: L'extrémité N-term d'un peptide a une terminaison amine libre.

e. VRAI: Toutes les réponses sont exactes.

39. Concernant les peptides atypiques, cocher la (les) proposition(s) correcte(s):

a. FAUX: Le glutathion est créé par synthèse ribosomique.
Explication: Le glutathion est créé par synthèse enzymatique.

b. VRAI: Les peptides hormonaux hypothalamiques sont protégées contre les amido peptidases et les carboxy peptidases.

c. VRAI: Les peptides hormonaux post-hypophysaires connaissent une circularisation à cause de leurs ponts disulfures.

d. FAUX: L'enképhaline qui est une protéine native donne plusieurs protéines fonctionnelles suite à un découpage.
Explication: L'ACTH qui est une protéine native donne plusieurs protéines fonctionnelles suite à un découpage.

e. FAUX: L'enképhaline donne de l'ACTH suite à un découpage.
Explication: L'ACTH donne de l'enképhaline suite à un découpage.

40. Concernant les protéines, cocher la (les) proposition(s) correcte(s):

a. FAUX: Les protéines globulaires sont hydrophiles à l'intérieur.
Explication: Les protéines globulaires sont hydrophobes à l'intérieur.

b. FAUX: Les protéines globulaires sont hydrophobes à l'extérieur.
Explication: Les protéines globulaires sont hydrophobes à l'intérieur.

c. FAUX: L'eau est attirée à l'intérieur des protéines globulaires.
Explication: L'eau est exclue du noyau de la protéine.

d. FAUX: Les liaisons hydrogène assurent la stabilité de la structure primaire des protéines.
Explication: Les liaisons peptidiques assurent la stabilité de la structure primaire des protéines.

e. VRAI: Aucune réponse n'est exacte.

41. Concernant les protéines, cocher la (les) proposition(s) correcte(s) :

a. VRAI : La structure secondaire est l'organisation périodique régulière de segments de chaînes peptidiques.

b. VRAI : La stabilité des structures secondaires est conférée par les liaisons hydrogène.

c. FAUX : Une hélice alpha se forme quand les angles Y et F sont identique.
Explication : Une hélice alpha se forme quand les angles Y et F tournent dans le même sens.

d. VRAI : Un feuillet bêta se forme quand les angles Y et F tournent dans le sens opposé.

e. FAUX : Toutes les réponses sont exactes.
Explication : La réponse C est fausse.

42. Concernant les hélices alpha, cocher la (les) proposition(s) correcte(s) :

a. FAUX : Les chaînes radicales R des acides aminés composant une hélice alpha se positionnent au centre de l'hélice.
Explication : Les chaînes radicales R des acides aminés composant une hélice alpha se positionnent en périphérie de l'hélice.

b. VRAI : Dans une hélice alpha les plans successifs des acides aminés forment une spirale.

c. VRAI : L'hélice alpha est une hélice droite.

d. FAUX : L'hélice a un pas de 5,4 nm.
Explication : L'hélice a un pas de 5,4 Angström.

e. VRAI : Dans une hélice alpha il y a 3,6 acides aminés par tour de spire.

43. Concernant les hélices alpha, cocher la (les) proposition(s) correcte(s) :

a. VRAI : Dans les hélices alpha il y a une liaison hydrogène tous les 5 acides aminés.

b. VRAI : Chaque tour d'hélice alpha est stabilisé par 4 liaisons hydrogène.

c. VRAI : L'hélice alpha est un macrodipôle.

d. FAUX : Les seules liaisons stabilisant l'hélice alpha sont les liaisons hydrogène.
Explication : Les hélices alpha sont aussi stabilisées par des liaisons Van der Walls.

e. FAUX : Les hélices alpha complètement exposées sont très hydrophobes.
Explication : Les hélices alpha complètement exposées sont très hydrophiles.

44. Concernant les hélices alpha, cocher la (les) proposition(s) correcte(s) :

a. FAUX : Les hélices alpha enfouies sont très hydrophiles.
Explication : Les hélices alpha enfouies sont très hydrophobes.

b. VRAI : Les hélices alpha partiellement exposées sont amphipathiques.

c. FAUX : Les hélices droites existent uniquement à cause de répétitions identiques d'acides aminés.
Explication : Les hélices gauches existent uniquement à cause de répétitions identiques d'acides aminés.

d. VRAI : Le collagène est une hélice gauche.

e. VRAI : Les hélices de collagène sont très instables.

45. Concernant les feuillets bêta, cocher la (les) proposition(s) correcte(s) :

a. VRAI : Les feuillets bêta ont une structure en accordéon.

b. FAUX : Un brin bêta peut persister seul sans dénaturer.
Explication : Un brin bêta seul n'a pas de stabilité.

c. **FAUX** : Des feuillets bêta se liant par liaisons hydrogène forment des brins bêta.
Explication : Des brins bêta se liant par liaisons hydrogène forment des feuillets bêta.
d. **VRAI** : On parle de feuillets parallèles quand la terminaison C et la terminaison N sont du même côté sur les brins bêta.
e. **FAUX** : On parle de feuillets parallèles quand la terminaison C et la terminaison N sont du côté opposé sur les brins bêta.
Explication : On parle de feuillets parallèles quand la terminaison C et la terminaison N sont du même côté sur les brins bêta.

46. Concernant les feuillets bêta, cocher la (les) proposition(s) correcte(s) :
a. **FAUX** : Les feuillets bêta parallèles sont plus stables que les feuillets bêta antiparallèles.
Explication : Les feuillets bêta antiparallèles sont plus stables que les feuillets bêta parallèles.
b. **FAUX** : Les chaînes radicales R des acides aminés composant le brin bêta se placent en parallèle du brin.
Explication : Les chaînes radicales R des acides aminés composant le brin bêta se placent alternativement perpendiculaires au brin.
c. **FAUX** : Les feuillets bêta sont toujours plans.
Explication : Les feuillets bêta ont tendance à adopter une structure en torsion.
d. **FAUX** : On ne trouvera jamais des feuillets bêta antiparallèles s'associant à des feuillets bêta parallèles.
Explication : On appelle le mélange de feuillets bêta antiparallèles et parallèles feuillets bêta mixtes et on en retrouve fréquemment.
e. **VRAI** : Toutes les réponses sont fausses.

47. Concernant les structures secondaires non périodiques, cocher la (les) proposition(s) correcte(s) :
a. **VRAI** : On appelle les structures secondaires non périodiques longues des boucles.
b. **FAUX** : On appelle les structures secondaires non périodiques longues des coudes.
Explication : On appelle les structures secondaires non périodiques courtes des coudes.
c. **FAUX** : Les boucles ont comme seul rôle la connexion des structures secondaires entre elles.
Explication : Les boucles ont aussi un rôle catalytique et de reconnaissance.
d. **VRAI** : Les boucles peuvent avoir un rôle catalytique.
e. **FAUX** : Les coudes peuvent avoir un rôle de reconnaissance.
Explication : Les boucles peuvent avoir un rôle de reconnaissance.

48. Concernant les feuillets bêta, cocher la (les) proposition(s) correcte(s) :
a. **FAUX** : Les boucles sont majoritairement constituées d'acides aminés apolaires.
Explication : Les boucles sont majoritairement constituées d'acides aminés polaires.
b. **FAUX** : Les boucles sont constituées de 8 à 14 acides aminés.
Explication : Les boucles sont constituées de 4 à 7 acides aminés.
c. **VRAI** : Un coude g turn est composé de 3 acides aminés.
d. **FAUX** : Un coude b turn est composé de 5 acides aminés.
Explication : Un coude b turn est composé de 4 acides aminés.

e. **FAUX** : Les b turn de type IV contiennent souvent des prolines en conformation cis.
Explication : Les b turn de type I et de type Vi contiennent souvent des prolines en conformation cis.

49. Concernant les superstructures secondaires, cocher la (les) proposition(s) correcte(s) :
a. **FAUX** : Une épingle à cheveux est toujours une association entre deux feuillets bêta.
Explication : Une épingle à cheveux est aussi une association entre deux hélices alpha.
b. **FAUX** : On n'observe presque jamais des motifs bêta-alpha-bêta à cause des encombrements stériques.
Explication : On observe très fréquemment des motifs en bêta-alpha-bêta.
c. **FAUX** : Les motifs bêta-alpha-bêta sont appelés motifs en doigt de zinc.
Explication : Les motifs bêta-bêta-alpha sont appelés motifs en doigt de zinc.
d. **VRAI** : Les motifs bêta en épingle à cheveux peuvent se combiner et former des complexes en méandres ou en motif grec.
e. **FAUX** : Aucune des réponses n'est exacte.
Explication : La réponse D est exacte.

50. Concernant les structures tertiaires, cocher la (les) proposition(s) correcte(s) :
a. **VRAI** : Les structures tertiaires sont stabilisées par des liaisons non covalentes ou par des ponts disulfures.
b. **VRAI** : Les liaisons faibles stabilisant les structures tertiaires se font entre les différentes chaînes radicales R des acides aminés.
c. **FAUX** : Les ponts disulfures se forment automatiquement entre deux cystéines.
Explication : Les ponts disulfures se forment entre deux cystéines grâce à une enzyme.
d. **VRAI** : La détermination des structures tertiaires en 3D se fait grâce aux rayons X.
e. **VRAI** : La détermination des structures tertiaires en 3D se fait grâce aux résonances magnétiques nucléaires.

51. Concernant les structures tertiaires, cocher la (les) proposition(s) correcte(s) :
a. **VRAI** : L'unité fondamentale de structure des protéines est appelée domaine.
b. **VRAI** : Il y a 4 types de domaines différents.
c. **FAUX** : Un domaine alpha est exclusivement composé d'hélices alpha.
Explication : Un domaine alpha est majoritairement composé d'hélices alpha.
d. **VRAI** : Dans les domaines alpha le tassement des hélices alpha se fait en 90°, 50° ou 20°.
e. **FAUX** : Un domaine bêta est exclusivement composé de feuillets bêta.
Explication : Un domaine bêta est majoritairement composé de feuillets bêta.

52. Concernant les domaines bêta, cocher la (les) proposition(s) correcte(s) :
a. **VRAI** : Un tonneau bêta est composé de feuillets bêta antiparallèles.
b. **VRAI** : Un tonneau bêta est composé de 6 à 22 brins.
c. **VRAI** : Dans les domaines bêta on retrouve aussi des sandwichs bêta.
d. **VRAI** : Les anticorps ont souvent une structure en sandwichs bêta par exemple l'immunoglobine C.
e. **VRAI** : Toutes les réponses sont exactes.

53. Concernant les domaines, cocher la (les) proposition(s) correcte(s) :

a. **VRAI** : Dans un domaine alpha/bêta il y a une succession régulière de feuillets bêta et d'hélices alpha.

b. **VRAI** : Dans un tonneau alpha/bêta les hélices sont majoritairement à l'intérieur et les feuillets bêta à l'extérieur.

c. **VRAI** : Une crevasse entre deux boucles constitue un site de liaison.

d. **FAUX** : Dans un domaine alpha/bêta les structures secondaires sont tout simplement mélangées.
Explication : Dans un domaine alpha + bêta les structures secondaires sont tout simplement mélangées.

e. **FAUX** : Toutes les réponses sont exactes.
Explication : La réponse D est fausse.

54. Concernant la dénaturation des protéines, cocher la (les) proposition(s) correcte(s) :

a. **VRAI** : A une température extrême une protéine se dénature irréversiblement.

b. **FAUX** : A un pH extrême une protéine se dénature réversiblement.
Explication : A un pH extrême une protéine se dénature irréversiblement.

c. **FAUX** : L'urée et le guanidium réduisent les ponts disulfures.
Explication : L'urée et le guanidium affaiblissent les liaisons hydrogène.

d. **FAUX** : Le b-mercaptoéthanol affaiblit les liaisons hydrogène.
Explication : Le b-mercaptoéthanol réduit les ponts disulfures.

e. **VRAI** : Le dodecyl sulfate de sodium (SDS) est le détergent anionique le plus puissant.

55. Concernant la structure quaternaire, cocher la (les) proposition(s) correcte(s) :

a. **VRAI** : La structure quaternaire est une association spécifique de plusieurs chaînes polypeptidiques, par l'intermédiaire de liaisons faibles ou de ponts disulfures.

b. **FAUX** : Un homodimère est une structure quaternaire consistant dans l'association de deux protéines différentes.
Explication : Un homodimère est une structure quaternaire consistant dans l'association de deux protéines semblables.

c. **FAUX** : Un héterotétramère est une structure quaternaire consistant dans l'association de quatre protéines semblables.
Explication : Un héterotétramère est une structure quaternaire consistant dans l'association de quatre protéines différentes.

d. **VRAI** : On peut observer une structure quaternaire appelée superhélice quand deux hélices alpha s'associent.

e. **FAUX** : La structure quaternaire en superhélice tient grâce à une fermeture éclair à lysine appelée « lysin zipper ».
Explication : La structure quaternaire en superhélice tient grâce à une fermeture éclair à leucine appelée « leucine zipper ».

56. Concernant le collagène, cocher la (les) proposition(s) correcte(s) :

a. **VRAI** : Le tropocollagène est une hélice droite.

b. **VRAI** : Le tropocollagène est formé par l'association de 3 hélices gauches alpha.

c. **FAUX** : La présence de nombreuses glycines dans le tropocollagène rend la molécule élastique.

Explication : La présence de nombreuses glycines dans le tropocollagène stabilise la molécule.

d. **VRAI** : On retrouve souvent des hydroxylysines dans les molécules de tropocollagène.

e. **VRAI** : On retrouve souvent des prolines hydroxylées dans les molécules de tropocollagène.

57. Concernant la kératine, cocher la (les) proposition(s) correcte(s) :

a. **FAUX** : On retrouve la kératine alpha chez les reptiles et oiseaux.
Explication : On retrouve la kératine alpha chez les mammifères.

b. **VRAI** : On retrouve la kératine bêta chez les reptiles.

c. **FAUX** : La kératine alpha est un superfeuillet composé de nombreux feuillets bêta.
Explication : La kératine alpha est une superhélice composée de nombreuses hélices alpha.

d. **FAUX** : Un dimère de kératine est composé de deux sous unités enroulées en superhélice de pas droit.
Explication : Un dimère de kératine est composé de deux sous unités enroulées en superhélice de pas gauche.

e. **FAUX** : Aucune réponse n'est exacte.
Explication : La réponse B est exacte.

58. Concernant la kératine, cocher la (les) proposition(s) correcte(s) :

a. **FAUX** : Une association de deux protofilaments de kératine forme un dimère de kératine.
Explication : Une association de plusieurs dimères de kératine forme un protofilament de kératine.

b. **FAUX** : Une association de plusieurs macrofibrilles de kératine forme un protofilament de kératine.
Explication : Une association de plusieurs macrofibrilles de kératine forme un cheveu.

c. **VRAI** : Une association de plusieurs microfibrilles de kératine forme une macrofibrille de kératine.

d. **VRAI** : Une association de plusieurs protofibrilles de kératine forme une microfibrille de kératine.

e. **FAUX** : Une association de plusieurs microfibrilles de kératine forme un cheveu.
Explication : Une association de plusieurs microfibrilles de kératine forme une macrofibrille de kératine.

59. Concernant les acides nucléiques, cocher la (les) proposition(s) correcte(s) :

a. **FAUX** : Un nucléoside est l'association d'un acide nucléique avec un pentose.
Explication : Un nucléoside est l'association d'une base nucléique avec un pentose.

b. **FAUX** : Un nucléotide est un assemblage de plusieurs nucléosides.
Explication : Un nucléotide est l'association d'un nucléoside avec un groupement phosphate.

c. **FAUX** : Un acide nucléique est un assemblage de nucléosides.
Explication : Un acide nucléique est un assemblage de nucléotides.

d. **VRAI** : Un nucléoside est l'association d'une base nucléique avec un pentose.

e. **VRAI** : Un nucléotide est l'association d'un nucléoside avec un groupement phosphate.

60. Concernant les acides nucléiques, cocher la (les) proposition(s) correcte(s):

a. **FAUX**: Le groupement phosphate constituant les nucléotides est H2PO4-.
Explication: Le groupement phosphate constituant les nucléotides est H3PO4.

b. **VRAI**: Le pentose constituant les nucléosides est soit un désoxyribose soit un ribose.

c. **VRAI**: La base azotée constituant les nucléosides est soit une purine, soit une pyrimidine.

d. **VRAI**: La modification d'un seul carbone sur les pentoses les composant va changer toute la forme de l'ADN ou de l'ARN.

e. **FAUX**: Toutes les réponses sont exactes.
Explication: La réponse A est fausse.

61. Concernant les acides nucléiques, cocher la (les) proposition(s) correcte(s):

a. **FAUX**: Les purines sont liées par leur azote en position 1 avec le carbone 1 du pentose.
Explication: Les purines sont liées par leur azote en position 9 avec le carbone 1 du pentose.

b. **FAUX**: Les pyrimidines sont liées par leur azote en position 9 avec le carbone 1 du pentose.
Explication: Les pyrimidines sont liées par leur azote en position 1 avec le carbone 1 du pentose.

c. **FAUX**: Les nucléosides ont leur liaison phosphodiester avec le groupement phosphate toujours en 5'.
Explication: Les nucléosides ont leur liaison phosphodiester avec le groupement phosphate toujours en 3'.

d. **FAUX**: Le spectre d'absorption des bases, nucléosides et nucléotides est dans l'infrarouge.
Explication: Le spectre d'absorption des bases, nucléosides et nucléotides est dans l'ultraviolet.

e. **VRAI**: Les bases modifiées dans l'ARN résultent de réactions se produisant après la transcription.

62. Concernant les acides nucléiques, cocher la (les) proposition(s) correcte(s):

a. **FAUX**: Dans la conformation syn-pyrimidique le groupe pyrimidique est en dessous du pentose.
Explication: Dans la conformation syn-pyrimidique le groupe pyrimidique est au-dessus du pentose.

b. **FAUX**: Dans la conformation anti-pyrimidique le groupe pyrimidique est au-dessus du pentose.
Explication: Dans la conformation anti-pyrimidique le groupe pyrimidique est à l'opposé du pentose.

c. **FAUX**: Dans la conformation syn-purique le groupe purique est en dessous du pentose.
Explication: Dans la conformation syn-purique le groupe purique est au-dessus du pentose.

d. **FAUX**: Dans la conformation anti-purique le groupe purique est au-dessus du pentose.
Explication: Dans la conformation anti-purique le groupe purique est à l'opposé du pentose.

e. **VRAI**: Aucune réponse n'est exacte.

63. Concernant la structure de l'ADN, cocher la (les) proposition(s) correcte(s):

a. FAUX: Dans la quasi-totalité de l'organisme on retrouve l'ADN sous conformation ADN-A.
Explication: Dans la quasi-totalité de l'organisme on retrouve l'ADN sous conformation ADN-B.

b. VRAI: Entre thymine et adénine il y a deux liaisons hydrogène.

c. FAUX: Entre cytosine et guanine il y a quatre liaisons hydrogène.
Explication: Entre cytosine et guanine il y a trois liaisons hydrogène.

d. FAUX: Dans la conformation C2' endo les bases sont dans la conformation syn.
Explication: Dans la conformation C2' endo les bases sont dans la conformation anti.

e. VRAI: Le grand sillon de l'ADN constitue une zone de contact privilégiée entre l'ADN et les protéines.

64. Concernant la structure de l'ADN, cocher la (les) proposition(s) correcte(s)

a. VRAI: L'ADN-A est moins stable que l'ADN-B.

b. FAUX: L'ARN bicaténaire est uniquement retrouvé en forme B.
Explication: L'ARN bicaténaire est uniquement retrouvé en forme A.

c. VRAI: Dans l'ARN en C2' endo le groupement OH du carbone 2 créerait un gène stérique car il serait projeté dans l'intérieur.

d. VRAI: Dans la conformation ADN-Z on peut retrouver des associations cytosine adénine.

e. VRAI: Dans l'ADN-Z on a une alternance régulière de bases pyrimidiques et puriques.

65. Concernant la structure des macromolécules, cocher la (les) proposition(s) correcte(s):

a. VRAI: La stabilité d'une structure tertiaire protéique est partiellement conférée par la présence de liaisons covalentes entre les cystéines.

b. FAUX: Une hélice alpha ne peut pas exister seule.
Explication: Un feuillet bêta ne peut exister seul.

c. FAUX: Le glutathion est un puissant oxydant nécessitant la présence de glutathion peroxydase.
Explication: Le glutathion est un puissant antioxydant nécessitant la présence de glutathion peroxydase.

d. FAUX: La thyrolibérine est un tripeptide comprenant une 5-oxoproline en C-ter et une proline amidifiée en N-ter.
Explication: La thyrolibérine est un tripeptide comprenant une 5-oxoproline en N-ter et une proline amidifiée en C-ter.

e. VRAI: L'ocytocine et la vasopressine ne diffèrent que par deux acides aminés mais ont un rôle complètement différent.

66. Concernant la structure des macromolécules, cocher la (les) proposition(s) correcte(s):

a. VRAI: La vasopressine augmente la pression artérielle.

b. VRAI: L'ocytocine joue un rôle dans les contractions utérines.

c. FAUX: Tous les acides aminés inclus dans les protéines sont de série L.
Explication: Certains acides aminés inclus dans des peptides antibactériens sont de série D.

d. **FAUX**: On trouve les enképhalines seulement dans l'encéphale.
Explication: On peut trouver des enképhalines dans l'estomac.
e. **VRAI**: La thréonine a un encombrement stérique supérieur à la sérine.

67. Concernant la structure des macromolécules, cocher la (les) proposition(s) correcte(s):
a. **VRAI**: Sérine et thréonine comportent un groupement hydroxyle, sont polaires et phosphorylables.
b. **FAUX**: Le pH isoélectrique est le pH ou l'acide aminé est non chargé.
Explication: Le pH isoélectrique est le pH ou la somme des charges de l'acide aminé est nulle.
c. **FAUX**: L'aspartate est une base, la lysine est un acide, l'histidine est un acide transitoire.
Explication: L'aspartate est un acide, la lysine est une base, l'histidine est un base transitoire.
d. **FAUX**: Il existe cinq collagènes différents.
Explication: Il existe plus d'une vingtaine de collagènes différents.
e. **VRAI**: Le collagène est une protéine extracellulaire.

68. Concernant la structure des macromolécules, cocher la (les) proposition(s) correcte(s):
a. **FAUX**: La structure secondaire composant le collagène est en hélice droite.
Explication: La structure secondaire composant le collagène est en hélice gauche car ce sont des hélices alpha.
b. **VRAI**: Les réactions d'hydroxylation, de glycosylation ou d'oxydation des acides aminés sont des modifications post-traductionnelles.
c. **VRAI**: La structure tertiaire d'une protéine n'est pas statique.
d. **VRAI**: Les acides aminés sont en conformation trans la plupart du temps.
e. **FAUX**: La masse moyenne d'un acide aminé est de 200 Da.
Explication: La masse moyenne d'un acide aminé est de 110 Da.

69. Concernant la structure des macromolécules, cocher la (les) proposition(s) correcte(s):
a. **FAUX**: Sérine et tyrosine sont des sites potentiels de O-glycosylation.
Explication: Sérine et thréonine sont des sites potentiels de O-glycosylation.
b. **VRAI**: La liaison peptidique présente une polarité.
c. **VRAI**: La liaison peptidique absorbe les rayons ultraviolets de longueur d'onde inférieure à 220 nm.
d. **VRAI**: Tyrosine et tryptophane absorbent les rayons ultraviolets de longueur d'onde 280 nm.
e. **VRAI**: Le carbone asymétrique d'un acide aminé appartient à deux plans peptidiques successifs.

70. Concernant la structure des macromolécules, cocher la (les) proposition(s) correcte(s):
a. **VRAI**: L'arginine et la cystéine sont polaires.
b. **FAUX**: La cystéine est réductrice grâce à son groupement SH.
Explication: La cystéine est oxydante grâce à son groupement SH.
c. **VRAI**: Le domaine N-ter d'une protéine est le domaine d'activation transcriptionnelle.
d. **VRAI**: Le domaine C-ter d'une protéine est le domaine de régulation.
e. **VRAI**: A 65° C la plupart des protéines sont dénaturées.

71. Concernant la structure des macromolécules, cocher la (les) proposition(s) correcte(s) :

- **a. FAUX** : Un domaine est de type alpha/bêta quand on observe une alternance des structures secondaires et que les feuillets sont antiparallèles.
  Explication : Un domaine est de type alpha/bêta quand on observe une alternance des structures secondaires et que les feuillets sont parallèles.
- **b. VRAI** : La structure alpha bêta roll est une hélice alpha entourée par un feuillet bêta.
- **c. VRAI** : Les motifs bêta-alpha-bêta sont appelés motifs de Rossman.
- **d. VRAI** : On retrouve des liaisons hydrogène au sein les feuillets bêta permettant de stabiliser les brins bêta.
- **e. FAUX** : Toutes les réponses sont exactes.
  Explication : La réponse A est fausse.

72. Concernant la structure des macromolécules, cocher la (les) proposition(s) correcte(s) :

- **a. VRAI** : Les feuillets bêta antiparallèles sont plus stables que les feuillets bêta parallèles.
- **b. FAUX** : Les hélices alpha permettent de créer des interfaces polaire/hydrophobe.
  Explication : Les feuillets bêta permettent de créer des interfaces polaire/hydrophobe.
- **c. FAUX** : L'encombrement stérique n'a aucune corrélation avec la masse.
  Explication : Si la masse de deux acides aminés est proche leur encombrement stérique l'est souvent aussi.
- **d. VRAI** : L'asparagine possède un groupe amide.
- **e. VRAI** : Les radicaux R des acides aminés se trouvent à l'extérieur de l'hélice alpha.

73. Concernant la structure des macromolécules, cocher la (les) proposition(s) correcte(s) :

- **a. VRAI** : Les feuillets bêta et les hélices alpha sont des structures secondaires périodiques.
- **b. FAUX** : Les boucles et les coudes sont des structures secondaires périodiques.
  Explication : Les boucles et les coudes sont des structures secondaires non périodiques.
- **c. VRAI** : Les hélices alpha sont stabilisées par des liaisons H en direction de l'axe de la chaîne protéique.
- **d. FAUX** : Les feuillets bêta sont antiparallèles quand les brins sont orientés dans le même sens.
  Explication : Les feuillets bêta sont antiparallèles quand les brins sont orientés dans le sens inverse.
- **e. VRAI** : Les feuillets bêta sont parallèles quand les brins sont orientés dans le même sens.

74. Concernant la structure des macromolécules, cocher la (les) proposition(s) correcte(s) :

- **a. VRAI** : Les domaines en faisceau d'hélices sont caractérisés par l'association compacte de quatre hélices.
- **b. FAUX** : La différence entre les coudes b de type I et de type II est la valeur des angles F et Y entre i + 2 et i + 3.
  Explication : La différence entre les coudes b de type I et de type II est la valeur des angles F et Y entre i + 1 et i + 2.
- **c. VRAI** : Un coude de type g présente 3 résidus.
- **d. VRAI** : Tous les coudes b présentent 4 résidus et une liaison H entre i et i + 3.

e. **FAUX** : Un coude b de type VI possède obligatoirement une proline en configuration trans en position i + 2.
Explication : Un coude b de type VI possède obligatoirement une proline en configuration cis en position i + 2.

75. Concernant la structure des macromolécules, cocher la (les) proposition(s) correcte(s) :

a. **VRAI** : Les prolines sont des briseuses d'hélices alpha.
b. **VRAI** : Dans une hélice alpha les acides aminés i et i + 4 se lient par liaison H.
c. **FAUX** : Les boucles sont la plupart du temps dans le centre de la protéine.
Explication : Les boucles sont la plupart du temps en surface de la protéine.
d. **VRAI** : Les protéines à « leucine zipper » ont une affinité pour le grand sillon de l'ADN.
e. **FAUX** : Toutes les réponses sont exactes.
Explication : La réponse C est fausse.

76. Concernant les modifications post-traductionnelles des acides aminés, cocher la (les) proposition(s) correcte(s) :

a. **FAUX** : La méthylation est un ajout de OH.
Explication : La méthylation est un ajout de CH3.
b. **VRAI** : L'acétylation est l'ajout d'un COCH3.
c. **FAUX** : L'hydroxylation est l'ajout d'un CH3.
Explication : L'hydroxylation est l'ajout d'un OH.
d. **FAUX** : La méthylation est l'ajout d'un COCH3.
Explication : La méthylation est l'ajout d'un CH3.
e. **VRAI** : L'hydroxylation est l'ajout d'un OH.

77. Concernant la structure des macromolécules, cocher la (les) proposition(s) correcte(s) :

a. **FAUX** : Les passages transmembranaires sont le plus souvent des feuillets bêta.
Explication : Les passages transmembranaires sont le plus souvent des hélices alpha.
b. **VRAI** : L'architecture alpha/bêta fermée est appelée tonneau.
c. **FAUX** : L'architecture alpha/bêta fermée est appelée sandwich.
Explication : L'architecture alpha/bêta fermée est appelée tonneau.
d. **FAUX** : L'architecture alpha/bêta ouverte est appelée tonneau.
Explication : L'architecture alpha/bêta ouverte est appelée sandwich.
e. **VRAI** : L'architecture alpha/bêta ouverte est appelée sandwich.

78. Concernant la purification des protéines, cocher la (les) proposition(s) correcte(s) :

a. **VRAI** : L'activité spécifique s'exprime en unités/mg.
b. **VRAI** : Activité spécifique = Activité totale/Protéine totale
c. **VRAI** : Rendement = (Activité totale à l'étape Y/Activité totale dans l'extrait brute) * 100
d. **FAUX** : Niveau de purification = Activité totale à l'étape Y/Activité totale dans l'extrait brut
Explication : Niveau de purification = Activité spécifique à l'étape Y/Activité spécifique dans l'extrait brut
e. **FAUX** : Toutes les réponses sont exactes.
Explication : La réponse D est fausse.

79. Concernant la précipitation différentielle, cocher la (les) proposition(s) correcte(s):

a. VRAI: Lors de la précipitation différentielle on sépare les protéines en conditions non dénaturantes.

b. FAUX: Lors de la précipitation différentielle on sépare les protéines en fonction de leur taille.
Explication: Lors de la précipitation différentielle on sépare les protéines en fonction du pH, de la force ionique ou de la température.

c. VRAI: Lors de la précipitation différentielle on sépare les protéines en fonction du pH.

d. VRAI: Lors de la précipitation différentielle on sépare les protéines en fonction de la force ionique.

e. VRAI: Lors de la précipitation différentielle on sépare les protéines en fonction de la température.

80. Concernant la chromatographie, cocher la (les) proposition(s) correcte(s):

a. FAUX: Lors d'une chromatographie on peut séparer les protéines selon 2 critères différents.
Explication: Lors d'une chromatographie on peut séparer les protéines selon 4 critères différents.

b. VRAI: Lors d'une chromatographie d'exclusion-diffusion on sépare les protéines en fonction de la taille et de la forme.

c. VRAI: Lors d'une chromatographie d'échange d'ion on sépare les protéines en fonction de la différence de charge.

d. VRAI: Lors d'une chromatographie d'interaction hydrophobe on sépare les protéines en fonction de l'hydrophobicité.

e. VRAI: Lors d'une chromatographie d'affinité on sépare les protéines en fonction de la spécificité.

81. Concernant l'électrophorèse, cocher la (les) proposition(s) correcte(s):

a. VRAI: Une électrophorèse en condition non dénaturante peut séparer les protéines selon la charge.

b. VRAI: Une électrophorèse en condition non dénaturante peut séparer les protéines selon la taille.

c. VRAI: Une électrophorèse en condition non dénaturante peut séparer les protéines selon la forme.

d. VRAI: Une électrophorèse en condition dénaturante se fait avec l'ajout d'SDS Page.

e. FAUX: Une électrophorèse en condition dénaturante sépare en fonction de la taille et de la masse moléculaire des protéines.
Explication: Une électrophorèse en condition dénaturante sépare en fonction de la taille et de la masse moléculaire des sous unités des protéines.

82. Concernant les méthodes d'étude générale des macromolécules, cocher la (les) proposition(s) correcte(s):

a. VRAI: Lors d'une isofocalisation on sépare les protéines sur un gradient de pH.

b. FAUX: La première étape d'une électrophorèse bidimensionnelle est de dénaturer les protéines à l'SDS Page.

Explication : La première étape d'une électrophorèse bidimensionnelle est de séparer les protéines selon leur pH isoélectrique.

c. **VRAI** : La deuxième étape d'une électrophorèse bidimensionnelle est de dénaturer les protéines à l'SDS Page et de les séparer selon la masse.

d. **FAUX** : Une spectrométrie de masse détermine la charge et la séquence d'une protéine.
Explication : Une spectrométrie de masse détermine la masse et la séquence d'une protéine.

e. **FAUX** : Une spectrométrie de masse met en évidence les modifications post-transcriptionnelles.
Explication : Une spectrométrie de masse met en évidence les modifications post-traductionnelles.

83. Concernant la méthode d'Edman, cocher la (les) proposition(s) correcte(s) :

a. **FAUX** : La trypsine coupe avant l'acide aspartique ou l'acide glutamique.
Explication : La trypsine coupe avant la lysine ou l'arginine.

b. **VRAI** : La trypsine coupe avant la lysine ou l'arginine.

c. **VRAI** : La chymotrypsine coupe avant tous les acides aminés aromatiques.

d. **VRAI** : La chymotrypsine coupe avant la phénylalanine, la tyrosine et le tryptophane.

e. **FAUX** : Le bromure de cyanogène coupe avant la méthionine.
Explication : Le bromure de cyanogène coupe après la méthionine.

84. Concernant les méthodes d'études générales des macromolécules, cocher la (les) proposition(s) correcte(s) :

a. **VRAI** : Taux de purification = activité spécifique finale/activité spécifique initiale.

b. **VRAI** : Lors d'une purification, l'activité spécifique augmente à chaque étape.

c. **VRAI** : Lors d'une purification, le taux de purification augmente à chaque étape.

d. **VRAI** : Pour une chromatographie échangeuse d'ions, le seul critère de séparation est la charge.

e. **FAUX** : Lors d'une chromatographie de filtration sur gel les protéines de haut poids moléculaire sont éluées après celles de bas poids.
Explication : Lors d'une chromatographie de filtration sur gel les protéines de haut poids moléculaire sont éluées avant celles de bas poids.

85. Concernant la chromatographie échangeuse d'ions, cocher la (les) proposition(s) correcte(s) :

a. **FAUX** : Lors d'une chromatographie échangeuse d'ions le NaCl permet une élution par compétition avec les acides nucléiques chargés.
Explication : Lors d'une chromatographie échangeuse d'ions le NaCl permet une élution par compétition avec les protéines chargées.

b. **VRAI** : Lors d'une chromatographie échangeuse d'ions les ions jouent un rôle d'éluant.

c. **FAUX** : La chromatographie échangeuse d'ions est une élution par gradient de pH.
Explication : La chromatographie échangeuse d'ions est une élution par gradient ionique.

d. **FAUX** : Lors d'une chromatographie échangeuse d'ions la colonne est éluée avant l'introduction des extraits protéiques.
Explication : Lors d'une chromatographie échangeuse d'ions la colonne est éluée après l'introduction des extraits protéiques.

e. **FAUX** : Aucune réponse n'est exacte.
Explication : La réponse B est exacte.

86. Concernant les méthodes d'études générales des macromolécules, cocher la (les) proposition(s) correcte(s) :

a. **VRAI** : Le bêta-mercaptoéthanol permet de rompre des ponts disulfures se formant entre deux cystéines.
b. **VRAI** : Activité moléculaire = activité spécifique/masse de la molécule
c. **FAUX** : L'activité moléculaire est variable pour une même enzyme.
Explication : L'activité moléculaire est constante pour une même enzyme.
d. **FAUX** : Si on fait l'immunoprécipitation et la révélation avec le même anticorps on veut vérifier que la protéine reconnue avec l'anticorps de révélation interagit bien avec celle de l'immunoprécipitation.
Explication : Si on fait l'immunoprécipitation et la révélation avec le même anticorps on veut vérifier que la protéine est bien précipitée.
e. **FAUX** : Si on fait l'immunoprécipitation et la révélation avec deux anticorps différents on veut vérifier que la protéine est bien précipitée.
Explication : Si on fait l'immunoprécipitation et la révélation avec deux anticorps différents on veut vérifier que la protéine reconnue avec l'anticorps de révélation interagit bien avec celle de l'immunoprécipitation.

87. Concernant les méthodes d'études générales des macromolécules, cocher la (les) proposition(s) correcte(s) :

a. **FAUX** : La chromatographie en phase inverse et la HLPC séparent les molécules en fonction de leur charge.
Explication : La chromatographie en phase inverse et la HLPC séparent les molécules en fonction de leur hydrophobicité.
b. **VRAI** : Lors d'une chromatographie échangeuse d'ions les molécules neutres sont retrouvées dans les premières fractions recueillies.
c. **VRAI** : Une colonne échangeuse d'anions est composée de cations, une colonne échangeuse de cations est composée d'anions.
d. **FAUX** : Lors d'une chromatographie échangeuse d'ions l'élution se fait toujours par gradient de force ionique.
Explication : Lors d'une chromatographie échangeuse d'ions l'élution peut se faire par gradient de force ionique ou de pH.
e. **VRAI** : L'immunocytochimie permet de repérer des protéines dans une cellule grâce à des anticorps, l'immunohistochimie les repère dans un tissu.

88. Concernant les méthodes d'études générales des macromolécules, cocher la (les) proposition(s) correcte(s) :

a. **FAUX** : Les acides aminés C-term peuvent être déterminés par une carboxypeptidase ou le dinitrofluorobenzène, les acides aminés N-term peuvent être déterminés par une aminopeptidase.
Explication : Les acides aminés C-term peuvent être déterminés par une carboxypeptidase, les acides aminés N-term peuvent être déterminés par une aminopeptidase ou le dinitrofluorobenzène.

b. **VRAI** : Les sous-unités sont séparées par des agents dissociant comme le SDS et l'urée, les chaînes par du bêta-mercaptoéthanol.
c. **FAUX** : Pour dénaturer l'ADN il faut baisser la température.
Explication : Pour dénaturer l'ADN il faut augmenter la température.
d. **VRAI** : L'interaction protéine-protéine est détectable par double hybride.
e. **FAUX** : La pepsine coupe en C-ter des acides aminés aromatiques.
Explication : La pepsine coupe en N-ter des acides aminés aromatiques.

89. Concernant les méthodes d'études générales des macromolécules, cocher la (les) proposition(s) correcte(s) :

a. **VRAI** : La chromatographie DEAE est une échangeuse d'anions.
b. **FAUX** : La chromatographie CM est composée de cations.
Explication : La chromatographie CM est une échangeuse de cations.
c. **FAUX** : Lors d'une migration en SDS-Page la conformation des protéines est conservée.
Explication : Lors d'une migration en SDS-Page les protéines sont linéarisées.
d. **FAUX** : L'élution en chromatographie d'affinité peut se faire en diminuant progressivement la force ionique.
Explication : L'élution en chromatographie d'affinité peut se faire en augmentant progressivement la force ionique.
e. **VRAI** : La purification des protéines peut se faire par immuno précipitation.

90. Concernant les méthodes d'études générales des macromolécules, cocher la (les) proposition(s) correcte(s) :

a. **VRAI** : La centrifugation différentielle sépare les molécules selon poids et volume.
b. **FAUX** : La centrifugation zonale sépare les molécules selon le poids moléculaire et permet de déterminer la forme des molécules.
Explication : La centrifugation zonale sépare les molécules selon le poids moléculaire et permet de déterminer le coefficient de sédimentation des molécules.
c. **VRAI** : La spectrophotométrie de masse permet d'analyser le temps de vol d'ions issus des protéines soumises au laser.
d. **FAUX** : En HLPC les protéines hydrophiles sont retenues.
Explication : En HLPC les protéines hydrophobes sont retenues.
e. **VRAI** : La méthode de double hybride ne peut être appliquée qu'à des protéines.

91. Concernant les enzymes, cocher la (les) proposition(s) correcte(s) :

a. **VRAI** : Une enzyme est une protéine.
b. **VRAI** : Les enzymes sont des catalyseurs.
c. **FAUX** : Les enzymes ont un faible pouvoir catalytique.
Explication : Les enzymes ont un immense pouvoir catalytique.
d. **VRAI** : Les enzymes possèdent une grande spécificité.
e. **VRAI** : Les enzymes possèdent une capacité de régulation.

92. Concernant les enzymes, cocher la (les) proposition(s) correcte(s) :

a. **FAUX** : Les constantes de vitesse des réactions catalysées par des enzymes sont jusqu'à 10^6 fois plus petites que celles des réactions non catalysées.

Explication: Les constantes de vitesse des réactions catalysées par des enzymes sont jusqu'à 10^6 fois plus grandes que celles des réactions non catalysées.

b. **VRAI** : Les réactions enzymatiques ont préférentiellement lieu à pH neutre.
c. **VRAI** : Les enzymes ont une grande spécificité de réaction.
d. **VRAI** : Les enzymes ont une grande spécificité de substrat.
e. **VRAI** : Les enzymes ont une grande spécificité de produit.

93. Concernant les enzymes, cocher la (les) proposition(s) correcte(s) :

a. **FAUX** : Une enzyme est capable de modifier l'équilibre de la réaction catalysée.
Explication : Une enzyme ne modifie pas l'équilibre de la réaction catalysée.
b. **FAUX** : Les cofacteurs des enzymes peuvent être des ions alcalins.
Explication : Les cofacteurs des enzymes peuvent être des ions métalliques.
c. **VRAI** : Les cofacteurs des enzymes peuvent être des coenzymes.
d. **VRAI** : Pour une enzyme la vitesse v = (d [P])/ dt, [P] étant la concentration en produit.
e. **FAUX** : Pour une enzyme la vitesse v = k2 [S], [S] étant la concentration en substrat.
Explication : Pour une enzyme la vitesse v = k2 [ES], [ES] étant la concentration de substrat associé à l'enzyme.

94. Concernant les enzymes, cocher la (les) proposition(s) correcte(s) :

a. **FAUX** : On pose Km = k1/(k-1 + k2)
Explication : On pose Km = (k-1 + k2)/ k1
b. **VRAI** : L'équation de Michaelis-Menten se note : v = Vmax * ([S]/ (KM + [S]))
c. **FAUX** : Km est la concentration de substrat pour laquelle v = Vmax.
Explication : Km est la concentration de substrat pour laquelle v = Vmax/2.
d. **FAUX** : Km est la concentration pour laquelle tous les sites actifs sont occupés.
Explication : Km est la concentration pour laquelle la moitié des sites actifs sont occupés.
e. **FAUX** : Aucune réponse n'est exacte.
Explication : La réponse B est exacte.

95. Concernant les enzymes, cocher la (les) proposition(s) correcte(s) :

a. **VRAI** : Plus la Km est faible, plus l'affinité est grande.
b. **FAUX** : La Km s'exprime en mol/s.
Explication : La Km s'exprime en mol/L.
c. **FAUX** : On parle de saturation des sites actifs quand la concentration du substrat est supérieure à 5*Km.
*Explication : On parle de saturation des sites actifs quand la concentration du substrat est supérieure à 10*Km.*
d. **VRAI** : Pour déterminer la Vmax, il faut déterminer la température optimum pour l'enzyme.
e. **FAUX** : Pour déterminer la Vmax, il faut uniquement déterminer la température optimum pour l'enzyme.
Explication : Pour déterminer la Vmax, il faut déterminer la température optimum, le pH optimum et parfois la nature du tampon optimum pour l'enzyme.

96. Concernant les enzymes, cocher la (les) proposition(s) correcte(s) :

a. **VRAI** : Vmax = k2*[E]t, [E]t étant la concentration totale en enzymes.

b. **FAUX** : La Vmax s'exprime en s/(mol*L)
*Explication : La Vmax s'exprime en mol/(s*L)*

c. **FAUX** : L'activité moléculaire est représentée par la constante Km.
Explication : L'activité moléculaire est représentée par la constante kcat.

d. **VRAI** : kcat est environ égale à k2.

e. **VRAI** : Vmax = kcat*[E]t, [E]t étant la concentration totale en enzymes.

97. Concernant les enzymes, cocher la (les) proposition(s) correcte(s) :

a. **VRAI** : kcat s'exprime en/s.

b. **FAUX** : Km/kcat permet d'apprécier l'efficacité catalytique.
Explication : kcat/Km permet d'apprécier l'efficacité catalytique.

c. **FAUX** : Habituellement k-1 >> k2.
Explication : Habituellement k2 >> k-1.

d. **VRAI** : Km tend vers k2/k1.

e. **VRAI** : k1 tend vers k2/Km.

98. Concernant les enzymes, cocher la (les) proposition(s) correcte(s) :

a. **VRAI** : kcat/Km tend vers k1.

b. **FAUX** : Les isoenzymes sont des enzymes identiques au plan moléculaire mais ayant des actions enzymatiques différentes.
Explication : Les isoenzymes sont des enzymes différentes au plan moléculaire mais ayant des actions enzymatiques identiques.

c. **VRAI** : Un inhibiteur compétitif agit au niveau de la k1.

d. **VRAI** : Un inhibiteur non compétitif agit au niveau de la k2.

e. **FAUX** : Toutes les réponses sont exactes.
Explication : La réponse B est fausse.

99. Concernant l'inhibition compétitive, cocher la (les) proposition(s) correcte(s) :

a. **FAUX** : Un inhibiteur compétitif peut se fixer à une enzyme associée à un substrat.
Explication : Un inhibiteur compétitif ne se fixe qu'aux enzymes libres.

b. **VRAI** : Un inhibiteur compétitif ne se fixe qu'aux enzymes libres.

c. **FAUX** : Un inhibiteur compétitif diminue la Km.
Explication : Un inhibiteur compétitif augmente la Km.

d. **VRAI** : Un inhibiteur compétitif augmente la Km.

e. **VRAI** : Un inhibiteur compétitif ne modifie pas la Vmax.

100. Concernant l'inhibition non compétitive, cocher la (les) proposition(s) correcte(s) :

a. **FAUX** : Un inhibiteur non compétitif ne peut pas se fixer à une enzyme associée à un substrat.
Explication : Un inhibiteur non compétitif peut se fixer à une enzyme associée à un substrat.

b. **FAUX** : Un inhibiteur non compétitif ne se fixe qu'aux enzymes libres.
Explication : Un inhibiteur non compétitif peut se fixer à une enzyme associée à un substrat.

c. **VRAI** : Un inhibiteur non compétitif ne modifie pas la Km.
d. **VRAI** : Un inhibiteur non compétitif diminue la Vmax.
e. **VRAI** : Un inhibiteur non compétitif modifie la Vmax.

101. Concernant le maintien et le transfert de l'information, cocher la (les) proposition(s) correcte(s) :

a. **FAUX** : La fonction des protéines est liée à la structure primaire.
Explication : La fonction des protéines est liée à la structure tertiaire.
b. **FAUX** : Il n'y a pas de relation entre la structure primaire et la structure tertiaire d'une protéine.
Explication : Il y a une relation obligatoire entre la structure primaire et la structure tertiaire.
c. **VRAI** : Les acides nucléiques contiennent de l'information sous forme linéaire.
d. **FAUX** : L'information des acides nucléiques n'est pas transmise aux protéines.
Explication : L'information des acides nucléiques est transformée en information linéaire pour les protéines.
e. **VRAI** : La reproduction des acides nucléiques doit être fidèle d'une génération à l'autre.

102. Concernant le maintien et le transfert de l'information, cocher la (les) proposition(s) correcte(s) :

a. **VRAI** : La reproduction des acides nucléiques doit être fidèle dans la même génération.
b. **FAUX** : Lors de la réplication l'information des acides nucléiques est transférée aux protéines.
Explication : Lors de la réplication l'information des acides nucléiques est reproduite sans erreurs
c. **VRAI** : Lors de la réparation l'information des acides nucléiques est reproduite sans erreurs.
d. **FAUX** : Lors de l'expression l'information des acides nucléiques est reproduite sans erreurs.
Explication : Lors de l'expression l'information des acides nucléiques est transférée aux protéines.
e. **FAUX** : Comme les acides nucléiques servent de matrice, les produits peuvent avoir toute taille chimique possible.
Explication : Comme les acides nucléiques servent de matrice, les produits doivent avoir chimiquement la même taille.

103. Concernant les acides nucléiques, cocher la (les) proposition(s) correcte(s) :

a. **FAUX** : L'accès à l'information se fait uniquement dans le grand sillon de l'ADN.
Explication : L'accès à l'information se fait uniquement dans le grand et le petit sillon de l'ADN.
b. **VRAI** : L'ADN peut exister sous deux formes différentes.
c. **VRAI** : L'ADN peut exister sous forme accessible non associée à une protéine.
d. **VRAI** : L'ADN peut exister sous forme non accessible associée à une protéine.
e. **FAUX** : Toutes les réponses sont exactes.
Explication : La réponse A est fausse.

104. Concernant la réplication, cocher la (les) proposition(s) correcte(s):

a. **FAUX**: La réplication est conservative.
Explication: La réplication est semi-conservative.

b. **VRAI**: La synthèse de l'ADN s'effectue de 5' en 3'.

c. **VRAI**: De nombreuses enzymes et protéines sont nécessaires à la réplication.

d. **VRAI**: La synthèse d'ADN démarre toujours à une origine de réplication.

e. **FAUX**: Le super enroulement de l'ADN facilite la réplication.
Explication: Le super enroulement de l'ADN pose problème pour la réplication.

105. Quel est l'ordre des 3 étapes de la réplication, cocher la (les) proposition(s) correcte(s):

a. **FAUX**: Initiation → Terminaison → Élongation
Explication: Initiation → Élongation → Terminaison

b. **FAUX**: Élongation → Initiation → Terminaison
Explication: Initiation → Élongation → Terminaison

c. **VRAI**: Initiation → Élongation → Terminaison

d. **FAUX**: Élongation → Initiation → Terminaison
Explication: Initiation → Élongation → Terminaison

e. **FAUX**: Terminaison → Élongation → Initiation
Explication: Initiation → Élongation → Terminaison

106. Concernant la réplication, cocher la (les) proposition(s) correcte(s):

a. **FAUX**: La terminaison est catalysée par l'ADN polymérase.
Explication: L'élongation est catalysée par l'ADN polymérase.

b. **VRAI**: L'ADN polymérase a besoin d'une amorce avec 3' OH libre.

c. **FAUX**: L'ADN polymérase catalyse l'élongation dans la direction de 3' vers 5'.
Explication: L'ADN polymérase catalyse l'élongation dans la direction de 5' vers 3'.

d. **VRAI**: Certaines ADN polymérases ont une activité de correction de 3' vers 5'.

e. **VRAI**: La lecture de la matrice par l'ADN polymérase se fait de 3' vers 5'.

107. Concernant la réplication, cocher la (les) proposition(s) correcte(s):

a. **FAUX**: Sur le brin leader l'élongation se fait fragment par fragment.
Explication: Sur le brin leader l'élongation est continue.

b. **VRAI**: Sur le brin tardif l'élongation se fait fragment par fragment.

c. **VRAI**: Les fragments résultant de l'élongation seront finalement collés par une DNA ligase.

d. **VRAI**: Pour que l'ADN polymérase puisse fonctionner l'ADN doit être relaxée.

e. **VRAI**: Le rôle de l'hélicase est de maintenir l'ADN relaxée.

108. Concernant la réplication, cocher la (les) proposition(s) correcte(s):

a. **VRAI**: Les groupements d'enzymes accompagnant la réplication sont appelés réplisomes.

b. **FAUX**: Les protéines de réplication sont éparpillées tout au long de la chaîne d'ADN.
Explication: Les protéines de réplication s'assemblent au niveau des origines de réplication.

c. **VRAI**: Les origines de réplication sont reconnues par les protéines car elles comportent une suite d'acides nucléiques spécifique.

d. **FAUX** : La réplication est unidirectionnelle.
Explication : La réplication avance dans deux directions à partir de l'origine de réplication.

e. **VRAI** : Tout au long de la réplication des bulles de réplication se forment à l'endroit initial des origines de réplication.

109. Concernant la réplication, cocher la (les) proposition(s) correcte(s) :

a. **FAUX** : Les ADN procaryotes ont de nombreuses origines de réplication.
Explication : Les ADN procaryotes ont une seule origine de réplication.

b. **FAUX** : Les ADN eucaryotes ont une seule origine de réplication.
Explication : Les ADN procaryotes ont une seule origine de réplication.

c. **VRAI** : La topoisomérase permet de laisser tourner les brins d'ADN lors de l'élongation.

d. **FAUX** : Le blocage des tropoisomérases engendre des cancers.
Explication : Le blocage des tropoisomérases permet d'empêcher les cancers de proliférer.

e. **FAUX** : Aucune réponse n'est exacte.
Explication : La réponse C est exacte.

110. Quelles sont les protéines à la fourche de réplication, cocher la (les) proposition(s) correcte(s) :

a. **FAUX** : La topoisomérase III.
Explication : Les topoisomérases I et II.

b. **VRAI** : La hélicase.

c. **FAUX** : L'ARN ligase.
Explication : L'ADN ligase.

d. **VRAI** : La SSB.

e. **VRAI** : L'ADN polymérase.

111. Concernant le maintien et le transfert de l'information, cocher la (les) proposition(s) correcte(s) :

a. **FAUX** : Les télomérases sont responsables pour le début de la réplication du chromosome.
Explication : Les télomérases sont responsables pour la fin de la réplication du chromosome.

b. **VRAI** : Une télomérase contient un petit fragment d'ARN complémentaire à la séquence dont elle est responsable.

c. **FAUX** : Le fragment d'ADN des télomérases servira de matrice pour la production des télomères de l'ADN.
Explication : Le fragment d'ARN des télomérases servira de matrice pour la production des télomères de l'ADN.

d. **VRAI** : Le contrôle strict de l'ADN sert de protection contre la mutation.

e. **VRAI** : Le contrôle lâche possède un risque de mutation mais favorise l'évolution.

112. Quels peuvent être les facteurs engendrant une modification de l'ADN, cocher la (les) proposition(s) correcte(s) :

a. **FAUX** : Des rayons infrarouges.
Explication : Des radiations, des rayons ultraviolets.

b. **FAUX** : Un stress réducteur.
Explication : Un stress oxydant.
c. **VRAI** : Certains produits chimiques.
d. **VRAI** : Des mésappariements.
e. **FAUX** : Tous les facteurs cités.
Explication : Les réponses A et B sont fausses.

113. Concernant le maintien et le transfert de l'information, cocher la (les) proposition(s) correcte(s) :

a. **VRAI** : Les mutations sont perpétuées au cours de la réplication.
b. **VRAI** : Le mécanisme de réparation se base sur le fait que l'information perdue sur un brin persiste sur l'autre.
c. **FAUX** : Les microsatellites sont presque jamais l'endroit de mésappariements.
Explication : Les microsatellites sont souvent l'endroit de mésappariements car ils sont instables.
d. **VRAI** : Lors de la réparation par excision de base la coupure se fait entre sucre et base.
e. **VRAI** : La réparation par excision de nucléotide prend place quand l'erreur est reconnue lors de la transcription.

114. Quel est l'ordre des étapes du mécanisme de réparation, cocher la (les) proposition(s) correcte(s) :

a. **FAUX** : Reconnaissance de lésion → resynthèse → coupure → ligation → restauration.
Explication : Reconnaissance de lésion → coupure → resynthèse → ligation → restauration.
b. **VRAI** : Reconnaissance de lésion → coupure → resynthèse → ligation → restauration.
c. **FAUX** : Reconnaissance de lésion → ligation → resynthèse → coupure → restauration.
Explication : Reconnaissance de lésion → coupure → resynthèse → ligation → restauration.
d. **FAUX** : Reconnaissance de lésion → restauration → resynthèse → coupure → ligation.
Explication : Reconnaissance de lésion → coupure → resynthèse → ligation → restauration.
e. **FAUX** : Reconnaissance de lésion → coupure → restauration → ligation → resynthèse.
Explication : Reconnaissance de lésion → coupure → resynthèse → ligation → restauration.

115. Quel est l'ordre des étapes du mécanisme de réparation par excision de base, cocher la (les) proposition(s) correcte(s) :

a. **VRAI** : Création du site abasique → reconnaissance du site → coupure → resynthèse → ligation → restauration.
b. **FAUX** : Reconnaissance du site → création du site abasique → coupure → resynthèse → ligation → restauration.
Explication : Création du site abasique → reconnaissance du site → coupure → resynthèse → ligation → restauration.
c. **FAUX** : Création du site abasique → reconnaissance du site → ligation → resynthèse → coupure → restauration.
Explication : Création du site abasique → reconnaissance du site → coupure → resynthèse → ligation → restauration.
d. **FAUX** : Création du site abasique → reconnaissance du site → coupure → restauration → ligation → resynthèse.

Explication : Création du site abasique → reconnaissance du site → coupure → resynthèse → ligation → restauration.

e. **FAUX** : Reconnaissance du site → coupure → resynthèse → ligation → restauration → création du site abasique.
Explication : Création du site abasique → reconnaissance du site → coupure → resynthèse → ligation → restauration.

116. Concernant le maintien de l'intégrité du génome, cocher la (les) proposition(s) correcte(s) :

a. **FAUX** : Les ADN polymérases ne font jamais d'erreurs.
Explication : Certaines ADN polymérases sont infidèles.

b. **VRAI** : Les ADN polymérases infidèles sont importantes pour la synthèse translésionnelle.

c. **VRAI** : Lors d'une cassure double brin la réparation peut se faire par une remise bout à bout.

d. **FAUX** : La réparation par bout à bout est extrêmement sûre.
Explication : Il y a une assez forte possibilité d'erreurs lors d'une réparation par remise bout à bout.

e. **VRAI** : Une recombinaison se produit quand une cassure double brin est réparée en utilisant les chromosomes homologues.

117. Concernant le maintien de l'intégrité du génome, cocher la (les) proposition(s) correcte(s) :

a. **FAUX** : On peut observer le phénomène de recombinaison homologue lors de la mitose.
Explication : On peut observer le phénomène de recombinaison homologue lors de la méiose.

b. **VRAI** : On peut observer le phénomène de recombinaison homologue lors de la réparation.

c. **FAUX** : Les bactéries utilisent la recombinaison spécifique de site lorsqu'elles attaquent un organisme.
Explication : Les virus utilisent la recombinaison spécifique de site lorsqu'elles attaquent un organisme.

d. **FAUX** : La recombinaison spécifique de site consiste dans l'élimination d'un brin d'ARN pour en intégrer un autre.
Explication : La recombinaison spécifique de site consiste dans l'élimination d'un brin d'ADN pour en intégrer un autre.

e. **FAUX** : Aucune réponse n'est exactExplication : La réponse B est exacte.

118. Concernant la transcription, cocher la (les) proposition(s) correcte(s) :

a. **FAUX** : Il y a besoin d'une amorce pour l'élongation de l'ARN.
Explication : Il n'y a pas besoin d'amorce pour l'élongation de l'ARN.

b. **FAUX** : Le procédé d'élongation de l'ARN est très différent de celui de l'ADN.
Explication : Le procédé d'élongation de l'ARN est le même que celui de l'ADN sauf que la thymine est remplacée par l'uracile.

c. **FAUX** : La synthèse d'ARN se fait grâce à l'ADN polymérase.
Explication : La synthèse d'ARN se fait grâce à l'ARN polymérase.
d. **VRAI** : La transcription démarre grâce à un complexe protéique reconnaissant une séquence spécifique.
e. **VRAI** : La séquence contenant l'information de démarrage est appelée le promoteur.

119. Concernant la transcription, cocher la (les) proposition(s) correcte(s) :
a. **VRAI** : La TATA box se situe en amont du promoteur.
b. **FAUX** : Les séquences permettant la fixation de protéines stabilisatrices sont appelées silencers.
Explication : Les séquences permettant la fixation de protéines stabilisatrices sont appelées enhancers.
c. **VRAI** : Les séquences permettant la fixation de protéines déstabilisatrices sont appelées silencers.
d. **FAUX** : La régulation du gène se fait au niveau du complexe de terminaison.
Explication : La régulation du gène se fait au niveau du complexe d'initiation.
e. **FAUX** : L'élongation s'interrompt aléatoirement.
Explication : L'élongation s'interrompt quand une séquence spécifique est reconnue.

120. Concernant la transcription, cocher la (les) proposition(s) correcte(s) :
a. **VRAI** : L'ARN polymérase I participe à la transcription de l'ARNr.
b. **VRAI** : L'ARN polymérase II participe à la transcription de l'ARNm.
c. **VRAI** : L'ARN polymérase III participe à la transcription de l'ARNt.
d. **FAUX** : L'ARN polymérase I participe à la transcription de l'ARNt.
Explication : L'ARN polymérase I participe à la transcription de l'ARNr.
e. **FAUX** : L'ARN polymérase III participe à la transcription de l'ARNm.
Explication : L'ARN polymérase II participe à la transcription de l'ARNm.

Histologie

1. Concernant les épithéliums de revêtements, cocher la (les) propositions(s) correcte(s) :

a. On peut trouver le tissu épithélial en surface avec la peau et dans les cavités naturelles ouvertes et fermées.
b. Les organes tissulaires tapissant les cavités ouvertes sont appelés muqueuses.
c. La muqueuse est composée d'un épithélium de revêtement et d'un tissu conjonctif appelé chorion.
d. Toutes les cavités closes sont tapissées par du mésothélium.
e. Les cavités séreuses sont tapissées par du mésothélium.

2. Concernant l'organisation générale du tissu épithélial, cocher la (les) proposition(s) correcte(s) :

a. Les épithéliums sont vascularisés.
b. Le tissu épithélial est séparé du tissu conjonctif par une membrane basale.
c. La membrane basale est toujours imperméable.
d. La membrane basale possède des mécanismes de cohésion.
e. Le tissu conjonctif est non vascularisé.

3. Concernant l'organisation générale du tissu épithélial, cocher la (les) proposition(s) correcte(s):

a. La nutrition des cellules épithéliales se fait par les fibres de la membrane basale.
b. Au microscope optique la membrane basale apparaît réticulaire.
c. Au microscope électronique on peut voir que la basale est composée d'une seule assise cellulaire.
d. La lame basale est d'origine conjonctive.
e. Aucune réponse n'est exacte.

4. Concernant l'organisation générale du tissu épithélial, cocher la (les) proposition(s) correcte(s):

a. La lame basale est d'une épaisseur variable.
b. La lame réticulaire est d'origine épithéliale.
c. La lame réticulaire est d'épaisseur variable.
d. Le pôle apical est du côté de la lumière.
e. Le pôle basal est du côté du tissu conjonctif.

5. Concernant les différenciations des faces latérales des épithéliums, cocher la (les) proposition(s) correcte(s):

a. Les épithéliums présentent un seul dispositif d'union intercellulaire.
b. Les dispositifs peuvent être zonulaires ou maculaires.
c. Les jonctions serrées sont uniquement maculaires.
d. Les jonctions à interstice sont des jonctions communicantes
e. Les jonctions à interstice peuvent être maculaires ou zonulaires.

6. Concernant les différenciations des faces latérales des épithéliums, cocher la (les) proposition(s) correcte(s) :

a. Les parois du tube des jonctions communicantes sont formées par 12 connexines.
b. Les jonctions à interstice permettent la communication chimique entre les cellules voisines.
c. Les jonctions adhérentes sont exclusivement zonulaires.
d. Les desmosomes sont des jonctions adhérentes maculaires.
e. Aucune réponse n'est exacte.

7. Concernant les desmosomes, cocher la (les) proposition(s) correcte(s) :

a. Les desmogléines assurent une adhérence et une cohésion intracellulaire.
b. Les desmoplakines assurent une cohésion intercellulaire.
c. Dans le cas d'un desmosome, l'espace intracellulaire disparait.
d. Dans la région d'un desmosome, le feuillet externe est épaissi.
e. Aucune réponse n'est exacte.

8. Concernant les cadres épicellulaires, cocher la (les) proposition(s) correcte(s) :

a. Les cadres épicellulaires sont uniquement visibles au microscope électronique.
b. Les cadres épicellulaires se situent au pôle apical de certaines cellules épithéliales.
c. Le cadre épicellulaire possède une zonula occludens à sa partie basale.
d. Le cadre épicellulaire contribue à la cohésion, l'adhésivité, le soutien et la rigidité des structures épithéliales.
e. Le cadre épicellulaire possède une zone comportant de nombreux desmosomes à sa partie basale.

9. Concernant les différenciations du pôle apical des épithéliums, cocher la (les) propositions(s) correcte(s) :

a. Les microvillosités sont les seules différenciations du pôle apical des épithéliums.
b. Les microvillosités sont toujours présentes sur une cellule, cependant dans le cas des épithéliums, elles le sont en grande quantité.
c. Il existe trois types de microvillosités : le plateau strié, la bordure en brosse et les stéréocils.
d. Dans le cas du plateau strié, les microvillosités sont hérissées et parallèles.
e. Les microvillosités d'un plateau strié font environ 1 µm.

10. Concernant les différenciations du pôle apical des épithéliums, cocher la (les) proposition(s) correcte(s) :

a. Les replis du plateau strié permettent d'augmenter la surface membranaire.
b. Le plateau strié a un rôle d'excrétion.
c. On trouve la différenciation du plateau strié surtout dans l'épididyme.
d. On trouve la différenciation de la bordure en brosse surtout dans l'intestin.
e. La bordure en brosse a des microvillosités de 2 µm.

11. Concernant les différenciations du pôle apical des épithéliums, cocher la (les) proposition(s) correcte(s) :

- **a.** Les stéréocils jouent un rôle dans les épithéliums d'excrétion.
- **b.** On trouve des épithéliums à stéréocils au niveau de l'épididyme.
- **c.** Les cils vibratiles s'insèrent dans le cytoplasme par un corpuscule apical.
- **d.** Les cils vibratiles font la captation des ovocytes.
- **e.** Les cils vibratiles ont une fonction d'absorption.

12. Concernant les différenciations du pôle basal des épithéliums, cocher la (les) proposition(s) correcte(s) :

- **a.** Les hémidesmosomes ont pour fonction d'assurer l'échange à travers la membrane basale.
- **b.** Les hémidesmosomes sont un dispositif exclusivement maculaire.
- **c.** Le labyrinthe basal est une différenciation que l'on trouve spécifiquement au niveau de l'œsophage.
- **d.** Le labyrinthe basal permet la multiplication de la surface d'échange.
- **e.** Dans le labyrinthe basal on trouve une multitude de mitochondries permettant de nombreux échanges actifs, nécessitants de l'énergie.

13. Quels sont les critères de classification des épithéliums, cocher la (les) proposition(s) correcte(s) :

- **a.** La forme.
- **b.** Le nombre de couches.
- **c.** La nature de la sécrétion.
- **d.** L'existence de spécialisation tissulaire.

14. La fonction de l'épithélium. Concernant la forme des cellules épithéliales, cocher la (les) proposition(s) correcte(s) :

- **a.** Les cellules épithéliales plus larges que hautes sont appelées pavimenteuses.
- **b.** Les cellules épithéliales aussi larges que hautes sont appelées cubiques.
- **c.** Les cellules épithéliales plus hautes que larges sont appelées prismatiques.
- **d.** Les cellules épithéliales plus larges que hautes sont appelées cubiques.
- **e.** Les cellules épithéliales plus hautes que larges sont appelées pavimenteuses.

15. Concernant le nombre de couches cellulaires de l'épithélium, cocher la (les) proposition(s) correcte(s) :

- **a.** Les épithéliums de plusieurs couches sont appelés simples.
- **b.** Les épithéliums monostratifiés sont aussi appelés composés.
- **c.** L'épithélium est pseudo-stratifié quand la majorité des cellules épithéliales ne sont pas en contact avec la membrane basale.
- **d.** Dans le cas de cellules stratifiées on s'intéresse à la forme des cellules de la couche la plus basale pour les classer.
- **e.** Aucune réponse n'est exacte.

16. Concernant les spécialisations cellulaires des cellules épithéliales, cocher la (les) proposition(s) correcte(s) :

- **a.** La synthèse de kératine et de mucus est une spécialisation cellulaire de nature physique.
- **b.** Les cellules muqueuses à pôle muqueux fermé se trouvent surtout au niveau du colon.
- **c.** Les cellules à pôle muqueux ouvert sont appelées cellules caliciformes.
- **d.** Les cellules caliciformes sont spécifiques de l'estomac.
- **e.** Le mucus prend une couleur verte en PAS.

17. Concernant la fonction des cellules épithéliales, cocher la (les) proposition(s) correcte(s) :

- **a.** Les épithéliums pavimenteux simples se retrouvent dans l'endothélium et le mésothélium. Les épithéliums cubiques simples se retrouvent dans les canaux de certaines glandes, en particulier dans le foie ou dans les canaux biliaires.
- **b.** L'épithélium prismatique simple est le plus rare.
- **c.** Les épithéliums prismatiques simples sans différenciation particulière se trouvent surtout dans la bouche.
- **d.** Les épithéliums prismatiques simples à pôle muqueux fermé ont un rôle de protection.
- **e.** Les épithéliums prismatiques simples à pôle muqueux fermé ont un rôle de protection.

18. Concernant la fonction des cellules épithéliales, cocher la (les) proposition(s) correcte(s) :

- **a.** Les épithéliums prismatiques simples à stéréocils se trouvent dans l'épendyme.
- **b.** On peut trouver des épithéliums prismatiques simples à cils vibratiles dans les bronches.
- **c.** On peut trouver des épithéliums prismatiques simples à plateau strié dans le tube contourné proximal du rein.
- **d.** Les épithéliums stratifiés sont majoritairement pavimenteux.
- **e.** Les épithéliums cubiques stratifiés se retrouvent dans les canaux excréteurs des glandes salivaires.

19. Concernant la fonction des cellules épithéliales, cocher la (les) proposition(s) correcte(s) :

- **a.** Les épithéliums prismatiques à stratifier se retrouvent au niveau du canal anal.
- **b.** Les cellules superficielles des épithéliums pavimenteux stratifiés sont très aplaties.
- **c.** Les épithéliums pavimenteux stratifiés sont aussi appelés Langerhansiens.
- **d.** On distingue les épithéliums malpighiens en fonction de leur nombre de couches.
- **e.** Aucune réponse n'est exacte.

20. Quels sont les endroits présentant un épithélium malpighien non kératinisé, cocher la (les) proposition(s) correcte(s) :

- **a.** L'épiderme.
- **b.** L'œsophage.
- **c.** Le rectum.

d. Les parois vaginales.
e. La muqueuse buccale.

21. Concernant les épithéliums malpighiens, cocher la (les) proposition(s) correcte(s):

a. L'épiderme est composé d'épithélium malpighien non kératinisé.
b. L'épiderme exerce une protection chimique.
c. Le corps muqueux de malpighi regroupe la couche basale et la couche épineuse.
d. Les cellules de la couche épineuse sont très jointives.
e. Les jonctions communicantes donnent un aspect épineux aux cellules de la couche épineuse.

22. Concernant les épithéliums malpighiens, cocher la (les) proposition(s) correcte(s):

a. Les cellules de la couche granuleuse synthétisent des précurseurs de la kératine.
b. Les cellules apicales de l'épiderme meurent par nécrose.
c. Dans les couches supérieures de l'épiderme il y a présence de mitose.
d. La zone germinative de l'épithélium est composée de la couche basale et de quelques cellules de la couche épineuse.
e. Les cellules souches épidermiques sortant de la zone germinative, provoquent un mouvement horizontal.

23. Concernant la fonction des cellules épithéliales, cocher la (les) proposition(s) correcte(s):

a. Les épithéliums pseudo-stratifiés peuvent être prismatiques ou transitionnels.
b. On trouve un épithélium pseudo-stratifié prismatique au niveau des bronches.
c. Au niveau de l'épithélium respiratoire les cils vibratiles et le mucus permettent l'établissement d'un mouvement et forment l'escalator muco-ciliaire.
d. L'épithélium pseudo-stratifié transitionnel est uniquement présent au niveau des voies urinaires d'où l'appellation urothélium.
e. L'urothélium a une fonction de poussée pour faire sortir l'urine.

24. Concernant la fonction des cellules épithéliales, cocher la (les) proposition(s) correcte(s):

a. Les tissus épithéliaux se renouvellent dans une zone germinative.
b. Les enthérocytes ont une maturation fonctionnelle verticale.
c. Les cellules de l'épiderme subissent une maturation fonctionnelle verticale.
d. Dans le chorion de la muqueuse intestinale, les cavités correspondent aux glandes.
e. Toutes les réponses sont exactes.

25. Concernant la fonction glandulaire des épithéliums, cocher la (les) proposition(s) correcte(s):

a. Une cellule est glandulaire quand elle est capable d'élaborer un produit.
b. La fonction glandulaire est une fonction d'ordre physique.
c. La première étape de l'élaboration du produit glandulaire est la sécrétion.
d. La première étape de l'élaboration du produit glandulaire est la sécrétion.
e. La mise en charge du produit de sécrétion correspond à la sortie du produit de la cellule.

26. Concernant la fonction glandulaire des épithéliums, cocher la (les) proposition(s) correcte(s) :

- **a.** Lors de l'excrétion le produit sort de la cellule.
- **b.** Les glandes sont toujours pluricellulaires.
- **c.** La thyroïde est une glande anatomiquement individualisée.
- **d.** Le rythme de sécrétion se fait forcément en cycles continus.
- **e.** Comme les différentes secrétions utilisent des organites différents, il y a induction d'un développement morphologique particulier des cellules glandulaires.

27. Concernant la fonction glandulaire des épithéliums, cocher la (les) proposition(s) correcte(s) :

- **a.** Les épithéliums glandulaires ont la même polarité que les épithéliums de revêtement.
- **b.** Les cellules sont capables d'accumuler le produit, c'est la mise en charge.
- **c.** La cellule stocke le produit de sécrétion sous forme libre, organisée (en vacuoles) ou de façon diffuse.
- **d.** L'excrétion holocrine correspond à l'exocytose simple.
- **e.** L'excrétion mérocrine est la plus fréquente.

28. Concernant la fonction glandulaire des épithéliums, cocher la (les) proposition(s) correcte(s) :

- **a.** Les trois différents modes d'excrétion sont les excrétions mérocrine, holomérocrine et apocrine.
- **b.** Lors de l'extrusion mérocrine le produit est expulsé de la cellule, qui reste intacte.
- **c.** L'épithélium gastrique possède uniquement la fonction glandulaire.
- **d.** Lors de l'extrusion holocrine une partie de la cellule est excrétée.
- **e.** L'extrusion mérocrine se trouve entre autres au niveau des glandes sébacées.

29. Concernant la fonction glandulaire des épithéliums, cocher la (les) proposition(s) correcte(s) :

- **a.** Le produit de secrétion des glandes sébacées est appelé sébum.
- **b.** Les glandes mammaires ont une secrétion de type holocrine.
- **c.** Lors de l'excrétion apocrine la partie basale du cytoplasme est excrétée.
- **d.** Les glandes sudoripares et les glandes mammaires ont des modes d'excrétion différents.
- **e.** Aucune réponse n'est exacte.

30. Concernant les différents types de glandes, cocher la (les) proposition(s) correcte(s) :

- **a.** Les différences entre les types de glandes sont d'ordre topographique et métabolique.
- **b.** Les glandes exocrines possèdent une signification extérieure.
- **c.** Les cellules exocrines sont présentes dans les cavités naturelles fermées.
- **d.** Les cellules endocrines possèdent une signification interne.
- **e.** Les cellules endocrines sont toujours à proximité d'un canal excréteur.

31. Concernant les glandes exocrines, cocher la (les) proposition(s) correcte(s) :

a. Des cellules isolées peuvent être exocrines, ce sont les glandes unicellulaires.
b. Les cellules caliciformes de l'intestin grêle sont des glandes unicellulaires.
c. Les glandes anatomiquement individualisées sont appelées glandes intra-épithéliales.
d. La parotide est une glande pluricellulaire.
e. On trouve des glandes intra-épithéliales dans l'urètre.

32. Quels sont les critères de description de glandes exocrines, cocher la (les) proposition(s) correcte(s) :

a. L'organisation et le nombre d'unités sécrétrices.
b. La densité en vaisseaux adjacents.
c. La nature biochimique du produit de sécrétion.
d. La forme du noyau cellulaire.
e. La fonction.

33. Concernant les glandes exocrines, cocher la (les) proposition(s) correcte(s) :

a. La portion excrétrice d'une glande anatomiquement individualisée correspond à l'endroit où est fabriqué le produit de sécrétion.
b. La portion sécrétrice d'une glande anatomiquement individualisée correspond à l'endroit où est fabriqué le produit de sécrétion.
c. L'unité fonctionnelle sécrétrice d'une capsule est le lobule.
d. On parle de structure alvéolaire quand une seule forme de glande est présente.
e. On parle de structure acineuse, quand plusieurs formes de glandes se rejoignent.

34. Concernant les glandes séreuses, cocher la (les) proposition(s) correcte(s) :

a. Les glandes séreuses ont un aspect spumeux.
b. Le pôle basal des glandes séreuses contient des structures basophiles.
c. Le pôle apical des glandes séreuses contient des grains acidophiles.
d. Les cellules composant les glandes séreuses ont des limites latérales nettes.
e. Les glandes séreuses possèdent une lumière quasi virtuelle.

35. Concernant les tubulo-acinus muqueux, cocher la (les) proposition(s) correcte(s) :

a. Les tubulo-acinus muqueux possèdent une polarité sécrétoire.
b. Les tubulo-acinus muqueux ont un noyau basal.
c. Les tubulo-acinus muqueux possèdent un noyau aplati.
d. Les tubulo-acinus muqueux ont une lumière bien visible.
e. Les cellules formant les tubulo-acinus muqueux ont des limites cellulaires peu visibles.

36. Concernant les glandes endocrines, cocher la (les) proposition(s) correcte(s) :

a. Dans le cas des systèmes endocriniens le produit de sécrétion circule par voie biliaire.
b. La cellule glandulaire endocrine peut agir à distance sur ses cellules cibles.

c. Les cellules endocrines sécrètent surtout des enzymes.
d. Une cellule endocrine peut agir sur elle-même.
e. On parle de sécrétion autocrine quand la cellule sécrétrice a pour cible elle-même.

37. Concernant l'organisation trabéculaire, cocher la (les) proposition(s) correcte(s) :

a. Les cellules des glandes endocrines d'organisation trabéculaire ont une fonction de revêtement.
b. Les cellules des glandes endocrines d'organisation trabéculaire ont un contact direct avec les cellules sanguines.
c. Les cellules des glandes endocrines d'organisation trabéculaire possèdent une membrane basale.
d. Il y a absence de canaux excréteurs autour des glandes endocrines d'organisation trabéculaire.
e. Toutes les réponses sont exactes.

38. Concernant l'architecture vésiculaire, cocher la (les) proposition(s) correcte(s) :

a. L'architecture vésiculaire est différente de l'architecture folliculaire.
b. On retrouve l'architecture folliculaire au niveau de la glande thyroïdienne.
c. Le pôle apical des thyréocytes est en contact avec la substance colloïde.
d. Le pôle basal des thyréocytes est en contact avec une cavité ouverte.
e. La substance colloide contient de la thyroglobuline.

39. Concernant les glandes mixtes, cocher la (les) proposition(s) correcte(s) :

a. Les glandes mixtes contiennent des cellules étant à la fois exocrines et endocrines.
b. Le pancréas est une glande mixte.
c. La sécrétion exocrine du pancréas est le glucagon.
d. La sécrétion endocrine du pancréas est l'amylase.
e. Aucune des réponses n'est exacte.

40. Concernant les glandes mixtes amphicrines, cocher la (les) proposition(s) correcte(s) :

a. On parle de glande mixte amphicrine quand une glande contient des cellules exocrines et des cellules endocrines.
b. Les cellules du foie forment une glande mixte amphicrine.
c. Le système endocrinien du foie a une architecture trabéculaire.
d. La sécrétion exocrine du foie est la bile.
e. Toutes les réponses sont exactes.

41. Concernant les épithéliums, cocher la (les) proposition(s) correcte(s) :

a. Les épithéliums de revêtement reposent tous sur une membrane basale.
b. Au niveau des jonctions communicantes, la communication se fait via les desmoplakines.
c. Une microvillosité est un repli du feuillet interne et du feuillet externe de la membrane plasmique.

d. L'extrusion se fait selon 4 modalités différentes.
e. L'extrusion mérocrine se fait par exocytose mais peut aussi se faire par diffusion.

42. Quels sont les natures d'épithéliums qu'on trouve dans les voies aériennes, cocher la (les) proposition(s) correcte(s) :

a. Epithéliums pavimenteux simples.
b. Epithéliums cubiques stratifiés.
c. Epithéliums prismatiques simples.
d. Epithéliums prismatiques pseudostratifiés.
e. Epithéliums malpighiens non kératinisés.

43. Concernant les épithéliums, cocher la (les) proposition(s) correcte(s) :

a. Toutes les glandes exocrines possèdent des canaux excréteurs.
b. Dans les acinus séreux les noyaux cellulaires sont situés au tiers interne des cellules.
c. Dans l'architecture trabéculaire, les vaisseaux sanguins sont orientés le long des travées cellulaires.
d. L'architecture folliculaire est très fréquente pour les glandes.
e. Toutes les réponses sont fausses.

44. Concernant les thyréocytes, cocher la (les) proposition(s) correcte(s) :

a. Les thyréocytes captent de l'iode à partir du sang.
b. Les thyréocytes captent des radicaux MIT ou DIT à partir de la substance colloide.
c. Les radicaux MIT et DIT sont stockés dans l'espace intracellulaire.
d. La thyroglobuline sert de support à la formation des hormones thyroidiennes.
e. La thyroglobuline est stockée dans les thyréocytes.

45. Concernant les thyréocytes, cocher la (les) proposition(s) correcte(s) :

a. Les thyréocytes ont une double polarité fonctionnelle.
b. L'iode est capté au pôle basal des thyréocytes.
c. Les précurseurs hormonaux sont captés au pôle basal des thyréocytes.
d. T3 et T4 sont des hormones thyroidiennes.
e. Toutes les réponses sont exactes.

46. Concernant les épithéliums, cocher la (les) proposition(s) correcte(s) :

a. Les testicules sont des glandes exclusivement endocrines.
b. La fonction endocrine des testicules est la libération de gamètes.
c. La fonction endocrine des testicules est la libération d'hormones.
d. L'hypophyse a une organisation trabéculaire.

47. Les glandes surrénales ont une organisation trabéculaire. Concernant les épithéliums, cocher la (les) proposition(s) correcte(s) :

a. Les cellules des acini séreux sont entièrement basophiles.
b. Les séreuses de l'organisme dérivent de la cavité amniotique.

c. Les séreuses sont très vascularisées.
d. Les glandes exocrines anatomiquement individualisées possèdent toujours des canaux excréteurs.
e. Les muqueuses correspondent à des cavités naturelles ouvertes.

48. Concernant les épithéliums, cocher la (les) proposition(s) correcte(s):

a. Les microvillosités sont centrées par un axe de microfillaments.
b. Les entérocytes possèdent des cadres épicellulaires visibles à l'œil nu.
c. L'épithélium urinaire ou urothélium possède une capacité d'extension en réduisant le nombre de couches cellulaires.
d. Les hépatocytes sont responsables de la sécrétion de bile.
e. Toutes les réponses sont exactes.

49. Concernant les épithéliums, cocher la (les) proposition(s) correcte(s):

a. La zone desquamante de l'épithélium intestinal se situe au niveau des glandes de la muqueuse.
b. L'urothélium est constitué de 2 populations de cellules: cellules superficielles et cellules basales.
c. Le labyrinthe basal est présent au niveau de certains tubes du rein.
d. Dans l'épithélium malpighien non kératinisé les cellules souches sont localisées dans la couche basale et la couche parabasale.
e. Aucune des réponses n'est exacte.

50. Concernant les épithéliums, cocher la (les) proposition(s) correcte(s):

a. Dans la paroi gastrique de l'estomac le mucus est présent au niveau intracellulaire.
b. L'urothélium est de type polymorphe paramalpighien.
c. Dans les cellules rénales on observe une basophilie basale à cause du labyrinthe basal.
d. La lame réticulaire de l'épithélium a une épaisseur constante d'environ 100 nm.
e. Aucune réponse n'est exacte.

51. Concernant le tissu conjonctif, cocher la (les) proposition(s) correcte(s):

a. Le tissu conjonctif est un tissu comportant des cellules.
b. Dans le tissu conjonctif les cellules sont jointives.
c. Le tissu conjonctif a une fonction de soutien.
d. Le tissu conjonctif a un rôle trophique.
e. La fonction nourricière du tissu conjonctif est due aux capillaires que ce tissu contient.

52. Concernant le tissu conjonctif, cocher la (les) proposition(s) correcte(s):

a. La matrice du tissu conjonctif est composée de fibres et de substance fondamentale.
b. Les fibres de collagène font partie des 3 grands types de fibres contenus dans le tissu conjonctif.
c. Les fibres de réticuline font partie des 3 grands types de fibres contenus dans le tissu conjonctif.

d. Les fibres musculaires font partie des 3 grands types de fibres contenus dans le tissu conjonctif.
e. Les fibres d'élastine font partie des 3 grands types de fibres contenus dans le tissu conjonctif.

53. Concernant le collagène, cocher la (les) proposition(s) correcte(s) :

a. Au microscope optique les fibres de collagène apparaissent anastomosées.
b. Les fibres de collagène ont un diamètre de 0,5 à 5 µm.
c. Au microscope optique les fibres de collagène sont révélées au vert lumière.
d. Les fibres de collagène sont rigides et résistantes.
e. Les fibres de collagène confèrent une élasticité au tissu.

54. Concernant le collagène, cocher la (les) proposition(s) correcte(s) :

a. Le diamètre des protofibrilles est inférieur à 20 nm.
b. L'unité fonctionnelle des fibres de collagène est la structure en fibrille.
c. La particularité des protofibrilles de collagène est leur striation.
d. Les striations des protofibrilles de collagène ont une périodicité de 64 mm.
e. Le tropocollagène est un assemblage de 3 feuillets b.

55. Concernant le collagène, cocher la (les) proposition(s) correcte(s) :

a. Le tropocollagène a une longueur de 280 nm.
b. L'acide aminé le plus présent dans le tropocollagène est la tyrosine.
c. La synthèse du collagène est effectuée par les fibroblastes.
d. Lorsqu'elles forment la protofibrille, les molécules de tropocollagènes sont latéralement décalées d'environ 1/4 de leur longueur.
e. Toutes les réponses sont exactes.

56. Concernant le collagène, cocher la (les) proposition(s) correcte(s) :

a. Le collagène de type I est le collagène standard et se trouve dans le derme, les tendons et les os.
b. Le collagène de type II se trouve dans les parois vasculaires.
c. Le collagène de type III se trouve dans les muscles.
d. Le collagène de type III se trouve dans les parois vasculaires.
e. Le collagène de type IV se trouve dans le cartilage.

57. Concernant les fibrilles de réticuline, cocher la (les) proposition(s) correcte(s) :

a. Au microscope optique les fibrilles de réticuline apparaissent non anastomosées
b. Les fibrilles de réticuline ont la même striation régulière que les fibrilles de collagène.
c. Les fibrilles de réticuline sont plus fines que les fibrilles de collagène.
d. Au microscope optique on colore les fibrilles de réticuline à l'imprégnation argentique.
e. La présence de fibrilles de réticuline permet la formation de réseaux fonctionnels dans le tissu conjonctif.

58. Concernant les fibres d'élastine, cocher la (les) proposition(s) correcte(s) :

a. Au microscope optique l'élastine est colorée à l'orcéine.
b. Les fibres d'élastine ont un diamètre d'environ 0,2 nm.
c. Les fibres d'élastine sont non anastomosées.
d. L'élastine a une fonction d'élasticité.
e. L'élastine est rigide.

59. Concernant la substance fondamentale, cocher la (les) proposition(s) correcte(s) :

a. La substance fondamentale apparaît transparente au microscope optique.
b. Le tissu conjonctif est appelé tissu réactionnel à cause des réactions chimiques qui s'y produisent.
c. Dans le tissu conjonctif on trouve uniquement de l'eau libre.
d. Les substances de nature endogène sont celles élaborées par le tissu conjonctif.
e. Les substances de nature exogène sont celles apportées par les vaisseaux sanguins.

60. Concernant les substances endogènes, cocher la (les) proposition(s) correcte(s) :

a. La majorité des substances endogènes trouvées dans le tissu conjonctif sont des précurseurs de fibres.
b. Les protéoglycanes possèdent de nombreuses sérines.
c. L'acide hyaluronique est un glycosaminoglycane non sulfaté.
d. L'acide hyaluronique peut servir de point de fixation aux protéoglycanes.
e. Lors de la réaction inflammatoire il y a captation de l'eau libre par l'acide hyaluronique.

61. Concernant les fibroblastes, cocher la (les) proposition(s) correcte(s) :

a. Au microscope optique les fibroblastes apparaissent fusiformes
b. Au microscope électronique les fibroblastes apparaissent toujours étoilés.
c. Quand un fibroblaste est inactif il apparaît fusiforme au microscope électronique.
d. À l'état inactif les fibroblastes sont appelés fibrocytes.
e. Le fibroblaste est l'une des cellules spécifiques des tissus conjonctifs.

62. Concernant les cellules du tissu conjonctif, cocher la (les) proposition(s) correcte(s) :

a. Le fibroblaste est une cellule immobile.
b. Le fibroblaste est capable d'élaborer les molécules de collagène.
c. Les fibroblastes peuvent se déplacer à 5 mm/h.
d. Toutes les cellules sauf le fibroblaste proviennent de l'extérieur du tissu conjonctif.
e. Le fibroblaste est une cellule réactionnelle.

63. Concernant les macrophages, cocher la (les) proposition(s) correcte(s) :

a. Les macrophages possèdent de nombreux protéasomes.
b. Les macrophages sont des cellules mobiles.
c. Les macrophages font partie du système des phagocytes plurinucléés
d. La propriété de macrophagocytose est due aux nombreux protéasomes.
e. La réaction inflammatoire se déroule dans le tissu conjonctif.

64. Concernant les différents types de tissu conjonctif, cocher la (les) proposition(s) correcte(s) :

a. Les tissus conjonctifs de type lâche sont à prédominance de substance fondamentale.
b. Les tissus conjonctifs de type lâche contiennent des capillaires.
c. Les tissus conjonctifs à prédominance de cellules sont très rares.
d. Le tissu palléal du sein est un tissu conjonctif à prédominance cellulaire.
e. La gelée de Wharton est un tissu conjonctif à prédominance de substance fondamentale.

65. Concernant les différents types de tissu conjonctif, cocher la (les) proposition(s) correcte(s) :

a. La gelée de Wharton se situe au niveau des seins.
b. La gelée de Wharton est non vascularisée.
c. La gelée de Wharton est traversée par deux artères et une veine.
d. Les tissus conjonctifs à prédominance de fibres sont soit à prédominance de collagène soit à prédominance d'élastine.
e. Les tissus conjonctifs fibreux sont à prédominance de collagène.

66. Concernant les tissus conjonctifs fibreux, cocher la (les) proposition(s) correcte(s) :

a. Le derme profond est un tissu conjonctif orienté unitendu.
b. Le tendon est un tissu conjonctif orienté bitendu.
c. Le tendon est une structure vascularisée.
d. Les tendons ont un rôle de contraction, car les pressions s'exercent selon l'axe principal de son tissu conjonctif.
e. Aucune réponse n'est exacte.

67. Concernant les tissus conjonctifs fibreux, cocher la (les) proposition(s) correcte(s) :

a. Dans les tissus conjonctifs orientés bitendus les fibres de collagène sont plus ou moins croisées entre elles.
b. La fonction des tissus conjonctifs orientés bitendus est la résistance mécanique à des tensions.
c. La cornée de l'œil est composée d'un tissu conjonctif orienté unitendu.
d. La cornée possède un tissu conjonctif transparent.
e. Le tissu conjonctif de la cornée est vascularisé.

68. Concernant le tissu conjonctif réticulaire, cocher la (les) proposition(s) correcte(s) :

a. Le tissu conjonctif réticulaire est mal visible en microscope optique.
b. On retrouve du tissu conjonctif réticulaire au niveau du derme réticulaire.
c. On retrouve du tissu conjonctif réticulaire dans le foie.
d. On peut observer une trame grillagée, composée de fibres réticulaires apparemment anatomosées au niveau des tissus conjonctifs réticulaires.
e. Toutes les réponses sont exactes.

69. Concernant le tissu conjonctif élastique, cocher la (les) proposition(s) correcte(s) :

a. On retrouve un tissu conjonctif élastique dans la paroi de l'œsophage.
b. Au niveau de certains tissus conjonctifs élastiques on trouve des cellules particulières : les cellules rameuses.
c. Le tissu conjonctif élastique est visible au microscope optique.
d. Les cellules rameuses possèdent un prolongement ramifié dans l'espace.
e. Le derme superficiel est composé de tissu conjonctif élastique.

70. Concernant le tissu adipeux, cocher la (les) proposition(s) correcte(s) :

a. Le tissu adipeux est un tissu de réserve énergétique.
b. Les adipocytes stockent de la graisse.
c. Le tissu adipeux est un tissu conjonctif spécialisé.
d. Le tissu adipeux est un tissu conjonctif à prédominance cellulaire.
e. Les adipocytes sont non vascularisés.

71. Concernant le tissu adipeux, cocher la (les) proposition(s) correcte(s) :

a. Un adipocyte est une cellule volumineuse de 100 µm.
b. Les adipocytes possèdent un cytoplasme clair donc optiquement vide.
c. Le cytoplasme des adipocytes est très profond et forme donc un « noyau cytoplasmique ».
d. La vacuole des adipocytes est colorable au rouge ou au noir soudan.
e. La vacuole des adipocytes est uniquement colorable au rouge ou au noir soudan.

72. Concernant le tissu adipeux, cocher la (les) proposition(s) correcte(s) :

a. On appelle la graisse chez le fœtus graisse blanche.
b. Les adipocytes sont capables de produire des lipides à partir de précurseurs (acides gras).
c. Les adipocytes stockent des triprotides.
d. Les adipocytes libèrent leurs réserves sous forme d'acides gras estérifiés.
e. Les adipocytes sont souvent contenus dans l'hypoderme.

73. Concernant le tissu sanguin, cocher la (les) proposition(s) correcte(s) :

a. Le tissu sanguin est un tissu conjonctif simple.
b. Le tissu sanguin est composé d'un fluide (le plasma) et de cellules sanguines.
c. Le plasma est constitué d'eau, de sels minéraux, de glucides et de lipides.
d. Le plasma contient des molécules organiques.
e. Le tissu sanguin subit un mouvement bidirectionnel.

74. Concernant le tissu sanguin, cocher la (les) proposition(s) correcte(s) :

a. Au microscope optique on peut colorer les cellules sanguines au May Grunwal-Giems
b. Les globules rouges sont anucléés.
c. Les globules rouges sont produits dans la moelle osseuse.
d. Les globules rouges ont une forme de sphère.
e. Les globules rouges ont un diamètre de 7,5 µm.

75. Quels sont les autres noms des globules rouges, cocher la (les) proposition(s) correcte(s) :

a. Erythrocytes.
b. Entérocytes.
c. Hématies.
d. Leucocytes.
e. Réticulocytes.

76. Concernant le tissu sanguin, cocher la (les) proposition(s) correcte(s) :

a. Le maintient de la forme biconcave des globules rouges requiert de l'énergie.
b. Les globules rouges ne possèdent pas d'organites.
c. Le maintien de la forme biconcave des globules rouges permet d'augmenter la surface d'échange.
d. Quand le diamètre des hématies augmente on parle d'hémolyse.
e. Quand le diamètre des hématies passe en dessous de 7 µm on parle de microcytose.

77. Concernant le tissu sanguin, cocher la (les) proposition(s) correcte(s) :

a. On parle d'anisocytose quand le sang présente un nombre très petit d'hématies.
b. En milieu hypertonique les globules rouges peuvent éclater.
c. On parle d'hémolyse quand la cellule éclate.
d. La combinaison d'hémoglobine et d'oxygène est une combinaison instable.
e. La combinaison d'hémoglobine et de dioxyde de carbone est une combinaison stable.

78. Concernant le tissu sanguin, cocher la (les) proposition(s) correcte(s) :

a. Le cytoplasme du globule rouge possède un pigment rouge, c'est l'hémoglobine.
b. Une femme saine a entre 4 et 5 millions de globules rouges par mm cube.
c. Un homme sain a entre 4,5 et 5,5 millions de globules rouges par mm cube.
d. Quand le taux d'hémoglobine diminue trop on parle d'anémie.
e. Toutes les réponses sont exactes.

79. Concernant le tissu sanguin, cocher la (les) proposition(s) correcte(s) :

a. La durée de vie des globules rouges est de 12 jours.
b. Les hématies sont produites au niveau de la moelle osseuse.
c. Les hématies sont appelées réticulocytes quand elles aboutissent à maturité.
d. On marque les hématies au bleu de crésyl.
e. Aucune réponse n'est exacte.

80. Quels sont les organes dans lesquels les hématies sont détruites, cocher la (les) proposition(s) correcte(s) :

a. La moelle épinière.
b. L'estomac.
c. La rate.
d. Le foie.
e. La moelle osseuse.

81. Concernant le tissu sanguin, cocher la (les) proposition(s) correcte(s) :

a. Les réticulocytes représentent 10 % des globules rouges circulants.
b. Les leucocytes sont des cellules nucléées.
c. La viscosité du sang est faible.
d. Les globules blancs sont aussi appelés leucocytes.
e. Toutes les réponses sont exactes.

82. Concernant le tissu sanguin, cocher la (les) proposition(s) correcte(s) :

a. Le taux normal de leucocytes est de 6 à 10 millions globules blancs par mm cube.
b. Les leucocytes restent toujours dans le tissu sanguin.
c. Les granulocytes sont plurilobés.
d. Les agranulocytes sont mononucléees.
e. Les leucocytes peuvent être classés selon leur origine.

83. Concernant le tissu sanguin, cocher la (les) proposition(s) correcte(s) :

a. On parle d'origine myénoïde quand les leucocytes font leur maturation au niveau de la moelle osseuse.
b. On parle d'origine lymphoïde quand les leucocytes font leur maturation au niveau des ganglions, de la thyroïde ou des organes lymphoïdes.
c. Les globules blancs sont des cellules sphériques.
d. Les leucocytes sont capables de diapédèse.
e. La diapédèse est la capacité de circuler contre le courant sanguin.

84. Concernant le tissu sanguin, cocher la (les) proposition(s) correcte(s) :

a. Les globules blancs sont capables de mouvements amoeboides.
b. Les granulocytes sont d'aspect polynuclée car leur noyau est polylobé.
c. Les neutrophiles représentent 60 à 70 % des globules blancs.
d. Les neutrophiles ont un diamètre d'environ 12 µm.
e. En vieillissant les lobes des noyaux des neutrophiles se font plus rares.

85. Concernant les neutrophiles, cocher la (les) proposition(s) correcte(s) :

a. Le noyau des neutrophiles a une forme de fer à cheval.
b. Les granulations neutrophiles sont de grande taille.
c. Les granulations neutrophiles correspondent aux lysosomes.
d. Les granulations azurophiles sont les granulations spécifiques des neutrophiles.
e. Aucune réponse n'est exacte.

86. Concernant les neutrophiles, cocher la (les) proposition(s) correcte(s) :

a. Les granulations des neutrophiles sont immobiles.
b. Les neutrophiles ont une capacité illimitée de synthèse protéique.
c. Les neutrophiles sont capables de mitose.
d. Les neutrophiles sont dégradés dans la moelle épinière.
e. Aucune des réponses n'est exacte.

87. Concernant le tissu sanguin, cocher la (les) proposition(s) correcte(s) :

- **a.** Les neutrophiles représentent la première ligne de défense contre les micro-organismes.
- **b.** Les neutrophiles ont la capacité de phagocytose.
- **c.** Les éosinophiles représentent 20 à 40 % des leucocytes.
- **d.** Le nombre d'éosinophiles peut augmenter dans des conditions pathologiques.
- **e.** Quand le corps détecte des agents allergiques ou des parasites, le nombre d'éosinophiles augmente.

88. Concernant le tissu sanguin, cocher la (les) proposition(s) correcte(s) :

- **a.** Les éosinophiles ont un noyau bilobé.
- **b.** Les éosinophiles ont des organites très développés.
- **c.** Les éosinophiles ont un cytoplasme contenant beaucoup de glycogène.
- **d.** Le diamètre des éosinophiles fait entre 12 et 15 µm.
- **e.** Les éosinophiles possèdent des granulations acidophiles.

89. Concernant le tissu sanguin, cocher la (les) proposition(s) correcte(s) :

- **a.** Les granulations des neutrophiles ont une taille supérieure à celle des granulations des acidophiles.
- **b.** Seuls les neutrophiles sont doués du pouvoir de phagocytose.
- **c.** La durée de vie des éosinophiles est très courte.
- **d.** Les éosinophiles sont immobiles.
- **e.** Aucune réponse n'est exacte.

90. Concernant le tissu sanguin, cocher la (les) proposition(s) correcte(s) :

- **a.** Les éosinophiles sont capables de produire des leucotriennes.
- **b.** Les éosinophiles secrètent de l'histamine.
- **c.** Les basophiles représentent 0 à 1 % des globules blancs.
- **d.** Les basophiles ont un petit noyau.
- **e.** Les basophiles ont un noyau en forme de trèfle.

91. Concernant les basophiles, cocher la (les) proposition(s) correcte(s) :

- **a.** Les basophiles possèdent des granulations basophiles.
- **b.** Les granulations basophiles sont riches en histamine et héparine.
- **c.** Lorsque les basophiles passent des tissus aux vaisseaux ils se transforment en mastocytes.
- **d.** Les mastocytes ont un rôle majeur dans l'inflammatoire.
- **e.** Les mastocytes ont une hypersensibilité lente aux allergènes.

92. Concernant le tissu sanguin, cocher la (les) proposition(s) correcte(s) :

- **a.** Les agranulocytes possèdent un noyau polylobé.
- **b.** Les lymphocytes représentent 25 à 30 % des globules rouges.
- **c.** Les lymphocytes sont des cellules dites immunocompétentes.

d. Les lymphocytes sont des cellules sphériques.
e. Les lymphocytes peuvent atteindre un diamètre maximum de 15 mm.

93. Lesquelles de ces cellules sont des agranulocytes, cocher la (les) proposition(s) correcte(s) :

a. Les lymphocytes.
b. Les monocytes.
c. Les éosinophiles.
d. Les globules rouges.
e. Les fibroblastes.

94. Concernant le tissu sanguin, cocher la (les) proposition(s) correcte(s) :

a. Les petits lymphocytes possèdent un petit noyau entouré d'un large espace cytoplasmique. Les petits lymphocytes possèdent un cytoplasme basophile.
b. Les lymphocytes sont capables de différenciation.
c. Quand les lymphoblastes se différencient ils donnent des lymphocytes T et des lymphocytes simples.
d. La phytohémaglutinine est utilisé comme agent mitogène pour les lymphocytes.

95. Concernant le tissu sanguin, cocher la (les) proposition(s) correcte(s) :

a. Plus la taille d'un lymphocyte augmente plus le pourcentage de volume pris par le noyau diminue.
b. Les lymphocytes T sont impliqués dans les réactions d'immunité à médiation cellulaire.
c. Les lymphocytes B sont impliqués dans les phénomènes d'immunité à médiation humorale.
d. Les plasmocytes ont un cytoplasme très basophile.
e. La forte basophilie des plasmocytes provient de la forte synthèse d'immunoglobuline dans leur réticulum endoplasmique lisse.

96. Concernant le tissu sanguin, cocher la (les) proposition(s) correcte(s) :

a. Les plasmocytes se transforment en lymphocytes B, lors d'une activation par reconnaissance immunitaire.
b. Les monocytes représentent 6 à 8 % des globules blancs.
c. Le noyau des monocytes est sphérique.
d. Le cytoplasme des monocytes est acidophile à cause des nombreux lysosomes.
e. La chromatine des noyaux des monocytes est dite peignée.

97. Concernant le tissu sanguin, cocher la (les) proposition(s) correcte(s) :

a. Les monocytes sont capables de diapédèse.
b. Les monocytes deviennent des macrophages tant qu'ils ne quittent pas les vaisseaux.
c. Les monocytes sont surtout localisés au niveau du poumon.
d. Les plaquettes sont aussi appelées thrombocytes.
e. Les plaquettes sont des cellules anucléées.

98. Concernant les plaquettes, cocher la (les) proposition(s) correcte(s) :

a. Les plaquettes proviennent des mégacaryocytes.
b. Le taux de plaquettes dans le sang est de 150 000 à 400 000 par mm cube.
c. Les plaquettes adhèrent à l'élastine.
d. Les plaquettes ont une durée de vie de 120 jours.
e. Les plaquettes sont détruites dans l'estomac et le poumon.

99. Concernant le tissu conjonctif, cocher la (les) proposition(s) correcte(s) :

a. Le rôle des plaquettes est de contrôler l'intégrité du tissu vasculaire.
b. Le tissu conjonctif réticulaire est présent dans le foie, la moelle osseuse et la rate.
c. Pendant la centrifugation de tissu sanguin on observe un « buffycoat » constitué de globules blancs s'il y a présence d'héparine.
d. Les hématies perdent leur noyau par pycnose.
e. L'acide hyaluronique est capable de fixer l'eau.

100. Concernant le tissu conjonctif, cocher la (les) proposition(s) correcte(s) :

a. La phagocytose comporte 2 étapes.
b. Les fibres de réticuline et de collagène ont pour rôle de donner solidité et cohérence au tissu conjonctif.
c. Les fibres de réticuline peuvent uniquement être observées en coloration spécifique.
d. La substance fondamentale a un aspect transparent car elle est faiblement hydratée.
e. Le tropocollagène est un précurseur du collagène produit par les macrophages.

101. Quelle(s) est (sont) la (les) propositions exacte(s) concernant les cartilages articulaires ?

a. Ils sont habituellement constitués de cartilage hyalin
b. Les arcades de Benninghoff renforcent la cohésion entre l'os sous chondral et le cartilage articulaire.
c. Il est entouré de périchondre
d. Ils peuvent se renouveler par croissance interstitielle
e. Leur matrice contient du collagène de type II

102. Quelle(s) est (sont) la (les) propositions exacte(s) concernant les ostéones ?

a. Les ostéones sont des organes osseux constitués uniquement de tissu osseux
b. Ils sont vascularisés et innervés
c. Les lamelles osseuses de la partie proximale des ostéones sont des lamelles osseuses concentriques à grand rayon de courbure
d. Les cellules bordantes de l'os correspondent à des ostéoblastes au repos
e. Les unités multicellulaires de base (BMU) contiennent des ostéoclastes uniquement

103. Quelle(s) est (sont) la (les) propositions exacte(s) concernant les fibres musculaires striées squelettique ?

- **a.** Elles sont mononucléées
- **b.** Le sarcoplasme correspond à l'ensemble des myofibrilles et du réseau inter-myofibrillaire
- **c.** Elles possèdent plusieurs noyaux en position périphérique.
- **d.** Les myofibrilles contiennent plusieurs types de filaments.
- **e.** Le médiateur chimique des synapses neuro-neuronales est l'acétylcholine

104. Quelle(s) est (sont) la (les) proposition(s) exacte(s) concernant le cartilage hyalin ?

- **a.** Il n'est pas vascularisé
- **b.** Les chondrocytes sont des cellules métaboliquement actives.
- **c.** La matrice est hydratée
- **d.** Les chondrocytes sont des cellules mononucléées
- **e.** Les chondrocytes sont des cellules post-mitotiques, incapables de se diviser

105. Quelle(s) est (sont) la (les) proposition(s) exacte(s) concernant les modifications du sarcomère survenant lors de la contraction musculaire ?

- **a.** Le disque I se raccourcit
- **b.** La longueur de chaque sarcomère augmente
- **c.** Les stries Z se rapprochent les une des autres
- **d.** Le disque A s'agrandit.
- **e.** La bande H diminue de taille et tend même disparaître.

106. Quelle(s) est (sont) la (les) proposition(s) exacte(s) concernant le système nerveux ?

- **a.** La gaine de myéline est constituée par les oligodendrocytes dans le système nerveux central et par les cellules de Schwann dans le système nerveux périphérique
- **b.** Le transport axonal rapide antérograde met en jeu des kinésines
- **c.** Les corps de Nissl constituent le reticulum endoplasmique granuleux des neurones
- **d.** On ne retrouve pas de synapse dans les ganglions spinaux
- **e.** Les neurones de Golgi de type II sont également appelés neurones de projection

107. Quelle(s) est (sont) la (les) proposition(s) exacte(s) concernant le système nerveux ?

- **a.** Toutes les cellules gliales ont pour origine l'ectoderme
- **b.** Les grandes vésicules synaptiques sont sphériques à centre dense
- **c.** La présence d'une gaine de myéline augmente la vitesse de propagation des potentiels d'action le long des axones
- **d.** Les mitochondries sont présentes dans le corps cellulaire des neurones uniquement
- **e.** Les potentiels d'action naissent au niveau de la zone gâchette des axones

108. Quelle(s) est (sont) la (les) proposition(s) exacte(s) concernant le système nerveux ?

- **a.** La vitesse de propagation des potentiels d'action est plus rapide au niveau des fibres A de la classification de Erlanger-Gasser que des fibres B
- **b.** Les fibres A de la classification de Erlanger-Gasser ne sont pas toutes myélinisées
- **c.** Les faisceaux de fibres nerveuses sont entourés par un tissu conjonctif lâche, le périnèvre
- **d.** Les potentiels d'action se propagent d'autant plus vite que le diamètre de l'axone est petit
- **e.** Les terminaisons axonales des motoneurones alpha présentent à leur extrémité des boutons terminaux

109. Quelle(s) est (sont) la (les) proposition(s) exacte(s) concernant l'épiderme ?

- **a.** C'est un épithélium pavimenteux
- **b.** La synthèse de mélanine se fait au niveau des mélanocytes
- **c.** Il est constitué successivement de la profondeur vers la périphérie de la couche basale, de la couche épineuse, et de la couche cornée
- **d.** Les nodules de Birbeck sont spécifiques des mélanocytes
- **e.** Le cytoplasme des cellules de la couche granuleuse possède des granulations visibles en microscopie optique.

110. Quelle(s) est (sont) la (les) proposition(s) exacte(s) concernant le cœur ?

- **a.** L'endocarde est bordé par un revêtement épithélial prismatique stratifié
- **b.** L'endocarde contient quelques fibres musculaires lisses
- **c.** L'épicarde correspond au feuillet viscéral du péricarde séreux
- **d.** Les cardiomyocytes sont riches en mitochondries
- **e.** Les valves auriculo-ventriculaires sont ouvertes au moment de la diastole

111. Quelle(s) est (sont) la (les) proposition(s) exacte(s) concernant les vaisseaux sanguins ?

- **a.** Dans les artères élastiques, la limitante élastique externe marque la limite entre l'intima et la média
- **b.** La média des artères élastiques comporte une charpente élastique, renforcée par des fibres musculaires striées de type squelettique
- **c.** L'intima des artères élastiques est séparée de la média par la limitante élastique interne
- **d.** Il existe des vasa vasorum et des nervivasorum dans la paroi des artères musculaires de gros calibre
- **e.** La paroi des artérioles ne contient jamais de fibres musculaires

112. Quelle(s) est (sont) la (les) proposition(s) exacte(s) concernant les artères ?

- **a.** La média présente une couche de cellules endothéliales recouvrant toute leur surface interne
- **b.** Les cellules endothéliales de l'intima se renouvellent rapidement
- **c.** Leur média est constituée de cellules musculaires lisses disposées longitudinalement

d. Elles possèdent une lumière
e. Leur intima contient des vasa vasorum et des nervi vasorum

113. Quelle(s) est (sont) la (les) proposition(s) exacte(s) concernant la peau ?

a. Les cellules de Langerhans présentent un noyau plurilobé
b. Le derme papillaire est un tissu conjonctif tendiniforme semi-orienté au niveau duquel se trouvent les corpuscules de Meissner
c. La kératohyaline est présente dans les kératinocytes de la couche épineuse de l'épiderme
d. Les cellules de Merkel, qui jouent un rôle immunitaire, présentent un noyau plurilobé
e. Les artérioles en candélabres irriguent l'épiderme

114. Quelle(s) est (sont) la (les) proposition(s) exacte(s) concernant les annexes cutanées ?

a. L'unité sécrétrice des glandes sudoripares apocrines se trouve dans le derme
b. Les glandes sébacées sont des glandes simples, alvéolaires et mérocrines
c. L'acrotrichium correspond à la partie intraépidermique du follicule pileux
d. La lunule correspond à la petite tâche claire à la base des ongles
e. Les gaines épithéliales du follicule pileux dérivent du mésoderme

115. Quelle(s) est (sont) la (les) proposition(s) exacte(s) concernant la microcirculation ?

a. Dans des conditions physiologiques normales, seule une petite partie du sang circule au sein des unités microcirculatoires par la voie dérivative.
b. L'endothelium vasculaire est un épithelium cylindrique stratifié
c. Les artérioles représentent les vaisseaux sanguins efférents des unités microcirculatoires
d. Les veinules possèdent une paroi pauvre en fibres musculaires lisses
e. Elle implique exclusivement des vaisseaux sanguins de grande taille, d'un diamètre compris entre 4 et 5 cm

116. Parmi les propositions suivantes, indiquez celle(s) qui est (sont) exacte(s).

a. Le follicule produit de l'AMH au cours de la folliculogenèse
b. La testostérone et l'AMH sont responsables de la différenciation de l'appareil génital masculin pendant la vie fœtale
c. La progestérone agit sur un endomètre préalablement d'oestradiol
d. La testostérone est formée à partir du noyau androstane qui comporte 19 atomes de carbone
e. On distingue deux types de stéroïdes sexuels : les progestatifs (C21) et les androgènes (C19).

117. Parmi les propositions suivantes, indiquez celle(s) qui est (sont) exacte(s).

a. Il existe physiologiquement deux types d'estrogène : l'estradiol et l'estriol
b. La testostérone peut être convertie en œstrogène par une aromatase.
c. La LH agit dans la gamétogenèse

d. Le corps jaune sécrète seulement de la progestérone
e. La 17-bêta-hydroxystéroïde déshydrogénase (17-HSD) est indispensable à l'action de la testostérone sur les caractères sexuels secondaires

118. Parmi les propositions suivantes, indiquez celle(s) qui est (sont) exacte(s).

a. Au début de chaque cycle menstruel, 10 à 25 follicules III entament leur différenciation terminale
b. La dispersion des cellules du cumulus oophorus est déclenchée par laFSH uniquement
c. La folliculogenèse se déroule uniquement pendant la phase folliculaire du cycle menstruel
d. Le maintien du corps jaune est lié à la LH uniquement
e. Le follicule secondaire comprend l'ovocyte I, la granulosa, la thèque interne et la thèqueexterne

119. Parmi les propositions suivantes, indiquez celle(s) qui est (sont) exacte(s).

a. On appelle corona radiata la couche de cellules de la granulosa restant autour de l'ovocyte dans le follicule tertiaire
b. L'atrésie est un phénomène se déroulant à deux niveaux différents de maturation au cours de la folliculogenèse
c. Après l'ovulation, le follicule à maturité est voué à persister et à former le corps jaune.
d. Les follicules primaires et tertiaires sont des follicules en croissance
e. Les follicules primordiaux sont des follicules de réserve stockés dans le cortex ovarien et ne subiront plus de modifications

120. Parmi les propositions suivantes, indiquez celle(s) qui est (sont) exacte(s).

a. La différenciation terminale des spermatozoïdes s'effectue au contact des cellules de Sertoli.
b. Les cellules de Sertoli sont des petites cellules pyramidales dispersées le long de la lame basale des tubes séminifères
c. L'AMH est impliquée dans la différenciation sexuelle masculine
d. Les cellules de Leydig ont un reticulum endoplasmique lisse abondant
e. Les cellules de Leydig ne produisent pas des androgènes

121. Parmi les propositions suivantes, indiquez celle(s) qui est (sont) exacte(s).

a. Les cellules de Leydig se situent dans les tubules séminifères
b. L'activité des cellules de Leydig est contrôlée par la FSH
c. La cellule de Sertoli produit de l'AMH et de l'inhibineB.
d. La spermiogenèse correspond à la différenciation des spermatogonies en spermatides
e. La cellule de Leydig n'assure que des fonctions endocrines

122. Parmi les propositions suivantes, indiquez celle(s) qui est (sont) exacte(s).

- **a.** Progestérone et œstrogènes favorisent la production de la prolactine.
- **b.** Progestérone et œstrogènes exercent des effets contraires sur la motilité utérine.
- **c.** La synthèse des œstrogènes se fait à partir des androgènes uniquement.
- **d.** Les œstrogènes diffèrent les uns des autres par le nombre de leurs groupements carboxyles.
- **e.** Les œstrogènes et la progestérone sont responsables des modifications utérines en phase proliférative.

123. Parmi les propositions suivantes, indiquez celle(s) qui est (sont) exacte(s).

- **a.** La spermiogenèse est une étape de cytodifférenciation seulement.
- **b.** Les cellules somatiques se divisent par méïose
- **c.** Les hormones peptidiques sont hydrosolubles
- **d.** Différents tissus endocrines peuvent produire la même hormone stéroïdienne.
  Les spermatozoïdes présents dans l'épididyme ne sont pas capables de se déplacer

124. Parmi les propositions suivantes, indiquez celle(s) qui est (sont) exacte(s).

- **a.** L'utérus est recouvert d'un endothelium
- **b.** La paroi de l'utérus est composée du myomètre et de l'endomètre.
- **c.** La couche de cellules musculaires du col est plus développée que dans le corps de l'utérus
- **d.** La musculeuse du col utérin contient des glandes muqueuses produisant la glaire cervicale
- **e.** La prostate est constituée d'une musculeuse et d'un tissu glandulaire.

125. Quelle(s) est (sont) la (les) proposition(s) exacte(s) concernant la fécondation ?

- **a.** La réaction acrosomique est liée à la fusion entre la membrane plasmique et la membrane acrosomique interne du spermatozoïde
- **b.** L'ovocyte en métaphase 2 est au stade de vésicule germinale
- **c.** Lors de son ovulation, l'ovocyte a seulement un globule polaire
- **d.** L'appareil microtubulaire de division du zygote est issu du centriole proximal maternel
- **e.** L'ovulation est le stade auquel l'ovocyte mature est ovulé

126. Quelle(s) est (sont) la (les) proposition(s) exacte(s) concernant le développement embryonnaire pré-implantatoire ?

- **a.** L'embryon se forme à partir des blastomères de la masse cellulaire interne
- **b.** Le génome embryonnaire s'active au stade blastocyste
- **c.** L'embryon clivé à 8 cellules est polarisé
- **d.** L'inactivation d'un chromosome X permet d'équilibrer l'expression des gènes portés par les chromosomes sexuels
- **e.** L'inactivation du chromosome X est initiée par le centre d'inactivation à l'origine de la synthèse d'un ARN codant

127. Quelle(s) est (sont) la (les) proposition(s) exacte(s) concernant le développement embryonnaire pré-implantatoire ?

a. La morula ne peut pas s'implanter dans la muqueuse utérine, une éclosion blastocytaire est nécessaire avant l'implantation.
b. Le trophectoderme est issu des blastomères situés à la périphérie de l'embryon.
c. L'aneuploïdie ovocytaire augmente avec l'âge maternel
d. La première division de segmentation a lieu dans les minutes qui suivent la fécondation
e. Le génome embryonnaire s'active au stade morula

128. Quelle(s) est (sont) la (les) proposition(s) exacte(s) concernant la première semaine du développement ?

a. Le LIF est sécrété par l'endomètre
b. L'éclosion du blastocyste a lieu avantl'implantation
c. L'inactivation du chromosome X chez le mâle est nécessaire pour garder le même nombre de gènes
d. exprimés
e. Le zygote met 24 heures pour arriver dans la cavité utérine et s'implanter. Les cadhérines permettent la compaction de lablastula

129. Quelle(s) est (sont) la (les) proposition(s) exacte(s) concernant la deuxième semaine du développement (quatrième semaine d'aménorrhée) ?

a. Le disque embryonnaire comporte trois feuillets.
b. Le mésoblaste constitue la partie ventrale du disque embryonnaire
c. Le nœud de Hensen est une structure axiale
d. La cavité amniotique se développe du côté dorsal du disque embryonnaire
e. La ligne primitive correspond à un épaississement localisé de l'ectoblaste.

130. Quelle(s) est (sont) la (les) propositions exacte(s) concernant la méiose ?

a. La méiose est un processus continu chez l'homme
b. La méiose est un processus continu chez la femme
c. Les deux divisions de méiose sont différentes
d. La méiose concerne les cellules somatiques et les cellules germinales
e. L'ovocyte I donne deux ovocytes II.

131. Quelle(s) est (sont) la (les) propositions exacte(s) concernant la spermatogénèse ?

a. Elle met en jeu méioses et mitoses.
b. La capacitation a lieu dans les voies génitales femelles.
c. La spermatogénèse démarre à la puberté.
d. La spermiogénèse met en jeu le noyau et le cytoplasme
e. La maturation des spermatozoides se termine dans l'épididyme.

132. Quelle(s) est (sont) la (les) propositions exacte(s) concernant les hormones hypophysaires ?

- **a.** Leur sécrétion est continue
- **b.** Leur sécrétion est pulsatile
- **c.** La LH et la GH ont une sous-unité commune.
- **d.** La prolactine a seulement une action centrale
- **e.** La régulation de l'de hypothalamo-hypophysaire se fait de façon endocrine.

133. Concernant le tissu cartilagineux :

- **a.** Un chondroblaste peut contenir plusieurs chondrocytes
- **b.** La couche profonde du cartilage articulaire est une zone potentielle de mort cellulaire
- **c.** Le cartilage hyalin est le cartilage le plus répandu
- **d.** Il existe un seul type cellulaire, les chondrocytes.
- **e.** La matrice osseuse est dite calcaffine.

134. Concernant les tissus minéralisés :

- **a.** Il existe 3 différents tissus minéralisés
- **b.** Ils sont parfois vascularisés
- **c.** Ils sont très hydratés
- **d.** Ils sont solides et résistants.
- **e.** Leur matrice est riche en sels minéraux.

135. Concernant le cartilage élastique :

- **a.** Il est richement vascularisé
- **b.** Il est formé par peu de cellules
- **c.** Au microscope optique, on peut voir des fibres élastiques, en utilisant simplement des colorants de routine.
- **d.** C'est un cartilage souple et déformable.
- **e.** Les chondroblastes présentent des inclusions lipidiques.

136. Concernant le fibrocartilage :

- **a.** Fibrocartilage est synonyme de tendon
- **b.** On le trouve au niveau du larynx
- **c.** On le trouve au niveau des jonctions articulaires
- **d.** Il est peu abondant.
- **e.** Ses chondrocytes ont de fortes réserves énergétiques

137. Concernant les mécanismes de construction et destruction osseuse :

- **a.** Ce sont des phénomènes permanant
- **b.** Les ostéclastes participent à la construction
- **c.** Les ostéoblastes participent à la destruction
- **d.** Les ostéoblastes appartiennent au système des phagocytes mononucléés.
- **e.** Le cytoplasme des ostéoblastes actifs est acidophile.

138. Concernant les astrocytes :

a. Ils sont majoritairement situés dans la substance grise du SNC
b. Ils jouent un rôle dans la défense immunitaire du SNC
c. Il n'existe aucune communication entre ces cellules
d. Ils participent à la myélinisation des fibres nerveuses périphériques.
e. Ils proviennent du neurectoderme.

139. Concernant le tissu musculaire :

a. Les muscles striées squelettiques interviennent dans le maintien postural
b. Le raccourcissement des filaments d'actine et de myosine permet la contraction musculaire
c. Le sarcomère est délimité par deux stries Z
d. Les filaments fins conservent leur longueur pendant la contraction.
e. Les striations des fibres musculaires sont visibles à l'œil nu.

140. Concernant le muscle strié squelettique :

a. L'épimysium entoure individuellement chaque fibre musculaire
b. Les muscles striés squelettiques sont à contraction volontaire
c. Son innervation motrice est effectuée par les motoneurones alpha
d. Sa contraction nécessite du calcium et de l'ATP
e. Il existe des muscles à contraction rapide et d'autres à contraction lente.

141. Concernant les cellules du muscle cardiaque :

a. Elles sont plurinucléées
b. Les tubules T correspondent à une invagination du sarcolemme
c. Elles ne contiennent de filaments d'actine et de myosine
d. Ce sont des cellules musculaires striées, ainsi leur contraction est volontaire.
e. Leur contraction n'est pas dépendante du calcium.

142. Concernant l'activité électrique du cœur :

a. Le nœud atrio ventriculaire donne le rythme au cœur.
b. Les cellules du nœud sinusal se dépolarisent spontanément
c. Complexe QRS traduit la contraction auriculaire
d. L'onde T correspond à la repolarisation de l'auricule.
e. L'onde P correspond à la dépolarisation de l'auricule.

143. Concernant la peau :

a. L'épiderme est richement vascularisé
b. Elle synthétise de la vitamine C
c. Les nodules de Bizzozero se situent dans la couche cornée de l'épiderme
d. Elle possède un rôle de thermorégulation
e. Il n'y a plus d'organite dans les kératinocytes de la couche cornée.

144. Concernant la coloration de la peau :

a. La mélanine joue un rôle
b. La maladie d'Addison correspond à un excès de sécrétion d'ACTH et de MSH
c. La mélanine est synthétisée dans l'hypoderme
d. Le nombre de mélanocytes reste constant quelle que soit la couleur de peau
e. Le bêta carotène et la vascularisation de la peau jouent un rôle dans la coloration cutanée.

145. Concernant la 4e semaine de développement :

a. Elle est précédée par la croissance différentielle des territoires embryonnaires
b. L'embryon tubulaire présente une convexité ventrale
c. Au début de cette semaine, la lumière du tube neurale communique avec la cavité amniotique
d. C'est durant cette période qu'a lieu la délimitation de l'embryon.
e. La région rétro cloacale forme à présent la région sous ombilicale.

146. Concernant l'intestin primitif :

a. L'entoblaste est à l'origine de l'épithélium de revêtement du tube digestif et des glandes
b. Sa partie moyenne donnera l'estomac
c. Dans sa partie postérieure, l'éperon périnéal le sépare de l'allantoide.
d. Il donnera une partie du système urinaire : la vessie et l'urètre
e. Sa partie moyenne correspond au territoire vascularisé par l'artère mésentérique supérieure

147. Concernant la 3e semaine de développement :

a. Le mésoblaste latéral occupe toute la périphérie du disque embryonnaire
b. Les membranes pharyngienne et cloacale sont en partie pourvues de mésoblaste
c. Le neurectoderme apparaît en fin de 3e semaine de développement
d. Il se creuse du coelome externe en fin de 3e semaine de développement.
e. Les cellules mésoblastiques apparaissent en fin de 3e semaine de développement.

148. Concernant les os :

a. L'os spongieux est essentiellement composé de tissu osseux
b. L'os spongieux se retrouve au niveau des épiphyses des os longs
c. On retrouve de l'os compact au niveau de la diaphyse des os longs
d. La fabrication des cellules sanguines se fait surtout dans l'os compact.
e. On a un mélange d'os compact et d'os spongieux dans toutes les pièces osseuses.

149. Concernant la structure de l'axone :

a. L'influx nerveux se crée au niveau du segment final
b. L'axone est composé de 3 fragments : final, initial et intermédiaire.
c. L'axone est composé de plusieurs fibres nerveuses

d. L'axone du motoneurone alpha peut mesurer jusqu'à 1 mètre de long
e. L'axone est toujours myélinisé par définition.

150. Concernant les synapses :

a. Les mitochondries et les vésicules sont des caractéristiques de l'élément post-synaptique
b. Le neuromédiateur est fabriqué par le péricaryon du neurone pré-synaptique
c. La synaptophysine est le marqueur de la différenciation synaptique
d. Les synapses de type I sont de type excitatrice
e. Les synapses de type II sont de type inhibitrice

151. Parmis les cellules suivantes, lesquelles appartiennent au système des phagocytes mononucléés ?

a. Les ostéoclastes
b. Les monocytes
c. Les cellules de Sertoli
d. Les cellules microgriales
e. Les kératinocytes.

152. Laquelle/lesquelles de ces structures est/sont une paroi du cœur :

a. Myocarde
b. Péricarde
c. Endocarde
d. Mésocarde
e. Epicarde

153. Quelles sont les étapes du trajet d'une impulsion dans le tissu nodal :

a. Nœud atrio-ventriculaire d'Aschoff-Tawara => Nœud sino-auriculaire de Keith & Flack => réseau de Purkinje => faisceau de His
b. Nœud sino-auriculaire de Keith & Flack => réseau de Purkinje => faisceau de His => Nœud atrio-ventriculaire d'Aschoff-Tawara
c. Faisceau de His => Nœud atrio-ventriculaire d'Aschoff-Tawara => Nœud sino-auriculaire de Keith & Flack => réseau de Purkinje
d. Réseau de Purkinje => faisceau de His => Nœud atrio-ventriculaire d'Aschoff-Tawara => Nœud sino-auriculaire de Keith & Flack
e. Nœud sino-auriculaire de Keith & Flack => Nœud atrio-ventriculaire d'Aschoff-Tawara => faisceau de His => réseau de Purkinje

154. Concernant les vaisseaux sanguins, cocher la (les) proposition(s) correcte(s) :

a. Le secteur d'échange au niveau des capillaires constitue le territoire de la macrocirculation
b. Les artères sont constituées de 3 couches : l'intima, la média et l'adventice
c. La LEE sépare l'intima de la média
d. Les artères élastiques sont les artères de plus grand diamètre
e. Aucune réponse n'est exacte.

155. Laquelle/lesquelles de ces propositions est/sont un type de veine :

a. Veine musculaire.
b. Veine élastique
c. Veine fibreuse
d. Veinule
e. Veine tendineuse

156. Laquelle/lesquelles de ces propositions est/sont un type de veine :

a. Le tissu cartilagineux est hypervascularisé
b. On retrouve du cartilage élastique au niveau de l'épiglotte.
c. Les tendons contiennent du cartilage élastique
d. Le tissu cartilagineux contient du collagène de type II
e. Aucune réponse n'est exacte

157. Laquelle/lesquelles de ces propositions correspond(ent) à une zone au-dessus de la ligne dense du cartilage articulaire :

a. Os sous-chondral.
b. Zone transitionnelle
c. Zone radiaire profonde
d. Zone calcifiée
e. Zone transitionnelle

158. Laquelle/lesquels de ces types de collagène sont retrouvés dans la matrice osseuse :

a. Type I
b. Type III
c. Type II
d. Type V
e. Aucune réponse n'est exacte.

159. Laquelle/lesquels de ces sels minéraux sont retrouvés dans la matrice osseuse :

a. Phosphore
b. Magnésium
c. Calcium
d. Sodium
e. Toutes les propositions sont exactes

160. Concernant les cellules osseuses, cocher la (les) propositions(s) correcte(s) :

a. Les ostéoblastes détruisent la matrice osseuse
b. Les ostéocytes détruisent la matrice osseuse
c. Les ostéoclastes détruisent la matrice osseuse
d. Les ostéoblastes élaborent la matrice osseuse
e. Les ostéocytes élaborent la matrice osseuse

161. Quel type de cellules constitue la couche ostéogène du périoste

a. Fibroblastes
b. Chondrocytes
c. Ostéoclastes
d. Cellules épithéliales
e. Ostéoblastes

162. Concernant le tissu musculaire, cocher la (les) proposition(s) correcte(s):

a. Le cœur contient du tissu musculaire lisse
b. L'iris contient du tissu musculaire lisse
c. Les muscles squelettiques sont constitués de tissu musculaire strié
d. Les muscles des viscères sont constitués de tissu musculaire lisse
e. Aucune réponse n'est exacte.

163. Concernant la troponine, cocher la (les) proposition(s) correcte(s):

a. La troponine C est le site de fixation à la tropomyosine
b. La troponine I inhibe les interactions actine-myosine
c. La troponine C est le site de fixation au calcium
d. La troponine T est le site de fixation à la tropomyosine
e. Aucune réponse n'est exacte.

164. Concernant le tissu nerveux, cocher la (les) proposition(s) correcte(s):

a. Le cône de Doyère est la zone d'insertion des dendrites
b. Les dendrites et les axones sont des neurites
c. On retrouve des neurones bipolaires au niveau de la rétine
d. Les neurones multipolaires sont la forme la plus fréquente de neurones
e. Toutes les propositions sont exactes

165. Concernant l'organisation des dendrites, cocher la (les) proposition(s) correcte(s):

a. Les neurones isodendritiques ont une arborescence sans organisation spécifique vers le péricaryon
b. Les neurones idiodendritiques ont une arborescence très spécifique
c. Le motoneurone alpha est multipolaire, isodendritique et de type I de Golgi
d. Le neurone de type II de Golgi a un court prolongement qui se divise en branches
e. Le neurone de type I de Golgi a un long prolongement non arborisé

166. Concernant la névroglie, cocher la (les) proposition(s) correcte(s):

a. Les épendymocytes revêtent les cavités ventriculaires du névraxe
b. Les astrocytes font partie du SNP
c. La cellule microgliale est la cellue réactionnelle du tissunerveux
d. Les cellules de Schwann et les oligodendrocytes sont responsables de la myélinisation
e. Aucune réponse n'est exacte.

167. Laquelle/lesquels de ces types de cellules sont retrouvés dans la peau :

a. Mélanocytes
b. Cellule de Purkinje
c. Kératinocytes
d. Oligodendrocytes
e. Cellules de Langerhans

168. Laquelle/lesquels de ces couches constituent la peau :

a. Ectoderme
b. Endoderme
c. Hyperderme
d. Périderme
e. Aucune réponse n'est exacte.

169. Concernant la classification de Carnegie, cocher la (les) proposition(s) correcte(s) :

a. La classification comporte 23 stades
b. En 8 semaines l'œuf passe du stade 1 au stade 23
c. La somitogénèse se fait du stade 13 à 23
d. Le stade 15 correspond à l'apparition des bourgeons des membres supérieurs
e. Toutes les réponses sont exactes

170. Concernant l'embryogénèse, cocher la (les) proposition(s) correcte(s) :

a. La semaine 1 est la phase cellulaire
b. Les semaines 2-3 sont la phase tissulaire
c. La semaine 4 correspond à la délimitation de l'embryon
d. Les semaines 5-8 correspondent à l'organogénèse
e. Aucune réponse n'est exacte.

171. Concernant la fécondation, cocher la (les) proposition(s) correcte(s) :

a. La fécondation à lieu dans la portion isthmo-ampullaire.
b. Le phénomène de capacitation permet au spermatozoïde de traverser la zone pellucide.
c. La réaction acrosomique se fait par vésicularisation de la membrane plasmique située au niveau de la queue du spermatozoïde.
d. La liaison ZP2 est spécifique d'une espèce
e. La zone pellucide fait 18-19 µm de diamètre et l'ovocyte 120 µm de diamètre

Corrigés

Histologie

1. Concernant les épithéliums de revêtement, cocher la (les) proposition(s) correcte(s):

a. VRAI: On peut trouver le tissu épithélial en surface avec la peau et dans les cavités naturelles ouvertes et fermées.

b. VRAI: Les organes tissulaires tapissant les cavités ouvertes sont appelés muqueuses.

c. VRAI: La muqueuse est composée d'un épithélium de revêtement et d'un tissu conjonctif appelé chorion.

d. FAUX: Toutes les cavités closes sont tapissées par du mésothélium.
Explication: Les cavités vasculaires sont tapissées par de l'endothélium.

e. VRAI: Les cavités séreuses sont tapissées par du mésothélium.

2. Concernant l'organisation générale du tissu épithélial, cocher la (les) proposition(s) correcte(s):

a. FAUX: Les épithéliums sont vascularisés.
Explication: Un épithélium correspond à un bloc compact de cellules non vascularisées.

b. VRAI: Le tissu épithélial est séparé du tissu conjonctif par une membrane basale.

c. FAUX: La membrane basale est toujours imperméable.
Explication: La membrane basale est une barrière, d'une perméabilité plus ou moins accrue dans un sens ou l'autre.

d. VRAI: La membrane basale possède des mécanismes de cohésion.

e. FAUX: Le tissu conjonctif est non vascularisé.
Explication: Le tissu conjonctif est vascularisé.

3. Concernant l'organisation générale du tissu épithélial, cocher la (les) proposition(s) correcte(s):

a. FAUX: La nutrition des cellules épithéliales se fait par les fibres de la membrane basale.
Explication: La nutrition des cellules épithéliales se fait à partir des cellules du tissu conjonctif, par diffusion de l'O_2 ainsi que des métabolites à travers la basale.

b. FAUX: Au microscope optique la membrane basale apparaît réticulaire.
Explication: Au microscope optique la membrane basale apparaît comme une couche unique.

c. FAUX: Au microscope électronique on peut voir que la basale est composée d'une seule assise cellulaire.
Explication: Au microscope électronique on peut voir que la basale est composée de deux assises cellulaires: la lame basale et la lame réticulaire.

d. FAUX: La lame basale est d'origine conjonctive.
Explication: La lame basale est d'origine épithéliale.

e. VRAI: Aucune réponse n'est exacte.

4. Concernant l'organisation générale du tissu épithélial, cocher la (les) proposition(s) correcte(s):

a. FAUX: La lame basale est d'une épaisseur variable.
Explication: La lame basale est d'une épaisseur fixe.

b. FAUX: La lame réticulaire est d'origine épithéliale.
Explication: La lame réticulaire est d'origine conjonctive.

c. VRAI: La lame réticulaire est d'épaisseur variable.

d. VRAI: Le pôle apical est du côté de la lumière.

e. VRAI: Le pôle basal est du côté du tissu conjonctif.

5. Concernant les différenciations des faces latérales des épithéliums, cocher la (les) proposition(s) correcte(s) :

- **a. FAUX** : Les épithéliums présentent un seul dispositif d'union intercellulaire.
  Explication : Les épithéliums présentent de nombreux dispositifs différents d'union intercellulaire.
- **b. VRAI** : Les dispositifs peuvent être zonulaires ou maculaires.
- **c. FAUX** : Les jonctions serrées sont uniquement maculaires.
  Explication : Les jonctions serrées peuvent être maculaires ou zonulaires.
- **d. VRAI** : Les jonctions à interstice sont des jonctions communicantes.
- **e. FAUX** : Les jonctions à interstice peuvent être maculaires ou zonulaires.
  Explication : Les jonctions à interstice sont exclusivement maculaires.

6. Concernant les différenciations des faces latérales des épithéliums, cocher la (les) proposition(s) correcte(s) :

- **a. FAUX** : Les parois du tube des jonctions communicantes sont formées par 12 connexines.
  Explication : Les parois du tube des jonctions communicantes sont formées par 6 connexines.
- **b. VRAI** : Les jonctions à interstice permettent la communication chimique entre les cellules voisines.
- **c. FAUX** : Les jonctions adhérentes sont exclusivement zonulaires.
  Explication : Les jonctions adhérentes sont soit zonulaires, soit maculaires.
- **d. FAUX** : Les desmosomes sont des jonctions adhérentes zonulaires.
  Explication : Les desmosomes sont des jonctions adhérentes maculaires.
- **e. FAUX** : Aucune réponse n'est exacte.
  Explication : La réponse B est exacte.

7. Concernant les desmosomes, cocher la (les) proposition(s) correcte(s) :

- **a. FAUX** : Les desmogléines assurent une adhérence et cohésion intracellulaire.
  Explication : Les desmogléines assurent une adhérence et cohésion intercellulaire
- **b. FAUX** : Les desmoplakines assurent une cohésion intercellulaire.
  Explication : Les desmoplakines assurent une cohésion intracellulaire.
- **c. FAUX** : Dans le cas d'un desmosome l'espace intracellulaire disparait.
  Explication : Dans le cas d'un desmosome l'espace intracellulaire persiste étant densifié.
- **d. FAUX** : Dans la région d'un desmosome le feuillet externe est épaissi.
  Explication : Dans la région d'un desmosome le feuillet interne est épaissi.
- **e. VRAI** : Aucune réponse n'est exacte.

8. Concernant les cadres épicellulaires, cocher la (les) proposition(s) correcte(s) :

- **a. FAUX** : Les cadres épicellulaires sont uniquement visibles au microscope électronique.
  Explication : Les cadres épicellulaires sont visibles au microscope optique.
- **b. VRAI** : Les cadres épicellulaires se situent au pôle apical de certaines cellules épithéliales.
- **c. FAUX** : Le cadre épicellulaire possède une zonula occludens à sa partie basale.
  Explication : Le cadre épicellulaire possède une zonula occludens à sa partie apicale.
- **d. VRAI** : Le cadre épicellulaire contribue à la cohésion, l'adhésivité, le soutien et la rigidité des structures épithéliales.

e. **VRAI** : Le cadre épicellulaire possède une zone comportant de nombreux desmosomes à sa partie basale.

9. Concernant les différenciations du pôle apical des épithéliums, cocher la (les) proposition(s) correcte(s) :

a. **FAUX** : Les microvillosités sont les seules différenciations du pôle apical des épithéliums.
Explication : Il existe deux types de différenciations du pôle apical : les microvillosités ainsi que les cils vibratiles.

b. **FAUX** : Les microvillosités sont spécifiques des épithéliums.
Explication : Les microvillosités sont toujours présentes sur une cellule, cependant dans le cas des épithéliums elles le sont en grande quantité.

c. **VRAI** : Il existe trois types de microvillosités : le plateau strié, la bordure en brosse et les stéréocils.

d. **FAUX** : Dans le cas du plateau strié les microvillosités sont hérissées et perpendiculaires.
Explication : Dans le cas du plateau strié les microvillosités sont hérissées et parallèles.

e. **VRAI** : Les microvillosités d'un plateau strié font environ 1 µm.

10. Concernant les différenciations du pôle apical des épithéliums, cocher la (les) proposition(s) correcte(s) :

a. **VRAI** : Les replis du plateau strié permettent d'augmenter la surface membranaire.

b. **FAUX** : Le plateau strié a un rôle d'excrétion.
Explication : Le plateau strié a un rôle d'absorption.

c. **FAUX** : On trouve la différenciation du plateau strié surtout dans l'épididyme.
Explication : On trouve la différenciation du plateau strié surtout dans l'intestin.

d. **FAUX** : On trouve la différenciation de la bordure en brosse surtout dans l'intestin.
Explication : On trouve la différenciation de la bordure en brosse surtout dans les tubes contournés du rein.

e. **VRAI** : La bordure en brosse a des microvillosités de 2 µm.

11. Concernant les différenciations du pôle apical des épithéliums, cocher la (les) proposition(s) correcte(s) :

a. **FAUX** : Les stéréocils jouent un rôle dans les épithéliums d'absorption.
Explication : Les stéréocils jouent un rôle dans les épithéliums d'excrétion.

b. **VRAI** : On trouve des épithéliums à stéréocils au niveau de l'épididyme.

c. **FAUX** : Les cils vibratiles s'insèrent dans le cytoplasme par un corpuscule apical.
Explication : Les cils vibratiles s'insèrent dans le cytoplasme par un corpuscule basal.

d. **VRAI** : Les cils vibratiles font la captation des ovocytes.

e. **FAUX** : Les cils vibratiles ont une fonction d'absorption.
Explication : Les cils vibratiles ont une fonction de mouvement.

12. Concernant les différenciations du pôle basal des épithéliums, cocher la (les) proposition(s) correcte(s) :

a. **FAUX** : Les hémidesmosomes ont pour fonction d'assurer l'échange à travers la membrane basale.

Explication : Les hémidesmosomes ont pour fonction d'assurer la cohésion avec la membrane basale.

b. **VRAI** : Les hémidesmosomes sont un dispositif exclusivement maculaire.
c. **FAUX** : Le labyrinthe basal est une différenciation que l'on trouve spécifiquement au niveau de l'œsophage.
   Explication : Le labyrinthe basal est une différenciation que l'on trouve spécifiquement au niveau du tube proximal contourné du rein.
d. **VRAI** : Le labyrinthe basal permet la multiplication de la surface d'échange.
e. **VRAI** : Dans le labyrinthe basal on trouve une multitude de mitochondries permettant de nombreux échanges actifs, nécessitants de l'énergie.

13. Quels sont les critères de classification des épithéliums, cocher la (les) proposition(s) correcte(s) :

a. **VRAI** : La forme.
b. **VRAI** : Le nombre de couches.
c. **FAUX** : La nature de la sécrétion.
   Explication : Les quatre critères de classification des épithéliums : la forme des cellules, le nombre de couches cellulaires, l'existence de spécialisation tissulaire et la fonction de l'épithélium.
d. **VRAI** : L'existence de spécialisation tissulaire.
e. **VRAI** : La fonction de l'épithélium.

14. Concernant la forme des cellules épithéliales, cocher la (les) proposition(s) correcte(s) :

a. **VRAI** : Les cellules épithéliales plus larges que hautes sont appelées pavimenteuses.
b. **VRAI** : Les cellules épithéliales aussi larges que hautes sont appelées cubiques.
c. **VRAI** : Les cellules épithéliales plus hautes que larges sont appelées prismatiques.
d. **FAUX** : Les cellules épithéliales plus larges que hautes sont appelées cubiques.
   Explication : Les cellules épithéliales plus larges que hautes sont appelées pavimenteuses.
e. **FAUX** : Les cellules épithéliales plus hautes que larges sont appelées pavimenteuses.
   Explication : Les cellules épithéliales plus hautes que larges sont appelées prismatiques.

15. Concernant le nombre de couches cellulaires de l'épithélium, cocher la (les) proposition(s) correcte(s) :

a. **FAUX** : Les épithéliums de plusieurs couches sont appelés simples.
   Explication : Les épithéliums d'une seule couche sont appelés simples.
b. **FAUX** : Les épithéliums monostratifiés sont aussi appelés composés.
   Explication : Les épithéliums stratifiés sont aussi appelés composés.
c. **FAUX** : L'épithélium est pseudo-stratifié quand la majorité des cellules épithéliales ne sont pas en contact avec la membrane basale.
   Explication : On parle d'épithélium pseudo-stratifié quand toutes les cellules épithéliales sont au contact avec la membrane basale mais ont des tailles différentes.
d. **FAUX** : Dans le cas de cellules stratifiées on s'intéresse à la forme des cellules de la couche la plus basale pour les classer.
   Explication : Dans le cas de cellules stratifiées on s'intéresse à la forme des cellules de la couche superficielle pour les classer.
e. **VRAI** : Aucune réponse n'est exacte.

16. Concernant les spécialisations cellulaires des cellules épithéliales, cocher la (les) proposition(s) correcte(s):

a. **FAUX** : La synthèse de kératine et de mucus est une spécialisation cellulaire de nature physique.
Explication : La synthèse de kératine et de mucus est une spécialisation cellulaire de nature biochimique.

b. **FAUX** : Les cellules muqueuses à pôle muqueux fermé se trouvent surtout au niveau du colon.
Explication : Les cellules muqueuses à pôle muqueux fermé se trouvent surtout au niveau de l'estomac.

c. **VRAI** : Les cellules à pôle muqueux ouvert sont appelées cellules caliciformes.

d. **FAUX** : Les cellules caliciformes sont spécifiques de l'estomac.
Explication : Les cellules caliciformes se trouvent majoritairement au niveau de l'intestin, mais peuvent aussi être trouvés dans un grand nombre d'autres organes.

e. **FAUX** : Le mucus prend une couleur verte en PAS.
Explication : Le mucus prend une couleur rouge en PAS.

17. Concernant la fonction des cellules épithéliales, cocher la (les) proposition(s) correcte(s):

a. **VRAI** : Les épithéliums pavimenteux simples se retrouvent dans l'endothélium et le mésothélium.

b. **VRAI** : Les épithéliums cubiques simples se retrouvent dans les canaux de certaines glandes, en particulier dans le foie ou dans les canaux biliaires.

c. **FAUX** : L'épithélium prismatique simple est le plus rare.
Explication : La majorité des tissus épithéliaux sont composés d'épithélium prismatique simple.

d. **FAUX** : Les épithéliums prismatique simples sans différenciation particulière se trouvent surtout dans la bouche.
Explication : Les épithéliums prismatiques simples sans différenciation particulière se trouvent surtout dans le foie et le pancréas.

e. **VRAI** : Les épithéliums prismatiques simples à pôle muqueux fermé ont un rôle de protection.

18. Concernant la fonction des cellules épithéliales, cocher la (les) proposition(s) correcte(s):

a. **FAUX** : Les épithéliums prismatique simples à stéréocils se trouvent dans l'épendyme.
Explication : Les épithéliums prismatiques simples à stéréocils se trouvent dans l'épididyme.

b. **VRAI** : On peut trouver des épithéliums prismatiques simples à cils vibratiles dans les bronches.

c. **FAUX** : On peut trouver des épithéliums prismatiques simples à plateau strié dans le tube contourné proximal du rein.
Explication : On peut trouver des épithéliums prismatiques simples à bordure en brosse dans le tube contourné proximal du rein.

d. **VRAI** : Les épithéliums stratifiés sont majoritairement pavimenteux.

e. **VRAI** : Les épithéliums cubiques stratifiés se retrouvent dans les canaux excréteurs des glandes salivaires.

19. Concernant la fonction des cellules épithéliales, cocher la (les) proposition(s) correcte(s) :

a. **FAUX** : Les épithéliums prismatiques à stratifier se retrouvent au niveau du canal anal.
Explication : Les épithéliums prismatiques à stratifier se retrouvent au niveau du cul-de-sac palpébral.

b. **VRAI** : Les cellules superficielles des épithéliums pavimenteux stratifiés sont très aplaties.

c. **FAUX** : Les épithéliums pavimenteux stratifiés sont aussi appelés Langerhansiens.
Explication : Les épithéliums pavimenteux stratifiés sont aussi appelés malpighiens.

d. **FAUX** : On distingue les épithéliums malpighiens en fonction de leur nombre de couches.
Explication : Les épithéliums malpighiens sont classés suivant la synthèse ou non de kératine.

e. **FAUX** : Aucune réponse n'est exacte.
Explication : La réponse B est exacte.

20. Quels sont les endroits présentant un épithélium malpighien non kératinisé, cocher la (les) proposition(s) correcte(s) :

a. **FAUX** : L'épiderme.
Explication : Au niveau de l'épiderme on a un épithélium malpighien kératinisé.

b. **VRAI** : L'œsophage.

c. **VRAI** : Le rectum.

d. **VRAI** : Les parois vaginales.

e. **VRAI** : La muqueuse buccale.

21. Concernant les épithéliums malpighiens, cocher la (les) proposition(s) correcte(s) :

a. **FAUX** : L'épiderme est composé d'épithélium malpighien non kératinisé.
Explication : L'épiderme est composé d'épithélium malpighien kératinisé.

b. **FAUX** : L'épiderme exerce une protection chimique.
Explication : L'épiderme exerce une protection mécanique.

c. **VRAI** : Le corps muqueux de malpighi regroupe la couche basale et la couche épineuse.

d. **FAUX** : Les cellules de la couche épineuse sont très jointives.
Explication : Les cellules de la couche épineuse ne sont pas jointives.

e. **FAUX** : Les jonctions communicantes donnent un aspect épineux aux cellules de la couche épineuse.
Explication : Les desmosomes donnent un aspect épineux aux cellules de la couche épineuse.

22. Concernant les épithéliums malpighiens, cocher la (les) proposition(s) correcte(s) :

a. **VRAI** : Les cellules de la couche granuleuse synthétisent des précurseurs de la kératine.

b. **FAUX** : Les cellules apicales de l'épiderme meurent par nécrose.
Explication : Les cellules apicales de l'épiderme meurent par pycnose à cause de l'accumulation des filaments de kératine.

c. **FAUX** : Dans les couches supérieures de l'épiderme il y a présence de mitosExplication : Dans les couches supérieures de l'épiderme il y a absence de mitose.

d. **VRAI** : La zone germinative de l'épithélium est composée de la couche basale et de quelques cellules de la couche épineuse.

e. **FAUX** : Les cellules souches épidermiques sortant de la zone germinative, provoquent un mouvement horizontal.
Explication : Les cellules souches épidermiques sortant de la zone germinative, provoquent un mouvement vertical.

23. Concernant la fonction des cellules épithéliales, cocher la (les) proposition(s) correcte(s) :
a. **VRAI** : Les épithéliums pseudo-stratifiés peuvent être prismatiques ou transitionnels.
b. **VRAI** : On trouve un épithélium pseudo-stratifié prismatique au niveau des bronches.
c. **VRAI** : Au niveau de l'épithélium respiratoire les cils vibratiles et le mucus permettent l'établissement d'un mouvement et forment l'escalator muco-ciliaire.
d. **VRAI** : L'épithélium pseudo-stratifié transitionnel est uniquement présent au niveau des voies urinaires d'où l'appellation urothélium.
e. **FAUX** : L'urothélium a une fonction de poussée pour faire sortir l'urine.
Explication : L'urothélium a une fonction de glissement pour faire place à l'urine.

24. Concernant la fonction des cellules épithéliales, cocher la (les) proposition(s) correcte(s)
a. **VRAI** : Les tissus épithéliaux se renouvellent dans une zone germinative.
b. **FAUX** : Les enthérocytes ont une maturation fonctionnelle verticale.
Explication : Les enthérocytes ont une maturation fonctionnelle horizontale.
c. **VRAI** : Les cellules de l'épiderme subissent une maturation fonctionnelle verticale.
d. **VRAI** : Dans le chorion de la muqueuse intestinale, les cavités correspondent aux glandes.
e. **FAUX** : Toutes les réponses sont exactes.
Explication : La réponse B est exacte.

25. Concernant la fonction glandulaire des épithéliums, cocher la (les) proposition(s) correcte(s) :
a. **VRAI** : Une cellule est glandulaire quand elle est capable d'élaborer un produit.
b. **FAUX** : La fonction glandulaire est une fonction d'ordre physique.
Explication : La fonction glandulaire est une fonction d'ordre métabolique.
c. **VRAI** : La première étape de l'élaboration du produit glandulaire est la sécrétion.
d. **VRAI** : La première étape de l'élaboration du produit glandulaire est la sécrétion.
e. **FAUX** : La mise en charge du produit de sécrétion correspond à la sortie du produit de la cellule.
Explication : La mise en charge du produit de sécrétion correspond à l'accumulation du produit dans la cellule glandulaire.

26. Concernant la fonction glandulaire des épithéliums, cocher la (les) proposition(s) correcte(s) :
a. **VRAI** : Lors de l'excrétion le produit sort de la cellule.
b. **FAUX** : Les glandes sont toujours pluricellulaires.
Explication : Les glandes peuvent être soit unicellulaires, pluricellulaires ou anatomiquement individualiséeExplis.
c. **VRAI** : La thyroïde est une glande anatomiquement individualisée.
d. **FAUX** : Le rythme de sécrétion se fait forcément en cycles continus.
Explication : Le rythme de sécrétion peut être variable : en cycle continu ou irrégulier.

e. **VRAI** : Comme les différentes secrétions utilisent des organites différents, il y a induction d'un développement morphologique particulier des cellules glandulaires.

27. Concernant la fonction glandulaire des épithéliums, cocher la (les) proposition(s) correcte(s) :

a. **FAUX** : Les épithéliums glandulaires ont la même polarité que les épithéliums de revêtement.
Explication : Chez les épithéliums glandulaires il y a apparition d'une polarité sécrétoire.
b. **VRAI** : Les cellules sont capables d'accumuler le produit, c'est la mise en charge.
c. **VRAI** : La cellule stocke le produit de sécrétion sous forme libre, organisée (en vacuoles) ou de façon diffuse.
d. **FAUX** : L'excrétion holocrine correspond à l'exocytose simple.
Explication : L'excrétion mérocrine correspond à l'exocytose simple.
e. **VRAI** : L'excrétion mérocrine est la plus fréquente.

28. Concernant la fonction glandulaire des épithéliums, cocher la (les) proposition(s) correcte(s) :

a. **FAUX** : Les trois différents modes d'excrétion sont les excrétions mérocrine, holo-mérocrine et apocrine.
Explication : Les trois différents modes d'excrétion sont les excrétions mérocrine, holocrine et apocrine (qui est synonyme de holomérocrine).
b. **VRAI** : Lors de l'extrusion mérocrine le produit est expulsé de la cellule, qui reste intacte.
c. **FAUX** : L'épithélium gastrique possède uniquement la fonction glandulaire.
Explication : L'épithélium gastrique possède à la fois la fonction glandulaire et de revêtement.
d. **FAUX** : Lors de l'extrusion holocrine une partie de la cellule est excrétée.
Explication : Lors de l'extrusion holocrine l'ensemble de la cellule est excrétée.
e. **FAUX** : L'extrusion mérocrine se trouve entre autres au niveau des glandes sébacées.
Explication : Les glandes sébacées ont une sécrétion de type holocrine.

29. Concernant la fonction glandulaire des épithéliums, cocher la (les) proposition(s) correcte(s) :

a. **VRAI** : Le produit de sécrétion des glandes sébacées est appelé sébum.
b. **FAUX** : Les glandes mammaires ont une sécrétion de type holocrine.
Explication : Les glandes mammaires ont une sécrétion de type apocrine.
c. **FAUX** : Lors de l'excrétion apocrine la partie basale du cytoplasme est excrétée.
Explication : Lors de l'excrétion apocrine la partie apicale du cytoplasme est excrétée.
d. **FAUX** : Les glandes sudoripares et les glandes mammaires ont des modes d'excrétion différents.
Explication : Les glandes sudoripares et les glandes mammaires sont toutes les deux apocrines.
e. **FAUX** : Aucune réponse n'est exacte.
Explication : La réponse A est exacte.

30. Concernant les différents types de glandes, cocher la (les) proposition(s) correcte(s) :

a. VRAI : Les différences entre les types de glandes sont d'ordre topographique et métabolique.

b. VRAI : Les glandes exocrines possèdent une signification extérieure.

c. FAUX : Les cellules exocrines sont présentes dans les cavités naturelles fermées.
Explication : Les cellules exocrines sont présentes dans les cavités naturelles ouvertes et à la surface du corps.

d. VRAI : Les cellules endocrines possèdent une signification interne.

e. FAUX : Les cellules endocrines sont toujours à proximité d'un canal excréteur.
Explication : Les cellules endocrines sont toujours à proximité de capillaires sanguins.

31. Concernant les glandes exocrines, cocher la (les) proposition(s) correcte(s) :

a. VRAI : Des cellules isolées peuvent être exocrines, ce sont les glandes unicellulaires.

b. VRAI : Les cellules caliciformes de l'intestin grêle sont des glandes unicellulaires.

c. FAUX : Les glandes anatomiquement individualisées sont appelées glandes intra-épithéliales.
Explication : Les glandes pluricellulaires sont appelées glandes intra-épithéliales.

d. FAUX : La parotide est une glande pluricellulaire.
Explication : La parotide est une glande anatomiquement individualisée.

e. VRAI : On trouve des glandes intra-épithéliales dans l'urètre.

32. Quels sont les critères de description de glandes exocrines, cocher la (les) proposition(s) correcte(s) :

a. VRAI : L'organisation et le nombre d'unités sécrétrices.

b. FAUX : La densité en vaisseaux adjacents.
Explication : Ceci n'est pas l'un des critères de description.

c. VRAI : La nature biochimique du produit de sécrétion.

d. FAUX : La forme du noyau cellulaire.
Explication : Ceci n'est pas l'un des critères de description.

e. VRAI : La fonction.

33. Concernant les glandes exocrines, cocher la (les) proposition(s) correcte(s) :

a. FAUX : La portion excrétrice d'une glande anatomiquement individualisée correspond à l'endroit où est fabriqué le produit de sécrétion.
Explication : La portion excrétrice d'une glande anatomiquement individualisée correspond à l'endroit où se trouve le système des canaux excréteurs.

b. VRAI : La portion sécrétrice d'une glande anatomiquement individualisée correspond à l'endroit où est fabriqué le produit de sécrétion.

c. VRAI : L'unité fonctionnelle sécrétrice d'une capsule est le lobule.

d. FAUX : On parle de structure alvéolaire quand une seule forme de glande est présente.
Explication : On parle de structure simple quand une seule forme de glande est présente.

e. FAUX : On parle de structure acineuse, quand plusieurs formes de glandes se rejoignent.
Explication : On parle de structure composée, quand plusieurs formes de glandes se rejoignent.

34. Concernant les glandes séreuses, cocher la (les) proposition(s) correcte(s) :

a. **FAUX** : Les glandes séreuses ont un aspect spumeux.
Explication : Les glandes séreuses possèdent une polarité sécrétoire.

b. **VRAI** : Le pôle basal des glandes séreuses contient des structures basophiles.

c. **VRAI** : Le pôle apical des glandes séreuses contient des grains acidophiles.

d. **FAUX** : Les cellules composant les glandes séreuses ont des limites latérales nettes.
Explication : Les cellules composant les glandes séreuses ont des limites latérales peu visibles.

e. **VRAI** : Les glandes séreuses possèdent une lumière quasi virtuelle.

35. Concernant les tubulo-acinus muqueux, cocher la (les) proposition(s) correcte(s) :

a. **FAUX** : Les tubulo-acinus muqueux possèdent une polarité sécrétoire.
Explication : Les tubulo-acinus muqueux ont un aspect spumeux.

b. **VRAI** : Les tubulo-acinus muqueux ont un noyau basal.

c. **VRAI** : Les tubulo-acinus muqueux possèdent un noyau aplati.

d. **VRAI** : Les tubulo-acinus muqueux ont une lumière bien visible.

e. **FAUX** : Les cellules formant les tubulo-acinus muqueux ont des limites cellulaires peu visibles.
Explication : Les cellules formant les tubulo-acinus muqueux ont des limites cellulaires très nettes.

36. Concernant les glandes endocrines, cocher la (les) proposition(s) correcte(s) :

a. **FAUX** : Dans le cas des systèmes endocriniens le produit de sécrétion circule par voie biliaire.
Explication : Dans le cas des systèmes endocriniens le produit de sécrétion circule par voie sanguine.

b. **VRAI** : La cellule glandulaire endocrine peut agir à distance sur ses cellules cibles.

c. **FAUX** : Les cellules endocrines sécrètent surtout des enzymes.
Explication : Les cellules endocrines sécrètent surtout des hormones.

d. **VRAI** : Une cellule endocrine peut agir sur elle-même.

e. **VRAI** : On parle de sécrétion autocrine quand la cellule sécrétrice a pour cible elle-même.

37. Concernant l'organisation trabéculaire, cocher la (les) proposition(s) correcte(s) :

a. **FAUX** : Les cellules des glandes endocrines d'organisation trabéculaire ont une fonction de revêtement.
Explication : Les cellules des glandes endocrines d'organisation trabéculaire n'ont pas de fonction de revêtement.

b. **VRAI** : Les cellules des glandes endocrines d'organisation trabéculaire ont un contact direct avec les cellules sanguines.

c. **VRAI** : Les cellules des glandes endocrines d'organisation trabéculaire possèdent une membrane basale.

d. **VRAI** : Il y a absence de canaux excréteurs autour des glandes endocrines d'organisation trabéculaire.

e. **FAUX** : Toutes les réponses sont exactes.
Explication : La réponse A est fausse.

38. Concernant l'architecture vésiculaire, cocher la (les) proposition(s) correcte(s) :

a. **FAUX** : L'architecture vésiculaire est différente de l'architecture folliculaire.
Explication : Architecture vésiculaire et architecture folliculaire sont synonymes.

b. **VRAI** : On retrouve l'architecture folliculaire au niveau de la glande thyroidienne.

c. **VRAI** : Le pôle apical des thyréocytes est en contact avec la substance colloide.

d. **FAUX** : Le pôle basal des thyréocytes est en contact avec une cavité ouverte.
Explication : Le pôle basal des thyréocytes est en contact avec des capillaires sanguins.

e. **VRAI** : La substance colloïde contient de la thyroglobuline.

39. Concernant les glandes mixtes, cocher la (les) proposition(s) correcte(s) :

a. **FAUX** : Les glandes mixtes contiennent des cellules étant à la fois exocrines et endocrines.
Explication : Les glandes mixtes contiennent des cellules exocrines et des cellules endocrines.

b. **VRAI** : Le pancréas est une glande mixte.

c. **FAUX** : La sécrétion exocrine du pancréas est le glucagon.
Explication : Les sécrétions exocrines du pancréas sont l'amylase et les sucs pancréatiques.

d. **FAUX** : La sécrétion endocrine du pancréas est l'amylase.
Explication : La sécrétion endocrine du pancréas est l'insuline.

e. **FAUX** : Aucune des réponses n'est exacte.
Explication : La réponse B est exacte.

40. Concernant les glandes mixtes amphicrines, cocher la (les) proposition(s) correcte(s) :

a. **FAUX** : On parle de glande mixte amphicrine quand une glande contient des cellules exocrines et des cellules endocrines.
Explication : On parle de glande mixte amphicrine quand une glande contient des cellules étant en même temps exocrines et endocrines.

b. **VRAI** : Les cellules du foie forment une glande mixte amphicrine.

c. **VRAI** : Le système endocrinien du foie a une architecture trabéculaire.

d. **VRAI** : La sécrétion exocrine du foie est la bile.

e. **FAUX** : Toutes les réponses sont exactes.
Explication : La réponse A est fausse.

41. Concernant les épithéliums, cocher la (les) proposition(s) correcte(s) :

a. **VRAI** : Les épithéliums de revêtement reposent tous sur une membrane basale.

b. **FAUX** : Au niveau des jonctions communicantes, la communication se fait via les desmoplakines.
Explication : Au niveau des jonctions communicantes, la communication se fait via les connexions.

c. **VRAI** : Une microvillosité est un repli du feuillet interne et du feuillet externe de la membrane plasmique.

d. **FAUX** : L'extrusion se fait selon 4 modalités différentes.
Explication : L'extrusion se fait selon 3 modalités différentes (mérocrine, holocrine et apocrine).

e. **VRAI** : L'extrusion mérocrine se fait par exocytose mais peut aussi se faire par diffusion.

42. Quelles sont les natures d'épithéliums qu'on trouve dans les voies aériennes, cocher la (les) proposition(s) correcte(s) :

- **a. FAUX** : Epithéliums pavimenteux simples.
  Explication : On ne trouve pas cette forme d'épithéliums dans les voies aériennes.
- **b. FAUX** : Epithéliums cubiques stratifiés.
  Explication : On ne trouve pas cette forme d'épithéliums dans les voies aériennes.
- **c. VRAI** : Epithéliums prismatiques simples.
- **d. VRAI** : Epithéliums prismatiques pseudostratifiés.
- **e. VRAI** : Epithéliums malpighiens non kératinisés.

43. Concernant les épithéliums, cocher la (les) proposition(s) correcte(s) :

- **a. FAUX** : Toutes les glandes exocrines possèdent des canaux excréteurs.
  Explication : Seules les glandes individualisées possèdent un canal excréteur.
- **b. FAUX** : Dans les acinus séreux les noyaux cellulaires sont situés au tiers interne des cellules.
  Explication : Dans les acinus séreux les noyaux cellulaires sont situés au tiers externe - tiers moyen des cellules.
- **c. VRAI** : Dans l'architecture trabéculaire, les vaisseaux sanguins sont orientés le long des travées cellulaires.
- **d. FAUX** : L'architecture folliculaire est très fréquente pour les glandes.
  Explication : L'architecture folliculaire est très rare pour les glandes.
- **e. FAUX** : Toutes les réponses sont fausses.
  Explication : La réponse C est exacte.

44. Concernant les thyréocytes, cocher la (les) proposition(s) correcte(s) :

- **a. VRAI** : Les thyréocytes captent de l'iode à partir du sang.
- **b. FAUX** : Les thyréocytes captent des radicaux MIT ou DIT à partir de la substance colloïde.
  Explication : Les radicaux MIT ou DIT se forment dans les thyréocytes.
- **c. FAUX** : Les radicaux MIT et DIT sont stockés dans l'espace intracellulaire.
  Explication : Les radicaux MIT et DIT sont stockés dans l'espace extracellulaire.
- **d. VRAI** : La thyroglobuline sert de support à la formation des hormones thyroïdiennes.
- **e. FAUX** : La thyroglobuline est stockée dans les thyréocytes.
  Explication : La thyroglobuline est stockée dans la substance colloïde.

45. Concernant les thyréocytes, cocher la (les) proposition(s) correcte(s) :

- **a. VRAI** : Les thyréocytes ont une double polarité fonctionnelle.
- **b. VRAI** : L'iode est capté au pôle basal des thyréocytes.
- **c. VRAI** : Les précurseurs hormonaux sont captés au pôle basal des thyréocytes.
- **d. VRAI** : T3 et T4 sont des hormones thyroidiennes.
- **e. VRAI** : Toutes les réponses sont exactes.

46. Concernant les épithéliums, cocher la (les) proposition(s) correcte(s) :

- **a. FAUX** : Les testicules sont des glandes exclusivement endocrines.
  Explication : Les testicules sont des glandes mixtes.
- **b. FAUX** : La fonction endocrine des testicules est la libération de gamètes.
  Explication : La fonction exocrine des testicules est la libération de gamètes.

c. **VRAI** : La fonction endocrine des testicules est la libération d'hormones.
d. **VRAI** : L'hypophyse a une organisation trabéculaire.
e. **VRAI** : Les glandes surrénales ont une organisation trabéculaire.

47. Concernant les épithéliums, cocher la (les) proposition(s) correcte(s) :

a. **FAUX** : Les cellules des acini séreux sont entièrement basophiles.
Explication : Les cellules des acini séreux présentent une basophilie basale et une acidophilie apicale.
b. **FAUX** : Les séreuses de l'organisme dérivent de la cavité amniotique.
Explication : Les séreuses de l'organisme dérivent du cœlome interne.
c. **FAUX** : Les séreuses sont très vascularisées.
Explication : Les séreuses ne communiquent pas avec le système cardiovasculaire.
d. **VRAI** : Les glandes exocrines anatomiquement individualisées possèdent toujours des canaux excréteurs.
e. **VRAI** : Les muqueuses correspondent à des cavités naturelles ouvertes.

48. Concernant les épithéliums, cocher la (les) proposition(s) correcte(s) :

a. **VRAI** : Les microvillosités sont centrées par un axe de microfillaments.
b. **FAUX** : Les entérocytes possèdent des cadres épicellulaires visibles à l'œil nu.
Explication : Les entérocytes possèdent des cadres épicellulaires visibles au microscope optique.
c. **VRAI** : L'épithélium urinaire ou urothélium possède une capacité d'extension en réduisant le nombre de couches cellulaires.
d. **VRAI** : Les hépatocytes sont responsables de la sécrétion de bile.
e. **FAUX** : Toutes les réponses sont exactes.
Explication : La réponse B est fausse.

49. Concernant les épithéliums, cocher la (les) proposition(s) correcte(s) :

a. **FAUX** : La zone desquamante de l'épithélium intestinal se situe au niveau des glandes de la muqueuse.
Explication : La zone desquamante de l'épithélium intestinal se situe au sommet des villosités.
b. **FAUX** : L'urothélium est constitué de 2 populations de cellules : cellules superficielles et cellules basales.
Explication : L'urothélium est constitué de 3 populations de cellules : cellules superficielles, cellules en raquette et cellules basales.
c. **VRAI** : Le labyrinthe basal est présent au niveau de certains tubes du rein.
d. **FAUX** : Dans l'épithélium malpighien non kératinisé les cellules souches sont localisées dans la couche basale et la couche parabasale.
Explication : Dans l'épithélium malpighien non kératinisé les cellules souches sont uniquement localisées dans la couche basale.
e. **FAUX** : Aucune des réponses n'est exacte.
Explication : La réponse C est exacte.

50. Concernant les épithéliums, cocher la (les) proposition(s) correcte(s) :

a. **FAUX** : Dans la paroi gastrique de l'estomac le mucus est présent au niveau intracellulaire.
Explication : Dans la paroi gastrique de l'estomac le mucus est présent au niveau extracellulaire.

b. **VRAI** : L'urothélium est de type polymorphe paramalpighien.

c. **FAUX** : Dans les cellules rénales on observe une basophilie basale à cause du labyrinthe basal.
Explication : Dans les cellules rénales on observe une éosinophilie basale à cause du labyrinthe basal.

d. **FAUX** : La lame réticulaire de l'épithélium a une épaisseur constante d'environ 100 nm.
Explication : La lame basale de l'épithélium a une épaisseur constante d'environ 100 nm.

e. **FAUX** : Aucune réponse n'est exacte.
Explication : La réponse B est exacte.

51. Concernant le tissu conjonctif, cocher la (les) proposition(s) correcte(s) :

a. **VRAI** : Le tissu conjonctif est un tissu comportant des cellules.

b. **FAUX** : Dans le tissu conjonctif les cellules sont jointives.
Explication : Dans le tissu conjonctif les cellules sont séparées par une substance appelée matrice.

c. **VRAI** : Le tissu conjonctif a une fonction de soutien.

d. **VRAI** : Le tissu conjonctif a un rôle trophique.

e. **VRAI** : La fonction nourricière du tissu conjonctif est due aux capillaires que ce tissu contient.

52. Concernant le tissu conjonctif, cocher la (les) proposition(s) correcte(s) :

a. **VRAI** : La matrice du tissu conjonctif est composée de fibres et de substance fondamentale.

b. **VRAI** : Les fibres de collagène font partie des 3 grands types de fibres contenus dans le tissu conjonctif.

c. **VRAI** : Les fibres de réticuline font partie des 3 grands types de fibres contenus dans le tissu conjonctif.

d. **FAUX** : Les fibres musculaires font partie des 3 grands types de fibres contenus dans le tissu conjonctif.
Explication : Les fibres musculaires ne font pas partie des 3 grands types de fibres contenus dans le tissu conjonctif.

e. **VRAI** : Les fibres d'élastine font partie des 3 grands types de fibres contenus dans le tissu conjonctif.

53. Concernant le collagène, cocher la (les) proposition(s) correcte(s) :

a. **FAUX** : Au microscope optique les fibres de collagène apparaissent anastomosées.
Explication : Au microscope optique les fibres de collagène apparaissent non anastomosées.

b. **VRAI** : Les fibres de collagène ont un diamètre de 0,5 à 5 µm.

c. **VRAI** : Au microscope optique les fibres de collagène sont révélées au vert lumière.

d. **VRAI** : Les fibres de collagène sont rigides et résistantes.

e. **FAUX** : Les fibres de collagène confèrent une élasticité au tissu.
Explication : Les fibres de collagène confèrent une solidité au tissu.

54. Concernant le collagène, cocher la (les) proposition(s) correcte(s) :
a. **VRAI** : Le diamètre des protofibrilles est inférieur à 20 nm.
b. **VRAI** : L'unité fonctionnelle des fibres de collagène est la structure en fibrille.
c. **VRAI** : La particularité des protofibrilles de collagène est leur striation.
d. **FAUX** : Les striations des protofibrilles de collagène ont une périodicité de 64 mm.
Explication : Les striations des protofibrilles de collagène ont une périodicité de 64 nm.
e. **FAUX** : Le tropocollagène est un assemblage de 3 feuillets b.
Explication : Le tropocollagène est un assemblage de 3 hélices a.

55. Concernant le collagène, cocher la (les) proposition(s) correcte(s) :
a. **VRAI** : Le tropocollagène a une longueur de 280 nm.
b. **FAUX** : L'acide aminé le plus présent dans le tropocollagène est la tyrosine.
Explication : L'acide aminé le plus présent dans le tropocollagène est la glycine.
c. **VRAI** : La synthèse du collagène est effectuée par les fibroblastes.
d. **VRAI** : Lorsqu'elles forment la protofibrille, les molécules de tropocollagènes sont latéralement décalées d'environ 1/4 de leur longueur.
e. **FAUX** : Toutes les réponses sont exactes.
Explication : La réponse B est fausse.

56. Concernant le collagène, cocher la (les) proposition(s) correcte(s) :
a. **VRAI** : Le collagène de type I est le collagène standard et se trouve dans le derme, les tendons et les os.
b. **FAUX** : Le collagène de type II se trouve dans les parois vasculaires.
Explication : Le collagène de type II se trouve dans le cartilage.
c. **VRAI** : Le collagène de type III se trouve dans les muscles.
d. **VRAI** : Le collagène de type III se trouve dans les parois vasculaires.
e. **FAUX** : Le collagène de type IV se trouve dans le cartilage.
Explication : Le collagène de type IV se trouve dans les basales.

57. Concernant les fibrilles de réticuline, cocher la (les) proposition(s) correcte(s) :
a. **FAUX** : Au microscope optique les fibrilles de réticuline apparaissent non anastomosées
Explication : Au microscope optique les fibrilles de réticuline apparaissent apparemment anastomosées.
b. **VRAI** : Les fibrilles de réticuline ont la même striation régulière que les fibrilles de collagène.
c. **VRAI** : Les fibrilles de réticuline sont plus fines que les fibrilles de collagène.
d. **VRAI** : Au microscope optique on colore les fibrilles de réticuline à l'imprégnation argentique.
e. **VRAI** : La présence de fibrilles de réticuline permet la formation de réseaux fonctionnels dans le tissu conjonctif.

58. Concernant les fibres d'élastine, cocher la (les) proposition(s) correcte(s) :

a. **VRAI** : Au microscope optique l'élastine est colorée à l'orcéine.

b. **FAUX** : Les fibres d'élastine ont un diamètre d'environ 0,2 nm.
Explication : Les fibres d'élastine ont un diamètre d'environ 0,2 µm.

c. **FAUX** : Les fibres d'élastine sont non anastomosées.
Explication : Les fibres d'élastine sont anastomosées.

d. **VRAI** : L'élastine a une fonction d'élasticité.

e. **FAUX** : L'élastine est rigide.
Explication : L'élastine est élastique.

59. Concernant la substance fondamentale, cocher la (les) proposition(s) correcte(s) :

a. **VRAI** : La substance fondamentale apparaît transparente au microscope optique.

b. **FAUX** : Le tissu conjonctif est appelé tissu réactionnel à cause des réactions chimiques qui s'y produisent.
Explication : Le tissu conjonctif est appelé tissu réactionnel car il permet l'organisation d'une réaction de défense.

c. **FAUX** : Dans le tissu conjonctif on trouve uniquement de l'eau libre.
Explication : Dans le tissu conjonctif on trouve de l'eau libre et de l'eau liée.

d. **VRAI** : Les substances de nature endogène sont celles élaborées par le tissu conjonctif.

e. **VRAI** : Les substances de nature exogène sont celles apportées par les vaisseaux sanguins.

60. Concernant les substances endogènes, cocher la (les) proposition(s) correcte(s) :

a. **VRAI** : La majorité des substances endogènes trouvées dans le tissu conjonctif sont des précurseurs de fibres.

b. **VRAI** : Les protéoglycanes possèdent de nombreuses sérines.

c. **VRAI** : L'acide hyaluronique est un glycosaminoglycane non sulfaté.

d. **VRAI** : L'acide hyaluronique peut servir de point de fixation aux protéoglycanes.

e. **FAUX** : Lors de la réaction inflammatoire il y a captation de l'eau libre par l'acide hyaluronique.
Explication : Lors de la réaction inflammatoire il y a libération de l'eau liée par l'acide hyaluronique.

61. Concernant les fibroblastes, cocher la (les) proposition(s) correcte(s) :

a. **VRAI** : Au microscope optique les fibroblastes apparaissent fusiformes.

b. **FAUX** : Au microscope électronique les fibroblastes apparaissent toujours étoilés.
Explication : Au microscope électronique les fibroblastes apparaissent étoilés quand ils sont actifs.

c. **VRAI** : Quand un fibroblaste est inactif il apparaît fusiforme au microscope électronique.

d. **VRAI** : A l'état inactif les fibroblastes sont appelés fibrocytes.

e. **FAUX** : Le fibroblaste est l'une des cellules spécifiques des tissus conjonctifs.
Explication : Le fibroblaste est la seule cellule spécifique des tissus conjonctifs.

62. Concernant les cellules du tissu conjonctif, cocher la (les) proposition(s) correcte(s) :

a. **FAUX** : Le fibroblaste est une cellule immobile.
Explication : Le fibroblaste est une cellule mobile.

b. **VRAI** : Le fibroblaste est capable d'élaborer les molécules de collagène.

c. **FAUX** : Les fibroblastes peuvent se déplacer à 5 mm/h.
Explication : Les fibroblastes peuvent se déplacer à 5 µm/h.

d. **VRAI** : Toutes les cellules sauf le fibroblaste proviennent de l'extérieur du tissu conjonctif.

e. **FAUX** : Le fibroblaste est une cellule réactionnelle.
Explication : Dans le tissu conjonctif les cellules de passage (lymphocytes, mastocytes et macrophages) sont les cellules réactionnelles.

63. Concernant les macrophages, cocher la (les) proposition(s) correcte(s) :

a. **FAUX** : Les macrophages possèdent de nombreux protéasomes.
Explication : Les macrophages possèdent de nombreux lysosomes.

b. **VRAI** : Les macrophages sont des cellules mobiles.

c. **FAUX** : Les macrophages font partie du système des phagocytes plurinucléés.
Explication : Les macrophages font partie du système des phagocytes mononucléés.

d. **FAUX** : La propriété de macrophagocytose est due aux nombreux protéasomes.
Explication : La propriété de macrophagocytose est due aux nombreux lysosomes.

e. **VRAI** : La réaction inflammatoire se déroule dans le tissu conjonctif.

64. Concernant les différents types de tissu conjonctif, cocher la (les) proposition(s) correcte(s) :

a. **FAUX** : Les tissus conjonctifs de type lâche sont à prédominance de substance fondamentale.
Explication : Les tissus conjonctifs de type lâche sont présents de façon équilibrée.

b. **VRAI** : Les tissus conjonctifs de type lâche contiennent des capillaires.

c. **VRAI** : Les tissus conjonctifs à prédominance de cellules sont très rares.

d. **VRAI** : Le tissu palléal du sein est un tissu conjonctif à prédominance cellulaire.

e. **VRAI** : La gelée de Wharton est un tissu conjonctif à prédominance de substance fondamentale.

65. Concernant les différents types de tissu conjonctif, cocher la (les) proposition(s) correcte(s) :

a. **FAUX** : La gelée de Wharton se situe au niveau des seins.
Explication : La gelée de Wharton se situe au niveau du canal ombilical.

b. **VRAI** : La gelée de Wharton est non vascularisée.

c. **VRAI** : La gelée de Wharton est traversée par deux artères et une veine.

d. **FAUX** : Les tissus conjonctifs à prédominance de fibres sont soit à prédominance de collagène soit à prédominance d'élastine.
Explication : Les tissus conjonctifs à prédominance de fibres peuvent être à prédominance de collagène, d'élastine ou de réticuline.

e. **VRAI** : Les tissus conjonctifs fibreux sont à prédominance de collagène.

66. Concernant les tissus conjonctifs fibreux, cocher la (les) proposition(s) correcte(s):

- **a. FAUX**: Le derme profond est un tissu conjonctif orienté unitendu.
  Explication: Le derme profond est un tissu conjonctif non orienté.
- **b. FAUX**: Le tendon est un tissu conjonctif orienté bitendu.
  Explication: Le tendon est un tissu conjonctif orienté unitendu.
- **c. VRAI**: Le tendon est une structure vascularisée.
- **d. FAUX**: Les tendons ont un rôle de contraction, car les pressions s'exercent se on l'axe principal de son tissu conjonctif.
  Explication: Les tendons ont un rôle de résistance mécanique, car les pressions s'exercent selon l'axe principal de son tissu conjonctif.
- **e. FAUX**: Aucune réponse n'est exacte.
  Explication: La réponse C est exacte.

67. Concernant les tissus conjonctifs fibreux, cocher la (les) proposition(s) correcte(s):

- **a. VRAI**: Dans les tissus conjonctifs orientés bitendus les fibres de collagène sont plus ou moins croisées entre elles.
- **b. VRAI**: La fonction des tissus conjonctifs orientés bitendus est la résistance mécanique à des tensions.
- **c. FAUX**: La cornée de l'œil est composée d'un tissu conjonctif orienté unitendu.
  Explication: La cornée de l'œil est composée d'un tissu conjonctif orienté bitendu.
- **d. VRAI**: La cornée possède un tissu conjonctif transparent.
- **e. FAUX**: Le tissu conjonctif de la cornée est vascularisé.
  Explication: Le tissu conjonctif de la cornée est non vascularisé.

68. Concernant le tissu conjonctif réticulaire, cocher la (les) proposition(s) correcte(s):

- **a. VRAI**: Le tissu conjonctif réticulaire est mal visible en microscope optique.
- **b. FAUX**: On retrouve du tissu conjonctif réticulaire au niveau du derme rét culairExplication: On retrouve du tissu conjonctif fibreux au niveau du derme réticulaire.
- **c. VRAI**: On retrouve du tissu conjonctif réticulaire dans le foie.
- **d. VRAI**: On peut observer une trame grillagée, composée de fibres réticulaires apparemment anatomosées au niveau des tissus conjonctifs réticulaires.
- **e. FAUX**: Toutes les réponses sont exactes.
  Explication: La réponse B est fausse.

69. Concernant le tissu conjonctif élastique, cocher la (les) proposition(s) correcte(s):

- **a. FAUX**: On retrouve un tissu conjonctif élastique dans la paroi de l'œsophage.
  Explication: On retrouve un tissu conjonctif élastique dans la paroi de l'aorte.
- **b. VRAI**: Au niveau de certains tissus conjonctifs élastiques on trouve des cellules particulières: les cellules rameuses.
- **c. VRAI**: Le tissu conjonctif élastique est visible au microscope optique.
- **d. VRAI**: Les cellules rameuses possèdent un prolongement ramifié dans l'espace.
- **e. FAUX**: Le derme superficiel est composé de tissu conjonctif élastique.
  Explication: Le derme superficiel est composé de tissu conjonctif fibreux semi-orienté.

70. Concernant le tissu adipeux, cocher la (les) proposition(s) correcte(s) :

a. VRAI : Le tissu adipeux est un tissu de réserve énergétique.
b. VRAI : Les adipocytes stockent de la graisse.
c. VRAI : Le tissu adipeux est un tissu conjonctif spécialisé.
d. VRAI : Le tissu adipeux est un tissu conjonctif à prédominance cellulaire.
e. FAUX : Les adipocytes sont non vascularisés.
Explication : Les adipocytes sont richement vascularisés.

71. Concernant le tissu adipeux, cocher la (les) proposition(s) correcte(s) :

a. VRAI : Un adipocyte est une cellule volumineuse de 100 µm.
b. VRAI : Les adipocytes possèdent un cytoplasme clair donc optiquement vide.
c. FAUX : Le cytoplasme des adipocytes est très profond et forme donc un « noyau cytoplasmique ».
Explication : Le cytoplasme des adipocytes est très superficiel et forme donc une « couronne cytoplasmique ».
d. VRAI : La vacuole des adipocytes est colorable au rouge ou au noir soudan.
e. FAUX : La vacuole des adipocytes est uniquement colorable au rouge ou au noir soudan.
Explication : La vacuole des adipocytes est aussi colorable au red O.

72. Concernant le tissu adipeux, cocher la (les) proposition(s) correcte(s) :

a. FAUX : On appelle la graisse chez le fœtus graisse blanche.
Explication : On appelle la graisse chez le fœtus graisse jaune.
b. FAUX : Les adipocytes sont capables de produire des lipides à partir de précurseurs (acides gras).
Explication : Les adipocytes sont capables de produire des lipides à partir de précurseurs (triglycérides).
c. FAUX : Les adipocytes stockent des triprotides.
Explication : Les adipocytes stockent des triglycérides.
d. FAUX : Les adipocytes libèrent leurs réserves sous forme d'acides gras estérifiés.
Explication : Les adipocytes libèrent leurs réserves sous forme d'acides gras non estérifiés.
e. VRAI : Les adipocytes sont souvent contenus dans l'hypoderme.

73. Concernant le tissu sanguin, cocher la (les) proposition(s) correcte(s) :

a. FAUX : Le tissu sanguin est un tissu conjonctif simple.
Explication : Le tissu sanguin est un tissu conjonctif spécialisé.
b. VRAI : Le tissu sanguin est composé d'un fluide (le plasma) et de cellules sanguines.
c. VRAI : Le plasma est constitué d'eau, de sels minéraux, de glucides et de lipides.
d. VRAI : Le plasma contient des molécules organiques.
e. FAUX : Le tissu sanguin subit un mouvement bidirectionnel.
Explication : Le tissu sanguin subit un mouvement unidirectionnel dû aux mouvements rythmiques du cœur.

74. Concernant le tissu sanguin, cocher la (les) proposition(s) correcte(s) :

a. VRAI : Au microscope optique on peut colorer les cellules sanguines au May Grunwal-Giemsa.
b. VRAI : Les globules rouges sont anucléés.

c. **VRAI** : Les globules rouges sont produits dans la moelle osseuse.
d. **FAUX** : Les globules rouges ont une forme de sphère.
Explication : Les globules rouges ont une forme de disque biconcave.
e. **VRAI** : Les globules rouges ont un diamètre de 7,5 µm.

75. Quels sont les autres noms des globules rouges, cocher la (les) proposition(s) correcte(s) :
a. **VRAI** : Erythrocytes.
b. **FAUX** : Entérocytes.
Explication : Ceci n'est pas l'un des autres noms des globules rouges
c. **VRAI** : Hématies.
d. **FAUX** : Leucocytes.
Explication : C'est le nom des globules blancs.
e. **FAUX** : Réticulocytes.
Explication : Les réticulocytes sont des globules rouges n'étant pas encore arrivés à leur maturité.

76. Concernant le tissu sanguin, cocher la (les) proposition(s) correcte(s) :
a. **VRAI** : Le maintient de la forme biconcave des globules rouges requiert de l'énergie.
b. **VRAI** : Les globules rouges ne possèdent pas d'organites.
c. **VRAI** : Le maintien de la forme biconcave des globules rouges permet d'augmenter la surface d'échange.
d. **FAUX** : Quand le diamètre des hématies augmente on parle d'hémolyse.
Explication : Quand le diamètre des hématies augmente on parle de macrocytose.
e. **FAUX** : Quand le diamètre des hématies passe en dessous de 7 µm on parle de microcytose.
Explication : Quand le diamètre des hématies passe en dessous de 6 µm on parle de microcytose.

77. Concernant le tissu sanguin, cocher la (les) proposition(s) correcte(s) :
a. **FAUX** : On parle d'anisocytose quand le sang présente un nombre très petit d'hématies.
Explication : On parle d'anisocytose quand le sang présente une majorité d'hématies anormales.
b. **FAUX** : En milieu hypertonique les globules rouges peuvent éclater.
Explication : En milieu hypotonique les globules rouges peuvent éclater.
c. **VRAI** : On parle d'hémolyse quand la cellule éclate.
d. **VRAI** : La combinaison d'hémoglobine et d'oxygène est une combinaison instable.
e. **VRAI** : La combinaison d'hémoglobine et de dioxyde de carbone est une combinaison stable.

78. Concernant le tissu sanguin, cocher la (les) proposition(s) correcte(s) :
a. **VRAI** : Le cytoplasme du globule rouge possède un pigment rouge, c'est l'hémoglobine.
b. **FAUX** : Une femme saine a entre 4 et 5 millions de globules rouges par mm cube.
Explication : Une femme saine a entre 4 et 5 millions de globules rouges par mm cube.
c. **VRAI** : Un homme sain a entre 4,5 et 5,5 millions de globules rouges par mm cube.
d. **VRAI** : Quand le taux d'hémoglobine diminue trop on parle d'anémie.
e. **FAUX** : Toutes les réponses sont exactes.
Explication : La réponse B est fausse.

79. Concernant le tissu sanguin, cocher la (les) proposition(s) correcte(s) :

- **a. FAUX** : La durée de vie des globules rouges est de 12 jours.
  Explication : La durée de vie des globules rouges est de 120 jours.
- **b. VRAI** : Les hématies sont produites au niveau de la moelle osseuse.
- **c. FAUX** : Les hématies sont appelées réticulocytes quand elles aboutissent à maturité.
  Explication : Les hématies sont appelées avant d'aboutir à maturité.
- **d. FAUX** : On marque les hématies au bleu de crésyl.
  Explication : On marque les hématies au May-Grunwald-Giemsa.
- **e. FAUX** : Aucune réponse n'est exacte.
  Explication : La réponse B est exacte.

80. Quels sont les organes dans lesquels les hématies sont détruites, cocher la (les) proposition(s) correcte(s) :

- **a. FAUX** : La moelle épinière.
  Explication : Ceci n'est pas l'un des organes dans lesquels les hématies sont détruites.
- **b. FAUX** : L'estomac.
  Explication : Ceci n'est pas l'un des organes dans lesquels les hématies sont détruites.
- **c. VRAI** : La rate.
- **d. VRAI** : Le foie.
- **e. VRAI** : La moelle osseuse.

81. Concernant le tissu sanguin, cocher la (les) proposition(s) correcte(s) :

- **a. FAUX** : Les réticulocytes représentent 10 % des globules rouges circulants.
  Explication : Les réticulocytes représentent 5 % des globules rouges circulants.
- **b. VRAI** : Les leucocytes sont des cellules nucléées.
- **c. VRAI** : La viscosité du sang est faible.
- **d. VRAI** : Les globules blancs sont aussi appelés leucocytes.
- **e. FAUX** : Toutes les réponses sont exactes.
  Explication : La réponse A est fausse.

82. Concernant le tissu sanguin, cocher la (les) proposition(s) correcte(s) :

- **a. FAUX** : Le taux normal de leucocytes est de 6 à 10 millions globules blancs par mm cube.
  Explication : Le taux normal de leucocytes est de 4 à 8 mille globules blancs par mm cube.
- **b. FAUX** : Les leucocytes restent toujours dans le tissu sanguin.
  Explication : Les leucocytes sont capables de quitter le tissu sanguin.
- **c. VRAI** : Les granulocytes sont plurilobés.
- **d. VRAI** : Les agranulocytes sont mononuclées.
- **e. VRAI** : Les leucocytes peuvent être classés selon leur origine.

83. Concernant le tissu sanguin, cocher la (les) proposition(s) correcte(s) :

- **a. VRAI** : On parle d'origine myénoïde quand les leucocytes font leur maturation au niveau de la moelle osseuse.
- **b. VRAI** : On parle d'origine lymphoïde quand les leucocytes font leur maturation au niveau des ganglions, de la thyroïde ou des organes lymphoïdes.
- **c. VRAI** : Les globules blancs sont des cellules sphériques.

d. **VRAI** : Les leucocytes sont capables de diapédèse.
e. **FAUX** : La diapédèse est la capacité de circuler contre le courant sanguin.
Explication : La diapédèse est la capacité de traverser les capillaires pour aller dans les tissus.

84. Concernant le tissu sanguin, cocher la (les) proposition(s) correcte(s) :
a. **VRAI** : Les globules blancs sont capables de mouvements amoeboides.
b. **VRAI** : Les granulocytes sont d'aspect polynuclée car leur noyau est polylobé.
c. **VRAI** : Les neutrophiles représentent 60 à 70 % des globules blancs.
d. **VRAI** : Les neutrophiles ont un diamètre d'environ 12 µm.
e. **FAUX** : En vieillissant les lobes des noyaux des neutrophiles se font plus rares.
Explication : Le nombre de lobes des noyaux des neutrophiles augmentent avec l'âge des cellules.

85. Concernant les neutrophiles, cocher la (les) proposition(s) correcte(s) :
a. **VRAI** : Le noyau des neutrophiles a une forme de fer à cheval.
b. **FAUX** : Les granulations neutrophiles sont de grande taille.
Explication : Les granulations neutrophiles sont de petite taille.
c. **FAUX** : Les granulations neutrophiles correspondent aux lysosomes.
Explication : Les granulations azurophiles correspondent aux lysosomes.
d. **FAUX** : Les granulations azurophiles sont les granulations spécifiques des neutrophiles.
Explication : Les granulations neutrophiles sont les granulations spécifiques des neutrophiles.
e. **FAUX** : Aucune réponse n'est exacte.
Explication : La réponse A est exacte.

86. Concernant les neutrophiles, cocher la (les) proposition(s) correcte(s) :
a. **FAUX** : Les granulations des neutrophiles sont immobiles.
Explication : Les granulations des neutrophiles sont capables de mouvements browniens.
b. **FAUX** : Les neutrophiles ont une capacité illimitée de synthèse protéique
Explication : Les neutrophiles ont une capacité limitée de synthèse protéique.
c. **FAUX** : Les neutrophiles sont capables de mitose.
Explication : Les neutrophiles sont incapables de mitose.
d. **FAUX** : Les neutrophiles sont dégradés dans la moelle épinière.
Explication : Les neutrophiles sont dégradés dans la moelle osseuse, la rate et le foie.
e. **VRAI** : Aucune des réponses n'est exacte.

87. Concernant le tissu sanguin, cocher la (les) proposition(s) correcte(s) :
a. **VRAI** : Les neutrophiles représentent la première ligne de défense contre les micro-organismes.
b. **VRAI** : Les neutrophiles ont la capacité de phagocytose.
c. **FAUX** : Les éosinophiles représentent 20 à 40 % des leucocytes.
Explication : Les éosinophiles représentent 2 à 4 % des leucocytes.
d. **VRAI** : Le nombre d'éosinophiles peut augmenter dans des conditions pathologiques.
e. **VRAI** : Quand le corps détecte des agents allergiques ou des parasites, le nombre d'éosinophiles augmente.

88. Concernant le tissu sanguin, cocher la (les) proposition(s) correcte(s) :

- **a. VRAI** : Les éosinophiles ont un noyau bilobé.
- **b. FAUX** : Les éosinophiles ont des organites très développés.
  Explication : Les éosinophiles ont des organites peu développés.
- **c. VRAI** : Les éosinophiles ont un cytoplasme contenant beaucoup de glycogène.
- **d. VRAI** : Le diamètre des éosinophiles fait entre 12 et 15 µm.
- **e. VRAI** : Les éosinophiles possèdent des granulations acidophiles.

89. Concernant le tissu sanguin, cocher la (les) proposition(s) correcte(s) :

- **a. FAUX** : Les granulations des neutrophiles ont une taille supérieure à celle des granulations des acidophiles.
  Explication : Les granulations des neutrophiles ont une taille inférieure à celle des granulations des acidophiles.
- **b. FAUX** : Seuls les neutrophiles sont doués du pouvoir de phagocytose.
  Explication : Les éosinophiles sont eux aussi doués du pouvoir de phagocytose.
- **c. VRAI** : La durée de vie des éosinophiles est très courte.
- **d. FAUX** : Les éosinophiles sont immobiles.
  Explication : Les éosinophiles sont doués de mouvements amaeboïdes.
- **e. FAUX** : Aucune réponse n'est exacte.
  Explication : La réponse C est exacte.

90. Concernant le tissu sanguin, cocher la (les) proposition(s) correcte(s) :

- **a. FAUX** : Les éosinophiles sont capables de produire des leucotriennes.
  Explication : Les éosinophiles sont capables de produire des substances neutralisant les leucotriennes.
- **b. VRAI** : Les éosinophiles secrètent de l'histamine.
- **c. VRAI** : Les basophiles représentent 0 à 1 % des globules blancs.
- **d. FAUX** : Les basophiles ont un petit noyau.
  Explication : Les basophiles ont un grand noyau
- **e. VRAI** : Les basophiles ont un noyau en forme de trèfle.

91. Concernant les basophiles, cocher la (les) proposition(s) correcte(s) :

- **a. VRAI** : Les basophiles possèdent des granulations basophiles.
- **b. VRAI** : Les granulations basophiles sont riches en histamine et héparine.
- **c. FAUX** : Lorsque les basophiles passent des tissus aux vaisseaux ils se transforment en mastocytes.
  Explication : Lorsque les basophiles passent des vaisseaux aux tissus ils se transforment en mastocytes.
- **d. VRAI** : Les mastocytes ont un rôle majeur dans l'inflammatoire.
- **e. FAUX** : Les mastocytes ont une hypersensibilité lente aux allergènes.
  Explication : Les mastocytes ont une hypersensibilité immédiate aux allergènes.

92. Concernant le tissu sanguin, cocher la (les) proposition(s) correcte(s) :

- **a. FAUX** : Les agranulocytes possèdent un noyau polylobé.
  Explication : Les agranulocytes possèdent un noyau régulier.

b. **FAUX** : Les lymphocytes représentent 25 à 30 % des globules rouges.
Explication : Les lymphocytes représentent 25 à 30 % des globules blancs.
c. **VRAI** : Les lymphocytes sont des cellules dites immunocompétentes.
d. **VRAI** : Les lymphocytes sont des cellules sphériques.
e. **FAUX** : Les lymphocytes peuvent atteindre un diamètre maximum de 15 mm.
Explication : Les lymphocytes peuvent atteindre un diamètre maximum de 12 µm.

93. Lesquelles de ces cellules sont des agranulocytes, cocher la (les) proposition(s) correcte(s) :

a. **VRAI** : Les lymphocytes.
b. **VRAI** : Les monocytes.
c. **FAUX** : Les éosinophiles.
Explication : Ces cellules ne sont pas des agranulocytes mais des granulocytes.
d. **FAUX** : Les globules rouges.
Explication : Ces cellules ne sont pas des agranulocytes.
e. **FAUX** : Les fibroblastes.
Explication : Ces cellules ne sont pas des agranulocytes.

94. Concernant le tissu sanguin, cocher la (les) proposition(s) correcte(s) :

a. **FAUX** : Les petits lymphocytes possèdent un petit noyau entouré d'un large espace cytoplasmique.
Explication : Les petits lymphocytes possèdent un noyau volumineux ne laissant qu'une couronne cytoplasmique dans le reste de la cellule.
b. **VRAI** : Les petits lymphocytes possèdent un cytoplasme basophile.
c. **VRAI** : Les lymphocytes sont capables de différenciation.
d. **FAUX** : Quand les lymphoblastes se différencient ils donnent des lymphocytes T et des lymphocytes simples.
Explication : Quand les lymphocytes se différencient ils donnent des lymphocytes T et des lymphoblastes.
e. **VRAI** : La phytohémaglutinine est utilisé comme agent mitogène pour les lymphocytes.

95. Concernant le tissu sanguin, cocher la (les) proposition(s) correcte(s) :

a. **VRAI** : Plus la taille d'un lymphocyte augmente plus le pourcentage de volume pris par le noyau diminue.
b. **VRAI** : Les lymphocytes T sont impliqués dans les réactions d'immunité à médiation cellulaire.
c. **VRAI** : Les lymphocytes B sont impliqués dans les phénomènes d'immunité à médiation humorale.
d. **VRAI** : Les plasmocytes ont un cytoplasme très basophile.
e. **FAUX** : La forte basophilie des plasmocytes provient de la forte synthèse d'immunoglobuline dans leur réticulum endoplasmique lisse.
Explication : La forte basophilie des plasmocytes provient de la forte synthèse d'immunoglobuline dans leur réticulum endoplasmique rugueux.

96. Concernant le tissu sanguin, cocher la (les) proposition(s) correcte(s):

a. **FAUX**: Les plasmocytes se transforment en lymphocytes B, lors d'une activation par reconnaissance immunitaire.
Explication: Les lymphocytes B se transforment en plasmocytes, lors d'une activation par reconnaissance immunitaire.

b. **VRAI**: Les monocytes représentent 6 à 8 % des globules blancs.

c. **FAUX**: Le noyau des monocytes est sphérique.
Explication: Le noyau des monocytes est en étendard.

d. **FAUX**: Le cytoplasme des monocytes est acidophile à cause des nombreux lysosomes.
Explication: Le cytoplasme des monocytes est basophile à cause des nombreux lysosomes.

e. **VRAI**: La chromatine des noyaux des monocytes est dite peignée.

97. Concernant le tissu sanguin, cocher la (les) proposition(s) correcte(s):

a. **VRAI**: Les monocytes sont capables de diapédèse.

b. **FAUX**: Les monocytes deviennent des macrophages tant qu'ils ne quittent pas les vaisseaux.
Explication: Les monocytes deviennent des macrophages dès qu'ils quittent les vaisseaux.

c. **VRAI**: Les monocytes sont surtout localisés au niveau du poumon.

d. **VRAI**: Les plaquettes sont aussi appelés thrombocytes.

e. **VRAI**: Les plaquettes sont des cellules anucléées.

98. Concernant les plaquettes, cocher la (les) proposition(s) correcte(s):

a. **VRAI**: Les plaquettes proviennent des mégacaryocytes.

b. **VRAI**: Le taux de plaquettes dans le sang est de 150 000 à 400 000 par mm cube.

c. **FAUX**: Les plaquettes adhèrent à l'élastine.
Explication: Les plaquettes adhèrent au collagène.

d. **FAUX**: Les plaquettes ont une durée de vie de 120 jours.
Explication: Les plaquettes ont une durée de vie de 8 à 12 jours.

e. **FAUX**: Les plaquettes sont détruites dans l'estomac et le poumon.
Explication: Les plaquettes sont détruites dans le foie et la rate.

99. Concernant le tissu conjonctif, cocher la (les) proposition(s) correcte(s):

a. **VRAI**: Le rôle des plaquettes est de contrôler l'intégrité du tissu vasculaire.

b. **VRAI**: Le tissu conjonctif réticulaire est présent dans le foie, la moelle osseuse et la rate.

c. **VRAI**: Pendant la centrifugation de tissu sanguin on observe un « buffy coat » constitué de globules blancs s'il y a présence d'héparine.

d. **FAUX**: Les hématies perdent leur noyau par pycnose.
Explication: Les hématies perdent leur noyau par exclusion.

e. **VRAI**: L'acide hyaluronique est capable de fixer l'eau.

100. Concernant le tissu conjonctif, cocher la (les) proposition(s) correcte(s):

a. **FAUX**: La phagocytose comporte 2 étapes.
Explication: La phagocytose comporte 3 étapes: la phase d'attachement, celle de digestion et celle de post digestion.

b. **VRAI** : Les fibres de réticuline et de collagène ont pour rôle de donner solidité et cohérence au tissu conjonctif.
c. **VRAI** : Les fibres de réticuline peuvent uniquement être observées en coloration spécifique.
d. **FAUX** : La substance fondamentale a un aspect transparent car elle est faiblement hydratée.
Explication : La substance fondamentale a un aspect transparent car elle est richement hydratée.
e. **FAUX** : Le tropocollagène est un précurseur du collagène produit par les macrophages.
Explication : Le tropocollagène est un précurseur du collagène produit par les fibroblastes.

101. Quelle(s) est (sont) la (les) propositions exacte(s) concernant les cartilages articulaires ?
a. **VRAI** : Ils sont habituellement constitués de cartilage hyalin
b. **VRAI** : Les arcades de Benninghoff renforcent la cohésion entre l'os sous chondral et le cartilage articulaire.
c. **FAUX** : Il est entouré de périchondre
Explication : Ce sont les pièces cartilagineuses qui sont associées au périchondre
d. **VRAI** : Ils peuvent se renouveler par croissance interstitielle
e. **VRAI** : Leur matrice contient du collagène de type II

102. Quelle(s) est (sont) la (les) propositions exacte(s) concernant les ostéones ?
a. **FAUX** : Les ostéones sont des organes osseux constitués uniquement de tissu osseux
Explication : Tissu osseux et tissu conjonctif
b. **VRAI** : Ils sont vascularisés et innervés
c. **FAUX** : Les lamelles osseuses de la partie proximale des ostéones sont des lamelles osseuses concentriques à grand rayon de courbure
Explication : Petit rayon de courbure
d. **VRAI** : Les cellules bordantes de l'os correspondent à des ostéoblastes au repos
e. **FAUX** : Les unités multicellulaires de base (BMU) contiennent des ostéoclastes uniquement
Explication : Ostéoclastes et ostéoblastes

103. Quelle(s) est (sont) la (les) propositions exacte(s) concernant les fibres musculaires striées squelettique ?
a. **FAUX** : Elles sont mononucléées
Explication : Elles sont plurinuclées
b. **VRAI** : Le sarcoplasme correspond à l'ensemble des myofibrilles et du réseau inter-myofibrillaire
c. **VRAI** : Elles possèdent plusieurs noyaux en position périphérique.
d. **VRAI** : Les myofibrilles contiennent plusieurs types de filaments.
e. **FAUX** : Le médiateur chimique des synapses neuro-neuronales est l'acétylcholine
Explication : L'acétylcholine est le médiateur chimique de la synapse neuro-musculaire

104. Quelle(s) est (sont) la (les) proposition(s) exacte(s) concernant le cartilage hyalin ?
a. **VRAI** : Il n'est pas vascularisé
b. **VRAI** : Les chondrocytes sont des cellules métaboliquement actives.

c. **VRAI** : La matrice est hydratée
d. **VRAI** : Les chondrocytes sont des cellules mononucléées
e. **VRAI** : Les chondrocytes sont des cellules post-mitotiques, incapables de se diviser

105. Quelle(s) est (sont) la (les) proposition(s) exacte(s) concernant les modifications du sarcomère survenant lors de la contraction musculaire ?

a. **VRAI** : Le disque I se raccourcit
b. **FAUX** : La longueur de chaque sarcomère augmente
Explication : Elle diminue, les stries Z se rapprochent
c. **VRAI** : Les stries Z se rapprochent les une des autres
d. **FAUX** : Le disque A s'agrandit.
Explication : Le disque A ne change pas de taille
e. **VRAI** : La bande H diminue de taille et tend même disparaître.

106. Quelle(s) est (sont) la (les) proposition(s) exacte(s) concernant le système nerveux ?

a. **VRAI** : La gaine de myéline est constituée par les oligodendrocytes dans le système nerveux central et par les cellules de Schwann dans le système nerveux périphérique
b. **VRAI** : Le transport axonal rapide antérograde met en jeu des kinésines
c. **VRAI** : Les corps de Nissl constituent le reticulum endoplasmique granuleux des neurones
d. **VRAI** : On ne retrouve pas de synapse dans les ganglions spinaux
e. **FAUX** : Les neurones de Golgi de type II sont également appelés neurones de projection
Explication : Il s'agit des neurones de Golgi type I

107. Quelle(s) est (sont) la (les) proposition(s) exacte(s) concernant le système nerveux ?

a. **FAUX** : Toutes les cellules gliales ont pour origine l'ectoderme
Explication : Toutes sauf les cellules microgliales, qui ont pour origine le mésoderme
b. **VRAI** : Les grandes vésicules synaptiques sont sphériques à centre dense
c. **VRAI** : La présence d'une gaine de myéline augmente la vitesse de propagation des potentiels d'action le long des axones
d. **FAUX** : Les mitochondries sont présentes dans le corps cellulaire des neurones uniquement
Explication : Mitochondries présentes dans le corps cellulaire et dans les dendrites
e. **VRAI** : Les potentiels d'action naissent au niveau de la zone gâchette des axones

108. Quelle(s) est (sont) la (les) proposition(s) exacte(s) concernant le système nerveux ?

a. **VRAI** : La vitesse de propagation des potentiels d'action est plus rapide au niveau des fibres A de la classification de Erlanger-Gasser que des fibres B
b. **FAUX** : Les fibres A de la classification de Erlanger-Gasser ne sont pas toutes myélinisées
Explication : Elles sont toutes myélinisées
c. **VRAI** : Les faisceaux de fibres nerveuses sont entourés par un tissu conjonctif lâche, le périnèvre
d. **FAUX** : Les potentiels d'action se propagent d'autant plus vite que le diamètre de l'axone est petit
Explication : C'est l'inverse, plus le diamètre est grand, plus la vitesse de propagation est élevée

e. **VRAI** : Les terminaisons axonales des motoneurones alpha présentent à leur extrémité des boutons terminaux

109. Quelle(s) est (sont) la (les) proposition(s) exacte(s) concernant l'épiderme ?

a. **VRAI** : C'est un épithélium pavimenteux

b. **VRAI** : La synthèse de mélanine se fait au niveau des mélanocytes

c. **FAUX** : Il est constitué successivement de la profondeur vers la périphérie de la couche basale, de la couche épineuse, et de la couche cornée
Explication : Il est constitué successivement de la profondeur vers la périphérie de la couche basale, de la couche épineuse, de la couche granuleuse et de la couche cornée

d. **FAUX** : Les nodules de Birbeck sont spécifiques des mélanocytes
Explication : Les nodules de Birbeck sont spécifiques des cellules de Langerhans

e. **VRAI** : Le cytoplasme des cellules de la couche granuleuse possède des granulations visibles en microscopie optique.

110. Quelle(s) est (sont) la (les) proposition(s) exacte(s) concernant le cœur ?

a. **FAUX** : L'endocarde est bordé par un revêtement épithélial prismatique stratifié
Explication : Pas stratifié, simple, une seule couche cellulaire

b. **VRAI** : L'endocarde contient quelques fibres musculaires lisses

c. **VRAI** : L'épicarde correspond au feuillet viscéral du péricarde séreux

d. **VRAI** : Les cardiomyocytes sont riches en mitochondries

e. **VRAI** : Les valves auriculo-ventriculaires sont ouvertes au moment de la diastole

111. Quelle(s) est (sont) la (les) proposition(s) exacte(s) concernant les vaisseaux sanguins ?

a. **FAUX** : Dans les artères élastiques, la limitante élastique externe marque la limite entre l'intima et la média
Explication : Il s'agit de la limitante élastique interne

b. **FAUX** : La média des artères élastiques comporte une charpente élastique, renforcée par des fibres musculaires striées de type squelettique
Explication : Renforcée par des fibres musculaires lisses, ce sont les cellules rameuses

c. **FAUX** : L'intima des artères élastiques est séparée de l'adventice par la limitante élastique interne
Explication : Elle sépare l'intima de la média

d. **VRAI** : Il existe des vasa vasorum et des nervivasorum dans la paroi des artères musculaires de gros calibre

e. **FAUX** : La paroi des artérioles ne contient jamais de fibres musculaires
Explication : Il y a toujours des cellules musculaires dans les vaisseaux sanguins

112. Quelle(s) est (sont) la (les) proposition(s) exacte(s) concernant les artères ?

a. **FAUX** : La média présente une couche de cellules endothéliales recouvrant toute leur surface interne
Explication : C'est l'intima, pas la média

b. **FAUX** : Les cellules endothéliales de l'intima se renouvellent rapidement
Explication : Renouvellement non rapide

c. **VRAI** : Leur média est constituée de cellules musculaires lisses disposées longitudinalement

d. **VRAI** : Elles possèdent une lumière
e. **FAUX** : Leur intima contient des vasa vasorum et des nervi vasorum
Explication : Il s'agit de l'adventice, pas de la média

113. Quelle(s) est (sont) la (les) proposition(s) exacte(s) concernant la peau ?
a. **VRAI** : Les cellules de Langerhans présentent un noyau plurilobé
b. **VRAI** : Le derme papillaire est un tissu conjonctif tendiniforme semi-orienté au niveau duquel se trouvent les corpuscules de Meissner
c. **FAUX** : La kératohyaline est présente dans les kératinocytes de la couche épineuse del'épiderme
Explication : Dans la couche granuleuse
d. **FAUX** : Les cellules de Merkel, qui jouent un rôle immunitaire, présentent un noyau plurilobé
Explication : Il s'agit des cellules de Langerhans
e. **FAUX** : Les artérioles en candélabres irriguent l'épiderme
Explication : Elles irriguent le derme

114. Quelle(s) est (sont) la (les) proposition(s) exacte(s) concernant les annexes cutanées ?
a. **FAUX** : L'unité sécrétrice des glandes sudoripares apocrines se trouve dans le derme
Explication : Dans l'hypoderme
b. **FAUX** : Les glandes sébacées sont des glandes simples, alvéolaires et mérocrines
Explication : De type holocrine
c. **VRAI** : L'acrotrichium correspond à la partie intraépidermique du follicule pileux
d. **VRAI** : La lunule correspond à la petite tache claire à la base des ongles
e. **FAUX** : Les gaines épithéliales du follicule pileux dérivent du mésoderme
Explication : Elles dérivent de l'épiderme

115. Quelle(s) est (sont) la (les) proposition(s) exacte(s) concernant la microcirculation ?
a. **FAUX** : Dans des conditions physiologiques normales, seule une petite partie du sang circule au sein des unités microcirculatoires par la voie dérivative.
Explication : Une grande partie, presque 75 %
b. **FAUX** : L'endothelium vasculaire est un épithelium cylindrique stratifié
Explication : Epithélium pavimenteux simple
c. **FAUX** : Les artérioles représentent les vaisseaux sanguins efférents des unités microcirculatoires
Explication : Afférents, pas efférents
d. **VRAI** : Les veinules possèdent une paroi pauvre en fibres musculaires lisses
e. **FAUX** : Elle implique exclusivement des vaisseaux sanguins de grande taille, d'un diamètre compris entre 4 et 5 cm
Explication : Microcirculation => vaisseaux de petits calibres, les capillaires

116. Parmi les propositions suivantes, indiquez celle(s) qui est (sont) exacte(s).
a. **VRAI** : Le follicule produit de l'AMH au cours de la folliculogenèse
b. **VRAI** : La testostérone et l'AMH sont responsables de la différenciation de l'appareil génital masculin pendant la vie fœtale
c. **VRAI** : La progestérone agit sur un endomètre préalablement d'oestradiol

d. VRAI : La testostérone est formée à partir du noyau androstane qui comporte 19 atomes de carbone

e. FAUX : On distingue deux types de stéroïdes sexuels : les progestatifs (C21) et les androgènes (C19).
Explication : On distingue trois types de stéroïdes sexuels : les progestatifs (C21),les androgènes (C19) et les œstrogènes (C18)

117. Parmi les propositions suivantes, indiquez celle(s) qui est (sont) exacte(s).

a. FAUX : Il existe physiologiquement deux types d'estrogène : l'estradiol et l'estriol
Explication : Il existe trois types d'œstrogènes naturels dans le corps, comme l'estradiol, l'estriol et l'estrone

b. FAUX : La testostérone peut être convertie en œstrogène par une aromatase.

c. FAUX : La LH agit dans la gamétogenèse
Explication : C'est la FSH

d. FAUX : Le corps jaune sécrète seulement de la progestérone
Explication : Il sécrète progestérone, œstradiol et inhibine A

e. VRAI : La 17-bêta-hydroxystéroïde déshydrogénase (17-HSD) est indispensable à l'action de la testostérone sur les caractères sexuels secondaires

118. Parmi les propositions suivantes, indiquez celle(s) qui est (sont) exacte(s).

a. VRAI : Au début de chaque cycle menstruel, 10 à 25 follicules III entament leur différenciation terminale

b. VRAI : La dispersion des cellules du cumulus oophorus est déclenchée par la FSH uniquement

c. FAUX : La folliculogenèse se déroule uniquement pendant la phase folliculaire du cycle menstruel
Explication : La folliculogénèse démarre avant le cycle menstruel, elle dure 90 jours en moyenne

d. FAUX : Le maintien du corps jaune est lié à la LH uniquement
Explication : Lié à la LH et la FSH

e. FAUX : Le follicule secondaire comprend l'ovocyte I, la granulosa, la thèque interne et la thèque externe
Explication : Il s'agit de la description du follicule tertiaire

119. Parmi les propositions suivantes, indiquez celle(s) qui est (sont) exacte(s).

a. FAUX : On appelle corona radiata la couche de cellules de la granulosa restant autour de l'ovocyte dans le follicule tertiaire
Explication : Ce n'est pas dans le follicule tertiaire, mais dans le follicule de De Graaf

b. VRAI : L'atrésie est un phénomène se déroulant à deux niveaux différents de maturation au cours de la folliculogenèse

c. VRAI : Après l'ovulation, le follicule à maturité est voué à persister et à former le corps jaune.

d. FAUX : Les follicules primaires et tertiaires sont des follicules en croissance
Explication : Les follicules primaires et secondaires sont des follicules en croissance

e. VRAI : Les follicules primordiaux sont des follicules de réserve stockés dans le cortex ovarien et ne subiront plus de modifications

120. Parmi les propositions suivantes, indiquez celle(s) qui est (sont) exacte(s).

- **a. VRAI** : La différenciation terminale des spermatozoïdes s'effectue au contact des cellules de Sertoli.
- **b. FAUX** : Les cellules de Sertoli sont des petites cellules pyramidales dispersées le long de la lame basale des tubes séminifères
  Explication : Ce sont des grandes cellules pyramidales
- **c. VRAI** : L'AMH est impliquée dans la différenciation sexuelle masculine
- **d. VRAI** : Les cellules de Leydig ont un reticulum endoplasmique lisse abondant
- **e. FAUX** : Les cellules de Leydig ne produisent pas des androgènes
  Explication : Elles produisent de la testostérone

121. Parmi les propositions suivantes, indiquez celle(s) qui est (sont) exacte(s).

- **a. FAUX** : Les cellules de Leydig se situent dans les tubules séminifères
  Explication : Elles se situent entre les tubules séminifères
- **b. FAUX** : L'activité des cellules de Leydig est contrôlée par la FSH
  Explication : Par la LH
- **c. VRAI** : La cellule de Sertoli produit de l'AMH et de l'inhibineB.
- **d. FAUX** : La spermiogenèse correspond à la différenciation des spermatogonies en spermatides
  Explication : C'est la différenciation des spermatides en spermatozoïdes
- **e. VRAI** : La cellule de Leydig n'assure que des fonctions endocrines

122. Parmi les propositions suivantes, indiquez celle(s) qui est (sont) exacte(s).

- **a. VRAI** : Progestérone et œstrogènes favorisent la production de la prolactine.
- **b. VRAI** : Progestérone et œstrogènes exercent des effets contraires sur la motilité utérine.
- **c. VRAI** : La synthèse des œstrogènes se fait à partir des androgènes uniquement.
- **d. FAUX** : Les œstrogènes diffèrent les uns des autres par le nombre de leurs groupements carboxyles.
  Explication : Par le nombre de groupement hydroxyles
- **e. FAUX** : Les œstrogènes et la progestérone sont responsables des modifications utérines en phase proliférative.
  Explication : Seuls les œstrogènes sont responsables des modifications utérines en phase proliférative

123. Parmi les propositions suivantes, indiquez celle(s) qui est (sont) exacte(s).

- **a. VRAI** : La spermiogenèse est une étape de cytodifférenciation seulement.
- **b. FAUX** : Les cellules somatiques se divisent par méïose
  Explication : Elles se divisent par mitose
- **c. VRAI** : Les hormones peptidiques sont hydrosolubles
- **d. VRAI** : Différents tissus endocrines peuvent produire la même hormone stéroidienne.
- **e. FAUX** : Les spermatozoïdes présents dans l'épididyme ne sont pas capables de se déplacer
  Explication : Ils ont une certaine motilité diagonale

124. Parmi les propositions suivantes, indiquez celle(s) qui est (sont) exacte(s).

- **a. FAUX** : L'utérus est recouvert d'un endothelium
  Explication : Recouvert d'un mésothélium
- **b. VRAI** : La paroi de l'utérus est composée du myomètre et de l'endomètre.
- **c. FAUX** : La couche de cellules musculaires du col est plus développée que dans le corps de l'utérus
  Explication : Elle est moins développée dans le col que dans le corps
- **d. FAUX** : La musculeuse du col utérin contient des glandes muqueuses produisant la glaire cervicale
  Explication : C'est la muqueuse du col utérin, pas la musculeuse
- **e. VRAI** : La prostate est constituée d'une musculeuse et d'un tissu glandulaire.

125. Quelle(s) est (sont) la (les) proposition(s) exacte(s) concernant la fécondation ?

- **a. FAUX** : La réaction acrosomique est liée à la fusion entre la membrane plasmique et la membrane acrosomique interne du spermatozoïde
  Explication : Il s'agit de la fusion entre la membrane plasmique et la membrane acrosomique externe
- **b. FAUX** : L'ovocyte en métaphase 2 est au stade de vésicule germinale
  Explication : C'est en métaphase 1
- **c.** Lors de son ovulation, l'ovocyte a seulement un globule polaire
- **d. FAUX** : L'appareil microtubulaire de division du zygote est issu du centriole proximal maternel
  Explication : Il s'agit du centriole proximal paternel
- **e.** L'ovulation est le stade auquel l'ovocyte mature est ovulé

126. Quelle(s) est (sont) la (les) proposition(s) exacte(s) concernant le développement embryonnaire pré-implantatoire ?

- **a. VRAI** : L'embryon se forme à partir des blastomères de la masse cellulaire interne
- **b. FAUX** : Le génome embryonnaire s'active au stade blastocyste
  Explication : Il s'active au stade morula
- **c. VRAI** : L'embryon clivé à 8 cellules est polarisé
- **d. VRAI** : L'inactivation d'un chromosome X permet d'équilibrer l'expression des gènes portés par les chromosomes sexuels
- **e. FAUX** : L'inactivation du chromosome X est initiée par le centre d inactivation à l'origine de la synthèse d'un ARN codant
  Explication : ARN non codant

127. Quelle(s) est (sont) la (les) proposition(s) exacte(s) concernant le développement embryonnaire pré-implantatoire ?

- **a. VRAI** : La morula ne peut pas s'implanter dans la muqueuse utérine, une éclosion blastocytaire est nécessaire avant l'implantation.
- **b. VRAI** : Le trophectoderme est issu des blastomères situés à la périphérie de l'embryon.
- **c. VRAI** : L'aneuploïdie ovocytaire augmente avec l'âge maternel
- **d. FAUX** : La première division de segmentation a lieu dans les minutes qui suivent la fécondation
  Explication : La première division de segmentation a lieu environ 24h après la fécondation
- **e. VRAI** : Le génome embryonnaire s'active au stade morula

128. Quelle(s) est (sont) la (les) proposition(s) exacte(s) concernant la première semaine du développement ?

- **a.** **VRAI** : Le LIF est sécrété par l'endomètre
- **b.** **FAUX** : L'éclosion du blastocyste a lieu avantl'implantation
  Explication : L'éclosion a lieu pendant l'implantation, en même temps
- **c.** **FAUX** : L'inactivation du chromosome X chez le mâle est nécessaire pour garder le même nombre de gènes exprimés
  Explication : L'inactivation se fait que chez la femelle
- **d.** **FAUX** : Le zygote met 24 heures pour arriver dans la cavité utérine et s'implanter.
  Explication : Il met 6 jours pour arriver dans la cavité utérine et s'implanter
- **e.** **VRAI** : Les cadhérines permettent la compaction de lablastula

129. Quelle(s) est (sont) la (les) proposition(s) exacte(s) concernant la deuxième semaine du développement (quatrième semaine d'aménorrhée) ?

- **a.** **FAUX** : Le disque embryonnaire comporte trois feuillets.
  Explication : Il comporte 2 feuillets (ectoblaste et entoblaste)
- **b.** **FAUX** : Le mésoblaste constitue la partie ventrale du disque embryonnaire
  Explication : C'est l'entoblaste qui constitue la partie ventrale, le mésoblaste n'est pas encore présent
- **c.** **VRAI** : Le nœud de Hensen est une structure axiale
- **d.** **VRAI** : La cavité amniotique se développe du côté dorsal du disque embryonnaire
- **e.** **VRAI** : La ligne primitive correspond à un épaississement localisé de l'ectoblaste.

130. Quelle(s) est (sont) la (les) propositions exacte(s) concernant la méiose ?

- **a.** **VRAI** : La méiose est un processus continu chez l'homme
- **b.** **FAUX** : La méiose est un processus continu chez la femme
  Explication : Elle se bloque en métaphase II
- **c.** **VRAI** : Les deux divisions de méiose sont différentes
- **d.** **FAUX** : La méiose concerne les cellules somatiques et les cellules germinales
  Explication : La méiose ne concerne que les cellules germinales
- **e.** **FAUX** : L'ovocyte I donne deux ovocytes II.
  Explication : L'ovocyte I donne un ovocyte II en globule polaire

131. Quelle(s) est (sont) la (les) propositions exacte(s) concernant la spermatogénèse ?

- **a.** **VRAI** : Elle met en jeu méioses et mitoses.
- **b.** **VRAI** : La capacitation a lieu dans les voies génitales femelles.
- **c.** **VRAI** : La spermatogénèse démarre à la puberté.
- **d.** **VRAI** : La spermiogénèse met en jeu le noyau et le cytoplasme
- **e.** **FAUX** : La maturation des spermatozoides se termine dans l'épididyme.
  Explication : Elle se termine dans les voies génitales femelles

132. Quelle(s) est (sont) la (les) propositions exacte(s) concernant les hormones hypophysaires ?

- **a.** **FAUX** : Leur sécrétion est continue
  Explication : Elle est pulsatile
- **b.** **VRAI** : Leur sécrétion est pulsatile

c. **FAUX** : La LH et la GH ont une sous-unité commune.
Explication : La LH et la FSH ont une sous-unité commune
d. **FAUX** : La prolactine a seulement une action centrale
Explication : Elle a surtout une action périphérique, sur la glande mammaire
e. **VRAI** : La régulation de l'de hypothalamo-hypophysaire se fait de façon endocrine.

133. Concernant le tissu cartilagineux :
a. **VRAI** : Un chondroblaste peut contenir plusieurs chondrocytes
b. **FAUX** : La couche profonde du cartilage articulaire est une zone potentielle de mort cellulaire
Explication : C'est au niveau de la couche superficielle du cartilage hyalin
c. **VRAI** : Le cartilage hyalin est le cartilage le plus répandu
d. **VRAI** : Il existe un seul type cellulaire, les chondrocytes.
e. **VRAI** : La matrice osseuse est dite calcaffine.

134. Concernant les tissus minéralisés :
a. **FAUX** : Il existe 3 différents tissus minéralisés
Explication : Il en existe 2 : tissu cartilagineux et osseux
b. **FAUX** : Ils sont parfois vascularisés
Explication : Ils ne sont jamais vascularisés
c. **VRAI** : Ils sont très hydratés
d. **VRAI** : Ils sont solides et résistants.
e. **VRAI** : Leur matrice est riche en sels minéraux.

135. Concernant le cartilage élastique :
a. **FAUX** : Il est richement vascularisé
Explication : Il n'est pas vascularisé, comme tous les cartilages
b. **FAUX** : Il est formé par peu de cellules
Explication : Il est formé par un nombre de cellules très important
c. **VRAI** : Au microscope optique, on peut voir des fibres élastiques, en utilisant simplement des colorants de routine.
d. **VRAI** : C'est un cartilage souple et déformable.
e. **FAUX** : Les chondroblastes présentent des inclusions lipidiques.
Explication : Ce sont les chondrocytes, pas les chondroblastes

136. Concernant le fibrocartilage :
a. **FAUX** : Fibrocartilage est synonyme de tendon
Explication : Ils ont une fonction souvent associée, mais il s'agit de 2 tissus différents
b. **FAUX** : On le trouve au niveau du larynx
Explication : On trouve du cartilage élastique au niveau du larynx
c. **VRAI** : On le trouve au niveau des jonctions articulaires
d. **VRAI** : Il est peu abondant.
e. **FAUX** : Ses chondrocytes ont de fortes réserves énergétiques
Explication : Ils ont de faibles réserves

137. Concernant les mécanismes de construction et destruction osseuse :

a. **VRAI** : Ce sont des phénomènes permanents

b. **FAUX** : Les ostéclastes participent à la construction
Explication : Les ostéoclastes participent à la destruction et les ostéoblastes à la construction

c. **FAUX** : Les ostéoblastes participent à la destruction
Explication : Les ostéoclastes participent à la destruction et les ostéoblastes à la construction

d. **FAUX** : Les ostéoblastes appartiennent au système des phagocytes mononucléés.
Explication : Il s'agit des ostéoclastes, pas des ostéoblastes

e. **FAUX** : Le cytoplasme des ostéoblastes actifs est acidophile.
Explication : Un cytoplasme actif est basophile

138. Concernant les astrocytes :

a. **VRAI** : Ils sont majoritairement situés dans la substance grise du SNC

b. **VRAI** : Ils jouent un rôle dans la défense immunitaire du SNC

c. **FAUX** : Il n'existe aucune communication entre ces cellules
Explication : Il y a des jonctions GAP entre ces cellules

d. **FAUX** : Ils participent à la myélinisation des fibres nerveuses périphériques.
Explication : Ils n'y participent pas

e. **VRAI** : Ils proviennent du neurectoderme.

139. Concernant le tissu musculaire :

a. **VRAI** : Les muscles striées squelettiques interviennent dans le maintien postural

b. **FAUX** : Le raccourcissement des filaments d'actine et de myosine permet la contraction musculaire
Explication : Pas de raccourcissement

c. **VRAI** : Le sarcomère est délimité par deux stries Z

d. **VRAI** : Les filaments fins conservent leur longueur pendant la contraction.

e. **VRAI** : Les striations des fibres musculaires sont visibles à l'œil nu.

140. Concernant le muscle strié squelettique :

a. **FAUX** : L'épimysium entoure individuellement chaque fibre musculaire
Explication : C'est l'endomysium, pas l'épimysium

b. **VRAI** : Les muscles striés squelettiques sont à contraction volontaire

c. **VRAI** : Son innervation motrice est effectuée par les motoneurones alpha

d. **VRAI** : Sa contraction nécessite du calcium et de l'ATP

e. **VRAI** : Il existe des muscles à contraction rapide et d'autres à contraction lente.

141. Concernant les cellules du muscle cardiaque :

a. **FAUX** : Elles sont plurinuclées
Explication : Elles sont mononucléées

b. **VRAI** : Les tubules T correspondent à une invagination du sarcolemme

c. **FAUX** : Elles ne contiennent de filaments d'actine et de myosine
Explication : Elles en contiennent

d. **FAUX** : Ce sont des cellules musculaires striées, ainsi leur contraction est volontaire.
Explication : Contraction involontaire

e. **FAUX** : Leur contraction n'est pas dépendante du calcium.
Explication : Elle est dépendante du calcium

142. Concernant l'activité électrique du cœur :

a. **VRAI** : Le nœud atrio ventriculaire donne le rythme au cœur.

b. **VRAI** : Les cellules du nœud sinusal se dépolarisent spontanément

c. **FAUX** : Complexe QRS traduit la contraction auriculaire
Explication : Contraction ventriculaire

d. **FAUX** : L'onde T correspond à la repolarisation de l'auricule.
Explication : Repolarisation ventriculaire

e. **VRAI** : L'onde P correspond à la dépolarisation de l'auricule.

143. Concernant la Peau :

a. **FAUX** : L'épiderme est richement vascularisé
Explication : Epithélium, donc non vascularisé

b. **FAUX** : Elle synthétise de la vitamine C
Explication : C'est de la vitamine D

c. **FAUX** : Les nodules de Bizzozero se situent dans la couche cornée de l'épiderme
Explication : Dans la couche granuleuse, pas cornée

d. **VRAI** : Elle possède un rôle de thermorégulation

e. **VRAI** : Il n'y a plus d'organite dans les kératinocytes de la couche cornée.

144. Concernant la coloration de la peau :

a. **VRAI** : La mélanine joue un rôle

b. **VRAI** : La maladie d'Addison correspond à un excès de sécretion d'ACTH et de MSH

c. **FAUX** : La mélanine est synthétisée dans l'hypoderme
Explication : Épiderme

d. **VRAI** : Le nombre de mélanocytes reste constant quelle que soit la couleur de peau

e. **VRAI** : Le bêta carotène et la vascularisation de la peau jouent un rôle dans la coloration cutanée.

145. Concernant la 4e semaine de développement :

a. **VRAI** : Elle est précédée par la croissance différentielle des territoires embryonnaires

b. **FAUX** : L'embryon tubulaire présente une convexité ventrale
Explication : Convexité dorsale

c. **VRAI** : Au début de cette semaine, la lumière du tube neurale communique avec la cavité amniotique

d. **VRAI** : C'est durant cette période qu'a lieu la délimitation de l'embryon.

e. **VRAI** : La région rétro cloacale forme à présent la région sous ombilicale.

146. Concernant l'intestin primitif :

a. **VRAI** : L'entoblaste est à l'origine de l'épithélium de revêtement du tube digestif et des glandes

b. **FAUX** : Sa partie moyenne donnera l'estomac
Explication : L'estomac provient de la partie antérieure

c. **VRAI** : Dans sa partie postérieure, l'éperon périnéal le sépare de l'allantoide.
d. **FAUX** : Il donnera une partie du système urinaire : la vessie et l'urètre
Explication : Cela provient de l'allantoïde
e. **VRAI** : Sa partie moyenne correspond au territoire vascularisé par l'artère mésentérique supérieure

147. Concernant la 3e semaine de développement :
a. **VRAI** : Le mésoblaste latéral occupe toute la périphérie du disque embryonnaire
b. **FAUX** : Les membranes pharyngienne et cloacale sont en partie pourvues de mésoblaste
Explication : Accolement entre entoblaste et ectoblaste, il n'y a pas de mésoblaste
c. **VRAI** : Le neurectoderme apparaît en fin de 3e semaine de développement
d. **FAUX** : Il se creuse du coelome externe en fin de 3e semaine de développement.
Explication : Coelome interne
e. **FAUX** : Les cellules mésoblastiques apparaissent en fin de 3e semaine de développement.
Explication : C'est au début, en fin de 3e semaine de développement, le chordo-mésoblaste est déjà en place

148. Concernant les os :
a. **FAUX** : L'os spongieux est essentiellement composé de tissu osseux
Explication : Surtout de tissu conjonctif, c'est l'os compact qui est surtout composé de tissu osseux
b. **VRAI** : L'os spongieux se retrouve au niveau des épiphyses des os longs
c. **VRAI** : On retrouve de l'os compact au niveau de la diaphyse des os longs
d. **FAUX** : La fabrication des cellules sanguines se fait surtout dans l'os compact.
Explication : Elle se fait surtout dans la moelle osseuse des os spongieux
e. **VRAI** : On a un mélange d'os compact et d'os spongieux dans toutes les pièces osseuses.

149. Concernant la structure de l'axone :
a. **FAUX** : L'influx nerveux se crée au niveau du segment final
Explication : Au niveau du segment initial
b. **FAUX** : L'axone est composé de 3 fragments : final, initial et intermédiaire.
Explication : Il y a bien 3 fragments, mais ce sont : final, initial et principal
c. **FAUX** : L'axone est composé de plusieurs fibres nerveuses
Explication : L'axone est composé d'une seule fibre nerveuse
d. **VRAI** : L'axone du motoneurone alpha peut mesurer jusqu'à 1 mètre de long
e. **FAUX** : L'axone est toujours myélinisé par définition.
Explication : Il peut ne pas être myélinisé

150. Concernant les synapses :
a. **FAUX** : Les mitochondries et les vésicules sont des caractéristiques de l'élément post-synaptique
Explication : Ce sont des éléments caractéristiques de l'élément pré-synaptique
b. **VRAI** : Le neuromédiateur est fabriqué par le péricaryon du neurone pré-synaptique

c. **VRAI** : La synaptophysine est le marqueur de la différenciation synaptique
d. **VRAI** : Les synapses de type I sont de type excitatrice
e. **VRAI** : Les synapses de type II sont de type inhibitrice

151. Parmis les cellules suivantes, lesquelles appartiennent au système des phagocytes mononucléés ?

a. **VRAI** : Les ostéoclastes
b. **VRAI** : Les monocytes
c. **FAUX** : Les cellules de Sertoli
d. **VRAI** : Les cellules microgriales
e. **FAUX** : Les kératinocytes.

152. Laquelle/lesquelles de ces structures est/sont une paroi du cœur :

a. **VRAI** : Myocarde
b. **FAUX** : Péricarde
Explication : Les 3 tuniques du cœur sont de l'intérieur à l'extérieur : l'endocarde, le myocarde et l'épicarde
c. **VRAI** : Endocarde
d. **FAUX** : Mésocarde
Explication : Les 3 tuniques du cœur sont de l'intérieur à l'extérieur : l'endocarde, le myocarde et l'épicarde
e. **VRAI** : Epicarde

153. Quelles sont les étapes du trajet d'une impulsion dans le tissu nodal :

a. **FAUX** : Nœud atrio-ventriculaire d'Aschoff-Tawara => Nœud sino-auriculaire de Keith & Flack => réseau de Purkinje => faisceau de His
b. **FAUX** : Nœud sino-auriculaire de Keith & Flack => réseau de Purkinje => faisceau de His => Nœud atrio-ventriculaire d'Aschoff-Tawara
c. **FAUX** : Faisceau de His => Nœud atrio-ventriculaire d'Aschoff-Tawara => Nœud sino-auriculaire de Keith & Flack => réseau de Purkinje
d. **FAUX** : Réseau de Purkinje => faisceau de His => Nœud atrio-ventriculaire d'Aschoff-Tawara => Nœud sino-auriculaire de Keith & Flack
e. **VRAI** : Nœud sino-auriculaire de Keith & Flack => Nœud atrio-ventriculaire d'Aschoff-Tawara => faisceau de His => réseau de Purkinje

154. Concernant les vaisseaux sanguins, cocher la (les) proposition(s) correcte(s) :

a. **FAUX** : Le secteur d'échange au niveau des capillaires constitue le territoire de la macrocirculation
Explication : Le secteur d'échange au niveau des capillaires constitue le territoire de la microcirculation
b. **VRAI** : Les artères sont constituées de 3 couches : l'intima, la média et l'adventice
c. **FAUX** : La LEE sépare l'intima de la média
Explication : La LEI sépare l'intima de la média
d. **VRAI** : Les artères élastiques sont les artères de plus grand diamètre
e. **FAUX** : Aucune réponse n'est exacte.

155. Laquelle/lesquelles de ces propositions est/sont un type de veine :

- **a.** **VRAI** : Veine musculaire.
- **b.** **FAUX** : Veine élastique
  Explication : Ce type de veine n'existe pas
- **c.** **VRAI** : Veine fibreuse
- **d.** **VRAI** : Veinule
- **e.** **FAUX** : Veine tendineuse
  Explication : Ce type de veine n'existe pas

156. Concernant le tissu cartilagineux, cocher la (les) proposition(s) correcte(s) :

- **a.** **FAUX** : Le tissu cartilagineux est hypervascularisé
  Explication : Le tissu cartilagineux n'est pas vascularisé
- **b.** **VRAI** : On retrouve du cartilage élastique au niveau de l'épiglotte.
- **c.** **FAUX** : Les tendons contiennent du cartilage élastique
  Explication : Les tendons contiennent du fibrocartilage
- **d.** **VRAI** : Le tissu cartilagineux contient du collagène de type II
- **e.** **FAUX** : Aucune réponse n'est exacte

157. Laquelle/lesquelles de ces propositions correspond(ent) à une zone au-dessus de la ligne dense du cartilage articulaire :

- **a.** **FAUX** : Os sous-chondral.
  Explication : Zone en dessous de la ligne dense
- **b.** **VRAI** : Zone transitionnelle
- **c.** **VRAI** : Zone radiaire profonde
- **d.** **FAUX** : Zone calcifiée
  Explication : Zone en dessous de la ligne dense
- **e.** **VRAI** : Zone transitionnelle

158. Laquelle/lesquels de ces types de collagène sont retrouvés dans la matrice osseuse :

- **a.** **VRAI** : Type I
- **b.** **VRAI** : Type III
- **c.** **FAUX** : Type II
  Explication : Type de collagène contenu dans le tissu cartilagineux
- **d.** **VRAI** : Type V
- **e.** **FAUX** : Aucune réponse n'est exacte.

159. Laquelle/lesquels de ces sels minéraux sont retrouvés dans la matrice osseuse :

- **a.** **VRAI** : Phosphore
- **b.** **VRAI** : Magnésium
- **c.** **VRAI** : Calcium
- **d.** **VRAI** : Sodium
- **e.** **VRAI** : Toutes les propositions sont exactes

160. Concernant les cellules osseuses, cocher la (les) propositions(s) correcte(s):

- **a.** **FAUX**: Les ostéoblastes détruisent la matrice osseuse
  Explication: cf. proposition c
- **b.** **FAUX**: Les ostéocytes détruisent la matrice osseuse
  Explication: cf. proposition c
- **c.** **VRAI**: Les ostéoclastes détruisent la matrice osseuse
- **d.** **VRAI**: Les ostéoblastes élaborent la matrice osseuse
- **e.** **FAUX**: Les ostéocytes élaborent la matrice osseuse
  Explication: cf. proposition d

161. Quel type de cellules constitue la couche ostéogène du périoste

- **a.** **FAUX**: Fibroblastes
- **b.** **FAUX**: Chondrocytes
- **c.** **FAUX**: Ostéoclastes
- **d.** **FAUX**: Cellules épithéliales
- **e.** **VRAI**: Ostéoblastes

162. Concernant le tissu musculaire, cocher la (les) proposition(s) correcte(s):

- **a.** **FAUX**: Le cœur contient du tissu musculaire lisse
  Explication: Le cœur contient du tissu musculaire strié
- **b.** **VRAI**: L'iris contient du tissu musculaire lisse
- **c.** **VRAI**: Les muscles squelettiques sont constitués de tissu musculaire strié
- **d.** **VRAI**: Les muscles des viscères sont constitués de tissu musculaire lisse
- **e.** **FAUX**: Aucune réponse n'est exacte.

163. Concernant la troponine, cocher la (les) proposition(s) correcte(s):

- **a.** **FAUX**: La troponine C est le site de fixation à la tropomyosine
  Explication: cf. proposition c
- **b.** **VRAI**: La troponine I inhibe les interactions actine-myosine
- **c.** **VRAI**: La troponine C est le site de fixation au calcium
- **d.** **VRAI**: La troponine T est le site de fixation à la tropomyosine
- **e.** **FAUX**: Aucune réponse n'est exacte.

164. Concernant le tissu nerveux, cocher la (les) proposition(s) correcte(s):

- **a.** **FAUX**: Le cône de Doyère est la zone d'insertion des dendrites
  Explication: Le cône de Doyère est la zone d'insertion des axones
- **b.** **VRAI**: Les dendrites et les axones sont des neurites
- **c.** **VRAI**: On retrouve des neurones bipolaires au niveau de la rétine
- **d.** **VRAI**: Les neurones multipolaires sont la forme la plus fréquente de neurones
- **e.** **FAUX**: Toutes les propositions sont exactes

165. Concernant l'organisation des dendrites, cocher la (les) proposition(s) correcte(s):

- **a.** **VRAI**: Les neurones isodendritiques ont une arborescence sans organisation spécifique vers le péricaryon
- **b.** **VRAI**: Les neurones idiodendritiques ont une arborescence très spécifique

c. **VRAI** : Le motoneurone alpha est multipolaire, isodendritique et de type I de Golgi
d. **VRAI** : Le neurone de type II de Golgi a un court prolongement qui se divise en branches
e. **VRAI** : Le neurone de type I de Golgi a un long prolongement non arborisé

166. Concernant la névroglie, cocher la (les) proposition(s) correcte(s) :
a. **VRAI** : Les épendymocytes revêtent les cavités ventriculaires du névraxe
b. **FAUX** : Les astrocytes font partie du SNP
Explication : Les astrocytes font partie du SNC
c. **VRAI** : La cellule microgliale est la cellue réactionnelle du tissu nerveux
d. **VRAI** : Les cellules de Schwann et les oligodendrocytes sont responsables de la myélinisation
e. **FAUX** : Aucune réponse n'est exacte.

167. Laquelle/lesquels de ces types de cellules sont retrouvés dans la peau :
a. **VRAI** : Mélanocytes
b. **FAUX** : Cellule de Purkinje
c. **VRAI** : Kératinocytes
d. **FAUX** : Oligodendrocytes
e. **VRAI** : Cellules de Langerhans

168. Laquelle/lesquels de ces couches constituent la peau :
a. **FAUX** : Ectoderme
b. **FAUX** : Endoderme
c. **FAUX** : Hyperderme
d. **FAUX** : Périderme
e. **VRAI** : Aucune réponse n'est exacte.
Explication : Les couches de la peau sont l'épiderme, le derme et l'hypoderme

169. Concernant la classification de Carnegie, cocher la (les) proposition(s) correcte(s) :
a. **VRAI** : La classification comporte 23 stades
b. **VRAI** : En 8 semaines l'œuf passe du stade 1 au stade 23
c. **FAUX** : La somitogénèse se fait du stade 13 à 23
Explication : C'est la période post-somitique
d. **FAUX** : Le stade 15 correspond à l'apparition des bourgeons des membres supérieurs
Explication : C'est le stade 12
e. **FAUX** : Toutes les réponses sont exactes

170. Concernant l'embryogénèse, cocher la (les) proposition(s) correcte(s) :
a. **VRAI** : La semaine 1 est la phase cellulaire
b. **VRAI** : Les semaines 2-3 sont la phase tissulaire
c. **VRAI** : La semaine 4 correspond à la délimitation de l'embryon
d. **VRAI** : Les semaines 5-8 correspondent à l'organogénèse
e. **FAUX** : Aucune réponse n'est exacte.

171. Concernant la fécondation, cocher la (les) proposition(s) correcte(s) :

a. **VRAI** : La fécondation à lieu dans la portion isthmo-ampullaire.

b. **VRAI** : Le phénomène de capacitation permet au spermatozoïde de traverser la zone pellucide.

c. **FAUX** : La réaction acrosomique se fait par vésicularisation de la membrane plasmique située au niveau de la queue du spermatozoïde.
Explication : La vésicularisation se fait au niveau de la tête du spermatozoïde

d. **FAUX** : La liaison ZP2 est spécifique d'une espèce
Explication : La liaison ZP3 est spécifique d'une espèce

e. **VRAI** : La zone pellucide fait 18-19 µm de diamètre et l'ovocyte 120 µm de diamètre

Biologie cellulaire

1. Concernant les protéines, cocher la (les) proposition(s) correcte(s):

a. Les protéines sont principalement formées par une centaine d'acides aminés différents.
b. Les peptides s'associent par des liaisons peptidiques.
c. La structure secondaire des oligopeptides dépend des liaisons H.
d. Les deux structures secondaires des protéines sont les hélices a et les feuillets
e. La structure tertiaire en 3d des protéines est due aux ponts disulfures.

2. Concernant les protéines, cocher la (les) proposition(s) correcte(s):

a. Les ponts disulfures se forment grâce aux méthionines.
b. Les protéines globulaires ont leur séquence hydrophobe à l'intérieur et leur séquence hydrophile à l'extérieur.
c. Une holoprotéine est une association entre polypeptides et des groupements non peptidiques.
d. Une hétéroprotéine est exclusivement une association de polypeptides.
e. Le repliement des protéines est contrôlé par des protéines chaperons.

3. Quels facteurs changent la conformation d'une protéine, cocher la (les) proposition(s) correcte(s):

a. Le pH.
b. La température.
c. Les modifications covalentes.
d. Le mouvement de la cellule.
e. Les modifications non covalentes.

4. Concernant les enzymes, cocher la (les) proposition(s) correcte(s):

a. Le milieu biologique est faiblement hydraté.
b. Les enzymes augmentent le niveau d'énergie des réactions chimiques.
c. Les enzymes augmentent la fréquence des réactions chimiques.
d. Les enzymes sont des catalyseurs spécifiques des réactions chimiques du métabolisme.
e. Les enzymes ralentissent le déroulement des réactions chimiques.

5. Concernant les enzymes, cocher la (les) proposition(s) correcte(s):

a. L'enzyme contribue à une diminution de la concentration des molécules du substrat au niveau du site catalytique.
b. L'accélération des réactions par les enzymes est d'un facteur 10^6 à 10^14.
c. Le site actif a une structure en 2
d. Il y a de nombreuses molécules d'H_2O dans la zone du site actif.
e. Les substrats se lient au site actif par des liaisons faibles.

6. Concernant les enzymes, cocher la (les) proposition(s) correcte(s):

a. Il y a 2 types de sites actifs: les sites catalytiques et les sites allostériques.
b. Les molécules effectrices inhibent toujours le site catalytique.

c. Les molécules effectrices stabilisent la conformation de l'enzyme.
d. Les enzymes agissent à une forte concentration.
e. Aucune réponse n'est exacte.

7. Concernant la fonction de la cellule, cocher la (les) proposition(s) correcte(s):

a. Le catabolisme est le métabolisme de synthèse.
b. L'anabolisme est le métabolisme de dégradation.
c. Le métabolisme énergétique permet aux cellules de communiquer.
d. Le métabolisme signalétique permet aux cellules de communiquer.
e. L'ADN et l'ARN sont des vecteurs moléculaires de l'information.

8. Concernant la cellule eucaryote, cocher la (les) proposition(s) correcte(s):

a. La limite de la microscopie photonique est à 0,25 µm.
b. La limite de la microscopie électronique est à 5 nm.
c. Le compartiment cellulaire est défini par la membrane nucléaire.
d. L'intérieur du compartiment cellulaire est soutenu par le cytosquelette.
e. En interphase on distingue deux compartiments: le cytoplasme et le noyau.

9. Concernant la cellule eucaryote, cocher la (les) proposition(s) correcte(s):

a. Le cytosquelette est impliqué dans la structure et le mouvement intra- et extracellulaire.
b. Le noyau est un compartiment défini par rapport au cytoplasme par la membrane plasmique.
c. La fonction des structures nucléaires est le stockage et la réplication de l'ARN, la transcription et la maturation de l'ADN et les échanges nucléocytoplasmiques.
d. Le réticulum endoplasmique granulaire est responsable de la synthèse lipidique.
e. Le réticulum endoplasmique lisse est responsable de la synthèse protéique.

10. Concernant la cellule eucaryote, cocher la (les) proposition(s) correcte(s):

a. La seule structure cellulaire contenant l'ADN est le noyau.
b. Chez l'être humain on trouve 100 000 milliards types cellulaires différents.
c. Les bactéries sont des eucaryotes.
d. Les procaryotes ont un noyau défini.
e. Aucune réponse n'est exacte.

11. Concernant la cellule eucaryote, cocher la (les) proposition(s) correcte(s):

a. Les acaryotes n'ont pas de noyau.
b. Les acaryotes n'ont pas de cytoplasme.
c. Les acaryotes ont besoin d'une cellule hôte pour survivre.
d. Une cellule acaryote est un élément génétique (ADN ou ARN) enclos dans une enveloppe glucidique.
e. Toutes les réponses sont exactes.

12. Concernant le cycle cellulaire, cocher la (les) proposition(s) correcte(s) :

a. Lors de la phase M il y a uniquement partage en 2 lots du programme génétique.
b. La division de la cellule mère en deux cellules filles est appelée cytokinèse.
c. La chronologie de l'interphase est G1 → G2 → S.
d. Lors de la phase S il y a synthèse d'ADN.
e. Lors de la phase G1 la cellule se prépare pour la mitose.

13. Concernant le cycle cellulaire, cocher la (les) proposition(s) correcte(s) :

a. Lors de l'interphase il y a triplication des structures cellulaires.
b. La phase G1 sert à établir la chronologie des phases.
c. La phase G1 a une durée variable.
d. Lorsque le facteur d'activation de la phase S « SAF » atteint un seuil critique, la cellule entre en phase S.
e. La phase S a une durée variable.

14. Concernant le cycle cellulaire, cocher la (les) proposition(s) correcte(s) :

a. Le 1er niveau de contrôle est situé au passage de la phase S en phase G2.
b. Le 2e niveau de contrôle du cycle est situé au passage de la phase G2 en phase M.
c. L'accumulation de Pré-MPF puis d'MPF déclenche l'entrée en phase M.
d. En phase M le métabolisme est accéléré.
e. En phase M la cellule se divise.

15. Concernant le cycle cellulaire, cocher la (les) proposition(s) correcte(s) :

a. Le troisième niveau de contrôle se situe à la sortie de la mitose.
b. Le partage des constituants cellulaires s'oppose à la mort cellulaire.
c. Si au premier niveau de contrôle le taux de SAF reste inférieur au seuil critique, la cellule passe directement en phase G2.
d. Quand une cellule entre en phase G0 et se différencie elle n'est plus capable de mitose, elle est donc vouée à la mort cellulaire.
e. Toutes les réponses sont exactes.

16. Concernant la cellule eucaryote, cocher la (les) proposition(s) correcte(s) :

a. La nécrose est la mort cellulaire programmée.
b. L'apoptose est la mort cellulaire programmée.
c. La lignée des cellules HeLa est une lignée immortelle.
d. Les cellules hautement différenciées sont bloquées en G0.
e. Toutes les propositions exactes.

17. Concernant la microscopie, cocher la (les) proposition(s) correcte(s) :

a. Le plus petit élément cellulaire visible par le microscope photonique sont les lipides d'1 nm.
b. Le plus petit élément cellulaire visible par le microscope électronique sont les lipides d'1 nm.

c. Les cellules eucaryotes et les organites sont colorées donc faciles à distinguer au microscope.
d. Les cellules eucaryotes ont en moyenne une taille de 10-100 µm.
e. Les étapes de la création d'une coupe pour le microscope photonique sont la fixation, l'inclusion et finalement la coloration.

18. Concernant la microscopie, cocher la (les) proposition(s) correcte(s) :

a. Les colorations d'exclusion marque les cellules vivantes.
b. Si le noyau et le cytoplasme d'une cellule sont colorés par une coloration d'exclusion, la cellule est morte.
c. Les colorants basophiles sont riches en charges négatives et colorent les structures riches en charges positives.
d. Les colorants acidophiles sont riches en charges négatives et colorent les structures riches en charges positives.
e. Pour réaliser un frottis les étapes sont la coloration et ensuite la fixation.

19. Concernant la microscopie, cocher la (les) proposition(s) correcte(s) :

a. Au microscope à épifluorescence on recherche des caractères des cellules signant la pathologie.
b. Au microscope confocal on peut reconstruire le volume de l'élément observé.
c. Au microscope électronique de balayage on ombre avec des colorants.
d. Le principe du microscope à sondes locales est qu'une sonde se déplace au voisinage de l'échantillon pour qu'on puisse ensuite mesurer les échanges entre l'échantillon et la sonde.
e. Toutes les propositions sont exactes.

20. Concernant la cellule eucaryote, cocher la (les) proposition(s) correcte(s) :

a. Les isotopes radioactifs sont uniquement utilisés comme marqueurs dans l'autoradiographie.
b. Les fluorochromes sont des produits marquant spécifiquement des protéines précises.
c. Un antigène est une substance qui, injectée à une espèce différente donne lieu à une production d'anticorps.
d. Un anticorps est une protéine pouvant se fixer à l'antigène qui lui a donné naissance.
e. Le fragment constant de l'anticorps est la fraction fixant le complément.

21. Concernant la cellule eucaryote, cocher la (les) proposition(s) correcte(s) :

a. Biologie veut dire science des cellules.
b. La vie est l'état d'organisation hautement complexe de la matière.
c. L'être vivant est un système chimique complexe autonome, autoreproductible exerçant des activités gouvernées par un programme.
d. La molécule est l'unité de la vie, c'est le plus petit ensemble cohérent de structures et de fonctions vitales.
e. Une cellule est une association d'atomes reliés par des liaisons fortes.

22. Concernant la cellule eucaryote, cocher la (les) proposition(s) correcte(s) :

a. 1 Dalton correspond à la masse d'un atome d'hydrogène.
b. La forme est l'organisation 3d qui permet la reconnaissance mutuelle des molécules.
c. Les fonctions des molécules sont gouvernées par les molécules.
d. L'énergie d'un système correspond à sa capacité de se diviser.
e. La force d'une liaison chimique est mesurée par la quantité d'énergie nécessaire pour la former.

23. Concernant la cellule eucaryote, cocher la (les) proposition(s) correcte(s) :

a. L'énergie lumineuse est utilisée par les animaux.
b. L'énergie chimique utilisée par des organismes est stockée dans des liaisons entre atomes ou molécules.
c. 1 mol est la quantité d'une substance contenant 602 molécules de cette substance.
d. Toutes les réactions chimiques du vivant se produisent en milieu aqueux.
e. Dans les milieux biologiques le solvant est un milieu de dispersion, fournissant des liaisons H.

24. Concernant la cellule eucaryote, cocher la (les) proposition(s) correcte(s) :

a. Dans un dipôle la charge nette est neutre mais les électrons sont distribués de façon asymétrique.
b. Deux molécules d'H_2O voisines auront tendance à faire des liaisons H de façon temporaire.
c. À 37 °C 100 % des molécules d'H_2O forment un groupe vacillant éphémère.
d. La dispersion des molécules organiques facilite leurs réactions entre elles.
e. VRAI : Une liaison H a une force de 0,25 kJ/mol.

25. Concernant la cellule eucaryote, cocher la (les) proposition(s) correcte(s) :

a. Dans une liaison H l'atome accepteur est plus fortement lié à l'hydrogène.
b. La liaison ionique a une force de 0,7 J/mol.
c. L'atome donneur peut capter un ou plusieurs électrons d'un atome receveur.
d. Le carbone est l'élément essentiel du vivant.
e. Le squelette des constituants organiques est constitué d'hydrogène.

26. Concernant la cellule eucaryote, cocher la (les) proposition(s) correcte(s) :

a. Les glucides peuvent être une source d'énergie mais aussi des matériaux de construction.
b. Le glucose est un pentose.
c. Le ribose et le désoxyribose sont des hexoses.
d. Les molécules simples glucidiques sont appelées peptides.
e. Le glycogène est une molécule glucidique complexe linéaire alors que la cellulose est une molécule glucidique complexe ramifiée.

27. Concernant la cellule eucaryote, cocher la (les) proposition(s) correcte(s) :

a. Les lipides sont une source d'énergie mais aussi indispensables à la constitution des membranes biologiques.
b. Les lipides simples sont composés d'à peu près 16 à 18 carbones.
c. Les molécules amphipathiques ont une région hydrophile et une région hydrophobe.
d. Dans les molécules lipidiques simples, la tête est souvent hydrophobe.
e. Dans les molécules lipidiques simples, la queue est souvent hydrophobe.

28. Concernant la cellule eucaryote, cocher la (les) proposition(s) correcte(s) :

a. Le cholestérol fait partie de la famille des catécholamines.
b. Le cholestérol est une molécule hydrophobe.
c. Les molécules hydrophiles sont aussi appelées apolaires.
d. Les molécules hydrophobes sont aussi appelées apolaires.
e. Les molécules hydrophobes attirent les molécules d'H_2O.

29. Concernant les acides nucléiques, cocher la (les) proposition(s) correcte(s) :

a. L'un des rôles principaux des acides nucléiques est le stockage du programme génétique.
b. Base Azotée + Pentose = Nucléoside
c. Nucleotide + Phosphate = Nucléoside.
d. L'ATP est un mononucléotide.
e. L'ADN et l'ARN sont des polynucléotides.

30. Concernant les acides nucléiques, cocher la (les) proposition(s) correcte(s) :

a. Les pentoses des nucléosides absorbent fortement les UV.
b. La différence entre le ribose et le désoxyribose est l'atome d'oxygène sur le C2 du ribose.
c. Les nucléotides sont unis par des liaisons diester-phosphoriques.
d. Les acides nucléiques ont une forte affinité pour les colorants basiques.
e. La structure monocaténaire de l'ADN est construite de 5' à 3'.

31. Concernant les outils utilisés, cocher la (les) proposition(s) correcte(s) ?

a. Les anticorps polyclonaux ont une sensibilité élevée.
b. Les anticorps monoclonaux reconnaissent un seul épitope.
c. Il existe des anticorps neutralisant qui se fixent à une protéine cible et bloque son activité.
d. Le DAPI est un marqueur fluorescent de l'ARN.
e. Les marqueurs radioactifs sont détectés par MO et épifluorescence.

32. Concernant le western blot, cocher la (les) proposition(s) correcte(s) ?

a. C'est une méthode de détection d'ADN à l'aide d'anticorps marqués.
b. Le SDS est un détergent qui dénature les protéines.
c. La détection indirecte utilise un seul type d'Anticorps.
d. La détection directe est plus spécifique.
e. Le western blot est une méthode quantitative.

33. Concernant l'immunohistochimie, cocher la (les) propositions correcte(s) ?

- **a.** C'est une méthode permettant de localiser in vitro.
- **b.** L'or colloïdal peut être utilisé comme marqueur.
- **c.** C'est une méthode quantitative et peu qualitative.
- **d.** Le noyau peut être mis en évidence avec l'iodure de propidium.
- **e.** L'immunodétection peut se faire uniquement en méthode indirect.

34. Concernant l'immunoprécipitation et l'hybridation, cocher la (les) propositions correcte(s) ?

- **a.** L'immunoprécipitation se fait en condition dénaturante.
- **b.** Le western blot après la co-immunoprécipitation est en condition non dénaturante.
- **c.** La co-immunoprécipitation permet de mettre en évidence in vivo et in vitro des interactions protéines-potéines.
- **d.** L'hybridation in situ permet de localiser une séquence d'intérêt.
- **e.** Si le marquage de l'hybridation in situ est fluorescent, on parle de FISH.

35. Concernant la culture cellulaire, cocher la (les) propositions correcte(s) ?

- **a.** Une biopsie est une culture organotypique.
- **b.** Une culture secondaire est une culture de cellules dites immortelles.
- **c.** Les cellules Hela sont des cellules d'origine épithéliale d'origine humaine.
- **d.** Une atmosphère stérile fait des conditions de culture.
- **e.** Les facteurs de croissance peuvent être apportés dans le milieu de culture par du sérum animal.

36. Concernant la PCR et la RT-PCR, cocher la (les) propositions correctes ?

- **a.** Une des étapes du cycle est l'élongation de l'ARN.
- **b.** Grâce à la PCR, il est possible de comparer les quantités de transcrits dans différents tissus.
- **c.** La PCR est méthode d'amplification spécifique d'une séquence d'ADN.
- **d.** Elles nécessitent une seule amorce.
- **e.** L'élongation se fait par la Taq polymérase.

37. Concernant le pulse-chase et le patch clamp, cocher la (les) propositions correcte(s) ?

- **a.** Thymidine tritiée est un précurseur marqué de l'ARN.
- **b.** L'ADN peut être marqué au BrdU.
- **c.** L'analyse peut être réalisée par autoradiographie.
- **d.** Il y deux configurations possibles au patch clamp, inside-out et outside-out.
- **e.** Le patch clamp peut permettre d'étudier les propriétés des canaux au sein de la cellule fonctionnelle.

38. Concernant la structure, cocher la (les) proposition(s) correcte(s) ?

- **a.** La membrane externe est en continuité avec le REL.
- **b.** Le nucléoplasme est un sous compartiment assurant la formation des sous-unités ribosomiques.

c. Bromure d'éthidium est un fluorochrome intercalant de l'ADN.
d. La chromatide est un réseau fibreux formé d'ADN, de protéines et d'ARN.
e. Les échanges entre le nucléplasme et cytoplasme se font par les pores nucléaires.

39. Concernant la chromatine, cocher la (les) proposition(s) correcte(s) ?

a. Les gènes ubiquistes sont exprimés dans tous les types cellulaires.
b. Les histones sont des protéines acides riches en lysine.
c. L'histone H3 est une histone de liaison.
d. L'euchromatine est une fibre A de 30 nm.
e. L'hétérochromatine est riche en territoire C et G pauvres en gènes.

40. Concernant la réplication, cocher la (les) proposition(s) correcte(s) ?

a. Elle a lieu pendant la phase S.
b. C'est un processus unidirectionnel.
c. C'est un processus semi-conservatif.
d. Les acteurs sont les réplisomes comme l'ARN polymérase.
e. Elle peut être mise en évidence par la thimidinetritiée.

41. Concernant la maturation, cocher la (les) proposition(s) correcte(s) ?

a. Elle comporte l'ajout d'une coiffe en 3' de l'ARN.
b. Elle comporte l'ajout d'une queue polyA en 5' de l'ARN.
c. L'épissage met en jeu le splicéome.
d. Le splicéome est composé de 6 SNURPs.
e. AG est un site donneur d'épissage.

42. Concernant le remodelage, cocher la (les) proposition(s) correcte(s) ?

a. L'euchromatine « ouverte » a les H3 et H4 acétylées par HDAC.
b. L'hétérochromatine a les histones phosphorylées.
c. L'hétérochromatine a l'ADN non méthylé.
d. Lorsque l'euchromatine est ouverte la transcription est activée.
e. Un passage de fibre A à fibre B est possible.

43. Concernant les miARN, cocher la (les) proposition(s) correcte(s) ?

a. C'est un petit ARN naturel, long d'une vingtaine de nucléotides.
b. C'est une régulation pré-transcriptionnelle, il permet l'extinction de l'expression des gènes.
c. L'endonucléase DICER élimine les extrémités libres du pri-miARN.
d. Le pré-ARN est transloqué du noyau au cytoplasme par l'exportine 5.
e. L'appariement du miARN à sa séquence cible aboutit toujours à la dégradation de la séquence.

44. Concernant le transport noyau-cytoplasme, cocher la (les) proposition(s) correcte(s) ?

a. SLN est une séquence qui permet l'adressage d'une protéine vers le noyau.
b. Les importines permettent d'importer une protéine dans le cytoplasme.

c. Ran est une petite protéine G liée à l'ATP.
d. Ran existe sous deux conformations.
e. Ran-GAP permet l'entrée de Ran dans le noyau.

45. Concernant le cycle cellulaire, cocher la (les) proposition(s) correcte(s) ?

a. La phase G1 dure 6h.
b. La phase G0 est une phase proliférative.
c. La phase S est de durée constante pour une espèce.
d. L'iodure de propidium est introduit après perméabilisation de la membrane plasmique.
e. La division du matériel génétique s'appelle la cytocinèse.

46. Concernant la mitose, cocher la (les) proposition(s) correcte(s) ?

a. Pendant la prophase, les deux centrosomes deviennent des asters.
b. Pendant la métaphase, les chromosomes sont tractés par des microtubles ancrés aux kinétochores.
c. L'anaphase B correspond à l'écartement des chromatides sœurs.
d. La cytocinèse débute en télophase.
e. L'abscission est la séparation des cellules filles.

47. Concernant la régulation du cycle cellulaire, cocher la (les) proposition(s) correcte(s) ?

a. La cycline D-Cdka1 joue un rôle dans la phase G1.
b. La cycline A-Cdk2 phosphoryle cdc6.
c. En G2, le MPF est phosphorylé par Plk1.
d. La cycline E est dégradée par le protéasome, ce qui permet le passage en phase S.
e. Les Cdk sont des kinases dépendantes des cyclines.

48. Concernant la régulation du cycle cellulaire, cocher la (les) proposition(s) correcte(s) ?

a. La fixation du facteur de croissance sur son récepteur entraîne la dimérisation du récepteur.
b. GRB2/SOS échange de l'ADP associé à la protéine Ras par de l'ATP.
c. ERK phosphorylée rentre dans le noyau et phosphoryle les facteurs de transcription des gènes impliqués dans G1.
d. Quand la cycline E-Cdk2 atteint un seuil critique, c'est le passage du point de restriction.
e. À la fin de la phase G1, la cycline E prend le relais de la cycline D.

49. Concernant la régulation des transitions G2/M et métaphase/anaphase, cocher la (les) propositions correcte(s) ?

a. En G2, le complexe cycline B-Cdk1 est phosphorylé par MO15 sur la tyrosine 161.
b. La POLO kinase PLK1 est activée quand la maturation des centrosomes est correcte.
c. CDC25C possède une séquence SLN ET SEN.
d. Le complexe cycline B-Cdk1 déphosphorylé sur la thréonine 161 forme le MPF.
e. Le complexe APC/C est une E2 ubiquitine ligase.

50. Concernant les points contrôles, cocher la (les) proposition(s) correcte(s) ?

a. Dans le cytoplasme, p53 est ubiquitiné par MDM2.
b. p53 est un régulateur transcriptionnel.
c. p53 inhibe les complexes cycline/Cdk en cas de cassures double brin de l'ADN.
d. La kinase ATR entre en jeu en cas de maturation anormale des centrosomes.
e. p53 stimule l'espression de BAX dont l'augmentation dans la cellule déclenche l'apoptose par voie extrinsèque.

51. Parmi les acteurs suivants, lequel (lesquels) est (sont) des proto-oncogène(s) ?

a. EGF
b. RB
c. RAS
d. RAF
e. p53

52. Concernant le réticulum endoplasmique, cocher la (les) propositions correcte(s) ?

a. C'est un ensemble de cavités reliées les unes aux autres par des canaux.
b. La traduction commence toujours dans le hyaloplasme et se termine toujours de Le REG.
c. Les protéines HSC70 participent au repliement des protéines.
d. La séquence de Kozak en 3' permet l'initiation de la traduction.
e. Les ribosomes permettent l'association transitoire entre l'ARNm et les ARNt.

53. Concernant la synthèse des protéines au niveau du REG, cocher la (les) proposition(s) correcte(s) ?

a. Les protéines hyaloplasmiques peuvent posséder des ponts disulfures.
b. Les protéines solubles dans le SMI sont synthétisées comme les protéines de sécrétion.
c. La séquence KDEL est une séquence de rétention dans le REG.
d. Les protéines intrinsèques transmembranaires possèdent des segments transmembranaires correspondant à des hélices alpha d'une cinquantaine d'acides aminés hydrophobes.
e. Pour les protéines à un seul domaine transmembranaire possède la séquence d'initiation du transfert en C-terminal.

54. Concernant la synthèse des protéines au niveau du REG, cocher la (les) proposition(s) correcte(s) ?

a. Les protéines intrinsèques membranaires fortement liées à la face cisternaire sont des protéines globulaires hydrophobes.
b. Les protéines intrinsèques sont associées, de façon covalente, par son extrémité N-terminale à un GPI.
c. Les protéines extrinsèques sont associées aux membranes du REG par liaison faible.

d. Les protéines extrinsèques de la face hyaloplasmique sont synthétisées par des ribosomes libres dans le hyaloplasme.
e. Les ribosomes libres sont associés à un lipide membranaire du REG par des liaisons faibles.

55. Concernant la glycosylation, cocher la (les) propositions correcte(s) ?

a. C'est une modification co-traductionnelle ne concerne que les protéines du SMI et de la membrane plasmique.
b. La OH- glycosylation est l'ajout d'un oligosacccharide court peu ramifié sur le OH latéral d'un résidu sérine ou tyrosine.
c. La N-glycosylation contient la séquence Asn-X-Thr où X peut être tout acide aminé.
d. La calnexine est une protéine chaperonne.
e. La OH - glycosylation a lieu uniquement dans l'appareil de golgi.

56. Concernant l'appareil de golgi, cocher la (les) propositions correcte(s) ?

a. Le dictyosome est polarisé avec une face cis concave et une face trans convexe.
b. L'appareil de golgi est organisé en 5 compartiments : le réseau cis-golgien ; saccules cis ; saccules médians ; saccules trans ; réseau trans-golgien.
c. Le REG est en continuité avec le Golgi par des vésicules de transition.
d. Le Golgi intervient dans la modification post-transcriptionnelle des protéines comme la phosphorylation.
e. C'est une plateforme de tri qui exporte les protéines dans des vésicules vers leurs destinations finales.

57. Concernant les échanges vésiculaires, cocher la (les) proposition(s) correcte(s) ?

a. Le manteau COP II se trouve sur les vésicules allant du REG vers les saccules du reseau cis-golgien.
b. Le manteau de Clathrine se trouve sur les vésicules de la membrane plasmique.
c. Le démantèlement consomme de l'énergie.
d. C'est l'interaction v-SNARE/t-SNARE qui est à l'origine de la spécificité d'adressage.
e. La protéine NSF, par son activité GTPasique, permet la dissociation de v-SNARE de t-SNARE.

58. Concernant les endosomes et lysosomes, cocher la (les) proposition(s) correcte(s) ?

a. Les endosomes sont des vésicules d'internalisation tapissées ou non de clathrine.
b. Les lysosomes sont des petites vésicules membranaires.
c. Les lysosomes ont un pH de 7.
d. La pompe H+/ATPase fait sortir un H+ contre son gradient de concentration.
e. Les lysosomes participent à l'hétérophagie et l'autophagie.

59. Concernant la mitochondrie, cocher la (les) proposition(s) correcte(s) ?

- **a.** L'ensemble des mitochondries forme un réseau coopératif et dynamique nommé chondriome.
- **b.** Un des rôles principaux des mitochondries est la participation à l'homéostasie cellulaire en stockant le potassium.
- **c.** Elle peut être mise en évidence par le colorant vert janus.
- **d.** Le complexe protéique TOM se trouve sur la membrane interne.
- **e.** La membrane externe est fortement perméable aux protons.

60. Concernant la mitochondrie, cocher la (les) proposition(s) correcte(s) ?

- **a.** Le cytochrome C est un transporteur d'électron fortement lié à la membrane interne.
- **b.** La matrice mitochondriale est riche en Ca+.
- **c.** Les mitochondries sont des organismes semi-autonomes.
- **d.** L'ADN mitochondrial est répliqué de façon synchrone à l'ADN nucléaire.
- **e.** La majorité des protéines mitochondriales sont codées par le génome nucléaire.

61. Concernant la production d'ATP, cocher la (les) proposition(s) correcte(s) ?

- **a.** L'ATP est la principale forme d'énergie de la cellule.
- **b.** L'oxydation complète des substrats organiques en CO_2 entraîne la réduction de transporteur d'électrons.
- **c.** La membrane externe mitochondriale contient la chaîne respiratoire.
- **d.** Le processus d'oxydo-réduction des transporteurs d'électron est couplé à un passage de protons de l'espace intermédiaire à la matrice.
- **e.** Le passage des H+ crée un gradient de pH et un potentiel de membrane.

62. Concernant la production d'ATP, cocher la (les) proposition(s) correcte(s) ?

- **a.** La phosphorylation de l'ADP en ATP est oxydative.
- **b.** L'oxydation complète d'une molécule de glucose permet de produire 45 molécules d'ATP.
- **c.** La rotéone réduit fortement la synthèse d'ATP.
- **d.** Le cyanure en se liant au complexe I bloque la synthèse d'ATP.
- **e.** Le dinitrophénol court-circuite l'ATP synthétase empêchant la synthèse d'ATP.

63. Concernant l'apoptose, cocher la (les) proposition(s) correcte(s) ?

- **a.** L'apoptose est une mort cellulaire programmée souvent synonyme de nécrose.
- **b.** La décondensation du noyau en est un signe caractéristique.
- **c.** La méthode TUNEL permet de mettre en évidence les noyaux apoptotiques.
- **d.** Internalisation de la phosphatidylsérine est un signe caractéristique de l'apoptose.
- **e.** L'annexine V permet de détecter les cellules apoptotiques.

64. Concernant les mécanismes moléculaire de l'apoptose, cocher la (les) proposition(s) correcte(s) ?

a. Il existe deux voies majeures : la voie intrinsèque et la voie extrinsèque.
b. La voie extrinsèque vient de la mitochondrie donc de l'extérieur.
c. Les caspases sont des enzymes présentes dans le hyaloplasme sous forme de précurseurs actifs.
d. Les caspases sont protéases.
e. La caspase 3 est une caspase initiatrice.

65. Concernant la voie extrinsèque, cocher la (les) proposition(s) correcte(s) ?

a. C'est une voie dépendant d'un récepteur de mort.
b. Le récepteur FAS-L est enchâssé dans la membrane plasmique.
c. Les procaspases 8 s'auto-activent par clivage en caspase 8.
d. La caspase assure l'activation des procaspases 6 qui activent en retour les procaspases 3.
e. La caspase 6 peut activer le clivage des pro-caspases 8.

66. Concernant la voie extrinsèque, cocher la (les) proposition(s) correcte(s) ?

a. Les stimuli de la voie intrinsèque favorisent la fuite du cytochrome C hors de l'espace intermembranaire de la mitochondrie vers le cytosol.
b. La libération du cytochrome C est contrôle par des protéines de la membrane interne appartenant à la famille Bcl-2.
c. Le domaine BH2 des protéines de la famille Bcl-2 est impliqué dans leur oligomérisation.
d. L'apoptosome est composé du cytochrome C, de Apaf-1, d'ATP et des procaspases 9.
e. La caspase 9 active uniquement la caspase 3.

67. Concernant la régulation de l'apoptose, cocher la (les) proposition(s) correcte(s) ?

a. Les voies intrinsèque et extrinsèque sont indépendantes.
b. La protéine BID est un substrat de la caspase 8.
c. p53 se fixe sur le promoteur des gènes codant BAD et active sa transcription.
d. p53 se fixe sur le promoteur des gènes codant Bcl-2 et réprime sa transcription.
e. p53 est cependant incapable d'initier le processus apoptotique.

68. Concernant les mécanismes de l'ontogénèse, cocher la (les) proposition(s) correcte(s) ?

a. Une cellule déterminée est une cellule dont le devenir est fixé mais de manière réversible.
b. Une cellule différenciée peut encore se diviser.
c. La différenciation implique une hétérochromatinisation progressive.
d. Une induction correspond à une sécrétion par une cellule compétente de facteurs de croissance.
e. Une cellule compétente est une cellule qui possède un récepteur aux signaux inducteurs.

69. Concernant le développement des amphibiens, cocher la (les) proposition(s) correcte(s) ?

a. L'ovocyte non fécondé est pigmentée sur tout l'hémisphère animal.
b. Un œuf fécondé possède déjà une orientation.
c. La fécondation entraîne une rotation de symétrisation qui fait disparaître la tâche de maturation.
d. La rotation de symétrisation est permise par les microtubules.
e. La rotation de symétrisation ne change pas la localisation des déterminants cytoplasmique.

70. Concernant la segmentation, cocher la (les) proposition(s) correcte(s) ?

a. Le 1er clivage aboutit dans 80 % des cas à 2 blastomères de taille égale.
b. Les micromères, dans l'hémisphère végétatif, sont des petites cellules à cycle cellulaire court.
c. La transition blastuléenne a lieu avant le 9e cycle de division.
d. Avant la transition blastuléenne l'expression du génome est zygotique.
e. Groucho est un facteur répresseur.

71. Concernant la gastrulation, cocher la (les) proposition(s) correcte(s) ?

a. Le mouvement d'extension-convergence permet l'allongement puis l'invagination du mésoderme.
b. L'épibolie est le mouvement d'entrée dans le blastocœle.
c. Pendant l'étape de la lèvre dorsale du blastopore, il y a une poursuite de l'invagination du mésoderme chordal.
d. Pendant l'étape anse de panier, il y a une invagination du mésoderme ventro-latéral.
e. La gastrulation entraîne l'apparition de l'archentéron.

72. Concernant les expériences historiques, cocher la (les) proposition(s) correcte(s) ?

a. L'expérience de Nieuwkoop a lieu au stade 32 cellules après la transition blastuléenne.
b. L'expérience de Nieuwkoop a permis de montrer que l'endoderme induit la calotte animale en mésoderme, c'est donc un inducteur secondaire du mésoderme.
c. L'expérience de Nieuwkoop a montré que la calotte est compétente au stade 32 cellules.
d. Le macromère D1 est le centre inducteur de Nieuwkoop.
e. Le centre de Spemann est la lèvre ventrale du blastopore.

73. Concernant les méthodes expérimentales, cocher la (les) proposition(s) correcte(s) ?

a. Le teste de la calotte animale implique une étude des marqueurs par RT-PCR.
b. Une approche gain de fonction peut aboutir à la formation d'un axe dorso-ventrale surnuméraire.
c. Un oligomorpholinos est un ARN très stable complémentaire de la région 3' de l'ARN.
d. Un si ARN ne peut entraîner la dégradation totale d'un ARN.

e. La stratégie dominant négatif consiste à faire exprimer un mutant inactif d'une protéine qui inhibe l'activité de la protéine endogène.

74. Concernant certains mécanismes moléculaires, cocher la (les) proposition(s) correcte(s) ?

a. VegT est un facteur de transcription d'origine maternelle.
b. VegT est nécessaire à l'autodétermination de l'ectoderme.
c. La βcaténine active la transcription du gène siamois.
d. La rotation de symétrisation induit la relocalisation de Wnt8 et Dishevelled en région dorso-végétative.
e. L'expression des molécules de la famille du TGFβ est maternelle.

75. Concernant les traitements aux UV ou au chlorure de lithium (LiCl), cocher la (les) proposition(s) correcte(s) ?

a. Le traitement aux UV bloque la rotation de symétrisation de l'œuf.
b. LiCl est un inhibiteur de la GSK3.
c. Le traitement au LiCl entraîne une ventralisation de l'embryon.
d. Le traitement aux UV entraîne une dorsalisation de l'embryon.
e. L'irridation aux UV déstabilise les microtubules.

76. Concernant les molécules de la famille TGFβ, cocher la (les) proposition(s) correcte(s) ?

a. Ce sont des facteurs de croissance.
b. Ils activent une transduction de signal via un récepteur à activité sérine/tyrosine kinase.
c. À faible concentration d'Activine, il y a une induction du mésoderme dorsal.
d. L'activine est le plus puissant inducteur de mésoderme in vitro.
e. BMP4 intervient dans la dorsalisation du mésoderme.

77. Concernant les facteurs de transcription d'origine zygotique, cocher la (les) proposition(s) correcte(s) ?

a. Le facteur Xbra est pan-mésodermique.
b. Le facteur est sous contrôle des FGF uniquement.
c. Goosecoïd est exprimé selon un gradient ventro-dorsal.
d. Goosecoïdrégule l'expression de certaines molécules diffusible comme Noggin.
e. Goosecoïd est localisé dans le chordo-mésoderme soit le mésoderme ventral.

78. Concernant les molécules diffusibles, cocher la (les) proposition(s) correcte(s) ?

a. Les molécules diffusibles ont des récepteurs et sont d'expression zygotique.
b. Noggin, Chordin, Follistatin s'oppose à la signalisation de BMP4.
c. Frizbee est produite selon un gradient dorso-ventral.
d. Frizbee s'oppose à la signalisation ventralisate de BMP4.
e. Dickkopf s'oppose à la signalisation de Wnt8.

79. Concernant BMP4 et XWnt8, cocher la (les) proposition(s) correcte(s) ?

- **a.** XWnt8 fait partie de la famille des TFGβ.
- **b.** Elles sont d'expression zygotique.
- **c.** Elles sont produites par le mésoderme ventral.
- **d.** Elles suivent un gradient ventro-dorsal.
- **e.** Elles font parties de la signalisation ventralisante.

80. Concernant les microtubules, cocher la (les) proposition(s) correcte(s) ?

- **a.** Ils rayonnent depuis le centromère.
- **b.** Il est composé d'hétérodimères de tubuline α et β.
- **c.** la tubuline β est associée au GDP à rôle structurale.
- **d.** Leur diamètre est de 24 nm.
- **e.** Ils sont polarisés.

81. Concernant les microtubules, cocher la (les) proposition(s) correcte(s) ?

- **a.** Les centrioles sont des microtubules labiles.
- **b.** La polymérisation se fait en forte présence de calcium.
- **c.** L'extrémité + est plus dynamique que l'extrémité -.
- **d.** Les hétérodimères s'incorporent lorsque la tubuline β est liée au GTP.
- **e.** La coiffe GTP est à l'origine de la stabilité dynamique des microtubules labiles.

82. Concernant les microtubules, cocher la (les) proposition(s) correcte(s) ?

- **a.** Le centrosome est le centre organisateur de microtubules, situé proche du noyau.
- **b.** La zone péricentriolaire est le centre nucléation des MT.
- **c.** Le matériel péricentriolaire est riche tubuline β
- **d.** La demi-vie d'un microtubule labile est d'environ 1 mins dans une cellule en interphase.
- **e.** Une catastrophe est une phase de dépolymérisation complète du microtubule.

83. Concernant les protéines associées aux microtubules, cocher la (les) proposition(s) correcte(s) ?

- **a.** Tau est une MAP de stabilisation qui favorise la polymérisation.
- **b.** Catastrophine est une MAP de déstabilisation.
- **c.** Les MAP sont souvent régulées par phosphorylation.
- **d.** Les kynésines assurent le regroupement du Golgi vers le centrosome.
- **e.** Les dynéines se déplacent de l'extrémité + vers l'extrémité -.

84. Concernant les inhibiteurs des microtubules, cocher la (les) proposition(s) correcte(s) ?

- **a.** Le Taxol est extrait de la pervenche.
- **b.** La Vinblastine immobilise les tubulines hyaloplasmiques.
- **c.** La Vincristine a une action réversible.
- **d.** Le Nocodazole est extrait du colchique.
- **e.** La Colchicine entraîne la dépolymérisation des MT.

85. Concernant les microfilaments d'actine (MFA), cocher la (les) proposition(s) correcte(s) ?

a. Les MFA sont très nombreux dans le cortex cellulaire.
b. L'actine F a une fonction ATPasique.
c. Les MFA sont polarisés et dynamiques.
d. Les MFA ont un diamètre plus élevé que les microtubules.
e. Ils sont associés à une instabilité dynamique.

86. Concernant les microfilaments d'actine, cocher la (les) proposition(s) correcte(s) ?

a. La vinculine est une protéine de fasciculation.
b. Les protéines de nucléation créent un réseau bidimensionnel.
c. Ils jouent un rôle dans le mouvement de reptation.
d. Ils ont un rôle majeur dans la forme des cellules.
e. Ils n'ont pas de rôle dans les interactions entre les cellules et leur environnement.

87. Concernant les microfilaments de myosine, cocher la (les) proposition(s) correcte(s) ?

a. La myosine est une protéine motrice.
b. L'activité ATPasique de la myosine lui permet d'assurer des mouvements de l'extrémité + à l'extrémité – des MFA.
c. La myosine I possède 2 chaînes lourdes et 4 légères.
d. La myosine II est à l'origine de la contraction des cellules musculaires.
e. La myosine V est impliquée dans le déplacement d'organites sur les MFA.

88. Concernant les microfilaments de intermédiaire (MFI), cocher la (les) proposition(s) correcte(s) ?

a. Les microfilaments sont de 3 types : nucléaire, cytoplasmiques, membranaires.
b. Leur diamètre est 100 nm.
c. Ils sont solubles et non polarisés.
d. Ils sont stables, non dynamique, il n'y a pas d'hydrolyse d'ATP ni de GTP.
e. Ils ont un rôle architectural et de placement de l'espace nucléaire.

89. Concernant les inhibiteurs des microfilaments, cocher la (les) proposition(s) correcte(s) ?

a. La cytochalasine bloque la polymérisation des MFA.
b. La phalloïdine favorise la polymérisation des MFI.
c. L'urée provoque la dissociation des MFI.
d. La colcémide empêche la polymérisation des MFA.
e. Le taxol empêche la dépolimérisation des MFA.

90. Parmi les propositions suivantes, cocher la (les) proposition(s) correcte(s) ?

a. Les lipides représentent 50 % de la membrane plasmique.
b. Les phospholipides sont amphiphiles.
c. Les phospholipides sont tous neutres.
d. Les phospholipides participent à la fluidité membranaire.
e. Les phospholipides peuvent effectuer 3 mouvements : rotations, flexions et flip-flop.

91. Parmi les propositions suivantes, cocher la (les) proposition(s) correcte(s) ?

a. La répartition des phospholipides est asymétrique.
b. Lors de l'apoptose la phosphatidylsérine passe du feuillet externe de la membrane au feuillet interne.
c. L'apoptose peut être visualisée par ajout d'annexine V marquée.
d. Les glycolipides sont chargés positivement.
e. Le cholestérol joue un rôle dans la fluidité membranaire.

92. Parmi les propositions suivantes, cocher la (les) proposition(s) correcte(s) ?

a. Il existe deux types de protéines dans la membrane plasmique : les transmembranaires et les périphériques.
b. Les protéines transmembranaires comprennent une vingtaine d'acides aminés hydrophiles.
c. Les protéines périphériques peuvent se lier par ancrage covalent à une protéine transmembranaire.
d. Les protéines sont plus ou moins mobiles.
e. Les radeaux lipidiques sont des zones fluides difficilement déformable.

93. Parmi les propositions suivantes, cocher la (les) proposition(s) correcte(s) ?

a. La barrière et le transfert d'information font partis des rôles de la membrane plasmique.
b. La membrane plasmique permet des échanges uniquement unidirectionnels de matière.
c. Le cortex cellulaire de la membrane plasmique contient des filaments de lamines.
d. Les petites molécules polaire et hydrophobe ont la perméation la plus facile.
e. Les symport et antiport sont des cotransporteurs.

94. Parmi les propositions suivantes, cocher la (les) proposition(s) correcte(s) ?

a. Le transport passif est sans apport d'énergie et contre le gradient de concentration.
b. Le transport actif peut être direct ou indirect avec un couplage.
c. Les canaux sont une diffusion passive facilitée.
d. Le transport de matière par les protéases est saturable.
e. Les pompes ATPasiques sont un transport actif direct.

95. Concernant la pompe Na+/K+, cocher la (les) proposition(s) correcte(s) ?

a. La pompe Na+/K+ permet de sortir de 2 ions Na+ et l'entrée de 3 ions K+.
b. Le transport de ces ions consomme de l'ATP.
c. La pompe Na+/K+ est dépendante du Ca^{2+}.
d. Elle peut être inhibée par la digitaline et l'ouabaïne.
e. C'est un exemple de symport.

96. Concernant les transports cytotiques, cocher la (les) proposition(s) correcte(s) ?

a. La phagocytose est principalement réalisée par les macrophages.
b. La vésicule de type calvéole est recouverte calvéoline et est formée à partir d'un radeau lipidique.
c. Les calvéoles peuvent fusionner avec des lysosomes.
d. Les vésicules peuvent aussi avoir un manteau de type clathrine.
e. Le processus d'externalisation est l'exocytose.

97. Concernant la communication cellulaire, cocher la (les) proposition(s) correcte(s) ?

a. Exocrine est la voie qui permet le passage dans le sens des substances.
b. Les facteurs de croissance sont un mode de communication paracrine.
c. L'autostimulation de la cellule est un mode communication autocrine.
d. La fabrication de messager est un mode communication exocrine.
e. Les neurones communiquent par synapse.

98. Parmi les propositions suivantes, cocher la (les) proposition(s) correcte(s) ?

a. La transcription a lieu dans le cytosol.
b. La traduction a lieu dans le cytosol.
c. Une fois synthétisée, la protéine peut subir des modifications post-traductionnelles.
d. L'élimination de la première méthionine est une modification post-traductionnelle.
e. La phosphorylation d'un acide aminé peut modifier la fonction de la protéine.

99. Concernant les protéines chaperonnes, cocher la (les) proposition(s) correcte(s) ?

a. Elles aident la protéine à acquérir sa structure tridimensionnelle et fonctionnelle.
b. Ce processus est peu coûteux en énergie.
c. HSP70 fait partie des grosses chaperonnes.
d. Le complexe GroES/GroEL fait parti des grosses chaperonnes.
e. HSP70 est régulée par le facteur de transcription HSF.

100. Concernant le système ubiquitine-protéasome, cocher la (les) proposition(s) correcte(s) ?

a. C'est le système de dégradation le plus classique.
b. L'ubiquitine se fixe de façon non covalente à sa protéine cible.
c. E1 est une enzyme d'activation de l'ubiquitine et est ATP-dépendante.
d. E2 est une enzyme ligase.
e. C'est une hydrolyse à pH neutre.

Corrigés

Biologie cellulaire

1. Concernant les protéines, cocher la (les) proposition(s) correcte(s) :
   a. **FAUX** : Les protéines sont principalement formées par une centaine d'acides aminés différents.
      Explication : Les protéines sont principalement formées par une vingtaine d'acides aminés différents.
   b. **VRAI** : Les peptides s'associent par des liaisons peptidiques.
   c. **VRAI** : La structure secondaire des oligopeptides dépend des liaisons H.
   d. **VRAI** : Les deux structures secondaires des protéines sont les hélices a et les feuillets b.
   e. **VRAI** : La structure tertiaire en 3d des protéines est due aux ponts disulfures.

2. Concernant les protéines, cocher la (les) proposition(s) correcte(s) :
   a. **FAUX** : Les ponts disulfures se forment grâce aux méthionines.
      Explication : Les ponts disulfures se forment grâce aux cystéines.
   b. **VRAI** : Les protéines globulaires ont leur séquence hydrophobe à l'intérieur et leur séquence hydrophile à l'extérieur.
   c. **FAUX** : Une holoprotéine est une association entre polypeptides et des groupements non peptidiques.
      Explication : Une holoprotéine est exclusivement une association de polypeptides.
   d. **FAUX** : Une hétéroprotéine est exclusivement une association de polypeptides.
      Explication : Une hétéroprotéine est une association entre polypeptides et des groupements non peptidiques.
   e. **VRAI** : Le repliement des protéines est contrôlé par des protéines chaperons.

3. Quels facteurs changent la conformation d'une protéine, cocher la (les) proposition(s) correcte(s) :
   a. **VRAI** : Le pH.
   b. **VRAI** : La température.
   c. **VRAI** : Les modifications covalentes.
   d. **FAUX** : Le mouvement de la cellule.
      Explication : Ceci n'est pas l'un des facteurs changeant la conformation d'une protéine.
   e. **FAUX** : Les modifications non covalentes.
      Explication : Ceci n'est pas l'un des facteurs changeant la conformation d'une protéine.

4. Concernant les enzymes, cocher la (les) proposition(s) correcte(s) :
   a. **FAUX** : Le milieu biologique est faiblement hydraté.
      Explication : Le milieu biologique est fortement hydraté.
   b. **FAUX** : Les enzymes augmentent le niveau d'énergie des réactions chimiques.
      Explication : Les enzymes baissent le niveau d'énergie des réactions chimiques.
   c. **VRAI** : Les enzymes augmentent la fréquence des réactions chimiques.
   d. **VRAI** : Les enzymes sont des catalyseurs spécifiques des réactions chimiques du métabolisme.
   e. **FAUX** : Les enzymes ralentissent le déroulement des réactions chimiques.
      Explication : Les enzymes accélèrent le déroulement des réactions chimiques.

5. Concernant les enzymes, cocher la (les) proposition(s) correcte(s):
   a. **FAUX**: L'enzyme contribue à une diminution de la concentration des molécules du substrat au niveau du site catalytique.
   Explication: L'enzyme contribue à une augmentation de la concentration des molécules du substrat au niveau du site catalytique.
   b. **VRAI**: L'accélération des réactions par les enzymes est d'un facteur 10^6 à 10^14.
   c. **FAUX**: Le site actif a une structure en 2d.
   Explication: Le site actif a une structure en 3d.
   d. **FAUX**: Il y a de nombreuses molécules d'H_2O dans la zone du site actif.
   Explication: Les molécules d'H_2O sont exclues de la zone du site actif.
   e. **VRAI**: Les substrats se lient au site actif par des liaisons faibles.

6. Concernant les enzymes, cocher la (les) proposition(s) correcte(s):
   a. **VRAI**: Il y a 2 types de sites actifs: les sites catalytiques et les sites allostériques.
   b. **FAUX**: Les molécules effectrices inhibent toujours le site catalytique.
   Explication: Les molécules effectrices peuvent soit activer soit inhiber le site catalytique.
   c. **FAUX**: Les molécules effectrices stabilisent la conformation de l'enzyme.
   Explication: Les molécules effectrices modifient la conformation de l'enzyme.
   d. **FAUX**: Les enzymes agissent à une forte concentration.
   Explication: Les enzymes agissent à une faible concentration.
   e. **FAUX**: Aucune réponse n'est exacte.
   Explication: La réponse A est exacte.

7. Concernant la fonction de la cellule, cocher la (les) proposition(s) correcte(s):
   a. **FAUX**: Le catabolisme est le métabolisme de synthèse.
   Explication: Le catabolisme est le métabolisme de dégradation.
   b. **FAUX**: L'anabolisme est le métabolisme de dégradation.
   Explication: L'anabolisme est le métabolisme de synthèse.
   c. **FAUX**: Le métabolisme énergétique permet aux cellules de communiquer.
   Explication: Le métabolisme énergétique permet le fonctionnement cellulaire.
   d. **VRAI**: Le métabolisme signalétique permet aux cellules de communiquer.
   e. **VRAI**: L'ADN et l'ARN sont des vecteurs moléculaires de l'information.

8. Concernant la cellule eucaryote, cocher la (les) proposition(s) correcte(s):
   a. **VRAI**: La limite de la microscopie photonique est à 0,25 µm.
   b. **FAUX**: La limite de la microscopie électronique est à 5 nm.
   Explication: La limite de la microscopie électronique est à 5 Angström.
   c. **FAUX**: Le compartiment cellulaire est défini par la membrane nucléaire.
   Explication: Le compartiment cellulaire est défini par la membrane plasmique.
   d. **VRAI**: L'intérieur du compartiment cellulaire est soutenu par le cytosquelette.
   e. **VRAI**: En interphase on distingue deux compartiments: le cytoplasme et le noyau.

9. Concernant la cellule eucaryote, cocher la (les) proposition(s) correcte(s):
   a. **VRAI**: Le cytosquelette est impliqué dans la structure et le mouvement intra- et extracellulaire.

b. **FAUX** : Le noyau est un compartiment défini par rapport au cytoplasme par la membrane plasmique.
Explication : Le noyau est un compartiment défini par rapport au cytoplasme par l'enveloppe nucléaire.
c. **FAUX** : La fonction des structures nucléaires est le stockage et la réplication de l'ARN, la transcription et la maturation de l'ADN et les échanges nucléocytoplasmiques.
Explication : La fonction des structures nucléaires est le stockage et la réplication de l'ADN, la transcription et la maturation de l'ARN et les échanges nucléocytoplasmiques.
d. **FAUX** : Le réticulum endoplasmique granulaire est responsable de la synthèse lipidique.
Explication : Le réticulum endoplasmique granulaire est responsable de la synthèse protéique.
e. **FAUX** : Le réticulum endoplasmique lisse est responsable de la synthèse protéique.
Explication : Le réticulum endoplasmique lisse est responsable de la synthèse lipidique.

10. Concernant la cellule eucaryote, cocher la (les) proposition(s) correcte(s) :
a. **FAUX** : La seule structure cellulaire contenant l'ADN est le noyau.
Explication : Les mitochondries contiennent leur propre ADN.
b. **FAUX** : Chez l'être humain on trouve 100 000 milliards types cellulaires différents.
Explication : Chez l'être humain on trouve 200 types cellulaires différents.
c. **FAUX** : Les bactéries sont des eucaryotes.
Explication : Les bactéries sont des procaryotes.
d. **FAUX** : Les procaryotes ont un noyau défini.
Explication : Les procaryotes n'ont pas de véritable noyau.
e. **VRAI** : Aucune réponse n'est exacte.

11. Concernant la cellule eucaryote, cocher la (les) proposition(s) correcte(s) :
a. **VRAI** : Les acaryotes n'ont pas de noyau.
b. **VRAI** : Les acaryotes n'ont pas de cytoplasme.
c. **VRAI** : Les acaryotes ont besoin d'une cellule hôte pour survivre.
d. **FAUX** : Une cellule acaryote est un élément génétique (ADN ou ARN) enclos dans une enveloppe glucidique.
Explication : Une cellule acaryote est un élément génétique (ADN ou ARN) enclos dans une enveloppe protéique ou lipoprotéique.
e. **FAUX** : Toutes les réponses sont exactes.
Explication : La réponse D est fausse.

12. Concernant le cycle cellulaire, cocher la (les) proposition(s) correcte(s) :
a. **FAUX** : Lors de la phase M il y a uniquement partage en 2 lots du programme génétique.
Explication : Lors de la phase M il y a partage en 2 lots du programme génétique (mitose), mais aussi des constituants cellulaires (cytokinèse).
b. **FAUX** : La division de la cellule mère en deux cellules filles est appelée cytokinèse.
Explication : La division de la cellule mère en deux cellules filles est appelée cytodiérèse.
c. **FAUX** : La chronologie de l'interphase est G1 → G2 → S.
Explication : La chronologie de l'interphase est G1 → S → G2.
d. **VRAI** : Lors de la phase S il y a synthèse d'ADN.
e. **FAUX** : Lors de la phase G1 la cellule se prépare pour la mitose.
Explication : Lors de la phase G2 la cellule se prépare pour la mitose.

13. Concernant le cycle cellulaire, cocher la (les) proposition(s) correcte(s) :
   a. **FAUX** : Lors de l'interphase il y a triplication des structures cellulaires.
   Explication : Lors de l'interphase il y a duplication des structures cellulaires.
   b. **FAUX** : La phase G1 sert à établir la chronologie des phases.
   Explication : La phase S sert à établir la chronologie des phases.
   c. **VRAI** : La phase G1 a une durée variable.
   d. **VRAI** : Lorsque le facteur d'activation de la phase S « SAF » atteint un seuil critique, la cellule entre en phase S.
   e. **FAUX** : La phase S a une durée variable.
   Explication : La phase S a une durée stable.

14. Concernant le cycle cellulaire, cocher la (les) proposition(s) correcte(s) :
   a. **FAUX** : Le 1er niveau de contrôle est situé au passage de la phase S en phase G2.
   Explication : Le 1er niveau de contrôle est situé au passage de la phase G1 en phase S.
   b. **VRAI** : Le 2e niveau de contrôle du cycle est situé au passage de la phase G2 en phase M.
   c. **VRAI** : L'accumulation de Pré-MPF puis d'MPF déclenche l'entrée en phase M.
   d. **FAUX** : En phase M le métabolisme est accéléré.
   Explication : En phase M le métabolisme est accéléré.
   e. **VRAI** : En phase M la cellule se divise.

15. Concernant le cycle cellulaire, cocher la (les) proposition(s) correcte(s) :
   a. **VRAI** : Le troisième niveau de contrôle se situe à la sortie de la mitose.
   b. **VRAI** : Le partage des constituants cellulaires s'oppose à la mort cellulaire.
   c. **FAUX** : Si au premier niveau de contrôle le taux de SAF reste inférieur au seuil critique, la cellule passe directement en phase G2.
   Explication : Si au premier niveau de contrôle le taux de SAF reste inférieur au seuil critique, la cellule passe en phase G0.
   d. **VRAI** : Quand une cellule entre en phase G0 et se différencie elle n'est plus capable de mitose, elle est donc vouée à la mort cellulaire.
   e. **FAUX** : Toutes les réponses sont exactes.
   Explication : La réponse C est fausse.

16. Concernant la cellule eucaryote, cocher la (les) proposition(s) correcte(s) :
   a. **FAUX** : La nécrose est la mort cellulaire programmée.
   Explication : La nécrose est due à un accident ou au vieillissement cellulaire.
   b. **VRAI** : L'apoptose est la mort cellulaire programmée.
   c. **VRAI** : La lignée des cellules HeLa est une lignée immortelle.
   d. **VRAI** : Les cellules hautement différenciées sont bloquées en G0.
   e. **FAUX** : Toutes les propositions exactes.
   Explication : La réponse A est exacte.

17. Concernant la microscopie, cocher la (les) proposition(s) correcte(s) :
   a. **FAUX** : Le plus petit élément cellulaire visible par le microscope photonique est les lipides d'1 nm.
   Explication : Le plus petit élément cellulaire visible par le microscope photonique est les mitochondries d'1 µm.

- **b. VRAI** : Le plus petit élément cellulaire visible par le microscope électronique est les lipides d'1 nm.
- **c. FAUX** : Les cellules eucaryotes et les organites sont colorées donc faciles à distinguer au microscope.
  Explication : Les cellules eucaryotes et les organites sont translucides, on a donc besoin de coloration pour les distinguer au microscope.
- **d. VRAI** : Les cellules eucaryotes ont en moyenne une taille de 10-100 µm.
- **e. VRAI** : Les étapes de la création d'une coupe pour le microscope photonique sont la fixation, l'inclusion et finalement la coloration.

18. Concernant la microscopie, cocher la (les) proposition(s) correcte(s) :
- **a. FAUX** : Les colorations d'exclusion marque les cellules vivantes.
  Explication : Les colorations vitales marquent les cellules vivantes.
- **b. VRAI** : Si le noyau et le cytoplasme d'une cellule sont colorés par une coloration d'exclusion, la cellule est morte.
- **c. FAUX** : Les colorants basophiles sont riches en charges négatives et colorent les structures riches en charges positives.
  Explication : Les colorants basophiles sont riches en charges positives et colorent les structures riches en charges négatives.
- **d. VRAI** : Les colorants acidophiles sont riches en charges négatives et colorent les structures riches en charges positives.
- **e. FAUX** : Pour réaliser un frottis les étapes sont la coloration et ensuite la fixation.
  Explication : Pour réaliser un frottis les étapes sont la fixation et ensuite la coloration.

19. Concernant la microscopie, cocher la (les) proposition(s) correcte(s) :
- **a. VRAI** : Au microscope à épifluorescence on recherche des caractères des cellules signant la pathologie.
- **b. VRAI** : Au microscope confocal on peut reconstruire le volume de l'élément observé.
- **c. FAUX** : Au microscope électronique de balayage on ombre avec des colorants.
  Explication : Au microscope électronique de balayage on ombre avec des métaux lourds.
- **d. VRAI** : Le principe du microscope à sondes locales est qu'une sonde se déplace au voisinage de l'échantillon pour qu'on puisse ensuite mesurer les échanges entre l'échantillon et la sonde.
- **e. FAUX** : Toutes les propositions sont exactes.
  Explication : La réponse C est fausse.

20. Concernant la cellule eucaryote, cocher la (les) proposition(s) correcte(s) :
- **a. FAUX** : Les isotopes radioactifs sont uniquement utilisés comme marqueurs dans l'autoradiographie.
  Explication : Les isotopes radioactifs sont utilisés comme marqueurs dans l'autoradiographie mais aussi dans la scintillation.
- **b. FAUX** : Les fluorochromes sont des produits marquant spécifiquement des protéines précises.
  Explication : Les fluorochromes sont des produits marquant spécifiquement des organites précis.

c. **VRAI** : Un antigène est une substance qui, injectée à une espèce différente donne lieu à une production d'anticorps.
d. **VRAI** : Un anticorps est une protéine pouvant se fixer à l'antigène qui lui a donné naissance.
e. **VRAI** : Le fragment constant de l'anticorps est la fraction fixant le complément.

21. Concernant la cellule eucaryote, cocher la (les) proposition(s) correcte(s) :
a. **FAUX** : Biologie veut dire science des cellules.
Explication : Biologie veut dire science de la vie.
b. **VRAI** : La vie est l'état d'organisation hautement complexe de la matière.
c. **VRAI** : L'être vivant est un système chimique complexe autonome, autoreproductible exerçant des activités gouvernées par un programme.
d. **FAUX** : La molécule est l'unité de la vie, c'est le plus petit ensemble cohérent de structures et de fonctions vitales.
Explication : La cellule est l'unité de la vie, c'est le plus petit ensemble cohérent de structures et de fonctions vitales.
e. **FAUX** : Une cellule est une association d'atomes reliés par des liaisons fortes.
Explication : Une molécule est une association d'atomes reliés par des liaisons fortes.

22. Concernant la cellule eucaryote, cocher la (les) proposition(s) correcte(s) :
a. **VRAI** : 1 Dalton correspond à la masse d'un atome d'hydrogène.
b. **VRAI** : La forme est l'organisation 3d qui permet la reconnaissance mutuelle des molécules.
c. **FAUX** : Les fonctions des molécules sont gouvernées par les molécules.
Explication : Les fonctions des molécules sont gouvernées par le programme génétique.
d. **FAUX** : L'énergie d'un système correspond à sa capacité de se diviser.
Explication : L'énergie d'un système correspond à sa capacité de fournir un travail.
e. **FAUX** : La force d'une liaison chimique est mesurée par la quantité d'énergie nécessaire pour la former.
Explication : La force d'une liaison chimique est mesurée par la quantité d'énergie nécessaire pour la rompre.

23. Concernant la cellule eucaryote, cocher la (les) proposition(s) correcte(s) :
a. **FAUX** : L'énergie lumineuse est utilisée par les animaux.
Explication : L'énergie lumineuse est utilisée par les végétaux.
b. **VRAI** : L'énergie chimique utilisée par des organismes est stockée dans des liaisons entre atomes ou molécules.
c. **FAUX** : 1 mol est la quantité d'une substance contenant 602 molécules de cette substance.
*Explication : 1 mol est la quantité d'une substance contenant 6,02*10^23 molécules de cette substance.*
d. **VRAI** : Toutes les réactions chimiques du vivant se produisent en milieu aqueux.
e. **VRAI** : Dans les milieux biologiques le solvant est un milieu de dispersion, fournissant des liaisons H.

24. Concernant la cellule eucaryote, cocher la (les) proposition(s) correcte(s):

a. **VRAI**: Dans un dipôle la charge nette est neutre mais les électrons sont distribués de façon asymétrique.

b. **VRAI**: Deux molécules d'H_2O voisines auront tendance à faire des liaisons H de façon temporaire.

c. **FAUX**: A 37 °C 100 % des molécules d'H_2O forment un groupe vacillant éphémère.
Explication: A 37 °C 15 % des molécules d'H_2O forment un groupe vacillant éphémère.

d. **FAUX**: La dispersion des molécules organiques facilite leurs réactions entre elles.
Explication: La dispersion des molécules organiques rend plus difficiles leurs réactions entre elles.

e. **VRAI**: Une liaison H a une force de 0,25 kJ/mol.

25. Concernant la cellule eucaryote, cocher la (les) proposition(s) correcte(s):

a. **FAUX**: Dans une liaison H l'atome accepteur est plus fortement lié à l'hydrogène.
Explication: Dans une liaison H l'atome accepteur est moins fortement lié à l'hydrogène.

b. **FAUX**: La liaison ionique a une force de 0,7 J/mol.
Explication: La liaison ionique a une force de 0,7 kJ/mol.

c. **FAUX**: L'atome donneur peut capter un ou plusieurs électrons d'un atome receveur.
Explication: L'atome donneur peut céder un ou plusieurs électrons d'un atome receveur.

d. **VRAI**: Le carbone est l'élément essentiel du vivant.

e. **FAUX**: Le squelette des constituants organiques est constitué d'hydrogène.
Explication: Le squelette des constituants organiques est constitué de carbone.

26. Concernant la cellule eucaryote, cocher la (les) proposition(s) correcte(s):

a. **VRAI**: Les glucides peuvent être une source d'énergie mais aussi des matériaux de construction.

b. **FAUX**: Le glucose est un pentose.
Explication: Le glucose est un hexose.

c. **FAUX**: Le ribose et le désoxyribose sont des hexoses.
Explication: Le ribose et le désoxyribose sont des pentoses.

d. **FAUX**: Les molécules simples glucidiques sont appelées peptides.
Explication: Les molécules simples glucidiques sont appelées oses.

e. **FAUX**: Le glycogène est une molécule glucidique complexe linéaire alors que le cellulose est une molécule glucidique complexe ramifiée.
Explication: Le glycogène est une molécule glucidique complexe ramifiée alors que le cellulose est une molécule glucidique complexe linéaire.

27. Concernant la cellule eucaryote, cocher la (les) proposition(s) correcte(s):

a. **VRAI**: Les lipides sont une source d'énergie mais aussi indispensables à la constitution des membranes biologiques.

b. **VRAI**: Les lipides simples sont composés d'à peu près 16 à 18 carbones.

c. **VRAI**: Les molécules amphipathiques ont une région hydrophile et une région hydrophobe.

d. **FAUX**: Dans les molécules lipidiques simples, la tête est souvent hydrophobe.
Explication: Dans les molécules lipidiques simples, la tête est souvent hydrophile.

e. **VRAI**: Dans les molécules lipidiques simples, la queue est souvent hydrophobe.

28. Concernant la cellule eucaryote, cocher la (les) proposition(s) correcte(s) :

- **a. FAUX** : Le cholestérol fait partie de la famille des catécholamines.
  Explication : Le cholestérol fait partie de la famille des stéroïdes.
- **b. FAUX** : Le cholestérol est une molécule hydrophobe.
  Explication : Le cholestérol est une molécule amphipatique.
- **c. FAUX** : Les molécules hydrophiles sont aussi appelées apolaires.
  Explication : Les molécules hydrophiles sont aussi appelées polaires.
- **d. VRAI** : Les molécules hydrophobes sont aussi appelées apolaires.
- **e. FAUX** : Les molécules hydrophobes attirent les molécules d'H_2O.
  Explication : Les molécules hydrophobes repoussent les molécules d'H_2O.

29. Concernant les acides nucléiques, cocher la (les) proposition(s) correcte(s) :

- **a. VRAI** : L'un des rôles principaux des acides nucléiques est le stockage du programme génétique.
- **b. VRAI** : Base Azotée + Pentose = Nucléoside
- **c. FAUX** : Nucleotide + Phosphate = Nucléoside.
  Explication : Nucleoside + Phosphate = Nucléotide.
- **d. VRAI** : L'ATP est un mononucléotide.
- **e. VRAI** : L'ADN et l'ARN sont des polynucléotides.

30. Concernant les acides nucléiques, cocher la (les) proposition(s) correcte(s) :

- **a. FAUX** : Les pentoses des nucléosides absorbent fortement les UV.
  Explication : Les bases azotées des nucléosides absorbent fortement les UV.
- **b. VRAI** : La différence entre le ribose et le désoxyribose est l'atome d'oxygène sur le C2 du ribose.
- **c. VRAI** : Les nucléotides sont unis par des liaisons diester-phosphoriques.
- **d. VRAI** : Les acides nucléiques ont une forte affinité pour les colorants basiques.
- **e. VRAI** : La structure monocaténaire de l'ADN est construite de 5' à 3'.

31. Concernant les outils utilisés, cocher la (les) proposition(s) correcte(s) ?

- **a. VRAI** : Les anticorps polyclonaux ont une sensibilité élevée.
- **b. VRAI** : Les anticorps monoclonaux reconnaissent un seul épitope.
- **c. VRAI** : Il existe des anticorps neutralisant qui se fixent à une protéine cible et bloque son activité.
- **d. FAUX** : Le DAPI est un marqueur fluorescent de l'ARN.
  Explication : le DAPI est un marqueur fluorescent de l'ARN.
- **e. FAUX** : Les marqueurs radioactifs sont détectés par MO et épifluorescence.
  Explication : les marqueurs radioactifs sont détectés autobiographie.

32. Concernant le western blot, cocher la (les) proposition(s) correcte(s) ?

- **a. FAUX** : C'est une méthode de détection d'ADN à l'aide d'anticorps marqués.
  Explication : c'est une méthode de détection de protéines.
- **b. VRAI** : Le SDS est un détergent qui dénature les protéines.
- **c. FAUX** : La détection indirecte utilise un seul type d'Anticorps.
  Explication : la détection directe utilise deux types d'anticorps.

d. **VRAI** : La détection directe est plus spécifique.
e. **VRAI** : Le western blot est une méthode quantitative.

33. Concernant l'immunohistochimie, cocher la (les) propositions correcte(s) ?
a. **FAUX** : C'est une méthode permettant de localiser in vitro.
Explication : c'est une méthode permettant de localiser in situ.
b. **VRAI** : L'or colloïdal peut être utilisé comme marqueur.
c. **FAUX** : C'est une méthode quantitative et peu qualitative.
Explication : c'est une méthode qualitative et peu quantitative.
d. **VRAI** : Le noyau peut être mis en évidence ave le iodure de propidium.
e. **FAUX** : L'immunodétection peut se faire uniquement en méthode indirecte.
Explication : l'immunodétection peut se faire en méthode indirecte et directe.

34. Concernant l'immunoprécipitation et l'hybridation, cocher la (les) propositions correcte(s) ?
a. **FAUX** : L'immunoprécipitation se fait en condition dénaturante.
Explication : l'immunoprécipitation se fait en condition non dénaturante.
b. **FAUX** : Le western blot après la co-immunoprécipitation est en condition non dénaturante.
Explication : le western blot après la co-immunoprécipitation est en condition dénaturante.
c. **VRAI** : La co-immunoprécipitation permet de mettre en évidence in vivo et in vitro des interactions protéines-potéines.
d. **VRAI** : L'hybridation in situ permet de localiser une séquence d'intérêt.
e. **VRAI** : Si le marquage de l'hybridation in situ est fluorescent, on parle de FISH.

35. Concernant la culture cellulaire, cocher la (les) propositions correcte(s) ?
a. **VRAI** : Une biopsie est une culture organotypique.
b. **FAUX** : Une culture secondaire est une culture de cellules dites immortelles.
Explication : c'est la culture de lignées cellulaires qui est une culture de cellules dite immortelles.
c. **VRAI** : Les cellules Hela sont des cellules d'origine épithéliale d'origine humaine.
d. **VRAI** : Une atmosphère stérile fait des conditions de culture.
e. **VRAI** : Les facteurs de croissance peuvent être apportés dans le milieu de culture par du sérum animal.

36. Concernant la PCR et la RT-PCR, cocher la (les) propositions correctes ?
a. **FAUX** : Une des étapes du cycle est l'élongation de l'ARN.
Explication : c'est l'élongation de l'ADN.
b. **FAUX** : Grâce à la PCR, il est possible de comparer les quantités de transcrits dans différents tissus.
Explication : c'est grâce à la PCR qu'il est possible de comparer les quantités de transcrits dans différents tissus.
c. **VRAI** : La PCR est méthode d'amplification spécifique d'une séquence d'ADN.
d. **FAUX** : Elles nécessitent une seule amorce.
Explication : elles nécessitent 2 couples d'amorces, l'un reconnaissant la séquence d'intérêt l'autre reconnaissant une séquence contrôle.

e. **VRAI** : L'élongation se fait par la Taq polymérase.

37. Concernant le pulse-chase et le patch clamp, cocher la (les) propositions correcte(s) ?

a. **FAUX** : Thymidine tritiée est un précurseur marqué de l'ARN.
Explication : thymidine tritiée est un précurseur marqué de l'ADN.

b. **VRAI** : L'ADN peut être marqué au BrdU.

c. **VRAI** : L'analyse peut être réalisée par autoradiographie.

d. **FAUX** : Il y deux configurations possibles au patch clamp, inside-out et outside-out.
Explication : il y a quatre configurations possibles : inside-out, outside-out, cellule entière, cellule attachée.

e. **VRAI** : Le patch clamp peut permettre d'étudier les propriétés des canaux au sein de la cellule fonctionnelle.

38. Concernant la structure, cocher la (les) proposition(s) correcte(s) ?

a. **FAUX** : La membrane externe est en continuité avec le REL.
Explication : la membrane externe est en continuité avec le REG.

b. **FAUX** : Le nucléoplasme est un sous-compartiment assurant la formation des sous-unités ribosomiques.
Explication : c'est le nucléole qui est un sous-compartiment assurant la formation des sous-unités ribosomiques.

c. **VRAI** : Bromure d'éthidium est un fluorochrome intercalant de l'ADN.

d. **FAUX** : La chromatide est un réseau fibreux formé d'ADN, de protéines et d'ARN.
Explication : c'est la chromatine qui est un réseau fibreux formé d'ADN, de protéines et d'ARN.

e. **VRAI** : Les échanges entre le nucléplasme et cytoplasme se font par les pores nucléaires.

39. Concernant la chromatine, cocher la (les) proposition(s) correcte(s) ?

a. **VRAI** : Les gènes ubiquistes sont exprimés dans tous les types cellulaires.

b. **FAUX** : Les histones sont des protéines acides riches en lysine.
Explication : les histones sont des protéines basiques riches en lysine.

c. **FAUX** : L'histone H3 est une histone de liaison.
Explication : l'histone H3 est une histone nucléosomique.

d. **FAUX** : L'euchromatine est une fibre A de 30 nm.
Explication : l'euchromatine est une fibre A de 10 nm.

e. **VRAI** : L'hétérochromatine est riche en territoire C et G pauvres en gènes.

40. Concernant la réplication, cocher la (les) proposition(s) correcte(s) ?

a. **VRAI** : Elle a lieu pendant la phase S.

b. **FAUX** : C'est un processus unidirectionnel.
Explication : c'est un processus bidirectionnel.

c. **VRAI** : C'est un processus semi-conservatif.

d. **FAUX** : Les acteurs sont les réplisomes comme l'ARN polymérase.
Explication : les acteurs sont les réplisomes comme l'ADN polymérase.

e. **VRAI** : Elle peut être mise en évidence par la thimidine tritiée.

41. Concernant la maturation, cocher la (les) propositions correcte(s) ?

a. FAUX : Elle comporte l'ajout d'une coiffe en 3' de l'ARN.
Explication : l'ajout d'une coiffe est en 5' de l'ARN.

b. FAUX : Elle comporte l'ajout d'une queue polyA en 5' de l'ARN.
Explication : l'ajout d'une queue polyA est en 3' de l'ARN.

c. VRAI : L'épissage met en jeu le splicéome.

d. FAUX : Le splicéome est composé de 6 SNURPs.
Explication : le splicéome est composé de 5 SNURPs : U1, U2, U4, U5, U6.

e. FAUX : AG est un site donneur d'épissage.
Explication : AG est un site accepteur d'épissage.

42. Concernant le remodelage, cocher la (les) proposition(s) correcte(s) ?

a. FAUX : L'euchromatine « ouverte » a les H3 et H4 acétylées par HDAC.
Explication : l'euchromatine ouverte a les H3 et H4 acétylées par HAT.

b. VRAI : L'hétérochromatine a les histones phosphorylées.

c. FAUX : L'hétérochromatine a l'ADN non méthylé.
Explication : l'hétérochromatine a l'ADN méthylé.

d. VRAI : Lorsque l'euchromatine est ouverte la transcription est activée.

e. VRAI : Un passage de fibre A à fibre B est possible.

43. Concernant les miARN, cocher la (les) proposition(s) correcte(s) ?

a. VRAI : C'est un petit ARN naturel, long d'une vingtaine de nucléotides.

b. FAUX : C'est une régulation pré-transcriptionnelle, il permet l'extinction de l'expression des gènes.
Explication : c'est une régulation post-transcriptionnelle qui permet l'extinction de l'expression des gènes.

c. FAUX : L'endonucléase DICER élimine les extrémités libres du pri-miARN.
Explication : c'est l'endonucléaseDrosha qui élimine les extrémités libres de pri-miARN.

d. VRAI : Le pré-ARN est transloqué du noyau au cytoplasme par l'exportine 5.

e. FAUX : L'appariement du miARN à sa séquence cible aboutit toujours à la dégradation de la séquence.
Explication : il aboutit à une inhibition de la séquence s'il est imparfait.

44. Concernant le transport noyau-cytoplasme, cocher la (les) proposition(s) correcte(s) ?

a. VRAI : SLN est une séquence qui permet l'adressage d'une protéine vers le noyau.

b. FAUX : Les importines permettent d'importer une protéine dans le cytoplasme.
Explication : les importines permettent d'importer une protéine dans le cytoplasme.

c. FAUX : Ran est une petite protéine G liée à l'ATP.
Explication : RAN est une petite protéine G liée à l'ATP.

d. VRAI : Ran existe sous deux conformations.

e. VRAI : Ran permet l'entrée de Ran dans le noyau.

45. Concernant le cycle cellulaire, cocher la (les) proposition(s) correcte(s) ?

a. FAUX : La phase G1 dure 6h.
Explication : la phase G1 dure 8h.

b. **FAUX** : La phase G0 est une phase proliférative.
Explication : la phase G0 est une phase non proliférative.
c. **VRAI** : La phase S est de durée constante pour une espèce.
d. **VRAI** : L'iodure de propidium est introduit après perméabilisation de la membrane plasmique.
e. **FAUX** : La division du matériel génétique s'appelle la cytocinèse.
Explication : la division du matériel génétique s'appelle la caryocinèse.

46. Concernant la mitose, cocher la (les) proposition(s) correcte(s) ?
a. **VRAI** : Pendant la prophase, les deux centrosomes deviennent des asters.
b. **FAUX** : Pendant la métaphase, les chromosomes sont tractés par des microtubles ancrés aux kinétochores.
Explication : c'est pendant la phase de prémétaphase.
c. **FAUX** : L'anaphase B correspond à l'écartement des chromatides sœurs.
Explication : c'est l'anaphase A qui correspond à l'écartement des chromatides sœurs.
d. **FAUX** : La cytocinèse débute en télophase.
Explication : la cytocinèse débute en fin de métaphase.
e. **VRAI** : L'abscission est la séparation des cellules filles.

47. Concernant la régulation du cycle cellulaire, cocher la (les) proposition(s) correcte(s) ?
a. **FAUX** : La cycline D-Cdka1 joue un rôle dans la phase G1.
Explication : c'est ma cycline D-Cdka 4/6 qui joue un rôle dans la phase G1.
b. **VRAI** : La cycline A-Cdk2 phosphoryle cdc6.
c. **FAUX** : En G2, le MPF est phosphorylé par Plk1.
Explication : en G2, le MPF est phosphorylé par Wee1.
d. **VRAI** : La cycline E est dégradée par le protéasome, ce qui permet le passage en phase S.
e. **VRAI** : Les Cdk sont des kinases dépendantes des cyclines.

48. Concernant la régulation du cycle cellulaire, cocher la (les) proposition(s) correcte(s) ?
a. **VRAI** : La fixation du facteur de croissance sur son récepteur entraîne la dimérisation du récepteur.
b. **FAUX** : GRB2/SOS échange de l'ADP associé à la protéine Ras par de l'ATP.
Explication : GRB2/SOS échange de l'ADP associé à la protéine Ras par de l'ATP.
c. **VRAI** : ERK phosphorylée rentre dans le noyau et phosphoryle les facteurs de transcription des gènes impliqués dans G1.
d. **VRAI** : Quand la cycline E-Cdk2 atteint un seuil critique, c'est le passage du point de restriction.
e. **VRAI** : À la fin de la phase G1, la cycline E prend le relais de la cycline D.

49. Concernant la régulation des transitions G2/M et métaphase/anaphase, cocher la (les) propositions correcte(s) ?
a. **FAUX** : En G2, le complexe cycline B-Cdk1 est phosphorylé par MO15 sur la tyrosine 161.
Explication : le complexe cycline B-Cdk1 est phosphorylé par MO15 sur la thréonine 161.

b. **VRAI** : La POLO kinase PLK1 est activée quand la maturation des centrosomes est correcte.
c. **VRAI** : CDC25C possède une séquence SLN ET SEN.
d. **FAUX** : Le complexe cycline B-Cdk1 déphosphorylé sur la thréonine 161 forme le MPF.
Explication : le complexe cycline B-Cdk1 phosphorylé sur la thréonine 161 forme le MPF.
e. **FAUX** : Le complexe APC/C est une E2 ubiquitine ligase.
Explication : le complexe APC/C est une E2 ubiquitine ligase.

50. Concernant les points contrôles, cocher la (les) proposition(s) correcte(s) ?
a. **VRAI** : Dans le cytoplasme, p53 est ubiquitiné par MDM2.
b. **VRAI** : p53 est un régulateur transcriptionnel.
c. **FAUX** : p53 inhibe les complexes cycline/Cdk en cas de cassures double brin de l'ADN.
Explication : c'est p21 qui inhibe les complexes cycline/Cdk en cas de cassures double brin de l'ADN.
d. **FAUX** : La kinase ATR entre en jeu en cas de maturation anormale des centrosomes.
Explication : la kinase ATR entre en jeu en cas de réplication d'ADN non terminée.
e. **FAUX** : p53 stimule l'espression de BAX dont l'augmentation dans la cellule déclenche l'apoptose par voie extrinsèque.
Explication : la stimulation de BAX entraîne l'apoptose par voie intrinsèque.

51. Parmi les acteurs suivants, lequel (lesquels) est (sont) des proto-oncogène(s) ?
a. **VRAI** : EGF
b. **FAUX** : RB
Explication : c'est un anti-oncogène.
c. **VRAI** : RAS
d. **VRAI** : RAF
e. **FAUX** : p53
Explication : c'est un anti-oncogène.

52. Concernant le réticulum endoplasmique, cocher la (les) propositions correcte(s) ?
a. **VRAI** : C'est un ensemble de cavités reliées les unes aux autres par des canaux.
b. **FAUX** : La traduction commence toujours dans le hyaloplasme et se termine toujours de Le REG.
Explication : la traduction commence toujours dans le hyaloplasme et se termine soit dans le REG et dans le hyaloplasme ;
c. **VRAI** : Les protéines HSC70 participent au repliement des protéines.
d. **FAUX** : La séquence de Kozak en 3' permet l'initiation de la traduction.
Explication : la séquence de kozak est en 5'.
e. **VRAI** : Les ribosomes permettent l'association transitoire entre l'ARNm et les ARNt.

53. Concernant la synthèse des protéines au niveau du REG, cocher la (les) proposition(s) correcte(s) ?
a. **FAUX** : Les protéines hyaloplasmiques peuvent posséder des ponts disulfures.
Explication : les protéines hyaloplasmiques ne peuvent pas posséder des ponts car elles ne passent pas par le REG.

b. **VRAI** : Les protéines solubles dans le SMI sont synthétisées comme les protéines de sécrétion.
c. **VRAI** : La séquence KDEL est une séquence de rétention dans le REG.
d. **FAUX** : Les protéines intrinsèques transmembranaires possèdent des segments transmembranaires correspondant à des hélices alpha d'une cinquantaine d'acides aminés hydrophobes.
Explication : Les protéines intrinsèques transmembranaires possèdent des segments transmembranaires correspondant à des hélices alpha d'une vingtaine d'acides aminés hydrophobes.
e. **FAUX** : Les protéines à un seul domaine transmembranaire possèdent la séquence d'initiation du transfert en C-terminal.
Explication : les protéines à un seul domaine transmembranaire possèdent la séquence d'initiation de transfert en C-terminal.

54. Concernant la synthèse des protéines au niveau du REG, cocher la (les) proposition(s) correcte(s) ?

a. **FAUX** : Les protéines intrinsèques membranaires fortement liées à la face cisternaire sont des protéines globulaires hydrophobes.
Explication : Les protéines intrinsèques membranaires fortement liées à la face cisternaire sont des protéines globulaires hydrophiles.
b. **FAUX** : Les protéines intrinsèques sont associées, de façon covalente, par son extrémité N-terminale à un GPI.
Explication : Les protéines intrinsèques sont associées, de façon covalente, par son extrémité C-terminale à un GPI.
c. **VRAI** : Les protéines extrinsèques sont associées aux membranes du REG par liaison faible.
d. **VRAI** : Les protéines extrinsèques de la face hyaloplasmique sont synthétisées par des ribosomes libres dans le hyaloplasme.
e. **FAUX** : Les ribosomes libres sont associés à un lipide membranaire du REG par des liaisons faibles.
Explication : les ribosomes libres sont associés à un lipide membranaire du REG par des liaisons covalentes.

55. Concernant la glycosylation, cocher la (les) propositions correcte(s) ?

a. **VRAI** : C'est une modification co-traductionnelle ne concerne que les protéines du SMI et de la membrane plasmique.
b. **FAUX** : La OH- glycosylation est l'ajout d'un oligosacccharide court peu ramifié sur le OH latéral d'un résidu sérine ou tyrosine.
Explication : La OH- glycosylation est l'ajout d'un oligosacccharide court peu ramifié sur le OH latéral d'un résidu sérine ou thréonine.
c. **FAUX** : La N-glycosylation contient la séquence Asn-X-Thr où X peut être tout acide aminé.
Explication : X peut être tout acide aminé sauf la proline.
d. **VRAI** : La calnexine est une protéine chaperonne.
e. **VRAI** : La OH- glycosylation a lieu uniquement dans l'appareil de golgi.

56. Concernant l'appareil de golgi, cocher la (les) propositions correcte(s) ?

a. **FAUX** : Le dictyosome est polarisé avec une face cis concave et une face trans convexe.
Explication : Le dictyosome est polarisé avec une face cis convexe et une face trans concave.

b. **VRAI** : L'appareil de golgi est organisé en 5 compartiments : le réseau cis-golgien ; saccules cis ; saccules médians ; saccules trans ; réseau trans-golgien.

c. **VRAI** : Le REG est en continuité avec le Golgi par des vésicules de transition.

d. **FAUX** : Le Golgi intervient dans la modification post-transcriptionnelle des protéines comme la phosphorylation.
Explication : Le Golgi intervient dans la modification post-traduction des protéines comme la phosphorylation.

e. **VRAI** : C'est une plateforme de tri qui exporte les protéines dans des vésicules vers leurs destinations finales.

57. Concernant les échanges vésiculaires, cocher la (les) proposition(s) correcte(s) ?

a. **VRAI** : Le manteau COP II se trouve sur les vésicules allant du REG vers les saccules du reseau cis-golgien.

b. **FAUX** : Le manteau de Clathrine se trouve sur les vésicules de la membrane plasmique.
Explication : c'est le manteau de calvéoline qui se trouve sur les vésicules de la membrane plasmique.

c. **VRAI** : Le démantèlement consomme de l'énergie.

d. **VRAI** : C'est l'interaction v-SNARE/t-SNARE qui est à l'origine de la spécificité d'adressage.

e. **FAUX** : La protéine NSF, par son activité GTPasique, permet la dissociation de v-SNARE de t-SNARE.
Explication : La protéine NSF, par son activité ATPasique, permet la dissociation de v-SNARE de t-SNARE.

58. Concernant les endosomes et lysosomes, cocher la (les) proposition(s) correcte(s) ?

a. **VRAI** : Les endosomes sont des vésicules d'internalisation tapissées ou non de clathrine.

b. **VRAI** : Les lysosomes sont des petites vésicules membranaires.

c. **FAUX** : Les lysosomes ont un pH de 7.
Explication : les lysosomes ont un pH de 4,8 grâce à la présence de pompe H+/ATPase.

d. **FAUX** : La pompe H+/ATPase fait sortir un H+ contre son gradient de concentration.
Explication : la pompe H+/ATPase fait rentrer un H+ contre son gradient de concentration.

e. **VRAI** : Les lysosomes participent à l'hétérophagie et l'autophagie.

59. Concernant la mitochondrie, cocher la (les) proposition(s) correcte(s) ?

a. **VRAI** : L'ensemble des mitochondries forme un réseau coopératif et dynamique nommé chondriome.

b. **FAUX** : Un des rôles principaux des mitochondries est la participation à l'homéostasie cellulaire en stockant le potassium.
Explication : Un des rôles principaux des mitochondries est la participation à l'homéostasie cellulaire en stockant le calcium.

c. **VRAI** : Elle peut être mise en évidence par le colorant vert janus.
d. **FAUX** : Le complexe protéique TOM se trouve sur la membrane interne.
Explication : c'est le complexe protéique TIM qui se trouve sur la membrane interne, TOM se trouve sur la membrane externe.
e. **FAUX** : La membrane externe est fortement perméable aux protons.
Explication : c'est la membrane interne qui est fortement perméable aux protons.

60. Concernant la mitochondrie, cocher la (les) propositions correcte(s) ?
a. **FAUX** : Le cytochrome C est un transporteur d'électron fortement lié à la membrane interne.
Explication : Le cytochrome C est un transporteur d'électron faiblement lié à la membrane interne.
b. **VRAI** : La matrice mitochondriale est riche en Ca+.
c. **VRAI** : Les mitochondries sont des organismes semi-autonomes.
d. **FAUX** : L'ADN mitochondrial est répliqué de façon synchrone à l'ADN nucléaire.
Explication : l'ADN mitochondrial est répliqué de façon non synchrone à l'ADN nucléaire.
e. **VRAI** : La majorité des protéines mitochondriales sont codées par le génome nucléaire.

61. Concernant la production d'ATP, cocher la (les) proposition(s) correcte(s) ?
a. **VRAI** : L'ATP est la principale forme d'énergie de la cellule.
b. **VRAI** : L'oxydation complète des substrats organiques en CO_2 entraîne la réduction de transporteur d'électrons.
c. **FAUX** : La membrane externe mitochondriale contient la chaîne respiratoire.
Explication : c'est la membrane interne mitochondriale qui contient la chaîne respiratoire.
d. **FAUX** : Le processus d'oxydo-réduction des transporteurs d'électron est couplé à un passage de protons de l'espace intermédiaire à la matrice.
Explication : le processus d'oxydo-réduction des transporteurs d'électron est couplé à un passage de la matrice vers l'espace intermédiaire de la matrice.
e. **VRAI** : Le passage des H+ crée un gradient de pH et un potentiel de membrane.

62. Concernant la production d'ATP, cocher la (les) proposition(s) correcte(s) ?
a. **VRAI** : La phosphorylation de l'ADP en ATP est oxydative.
b. **FAUX** : L'oxydation complète d'une molécule de glucose permet de produire 45 molécules d'ATP.
Explication : l'oxydation complète d'une moléculede glucose permet de produire 38 molécules d'ATP.
c. **VRAI** : La rotéone réduit fortement la synthèse d'ATP.
d. **FAUX** : Le cyanure en se liant au complexe I bloque la synthèse d'ATP.
Explication : le cyanure en se liant au complexe IV bloque la synthèse d'ATP.
e. **VRAI** : Le dinitrophénol court-circuite l'ATP synthétase empêchant la synthèse d'ATP.

63. Concernant l'apoptose, cocher la (les) proposition(s) correcte(s) ?
a. **FAUX** : L'apoptose est une mort cellulaire programmée souvent synonyme de nécrose.
Explication : l'apoptose n'est pas synonyme de nécrose au contraire ce sont deux morts de cellules opposées.

b. **FAUX** : La décondensation du noyau en est un signe caractéristique.
Explication : c'est la condensation du noyau qui est un signe caractéristique de l'apoptose.
c. **VRAI** : La méthode TUNEL permet de mettre en évidence les noyaux apoptotiques.
d. **FAUX** : Internalisation de la phosphatidylsérine est un signe caractéristique de l'apoptose.
Explication : c'est l'externalisation de la phosphatidylsérine qui est un signe caractéristique de l'apoptose.
e. **VRAI** : L'annexine V permet de détecter les cellules apoptotiques.

64. Concernant les mécanismes moléculaire de l'apoptose, cocher la (les) proposition(s) correcte(s) ?
a. **VRAI** : Il existe deux voies majeures : la voie intrinsèque et la voie extrinsèque.
b. **FAUX** : La voie extrinsèque vient de la mitochondrie donc de l'extérieur.
Explication : c'est la voie intrinsèque qui vient de la mitochondrie et donc de l'intérieur de la cellule.
c. **FAUX** : Les caspases sont des enzymes présentes dans le hyaloplasme sous forme de précurseurs actifs.
Explication : Les caspases sont des enzymes présentes dans le hyaloplasme sous forme de précurseurs inactifs.
d. **VRAI** : Les caspases sont protéases.
e. **FAUX** : La caspase 3 est une caspase initiatrice.
Explication : la caspase 3 est une caspase effectrice.

65. Concernant la voie extrinsèque, cocher la (les) proposition(s) correcte(s) ?
a. **VRAI** : C'est une voie dépendant d'un récepteur de mort.
b. **FAUX** : Le récepteur FAS-L est enchâssé dans la membrane plasmique.
Explication : FAS-L est le ligand de FAS qui est le récepteur enchâssé dans la membrane plasmique.
c. **VRAI** : Les procaspases 8 s'auto-activent par clivage en caspase 8.
d. **FAUX** : La caspase assure l'activation des procaspases 6 qui activent en retour les procaspases 3.
Explication : La caspase assure l'activation des procaspases 3 qui activent en retour les procaspases 6.
e. **VRAI** : La caspase 6 peut activer le clivage des pro-caspases 8.

66. Concernant la voie extrinsèque, cocher la (les) proposition(s) correcte(s) ?
a. **VRAI** : Les stimuli de la voie intrinsèque favorisent la fuite du cytochrome C hors de l'espace intermembranaire de la mitochondrie vers le cytosol.
b. **FAUX** : La libération du cytochrome C est contrôle par des protéines de la membrane interne appartenant à la famille Bcl-2.
Explication : La libération du cytochrome C est contrôle par des protéines de la membrane externe appartenant à la famille Bcl-2.
c. **FAUX** : Le domaine BH2 des protéines de la famille Bcl-2 est impliqué dans leur oligomérisation.
Explication : le domaine BH2 des protéines de la famille Bcl-2 est impliqué dans la formation de pores.

d. **VRAI** : L'apoptosome est composé du cytochrome C, de Apaf-1, d'ATP et des procaspases 9.
e. **FAUX** : La caspase 9 active uniquement la caspase 3.
Explication : la caspase 9 active les caspases 3 et 7.

67. Concernant la régulation de l'apoptose, cocher la (les) proposition(s) correcte(s) ?
a. **FAUX** : Les voies intrinsèque et extrinsèque sont indépendantes.
Explication : les voies intrinsèque et extrinsèque ne sont pas indépendantes.
b. **VRAI** : La protéine BID est un substrat de la caspase 8.
c. **FAUX** : p53 se fixe sur le promoteur des gènes codant BAD et active sa transcription.
Explication : p53 se fixe sur le promoteur des gènes codant BAX et active sa transcription.
d. **VRAI** : p53 se fixe sur le promoteur des gènes codant Bcl-2 et réprime sa transcription.
e. **FAUX** : p53 est cependant incapable d'initier le processus apoptotique.
Explication : p53 est capable d'initier le processus apoptotique en bloquant Bcl-2 et en favorisant ainsi les complexes BAX/BAX ou BAD/BAD.

68. Concernant les mécanismes de l'ontogénèse, cocher la (les) proposition(s) correcte(s) ?
a. **FAUX** : Une cellule déterminée est une cellule dont le devenir est fixé mais de manière réversible.
Explication : Une cellule déterminée est une cellule dont le devenir est fixé mais de manière irréversible.
b. **FAUX** : Une cellule différenciée peut encore se diviser.
Explication : une cellule différenciée ne peut plus se diviser.
c. **VRAI** : La différenciation implique une hétérochromatinisation progressive.
d. **FAUX** : Une induction correspond à une sécrétion par une cellule compétente de facteurs de croissance.
Explication : Une induction correspond à une sécrétion par une cellule différenciée de facteurs de croissance.
e. **VRAI** : Une cellule compétente est une cellule qui possède un récepteur aux signaux inducteurs.

69. Concernant le développement des amphibiens, cocher la (les) proposition(s) correcte(s) ?
a. **FAUX** : L'ovocyte non fécondé est pigmentée sur tout l'hémisphère animal.
Explication : L'ovocyte non fécondé est pigmentée au niveau de l'hémisphère animal sauf au niveau de la tâche de maturation.
b. **FAUX** : Un œuf fécondé possède déjà une orientation.
Explication : un œuf non fécondé ne présente pas d'orientation.
c. **VRAI** : La fécondation entraîne une rotation de symétrisation qui fait disparaître la tâche de maturation.
d. **VRAI** : La rotation de symétrisation est permise par les microtubules.
e. **FAUX** : La rotation de symétrisation ne change pas la localisation des déterminants cytoplasmique.
Explication : la rotation de symétrisation induit une relocalisation des déterminants cytoplasmiques.

70. Concernant la segmentation, cocher la (les) proposition(s) correcte(s) ?

a. **FAUX** : Le 1er clivage aboutit dans 80 % des cas à 2 blastomères de taille égale.
Explication : Le 1er clivage aboutit dans 50 % des cas à 2 blastomères de taille égale.

b. **FAUX** : Les micromères, dans l'hémisphère végétatif, sont des petites cellules à cycle cellulaire court.
Explication : les micromères se trouvent dans l'hémisphère animal.

c. **FAUX** : La transition blastuléenne a lieu avant le 9e cycle de division.
Explication : La transition blastuléenne a lieu après le 9e cycle de division.

d. **FAUX** : Avant la transition blastuléenne l'expression du génome est zygotique.
Explication : Avant la transition blastuléenne l'expression du génome est maternel.

e. **VRAI** : Groucho est un facteur répresseur.

71. Concernant la gastrulation, cocher la (les) proposition(s) correcte(s) ?

a. **VRAI** : Le mouvement d'extension-convergence permet l'allongement puis l'invagination du mésoderme.

b. **FAUX** : L'épibolie est le mouvement d'entrée dans le blastocœle.
Explication : c'est l'invagination qui est le mouvement d'entrée dans le blastocœle.

c. **VRAI** : Pendant l'étape de la lèvre dorsale du blastopore, il y a une poursuite de l'invagination du mésoderme chordal.

d. **FAUX** : Pendant l'étape anse de panier, il y a une invagination du mésoderme ventro-latéral.
Explication : Pendant l'étape anse de panier, il y a une invagination du mésoderme somitique.

e. **VRAI** : La gastrulation entraîne l'apparition de l'archentéron.

72. Concernant les expériences historiques, cocher la (les) proposition(s) correcte(s) ?

a. **FAUX** : L'expérience de Nieuwkoop a lieu au stade 32 cellules après la transition blastuléenne.
Explication : L'expérience de Nieuwkoop a lieu au stade 32 cellules avant la transition blastuléenne.

b. **FAUX** : L'expérience de Nieuwkoop a permis de montrer que l'endoderme induit la calotte animale en mésoderme, c'est donc un inducteur secondaire du mésoderme.
Explication : c'est donc un inducteur primaire du mésoderme.

c. **VRAI** : L'expérience de Nieuwkoop a montré que la calotte est compétente au stade 32 cellules.

d. **VRAI** : Le macromère D1 est le centre inducteur de Nieuwkoop.

e. **FAUX** : Le centre de Spemann est la lèvre ventrale du blastopore.
Explication : Le centre de Spemann est la lèvre dorsale du blastopore.

73. Concernant les méthodes expérimentales, cocher la (les) proposition(s) correcte(s) ?

a. **VRAI** : Le teste de la calotte animale implique une étude des marqueurs par RT-PCR.

b. **VRAI** : Une approche gain de fonction peut aboutir à la formation d'un axe dorso-ventrale surnuméraire.

c. **FAUX** : Un oligomorpholinos est un ARN très stable complémentaire de la région 3' de l'ARN.
Explication : Un oligomorpholinos est un ARN très stable complémentaire de la région 5' de l'ARN.

d. FAUX : Un siARN ne peut entraîner la dégradation totale d'un ARN.
Explication : un siARN entraîne la dégradation totale d'un ARN.

e. VRAI : La stratégie dominant négatif consiste à faire exprimer un mutant inactif d'une protéine qui inhibe l'activité de la protéine endogène.

74. Concernant certains mécanismes moléculaires, cocher la (les) proposition(s) correcte(s) ?

a. VRAI : VegT est un facteur de transcription d'origine maternelle.

b. FAUX : VegT est nécessaire à l'autodétermination de l'ectoderme.
Explication : VegT est nécessaire à l'autodétermination de l'endoderme.

c. VRAI : La βcaténine active la transcription du gène siamois.

d. FAUX : La rotation de symétrisation induit la relocalisation de Wnt8 et Dishevelled en région dorso-végétative.
Explication : La rotation de symétrisation induit la relocalisation de Wnt11 et Dishevelled en région dorso-végétative.

e. FAUX : L'expression des molécules de la famille du TGFβ est maternelle.
Explication : L'expression des molécules de la famille du TGFβ est zygotique.

75. Concernant les traitements aux UV ou au chlorure de lithium (LiCl), cocher la (les) proposition(s) correcte(s) ?

a. VRAI : Le traitement aux UV bloque la rotation de symétrisation de l'œuf.

b. VRAI : LiCl est un inhibiteur de la GSK3.

c. FAUX : Le traitement au LiCl entraîne une ventralisation de l'embryon.
Explication : Le traitement au LiCl entraîne une dorsalisation de l'embryon.

d. FAUX : Le traitement aux UV entraîne une dorsalisation de l'embryon.
Explication : Le traitement aux UV entraîne une ventralisation de l'embryon.

e. VRAI : L'irridation aux UV déstabilise les microtubules.

76. Concernant les molécules de la famille TGFβ, cocher la (les) proposition(s) correcte(s) ?

a. VRAI : Ce sont des facteurs de croissance.

b. FAUX : Ils activent une transduction de signal via un récepteur à activité sérine/tyrosine kinase.
Explication : Ils activent une transduction de signal via un récepteur à activité sérine/thréonine kinase.

c. FAUX : A faible concentration d'Activine, il y a une induction du mésoderme dorsal.
Explication : A faible concentration d'Activine, il y a une induction du mésoderme ventral.

d. VRAI : L'activine est le plus puissant inducteur de mésoderme in vitro.

e. FAUX : BMP4 intervient dans la dorsalisation du mésoderme.
Explication : BMP4 intervient dans la ventralisation du mésoderme.

77. Concernant les facteurs de transcription d'origine zygotique, cocher la (les) proposition(s) correcte(s) ?

a. VRAI : Le facteur Xbra est pan-mésodermique.

b. FAUX : Le facteur Xbra est sous contrôle des FGF uniquement.
Explication : le facteur est aussi sous contrôle des TGFβ.

c. FAUX : Goosecoïd est exprimé selon un gradient ventro-dorsal.
Explication : Goosecoïd est exprimé selon un gradient dorso-ventral.

d. **VRAI** : Goosecoïd régule l'expression de certaines molécules diffusible comme Noggin.
e. **FAUX** : Goosecoïd est localisé dans le chordo-mésoderme soit le mésoderme ventral.
Explication : Goosecoïd est localisé dans le chordo-mésoderme soit le mésoderme dorsal.

78. Concernant les molécules diffusibles, cocher la (les) proposition(s) correcte(s) ?
a. **FAUX** : Les molécules diffusibles ont des récepteurs et sont d'expression zygotique.
Explication : les molécules n'ont pas de récepteurs.
b. **VRAI** : Noggin, Chordin, Follistatin s'oppose à la signalisation de BMP4.
c. **VRAI** : Frizbee est produite selon un gradient dorso-ventral.
d. **FAUX** : Frizbee s'oppose à la signalisation ventralisate de BMP4.
Explication : Frizbee s'oppose à la signalisation ventralisate de Wnt8.
e. **VRAI** : Dickkopf s'oppose à la signalisation de Wnt8.

79. Concernant BMP4 et XWnt8, cocher la (les) proposition(s) correcte(s) ?
a. **FAUX** : XWnt8 fait partie de la famille des TFGβ.
Explication : XWnt8 est une molécule diffusible.
b. **VRAI** : Elles sont d'expression zygotique.
c. **VRAI** : Elles sont produites par le mésoderme ventral.
d. **VRAI** : Elles suivent un gradient ventro-dorsal.
e. **VRAI** : Elles font parties de la signalisation ventralisante.

80. Concernant les microtubules, cocher la (les) proposition(s) correcte(s) ?
a. **FAUX** : Ils rayonnent depuis le centromère.
Explication : ils rayonnent depuis le centrosome.
b. **VRAI** : Il est composé d'hétérodimères de tubuline α et β.
c. **FAUX** : la tubuline α est associée au GDP à rôle structurale.
Explication : elle est associée au GTP.
d. **VRAI** : Leur diamètre est de 24 nm.
e. **VRAI** : Ils sont polarisés.

81. Concernant les microtubules, cocher la (les) proposition(s) correcte(s) ?
a. **FAUX** : Les centrioles sont des microtubules labiles.
Explication : les centrioles sont des microtubules stables.
b. **FAUX** : La polymérisation se fait en forte présence de calcium.
Explication : La polymérisation se fait en faible présence de calcium.
c. **VRAI** : L'extrémité + est plus dynamique que l'extrémité -.
d. **VRAI** : Les hétérodimères s'incorporent lorsque la tubuline β est liée au GTP.
e. **FAUX** : La coiffe GTP est à l'origine de la stabilité dynamique des microtubules.
Explication : La coiffe GTP est à l'origine de l'instabilité dynamique des microtubules.

82. Concernant les microtubules, cocher la (les) proposition(s) correcte(s) ?
a. **VRAI** : Le centrosome est le centre organisateur de microtubules, situé proche du noyau.
b. **VRAI** : La zone péricentriolaire est le centre nucléation des MT.
c. **VRAI** : Le matériel péricentriolaire est riche tubuline γ

d. **FAUX** : La demi-vie d'un microtubule labile est d'environ 1 mins dans une cellule en interphase.
Explication : La demi-vie d'un microtubule labile est d'environ 10 mins dans une cellule en interphase.
e. **FAUX** : Une catastrophe est une phase de dépolymérisation complète du microtubule.
Explication : cette phase correspond à une fonte rapide.

83. Concernant les protéines associées aux microtubules, cocher la (les) proposition(s) correcte(s) ?
a. **FAUX** : Tau est une MAP de stabilisation qui favorise la polymérisation.
Explication : tau est une MAP de stabilisation qui régule l'organisation spatiale des microtubules.
b. **VRAI** : Catastrophine est une MAP de déstabilisation.
c. **VRAI** : Les MAP sont souvent régulées par phosphorylation.
d. **FAUX** : Les kynésines assurent le regroupement du Golgi vers le centrosome.
Explication : ce sont les dynéines qui assurent le regroupement du Golgi vers le centrosome.
e. **VRAI** : Les dynéines se déplacent de l'extrémité + vers l'extrémité -.

84. Concernant les inhibiteurs des microtubules, cocher la (les) proposition(s) correcte(s) ?
a. **FAUX** : Le Taxol est extrait de la pervenche.
Explication : le taxol est extrait de l'if.
b. **VRAI** : La Vinblastine immobilise les tubulines hyaloplasmiques.
c. **FAUX** : La Vincristine a une action réversible.
Explication : La Vincristine a une action irréversible.
d. **VRAI** : Le Nocodazole est extrait du colchique.
e. **VRAI** : La Colchicine entraîne la dépolymérisation des MT.

85. Concernant les microfilaments d'actine (MFA), cocher la (les) proposition(s) correcte(s) ?
a. **VRAI** : Les MFA sont très nombreux dans le cortex cellulaire.
b. **FAUX** : L'actine F a une fonction ATPasique.
Explication : c'est l'actine G qui a une fonction ATPasique.
c. **VRAI** : Les MFA sont polarisés et dynamiques.
d. **FAUX** : Les MFA ont un diamètre plus élevé que les microtubules.
Explication : Les MFA ont un diamètre plus faible que les microtubules.
e. **VRAI** : Ils sont associés à une instabilité dynamique.

86. Concernant les microfilaments d'actine, cocher la (les) proposition(s) correcte(s) ?
a. **FAUX** : La vinculine est une protéine de fasciculation.
Explication : la vinculine est une protéine d'ancrage membranaire.
b. **VRAI** : Les protéines de nucléation créent un réseau bidimensionnel.
c. **VRAI** : Ils jouent un rôle dans le mouvement de reptation.
d. **VRAI** : Ils ont un rôle majeur dans la forme des cellules.
e. **FAUX** : Ils n'ont pas de rôle dans les interactions entre les cellules et leur environnement.
Explication : ils y jouent un rôle, en participant à l'ancrage des cellules et leur déplacement.

87. Concernant les microfilaments de myosine, cocher la (les) proposition(s) correcte(s) ?

a. **VRAI** : La myosine est une protéine motrice.

b. **FAUX** : L'activité ATPasique de la myosine lui permet d'assurer des mouvements de l'extrimité + à l'extrémité – des MFA.
Explication : L'activité ATPasique de la myosine lui permet d'assurer des mouvements de l'extrimité - à l'extrémité + des MFA.

c. **FAUX** : La myosine I possède 2 chaînes lourdes et 4 légères.
Explication : c'est la composition de la myosine II.

d. **VRAI** : La myosine II est à l'origine de la contraction des cellules musculaires.

e. **VRAI** : La myosine V est impliquée dans le déplacement d'organites sur les MFA.

88. Concernant les microfilaments de intermédiaire (MFI), cocher la (les) proposition(s) correcte(s) ?

a. **FAUX** : Les microfilaments sont de 3 types : nucléaire, cytoplasmiques, membranaires.
Explication : ils sont de deux types : nucléaire et cytoplasmiques.

b. **FAUX** : Leur diamètre est 100 nm.
Explication : leur diamètre est de 10 nm.

c. **FAUX** : Ils sont solubles et non polarisés.
Explication : Ils sont insolubles et non polarisés.

d. **VRAI** : Ils sont stables, non dynamique, il n'y a pas d'hydrolyse d'ATP ni de GTP.

e. **VRAI** : Ils ont un rôle architectural et de placement de l'espace nucléaire.

89. Concernant les inhibiteurs des microfilaments, cocher la (les) proposition(s) correcte(s) ?

a. **VRAI** : La cytochalasine bloque la polymérisation des MFA.

b. **FAUX** : La phalloïdine favorise la polymérisation des MFI.
Explication : La phalloïdine favorise la polymérisation des MFA.

c. **VRAI** : L'urée provoque la dissociation des MFI.

d. **FAUX** : La colcémide empêche la polymérisation des MFA.
Explication : La colcémide empêche la polymérisation des micotubules.

e. **FAUX** : Le taxol empêche la dépolimérisation des MFA.
Explication : Le taxol empêche la dépolimérisation des microtubules.

90. Parmi les propositions suivantes, cocher la (les) proposition(s) correcte(s) ?

a. **FAUX** : Les lipides représentent 50 % de la membrane plasmique.
Explication : Les lipides représentent 30 % de la membrane plasmique.

b. **VRAI** : Les phospholipides sont amphiphiles.

c. **FAUX** : Les phospholipides sont tous neutres.
Explication : sauf la phosphatidylsérine qui est chargée négativement.

d. **VRAI** : Les phospholipides participent à la fluidité membranaire.

e. **FAUX** : Les phospholipides peuvent effectuer 3 mouvements : rotations, flexions et flip-flop.
Explication : ils peuvent exercer 4 mouvements, celui de diffusions latérales.

91. Parmi les propositions suivantes, cocher la (les) proposition(s) correcte(s) ?

a. **VRAI** : La répartition des phospholipides est asymétrique.

b. **FAUX** : Lors de l'apoptose la phosphatidylsérine passe du feuillet externe de la membrane au feuillet interne.
Explication : Lors de l'apoptose la phosphatidylsérine passe du feuillet interne de la membrane au feuillet externe.
c. **VRAI** : L'apoptose peut être visualisée par ajout d'annexine V marquée.
d. **FAUX** : Les glycolipides sont chargés positivement.
Explication : les glycolipides sont chargés négativement.
e. **VRAI** : Le cholestérol joue un rôle dans la fluidité membranaire.

92. Parmi les propositions suivantes, cocher la (les) proposition(s) correcte(s) ?
a. **VRAI** : Il existe deux types de protéines dans la membrane plasmique : les transmembranaires et les périphériques.
b. **FAUX** : Les protéines transmembranaires comprennent une vingtaine d'acides aminés hydrophiles.
Explication : Les protéines transmembranaires comprennent une vingtaine d'acides aminés hydrophobes.
c. **FAUX** : Les protéines périphériques peuvent se lier par ancrage covalent à une protéine transmembranaire.
Explication : elles peuvent se lier par liaison faible à une protéine transmembranaire.
d. **VRAI** : Les protéines sont plus ou moins mobiles.
e. **FAUX** : Les radeaux lipidiques sont des zones fluides difficilement déformable.
Explication : les radeaux lipidiques sont des zones fluides facilement déformables.

93. Parmi les propositions suivantes, cocher la (les) proposition(s) correcte(s) ?
a. **VRAI** : La barrière et le transfert d'information font partis des rôles de la membrane plasmique.
b. **FAUX** : La membrane plasmique permet des échanges uniquement unidirectionnels de matière.
Explication : elle permet des échanges bidirectionnels.
c. **FAUX** : Le cortex cellulaire de la membrane plasmique contient des filaments de lamines.
Explication : Le cortex cellulaire de la membrane plasmique contient des filaments d'actine.
d. **FAUX** : Les petites molécules polaire et hydrophobe ont la perméation la plus facile.
Explication : ce sont les petites molécules apolaires et hydrophobes qui ont la permation la plus facile.
e. **VRAI** : Les symport et antiport sont des cotransporteurs.

94. Parmi les propositions suivantes, cocher la (les) proposition(s) correcte(s) ?
a. **FAUX** : Le transport passif est sans apport d'énergie et contre le gradient de concentration.
Explication : le transport passif se fait dans le sens du gradient de concentration.
b. **VRAI** : Le transport actif peut être direct ou indirect avec un couplage.
c. **FAUX** : Les canaux sont une diffusion passive facilitée.
Explication : les canaux sont un diffusion passive simple.
d. **VRAI** : Le transport de matière par les protéases est saturable.
e. **VRAI** : Les pompes ATPasiques sont un transport actif direct.

95. Concernant la pompe Na+/K+, cocher la (les) proposition(s) correcte(s) ?

a. **FAUX** : La pompe Na+/K+ permet de sortir de 2 ions Na+ et l'entrée de 3 ions K+.
Explication : La pompe Na+/K+ permet de sortir de 3i ons Na+ et l'entrée de 2 ions K+.

b. **VRAI** : Le transport de ces ions consomme de l'ATP.

c. **FAUX** : La pompe Na+/K+ est dépendante du Ca2+.
Explication : la pompe Na+/K+ est dépendant du Mg^{2+}*.*

d. **VRAI** : Elle peut être inhibée par la digitaline et l'ouabaïne.

e. **FAUX** : C'est un exemple de symport.
Explication : c'est un exemple d'antiport.

96. Concernant les transports cytotiques, cocher la (les) proposition(s) correcte(s) ?

a. **VRAI** : La phagocytose est principalement réalisée par les macrophages.

b. **VRAI** : La vésicule de type calvéole est recouverte calvéoline et est formée à partir d'un radeau lipidique.

c. **FAUX** : Les calvéoles peuvent fusionner avec des lysosomes.
Explication : Les calvéolesne fusionnent jamais avec des lysosomes pour éviter la dégradation de leur contenu.

d. **VRAI** : Les vésicules peuvent aussi avoir un manteau de type clathrine.

e. **VRAI** : Le processus d'externalisation est l'exocytose.

97. Concernant la communication cellulaire, cocher la (les) proposition(s) correcte(s) ?

a. **FAUX** : Exocrine est la voie qui permet le passage dans le sang des substances.
Explication : c'est la voie endocrine qui permet le passage dans le sang des substances.

b. **VRAI** : Les facteurs de croissance sont un mode de communication paracrine.

c. **VRAI** : L'autostimulation de la cellule est un mode communication autocrine.

d. **FAUX** : La fabrication de messager est un mode communication exocrine.
Explication : la fabrication de messager est un mode communication autocrine.

e. **VRAI** : Les neurones communiquent par synapse.

98. Parmi les propositions suivantes, cocher la (les) propositions correcte(s) ?

a. **FAUX** : La transcription a lieu dans le cytosol.
Explication : la transcription a lieu dans le cytosol.

b. **VRAI** : La traduction a lieu dans le cytosol.

c. **VRAI** : Une fois synthétisée, la protéine peut subir des modifications post-traductionnelles.

d. **VRAI** : L'élimination de la première méthionine est une modification post-traductionnelle.

e. **VRAI** : La phosphorylation d'un acide aminé peut modifier la fonction de la protéine.

99. Concernant les protéines chaperonnes, cocher la (les) proposition(s) correcte(s) ?

a. **VRAI** : Elles aident la protéine à acquérir sa structure tridimensionnelle et fonctionnelle.

b. **FAUX** : Ce processus est peu coûteux en énergie.
Explication : il est très coûteux en énergie.

c. **FAUX** : HSP70 fait partie des grosses chaperonnes.
Explication : elle fait partie des petites chaperonnes.

d. **VRAI** : Le complexe GroES/GroEL fait parti des grosses chaperonnes.
e. **VRAI** : HSP70 est régulée par le facteur de transcription HSF.

100. Concernant le système ubiquitine-protéasome, cocher la (les) proposition(s) correcte(s) ?
a. **VRAI** : C'est le système de dégradation le plus classique.
b. **FAUX** : L'ubiquitine se fixe de façon non covalente à sa protéine cible
Explication : L'ubiquitine se fixe de façon covalente à sa protéine cible.
c. **VRAI** : E1 est une enzyme d'activation de l'ubiquitine et est ATP-dépendante.
d. **FAUX** : E2 est une enzyme ligase.
Explication : E2 est un enzyme de conjugaison de l'ubiquitine.
e. **VRAI** : C'est une hydrolyse à pH neutre.

Biophysique

1. Lesquelles de ces méthodes d'imagerie font partie de la radiologie à rayons X, cocher la (les) proposition(s) correcte(s) :

a. La radioscopie.
b. L'IRM.
c. La radiographie.
d. Le scanner.
e. L'angiographie.

2. Lesquelles de ces méthodes d'imagerie utilisent les ultrasons, cocher la (les) proposition(s) correcte(s) :

a. L'échographie.
b. L'IRM.
c. Le Doppler.
d. La spectroscopie.
e. La microscopie acoustique.

3. Concernant la biophysique des rayonnements, cocher la (les) proposition(s) correcte(s) :

a. Les radiations peuvent uniquement avoir des effets somatiques sur les cellules.
b. Les radiations peuvent avoir des effets génétiques sur les cellules.
c. La vitesse de la lumière c est de 300 000 km/s dans le vide.
d. La vitesse de la lumière c est de 300 000 km/s dans l'air.
e. cn la vitesse de la lumière dans un autre milieu a pour formule c/n, n étant l'indice de réfraction du milieu.

4. Concernant les grandeurs caractéristiques, cocher la (les) proposition(s) correcte(s) :

a. Le symbole de la fréquence est le n.
b. Le symbole de la longueur d'onde est le l.
c. l = c*t
d. l = c/n
e. Toutes les réponses sont exactes.

5. Concernant la nature de la lumière et les photons, cocher la (les) proposition(s) correcte(s) :

a. L'effet Compton fait qu'après traversée d'un milieu matériel un photon a sa fréquence qui augmente et sa longueur d'onde qui diminue.
b. L'énergie maximale d'un rayonnement est indépendante de l'intensité.
c. L'énergie maximale influence l'intensité des électrons d'un rayonnement.
d. E = h/n, h étant la constante de Planck.
e. Les photons ont une énergie accumulée en paquets (ou quanta).

6. Concernant la nature de la lumière et les photons, cocher la (les) proposition(s) correcte(s) :

a. E = (h*c)/ n
b. h = 6,62 * 10^34 J/s.
c. 1 eV = 1,6 * 10^-19 J/s.
d. Si la fréquence augmente on considère la lumière comme phénomène corpusculaire.

e. Si la fréquence diminue on considère la lumière comme phénomène corpusculaire.

7. Concernant la nature de la lumière et les photons, cocher la (les) proposition(s) correcte(s) :

a. E (eV) = 1240/l (nm)
b. $E = cm^2$
c. $E = -k * (Z^2/n^2)$, k valant 13,6 MeV, Z est le nombre atomique, n est le numéro de couche.
d. Le phénomène d'excitation prend place si l'apport d'énergie à un électron est supérieur à l'énergie de sa couche.
e. Le retour d'un atome à son état fondamental est accompagné d'une émission d'un photon de fluorescence.

8. Concernant l'ionisation, cocher la (les) proposition(s) correcte(s) :

a. $Ec = (1/2) * v * m^2$.
b. L'énergie T d'un électron éjecté suit la formule : T = Eo + Ek, Eo étant l'énergie du photon et Ek étant l'énergie de la couche de l'électron.
c. Les rayonnements ionisants ont forcément une longueur d'onde supérieure à 400 nm.
d. La création d'une vacance d'électrons est toujours suivie d'une fluorescence X.
e. La création d'une vacance d'électrons peut être suivie d'un effet Auger.

9. Concernant l'ionisation, cocher la (les) proposition(s) correcte(s) :

a. Quand Z de l'atome augmente la probabilité d'avoir un effet Auger augmente.
b. Quand Z de l'atome diminue la probabilité d'avoir un effet fluorescence X diminue.
c. R = N*E, R étant l'énergie radiante, N le nombre d'électrons du rayon et E l'énergie d'un électron du rayon.
d. L'énergie radiante est la dérivée temporelle du flux énergétique.
e. Le flux énergétique s'exprime en Watt.

10. Concernant la notion de spectre, cocher la (les) proposition(s) correcte(s) :

a. L'énergie radiante s'exprime en Watt.
b. La fluence énergétique est la dérivée temporelle de l'énergie radiante.
c. La fluence énergétique s'exprime en J/m^2.
d. Le débit de fluence énergétique est la dérivée temporelle du flux énergétique.
e. Le débit de fluence énergétique s'exprime en W/m^2.

11. Concernant les rayons X, cocher la (les) proposition(s) correcte(s) :

a. Un tube à rayons X contient des atomes de Z élevé.
b. Dans un tube à rayons X les rayons X se forment car l'impact des électrons accélérés fait perdre aux atomes de la cible des électrons et le comblement des vacances créées produira de la fluorescence X.
c. Les rayons X ont un spectre de raies.

d. La première source de rayons X sont les rayonnements de freinage qui sont produits lorsque la trajectoire d'un électron subit une déviation à cause d'un noyau.
e. Le rayonnement de freinage se produit suite à une interaction électron - électron.

12. Concernant la radioactivité, cocher la (les) proposition(s) correcte(s) :

a. La force de répulsion électrique est présente entre protons et neutrons.
b. La force d'attraction nucléonique est présente entre protons.
c. La force d'attraction nucléonique est plus forte que la force de répulsion électrique.
d. $\Delta E = \Delta mc^2$
e. L'unité de masse atomique est notée u.

13. Concernant la radioactivité, cocher la (les) proposition(s) correcte(s) :

a. Les isotropes ont le même nombre de protons.
b. Les isobares ont le même nombre de nucléons.
c. Les isotones ont le même nombre de neutrons.
d. Les isobares ont le même nombre de protons.
e. Les isotones ont le même nombre de neutrons.

14. Concernant les relations masse/énergie, cocher la (les) proposition(s) correcte(s) :

a. 1 u = 1,66*10^-27 g
b. 1 u = 931,48 MeV/c^2
c. Les atomes de Z bas tendent à subir des fissions.
d. Les atomes de Z haut tendent à subir des fusions.
e. Aucune réponse n'est exacte.

15. Quels sont les facteurs influençant l'instabilité d'un atome, cocher la (les) proposition(s) correcte(s) :

a. Le numéro atomique.
b. Le volume.
c. La surface.
d. L'interaction coulombienne.
e. L'asymétrie N/Z.

16. Concernant les désintégrations, cocher la (les) proposition(s) correcte(s) :

a. Quand un atome a un excès de protons, il peut subir une désintégration b+.
b. Quand un atome a un excès de protons, il peut subir une capture d'électrons.
c. Quand un atome a un excès de neutrons, il peut subir une désintégration b-.
d. Quand un atome a un excès de nucléons, il peut subir une désintégration b-
e. Quand un atome a un excès de protons, il peut subir une fission.

17. Concernant les ondes, ionisations, excitations et spectres, cocher la (les) proposition(s) correcte(s) :

- **a.** Le MeV/c² est une unité de masse.
- **b.** Un u représente 1/12 de la masse d'un atome de carbone 12.
- **c.** Energie de liaison = m(proton)*c² + m(neutron)*c² - m(noyau)*c².
- **d.** Un proton est formé de l'association de 3 quarks u, d,
- **e.** Toutes les réponses sont exactes.

18. Concernant les ondes, ionisations, excitations et spectres, cocher la (les) proposition(s) correcte(s) :

- **a.** Les rayons x ont une longueur d'onde entre 10^-1 nm et 10^-5 nm.
- **b.** Les rayons g ont une longueur d'onde entre 10^-1 mm et 10^-5 mm.
- **c.** Les rayons g proviennent des électrons.
- **d.** Les rayons X proviennent toujours du phénomène de fluorescence X.
- **e.** Aucune réponse n'est exacte.

19. Concernant les ondes, ionisations, excitations et spectres, cocher la (les) proposition(s) correcte(s) :

- **a.** Les rayons X proviennent toujours des rayonnements de freinage.
- **b.** L'énergie de liaison permet de comparer la stabilité de différents noyaux.
- **c.** Le mode de désintégration a libère un noyau d'hélium.
- **d.** Le noyau d'hélium éjecté lors d'une désintégration a, emporte la majorité de l'énergie disponible, sous forme d'énergie potentielle.
- **e.** Aucune réponse n'est exacte.

20. Concernant les ondes, ionisations, excitations et spectres, cocher la (les) proposition(s) correcte(s) :

- **a.** Une capture d'électron engendre une forte probabilité de lacune électronique sur les couches extérieures.
- **b.** Le spectre de photons g de désexcitation est continu.
- **c.** Lors d'une désintégration b- l'énergie moyenne des antineutrinos est égale à 2/3 de l'énergie disponible.
- **d.** Les neutrinos et antineutrinos sont de grandes particules facilement détectables.
- **e.** Aucune réponse n'est exacte.

21. Concernant les ondes, ionisations, excitations et spectres, cocher la (les) proposition(s) correcte(s) :

- **a.** Lors d'une désintégration b - le spectre est de raies.
- **b.** Lors d'une désintégration b+ le spectre est continu.
- **c.** Lors d'une désintégration par conversion interne il peut uniquement se produire un phénomène de fluorescence X.
- **d.** Lors d'une désintégration par conversion interne il peut se produire un effet Auger.
- **e.** Les deux photons créés par la rencontre entre un positon et un électron sont de 511 keV.

22. Concernant les ondes, ionisations, excitations et spectres, cocher la (les) proposition(s) correcte(s) :

- **a.** Les rayonnements visibles ont une longueur d'onde entre 400 et 800 nm.
- **b.** D'après la relation de Duane Hunt : E(eV) = (1,2410 * 10^-6)/ l(m)
- **c.** Lors d'un rayonnement de freinage il se produit un spectre continu de rayon X.
- **d.** Le trajet des particules a est long et ionisant.
- **e.** Toutes les réponses sont exactes.

23. Concernant les ondes, ionisations, excitations et spectres, cocher la (les) proposition(s) correcte(s) :

- **a.** Pour qu'une désintégration b + puisse se produire il faut une énergie supérieure à 1,02 MeV.
- **b.** La CE s'effectue en général sur la couche la plus distante au noyau.
- **c.** La condition énergétique pour qu'une CE se produise est que l'électron capté aie une énergie supérieure à l'énergie de liaison de la couche K.
- **d.** L'électron de conversion interne est un électron expulsé de sa couche électronique par l'énergie fournie par la désexcitation du noyau excité.
- **e.** Toutes les réponses sont exactes.

24. Concernant les ondes, ionisations, excitations et spectres, cocher la (les) proposition(s) correcte(s) :

- **a.** La condition énergétique pour la création d'un électron de conversion interne est que l'énergie de la couche concernée soit inférieure à l'énergie de désexcitation.
- **b.** Pour avoir la masse nucléaire il faut soustraire à la masse atomique la masse des protons.
- **c.** WK < WL < WM
- **d.** La stabilité d'un noyau correspond à un équilibre entre répulsion coulombienne et interaction forte.
- **e.** Un photon de fluorescence produit un spectre continu.

25. Concernant les ondes, ionisations, excitations et spectres, cocher la (les) proposition(s) correcte(s) :

- **a.** Un photon possède une énergie cinétique.
- **b.** La force de gravité s'exerce sur les photons.
- **c.** Pour faire passer un électron de la couche 1 à 2 il faut lui fournir l'énergie correspondant à la différence des énergies de liaison des couches 1 et 2.
- **d.** La force électromagnétique s'exerce sur les particules chargées.
- **e.** La force nucléaire faible s'exerce sur les nucléons et quarks.

26. Concernant les ondes, ionisations, excitations et spectres, cocher la (les) proposition(s) correcte(s) :

- **a.** La force nucléaire forte agit sur les nucléons et les leptons.
- **b.** Quand le numéro atomique des atomes augmente, la probabilité de faire une capture électronique diminue.
- **c.** Lors de la désintégration a on observe un spectre de raies.

d. Lors d'une désintégration b- un neutron se transforme en proton et il y a émission d'un antineutrino.
e. Lors d'une émission b+ l'énergie disponible est ΔMc^2 - 2m(électron)c^2.

27. Concernant les ondes, ionisations, excitations et spectres, cocher la (les) proposition(s) correcte(s) :

a. d → u + W- → u + e- + antineutrino.
b. u → d + W+ → u + e+ + antineutrino.
c. E(fluorescence X) = E(rayon) + W(couche)
d. L'un des mouvements possibles au sein de l'atome de Bohr est le passage des électrons d'une couche à l'autre.
e. Aucune réponse n'est exacte.

28. Concernant les ondes, ionisations, excitations et spectres, cocher la(les) proposition(s) correcte(s) :

a. Lors d'une émission Auger il se produit un spectre continu.
b. Une désintégration a fait suite aux interactions faibles.
c. L'électron b- est issu d'une transformation neutron → proton.
d. L'électron b- est issu du cortège électronique.
e. Aucune réponse n'est exacte.

29. Concernant les ondes, ionisations, excitations et spectres, cocher la (les) proposition(s) correcte(s) :

a. A partir d'un Z > 82 on peut observer que les atomes subissent des désintégrations
b. Il est impossible de fabriquer des noyaux de Z > 82.
c. Les désintégrations produites par interaction faible sont isotones.
d. Les noyaux fils excités émettent toujours leur énergie par photon g.
e. Aucune réponse n'est exacte.

30. Concernant les ondes, ionisations, excitations et spectres, cocher la (les) proposition(s) correcte(s) :

a. Lors d'une désintégration, c'est la plus grande particule qui prend l'énergie cinétique.
b. On dit que le noyau fils est métastable quand il reste longtemps excité.
c. La désintégration est un phénomène déterminé.
d. La constante radioactive est appelée l.
e. l a pour unité le/s.

31. Concernant la loi de décroissance radioactive, cocher la (les) proposition(s) correcte(s) :

a. dN = -l*N*dt
b. N = No*exp(lt)
c. La formule de T le temps de demi-vie est T = l/ln(2).
d. N = No * 2^(-t/T)
e. N = No/(2^n), si n est le nombre de périodes t = nT

32. Concernant la loi de décroissance radioactive, cocher la (les) proposition(s) correcte(s) :

- **a.** leff = lphy + lbio
- **b.** Teff = Tphy + Tbio
- **c.** A = lN
- **d.** 1 Bq équivaut à une désintégration par seconde.
- **e.** A = Ao*exp(-lt)

33. Concernant la loi de décroissance radioactive, cocher la (les) proposition(s) correcte(s) :

- **a.** A = Ao/(2^n), n étant le nombre de périodes tel que t = nT
- **b.** La masse d'une source se calcule m(s) = m(a)*N.
- **c.** m(a)*N= (M/Na)*(l/A)
- **d.** (M/Na)*(A/l) = (M/Na)*((A*T)/ ln(2))
- **e.** m(s) = (M/Na)*((A*T)/ ln(2))

34. Concernant les Isotopes, la Radioactivité et les réactions nucléaires isobariques, cocher la (les) proposition(s) correcte(s) :

- **a.** l la constante radioactive varie avec l'âge du noyau.
- **b.** La période radioactive d'un élément est la durée nécessaire pour que tous les noyaux initialement présents se soient désintégrés spontanément.
- **c.** l la constante radioactive est spécifique d'un nucléide.
- **d.** La période radioactive est spécifique d'un nucléide.
- **e.** Si un noyau est métastable, alors il reste dans son état excité pour plus de 10^-12 secondes.

35. Concernant les interactions des rayonnements avec la matière, cocher la (les) proposition(s) correcte(s) :

- **a.** Les rayonnements interagissent avec les atomes du milieu traversé en transférant de la matière.
- **b.** Les rayonnements directement ionisants transfèrent leur énergie par interaction coulombienne.
- **c.** Le transfert d'énergie des rayonnements directement ionisants dépend de la masse des particules les composants.
- **d.** Les particules alpha, les protons et les ions sont des particules lourdes.
- **e.** Les électrons et les positons sont des particules légères.

36. Concernant les interactions des rayonnements avec la matière, cocher la (les) proposition(s) correcte(s) :

- **a.** Les rayonnements indirectement ionisants sont des rayonnements neutres qui transfèrent leur énergie à des particules chargées, qui vont secondairement ioniser le milieu.
- **b.** Les rayons X sont des rayonnements indirectement ionisants.
- **c.** Les rayons g sont des rayonnements indirectement ionisants.
- **d.** Les positons composent des rayonnements indirectement ionisants.
- **e.** Les neutrons composent des rayonnements indirectement ionisants.

37. Concernant les interactions des rayonnements avec la matière, cocher la (les) proposition(s) correcte(s) :

a. Les particules lourdes ont des interactions électriques avec les électrons des atomes environnants.
b. La trajectoire des particules lourdes est curviligne.
c. Les particules lourdes peuvent dévier de leur trajectoire.
d. Les particules légères ont des interactions gravitationnelles avec les électrons environnants.
e. Si les particules légères passent près d'un noyau ils émettent des rayonnements de freinage.

38. Concernant les interactions des rayonnements avec la matière, cocher la (les) proposition(s) correcte(s) :

a. Si le transfert d'énergie des particules lourdes ou légères est fort, il y a excitation.
b. Si le transfert d'énergie des particules lourdes ou légères est faible, il y a excitation.
c. On parle de collision quand il y a interaction avec les électrons de la cible.
d. On parle de radiation quand il y a création d'électrons lors de l'interaction avec la cible.
e. Sachant que S est le pouvoir de ralentissement, pour les particules a : Sa = Scollision

39. Concernant les interactions des rayonnements avec la matière, cocher la (les) proposition(s) correcte(s) :

a. Sachant que S est le pouvoir de ralentissement, pour les particules b : Sb = Scollision + Sradiation
b. Une particule lourde a des interactions coulombiennes obligatoires avec les électrons atomiques.
c. Une particule lourde en mouvement crée un champ électrique qui interagit avec les électrons atomiques de voisinage 1/
d. Si l'interaction est très forte il y a éjection d'un électron delta.
e. Normalement lors d'une interaction l'énergie transférée à l'électron est très faible.

40. Concernant les interactions des rayonnements avec la matière, cocher la (les) proposition(s) correcte(s) :

a. Le ralentissement est assimilable à un phénomène discontinu.
b. L'énergie transférée par une particule lourde à un électron est d'autant plus petite que la vitesse et la distance de la particule lourde est grande.
c. Le transfert linéique d'énergie (TLE) est l'énergie transférée par unité de longueur de trajectoire.
d. Lors d'une ionisation il y a création d'une paire d'ions (un électron et un ion).
e. Toutes les réponses sont exactes.

41. Concernant l'interaction des rayonnements avec la matière, cocher la (les) proposition(s) correcte(s) :

- **a.** La valeur de l'énergie moyenne de formation d'une paire d'ions est : W = Eo * n sachant que n est le nombre de paires d'ions et Eo l'énergie de la particule incidente.
- **b.** Le nombre total de paires d'ions produites est : n = Eo/W avec Eo l'énergie de la particule incidente.
- **c.** La densité linéique d'ionisation est : DLI = W/TLE avec TLE le transfert linéique d'énergie.
- **d.** La densité linéique s'exprime en paires d'ions par seconde.
- **e.** La distance entre les paires d'ions est L = 1/DLI.

42. Concernant l'interaction des rayonnements avec la matière, cocher la (les) proposition(s) correcte(s) :

- **a.** Le parcours d'une particule lourde est : R = To * TLE avec To l'énergie de la particule lourde.
- **b.** Le parcours d'une particule lourde s'exprime en µm.
- **c.** Scoll domine pour T < 100 MeV.
- **d.** Scoll/Srad = ZT/800
- **e.** Le parcours d'un électron dans la matière est R = To/r avec To l'énergie de l'électron.

43. Concernant l'interaction des rayonnements avec la matière, cocher la (les) proposition(s) correcte(s) :

- **a.** Pour le calcul du parcours d'un électron R s'exprime en cm et To en MeV.
- **b.** Pour les rayonnements électromagnétiques l'interaction est aléatoire mais non obligatoire.
- **c.** Un photon peut diffuser par adsorption.
- **d.** Un photon peut traverser la matière sans interaction, phénomène appelé transmission.
- **e.** Un photon peut interagir par transmission.

44. Concernant l'interaction des rayonnements avec la matière, cocher la (les) proposition(s) correcte(s) :

- **a.** La couche de demi atténuation est : CDA = ln2/µ.
- **b.** La probabilité d'un effet photoélectrique est proportionnelle à (Z^5)*(E^7/2).
- **c.** La probabilité d'un effet Compton est proportionnelle à 1/E.
- **d.** Si l'énergie augmente la probabilité d'observer un effet Compton augmente.
- **e.** La probabilité d'un effet de production de paires est proportionnelle à E*ln(Z).

45. Concernant l'interaction des rayonnements avec la matière, cocher la (les) proposition(s) correcte(s) :

- **a.** Le pouvoir de ralentissement des particules directement ionisantes dépend de la masse volumique.

b. Srad est proportionnelle à (Z(cible)/ m(incidente)²).
c. L'interaction radiative est utilisée pour la production de rayons g.
d. Le phénomène de collision cause uniquement des ionisations.
e. Le transfert linéique énergétique est proportionnel à (z/v) sachant que z est la charge et v la vitesse.

46. Concernant l'interaction des rayonnements avec la matière, cocher la (les) proposition(s) correcte(s) :

a. Pour une particule lourde le trajet est supérieur au parcours.
b. Une épaisseur équivalente à la CDA réduira de moitié l'énergie totale du faisceau.
c. Une épaisseur équivalente à la CDA réduira le nombre de photons à la moitié.
d. L'effet photoélectrique a pour conséquence l'effet Auger ou la fluorescence X.
e. Toutes les réponses sont exactes.

47. Quels sont les critères influencent le coefficient d'atténuation, cocher la (les) proposition(s) correcte(s) :

a. Le numéro atomique de la particule incidente.
b. La masse volumique.
c. L'énergie de la cible.
d. Le numéro atomique de la cible.
e. L'énergie des photons incidents.

48. Concernant l'interaction des rayonnements avec la matière, cocher la (les) proposition(s) correcte(s) :

a. Un faisceau devra avoir une énergie supérieure ou égale à 1,02 MeV pour pouvoir.
b. L'activité de la source influe sur les caractéristiques des particules émises.
c. Les interactions particules lourdes - matière sont dites obligatoires et directement ionisantes.
d. La TLI dépend de la nature du milieu, du type de particule et de l'énergie de la particule incidente.
e. Toutes les réponses sont exactes.

49. Concernant l'interaction des rayonnements avec la matière, cocher la (les) proposition(s) correcte(s) :

a. L'interaction photons - matière est probabiliste.
b. Lorsque l'énergie du photon incident croît, l'énergie transportée est emportée majoritairement par le photon incident.
c. L'effet photoélectrique est responsable du flou en radiographie que l on tente d'éliminer à l'aide de la grille anti diffusante.
d. La production de paires est la matérialisation de deux électrons à partir d'un photon incident.
e. Aucune réponse n'est exacte.

50. Concernant l'interaction des rayonnements avec la matière, cocher la (les) proposition(s) correcte(s) :

a. Si la particule a une énergie inférieure à 100 keV l'effet dominant est l'effet photoélectrique.
b. Si la particule a une énergie entre 100 keV et 10 MeV l'effet dominant est l'effet Compton.
c. Si la particule a une énergie supérieure à 10 MeV l'effet dominant est l'effet photoélectrique.
d. Si le contraste est inférieur à 5-10 % l'œil ne le distingue plus.
e. Toutes les réponses sont exactes.

51. Concernant la dosimétrie et la radioprotection, cocher la (les) proposition(s) correcte(s) :

a. Le contraste dépend de l'épaisseur du tissu différent des autres.
b. Un rayon électromagnétique est majoritairement indirectement ionisant de la matière.
c. Si l'énergie de la particule incidente croît, on observera plus d'électrons Compton émis à 180°.
d. Le nombre de photons adsorbés est proportionnel au nombre de photons incidents.
e. L'annihilation d'un positon se fait lors de la collision avec un électron.

52. Concernant l'interaction des rayonnements avec la matière, cocher la (les) proposition(s) correcte(s) :

a. Les photons incidents percutent de préférence les électrons des couches les plus externes.
b. On ne peut détecter neutrinos et antineutrinos.
c. On observe un spectre de raies lors d'une capture électronique.
d. La particule a a un parcours très restreint car elle a une TLE élevée.
e. Toutes les réponses sont exactes.

53. Concernant la dosimétrie et la radioprotection, cocher la (les) proposition(s) correcte(s) :

a. Les photons de dématérialisation peuvent émettre des rayons de freinage d'énergie entre 0 et 1,02 MeV.
b. La courbe de Bragg d'une particule a montre un pic d'ionisation en début de parcours.
c. L'énergie transférée au milieu est appelée KERMA.
d. L'énergie absorbée par le milieu est la DOSE.
e. DOSE et KERMA s'expriment en Gray (Gy).

54. Concernant la dosimétrie et la radioprotection, cocher la (les) proposition(s) correcte(s) :

a. Le Gray est équivalent à des J/m.
b. KERMA = ΔE(transférée)/ Δm.
c. Souvent DOSE = KERMA.
d. C(t) = A/masse cible.
e. Toutes les réponses sont exactes.

55. Quels sont les facteurs jouant sur l'effet de la dose, cocher la (les) proposition(s) correcte(s) :

a. Le débit de dose.
b. La distribution de la dose.
c. Le facteur de qualité du rayonnement.
d. Le facteur de pondération radiologique WR.
e. Tous les facteurs proposés.

56. Concernant la dosimétrie et la radioprotection, cocher la (les) proposition(s) correcte(s) :

a. La dose équivalente est : HT = SDose * WR.
b. La Dose équivalente s'exprime en Bq.
c. Si le TLE augmente le nombre de lésions pour une même Dose diminue.
d. La Dose Efficace est : E = SHT*WT
e. La dose efficace s'exprime en mSv.

57. Concernant les effets déterministes, cocher la (les) proposition(s) correcte(s) :

a. Ils se produisent constamment au-delà de la dose seuil.
b. À partir du moment où la dose est supérieure au seuil, l'intensité des effets croît avec la dose.
c. Ils reflètent des mutations fautives.
d. L'effet est tardif.
e. Ils varient avec l'organe cible.

58. Concernant les effets stochastiques, cocher la (les) proposition(s) correcte(s) :

a. Les effets sont aléatoires.
b. Ils surviennent sans seuil mais la probabilité de leur survenue augmente avec la dose.
c. La gravité des effets dépend de la dose.
d. L'effet est tardif.
e. Ils reflètent la mort cellulaire.

59. Concernant la dosimétrie et la radioprotection, cocher la (les) proposition(s) correcte(s) :

a. Pour de très faibles doses les lésions sont réparées et suivies de mort cellulaire.
b. Entre 10 et 100 mSv de dose le système de réparation de l'ADN est activé.
c. Au-delà de 200 mSv les réparations d'ADN sont efficaces.
d. Les électrons perdent uniquement leur énergie par ionisation.
e. La perte d'énergie par rayonnement de freinage contribue à la dose.

60. Concernant la dosimétrie et la radioprotection, cocher la (les) proposition(s) correcte(s) :

a. μen représente la probabilité que les électrons cèdent leur énergie par rayonnement de freinage.
b. La dose efficace E permet de prendre en compte l'influence du type de rayonnement.
c. La dose équivalente H permet de prendre en compte l'effet biologique d'un type de rayonnement.

d. 1 Sv = 1 000 Gy
e. Aucune réponse n'est exacte.

61. Concernant la production de rayons X, cocher la (les) proposition(s) correcte(s) :

a. Les rayons X dans un tube à rayons X sont produits par rayonnements de freinage.
b. Une tension de 100 kV produit un faisceau de photons d'Emax 100 eV.
c. Le courant modifie l'énergie des photons émis.
d. Le temps de pose régule le nombre total de photons.
e. La quantité de photons s'exprime en mA/s.

62. Concernant la production des rayons X, cocher la (les) proposition(s) correcte(s) :

a. Un tube à rayons X a en moyenne un rendement d'1 %.
b. Un rayonnement ionisant provoque des ionisations lors de son interaction avec le milieu.
c. Pour détecter des particules on détecte les ions créés sur leur passage.
d. Le nombre de particules d'un rayon est indétectable.
e. On peut détecter l'énergie cédée par les particules.

63. Concernant la production des rayons X, cocher la (les) proposition(s) correcte(s) :

a. Les détecteurs utilisés dans certains scanners ont des chambres d'ionisation au Xenon.
b. La probabilité d'interaction dans un gaz est forte.
c. En utilisant du Xénon (de Z élevé) on augmente la probabilité d'interaction dans un gaz.
d. L'utilisation de Xénon induit une forte probabilité d'effet photoélectrique.
e. En augmentant la densité r du gaz on diminue la probabilité d'interaction.

64. Concernant la production des rayons X, cocher la (les) proposition(s) correcte(s) :

a. Le film radio arrête mal les rayons X.
b. Le film est placé entre deux écrans renforçateurs pour augmenter la sensibilité du film.
c. Les écrans renforçateurs absorbent les photons lumineux et les réémettent sous forme de photons X.
d. Le film est plus sensible aux photons lumineux qu'aux photons X.
e. Toutes les réponses sont exactes.

65. Comment compter les photons lumineux en imagerie médicale, cocher la (les) proposition(s) correcte(s) :

a. À l'aide d'une photo diode.
b. À l'aide d'un tube photomultiplicateur.
c. En regardant directement un écran fluorescent sous l'action des rayons X.
d. À l'aide d'un écran renforçateur.
e. À l'aide d'un amplificateur de brillance.

66. Concernant la production des rayons X, cocher la (les) proposition(s) correcte(s) :

- **a.** Plus les photons traversent la matière, plus l'image est sombre.
- **b.** Le diaphragme limite le faisceau de rayons X à essentiellement ceux qui vont traverser le patient.
- **c.** Le filtrage du faisceau de rayons X sert à transmettre uniquement les photons pratiques, les photons de faible énergie sont tous absorbés.
- **d.** L'intensité de la dose diminue quand la $(\text{distance})^2$ augmente.
- **e.** La surface irradiée diminue quand la $(\text{distance})^2$ augmente.

67. Concernant la production des rayons X, cocher la (les) proposition(s) correcte(s) :

- **a.** En imagerie médicale on essaye de placer la personne près du foyer de radiation pour couvrir toute sa surface.
- **b.** On essaye de prendre un grand foyer en imagerie médicale.
- **c.** La grille antidiffusante empêche les photons ayant subi une diffraction de passer.
- **d.** Si les photons ayant subi une diffraction passent, l'image devient plus précise.
- **e.** La seule raison de flou est la taille du foyer.

68. Quels sont les facteurs influençant le contraste, cocher la (les) proposition(s) correcte(s) :

- **a.** Le coefficient d'atténuation massique μ/ r.
- **b.** La couleur de peau du patient.
- **c.** La masse atomique r.
- **d.** La distance du patient.
- **e.** La différence de numéro atomique Z.

69. Quels sont les facteurs influençant le contraste, cocher la (les) proposition(s) correcte(s) :

- **a.** On peut créer un contraste artificiel en injectant des produits de contraste iodés.
- **b.** L'air correspond a 1000 unités Hounsfield (UH).
- **c.** L'eau correspond a 0 UH.
- **d.** Les os correspondent à -1000 UH.
- **e.** L'un des avantages de la tomodensitométrie est la distinction précise de différences très faibles de r.

70. Concernant la RMN, cocher la (les) proposition(s) correcte(s) :

- **a.** La RMN est inoffensive pour l'organisme.
- **b.** Une spire de courant a un moment magnétique.
- **c.** Le neutron n'a pas de moment magnétique.
- **d.** Les nucléons ont un spin 1/2.
- **e.** Toutes les réponses sont exactes.

71. Concernant l'RMN, cocher la (les) proposition(s) correcte(s) :

- **a.** Les noyaux ayant un nombre pair de protons et de neutrons ont un spin nul.
- **b.** La diminution de la composante transversale se fait avec une constante de temps T1.

c. La diminution de la composante longitudinale se fait avec une constante de temps T2.
d. La diminution de la composante transversale se fait avec une constante de temps T2.
e. La diminution de la composante longitudinale se fait avec une constante de temps T1.

72. Quels sont les facteurs influençant les signaux mesurés à un moment par RMN, cocher la (les) proposition(s) correcte(s):

a. La densité de protons r.
b. La valeur de T1.
c. La valeur de T2.
d. Le type de séquence utilisée.
e. Tous les facteurs proposés.

73. Concernant l'imagerie médicale, cocher la (les) proposition(s) correcte(s):

a. Une pondération en r se fait à TR court et TE long.
b. Deux tissus peuvent différer en T1, T2 et r.
c. En pondération T1 on a un signal fort pour un T1 petit.
d. Une pondération T1 se fait à TR long.
e. En pondération T1 on a un signal faible pour un T1 gran

74. Concernant l'imagerie médicale, cocher la (les) proposition(s) correcte(s):

a. Le signal en IRM ne dépend pas du TE.
b. Le signal en IRM dépend du TR.
c. Deux mesures successives sont espacées d'un temps TE.
d. Les impulsions sont faites aux temps TR, 2TR, 3TR et
e. Les mesures sont faites aux temps TR, 2TR, 3TR et

75. Concernant l'imagerie médicale, cocher la (les) proposition(s) correcte(s):

a. Le contraste radiologique diminue quand l'énergie du rayonnement augmente.
b. La pondération en T2 se fait à TR long et TE long.
c. En pondération T2 on a un signal faible quand T2 est petit.
d. En pondération T2 on a un signal fort quand T2 est gran
e. Toutes les propositions sont exactes.

76. Concernant l'imagerie médicale, cocher la (les) proposition(s) correcte(s):

a. En T2 la relaxation est transversale.
b. En T1 la relaxation est transversale.
c. En radiologie, la diffusion peut être augmentée par compression.
d. En radiologie, l'augmentation de la taille du foyer diminue le flou géométrique.
e. L'augmentation de la distance patient détecteur diminue le flou géométrique.

77. Concernant l'imagerie médicale, cocher la (les) proposition(s) correcte(s) :

- **a.** En radiologie la résolution peut être augmentée en diminuant l'intensité du tube à rayons X.
- **b.** En radiologie la résolution peut être augmentée en augmentant le nombre de photons émis.
- **c.** Une augmentation de la tension d'un tube à rayons X induit une augmentation du nombre de photons émis.
- **d.** Une augmentation de la tension d'un tube à rayons X induit une augmentation de l'énergie maximale des photons X émis.
- **e.** Toutes les propositions sont exactes.

78. Concernant l'imagerie médicale, cocher la (les) proposition(s) correcte(s) :

- **a.** Le scanner permet de mesurer la masse des tissus.
- **b.** La scintigraphie a une bonne résolution spatiale.
- **c.** La scintigraphie est très utilisée en imagerie fonctionnelle.
- **d.** En scintigraphie l'activité détectée est indépendante de l'activité injectée.
- **e.** Aucune réponse n'est exacte.

79. Lesquels de ces facteurs influencent l'activité détectée en scintigraphie, cocher la (les) proposition(s) correcte(s) :

- **a.** La fixation tissulaire.
- **b.** Le coefficient d'atténuation des tissus traversés.
- **c.** La profondeur de l'organe étudié.
- **d.** L'élimination effective.
- **e.** Le temps d'examen.

80. Concernant l'imagerie médicale, cocher la (les) proposition(s) correcte(s) :

- **a.** En scintigraphie la qualité de l'image dépend du collimateur.
- **b.** En scintigraphie la qualité de l'image dépend du spectromètre.
- **c.** Le contraste se calcule : $C = (I1 - I2)/ (I1 + I2)$
- **d.** La valeur du T2 dépend uniquement des caractéristiques du tissu.
- **e.** La valeur de T2 peut varier pour un même tissu.

81. Concernant les réactions d'oxydo-réduction, cocher la (les) proposition(s) correcte(s) :

- **a.** Dans une pile les pôles fonctionnent dans le sens 1.
- **b.** Dans une pile les pôles fonctionnent dans le sens 2.
- **c.** L'équilibre est atteint quand $\Delta rG = 0$.
- **d.** $\Delta rG = - nFE$
- **e.** $E° = - \Delta rG°/nF$

82. Concernant les réactions d'oxydo-réduction, cocher la (les) proposition(s) correcte(s) :

- **a.** $E = E° + (RT/nF)\ln(G)$.
- **b.** $E = E° - (0,06/n)\log(G)$.
- **c.** L'oxydant le plus fort réagit avec le réducteur le plus faible.

d. E est le potentiel standard biologiques.
e. Aucune réponse n'est exacte.

83. Concernant les réactions d'oxydo-réduction, cocher la (les) proposition(s) correcte(s):

a. Une réaction d'oxydo-réduction est un échange de protons.
b. Un composé réducteur est une espèce donneuse d'électrons.
c. Une fois l'équilibre atteint la pile continue à débiter.
d. E° = E°(ox1/red1) - E°(ox2/red2)
e. À l'équilibre il y a égalité des potentiels à l'électrode.

84. Concernant les équilibres acido-basiques, cocher la (les) proposition(s) correcte(s):

a. Une base de Brönsted est une molécule capable de capter un proton.
b. Un acide de Brönsted est une molécule capable de libérer un proton.
c. Une molécule étant à la fois acide et base est un ampholyte.
d. [H3O+] = 10^pH.
e. Toutes les réponses sont exactes.

85. Concernant les équilibres acido-basiques, cocher la (les) proposition(s) correcte(s):

a. pH d'une solution d'acide fort: pH = - log[H3O+]
b. pH d'une solution de base forte: pH = 14 - log(c).
c. pKa = - log(Ka).
d. [H3O+] + [HO-] = 10^-14.
e. Ka = ([A-]*[H30+])/[AH]

86. Concernant les équilibres acido-basiques, cocher la (les) proposition(s) correcte(s):

a. pH d'une solution de base faible: pH = (1/2)*(pKa - logc).
b. pH d'une solution d'acide faible: pH = 7 + (1/2)pKa + (1/2)logc.
c. La force d'un acide augmente quand le pKa diminue.
d. Relation de Henderson - Hasselbach: pH = pKa + log([AH]/[A-].
e. Aucune réponse n'est exacte.

87. Concernant les équilibres acido-basiques, cocher la (les) proposition(s) correcte(s):

a. La zone de virage d'un indicateur coloré se situe entre (pKa - 1) et (pKa + 1)
b. Le pHi des acides aminés se calcule pHi = (pKa1 + pKa2)/2.
c. La zone tampon est différente de la zone de virage.
d. Une solution tampon est un mélange quasi équimolaire d'un acide faible et de sa base conjuguée.
e. Toutes les réponses sont exactes.

88. Concernant les équilibres acido-basiques, cocher la (les) proposition(s) correcte(s):

a. Le pouvoir tampon est d'autant plus fort que la solution tampon est faiblement concentrée.
b. Si pH >pKa le pouvoir tampon est plus fort vis-à-vis d'une base.

c. Le pouvoir tampon est l'aptitude d'une solution tampon à maintenir le pH à peu près constant malgré l'addition modérée d'H3O+ ou d'HO-.
d. Le pouvoir tampon dépend du pH initial.
e. Si pH = pKa la solution tampon est plus adaptée pour l'ajout d'acides.

89. Concernant les équilibres acido-basiques, cocher la (les) proposition(s) correcte(s) :

a. Si pKa< 0 l'acide est fort.
b. Si pKa> 14 la base est forte.
c. Si 0 <pKa< 14 alors l'acide est fort.
d. FAUX : Si 0 <pKa< 14 alors la base est forte.
e. Ke = 10^-14

90. Concernant les équilibres acido-basiques, cocher la (les) proposition(s) correcte(s) :

a. Pour que l'utilisation de la formule pour le calcul du pH d'un acide fort soit valable il faut que pH < 7.
b. Pour que l'utilisation de la formule pour le calcul du pH d'une base forte soit valable il faut que pH ≥ 7,5.
c. Pour que l'utilisation de la formule pour le calcul du pH d'un acide faible soit valable il faut que pH ≤ 6,5 et que pH ≤ pKa - 1.
d. Pour que l'utilisation de la formule pour le calcul du pH d'une base faible soit valable il faut que 7,5 ≤ pH et que pKa + 1 ≤ pH.
e. Toutes les réponses sont exactes.

91. Concernant les déplacements moléculaires passifs dans les solutions, cocher la (les) proposition(s) correcte(s) :

a. F(t) s'exprime en mol/(s*m²).
b. La mobilité mécanique molaire b est proportionnelle à r, le rayon de la molécule.
c. La mobilité mécanique molaire b est inversement proportionnelle à la racine cubique de M, la masse molaire de la molécule.
d. La diffusion est le phénomène menant à ce que la concentration en soluté devienne presque identique en tout point du solvant.
e. Toutes les réponses sont exactes.

92. Concernant les caractéristiques de la diffusion, cocher la (les) proposition(s) correcte(s) :

a. Il y a présence d'une force s'exerçant dans une direction précise.
b. Le déplacement est fonction de la somme des concentrations entre 2 points de l'espace.
c. Le déplacement peut s'arrêter dans une situation de non équilibre.
d. Par équilibre on définit l'état dans lequel la concentration en tout point d'une solution est identique.
e. La vitesse de déplacement des molécules de soluté est fonction de l'agitation thermique.

93. Concernant les déplacements moléculaires passifs dans les solutions, cocher la (les) proposition(s) correcte(s) :

a. Le gradient et le sens de la diffusion sont en sens contraire.
b. La convection est un type de déplacement lors duquel les molécules sont entraînées par une force externe dans un sens bien déterminé.
c. La convection est caractérisée par le fait qu'uniquement les molécules de soluté sont entraînées.
d. On appelle filtration un mouvement de convection lié à une concentration.
e. Dans un mouvement de migration une molécule peut puiser son énergie potentielle dans la pesanteur ou l'électricité.

94. Concernant les déplacements moléculaires passifs dans les solutions, cocher la (les) proposition(s) correcte(s) :

a. L'une des caractéristiques de la migration est le fait que l'énergie nécessaire au déplacement est extraite de l'énergie cinétique de la molécule.
b. L'une des caractéristiques de la migration est le fait que l'énergie potentielle augmente quand le déplacement s'effectue.
c. Lors d'un transfert actif à travers une membrane l'énergie est fournie à la molécule par un mécanisme externe.
d. Lors d'un transfert passif à travers une membrane l'énergie est fournie à la molécule par un mécanisme membranaire.
e. À l'équilibre le débit net à travers la membrane devient nul.

95. Concernant la biophysique des solutions, cocher la (les) proposition(s) correcte(s) :

a. Ftotal = Fd*(Spores/Stotale)
b. Ftotal>F
c. Diffusion + Filtration = Osmose.
d. D'après la loi de Van'tHoff : p = w*R*T.
e. w dans la loi de Van'tHoff est mesurée à l'équilibre.

96. Concernant la biophysique des solutions, cocher la (les) proposition(s) correcte(s) :

a. Si on place un globule rouge dans un milieu hypotonique, l'eau sort de la cellule.
b. Si on place un globule rouge dans un milieu hypotonique, il va gonfler voire éclater.
c. Si on place un globule rouge dans un milieu hypertonique, l'eau sort de la cellule.
d. Si on place un globule rouge dans un milieu hypotonique, il va gonfler.
e. Le coefficient osmotique Lw s'exprime en m*s/(Pa).

97. Concernant la biophysique des solutions, cocher la (les) proposition(s) correcte(s) :

a. Fnet = Lw p - LHΔP.
b. s = Lw/LH.
c. Fnet = LH*(Δp-s*ΔP).
d. La pression hydrostatique tend à chasser le plasma hors du vaisseau.
e. La pression hydrostatique entraîne un appel d'eau du milieu extérieur vers l'intérieur.

98. Concernant la biophysique des solutions, cocher la (les) proposition(s) correcte(s) :

a. Si la pression hydrostatique augmente, il y a un risque d'apparition d'œdème.
b. Si la pression oncotique augmente, il y a un risque d'apparition d'œdème.
c. Une augmentation de la pression hydrostatique peut mener à une hypertension artérielle.
d. Une hypoprotidémie due à une dénutrition, mène à une diminution de la pression oncotique.
e. Toutes les réponses sont exactes.

99. Concernant la biophysique des solutions, cocher la (les) proposition(s) correcte(s) :

a. Si s = 0 alors Lw = 0 et le soluté diffuse librement.
b. Si s = 1, le soluté traverse la membrane sans problème.
c. L'osmolarité est égale à la somme des molarités.
d. Titre = msolvant/msoluté.
e. Seuls des échanges de chaleur ou de travail peuvent faire varier l'énergie interne totale.

100. Concernant la biophysique des solutions, cocher la (les) proposition(s) correcte(s) :

a. Les processus spontanés sont irréversibles.
b. La dilution nécessite de l'énergie extérieure.
c. Lorsqu'on ajoute du soluté à une solution le potentiel chimique de soluté diminue.
d. Deux ions provenant de la dissociation d'un même soluté ont la même concentration équivalente.
e. wplasma = 300 mosmol/L.

101. Concernant les propriétés mécaniques des vaisseaux, cocher la (les) proposition(s) correcte(s) :

a. Plus on étire le vaisseau plus la tension superficielle augmente.
b. Ts = Ptm/R avec Ptm la pression transmurale et R le rayon.
c. Dans un vaisseau le collagène intervient en premier lors d'un étirement et assure l'élasticité du vaisseau.
d. Le collagène intervient en second lors d'un étirement et assure la rigidité et donc la solidité des vaisseaux.
e. Le collagène limite l'élongation avant que ne survienne le point de rupture de l'élastine.

102. Concernant les propriétés mécaniques des vaisseaux, cocher la (les) proposition(s) correcte(s) :

a. S'il y a rupture du collagène dans un vaisseau on parle d'anévrisme.
b. L'élasticité artérielle due au vieillissement mène à l'hypotension artérielle orthostatique.
c. La présence de fibres musculaires dans les vaisseaux ajoute une tension musculaire de base.
d. La tension musculaire d'un vaisseau peut être nulle à certains moments.

e. Lorsque la tension musculaire d'un vaisseau varie cela n'a pas de répercussion sur la vasomotricité.

103. Concernant les propriétés mécaniques des vaisseaux, cocher la (les) proposition(s) correcte(s) :

- **a.** Une vasoconstriction peut aider à maintenir une perfusion normale dans le cas d'une hémorragie.
- **b.** La variation de la tension musculaire des vaisseaux induit uniquement des mécanismes salvateurs.
- **c.** La variation de la tension musculaire n'a pas de répercussion sur la pression transmurale.
- **d.** Une augmentation de la tension musculaire mène à une vasodilatation.
- **e.** Une diminution de la tension musculaire mène à une vasodilatation.

104. Concernant les propriétés mécaniques des vaisseaux, cocher la (les) proposition(s) correcte(s) :

- **a.** Une augmentation de la pression transmurale peut mener à une hémorragie.
- **b.** Une diminution de la pression transmurale peut mener à une hypertension artérielle.
- **c.** Une diminution de la pression transmurale peut mener à une rupture vasculaire.
- **d.** Une diminution de la tension musculaire peut mener a un spasme artériel.
- **e.** Aucune réponse n'est exacte.

105. Concernant les propriétés mécaniques des vaisseaux, cocher la (les) proposition(s) correcte(s) :

- **a.** Une diminution de la tension musculaire peut mener à une ischémie.
- **b.** Une augmentation de la tension musculaire peut mener à une migraine.
- **c.** Une diminution de la tension musculaire peut mener à une vasoplégie.
- **d.** Une diminution de la tension musculaire peut mener à un malaise vagal.
- **e.** Toutes les réponses sont exactes.

106. Concernant les propriétés mécaniques des vaisseaux, cocher la (les) proposition(s) correcte(s) :

- **a.** La finalité du système cardiovasculaire est d'assurer le transport de CO_2 vers les tissus.
- **b.** VO = Qc/DAV avec Qc le débit cardiaque et DAV la différence artérioveineuse en O_2.
- **c.** Lors d'une diminution brutale de l'accélération on peut devenir victime d'un phénomène de « voile noir ».
- **d.** En appliquant la loi de Pascal on peut déduire qu'un fluide parfait a un débit variable pour deux points différents dans un vaisseau.
- **e.** Aucune réponse n'est exacte.

107. Concernant la biophysique de la circulation, cocher la (les) proposition(s) correcte(s) :

- **a.** Lorsque le diamètre d'un vaisseau diminue, la vitesse du sang augmente.
- **b.** Lorsque le diamètre d'un vaisseau diminue, la pression du sang augmente
- **c.** Une sténose induit une augmentation du diamètre d'un vaisseau.
- **d.** La dépendance du coefficient de frottement au taux de cisaillement est une caractéristique du fluide newtonien.
- **e.** Aucune réponse n'est exacte.

108. Concernant la biophysique de la circulation, cocher la (les) proposition(s) correcte(s) :

- **a.** La loi de Poiseuille est uniquement applicable lors d'un écoulement laminaire.
- **b.** La présence d'un régime turbulent peut être liée à un rétrécissement d'un vaisseau.
- **c.** Plus une fibre est élastique plus son élastance est forte.
- **d.** Lors d'une hémorragie la pression transmurale augmente.
- **e.** Lors d'une hémorragie on observe une vasoconstriction pour éviter le collapsus.

109. Quels sont les 3 types de fibres qui composent les vaisseaux sanguins, cocher la (les) proposition(s) correcte(s) :

- **a.** Les fibres nerveuses.
- **b.** Les fibres de réticuline.
- **c.** Les fibres de collagène.
- **d.** Les fibres d'élastine.
- **e.** Les fibres musculaires.

110. Laquelle de ces formules correspond à la loi de Poiseuille, cocher la (les) proposition(s) correcte(s) :

- **a.** $Q = (8*\Delta x*h)/ (p*\Delta P*R^4)$.
- **b.** $Q = (p*\Delta P*R^2)/ (8*\Delta x*h)$.
- **c.** $Q = (p*\Delta P*R^4)/ (4*\Delta x*h)$.
- **d.** $Q = (p*\Delta P*R^4)/ (8*\Delta x*h)$
- **e.** $Q = (h*\Delta P*R^4)/ (8*\Delta x*p)$.

111. Concernant la biophysique des solutions, cocher la (les) proposition(s) correcte(s) :

- **a.** Solutions = solvant + soluté.
- **b.** Le soluté est l'espèce moléculaire capable de neutraliser au mieux les interactions intermoléculaires.
- **c.** Dans une solution idéale les forces intermoléculaires sont égales entre elles.
- **d.** Il est possible de s'approcher de la solution idéale quand on dilue la solution.
- **e.** Toutes les réponses sont exactes.

112. Concernant la concentration d'une solution, cocher la (les) proposition(s) correcte(s) :

- **a.** $C = n*V$.
- **b.** La molarité s'exprime en mol/L.
- **c.** La concentration pondération se calcule : $Cp = m*V$.

d. La concentration pondérale s'exprime en g * L.
e. VRAI : n = m/M.

113. Concernant la concentration d'une solution, cocher la (les) proposition(s) correcte(s) :

a. L'osmolarité s'exprime en mol/L.
b. La molalité se calcule mo/n avec mo la masse du solvant.
c. La molalité s'exprime en mol/g.
d. D'après la loi d'Oswald : $K = (C^*a)^2/ (1 - a)$ avec a le coefficient de dissociation.
e. Sachant que n est le nombre total d'ions produits l'osmolarité totale se calcule : $w = C/(n^*a + 1 - a)$.

114. Concernant la concentration d'une solution, cocher la (les) proposition(s) correcte(s) :

a. La concentration équivalente concerne tous les atomes.
b. Un Eq est le nombre de mol d'ions nécessaires pour transporter 1 000 Faraday.
c. La concentration équivalente s'exprime en Eq/s.
d. La concentration équivalente se calcule en posant C*r*z avec C la molarité de l'électrolyte, r le nombre d'ions produits et z la valence de l'ion.
e. Aucune réponse n'est exacte.

115. Concernant la thermodynamique, cocher la (les) proposition(s) correcte(s) :

a. La température d'une casserole qui bout est inférieure à celle d'une piscine de natation.
b. L'énergie calorique d'une casserole est supérieure à celle d'une piscine de natation.
c. L'agitation thermique est indépendante de la température.
d. Si la température augmente le nombre de chocs intermoléculaires augmente.
e. Les chocs intermoléculaires permettent d'hétérogéniser le mélange solvant-soluté.

116. Concernant la thermodynamique, cocher la (les) proposition(s) correcte(s) :

a. L'entropie illustre les notions d'ordre et de désordre.
b. L'entropie maximale est atteinte quand le mélange solvant-soluté est parfaitement homogénisé.
c. Tous les processus spontanés naturels tendent vers une situation d'équilibre.
d. Les processus spontanés tendent vers une énergie potentielle maximale.
e. Les processus spontanés tendent vers une entropie minimale.

117. Concernant la thermodynamique, cocher la (les) proposition(s) correcte(s) :

a. L'enthalpie libre molaire µ s'exprime en J/mol.
b. 1 µ est l'énergie nécessaire pour faire apparaître ou disparaître 1 mol de soluté.
c. Si on ajoute un soluté à un solvant pur on augmente le potentiel chimique.
d. Si le potentiel chimique d'un solvant diminue son énergie libre diminue.
e. Plus l'agitation thermique dans un solvant augmente, plus le phénomène d'évaporation devient rare.

118. Concernant la thermodynamique, cocher la (les) proposition(s) correcte(s) :

- **a.** Dans une enceinte close remplie d'eau pure, la pression de vapeur saturante augmente quand la température augmente.
- **b.** À 37 °C la pression saturante est de 47 mmHg.
- **c.** À 100 °C la pression saturante est de 100 mmHg.
- **d.** On respire moins bien quand l'air est sec que quand il est humide.
- **e.** La respiration d'air trop humide peut mener à une infection du larynx ou des bronches.

119. Concernant la thermodynamique, cocher la (les) proposition(s) correcte(s) :

- **a.** Dans une enceinte non close on atteint rapidement l'équilibre.
- **b.** Dans une enceinte non close tout le solvant peu s'évaporer à une certaine température.
- **c.** D'après la loi de Henry vstpd/V = s*p sachant que vstpd est le volume de soluté dissous dans les conditions stpd, s le coefficient de solubilité et p la pression partielle.
- **d.** Les conditions stpd correspondent à 0°C, f = 0 mmHg et P = 760 mmHg.
- **e.** Les conditions stpd correspondent à 37 °C, f = 50 mmHg et P = 760 mmHg.

120. Concernant la biophysique des solutions, cocher la (les) proposition(s) correcte(s) :

- **a.** Pour glacer de l'eau salée il faut abaisser la température en dessous de 0 °C d'une valeur de $\Delta t° = -kw$ en degré Celsius.
- **b.** Dans la formule $\Delta t° = -kw$ la valeur de k est 1,86.
- **c.** On calcule le débit molaire : $J(t) = dn/dt$.
- **d.** Le débit molaire s'exprime en mol/m.
- **e.** Le flux par unité de surface se calcule : $F(t) = J(t) * S$.

121. Concernant l'imagerie médicale, cocher la (les) proposition(s) correcte(s) :

- **a.** La valeur de T1 dépend des caractéristiques du tissu.
- **b.** La valeur de T1 dépend du champ électromagnétique appliqué Bo.
- **c.** En l'absence de champ électromagnétique, le moment magnétique des protons est aléatoire.
- **d.** En l'absence de champ électromagnétique, le moment magnétique pour le tissu est nul.
- **e.** Toutes les réponses sont exactes.

122. Concernant l'imagerie médicale, cocher la (les) proposition(s) correcte(s) :

- **a.** Le gradient Gz est appliqué pendant l'envoi de l'impulsion 90°.
- **b.** Le gradient Gx est appliqué avant et pendant la formation de l'écho.
- **c.** Le gradient Gy est appliqué en Gz et Gx.
- **d.** L'augmentation du temps de pose augmente le nombre de photons émis.
- **e.** Toutes les propositions sont exactes.

123. Lesquelles des caractéristiques d'une région traversée font varier l'absorption des rayons X, cocher la (les) proposition(s) correcte(s) :

- **a.** L'épaisseur de la région.
- **b.** La densité de la région.
- **c.** L'étendue de la région.
- **d.** La masse de la région.
- **e.** Le numéro atomique de la région.

124. Concernant l'imagerie médicale, cocher la (les) proposition(s) correcte(s) :

- **a.** Dans un détecteur de gaz on utilise des gaz de Z petit pour augmenter la probabilité d'interaction.
- **b.** En augmentant la fenêtre de visualisation on diminue le nombre de structures visibles.
- **c.** Pour détecter les particules on détecte les ions créés sur leur passage.
- **d.** En augmentant la fenêtre de visualisation on augmente le contraste.
- **e.** Aucune réponse n'est exacte.

125. Concernant l'imagerie médicale, cocher la (les) proposition(s) correcte(s) :

- **a.** L'échelle de Hounsfield va de 0 à 1000 UH.
- **b.** Lors de l'acquisition le tube à rayons X reste fixe.
- **c.** Pour visualiser plus en profondeur en échographie on peut augmenter la cadence n.
- **d.** L'oreille humaine entend de 20 Hz à 20 MHz.
- **e.** Aucune réponse n'est exacte.

126. Concernant l'imagerie médicale, cocher la (les) proposition(s) correcte(s) :

- **a.** L'aimentation longitudinale est la traduction de la différence du nombre de spins parallèles et antiparallèles.
- **b.** Le nombre de spins parallèles est toujours inférieur au nombre de spins antiparallèles.
- **c.** L'aimentation transversale est la traduction de la mise en phase plus ou moins complète des spins.
- **d.** L'émission d'une onde radiofréquence à 90° permet l'annulation de la composante magnétique longitudinale et l'apparition d'une composante magnétique transversale.
- **e.** Toutes les réponses sont exactes.

127. Concernant l'imagerie médicale, cocher la (les) proposition(s) correcte(s) :

- **a.** Le gaz permet d'augmenter μ.
- **b.** L'écho de spin permet de s'affranchir des hétérogénéités du champ magnétique en replaçant les protons en phase.
- **c.** À l'interface air/tissu, les ondes sont très réfléchies d'où l'application de gel sur la peau.
- **d.** Lorsque l'onde rencontrera un obstacle ponctuel dont la largeur sera bien inférieure à sa longueur d'onde, on aura un phénomène de réflexion diffuse.
- **e.** Toutes les propositions sont exactes.

128. Concernant l'imagerie médicale, cocher la (les) proposition(s) correcte(s) :

- **a.** Le rôle d'un cristal est de transformer des photons en électrons.
- **b.** En IRM on applique une onde radiofréquence pour égaliser les moments magnétiques parallèles et antiparallèles.
- **c.** Le rôle d'une diode est de transformer des photons en électrons.
- **d.** Un produit de contraste augmente la différence de densité des tissus.
- **e.** Toutes les réponses sont exactes.

129. Concernant l'imagerie médicale, cocher la (les) proposition(s) correcte(s) :

- **a.** L'écho de spin est une impulsion 180° qui permet de s'affranchir des hétérogénéités du champ.
- **b.** L'écho de spin est réalisée à TR/2.
- **c.** Les décibels sont équivalents à des W/m^2
- **d.** Un moment magnétique provient du mouvement d'une particule chargée.
- **e.** Toutes les propositions sont exactes.

130. Concernant l'imagerie médicale, cocher la (les) proposition(s) correcte(s) :

- **a.** On peut utiliser des produits de contraste en IRM.
- **b.** Un amplificateur de brillance permet une observation fonctionnelle.
- **c.** La cadence n s'exprime en images/s.
- **d.** lmax = c/fmin avec l la longueur d'onde, c la célérité et f la fréquence.
- **e.** Toutes les propositions sont correctes.

131. Concernant le sang, cocher la (les) proposition(s) correcte(s) :

- **a.** Il ne contribue pas à la nutrition des organes.
- **b.** Le sang a pour rôle l'épuration.
- **c.** Le sang est moins visqueux que l'eau.
- **d.** Le sang ne peut pas être considéré comme un fluide.
- **e.** Le sang est coagulable.

132. Concernant la biophysique de circulation, cocher la (les) proposition(s) correcte(s) :

- **a.** Les artères forment un réseau résistif.
- **b.** Les artères forment un réseau à basse pression.
- **c.** Les veines forment un réseau capacitatif.
- **d.** Les veines forment un réseau à haute pression.
- **e.** L'aorte a une pression moyenne de 130/80 mmHg.

133. Concernant la biophysique de circulation, cocher la (les) proposition(s) correcte(s) :

- **a.** L'artère pulmonaire a une pression moyenne de 25/15 mmHg.
- **b.** Un fluide parfait s'écoule sans force de frottement et sans perte d'énergie.
- **c.** Un fluide parfait n'a pas de viscosité.
- **d.** Pour un fluide parfait dP = dF/dS est variable en tout point situé à même profondeur.
- **e.** L'hydrostatique est l'étude des fluides non circulants.

134. Concernant l'hydrostatique et les fluides parfaits, cocher la (les) proposition(s) correcte(s) :

- **a.** D'après la loi de Pascal : P1 = P2 - rg*(z2 - z1).
- **b.** Q = S/v.
- **c.** Le débit Q s'exprime en m^3 * s.
- **d.** D'après la loi de Bernoulli l'énergie peut varier d'un point à l'autre d'un fluide parfait.
- **e.** Q = dV/dt.

135. Concernant la biophysique de circulation, cocher la (les) proposition(s) correcte(s) :

- **a.** D'après la loi de Bernoulli : E = P + rgz + (1/2)rv^2
- **b.** Au sein d'une sténose la vitesse du sang diminue.
- **c.** Au sein d'une sténose la pression de perfusion augmente.
- **d.** Pour les fluides réels dF = h*(dv/dx)*dS.
- **e.** Dans un fluide Newtonien la viscosité h est indépendante de la répartition des vitesses le long de l'axe d'écoulement.

136. Concernant les fluides réels, cocher la (les) proposition(s) correcte(s) :

- **a.** Dans un fluide non Newtonien la viscosité h est indépendante de la répartition des vitesses le long de l'axe d'écoulement.
- **b.** Le nombre de Reynolds est 1200.
- **c.** Au-delà de la vitesse critique le flux sanguin devient turbulent.
- **d.** Dès que le sang entre en régime turbulent il y a apparition du souffle vasculaire.
- **e.** L'hypertrophie ventriculaire est une conséquence du rétrecissement aortique.

137. Concernant les propriétés mécaniques des vaisseaux, cocher la (les) proposition(s) correcte(s) :

- **a.** L'allongement relatif se calcule ΔL/Lo avec ΔL la différence de longueur suite à l'application d'une force et Lo la longueur initiale.
- **b.** L'élasticité augmente si ΔL diminue pour la force la plus petite possible.
- **c.** Si on dépasse la limite d'élasticité l'objet devient sujet d'une déformation puis d'une rupture.
- **d.** D'après la loi de Laplace la tension superficielle est indépendante de la pression transmurale.
- **e.** La tension superficielle représente dans l'hypothèse de la paroi mince la force qui écarte les berges d'une plaie ou d'une fracture vasculaire.

138. Quels sont les trois déterminants de la consommation myocardique d'O_2, cocher la (les) proposition(s) correcte(s) :

- **a.** La fréquence cardiaque.
- **b.** La force contractile.
- **c.** La tension pariétale moyenne du myocarde.
- **d.** L'épaisseur du myocarde.
- **e.** La tension superficielle moyenne du myocarde.

139. Concernant les propriétés mécaniques des vaisseaux, cocher la (les) proposition(s) correcte(s) :

a. En biophysique de la circulation les parois épaisses sont considérées comme un empilement de parois minces.
b. Les vaisseaux sont composés de deux tuniques.
c. L'intima est la tunique la plus interne d'un interne.
d. La média est la tunique moyenne d'un vaisseau.
e. L'adventice est la tunique extérieure d'un vaisseau.

140. Concernant les propriétés mécaniques des vaisseaux, cocher la (les) proposition(s) correcte(s) :

a. L'intima a pour fonction de prévenir la thrombose.
b. La média a un rôle d'élasticité.
c. La média a un rôle de solidité.
d. La média a une fonction vasomotrice grâce aux cellules musculaires lisses qui la composent.
e. Toutes les réponses sont exactes.

Corrigés

Biophysique

1. Lesquelles de ces méthodes d'imagerie font partie de la radiologie à rayons X, cocher la (les) proposition(s) correcte(s):

   a. **VRAI**: La radioscopie.
   b. **FAUX**: L'IRM.
      Explication: C'est une forme d'imagerie utilisant des radiations non ionisantes.
   c. **VRAI**: La radiographie.
   d. **VRAI**: Le scanner.
   e. **VRAI**: L'angiographie.

2. Lesquelles de ces méthodes d'imagerie utilisent les ultrasons, cocher la (les) proposition(s) correcte(s):

   a. **VRAI**: L'échographie.
   b. **FAUX**: L'IRM.
      Explication: L'IRM n'utilise pas des ultrasons.
   c. **VRAI**: Le Doppler.
   d. **VRAI**: La spectroscopie.
   e. **VRAI**: La microscopie acoustique.

3. Concernant la biophysique des rayonnements, cocher la (les) proposition(s) correcte(s):

   a. **FAUX**: Les radiations peuvent uniquement avoir des effets somatiques sur les cellules.
      Explication: Les radiations peuvent aussi avoir des effets génétiques sur les cellules.
   b. **VRAI**: Les radiations peuvent avoir des effets génétiques sur les cellules.
   c. **VRAI**: La vitesse de la lumière c est de 300 000 km/s dans le vide.
   d. **FAUX**: La vitesse de la lumière c est de 300 000 km/s dans l'air.
      Explication: La vitesse de la lumière c est de 300 000 km/s dans le vide.
   e. **VRAI**: cn la vitesse de la lumière dans un autre milieu a pour formule c/n, n étant l'indice de réfraction du milieu.

4. Concernant les grandeurs caractéristiques, cocher la (les) proposition(s) correcte(s):

   a. **VRAI**: Le symbole de la fréquence est le n.
   b. **VRAI**: Le symbole de la longueur d'onde est le l.
   c. **VRAI**: l = c*t
   d. **VRAI**: l = c/n
   e. **VRAI**: Toutes les réponses sont exactes.

5. Concernant la nature de la lumière et les photons, cocher la (les) proposition(s) correcte(s):

   a. **FAUX**: L'effet Compton fait qu'après traversée d'un milieu matériel un photon a safréquence qui augmente et sa longueur d'onde qui diminue.
      Explication: L'effet Compton fait qu'après traversée d'un milieu matériel un photon a sa fréquence qui diminue et sa longueur d'onde qui augmente.
   b. **VRAI**: L'énergie maximale d'un rayonnement est indépendante de l'intensité.
   c. **FAUX**: L'énergie maximale influence l'intensité des électrons d'un rayonnement.
      Explication: L'énergie maximale influence le nombre d'électrons d'un rayonnement.
   d. **FAUX**: E = h/n, h étant la constante de Planck.
      *Explication: E = h*n, h étant la constante de Planck.*
   e. **VRAI**: Les photons ont une énergie accumulée en paquets (ou quanta).

6. Concernant la nature de la lumière et les photons, cocher la (les) proposition(s) correcte(s) :
   a. **VRAI** : E = (h*c)/ n
   b. **FAUX** : h = 6,62 * 10^34 J/s.
      *Explication : h = 6,62 * 10^-34 J/s.*
   c. **VRAI** : 1 eV = 1,6 * 10^-19 J/s.
   d. **VRAI** : Si la fréquence augmente on considère la lumière comme phénomène corpusculaire.
   e. **FAUX** : Si la fréquence diminue on considère la lumière comme phénomène corpusculaire.
      Explication : Si la fréquence diminue on considère la lumière comme phénomène ondulatoire.

7. Concernant la nature de la lumière et les photons, cocher la (les) proposition(s) correcte(s) :
   a. **VRAI** : E (eV) = 1240/l (nm)
   b. **FAUX** : E = cm^2
      Explication : E = mc^2
   c. **FAUX** : E = -k * (Z^2/n^2), k valant 13,6 MeV, Z est le nombre atomique, n est le numéro de couche.
      *Explication : E = -k * (Z^2/n^2), k valant 13,6 eV, Z est le nombre atomique, n est le numéro de couche.*
   d. **VRAI** : Le phénomène d'excitation prend place si l'apport d'énergie à un électron est supérieur à l'énergie de sa couche.
   e. **VRAI** : Le retour d'un atome à son état fondamental est accompagné d'une émission d'un photon de fluorescence.

8. Concernant l'ionisation, cocher la (les) proposition(s) correcte(s) :
   a. **FAUX** : Ec = (1/2) * v * m^2.
      *Explication : Ec = (1/2) * m * v^2.*
   b. **FAUX** : L'énergie T d'un électron éjecté suit la formule : T = Eo + Ek, Eo étant l'énergie du photon et Ek étant l'énergie de la couche de l'électron.
      Explication : L'énergie T d'un électron éjecté suit la formule : T = Eo - Ek, Eo étant l'énergie du photon et Ek étant l'énergie de la couche de l'électron.
   c. **FAUX** : Les rayonnements ionisants ont forcément une longueur d'onde supérieure à 400 nm.
      Explication : Les rayonnements ionisants ont forcément une longueur d'onde inférieure à 400 nm.
   d. **FAUX** : La création d'une vacance d'électrons est toujours suivie d'une fluorescence X.
      Explication : La création d'une vacance d'électrons peut aussi être suivie d'un effet Auger.
   e. **VRAI** : La création d'une vacance d'électrons peut être suivie d'un effet Auger.

9. Concernant l'ionisation, cocher la (les) proposition(s) correcte(s) :
   a. **FAUX** : Quand Z de l'atome augmente la probabilité d'avoir un effet Auger augmentExplication : Quand Z de l'atome augmente la probabilité d'avoir un effet Auger diminue.
   b. **VRAI** : Quand Z de l'atome diminue la probabilité d'avoir un effet fluorescence X diminue.

c. **VRAI**: R = N*E, R étant l'énergie radiante, N le nombre d'électrons du rayon et E l'énergie d'un électron du rayon.
d. **FAUX**: L'énergie radiante est la dérivée temporelle du flux énergétique.
Explication: Le flux énergétique est la dérivée temporelle de l'énergie radiante.
e. **VRAI**: Le flux énergétique s'exprime en Watt.

10. Concernant la notion de spectre, cocher la (les) proposition(s) correcte(s):
a. **FAUX**: L'énergie radiante s'exprime en Watt.
Explication: L'énergie radiante s'exprime en Joules.
b. **FAUX**: La fluence énergétique est la dérivée temporelle de l'énergie radiante.
Explication: La fluence énergétique est la dérivée surfacique de l'énergie radiante.
c. **VRAI**: La fluence énergétique s'exprime en J/m^2.
d. **FAUX**: Le débit de fluence énergétique est la dérivée temporelle du flux énergétique.
Explication: Le débit de fluence énergétique est la dérivée surfacique du flux énergétique.
e. **VRAI**: Le débit de fluence énergétique s'exprime en W/m^2.

11. Concernant les rayons X, cocher la (les) proposition(s) correcte(s):
a. **VRAI**: Un tube à rayons X contient des atomes de Z élevé.
b. **VRAI**: Dans un tube à rayons X les rayons X se forment car l'impact des électrons accélérés fait perdre aux atomes de la cible des électrons et le comblement des vacances créées produira de la fluorescence X.
c. **VRAI**: Les rayons X ont un spectre de raies.
d. **VRAI**: La première source de rayons X sont les rayonnements de freinage qui sont produits lorsque la trajectoire d'un électron subit une déviation à cause d'un noyau.
e. **FAUX**: Le rayonnement de freinage se produit suite à une interaction électron - électron.
Explication: Le rayonnement de freinage se produit suite à une interaction électron - noyau.

12. Concernant la radioactivité, cocher la (les) proposition(s) correcte(s):
a. **FAUX**: La force de répulsion électrique est présente entre protons et neutrons.
Explication: La force de répulsion électrique est présente entre protons.
b. **FAUX**: La force d'attraction nucléonique est présente entre protons.
Explication: La force d'attraction nucléonique est présente entre protons et neutrons.
c. **VRAI**: La force d'attraction nucléonique est plus forte que la force de répulsion électrique.
d. **VRAI**: $\Delta E = \Delta mc^2$
e. **VRAI**: L'unité de masse atomique est notée u.

13. Concernant la radioactivité, cocher la (les) proposition(s) correcte(s):
a. **VRAI**: Les isotropes ont le même nombre de protons.
b. **VRAI**: Les isobares ont le même nombre de nucléons.
c. **VRAI**: Les isotones ont le même nombre de neutrons.
d. **FAUX**: Les isobares ont le même nombre de protons.
Explication: Les isotropes ont le même nombre de protons.
e. **FAUX**: Les isotones ont le même nombre de neutrons.
Explication: Les isotones ont le même nombre de nucléons.

14. Concernant les relations masse/énergie, cocher la (les) proposition(s) correcte(s) :

- **a.** **FAUX** : 1 u = 1,66*10^-27 g
  *Explication : 1 u = 1,66*10^-27 kg*
- **b.** **VRAI** : 1 u = 931,48 MeV/c^2
- **c.** **FAUX** : Les atomes de Z bas tendent à subir des fissions.
  Explication : Les atomes de Z bas tendent à subir des fusions.
- **d.** **FAUX** : Les atomes de Z haut tendent à subir des fusions.
  Explication : Les atomes de Z haut tendent à subir des fissions.
- **e.** **FAUX** : Aucune réponse n'est exacte.
  Explication : La réponse B est exacte.

15. Quels sont les facteurs influençant l'instabilité d'un atome, cocher la (les) proposition(s) correcte(s) :

- **a.** **FAUX** : Le numéro atomique.
  Explication : Le numéro atomique n'a pas d'influence sur la stabilité d'un atome.
- **b.** **VRAI** : Le volume.
- **c.** **VRAI** : La surface.
- **d.** **VRAI** : L'interaction coulombienne.
- **e.** **VRAI** : L'asymétrie N/Z.

16. Concernant les désintégrations, cocher la (les) proposition(s) correcte(s) :

- **a.** **VRAI** : Quand un atome a un excès de protons, il peut subir une désintégration b+.
- **b.** **VRAI** : Quand un atome a un excès de protons, il peut subir une capture d'électrons.
- **c.** **VRAI** : Quand un atome a un excès de neutrons, il peut subir une désintégration b-.
- **d.** **FAUX** : Quand un atome a un excès de nucléons, il peut subir une désintégration b-
  Explication : Quand un atome a un excès de nucléons, il peut subir une désintégration a ou une fission.
- **e.** **FAUX** : Quand un atome a un excès de protons, il peut subir une fission.
  Explication : Quand un atome a un excès de nucléons, il peut subir une fission.

17. Concernant les ondes, ionisations, excitations et spectres, cocher la (les) proposition(s) correcte(s) :

- **a.** **VRAI** : Le MeV/c^2 est une unité de masse.
- **b.** **VRAI** : Un u représente 1/12 de la masse d'un atome de carbone 12.
- **c.** **VRAI** : Energie de liaison = m(proton)*c^2 + m(neutron)*c^2 - m(noyau)*c^2.
- **d.** **FAUX** : Un proton est formé de l'association de 3 quarks u, d,
  Explication : Un proton est formé de l'association de 3 quarks u, u, d.
- **e.** **FAUX** : Toutes les réponses sont exactes.
  Explication : La réponse D est fausse.

18. Concernant les ondes, ionisations, excitations et spectres, cocher la (les) proposition(s) correcte(s) :

- **a.** **FAUX** : Les rayons x ont une longueur d'onde entre 10^-1 nm et 10^-5 nm.
  Explication : Les rayons x ont une longueur d'onde entre 10 nm et 10^-3 nm.
- **b.** **FAUX** : Les rayons g ont une longueur d'onde entre 10^-1 mm et 10^-5 mm.
  Explication : Les rayons g ont une longueur d'onde entre 10^-1 nm et 10^-5 nm.

c. **FAUX** : Les rayons g proviennent des électrons.
Explication : Les rayons g proviennent du noyau.
d. **FAUX** : Les rayons X proviennent toujours du phénomène de fluorescence X.
Explication : Les rayons X peuvent aussi provenir des rayonnements de freinage.
e. **VRAI** : Aucune réponse n'est exacte.

19. Concernant les ondes, ionisations, excitations et spectres, cocher la (les) proposition(s) correcte(s) :

a. **FAUX** : Les rayons X proviennent toujours des rayonnements de freinage.
Explication : Les rayons X peuvent aussi provenir du phénomène de fluorescence X.
b. **FAUX** : L'énergie de liaison permet de comparer la stabilité de différents noyaux.
Explication : L'énergie de liaison par nucléon permet de comparer la stabilité de différents noyaux.
c. **VRAI** : Le mode de désintégration a libéré un noyau d'hélium.
d. **FAUX** : Le noyau d'hélium éjecté lors d'une désintégration a, emporte la majorité de l'énergie disponible, sous forme d'énergie potentielle.
Explication : Le noyau d'hélium éjecté lors d'une désintégration a, emporte la majorité de l'énergie disponible, sous forme d'énergie cinétique.
e. **FAUX** : Aucune réponse n'est exacte.
Explication : La réponse C est exacte.

20. Concernant les ondes, ionisations, excitations et spectres, cocher la (les) proposition(s) correcte(s) :

a. **FAUX** : Une capture d'électron engendre une forte probabilité de lacune électronique sur les couches extérieures.
Explication : Une capture d'électron engendre une forte probabilité de lacune électronique sur la couche K.
b. **FAUX** : Le spectre de photons g de désexcitation est continu.
Explication : Le spectre de photons g de désexcitation est de raies.
c. **VRAI** : Lors d'une désintégration b- l'énergie moyenne des antineutrinos est égale à 2/3 de l'énergie disponible.
d. **FAUX** : Les neutrinos et antineutrinos sont de grandes particules facilement détectables.
Explication : Les neutrinos et antineutrinos sont des particules indétectables.
e. **FAUX** : Aucune réponse n'est exacte.
Explication : La réponse C est exacte.

21. Concernant les ondes, ionisations, excitations et spectres, cocher la (les) proposition(s) correcte(s) :

a. **FAUX** : Lors d'une désintégration b - le spectre est de raies.
Explication : Lors d'une désintégration b - le spectre est continu.
b. **VRAI** : Lors d'une désintégration b+ le spectre est continu.
c. **FAUX** : Lors d'une désintégration par conversion interne il peut uniquement se produire un phénomène de fluorescence X.
Explication : Lors d'une désintégration par conversion interne il peut aussi se produire un effet Auger.

d. **VRAI** : Lors d'une désintégration par conversion interne il peut se produire un effet Auger.
e. **VRAI** : Les deux photons créés par la rencontre entre un positon et un electron sont de 511 keV.

22. Concernant les ondes, ionisations, excitations et spectres, cocher la (les) proposition(s) correcte(s) :

a. **VRAI** : Les rayonnements visibles ont une longueur d'onde entre 400 et 800 nm.
b. **VRAI** : D'après la relation de Duane Hunt : E(eV) = (1,2410 * 10^-6)/ l(m)
c. **VRAI** : Lors d'un rayonnement de freinage il se produit un spectre continu de rayon X.
d. **FAUX** : Le trajet des particules a est long et ionisant.
Explication : Le trajet des particules a est court et ionisant.
e. **FAUX** : Toutes les réponses sont exactes.
Explication : La réponse D est fausse.

23. Concernant les ondes, ionisations, excitations et spectres, cocher la (les) proposition(s) correcte(s) :

a. **VRAI** : Pour qu'une désintégration b + puisse se produire il faut une énergie supérieure à 1,02 MeV.
b. **FAUX** : La CE s'effectue en général sur la couche la plus distante au noyau.
Explication : La CE s'effectue en général sur la couche la plus proche au noyau.
c. **VRAI** : La condition énergétique pour qu'une CE se produise est que l'électron capté aie une énergie supérieure à l'énergie de liaison de la couche K.
d. **VRAI** : L'électron de conversion interne est un électron expulsé de sa couche électronique par l'énergie fournie par la désexcitation du noyau excité.
e. **FAUX** : Toutes les réponses sont exactes.
Explication : La réponse B est fausse.

24. Concernant les ondes, ionisations, excitations et spectres, cocher la (les)proposition(s) correcte(s) :

a. **VRAI** : La condition énergétique pour la création d'un électron de conversion interne est que l'énergie de la couche concernée soit inférieure à l'énergie de désexcitation.
b. **FAUX** : Pour avoir la masse nucléaire il faut soustraire à la masse atomique la masse des protons.
Explication : Pour avoir la masse nucléaire il faut soustraire à la masse atomique la masse des électrons.
c. **FAUX** : WK < WL < WM
Explication : WK > WL > WM
d. **VRAI** : La stabilité d'un noyau correspond à un équilibre entre répulsion coulombienne et interaction forte.
e. **FAUX** : Un photon de fluorescence produit un spectre continu.
Explication : Un photon de fluorescence produit un spectre de raies.

25. Concernant les ondes, ionisations, excitations et spectres, cocher la (les) proposition(s) correcte(s) :

- **a. FAUX** : Un photon possède une énergie cinétique.
  Explication : Un photon n'a pas de masse donc pas d'énergie cinétique.
- **b. FAUX** : La force de gravité s'exerce sur les photons.
  Explication : La force de gravité s'exerce uniquement sur les particules dotées de masse.
- **c. VRAI** : Pour faire passer un électron de la couche 1 à 2 il faut lui fournir l'énergie correspondant à la différence des énergies de liaison des couches 1 et 2.
- **d. VRAI** : La force électromagnétique s'exerce sur les particules chargées.
- **e. FAUX** : La force nucléaire faible s'exerce sur les nucléons et quarks.
  Explication : La force nucléaire faible s'exerce sur les nucléons et leptons.

26. Concernant les ondes, ionisations, excitations et spectres, cocher la (les) proposition(s) correcte(s) :

- **a. FAUX** : La force nucléaire forte agit sur les nucléons et les leptons.
  Explication : La force nucléaire forte agit sur les nucléons et les quarks.
- **b. FAUX** : Quand le numéro atomique des atomes augmente, la probabilité de faire une capture électronique diminue.
  Explication : Quand le numéro atomique des atomes augmente, la probabilité de faire une capture électronique augmente.
- **c. VRAI** : Lors de la désintégration a on observe un spectre de raies.
- **d. VRAI** : Lors d'une désintégration b- un neutron se transforme en proton et il y a émission d'un antineutrino.
- **e. VRAI** : Lors d'une émission b+ l'énergie disponible est ΔMc^2 - 2m(électron)c^2.

27. Concernant les ondes, ionisations, excitations et spectres, cocher la (les) proposition(s) correcte(s) :

- **a. VRAI** : d → u + W- → u + e- + antineutrino.
- **b. FAUX** : u → d + W+ → u + e+ + antineutrino.
  Explication : u → d + W+ → u + e+ + neutrino.
- **c. FAUX** : E(fluorescence X) = E(rayon) + W(couche)
  Explication : E(fluorescence X) = E(rayon) - W(couche)
- **d. FAUX** : L'un des mouvements possibles au sein de l'atome de Bohr est le passage des électrons d'une couche à l'autre.
  Explication : Le seul mouvement possible au sein de l'atome de Bohr est le passage des électrons d'une couche à l'autre.
- **e. FAUX** : Aucune réponse n'est exacte.
  Explication : La réponse A est exacte.

28. Concernant les ondes, ionisations, excitations et spectres, cocherla (les) proposition(s) correcte(s) :

- **a. FAUX** : Lors d'une émission Auger il se produit un spectre continu.
  Explication : Lors d'une émission Auger il se produit un spectre de raies.
- **b. FAUX** : Une désintégration a fait suite aux interactions faibles.
  Explication : Une désintégration a fait suite aux interactions fortes.
- **c. VRAI** : L'électron b- est issu d'une transformation neutron → proton.

d. **FAUX** : L'électron b- est issu du cortège électronique.
Explication : L'électron b- n'est pas issu du cortège électronique.
e. **FAUX** : Aucune réponse n'est exacte.
Explication : La réponse C est exacte.

29. Concernant les ondes, ionisations, excitations et spectres, cocher la (les) proposition(s) correcte(s) :
a. **VRAI** : À partir d'un Z > 82 on peut observer que les atomes subissent des désintégrations a.
b. **FAUX** : Il est impossible de fabriquer des noyaux de Z > 82.
Explication : Il est impossible de fabriquer des noyaux de Z > 114.
c. **FAUX** : Les désintégrations produites par interaction faible sont isotones.
Explication : Les désintégrations produites par interaction faible sont isobares.
d. **FAUX** : Les noyaux fils excités émettent toujours leur énergie par photon g.
Explication : Les noyaux fils excités peuvent aussi émettre leur énergie par conversion interne.
e. **FAUX** : Aucune réponse n'est exacte.
Explication : La réponse A est exacte.

30. Concernant les ondes, ionisations, excitations et spectres, cocher la (les) proposition(s) correcte(s) :
a. **FAUX** : Lors d'une désintégration, c'est la plus grande particule qui prend l'énergie cinétique.
Explication : Lors d'une désintégration, c'est la plus petite particule qui prend l'énergie cinétique.
b. **VRAI** : On dit que le noyau fils est métastable quand il reste longtemps excité.
c. **FAUX** : La désintégration est un phénomène déterminé.
Explication : La désintégration est un phénomène aléatoire.
d. **VRAI** : La constante radioactive est appelée l.
e. **VRAI** : l a pour unité le/s.

31. Concernant la loi de décroissance radioactive, cocher la (les) proposition(s) correcte(s) :
a. **VRAI** : dN = -l*N*dt
b. **FAUX** : N = No*exp(lt)
*Explication : N = No*exp(-lt)*
c. **FAUX** : La formule de T le temps de demi-vie est T = l/ln(2).
Explication : La formule de T le temps de demi-vie est T = ln(2) / l.
d. **VRAI** : N = No * 2^(-t/T)
e. **VRAI** : N = No/(2^n), si n est le nombre de périodes t = nT

32. Concernant la loi de décroissance radioactive, cocher la (les) proposition(s) correcte(s) :
a. **VRAI** : leff = lphy + lbio
b. **FAUX** : Teff = Tphy + Tbio
Explication : 1/Teff = (1/Tphy) + (1 / Tbio)
c. **VRAI** : A = lN
d. **VRAI** : 1 Bq équivaut à une désintégration par seconde.
e. **VRAI** : A = Ao*exp(-lt)

33. Concernant la loi de décroissance radioactive, cocher la (les) proposition(s) correcte(s) :

a. **VRAI** : A = Ao/(2^n), n étant le nombre de périodes tel que t = nT

b. **VRAI** : La masse d'une source se calcule m(s) = m(a)*N.

c. **FAUX** : m(a)*N= (M/Na)*(l/A)
*Explication : m(a)*N= (M/Na)*(A/l)*

d. **VRAI** : (M/Na)*(A/l) = (M/Na)*((A*T)/ ln(2))

e. **VRAI** : m(s) = (M/Na)*((A*T)/ ln(2))

34. Concernant les Isotopes, la Radioactivité et les réactions nucléaires isobariques, cocher la (les) proposition(s) correcte(s) :

a. **FAUX** : l la constante radioactive varie avec l'âge du noyau.
Explication : l la constante radioactive ne varie pas quel que soit l'âge du noyau considéré.

b. **FAUX** : La période radioactive d'un élément est la durée nécessaire pour que tous les noyaux initialement présents se soient désintégrés spontanément.
Explication : La période radioactive d'un élément est la durée nécessaire pour que la moitié des noyaux initialement présents se soit désintégrée spontanément.

c. **VRAI** : l la constante radioactive est spécifique d'un nucléide.

d. **VRAI** : La période radioactive est spécifique d'un nucléide.

e. **VRAI** : Si un noyau est métastable, alors il reste dans son état excité pour plus de 10^-12 secondes.

35. Concernant les interactions des rayonnements avec la matière, cocher la (les) proposition(s) correcte(s) :

a. **FAUX** : Les rayonnements interagissent avec les atomes du milieu traversé en transférant de la matière.
Explication : Les rayonnements interagissent avec les atomes du milieu traversé en transférant de l'énergie.

b. **VRAI** : Les rayonnements directement ionisants transfèrent leur énergie par interaction coulombienne.

c. **VRAI** : Le transfert d'énergie des rayonnements directement ionisants dépend de la masse des particules les composants.

d. **VRAI** : Les particules alpha, les protons et les ions sont des particules lourdes.

e. **VRAI** : Les électrons et les positons sont des particules légères.

36. Concernant les interactions des rayonnements avec la matière, cocher la (les) proposition(s) correcte(s) :

a. **VRAI** : Les rayonnements indirectement ionisants sont des rayonnements neutres qui transfèrent leur énergie à des particules chargées, qui vont secondairement ioniser le milieu.

b. **VRAI** : Les rayons X sont des rayonnements indirectement ionisants.

c. **VRAI** : Les rayons g sont des rayonnements indirectement ionisants.

d. **FAUX** : Les positons composent des rayonnements indirectement ionisants.
Explication : Les positons composent des rayonnements directement ionisants.

e. **VRAI** : Les neutrons composent des rayonnements indirectement ionisants.

37. Concernant les interactions des rayonnements avec la matière, cocher la (les) proposition(s) correcte(s) :

a. **VRAI** : Les particules lourdes ont des interactions électriques avec les électrons des atomes environnants.

b. **FAUX** : La trajectoire des particules lourdes est curviligne.
Explication : La trajectoire des particules lourdes est rectiligne.

c. **FAUX** : Les particules lourdes peuvent dévier de leur trajectoire.
Explication : Les particules lourdes n'ont pas de déviation sur leur trajectoire à cause de leur masse.

d. **FAUX** : Les particules légères ont des interactions gravitationnelles avec les électrons environnants.
Explication : Les particules légères ont des interactions électriques avec les électrons environnants.

e. **VRAI** : Si les particules légères passent près d'un noyau ils émettent des rayonnements de freinage.

38. Concernant les interactions des rayonnements avec la matière, cocher la (les) proposition(s) correcte(s) :

a. **FAUX** : Si le transfert d'énergie des particules lourdes ou légères est fort, il y a excitation.
Explication : Si le transfert d'énergie des particules lourdes ou légères est fort, il y a ionisation.

b. **VRAI** : Si le transfert d'énergie des particules lourdes ou légères est faible, il y a excitation.

c. **VRAI** : On parle de collision quand il y a interaction avec les électrons de la cible.

d. **FAUX** : On parle de radiation quand il y a création d'électrons lors de l'interaction avec la cible.
Explication : On parle de radiation quand il y a création de photons lors de l'interaction avec la cible.

e. **VRAI** : Sachant que S est le pouvoir de ralentissement, pour les particules a : Sa = Scollision

39. Concernant les interactions des rayonnements avec la matière, cocher la (les) proposition(s) correcte(s) :

a. **VRAI** : Sachant que S est le pouvoir de ralentissement, pour les particules b : Sb = Scollision + Sradiation

b. **VRAI** : Une particule lourde a des interactions coulombiennes obligatoires avec les électrons atomiques.

c. **FAUX** : Une particule lourde en mouvement crée un champ électrique qui interagit avec les électrons atomiques de voisinage 1/d.
Explication : Une particule lourde en mouvement crée un champ électrique qui interagit avec les électrons atomiques de voisinage $1/d^2$.

d. **VRAI** : Si l'interaction est très forte il y a éjection d'un électron delta.

e. **VRAI** : Normalement lors d'une interaction l'énergie transférée à l'électron est très faible.

40. Concernant les interactions des rayonnements avec la matière, cocher la (les) proposition(s) correcte(s) :

- **a. FAUX** : Le ralentissement est assimilable à un phénomène discontinu.
  Explication : Le ralentissement est assimilable à un phénomène continu.
- **b. VRAI** : L'énergie transférée par une particule lourde à un électron est d'autant plus petite que la vitesse et la distance de la particule lourde est grande.
- **c. VRAI** : Le transfert linéique d'énergie (TLE) est l'énergie transférée par unité de longueur de trajectoire.
- **d. VRAI** : Lors d'une ionisation il y a création d'une paire d'ions (un électron et un ion).
- **e. FAUX** : Toutes les réponses sont exactes.

41. Concernant l'interaction des rayonnements avec la matière, cocher la (les)proposition(s) correcte(s) :

- **a. FAUX** : La valeur de l'énergie moyenne de formation d'une paire d'ions est : W = Eo * n sachant que n est le nombre de paires d'ions et Eo l'énergie de la particule incidente.
  Explication : La valeur de l'énergie moyenne de formation d'une paire d'ions est : W = Eo/n sachant que n est le nombre de paires d'ions et Eo l'énergie de la particule incidente.
- **b. VRAI** : Le nombre total de paires d'ions produites est : n = Eo/W avec Eo l'énergie de la particule incidente.
- **c. FAUX** : La densité linéique d'ionisation est : DLI = W/TLE avec TLE le transfert linéique d'énergie.
  Explication : La densité linéique d'ionisation est : DLI = TLE/W avec TLE le transfert linéique d'énergie.
- **d. FAUX** : La densité linéique s'exprime en paires d'ions par seconde.
  Explication : La densité linéique s'exprime en paires d'ions par µm.
- **e. VRAI** : La distance entre les paires d'ions est L = 1/DLI.

42. Concernant l'interaction des rayonnements avec la matière, cocher la (les) proposition(s) correcte(s) :

- **a. FAUX** : Le parcours d'une particule lourde est : R = To * TLE avec To l'énergie de la particule lourde.
  Explication : Le parcours d'une particule lourde est : R = To/TLE avec To l'énergie de la particule lourde.
- **b. VRAI** : Le parcours d'une particule lourde s'exprime en µm.
- **c. VRAI** : Scoll domine pour T < 100 MeV.
- **d. VRAI** : Scoll/Srad = ZT/800
- **e. FAUX** : Le parcours d'un électron dans la matière est R = To/r avec To l'énergie de l'électron.
  Explication : Le parcours d'un électron dans la matière est R = To/2r avec To l'énergie de l'électron.

43. Concernant l'interaction des rayonnements avec la matière, cocher la (les) proposition(s) correcte(s) :

- **a. VRAI** : Pour le calcul du parcours d'un électron R s'exprime en cm et To en MeV.
- **b. VRAI** : Pour les rayonnements électromagnétiques l'interaction est aléatoire mais non obligatoire.

c. **FAUX** : Un photon peut diffuser par adsorption.
Explication : Un photon peut disparaître par adsorption.

d. **VRAI** : Un photon peut traverser la matière sans interaction, phénomène appelé transmission.

e. **FAUX** : Un photon peut interagir par transmission.
Explication : Un photon peut interagir par diffusion.

44. Concernant l'interaction des rayonnements avec la matière, cocher la (les) proposition(s) correcte(s) :

a. **VRAI** : La couche de demi atténuation est : CDA = ln2/μ.

b. **FAUX** : La probabilité d'un effet photoélectrique est proportionnelle à (Z^5)*(E^7/2).
Explication : La probabilité d'un effet photoélectrique est proportionnelle à (Z^5)(E^-7/2).*

c. **VRAI** : La probabilité d'un effet Compton est proportionnelle à 1/E.

d. **FAUX** : Si l'énergie augmente la probabilité d'observer un effet Compton augmente.
Explication : Si l'énergie augmente la probabilité d'observer un effet Compton diminue.

e. **FAUX** : La probabilité d'un effet de production de paires est proportionnelle à E*ln(Z).
*Explication : La probabilité d'un effet de production de paires est proportionnelle à Z*ln(E).*

45. Concernant l'interaction des rayonnements avec la matière, cocher la (les) proposition(s) correcte(s) :

a. **VRAI** : Le pouvoir de ralentissement des particules directement ionisantes dépend de la masse volumique.

b. **VRAI** : Srad est proportionnelle à (Z(cible)/ m(incidente)^2.

c. **FAUX** : L'interaction radiative est utilisée pour la production de rayons g.
Explication : L'interaction radiative est utilisée pour la production de rayons X.

d. **FAUX** : Le phénomène de collision cause uniquement des ionisations.
Explication : Le phénomène de collision peut causer des ionisations ou des excitations.

e. **FAUX** : Le transfert linéique énergétique est proportionnel à (z/v) sachant que z est la charge et v la vitesse.
Explication : Le transfert linéique énergétique est proportionnel à (z/v)^2 sachant que z est la charge et v la vitesse.

46. Concernant l'interaction des rayonnements avec la matière, cocher la (les) proposition(s) correcte(s) :

a. **FAUX** : Pour une particule lourde le trajet est supérieur au parcours.
Explication : Pour une particule lourde le trajet est égal au parcours.

b. **VRAI** : Une épaisseur équivalente à la CDA réduira de moitié l'énergie totale du faisceau.

c. **VRAI** : Une épaisseur équivalente à la CDA réduira le nombre de photons à la moitié.

d. **VRAI** : L'effet photoélectrique a pour conséquence l'effet Auger ou la fluorescence X.

e. **FAUX** : Toutes les réponses sont exactes.
Explication : La réponse A est fausse.

47. Quels sont les critères influencent le coefficient d'atténuation, cocher la (les) proposition(s) correcte(s) :

- **a. FAUX** : Le numéro atomique de la particule incidente.
  Explication : Le numéro atomique de la cible.
- **b. VRAI** : La masse volumique.
- **c. FAUX** : L'énergie de la cible.
  Explication : L'énergie des photons incidents.
- **d. VRAI** : Le numéro atomique de la cible.
- **e. VRAI** : L'énergie des photons incidents.

48. Concernant l'interaction des rayonnements avec la matière, cocher la (les) proposition(s) correcte(s) :

- **a. VRAI** : Un faisceau devra avoir une énergie supérieure ou égale à 1,02 MeV pour pouvoir.
- **b. FAUX** : L'activité de la source influe sur les caractéristique des particules émises.
  Explication : L'activité de la source influe sur le nombre de particules émises.
- **c. VRAI** : Les interactions particules lourdes - matière sont dites obligatoires et directement ionisantes.
- **d. VRAI** : La TLI dépend de la nature du milieu, du type de particule et de l'énergie de la particule incidente.
- **e. FAUX** : Toutes les réponses sont exactes.
  Explication : La réponse B est fausse.

49. Concernant l'interaction des rayonnements avec la matière, cocher la (les) proposition(s) correcte(s) :

- **a. VRAI** : L'interaction photons - matière est probabiliste.
- **b. FAUX** : Lorsque l'énergie du photon incident croît, l'énergie transportée est emportée majoritairement par le photon incident.
  Explication : Lorsque l'énergie du photon incident croît, l'énergie transportée est emportée majoritairement par l'électron Compton.
- **c. FAUX** : L'effet photoélectrique est responsable du flou en radiographie que l'on tente d'éliminer à l'aide de la grille anti diffusante.
  Explication : L'effet Compton est responsable du flou en radiographie que l'on tente d'éliminer à l'aide de la grille antidiffusante.
- **d. FAUX** : La production de paires est la matérialisation de deux électrons à partir d'un photon incident.
  Explication : La production de paires est la matérialisation d'un électron et d'un positon à partir d'un photon incident.
- **e. FAUX** : Aucune réponse n'est exacte.
  Explication : La réponse A est exacte.

50. Concernant l'interaction des rayonnements avec la matière, cocher la (les) proposition(s) correcte(s) :

- **a. VRAI** : Si la particule a une énergie inférieure à 100 keV l'effet dominant est l'effet photoélectrique.
- **b. VRAI** : Si la particule a une énergie entre 100 keV et 10 MeV l'effet dominant est l'effet Compton.

c. **FAUX** : Si la particule a une énergie supérieure à 10 MeV l'effet dominant est l'effet photoélectrique.
Explication : Si la particule a une énergie supérieure à 10 MeV l'effet dominant est l'effet de production de paires.
d. **VRAI** : Si le contraste est inférieur à 5-10 % l'œil ne le distingue plus.
e. **FAUX** : Toutes les réponses sont exactes.
Explication : La réponse C est fausse.

51. Concernant la dosimétrie et la radioprotection, cocher la (les) proposition(s) correcte(s) :
a. **VRAI** : Le contraste dépend de l'épaisseur du tissu différent des autres.
b. **FAUX** : Un rayon électromagnétique est majoritairement indirectement ionisant de la matière.
Explication : Un rayon électromagnétique est toujours indirectement ionisant de la matière.
c. **VRAI** : Si l'énergie de la particule incidente croît, on observera plus d'électrons Compton émis à 180°.
d. **FAUX** : Le nombre de photons adsorbés est proportionnel au nombre de photons incidents.
Explication : Le nombre de photons qui diffusent est proportionnel au nombre de photons incidents.
e. **VRAI** : L'annihilation d'un positon se fait lors de la collision avec un électron.

52. Concernant l'interaction des rayonnements avec la matière, cocher la (les) proposition(s) correcte(s) :
a. **FAUX** : Les photons incidents percutent de préférence les électrons des couches les plus externes.
Explication : Les photons incidents percutent de préférence les électrons des couches les plus internes.
b. **VRAI** : On ne peut détecter neutrinos et antineutrinos.
c. **VRAI** : On observe un spectre de raies lors d'une capture électronique.
d. **VRAI** : La particule a un parcours très restreint car elle a une TLE élevée.
e. **FAUX** : Toutes les réponses sont exactes.
Explication : La réponse A est fausse.

53. Concernant la dosimétrie et la radioprotection, cocher la (les) proposition(s) correcte(s) :
a. **FAUX** : Les photons de dématérialisation peuvent émettre des rayons de freinage d'énergie entre 0 et 1,02 MeV.
Explication : Les photons de dématérialisation peuvent émettre des rayons de freinage d'énergie entre 0 et To (l'énergie du photon incident).
b. **FAUX** : La courbe de Bragg d'une particule a montre un pic d'ionisation en début de parcours.
Explication : La courbe de Bragg d'une particule a montre un pic d'ionisation en fin de parcours.
c. **VRAI** : L'énergie transférée au milieu est appelée KERMA.
d. **VRAI** : L'énergie absorbée par le milieu est la DOSE.
e. **VRAI** : DOSE et KERMA s'expriment en Gray (Gy).

54. Concernant la dosimétrie et la radioprotection, cocher la (les) proposition(s) correcte(s) :

a. **FAUX** : Le Gray est équivalent à des J/m.
Explication : Le Gray est équivalent à des J/kg.
b. **VRAI** : KERMA = ΔE(transférée)/ Δm.
c. **VRAI** : Souvent DOSE = KERMA.
d. **VRAI** : C(t) = A/masse cible.
e. **FAUX** : Toutes les réponses sont exactes.
Explication : La réponse A est fausse.

55. Quels sont les facteurs jouant sur l'effet de la dose, cocher la (les) proposition(s) correcte(s) :

a. **VRAI** : Le débit de dose.
b. **VRAI** : La distribution de la dose.
c. **VRAI** : Le facteur de qualité du rayonnement.
d. **VRAI** : Le facteur de pondération radiologique WR.
e. **VRAI** : Tous les facteurs proposés.

56. Concernant la dosimétrie et la radioprotection, cocher la (les) proposition(s) correcte(s) :

a. **VRAI** : La dose équivalente est : HT = SDose * WR.
b. **FAUX** : La Dose équivalente s'exprime en Bq.
Explication : La Dose équivalente s'exprime en mSv.
c. **FAUX** : Si le TLE augmente le nombre de lésions pour une même Dose diminue.
Explication : Si le TLE augmente le nombre de lésions pour une même Dose augmente.
d. **VRAI** : La Dose Efficace est : E = SHT*WT
e. **VRAI** : La dose efficace s'exprime en mSv.

57. Concernant les effets déterministes, cocher la (les) proposition(s) correcte(s) :

a. **VRAI** : Ils se produisent constamment au-delà de la dose seuil.
b. **VRAI** : À partir du moment où la dose est supérieure au seuil, l'intensité des effets croît avec la dose.
c. **FAUX** : Ils reflètent des mutations fautives.
Explication : Ils reflètent la mort cellulaire.
d. **FAUX** : L'effet est tardif.
Explication : L'effet est précoce.
e. **VRAI** : Ils varient avec l'organe cible.

58. Concernant les effets stochastiques, cocher la (les) proposition(s) correcte(s) :

a. **VRAI** : Les effets sont aléatoires.
b. **VRAI** : Ils surviennent sans seuil mais la probabilité de leur survenue augmente avec la dose.
c. **FAUX** : La gravité des effets dépend de la dose.
Explication : La gravité des effets est indépendante de la dose.
d. **VRAI** : L'effet est tardif.
e. **FAUX** : Ils reflètent la mort cellulaire.
Explication : Ils reflètent des mutations fautives somatiques ou germinales.

59. Concernant la dosimétrie et la radioprotection, cocher la (les) proposition(s) correcte(s) :

a. FAUX : Pour de très faibles doses les lésions sont réparées et suivies de mort cellulairExplication : Pour de très faibles doses les lésions ne sont pas réparées et suivies de mort cellulaire.

b. VRAI : Entre 10 et 100 mSv de dose le système de réparation de l'ADN est activé.

c. FAUX : Au-delà de 200 mSv les réparations d'ADN sont efficaces.
Explication : Au-delà de 200 mSv les réparations fautives sont de plus en plus nombreuses et peuvent mener à un cancer.

d. FAUX : Les électrons perdent uniquement leur énergie par ionisation.
Explication : Les électrons perdent leur énergie par ionisation ou par rayonnement de freinage.

e. FAUX : La perte d'énergie par rayonnement de freinage contribue à la dose.
Explication : La perte d'énergie par rayonnement de freinage ne contribue pas à la dose.

60. Concernant la dosimétrie et la radioprotection, cocher la (les) proposition(s) correcte(s) :

a. FAUX : μen représente la probabilité que les électrons cèdent leurs énergies par rayonnement de freinage.
Explication : μen représente la probabilité que les électrons cèdent leur énergie par ionisation.

b. FAUX : La dose efficace E permet de prendre en compte l'influence du type de rayonnement.
Explication : La dose efficace E permet de prendre en compte l'effet biologique d'un type de rayonnement.

c. FAUX : La dose équivalente H permet de prendre en compte l'effet biologique d'un type de rayonnement.
Explication : La dose équivalente H permet de prendre en compte l'influence du type de rayonnement.

d. FAUX : 1 Sv = 1 000 Gy
Explication : 1 Sv = 1 Gy.

e. VRAI : Aucune réponse n'est exacte.

61. Concernant la production de rayons X, cocher la (les) proposition(s) correcte(s) :

a. VRAI : Les rayons X dans un tube à rayons X sont produits par rayonnements de freinage.

b. FAUX : Une tension de 100 kV produit un faisceau de photons d'Emax 100 eV.
Explication : Une tension de 100 kV produit un faisceau de photons d'Emax 100 keV.

c. FAUX : Le courant modifie l'énergie des photons émis.
Explication : Le courant modifie le nombre de photons émis.

d. VRAI : Le temps de pose régule le nombre total de photons.

e. VRAI : La quantité de photons s'exprime en mA/s.

62. Concernant la production des rayons X, cocher la (les) proposition(s) correcte(s) :

a. VRAI : Un tube à rayons X a en moyenne un rendement d'1 %.

b. VRAI : Un rayonnement ionisant provoque des ionisations lors de son interaction avec le milieu.

c. VRAI : Pour détecter des particules on détecte les ions créés sur leur passage

d. **FAUX** : Le nombre de particules d'un rayon est indétectable.
Explication : On peut détecter le nombre de particules car chaque fois que des charges électriques apparaissent dans le milieu, on considère qu'une particule a interagi.
e. **VRAI** : On peut détecter l'énergie cédée par les particules.

63. Concernant la production des rayons X, cocher la (les) proposition(s) correcte(s) :
a. **VRAI** : Les détecteurs utilisés dans certains scanners ont des chambres d'ionisation au Xenon.
b. **FAUX** : La probabilité d'interaction dans un gaz est forte.
Explication : La probabilité d'interaction dans un gaz est faible.
c. **VRAI** : En utilisant du Xénon (de Z élevé) on augmente la probabilité d'interaction dans un gaz.
d. **VRAI** : L'utilisation de Xénon induit une forte probabilité d'effet photoélectrique.
e. **FAUX** : En augmentant la densité r du gaz on diminue la probabilité d'interaction.
Explication : En augmentant la densité r du gaz on augmente la probabilité d'interaction.

64. Concernant la production des rayons X, cocher la (les) proposition(s) correcte(s) :
a. **VRAI** : Le film radio arrête mal les rayons X.
b. **VRAI** : Le film est placé entre deux écrans renforçateurs pour augmenter la sensibilité du film.
c. **FAUX** : Les écrans renforçateurs absorbent les photons lumineux et les réémettent sous forme de photons X.
Explication : Les écrans renforçateurs absorbent les photons Xet les réémettent sous forme de photons lumineux.
d. **VRAI** : Le film est plus sensible aux photons lumineux qu'aux photons X.
e. **FAUX** : Toutes les réponses sont exactes.
Explication : La réponse C est fausse.

65. Comment compter les photons lumineux en imagerie médicale, cocher la (les) proposition(s) correcte(s) :
a. **VRAI** : À l'aide d'une photo diode.
b. **VRAI** : À l'aide d'un tube photomultiplicateur.
c. **VRAI** : En regardant directement un écran fluorescent sous l'action des rayons X.
d. **FAUX** : À l'aide d'un écran renforçateur.
Explication : Cet objet sert à renforcer la sensibilité du film radio.
e. **VRAI** : À l'aide d'un amplificateur de brillance.

66. Concernant la production des rayons X, cocher la (les) proposition(s) correcte(s) :
a. **FAUX** : Plus les photons traversent la matière, plus l'image est sombre.
Explication : Moins les photons traversent la matière, plus l'image est sombre.
b. **VRAI** : Le diaphragme limite le faisceau de rayons X à essentiellement ceux qui vont traverser le patient.
c. **VRAI** : Le filtrage du faisceau de rayons X sert à transmettre uniquement les photons pratiques, les photons de faible énergie sont tous absorbés.
d. **VRAI** : L'intensité de la dose diminue quand la $(\text{distance})^2$ augmente.
e. **FAUX** : La surface irradiée diminue quand la $(\text{distance})^2$ augmente.
Explication : La surface irradiée augmente quand la $(\text{distance})^2$ augmente.

67. Concernant la production des rayons X, cocher la (les) proposition(s) correcte(s) :

a. FAUX : En imagerie médicale on essaye de placer la personne près du foyer de radiation pour couvrir toute sa surface.
Explication : En imagerie médicale on essaye de placer la personne loin du foyer de radiation pour couvrir toute sa surface.

b. FAUX : On essaye de prendre un grand foyer en imagerie médicale.
Explication : On essaye de prendre un petit foyer en imagerie médicale, si le foyer est trop grand les contours de l'image sont trop flous.

c. VRAI : La grille antidiffusante empêche les photons ayant subi une diffraction de passer.

d. FAUX : Si les photons ayant subi une diffraction passent, l'image devient plus précis.
Explication : Si les photons ayant subi une diffraction passent, il y a apparition de flous sur l'image.

e. FAUX : La seule raison de flou est la taille du foyer.
Explication : Il y aussi le flou du détecteur et le flou cinétique.

68. Quels sont les facteurs influençant le contraste, cocher la (les) proposition(s) correcte(s) :

a. VRAI : Le coefficient d'atténuation massique µ/ r.

b. FAUX : La couleur de peau du patient.
Explication : La couleur de peau du patient n'est en aucun cas un facteur influençant le contraste.

c. VRAI : La masse atomique r.

d. VRAI : La distance du patient.

e. VRAI : La différence de numéro atomique Z.

69. Quels sont les facteurs influençant le contraste, cocher la (les) proposition(s) correcte(s) :

a. VRAI : On peut créer un contraste artificiel en injectant des produits de contraste iodés.

b. FAUX : L'air correspond a 1 000 unités Hounsfield (UH).
Explication : L'air correspond a -1 000 unités Hounsfield (UH).

c. VRAI : L'eau correspond a 0 UH.

d. FAUX : Les os correspondent à -1 000 UH.
Explication : Les os correspondent à 1 000 UH.

e. VRAI : L'un des avantages de la tomodensitométrie est la distinction précise de différences très faibles de r.

70. Concernant la RMN, cocher la (les) proposition(s) correcte(s) :

a. VRAI : La RMN est inoffensive pour l'organisme.

b. VRAI : Une spire de courant a un moment magnétique.

c. FAUX : Le neutron n'a pas de moment magnétique.
Explication : Le neutron a aussi un moment magnétique.

d. VRAI : Les nucléons ont un spin 1/2.

e. FAUX : Toutes les réponses sont exactes.
Explication : La réponse C est fausse.

71. Concernant l'RMN, cocher la (les) proposition(s) correcte(s):

a. **VRAI**: Les noyaux ayant un nombre pair de protons et de neutrons ont un spin nul.

b. **FAUX**: La diminution de la composante transversale se fait avec une constante de temps T1.
Explication: La diminution de la composante transversale se fait avec une constante de temps T2.

c. **FAUX**: La diminution de la composante longitudinale se fait avec une constante de temps T2.
Explication: La diminution de la composante longitudinale se fait avec une constante de temps T1.

d. **VRAI**: La diminution de la composante transversale se fait avec une constante de temps T2.

e. **VRAI**: La diminution de la composante longitudinale se fait avec une constante de temps T1.

72. Quels sont les facteurs influençant les signaux mesurés à un moment par RMN, cocher la (les) proposition(s) correcte(s):

a. **VRAI**: La densité de protons r.

b. **VRAI**: La valeur de T1.

c. **VRAI**: La valeur de T2.

d. **VRAI**: Le type de séquence utilisée.

e. **VRAI**: Tous les facteurs proposés.

73. Concernant l'imagerie médicale, cocher la (les) proposition(s) correcte(s):

a. **FAUX**: Une pondération en r se fait à TR court et TE long.
Explication: Une pondération en r se fait à TR long et TE court.

b. **VRAI**: Deux tissus peuvent différer en T1, T2 et r.

c. **VRAI**: En pondération T1 on a un signal fort pour un T1 petit.

d. **FAUX**: Une pondération T1 se fait à TR long.
Explication: Une pondération T1 se fait à TR court.

e. **VRAI**: En pondération T1 on a un signal faible pour un T1 grand.

74. Concernant l'imagerie médicale, cocher la (les) proposition(s) correcte(s):

a. **FAUX**: Le signal en IRM ne dépend pas du TE.
Explication: Le signal en IRM dépend du TE.

b. **VRAI**: Le signal en IRM dépend du TR.

c. **FAUX**: Deux mesures successives sont espacées d'un temps TE.
Explication: Deux mesures successives sont espacées d'un temps TR.

d. **VRAI**: Les impulsions sont faites aux temps TR, 2TR, 3TR etc.

e. **FAUX**: Les mesures sont faites aux temps TR, 2TR, 3TR etc.
Explication: Les mesures sont faites aux temps TR + TE, 2TR + TE, 3TR + TE etc.

75. Concernant l'imagerie médicale, cocher la (les) proposition(s) correcte(s):

a. **VRAI**: Le contraste radiologique diminue quand l'énergie du rayonnement augmente.

b. **VRAI**: La pondération en T2 se fait à TR long et TE long.

c. **VRAI**: En pondération T2 on a un signal faible quand T2 est petit.

d. **VRAI** : En pondération T2 on a un signal fort quand T2 est grand.
e. **VRAI** : Toutes les propositions sont exactes.

76. Concernant l'imagerie médicale, cocher la (les) proposition(s) correcte(s) :
a. **VRAI** : En T2 la relaxation est transversale.
b. **FAUX** : En T1 la relaxation est transversale.
Explication : En T1 la relaxation est longitudinale.
c. **FAUX** : En radiologie, la diffusion peut être augmentée par compression.
Explication : En radiologie, la diffusion peut être diminuée par compression.
d. **FAUX** : En radiologie, l'augmentation de la taille du foyer diminue le flou géométrique.
Explication : En radiologie, la diminution de la taille du foyer diminue le flou géométrique.
e. **FAUX** : L'augmentation de la distance patient détecteur diminue le flou géométriqu
Explication : La diminution de la distance patient détecteur diminue le flou géométrique.

77. Concernant l'imagerie médicale, cocher la (les) proposition(s) correcte(s) :
a. **FAUX** : En radiologie la résolution peut être augmentée en diminuant l'intensité du tube à rayons X.
Explication : En radiologie la résolution peut être augmentée en augmentant l'intensité du tube à rayons X.
b. **VRAI** : En radiologie la résolution peut être augmentée en augmentant le nombre de photons émis.
c. **VRAI** : Une augmentation de la tension d'un tube à rayons X induit une augmentation du nombre de photons émis.
d. **VRAI** : Une augmentation de la tension d'un tube à rayons X induit une augmentation de l'énergie maximale des photons X émis.
e. **FAUX** : Toutes les propositions sont exactes.
Explication : La réponse A est fausse.

78. Concernant l'imagerie médicale, cocher la (les) proposition(s) correcte(s) :
a. **FAUX** : Le scanner permet de mesurer la masse des tissus.
Explication : Le scanner permet de mesurer la masse volumique des tissus.
b. **FAUX** : La scintigraphie a une bonne résolution spatiale.
Explication : La scintigraphie a une mauvaise résolution spatiale.
c. **VRAI** : La scintigraphie est très utilisée en imagerie fonctionnelle.
d. **FAUX** : En scintigraphie l'activité détectée est indépendante de l'activité injectée.
Explication : En scintigraphie l'activité détectée est dépendante de l'activité injectée.
e. **FAUX** : Aucune réponse n'est exacte.
Explication : La réponse C est fausse.

79. Lesquels de ces facteurs influencent l'activité détectée en scintigraphie, cocher la (les) proposition(s) correcte(s) :
a. **VRAI** : La fixation tissulaire.
b. **VRAI** : Le coefficient d'atténuation des tissus traversés.
c. **VRAI** : La profondeur de l'organe étudié.
d. **VRAI** : L'élimination effective.
e. **VRAI** : Le temps d'examen.

80. Concernant l'imagerie médicale, cocher la (les) proposition(s) correcte(s):

- **a. VRAI**: En scintigraphie la qualité de l'image dépend du collimateur.
- **b. VRAI**: En scintigraphie la qualité de l'image dépend du spectromètre.
- **c. VRAI**: Le contraste se calcule: C = (I1 - I2)/ (I1 + I2)
- **d. VRAI**: La valeur du T2 dépend uniquement des caractéristiques du tissu.
- **e. FAUX**: La valeur de T2 peut varier pour un même tissu.
  Explication: La valeur du T2 est la même pour un même tissu.

81. Concernant les réactions d'oxydo-réduction, cocher la (les) proposition(s) correcte(s):

- **a. VRAI**: Dans une pile les pôles fonctionnent dans le sens 1.
- **b. FAUX**: Dans une pile les pôles fonctionnent dans le sens 2.
  Explication: Dans une pile le fonctionnement peut être renversé dans le sens 2 s'il y a un générateur.
- **c. VRAI**: L'équilibre est atteint quand ΔrG = 0.
- **d. VRAI**: ΔrG = - nFE
- **e. VRAI**: E° = - ΔrG°/nF

82. Concernant les réactions d'oxydo-réduction, cocher la (les) proposition(s) correcte(s):

- **a. FAUX**: E = E° + (RT/nF)ln(G).
  Explication: E = E° - (RT/nF)ln(G).
- **b. VRAI**: E = E° - (0,06/n)log(G).
- **c. FAUX**: L'oxydant le plus fort réagit avec le réducteur le plus faible.
  Explication: L'oxydant le plus fort réagit avec le réducteur le plus fort.
- **d. FAUX**: E est le potentiel standard biologiques.
  Explication: E°' est le potentiel standard biologiques.
- **e. FAUX**: Aucune réponse n'est exacte.
  Explication: La réponse B est exacte.

83. Concernant les réactions d'oxydo-réduction, cocher la (les) proposition(s) correcte(s):

- **a. FAUX**: Une réaction d'oxydo-réduction est un échange de protons.
  Explication: Une réaction d'oxydo-réduction est un échange d'électrons.
- **b. VRAI**: Un composé réducteur est une espèce donneuse d'électrons.
- **c. FAUX**: Une fois l'équilibre atteint la pile continue à débiter.
  Explication: Une pile débite tant que l'équilibre n'est pas atteint.
- **d. VRAI**: E° = E°(ox1/red1) - E°(ox2/red2)
- **e. VRAI**: À l'équilibre il y a égalité des potentiels à l'électrode.

84. Concernant les équilibres acido-basiques, cocher la (les) proposition(s) correcte(s):

- **a. VRAI**: Une base de Brönsted est une molécule capable de capter un proton.
- **b. VRAI**: Un acide de Brönsted est une molécule capable de libérer un proton.
- **c. VRAI**: Une molécule étant à la fois acide et base est un ampholyte.
- **d. FAUX**: [H3O+] = 10^pH.
  Explication: [H3O+] = 10^-pH.
- **e. FAUX**: Toutes les réponses sont exactes.
  Explication: La réponse D est fausse.

85. Concernant les équilibres acido-basiques, cocher la (les) proposition(s) correcte(s) :

a. **VRAI** : pH d'une solution d'acide fort : $pH = - \log[H_3O^+]$

b. **FAUX** : pH d'une solution de base forte : $pH = 14 - \log(c)$.
Explication : pH d'une solution de base forte : $pH = 14 + \log(c)$.

c. **VRAI** : $pKa = - \log(Ka)$.

d. **FAUX** : $[H_3O^+] + [HO^-] = 10^{-14}$.
Explication : $[H_3O^+]*[HO^-] = 10^{-14}$.

e. **VRAI** : $Ka = ([A^-]*[H_3O^+])/[AH]$

86. Concernant les équilibres acido-basiques, cocher la (les) proposition(s) correcte(s) :

a. **FAUX** : pH d'une solution de base faible : $pH = (1/2)*(pKa - \log c)$.
Explication : pH d'une solution d'acide faible : $pH = (1/2)*(pKa - \log c)$.

b. **FAUX** : pH d'une solution d'acide faible : $pH = 7 + (1/2)pKa + (1/2)\log c$.
Explication : pH d'une solution de base faible : $pH = 7 + (1/2)pKa + (1/2)\log c$.

c. **VRAI** : La force d'un acide augmente quand le pKa diminue.

d. **FAUX** : Relation de Henderson - Hasselbach : $pH = pKa + \log([AH]/[A^-]$.
Explication : Relation de Henderson - Hasselbach : $pH = pKa + \log([A^-]/[AH]$.

e. **FAUX** : Aucune réponse n'est exacte.
Explication : La réponse C est exacte.

87. Concernant les équilibres acido-basiques, cocher la (les) proposition(s) correcte(s) :

a. **VRAI** : La zone de virage d'un indicateur coloré se situe entre $(pKa - 1)$ et $(pKa + 1)$

b. **VRAI** : Le pHi des acides aminés se calcule $pHi = (pKa1 + pKa2)/2$.

c. **FAUX** : La zone tampon est différente de la zone de virage.
Explication : Zone tampon et zone de virage sont toutes les deux placées dans l'intervalle $[pKa - 1 ; pKa + 1]$

d. **VRAI** : Une solution tampon est un mélange quasi équimolaire d'un acide faible et de sa base conjuguée.

e. **FAUX** : Toutes les réponses sont exactes.
Explication : La réponse C est fausse.

88. Concernant les équilibres acido-basiques, cocher la (les) proposition(s) correcte(s) :

a. **FAUX** : Le pouvoir tampon est d'autant plus fort que la solution tampon est faiblement concentrée.
Explication : Le pouvoir tampon est d'autant plus fort que la solution tampon est fortement concentrée.

b. **FAUX** : Si $pH > pKa$ le pouvoir tampon est plus fort vis-à-vis d'une base.
Explication : Si $pH < pKa$ le pouvoir tampon est plus fort vis-à-vis d'une base.

c. **VRAI** : Le pouvoir tampon est l'aptitude d'une solution tampon à maintenir le pH à peu près constant malgré l'addition modérée d'H_3O^+ ou d'HO^-.

d. **VRAI** : Le pouvoir tampon dépend du pH initial.

e. **FAUX** : Si $pH = pKa$ la solution tampon est plus adaptée pour l'ajout d'acides.
Explication : Si $pH = pKa$ la solution tampon est aussi adaptée pour l'ajout d'acides que de bases.

89. Concernant les équilibres acido-basiques, cocher la (les) proposition(s) correcte(s) :

- **a. VRAI** : Si pKa< 0 l'acide est fort.
- **b. VRAI** : Si pKa> 14 la base est forte.
- **c. FAUX** : Si 0 <pKa< 14 alors l'acide est fort.
  Explication : Si 0 <pKa< 14 alors l'acide est faible.
- **d. FAUX** : Si 0 <pKa< 14 alors la base est forte.
  Explication : Si 0 <pKa< 14 alors la base est faible.
- **e. VRAI** : Ke = 10^-14

90. Concernant les équilibres acido-basiques, cocher la (les) proposition(s) correcte(s) :

- **a. FAUX** : Pour que l'utilisation de la formule pour le calcul du pH d'un acide fort soit valable il faut que pH < 7.
  Explication : Pour que l'utilisation de la formule pour le calcul du pH d'un acide fort soit valable il faut que pH ≤ 6,5.
- **b. VRAI** : Pour que l'utilisation de la formule pour le calcul du pH d'une base forte soit valable il faut que pH ≥ 7,5.
- **c. VRAI** : Pour que l'utilisation de la formule pour le calcul du pH d'un acide faible soit valable il faut que pH ≤ 6,5 et que pH ≤ pKa - 1.
- **d. VRAI** : Pour que l'utilisation de la formule pour le calcul du pH d'une base faible soit valable il faut que 7,5 ≤ pH et que pKa + 1 ≤ pH.
- **e. FAUX** : Toutes les réponses sont exactes.
  Explication : La réponse A est fausse.

91. Concernant les déplacements moléculaires passifs dans les solutions, cocher la (les) proposition(s) correcte(s) :

- **a. VRAI** : F(t) s'exprime en mol/(s*m²).
- **b. FAUX** : La mobilité mécanique molaire b est proportionnelle à r, le rayon de la molécule.
  Explication : La mobilité mécanique molaire b est inversement proportionnelle à r, le rayon de la molécule.
- **c. VRAI** : La mobilité mécanique molaire b est inversement proportionnelle à la racine cubique de M, la masse molaire de la molécule.
- **d. VRAI** : La diffusion est le phénomène menant à ce que la concentration en soluté devienne presque identique en tout point du solvant.
- **e. FAUX** : Toutes les réponses sont exactes.
  Explication : La réponse B est fausse.

92. Concernant les caractéristiques de la diffusion, cocher la (les) proposition(s) correcte(s) :

- **a. FAUX** : Il y a présence d'une force s'exerçant dans une direction précise.
  Explication : Il y a absence d'une force s'exerçant dans une direction précise.
- **b. FAUX** : Le déplacement est fonction de la somme des concentrations entre 2 points de l'espace.
  Explication : Le déplacement est fonction de la différence des concentrations entre 2 points de l'espace.
- **c. FAUX** : Le déplacement peut s'arrêter dans une situation de non-équilibre.
  Explication : Le déplacement continue jusqu'à l'équilibre.

d. **VRAI** : Par équilibre on définit l'état dans lequel la concentration en tout point d'une solution est identique.

e. **VRAI** : La vitesse de déplacement des molécules de soluté est fonction de l'agitation thermique.

93. Concernant les déplacements moléculaires passifs dans les solutions, cocher la (les) proposition(s) correcte(s) :

a. **VRAI** : Le gradient et le sens de la diffusion sont en sens contraire.

b. **VRAI** : La convection est un type de déplacement lors duquel les molécules sont entraînées par une force externe dans un sens bien déterminé.

c. **FAUX** : La convection est caractérisée par le fait qu'uniquement les molécules de soluté sont entraînées.
Explication : La convection est caractérisée par le fait que les molécules de solvant et de soluté sont identiquement entraînées.

d. **FAUX** : On appelle filtration un mouvement de convection lié à une concentration.
Explication : On appelle filtration un mouvement de convection lié à une pression.

e. **VRAI** : Dans un mouvement de migration une molécule peut puiser son énergie potentielle dans la pesanteur ou l'électricité.

94. Concernant les déplacements moléculaires passifs dans les solutions, cocher la (les) proposition(s) correcte(s) :

a. **FAUX** : L'une des caractéristiques de la migration est le fait que l'énergie nécessaire au déplacement est extraite de l'énergie cinétique de la molécule.
Explication : L'une des caractéristiques de la migration est le fait que l'énergie nécessaire au déplacement est extraite de l'énergie potentielle de la molécule.

b. **FAUX** : L'une des caractéristiques de la migration est le fait que l'énergie potentielle augmente quand le déplacement s'effectue.
Explication : L'une des caractéristiques de la migration est le fait que l'énergie potentielle diminue quand le déplacement s'effectue.

c. **FAUX** : Lors d'un transfert actif à travers une membrane l'énergie est fournie à la molécule par un mécanisme externe.
Explication : Lors d'un transfert actif à travers une membrane l'énergie est fournie à la molécule par un mécanisme membranaire.

d. **FAUX** : Lors d'un transfert passif à travers une membrane l'énergie est fournie à la molécule par un mécanisme membranaire.
Explication : Lors d'un transfert passif à travers une membrane l'énergie est fournie à la molécule par un mécanisme externe.

e. **VRAI** : A l'équilibre le débit net à travers la membrane devient nul.

95. Concernant la biophysique des solutions, cocher la (les) proposition(s) correcte(s) :

a. **VRAI** : Ftotal = Fd*(Spores/Stotale)

b. **FAUX** : Ftotal>Fd.
Explication : Ftotal<Fd

c. **VRAI** : Diffusion + Filtration = Osmose.

d. **VRAI** : D'après la loi de Van'tHoff : p = w*R*T.

e. **VRAI** : w dans la loi de Van'tHoff est mesurée à l'équilibre.

96. Concernant la biophysique des solutions, cocher la (les) proposition(s) correcte(s):

a. **FAUX**: Si on place un globule rouge dans un milieu hypotonique, l'eau sort de la cellulExplication: Si on place un globule rouge dans un milieu hypotonique, l'eau entre dans la cellule.

b. **VRAI**: Si on place un globule rouge dans un milieu hypotonique, il va gonfler voire éclater.

c. **VRAI**: Si on place un globule rouge dans un milieu hypertonique, l'eau sort de la cellule.

d. **FAUX**: Si on place un globule rouge dans un milieu hypotonique, il va gonfler.
Explication: Si on place un globule rouge dans un milieu hypotonique, il va rétracter.

e. **FAUX**: Le coefficient osmotique Lw s'exprime en m*s/(Pa).
*Explication: Le coefficient osmotique Lw s'exprime en m/(s*Pa).*

97. Concernant la biophysique des solutions, cocher la (les) proposition(s) correcte(s):

a. **VRAI**: Fnet = Lw p - LHΔP.

b. **VRAI**: s = Lw/LH.

c. **FAUX**: Fnet = LH*(Δp-s*ΔP).
Explication: Fnet = LH(s*Δp-ΔP).*

d. **VRAI**: La pression hydrostatique tend à chasser le plasma hors du vaisseau.

e. **FAUX**: La pression hydrostatique entraîne un appel d'eau du milieu extérieur vers l'intérieur.
Explication: La pression oncotique entraîne un appel d'eau du milieu extérieur vers l'intérieur.

98. Concernant la biophysique des solutions, cocher la (les) proposition(s) correcte(s):

a. **VRAI**: Si la pression hydrostatique augmente, il y a un risque d'apparition d'œdème.

b. **FAUX**: Si la pression oncotique augmente, il y a un risque d'apparition d'œdème.
Explication: Si la pression oncotique diminue, il y a un risque d'apparition d'œdème.

c. **VRAI**: Une augmentation de la pression hydrostatique peut mener à une hypertension artérielle.

d. **VRAI**: Une hypoprotidémie due à une dénutrition, mène à une diminution de la pression oncotique.

e. **FAUX**: Toutes les réponses sont exactes.
Explication: La réponse B est fausse.

99. Concernant la biophysique des solutions, cocher la (les) proposition(s) correcte(s):

a. **VRAI**: Si s = 0 alors Lw = 0 et le soluté diffuse librement.

b. **FAUX**: Si s = 1, le soluté traverse la membrane sans problème.
Explication: Si s = 1, le soluté ne traverse pas du tout.

c. **VRAI**: L'osmolarité est égale à la somme des molarités.

d. **FAUX**: Titre = msolvant/msoluté.
Explication: Titre = msoluté/msolvant

e. **VRAI**: Seuls des échanges de chaleur ou de travail peuvent faire varier l'énergie interne totale.

100. Concernant la biophysique des solutions, cocher la (les) proposition(s) correcte(s):

a. **VRAI**: Les processus spontanés sont irréversibles.

b. **FAUX** : La dilution nécessite de l'énergie extérieure.
Explication : La dilution est spontanée, elle ne nécessite pas d'énergie extérieure.
c. **FAUX** : Lorsqu'on ajoute du soluté à une solution le potentiel chimique de soluté diminue.
Explication : Lorsqu'on ajoute du soluté à une solution le potentiel chimique de soluté augmente.
d. **VRAI** : Deux ions provenant de la dissociation d'un même soluté ont la même concentration équivalente.
e. **VRAI** : wplasma = 300 mosmol/L.

101. Concernant les propriétés mécaniques des vaisseaux, cocher la (les) proposition(s) correcte(s) :
a. **VRAI** : Plus on étire le vaisseau plus la tension superficielle augmente.
b. **FAUX** : Ts = Ptm/R avec Ptm la pression transmurale et R le rayon.
*Explication : Ts = Ptm * R avec Ptm la pression transmurale et R le rayon.*
c. **FAUX** : Dans un vaisseau le collagène intervient en premier lors d'un étirement et assure l'élasticité du vaisseau.
Explication : Dans un vaisseau l'élastine intervient en premier lors d'un étirement et assure l'élasticité du vaisseau.
d. **VRAI** : Le collagène intervient en second lors d'un étirement et assure la rigidité et donc la solidité des vaisseaux.
e. **VRAI** : Le collagène limite l'élongation avant que ne survienne le point de rupture de l'élastine.

102. Concernant les propriétés mécaniques des vaisseaux, cocher la (les) proposition(s) correcte(s) :
a. **VRAI** : S'il y a rupture du collagène dans un vaisseau on parle d'anévrisme.
b. **FAUX** : L'élasticité artérielle due au vieillissement mène à l'hypotension artérielle orthostatique.
Explication : La rigidité artérielle due au vieillissement mène à l'hypotension artérielle orthostatique.
c. **VRAI** : La présence de fibres musculaires dans les vaisseaux ajoute une tension musculaire de base.
d. **FAUX** : La tension musculaire d'un vaisseau peut être nulle à certains moments.
Explication : La tension musculaire d'un vaisseau n'est jamais nulle.
e. **FAUX** : Lorsque la tension musculaire d'un vaisseau varie cela n'a pas de répercussion sur la vasomotricité.
Explication : Lorsque la tension musculaire d'un vaisseau varie, il y a modulation de la vasomotricité.

103. Concernant les propriétés mécaniques des vaisseaux, cocher la (les) proposition(s) correcte(s) :
a. **VRAI** : Une vasoconstriction peut aider à maintenir une perfusion normale dans le cas d'une hémorragie.
b. **FAUX** : La variation de la tension musculaire des vaisseaux induit uniquement des mécanismes salvateurs.

Explication: La variation de la tension musculaire des vaisseaux peut induire des mécanismes délétères comme le spasme artériel.

c. **FAUX** : La variation de la tension musculaire n'a pas de répercussion sur la pression traansmurale.
Explication : Une variation forte de la tension musculaire finit par entraîner une modification de la pression transmurale.

d. **FAUX** : Une augmentation de la tension musculaire mène à une vasodilatation.
Explication : Une augmentation de la tension musculaire mène à une vasoconstriction.

e. **VRAI** : Une diminution de la tension musculaire mène à une vasodilatation.

104. Concernant les propriétés mécaniques des vaisseaux, cocher la (les) proposition(s) correcte(s) :

a. **FAUX** : Une augmentation de la pression transmurale peut mener à une hémorragie.
Explication : Une diminution de la pression transmurale peut mener à une hémorragie.

b. **FAUX** : Une diminution de la pression transmurale peut mener à une hypertension artérielle.
Explication : Une augmentation de la pression transmurale peut mener à une hypertension artérielle.

c. **FAUX** : Une diminution de la pression transmurale peut mener à une rupture vasculaire.
Explication : Une augmentation de la pression transmurale peut mener à une rupture vasculaire.

d. **FAUX** : Une diminution de la tension musculaire peut mener a un spasme artériel.
Explication : Une augmentation de la tension musculaire peut mener a un spasme artériel.

e. **VRAI** : Aucune réponse n'est exacte.

105. Concernant les propriétés mécaniques des vaisseaux, cocher la (les) proposition(s) correcte(s) :

a. **FAUX** : Une diminution de la tension musculaire peut mener à une ischémie.
Explication : Une augmentation de la tension musculaire peut mener à une ischémie.

b. **VRAI** : Une augmentation de la tension musculaire peut mener à une migraine.

c. **VRAI** : Une diminution de la tension musculaire peut mener à une vasoplégie.

d. **VRAI** : Une diminution de la tension musculaire peut mener à un malaise vagal.

e. **FAUX** : Toutes les réponses sont exactes.
Explication : La réponse A est fausse.

106. Concernant les propriétés mécaniques des vaisseaux, cocher la (les) proposition(s) correcte(s) :

a. **FAUX** : La finalité du système cardiovasculaire est d'assurer le transport de CO_2 vers les tissus.
Explication : La finalité du système cardiovasculaire est d'assurer le transport de O_2 vers les tissus.

b. **FAUX** : VO = Qc/DAV avec Qc le débit cardiaque et DAV la différence artérioveineuse en O_2.
*Explication : VO = Qc * DAV avec Qc le débit cardiaque et DAV la différence artérioveineuse en O_2.*

c. FAUX : Lors d'une diminution brutale de l'accélération on peut devenir victime d'un phénomène de « voile noir ».
Explication : Lors d'une augmentation brutale de l'accélération on peut devenir victime d'un phénomène de « voile noir ».

d. FAUX : En appliquant la loi de Pascal on peut déduire qu'un fluide parfait a un débit variable pour deux points différents dans un vaisseau.
Explication : En appliquant la loi de Pascal on peut déduire qu'un fluide parfait a un débit constant dans un vaisseau, quel que soit le point.

e. VRAI : Aucune réponse n'est exacte.

107. Concernant la biophysique de la circulation, cocher la (les) proposition(s) correcte(s) :

a. VRAI : Lorsque le diamètre d'un vaisseau diminue, la vitesse du sang augmente.

b. FAUX : Lorsque le diamètre d'un vaisseau diminue, la pression du sang augmente.
Explication : Lorsque le diamètre d'un vaisseau diminue, la pression du sang diminue.

c. FAUX : Une sténose induit une augmentation du diamètre d'un vaisseau.
Explication : Une sténose induit une diminution du diamètre d'un vaisseau.

d. FAUX : La dépendance du coefficient de frottement au taux de cisaillement est une caractéristique du fluide newtonien.
Explication : La dépendance du coefficient de frottement au taux de cisaillement est une caractéristique du fluide non newtonien.

e. FAUX : Aucune réponse n'est exacte.
Explication : La réponse A est exacte.

108. Concernant la biophysique de la circulation, cocher la (les) proposition(s) correcte(s) :

a. VRAI : La loi de Poiseuille est uniquement applicable lors d'un écoulement laminaire.

b. VRAI : La présence d'un régime turbulent peut être liée à un rétrécissement d'un vaisseau.

c. FAUX : Plus une fibre est élastique plus son élastance est forte.
Explication : Plus une fibre est élastique plus son élastance est faible.

d. FAUX : Lors d'une hémorragie la pression transmurale augmente.
Explication : Lors d'une hémorragie la pression transmurale chute.

e. FAUX : Lors d'une hémorragie on observe une vasoconstriction pour éviter le collapsus.
Explication : Lors d'une hémorragie on observe une vasodilatation pour éviter le collapsus.

109. Quels sont les 3 types de fibres qui composent les vaisseaux sanguins, cocher la (les) proposition(s) correcte(s) :

a. FAUX : Les fibres nerveuses.
Explication : Les fibres nerveuses ne font pas partie des 3 fibres princiales composant les vaisseaux.

b. FAUX : Les fibres de réticuline.
Explication : Les fibres de réticuline ne font pas partie des 3 fibres princiales composant les vaisseaux.

c. VRAI : Les fibres de collagène.

d. VRAI : Les fibres d'élastine.

e. VRAI : Les fibres musculaires.

110. Laquelle de ces formules correspond à la loi de Poiseuille, cocher la (les) proposition(s) correcte(s) :

a. **FAUX** : Q = (8*Δx*h)/ (p*ΔP*R^4).
*Explication : Q = (p*ΔP*R^4)/ (8*Δx*h)*

b. **FAUX** : Q = (p*ΔP*R²)/ (8*Δx*h).
*Explication : Q = (p*ΔP*R^4)/ (8*Δx*h).*

c. **FAUX** : Q = (p*ΔP*R^4)/ (4*Δx*h).
*Explication : Q = (p*ΔP*R^4)/ (8*Δx*h).*

d. **VRAI** : Q = (p*ΔP*R^4)/ (8*Δx*h)

e. **FAUX** : Q = (h*ΔP*R^4)/ (8*Δx*p).
*Explication : Q = (p*ΔP*R^4)/ (8*Δx*h).*

111. Concernant la biophysique des solutions, cocher la (les) proposition(s) correcte(s) :

a. **VRAI** : Solutions = solvant + soluté.

b. **FAUX** : Le soluté est l'espèce moléculaire capable de neutraliser au mieux les interactions intermoléculaires.
Explication : Le solvant est l'espèce moléculaire capable de neutraliser au mieux les interactions intermoléculaires.

c. **VRAI** : Dans une solution idéale les forces intermoléculaires sont égales entre elles.

d. **VRAI** : Il est possible de s'approcher de la solution idéale quand on dilue la solution.

e. **FAUX** : Toutes les réponses sont exactes.
Explication : La réponse B est fausse.

112. Concernant la concentration d'une solution, cocher la (les) proposition(s) correcte(s) :

a. **FAUX** : C = n*V.
Explication : C = n/V.

b. **VRAI** : La molarité s'exprime en mol/L.

c. **FAUX** : La concentration pondération se calcule : Cp = m*V.
Explication : La concentration pondération se calcule : Cp = m/V

d. **FAUX** : La concentration pondérale s'exprime en g * L.
Explication : La concentration pondérale s'exprime en g/L.

e. **VRAI** : n = m/M.

113. Concernant la concentration d'une solution, cocher la (les) proposition(s) correcte(s) :

a. **FAUX** : L'osmolarité s'exprime en mol/L.
Explication : L'osmolarité s'exprime en osmol/L.

b. **FAUX** : La molalité se calcule mo/n avec mo la masse du solvant.
Explication : La molalité se calcule n/mo avec mo la masse du solvant.

c. **VRAI** : La molalité s'exprime en mol/g.

d. **VRAI** : D'après la loi d'Oswald : K = (C*a)²/ (1 - a) avev a le coefficient de dissociation.

e. **FAUX** : Sachant que n est le nombre total d'ions produits l'osmolarité totale se calcule : w = C/(n*a + 1 - a).
*Explication : Sachant que n est le nombre total d'ions produits l'osmolarité totale se calcule : w = C * (n*a + 1 - a).*

114. Concernant la concentration d'une solution, cocher la (les) proposition(s) correcte(s) :

- **a. FAUX** : La concentration équivalente concerne tous les atomes.
  Explication : La concentration équivalente concerne uniquement les électrolytes.
- **b. FAUX** : Un Eq est le nombre de mol d'ions nécessaires pour transporter 1 000 Faraday.
  Explication : Un Eq est le nombre de mol d'ions nécessaires pour transporter 1 Faraday.
- **c. FAUX** : La concentration équivalente s'exprime en Eq/s.
  Explication : La concentration équivalente s'exprime en Eq/L.
- **d. VRAI** : La concentration équivalente se calcule en posant C*r*z avec C la molarité de l'électrolyte, r le nombre d'ions produits et z la valence de l'ion.
- **e. FAUX** : Aucune réponse n'est exacte.
  Explication : La réponse D est exacte.

115. Concernant la thermodynamique, cocher la (les) proposition(s) correcte(s) :

- **a. FAUX** : La température d'une casserole qui bout est inférieure à celle d'une piscine de natation.
  Explication : La température d'une casserole qui bout est supérieure à celle d'une piscine de natation.
- **b. FAUX** : L'énergie calorique d'une casserole est supérieure à celle d'une piscine de natation.
  Explication : L'énergie calorique d'une casserole est inférieure à celle d'une piscine de natation à cause du volume plus grand d'une piscine.
- **c. FAUX** : L'agitation thermique est indépendante de la température.
  Explication : L'agitation thermique dépend de la température.
- **d. VRAI** : Si la température augmente le nombre de chocs intermoléculaires augmente.
- **e. FAUX** : Les chocs intermoléculaires permettent d'hétérogéniser le mélange solvant-soluté.
  Explication : Les chocs intermoléculaires permettent d'homogéniser le mélange solvant-soluté.

116. Concernant la thermodynamique, cocher la (les) proposition(s) correcte(s) :

- **a. VRAI** : L'entropie illustre les notions d'ordre et de désordre.
- **b. VRAI** : L'entropie maximale est atteinte quand le mélange solvant-soluté est parfaitement homogénisé.
- **c. VRAI** : Tous les processus spontanés naturels tendent vers une situation d'équilibre.
- **d. FAUX** : Les processus spontanés tendent vers une énergie potentielle maximale.
  Explication : Les processus spontanés tendent vers une énergie potentielle minimale.
- **e. FAUX** : Les processus spontanés tendent vers une entropie minimale.
  Explication : Les processus spontanés tendent vers une entropie maximale

117. Concernant la thermodynamique, cocher la (les) proposition(s) correcte(s) :

- **a. VRAI** : L'enthalpie libre molaire μ s'exprime en J/mol.
- **b. FAUX** : 1 μ est l'énergie nécessaire pour faire apparaître ou disparaître 1 mol de soluté.
  Explication : 1 μ est l'énergie nécessaire pour faire apparaître ou disparaître 1 mol de soluté.
- **c. FAUX** : Si on ajoute un soluté à un solvant pur on augmente le potentiel chimiquExplication : Si on ajoute un soluté à un solvant pur on abaisse le potentiel chimique.
- **d. VRAI** : Si le potentiel chimique d'un solvant diminue son énergie libre diminue.

e. **FAUX** : Plus l'agitation thermique dans un solvant augmente, plus le phénomène d'évaporation devient rare.
Explication : Plus l'agitation thermique dans un solvant augmente, plus le phénomène d'évaporation devient fréquent.

118. Concernant la thermodynamique, cocher la (les) proposition(s) correcte(s) :

a. **VRAI** : Dans une enceinte close remplie d'eau pure, la pression de vapeur saturante augmente quand la température augmente.
b. **VRAI** : A 37 °C la pression saturante est de 47 mmHg.
c. **FAUX** : A 100 °C la pression saturante est de 100 mmHg.
Explication : A 100 °C la pression saturante est de 760 mmHg.
d. **FAUX** : On respire moins bien quand l'air est sec que quand il est humide.
Explication : On respire mieux quand l'air est sec que quand il est humide.
e. **FAUX** : La respiration d'air trop humide peut mener à une infection du larynx ou des bronches.
Explication : La respiration d'air trop sec peut mener à une infection du larynx ou des bronches.

119. Concernant la thermodynamique, cocher la (les) proposition(s) correcte(s) :

a. **FAUX** : Dans une enceinte non close on atteint rapidement l'équilibre.
Explication : Dans une enceinte non close on n'arrive jamais à un équilibre.
b. **VRAI** : Dans une enceinte non close tout le solvant peu s'évaporer à une certaine température.
c. **VRAI** : D'après la loi de Henry vstpd/V = s*p sachant que vstpd est le volume de soluté dissous dans les conditions stpd, s le coefficient de solubilité et p la pression partielle.
d. **VRAI** : Les conditions stpd correspondent à 0 °C, f = 0 mmHg et P = 760 mmHg.
e. **VRAI** : Les conditions stpd correspondent à 37 °C, f = 50 mmHg et P = 760 mmHg.

120. Concernant la biophysique des solutions, cocher la (les) proposition(s) correcte(s) :

a. **VRAI** : Pour glacer de l'eau salée il faut abaisser la température en dessous de 0 °C d'une valeur de $\Delta t° = -kw$ en degré Celsius.
b. **VRAI** : Dans la formule $\Delta t° = -kw$ la valeur de k est 1,86.
c. **VRAI** : On calcule le débit molaire : $J(t) = dn/dt$.
d. **FAUX** : Le débit molaire s'exprime en mol/m.
Explication : Le débit molaire s'exprime en mol/s.
e. **FAUX** : Le flux par unité de surface se calcule : $F(t) = J(t) * S$.
Explication : Le flux par unité de surface se calcule : $F(t) = J(t)/ S$.

121. Concernant l'imagerie médicale, cocher la (les) proposition(s) correcte(s) :

a. **VRAI** : La valeur de T1 dépend des caractéristiques du tissu.
b. **VRAI** : La valeur de T1 dépend du champ électromagnétique appliqué Bo.
c. **VRAI** : En l'absence de champ électromagnétique, le moment magnétique des protons est aléatoire.
d. **VRAI** : En l'absence de champ électromagnétique, le moment magnétique pour le tissu est nul.
e. **VRAI** : Toutes les réponses sont exactes.

122. Concernant l'imagerie médicale, cocher la (les) proposition(s) correcte(s) :

a. VRAI : Le gradient Gz est appliqué pendant l'envoi de l'impulsion 90°.

b. VRAI : Le gradient Gx est appliqué avant et pendant la formation de l'écho.

c. VRAI : Le gradient Gy est appliqué en Gz et Gx.

d. VRAI : L'augmentation du temps de pose augmente le nombre de photons émis.

e. VRAI : Toutes les propositions sont exactes.

123. Lesquelles des caractéristiques d'une région traversée font varier l'absorption des rayons X, cocher la (les) proposition(s) correcte(s) :

a. VRAI : L'épaisseur de la région.

b. VRAI : La densité de la région.

c. FAUX : L'étendue de la région.
Explication : L'étendue de la région n'a pas de répercussion sur l'absorption des rayons X.

d. FAUX : La masse de la région.
Explication : La masse de la région n'a pas de répercussion sur l'absorption des rayons X.

e. VRAI : Le numéro atomique de la région.

124. Concernant l'imagerie médicale, cocher la (les) proposition(s) correcte(s) :

a. FAUX : Dans un détecteur de gaz on utilise des gaz de Z petit pour augmenter la probabilité d'interaction.
Explication : Dans un détecteur de gaz on utilise des gaz de Z élevé pour augmenter la probabilité d'interaction.

b. FAUX : En augmentant la fenêtre de visualisation on diminue le nombre de structures visibles.
Explication : En augmentant la fenêtre de visualisation on augmente le nombre de structures visibles.

c. VRAI : Pour détecter les particules on détecte les ions créés sur leur passage.

d. FAUX : En augmentant la fenêtre de visualisation on augmente le contraste.
Explication : En augmentant la fenêtre de visualisation on diminue le contraste.

e. FAUX : Aucune réponse n'est exacte.
Explication : La réponse C est exacte.

125. Concernant l'imagerie médicale, cocher la (les) proposition(s) correcte(s) :

a. FAUX : L'échelle de Hounsfield va de 0 à 1 000 UH.
Explication : L'échelle de Hounsfield va de -1 000 à 1000 UH.

b. FAUX : Lors de l'acquisition le tube à rayons X reste fixe.
Explication : Lors de l'acquisition le tube à rayons X tourne autour du patient.

c. FAUX : Pour visualiser plus en profondeur en échographie on peut augmenter la cadence n.
Explication : Pour visualiser plus en profondeur en échographie on peut diminuer la cadence n.

d. FAUX : L'oreille humaine entend de 20 Hz à 20 MHz.
Explication : L'oreille humaine entend de 20 Hz à 20 kHz.

e. VRAI : Aucune réponse n'est exacte.

126. Concernant l'imagerie médicale, cocher la (les) proposition(s) correcte(s):

- **a. VRAI**: L'aimantation longitudinale est la traduction de la différence du nombre de spins parallèles et antiparallèles.
- **b. FAUX**: Le nombre de spins parallèles est toujours inférieur au nombre de spins antiparallèles.
  Explication: Le nombre de spins parallèles est toujours supérieur au nombre de spins antiparallèles.
- **c. VRAI**: L'aimantation transversale est la traduction de la mise en phase plus ou moins complète des spins.
- **d. VRAI**: L'émission d'une onde radiofréquence à 90° permet l'annulation de la composante magnétique longitudinale et l'apparition d'une composante magnétique transversale.
- **e. FAUX**: Toutes les réponses sont exactes.
  Explication: La réponse B est fausse.

127. Concernant l'imagerie médicale, cocher la (les) proposition(s) correcte(s):

- **a. FAUX**: Le gaz permet d'augmenter μ.
  Explication: Le gaz permet de diminuer μ.
- **b. VRAI**: L'écho de spin permet de s'affranchir des hétérogénéités du champ magnétique en replaçant les protons en phase.
- **c. VRAI**: A l'interface air/tissu, les ondes sont très réfléchies d'ou l'application de gel sur la peau.
- **d. VRAI**: Lorsque l'onde rencontrera un obstacle ponctuel dont la largeur sera bien inférieure à sa longueur d'onde, on aura un phénomène de réflexion diffuse.
- **e. FAUX**: Toutes les propositions sont exactes.
  Explication: La réponse A est fausse.

128. Concernant l'imagerie médicale, cocher la (les) proposition(s) correcte(s):

- **a. FAUX**: Le rôle d'un cristal est de transformer des photons en électrons.
  Explication: Le rôle d'un cristal est de transformer des photons X en photons lumineux.
- **b. VRAI**: En IRM on applique une onde radiofréquence pour égaliser les moments magnétiques parallèles et antiparallèles.
- **c. VRAI**: Le rôle d'une diode est de transformer des photons en électrons.
- **d. VRAI**: Un produit de contraste augmente la différence de densité des tissus.
- **e. FAUX**: Toutes les réponses sont exactes.
  Explication: La réponse A est fausse.

129. Concernant l'imagerie médicale, cocher la (les) proposition(s) correcte(s):

- **a. VRAI**: L'écho de spin est une impulsion 180° qui permet de s'affranchir des hétérogénités du champ.
- **b. FAUX**: L'écho de spin est réalisé à TR/2.
  Explication: L'écho de spin est réalisé à TE/2.
- **c. VRAI**: Les décibels sont équivalents à des W/m^2
- **d. VRAI**: Un moment magnétique provient du mouvement d'une particule chargée.
- **e. FAUX**: Toutes les propositions sont exactes.
  Explication: La réponse B est fausse.

130. Concernant l'imagerie médicale, cocher la (les) proposition(s) correcte(s):

a. **VRAI**: On peut utiliser des produits de contraste en IRM.
b. **VRAI**: Un amplificateur de brillance permet une observation fonctionnelle.
c. **VRAI**: La cadence n s'exprime en images/s.
d. **VRAI**: lmax = c/fmin avec l la longueur d'onde, c la célérité et f la fréquence.
e. **VRAI**: Toutes les propositions sont correctes.

131. Concernant le sang, cocher la (les) proposition(s) correcte(s):

a. **FAUX**: Il ne contribue pas à la nutrition des organes.
Explication: Au contraire il a pour rôle la nutrition.
b. **VRAI**: Le sang a pour rôle l'épuration.
c. **FAUX**: Le sang est moins visqueux que l'eau.
Explication: Le sang est plus visqueux que l'eau.
d. **FAUX**: Le sang ne peut pas être considéré comme un fluide.
Explication: Le sang est un fluide et n'échappe pas aux lois de la dynamique des fluides.
e. **VRAI**: Le sang est coagulable.

132. Concernant la biophysique de circulation, cocher la (les) proposition(s) correcte(s):

a. **VRAI**: Les artères forment un réseau résistif.
b. **FAUX**: Les artères forment un réseau à basse pression.
Explication: Les artères forment un réseau à haute pression.
c. **VRAI**: Les veines forment un réseau capacitatif.
d. **FAUX**: Les veines forment un réseau à haute pression.
Explication: Les veines forment un réseau à basse pression.
e. **VRAI**: L'aorte a une pression moyenne de 130/80 mmHg.

133. Concernant la biophysique de circulation, cocher la (les) proposition(s) correcte(s):

a. **VRAI**: L'artère pulmonaire a une pression moyenne de 25/15 mmHg.
b. **VRAI**: Un fluide parfait s'écoule sans force de frottement et sans perte d'énergie.
c. **VRAI**: Un fluide parfait n'a pas de viscosité.
d. **FAUX**: Pour un fluide parfait dP = dF/dS est variable en tout point situé à même profondeur.
Explication: Pour un fluide parfait dP = dF/dS est constante en tout point situé à même profondeur.
e. **VRAI**: L'hydrostatique est l'étude des fluides non circulants.

134. Concernant l'hydrostatique et les fluides parfaits, cocher la (les) proposition(s) correcte(s):

a. **FAUX**: D'après la loi de Pascal: P1 = P2 - rg*(z2 - z1).
Explication: D'après la loi de Pascal: P1 = P2 - rg(z1 - z2)*
b. **FAUX**: Q = S/v.
*Explication: Q = S*v.*
c. **FAUX**: Le débit Q s'exprime en m^3 * s.
Explication: Le débit Q s'exprime en m^3/s.

d. FAUX : D'après la loi de Bernoulli l'énergie peut varier d'un point à l'autre d'un fluide parfait.
Explication : D'après la loi de Bernoulli l'énergie est constante en tout point d'un fluide parfait.
e. VRAI : Q = dV/dt.

135. Concernant la biophysique de circulation, cocher la (les) proposition(s) correcte(s) :
a. VRAI : D'après la loi de Bernoulli : $E = P + rgz + (1/2)rv^2$
b. FAUX : Au sein d'une sténose la vitesse du sang diminue.
Explication : Au sein d'une sténose la vitesse du sang augmente.
c. FAUX : Au sein d'une sténose la pression de perfusion augmente.
Explication : Au sein d'une sténose la pression de perfusion diminue.
d. VRAI : Pour les fluides réels dF = h*(dv/dx)*dS.
e. VRAI : Dans un fluide Newtonien la viscosité h est indépendante de la répartition des vitesses le long de l'axe d'écoulement.

136. Concernant les fluides réels, cocher la (les) proposition(s) correcte(s) :
a. FAUX : Dans un fluide non Newtonien la viscosité h est indépendante de la répartition des vitesses le long de l'axe d'écoulement.
Explication : Dans un fluide non Newtonien la viscosité h est dépendante de la répartition des vitesses le long de l'axe d'écoulement.
b. VRAI : Le nombre de Reynolds est 1200.
c. VRAI : Au-delà de la vitesse critique le flux sanguin devient turbulent.
d. VRAI : Dès que le sang entre en régime turbulent il y a apparition du souffle vasculaire.
e. VRAI : L'hypertrophie ventriculaire est une conséquence du rétrécissement aortiqu

137. Concernant les propriétés mécaniques des vaisseaux, cocher la (les) proposition(s) correcte(s) :
a. VRAI : L'allongement relatif se calcule ΔL/Lo avec ΔL la différence de longueur suite à l'application d'une force et Lo la longueur initiale.
b. FAUX : L'élasticité augmente si ΔL diminue pour la force la plus petite possible.
Explication : L'élasticité augmente si ΔL augmente pour la force la plus petite possible.
c. VRAI : Si on dépasse la limite d'élasticité l'objet devient sujet d'une déformation puis d'une rupture.
d. FAUX : D'après la loi de Laplace la tension superficielle est indépendante de la pression transmurale.
Explication : D'après la loi de Laplace la tension superficielle et la pression transmurale sont reliées entre elles.
e. VRAI : La tension superficielle représente dans l'hypothèse de la paroi mince la force qui écarte les berges d'une plaie ou d'une fracture vasculaire.

138. Quels sont les trois déterminants de la consommation myocardique d'O_2, cocher la (les) proposition(s) correcte(s) :
a. VRAI : La fréquence cardiaque.
b. VRAI : La force contractile.

c. **VRAI** : La tension pariétale moyenne du myocarde.
d. **FAUX** : L'épaisseur du myocarde.
Explication : L'épaisseur du myocarde n'est pas un déterminant de la consommation d'O_2.
e. **FAUX** : La tension superficielle moyenne du myocarde.
Explication : La tension superficielle moyenne du myocarde n'est pas l'un des déterminants de la consommation myocardique d'O_2.

139. Concernant les propriétés mécaniques des vaisseaux, cocher la (les) proposition(s) correcte(s) :

a. **VRAI** : En biophysique de la circulation les parois épaisses sont considérées comme un empilement de parois minces.
b. **FAUX** : Les vaisseaux sont composés de deux tuniques.
Explication : Les vaisseaux sont composés de trois tuniques : l'intima, la média et l'adventice.
c. **VRAI** : L'intima est la tunique la plus interne d'un interne.
d. **VRAI** : La média est la tunique moyenne d'un vaisseau.
e. **VRAI** : L'adventice est la tunique extérieure d'un vaisseau.

140. Concernant les propriétés mécaniques des vaisseaux, cocher la (les) proposition(s) correcte(s) :

a. **VRAI** : L'intima a pour fonction de prévenir la thrombose.
b. **VRAI** : La média a un rôle d'élasticité.
c. **VRAI** : La média a un rôle de solidité.
d. **VRAI** : La média a une fonction vasomotrice grâce aux cellules musculaires lisses qui la composent.
e. **VRAI** : Toutes les réponses sont exactes.

Anatomie

1. Concernant l'appareil uro-génital, cocher la (les) proposition(s) correcte(s) :

a. Les calices sont formés par la partie extra-rénale du bassinet qui vient se ventouser aux sommets des pyramides rénales appelées papilles.
b. Les tubules droits des néphrons se situent dans le cortex rénal.
c. Le pénis est un ensemble de 2 lacs sanguins veineux entourés de cloisons fibreuses.
d. Le trajet des spermatozoïdes, depuis la périphérie du testicule, se fait par les tubes semi-contournés, puis droits, le rete testis, les cônes déférent, le conduit épididymaire et le conduit efférent.
e. Aucune réponse n'est exacte.

2. Concernant l'appareil uro-génital, cocher la (les) proposition(s) correcte(s) :

a. L'ACTH produite par l'adénohypophyse est une hormone non-gonadotrope.
b. Le rein gauche est légèrement plus haut que le rein droit.
c. Le pénis comporte 3 corps caverneux qui sont des lacs sanguins veineux.
d. Le sommet des pyramides rénales dessine le relief des papilles.
e. Toutes les réponses sont exactes.

3. Concernant l'appareil uro-génital, cocher la (les) proposition(s) correcte(s) :

a. Le pic de LH, qui a lieu à J15 stimule la production d'œstrogène et déclenche l'ovulation.
b. À l'arrière de chacun des lobes de la thyroïde, on trouve deux glandes parathyroïdes
c. L'urètre membraneux est vertical tout comme l'urètre prostatique.
d. L'urètre prostatique prend le nom d'urètre membraneux au niveau du sphincter lisse.
e. Toutes les réponses sont exactes.

4. Concernant l'appareil uro-génital, cocher la (les) proposition(s) correcte(s) :

a. Le rétropéritoine comprend les reins, les gros vaisseaux et les glandes surrénales.
b. L'uretère lombaire droit croise l'artère iliaque commune.
c. L'uretère lombaire gauche croise l'artère iliaque externe.
d. Les urètres lombaires sont devant les apophyses costiformes.
e. Aucune réponse n'est exacte.

5. Concernant le système nerveux central, cocher la (les) proposition(s) correcte(s) :

a. Le système nerveux de la vie de relation met en relation l'organisme avec le milieu extérieur.
b. Le système nerveux de la vie végétative met en relation l'organisme avec le milieu extérieur.
c. Les deux systèmes nerveux (vie de relation et vie végétative) ne sont pas indépendants l'un de l'autre.
d. Le système nerveux périphérique est indépendant du système nerveux central.
e. Le système nerveux central correspond exclusivement aux structures nerveuses contenues dans le crâne.

6. Concernant le système nerveux central, cocher la (les) proposition(s) correcte(s) :

a. Le système nerveux périphérique est constitué des structures nerveuses situées en dehors du crâne et du canal vertébral.

b. Les structures du système nerveux périphérique sont toutes formées de fibres nerveuses.

c. La substance blanche correspond aux fibres nerveuses.

d. L'encéphale et la moelle spinale sont entourés d'enveloppes appelées méninges.

e. La dure-mère crânienne est accolée à la boîte crânienne.

7. Concernant le système nerveux central, cocher la (les) proposition(s) correcte(s) :

a. La dure-mère crânienne est physiologiquement décollée à certains endroits.

b. Les hématomes intra-duraux sont dus au décollement de la dure-mère crânienne.

c. La dure-mère se dédouble pour former les sinus artériels.

d. Les sinus veineux drainent une petite partie du sang veineux de l'encéphale.

e. La dure-mère crânienne applique les vaisseaux sur l'os ou ils laissent des empreintes.

8. Concernant le système nerveux central, cocher la (les) proposition(s) correcte(s) :

a. Les sinus veineux latéraux forment les veines jugulaires externes.

b. Les veines jugulaires internes sont les principales voies de drainage veineux de l'encéphale.

c. La faux du cerveau est horizontale.

d. La faux du cerveau sépare le tronc cérébral du cerveau.

e. La tente du cervelet est horizontale.

9. Concernant le système nerveux central, cocher la (les) proposition(s) correcte(s) :

a. La tente du cervelet sépare les deux hémisphères cérébraux.

b. La dure-mère spinale est décollée du canal vertébral.

c. L'arachnoïde est la méninge la plus profonde.

d. Il y a un espace entre la dure-mère et l'arachnoïde.

e. La dure-mère spinale forme un espace épidural rempli par des éléments fibreux, vasculaires et graisseux.

10. Concernant le système nerveux central, cocher la (les) proposition(s) correcte(s) :

a. L'arachnoïde est accolée à la pie-mère.

b. Le liquide cérébro-spinal se trouve dans l'espace entre la dure-mère et l'arachnoïde.

c. L'arachnoïde est la méninge tapissant la substance nerveuse.

d. L'espace épidural est le siège des anesthésies péridurales.

e. Le liquide cérébro-spinal est résorbé au niveau des sinus longitudinaux latéraux.

11. Concernant le système nerveux central, cocher la (les) proposition(s) correcte(s) :

a. Le liquide cérébro-spinal est résorbé par les plexus choroïdes.

b. La pie-mère s'engage au fond des anfractuosités de la substance nerveuse.

c. Le liquide cérébro-spinal est sécrété par les villosités arachnoïdiennes.
d. Le liquide cérébro-spinal circule dans les ventricules de l'encéphale.
e. Le liquide cérébro-spinal sort au niveau du 3e ventricule dans les espaces subarachnoïdiens.

12. Quels sont les endroits dans lesquels se situent les plexus choroïde sécrétant le LCS, cocher la (les) proposition(s) correcte(s):

a. Les ventricules latéraux.
b. Le canal vertébral.
c. Le 3e ventricule.
d. Le 4e ventricule.
e. Le 5e ventricule.

13. Concernant le système nerveux central, cocher la (les) proposition(s) correcte(s):

a. Les deux hémisphères cérébraux constituent le télencéphale.
b. Le cerveau intermédiaire est aussi appelé mésencéphale.
c. Le pont correspond au métencéphale.
d. Le bulbe correspond au myélencéphale.
e. Les pédoncules cérébraux correspondent au diencéphale.

14. Concernant le système nerveux central, cocher la (les) proposition(s) correcte(s):

a. Le cervelet possède deux hémisphères cérébelleux.
b. Le cervelet possède un vermis.
c. Le corps cellulaire a un rôle de transmission de l'influx nerveux.
d. Les fibres nerveuses ont un rôle d'effecteurs.
e. Les corps cellulaires constituent la substance grise.

15. Concernant le système nerveux central, cocher la (les) proposition(s) correcte(s):

a. Au niveau de l'encéphale la substance grise est située dans la couche corticale.
b. Au niveau de l'encéphale la substance grise est située en profondeur du cerveau et du cervelet.
c. L'hypothalamus appartient au diencéphale.
d. L'hypothalamus est formé de nombreux noyaux.
e. L'hypothalamus est le centre supérieur du contrôle des fonctions motrices et exocrâniennes.

16. Concernant le système nerveux central, cocher la (les) proposition(s) correcte(s):

a. L'hypothalamus a un rôle neurœndocrinien et comportemental fondamental.
b. Au niveau de l'encéphale la substance blanche est située en périphérie du cerveau et du cervelet.
c. Il existe 6 cavités dans l'encéphale.
d. Il existe une cavité dans la moelle spinale: le canal de l'épendyme.
e. On a un ventricule latéral par hémisphère cérébral.

17. Quels sont les différents amas de substance grise au niveau de l'encéphale, cocher la (les) proposition(s) correcte(s) :

- **a.** Le thalamus.
- **b.** Le noyau lenticulaire.
- **c.** La couronne rayonnante.
- **d.** Le noyau caudé.
- **e.** La capsule interne.

18. Quels sont les différents amas de substance blanche au niveau de l'encéphale, cocher la (les) proposition(s) correcte(s) :

- **a.** Le thalamus.
- **b.** Le noyau caudé.
- **c.** La couronne rayonnante.
- **d.** La capsule interne.
- **e.** Le corps calleux.

19. Concernant le système nerveux central, cocher la (les) proposition(s) correcte(s) :

- **a.** Les ventricules latéraux présentent 3 prolongements ou cornes.
- **b.** Les ventricules latéraux ont chacun un prolongement frontal, occipital et temporal.
- **c.** Les ventricules latéraux communiquent avec le troisième ventricule par les foramens interventriculaires et le corps calleux.
- **d.** Le troisième ventricule est la cavité du cerveau intermédiaire ou le diencéphale.
- **e.** Le troisième ventricule communique avec le quatrième ventricule par le foramen interventriculaire.

20. Concernant le système nerveux central, cocher la (les) proposition(s) correcte(s) :

- **a.** Le troisième ventricule communique avec les ventricules latéraux par les foramens interventriculaires.
- **b.** Le quatrième ventricule est la cavité des hémisphères cérébraux.
- **c.** Le cinquième ventricule présente les orifices d'écoulement du LCS des ventricules vers les espaces sous-arachnoïdiens.
- **d.** L'aqueduc du cerveau est la cavité ventriculaire du pont.
- **e.** L'aqueduc du cerveau unit le troisième ventricule au quatrième.

21. Concernant l'appareil digestif, cocher la (les) proposition(s) correcte(s) :

- **a.** La face postérieure du foie se positionne le long de la veine cave inférieure.
- **b.** Le hile du foie se situe à la face inférieure du foie.
- **c.** Le pancréas est une glande à la fois exocrine et endocrine.
- **d.** La sécrétion endocrine du pancréas est la testostérone par les îlots de Langerhans.
- **e.** La sécrétion exocrine du pancréas est le suc pancréatique porteur d'enzymes.

22. Concernant l'appareil digestif, cocher la (les) proposition(s) correcte(s) :

- **a.** Le carrefour des voies biliaires et pancréatiques se situe dans la tête du pancréas.
- **b.** L'ampoule Biliopancréatique se jette dans D1.
- **c.** Le système porte est un système veineux compris entre deux réseaux capillaires sans passer par le cœur.
- **d.** L'origine du système porte se situe derrière le pancréas.
- **e.** Le système porte se termine au centre du lobule hépatique.

23. Quelle est l'orientation des différentes portions du duodénum, cocher la (les) proposition(s) correcte(s) :

- **a.** D1 est vertical.
- **b.** D1 est horizontal.
- **c.** D2 est vertical.
- **d.** D3 est horizontal.
- **e.** D4 est vertical.

24. Concernant l'appareil digestif, cocher la (les) proposition(s) correcte(s) :

- **a.** Le rôle du système porte abdominal est le transport des produits de l'absorption intestinale vers le foie.
- **b.** Les veines centrolobulaires se réunissent en veines hépatiques qui rejoignent le système porte.
- **c.** Les hépatocytes sont groupés en cocarde.
- **d.** Le flux portal arrive en périphérie du lobule hépatique par les espaces porte.
- **e.** Les produits de l'absorption traversent l'hépatocyte de façon centrifuge et sont transformés.

25. Concernant l'appareil digestif, cocher la (les) proposition(s) correcte(s) :

- **a.** La somatostatine est sécrétée par les cellules D des îlots de Langerhans du pancréas.
- **b.** L'aldostérone est sécrétée par la zone glomérulée du cortex surrénalien.
- **c.** L'ampoule biliopancréatique se jette habituellement dans la deuxième portion du duodénum.
- **d.** Les voies biliaires comportent une voie biliaire principale qui passe en arrière de D2, c'est le cholédoque.
- **e.** Toutes les réponses sont exactes.

26. Concernant l'appareil digestif, cocher la (les) proposition(s) correcte(s) :

- **a.** Le conduit cystique est extra hépatique.
- **b.** Le pylore est la jonction entre estomac et œsophage.
- **c.** L'œsophage est un conduit musculo-membraneux et fait suite au laryngopharynx.
- **d.** L'œsophage prend naissance à la hauteur du bord inférieur du cartilage thyroïde au niveau de C6.
- **e.** Aucune réponse n'est exacte.

27. Concernant l'appareil digestif, cocher la (les) proposition(s) correcte(s) :

- **a.** Les veines centro-lobulaires se jettent dans les veines hépatiques.
- **b.** Les lames porte-vaisseaux raccordent les organes vasculaires à la paroi.
- **c.** L'œsophage cervical devient thoracique à hauteur de l'incisure jugulaire, qui se projette en T2.
- **d.** Le vestibule correspond à l'espace situé entre les lèvres et les dents.
- **e.** Toutes les réponses sont exactes.

28. Concernant l'appareil digestif, cocher la (les) proposition(s) correcte(s) :

- **a.** Le rétro péritoine est situé derrière le péritoine pariétal postérieur.
- **b.** Le tube digestif est recouvert d'une paroi à 3 couches : muqueuse, musculeuse et séreuse.
- **c.** Le contenu de la vésicule biliaire rejoint le canal cystique par le canal cholédoque.
- **d.** Le cardia est la jonction entre estomac et duodénum.
- **e.** Aucune réponse n'est exacte.

29. Concernant l'appareil uro-génital, cocher la (les) proposition(s) correcte(s) :

- **a.** Les reins appartiennent au bas appareil urinaire.
- **b.** Les uretères appartiennent au bas appareil urinaire.
- **c.** La vessie appartient au bas appareil.
- **d.** L'urètre appartient au haut appareil urinaire.
- **e.** Les reins ont pour fonction la filtration et l'excrétion.

30. Concernant l'appareil uro-génital, cocher la (les) proposition(s) correcte(s) :

- **a.** Le cortex rénal est la partie périphérique du rein.
- **b.** Les colonnes rénales se situent entre les pyramides rénales.
- **c.** La médulla rénale est constituée de 8 à 10 pyramides rénales.
- **d.** Les sommets des pyramides rénales dessinent le relief des papilles.
- **e.** Le sinus rénal est la partie extra-rénale du bassinet.

31. Concernant l'appareil uro-génital, cocher la (les) proposition(s) correcte(s) :

- **a.** Les glomérules se situent dans la médulla rénale.
- **b.** Les tubes contournés se situent dans le cortex rénal.
- **c.** Les vaisseaux droits se situent dans le cortex rénal.
- **d.** Les tubes droits se situent dans la médulla rénale.
- **e.** Le rétropéritoine est l'autre nom du péritoine pariétal postérieur.

32. Quels sont les organes situés dans le rétropéritoine, cocher la (les) proposition(s) correcte(s) :

- **a.** Le foie.
- **b.** La rate.
- **c.** Les reins.
- **d.** Les glandes surrénales.
- **e.** Les gros vaisseaux.

33. Quels sont les constituants des pédicules rénaux, cocher la (les) proposition(s) correcte(s):

a. L'urètre.
b. L'artère mésentérique.
c. L'artère rénale.
d. La veine rénale.
e. L'uretère.

34. Concernant l'appareil uro-génital, cocher la (les) proposition(s) correcte(s):

a. Les reins sont situés dans les loges rénales.
b. La vessie est le réservoir des selles dans l'intervalle de la digestion.
c. La vessie comporte une musculeuse et une muqueuse plexiforme.
d. La zone fonctionnelle de la vessie est le trigone vésical.
e. La zone fonctionnelle de la vessie est le globe vésical.

35. Concernant l'appareil uro-génital, cocher la (les) proposition(s) correcte(s):

a. Le trigone vésical est compris entre deux méats des urètres et l'orifice de l'uretère.
b. La vessie vide dépasse le plan de la symphyse.
c. L'urètre est soit prostatique soit spongieux.
d. L'urètre spongieux a une partie bulbaire.
e. L'urètre spongieux a une partie pénienne.

36. Lesquelles sont les voies exclusivement génitales masculines, cocher la (les) proposition(s) correcte(s):

a. Le testicule.
b. La prostate.
c. L'urètre.
d. Le pénis.
e. Le conduit éjaculateur.

37. Concernant l'appareil uro-génital, cocher la (les) proposition(s) correcte(s):

a. L'épididyme surplombe le testicule en cimier de casque.
b. L'épididyme se prolonge par le canal déférent.
c. Le conduit déférent remonte sur la face médiale du testicule.
d. L'albuginée est une enveloppe élastique contenue dans le testicule.
e. Chaque lobule du testicule contient des tubes séminifères droits puis contournés.

38. Concernant l'appareil uro-génital, cocher la (les) proposition(s) correcte(s):

a. Les tubes séminifères droits se réunissent en un réseau dense: le rete testis.
b. Le conduit déférent est long de 10 cm.
c. Le conduit déférent transporte les spermatozoïdes de la bourse à l'urètre prostatique.
d. Le conduit déférent comporte trois parties: scrotale, inguinale et latéro-vésicale.
e. La partie scrotale du conduit déférent présente un grand risque de hernies.

39. Concernant l'appareil uro-génital, cocher la (les) proposition(s) correcte(s):

a. La glande prostatique entoure l'urètre proximal sous la vessie.
b. La prostate englobe le carrefour uro-génital et sécrète le liquide séminal.
c. La prostate a la forme d'une châtaigne avec un sommet supérieur.
d. La prostate est séparée en deux par le passage des deux canaux déférents.
e. Les canaux éjaculateurs se jettent dans le colliculus médian de l'uretère.

40. Concernant l'appareil uro-génital, cocher la (les) proposition(s) correcte(s):

a. Le pénis se compose de trois parties: la racine, le corps et la pointe du pénis.
b. Le pénis se compose de 3 corps érectiles.
c. La racine du pénis est fixée au puis et au périnée par l'insertion des corps caverneux.
d. Le corps caverneux ou bulbe entoure l'urètre.
e. Le corps du pénis est formé par la réunion des deux corps caverneux.

41. Concernant l'appareil uro-génital, cocher la (les) proposition(s) correcte(s):

a. Le corps caverneux s'élargit en gland à l'extrémité du pénis.
b. Les corps caverneux s'adossent en canon de fusil au-dessus du corps spongieux.
c. Les annexes de l'appareil génital féminin sont les ovaires et les trompes utérines.
d. L'utérus possède deux parties: l'isthme et le col.
e. L'organe génital externe de la femme est la vulve.

42. Concernant l'appareil uro-génital, cocher la (les) proposition(s) correcte(s):

a. Les corps spongieux féminins forment le clitoris.
b. La cavité utérine est tapissée de muqueuse malpighienne.
c. Explication: La cavité utérine est tapissée de muqueuse glandulaire.
d. Le vagin est tapissé de muqueuse malpighienne.
e. Le vestibule comprend l'orifice urétral, vaginal et anal.
f. Les grandes lèvres sont des replis cutanés compris entre le mont du pubis et l'anus, reliés par des commissures.

43. Concernant l'appareil uro-génital, cocher la (les) proposition(s) correcte(s):

a. Les petites lèvres sont des replis cutanés dépourvus de graisse entourant le vestibule du vagin.
b. Une glande endocrine est une glande à sécrétion interne.
c. Les glandes endocrines secrètent des enzymes.
d. Les substances sécrétées par les glandes endocrines arrivent dans la circulation sanguine.
e. Toutes les réponses sont exactes.

44. Lesquelles de ces glandes sont endocrines, cocher la (les) proposition(s) correcte(s):

a. La parotide.
b. L'hypophyse.
c. La thyroïde.

d. Les surrénales.
e. Les testicules.

45. Concernant le système endocrinien, cocher la (les) proposition(s) correcte(s):

a. La selle turcique est la loge hypothalamique.
b. La selle turcique est une excavation creusée à la face supérieure du corps de l'os ethmoïde.
c. L'axe hypothalamo-hypophysaire assure le contrôle hormonal.
d. L'hypophyse se divise en deux parties.
e. La neurohypophyse est la partie postérieure de l'hypophyse.

46. Quelles sont les hormones sécrétées par l'adénohypophyse, cocher la (les) proposition(s) correcte(s):

a. L'FSH.
b. L'ACTH.
c. L'ocytocine.
d. La TSH.
e. La vasopressine.

47. Concernant le système endocrinien, cocher la (les) proposition(s) correcte(s):

a. L'ocytocine sensibilise la musculature lisse.
b. La vasopressine élève la pression artérielle et la réabsorption d'eau.
c. Les hormones gonadotropes agissent sur les glandes surrénales.
d. Les hormones corticotropes agissent sur la thyroïde.
e. Les hormones thyréotropes agissent sur les ovaires ou testicules.

48. Concernant le système endocrinien, cocher la (les) proposition(s) correcte(s):

a. Les hormones gonadotropes du lobe antérieur de l'hypophyse sont libérées par des « Releasing Factors » de la neurohypophyse.
b. La thyroxine, la tri-iodothyronine et la calcitonine sont des hormones thyroïdiennes.
c. La calcitonine est responsable de la régulation du métabolisme de base.
d. La calcitonine est hypocalcémiante.
e. La calcitonine stimule l'ostéogénèse.

49. Concernant l'appareil uro-génital, cocher la (les) proposition(s) correcte(s):

a. La parathormone est la seule hormone hypocalcémiante.
b. La parathormone stimule les ostéoclastes.
c. Le pancréas contient un million d'îlots de Langerhans qui sécrètent 2 types d'hormones: le glucagon et l'insuline.
d. Le glucagon est sécrété par les cellules B
e. 20 % des îlots de Langerhans sécrètent du glucagon.

50. Concernant l'appareil uro-génital, cocher la (les) proposition(s) correcte(s) :

a. L'insuline est sécrétée par les cellules D.
b. 80 % des îlots de Langerhans sécrètent de l'insuline.
c. La somatostatine est sécrétée par les cellules
d. La glande surrénale droite est haute en forme de virgule.
e. La glande surrénale droite tombe sur le bord médial du rein.

51. Concernant le système endocrinien, cocher la (les) proposition(s) correcte(s) :

a. La cortico-surrénale se divise en 3 parties.
b. La zone glomérulaire de la cortico-surrénale sécrète des catécholamines.
c. La zone fasciculaire sécrète des glucocorticoïdes.
d. La zone réticulaire de la cortico-surrénale sécrète des stéroïdes sexuels.
e. Les cellules chromaffines se situent dans la cortico-surrénale.

52. Concernant le système endocrinien, cocher la (les) proposition(s) correcte(s) :

a. La cortico-surrénale apparaît brune sur une coupe axiale de l'abdomen.
b. La médullo-surrénale apparaît jaune chamois sur une coupe axiale de l'abdomen.
c. Le taux élevé de testostérone inhibe la production de FSH et LH.
d. Les hormones mâles sont produites par les cellules interstitielles de Leydig.
e. Les cellules interstitielles de Leydig sont situées dans l'espace conjonctif qui entoure les tubes séminifères.

53. Quels sont les effets de la testostérone, cocher la (les) proposition(s) correcte(s) :

a. Elle stimule l'ovogénèse.
b. Elle agit sur les voies séminales et développe les vésicules séminales et la prostate.
c. Elle active le développement et le maintien des caractères sexuels secondaires.
d. Elle stimule la fonction des glandes sébacées et sudoripares.
e. Elle inhibe la libido.

54. Quels sont les organes féminins ciblés par l'axe hypothalamo-hypophysaire, cocher la (les) proposition(s) correcte(s) :

a. Le vagin.
b. Le clitoris.
c. L'ovaire.
d. L'endomètre.
e. Le col de l'utérus à l'accouchement.

55. Concernant le système endocrinien, cocher la (les) proposition(s) correcte(s) :

a. La phase folliculaire ou œstrogénique va du 5e au 14e jour du cycle ovarien.
b. Le mûrissement du follicule se fait lors de la phase lutéinique.
c. L'ovulation se fait à J1.
d. L'ovulation est provoquée par le pic de FSH.
e. La phase lutéinique ou progestative va du 1er au 5e jour du cycle ovarien.

56. Quelles sont les conséquences du pic de LH, cocher la (les) proposition(s) correcte(s):

- **a.** La stimulation de la production d'œstrogènes.
- **b.** Le déclenchement de l'ovulation.
- **c.** La transformation du corps jaune en follicule.
- **d.** La transformation du follicule vide en corps jaune.
- **e.** Le déclenchement de la sécrétion de progestérone.

57. Concernant le système endocrinien, cocher la (les) proposition(s) correcte(s):

- **a.** L'arrivée des aliments dans l'iléon distal déclenche la sécrétion de GLP1.
- **b.** La GLP1 est sécrétée par les cellules G de l'iléon distal.
- **c.** La GLP1 agit sur le pancréas.
- **d.** La GLP1 améliore la sécrétion d'insuline.
- **e.** La GLP1 protège les cellules alpha des îlots de Langerhans.

58. Concernant l'appareil uro-génital, cocher la (les) proposition(s) correcte(s):

- **a.** La papille appartient à la médulla rénale.
- **b.** Le glomérule appartient au cortex rénal.
- **c.** La face postérieure de la vessie, le conduit déférent est en dedans de la vésicule séminale.
- **d.** L'uretère spongieux est entouré par un sphincter strié.
- **e.** La face postérieure de la vessie le conduit déférent rejoint la vésicule séminale et est ensuite appelé conduit éjaculateur.

59. Concernant l'appareil uro-génital, cocher la (les) proposition(s) correcte(s):

- **a.** L'uretère spongieux est entouré par le corps caverneux.
- **b.** Les calices adhèrent aux papilles rénales.
- **c.** Les uretères s'abouchent dans le trigone vésical.
- **d.** Le rétro-péritoine est situé derrière le péritoine pariétal postérieur.
- **e.** Les conduits déférents ne croisent pas les uretères.

60. Concernant l'appareil uro-génital, cocher la (les) proposition(s) correcte(s):

- **a.** Le conduit déférent remonte su la face latérale du testicule pour rejoindre le carrefour uro-génital.
- **b.** L'hypophyse est située entre le 3e ventricule et le 4e ventricule cérébral.
- **c.** L'adénohypophyse sécrète les hormones effectrices somato- et mélanotropes.
- **d.** Le colliculus est situé au niveau de l'urètre membraneux.
- **e.** Le globe vésical est un état pathologique de la vessie.

61. Concernant les généralités en anatomie, cocher la (les) proposition(s) correcte(s):

- **a.** L'anatomie est la science de la forme du corps humain.
- **b.** Vésale est à l'origine de l'anatomie comparée.
- **c.** D'après Aristote l'homme est un animal raisonnable, qui se tient debout, qui a deux mains et qui parle.

d. Aristote est à l'origine de la 1re nomenclature anatomique unique.
e. Galien est à l'origine de l'anatomie fonctionnelle et de la neuro-anatomie.

62. Quelles sont les sciences morphologiques, cocher la (les) proposition(s) correcte(s) :

a. L'anatomie.
b. La physiologie.
c. L'histologie.
d. L'embryologie.
e. L'anapathologie.

63. Quelles sont les sources d'inspiration des termes utilisés en anatomie, cocher la (les) proposition(s) correcte(s) :

a. La religion.
b. Des objets usuels.
c. La forme des chiffres.
d. La forme des lettres de l'alphabet grec.
e. Les observations faites sur des structures anatomiques.

64. Concernant les généralités en anatomie, cocher la (les) proposition(s) correcte(s) :

a. Galien sera le premier à considérer l'anatomie comme une science.
b. Vésale a rédigé le premier traité d'anatomie illustré.
c. Vésale confrontait ses observations personnelles sur des cadavres humains aux travaux anciens.
d. Galien a rédigé la première nomenclature anatomique internationale.
e. L'anatomie décrit des structures dans un espace à 2 dimensions.

65. Concernant les généralités en anatomie, cocher la (les) proposition(s) correcte(s) :

a. Le plan transversal correspond au plan axial.
b. Le plan frontal correspond au plan coronal.
c. Le plan sagittal correspond à un plan horizontal.
d. Le plan axial est un plan horizontal.
e. Le plan frontal correspond à un plan vertical de profil.

66. Quelles sont les caractéristiques de la position anatomique de référence, cocher la (les) proposition(s) correcte(s) :

a. Le sujet est mort.
b. Le sujet est allongé.
c. Le sujet tient les membres supérieurs le long du corps.
d. Le sujet tient les paumes tournées vers l'avant.
e. Le côté gauche est décrit en référence pour les structures paires et symétriques.

67. Concernant les généralités en anatomie, cocher la (les) proposition(s) correcte(s) :

a. Le plan de Francfort passe par le bord supérieur de l'orbite et le bord inférieur du méat acoustique.
b. Le plan transversal est perpendiculaire au sol.
c. Le plan transversal définit un espace gauche et un espace droit.
d. Le plan frontal est perpendiculaire au front.
e. Aucune réponse n'est exacte.

68. Concernant les généralités en anatomie, cocher la (les) proposition(s) correcte(s) :

a. Le plan parallèle définit un espace caudal et un plan crânial.
b. Un plan sagittal médian définit un espace crânial et un espace caudal.
c. Un plan sagittal paramédian définit un espace médial et un espace latéral.
d. Un système définit toutes les structures qui contribuent à une même fonction.
e. Un appareil définit toutes les structures qui contribuent à une même fonction.

69. Concernant les généralités en anatomie, cocher la (les) proposition(s) correcte(s) :

a. On appelle vie tous les appareils qui sont régis par le même degré de conscience.
b. En anatomie fonctionnelle on considère la structure anatomique en mouvement pour étudier la fonction qu'elle remplit.
c. Le tube digestif fait partie de l'appareil digestif.
d. Les organes du sens appartiennent à la vie de relation.
e. Toutes les réponses sont exactes.

70. Quelles sont les structures appartenant à l'appareil circulatoire, cocher la (les) proposition(s) correcte(s) :

a. Les reins.
b. Le cœur.
c. Le système artériel.
d. Le système veineux.
e. Le système lymphatique.

71. Quels sont les rôles du système squelettique, cocher la (les) proposition(s) correcte(s) :

a. Statique.
b. Dynamique.
c. Excitabilité.
d. Contraction.
e. Protection.

72. Concernant le système squelettique, cocher la (les) proposition(s) correcte(s) :

a. Le thorax constitue l'axe médian du squelette.
b. Le squelette appendiculaire entoure les viscères.
c. Le membre supérieur et le membre inférieur font partie du squelette appendiculaire.
d. On dénombre un total de 206 os.
e. Les membres supérieurs comptent plus d'os que les membres inférieurs.

73. Concernant les os longs, cocher la (les) proposition(s) correcte(s) :

- **a.** Les os longs ont une longueur supérieure à leur largeur.
- **b.** Les os longs ont une largeur environ égale à leur épaisseur.
- **c.** Les os longs ont une diaphyse et deux épiphyses.
- **d.** Les métatarsiens sont des os longs.
- **e.** Les côtes sont des os longs.

74. Concernant les os plats, cocher la (les) proposition(s) correcte(s) :

- **a.** Les os plats ont une longueur supérieure à la largeur.
- **b.** Les os plats ont une largeur supérieure à l'épaisseur.
- **c.** Les os plats ont une face, des bords et des angles.
- **d.** Les os plats sont les os des membres.
- **e.** Le sternum est un os plat.

75. Lesquels de ces os font partie des os du crâne, cocher la (les) proposition(s)correcte(s) :

- **a.** L'os frontal.
- **b.** Le sphénoïde.
- **c.** Le maxillaire.
- **d.** L'éthmoïde.
- **e.** La mandibule.

76. Lesquels de ces os font partie des os de la face, cocher la (les) proposition(s) correcte(s) :

- **a.** L'os nasal.
- **b.** L'os lacrymal.
- **c.** L'os zygomatique.
- **d.** L'os occipital.
- **e.** L'os palatin.

77. Concernant les os courts, cocher la (les) proposition(s) correcte(s) :

- **a.** Les os courts ont une longueur supérieure à la largeur.
- **b.** Les os courts ont une largeur environ égale à l'épaisseur.
- **c.** Les os courts ont habituellement une forme sphérique.
- **d.** Les métacarpes sont des os courts.
- **e.** Les os courts associent solidité et mobilité.

78. Lesquels de ces os font partie de la rangée distale du carpe, cocher la (les) proposition(s) correcte(s) :

- **a.** L'os hamatum.
- **b.** Le lunatum.
- **c.** Le trapézoïde.
- **d.** Le trapèze.
- **e.** Le pisiforme.

79. Lesquels de ces os font partie du tarse, cocher la (les) proposition(s) correcte(s) :

a. Le scaphoïde.
b. Le triquetrum.
c. Le trapèze.
d. Le cuboïde.
e. Le capitatum.

80. Concernant le système squelettique, cocher la (les) proposition(s) correcte(s) :

a. Les vertèbres sont des os irréguliers rayonnés.
b. Les sinus sont des os irréguliers pneumatiques.
c. Le périoste est une membrane blanchâtre qui recouvre l'os.
d. Le périoste recouvre la totalité de l'os.
e. Le périoste a une adhérence faible au niveau de la diaphyse des os longs.

81. Concernant l'appareil respiratoire, cocher la (les) proposition(s) correcte(s) :

a. La foliole médiane du centre tendineux du diaphragme est dorsale.
b. La veine pulmonaire supérieure gauche est en position caudale par rapport à l'aorte thoracique.
c. Le diaphragme est vertical à sa partie antérieure.
d. Le diaphragme est horizontal à sa partie postérieure.
e. Sur une IRM en T2 les sinus apparaissent en blan

82. Concernant l'appareil respiratoire, cocher la (les) proposition(s) correcte(s) :

a. Les cornets, ou turbines, sont des lames cartilagineuses saillantes dans les fosses nasales recouvertes de muqueuse
b. La trachée est fermée en arrière par une membrane tapissée à sa face profonde par une couche de cellules musculaires lisses formant le muscle trachéal.
c. La cavité buccale est limitée en avant par le plan sagittal passant par les piliers postérieur des tonsilles palatines.
d. La contraction des muscles larges entraîne l'élévation du diaphragme.
e. Les muscles droits s'insèrent sur les 8 derniers cartilages costaux, ainsi que sur la tubérosité ischiatique.

83. Concernant l'appareil respiratoire, cocher la (les) proposition(s) correcte(s) :

a. La margelle laryngée correspond à l'ouverture de la paroi antérieure du larynx.
b. Les cartilages de soutien interviennent dans la respiration.
c. La bronche souche droite est plus verticale que la bronche souche gauche.
d. La Lingula est formée des segments 4 et 5 du poumon gauche.
e. Toutes les réponses sont exactes.

84. Lesquelles de ces régions appartiennent au tube digestif, cocher la (les) proposition(s) correcte(s) :

a. Les fosses nasales.
b. La cavité buccale.

c. L'oro-pharynx.
d. La trachée.
e. L'œsophage.

85. Lesquelles de ces régions appartiennent au tube digestif, cocher la (les) proposition(s) correcte(s):

a. Le rein.
b. L'estomac.
c. Le duodénum.
d. L'intestin grêle.
e. La vessie.

86. Quelles sont les glandes annexes de l'appareil digestif, cocher la (les) proposition(s) correcte(s):

a. Les glandes salivaires.
b. La glande thyroïde.
c. Le foie.
d. Le pancréas.
e. La rate.

87. Concernant l'appareil digestif, cocher la (les) proposition(s) correcte(s):

a. La digestion peut être mécanique.
b. La digestion peut être chimique.
c. L'absorption consiste dans l'utilisation des nutriments.
d. Le pharynx appartient à la partie tronculaire du tube digestif.
e. L'intestin grêle appartient à la partie tronculaire du tube digestif.

88. Concernant l'appareil digestif, cocher la (les) proposition(s) correcte(s):

a. La fonction de la cavité buccale est la déglutition en morceaux des aliments.
b. La fonction du pharynx est l'absorption des aliments.
c. La fonction de l'œsophage est la digestion mécanique et chimique.
d. La fonction des glandes salivaires est la lubrification des aliments.
e. La fonction de l'intestin grêle est l'absorption des nutriments préparés par les sécrétions des glandes.

89. Concernant l'appareil digestif, cocher la (les) proposition(s) correcte(s):

a. La fonction de l'estomac est la digestion mécanique et chimique.
b. La fonction du colon est l'absorption e l'eau et des électrolytes.
c. Les tonsilles palatines se situent dans la cavité buccale.
d. L'œsophage a trois parties.
e. Avant d'arriver dans l'œsophage la nourriture passe par le larynx.

90. Concernant l'appareil digestif, cocher la (les) proposition(s) correcte(s) :

a. L'œsophage cervical va de C5 à C7.
b. La fin de l'œsophage cervical se projette au niveau de l'incisure carotidienne.
c. L'œsophage thoracique va de T2 à T10.
d. L'orifice hiatal de l'œsophage se projette à T9.
e. L'œsophage abdominal a une longueur de 4 cm.

91. Concernant l'appareil digestif, cocher la (les) proposition(s) correcte(s) :

a. Le bord gauche de l'estomac est la petite courbure.
b. Le duodénum ne fait pas partie de l'intestin grêle.
c. Le duodénum est la partie immobile de l'intestin grêle.
d. Le duodénum se divise en 3 parties.
e. Le duodénum entoure la queue du pancréas.

92. Quels sont les organes appartenant à l'étage sus-mésocolique, cocher la (les) proposition(s) correcte(s) :

a. La partie D3 du duodénum.
b. L'intestin grêle mobile.
c. Le foie.
d. La vésicule biliaire.
e. L'estomac.

93. Quels sont les organes appartenant à l'étage sous-mésocolique, cocher la (les) proposition(s) correcte(s) :

a. Le duodénum entier.
b. L'intestin grêle mobile.
c. Le cadre colique.
d. Le foie.
e. La partie D4 du duodénum.

94. Concernant l'appareil digestif, cocher la (les) proposition(s) correcte(s) :

a. L'intestin grêle mobile mesure 6 m.
b. L'ordre des parties de l'intestin grêle est Ileum puis Jéjunum.
c. L'intestin grêle est relié à la paroi postérieure par un repli de la plèvre : le méso-colon.
d. Le cadre colique mesure 3 m.
e. Le colon droit est descendant.

95. Concernant l'appareil digestif, cocher la (les) proposition(s) correcte(s) :

a. Le colon gauche est descendant.
b. L'appendice se projette habituellement au point cutané dit Mac Douglas.
c. L'appendice se projette à la jonction tiers externe-tiers moyen d'une ligne tendue entre l'ombilic et l'épine iliaque antéro-supérieure.
d. Le péritoine est une séreuse composée d'un seul feuillet.
e. Le feuillet pariétal est appliqué sur les viscères qu'il recouvre.

96. Concernant l'appareil digestif, cocher la (les) proposition(s) correcte(s) :

- **a.** Le feuillet viscéral est appliqué sur les viscères qu'il recouvre.
- **b.** La cavité péritonéale est volumineuse.
- **c.** Le péritoine permet le glissement des viscères lors de la respiration ou des contractions de l'intestin.
- **d.** La glande parotide est comprise entre la branche montante de la mandibule et le muscle sterno-cléido-mastoïdien.
- **e.** Le canal de Virsung est le canal excréteur du conduit parotidien.

97. Concernant l'appareil digestif, cocher la (les) proposition(s) correcte(s) :

- **a.** Le canal de Sténon s'ouvre dans l'oropharynx.
- **b.** Le canal de Sténon s'ouvre en regard de la 2e prémolaire supérieure.
- **c.** La glande parotide est traversée par le nerf facial.
- **d.** La parotidite est l'inflammation spécifique de la grippe.
- **e.** La glande sub-mandibulaire est située au-dessus du bord supérieur de la mandibule.

98. Concernant l'appareil digestif, cocher la (les) proposition(s) correcte(s) :

- **a.** Le canal excréteur de la glande sub-mandibulaire est le conduit de Wharton.
- **b.** Le conduit de Wharton se termine dans le toit de la bouche.
- **c.** La glande sub-linguale est derrière la glande sub-mandibulaire.
- **d.** La glande sub-linguale se situe entre la langue et le corps du maxillaire.
- **e.** La glande sub-linguale se draine par un seul canal excréteur, le canal cholédoque.

99. Concernant l'appareil digestif, cocher la (les) proposition(s) correcte(s) :

- **a.** Le foie est la plus volumineuse glande digestive.
- **b.** Le foie intervient uniquement dans le métabolisme des glucides.
- **c.** Le foie assure la détoxication des produits de l'absorption intestinale.
- **d.** Les produits de l'absorption intestinale sont apportés au foie par la veine cave.
- **e.** Le foie sécrète la bile de façon exocrine.

100. Concernant l'appareil digestif, cocher la (les) proposition(s) correcte(s) :

- **a.** Les pigments biliaires sont l'aboutissement de la dégradation du glycogène.
- **b.** La bile est libérée par les voies biliaires dans l'intestin sous forme d'acides biliaires.
- **c.** La bile est nécessaire à l'absorption intestinale des graisses.
- **d.** Le foie est situé sous la coupole diaphragmatique droite.
- **e.** La face supérieure du foie est moulée sur le diaphragme et la paroi abdominale.

101. Concernant l'appareil circulatoire, cocher la (les) proposition(s) correcte(s) :

- **a.** Le système lymphatique accompagne les grosses artères.
- **b.** La voie terminale du système lymphatique est le conduit vertébral.
- **c.** Le système lymphatique est le système de drainage du secteur conjonctif de la peau et des organes.
- **d.** Le système lymphatique prend relais dans les collecteurs régionaux.

e. La terminaison du système lymphatique se jette dans le confluent veineux jugulo-subclavier droit.

102. Concernant l'appareil circulatoire, cocher la (les) proposition(s) correcte(s) :

a. La veine cave supérieure est la confluence des deux veines illiaques.
b. La veine porte transporte les produits de l'absorption intestinale vers le foie.
c. Le sang arrive au foie par la veine porte, en repart par les veines centro-lobulaires qui se réunissent en veines hépatiques qui se jettent dans la veine cave inférieure au-dessus du foie.
d. Le tronc brachio-céphalique veineux reçoit une veine subclavière et une veine jugulaire interne. Toutes les réponses sont exactes.

103. Concernant l'appareil circulatoire, cocher la (les) proposition(s) correcte(s) :

a. Le système porte est un système veineux compris entre deux réseaux capillaires.
b. Après avoir passé le foramen magnum, l'artère vertébrale rejoint l'artère controlatérale pour donner l'artère basilaire.
c. La veine céphalique est médiale par rapport à la veine basilique.
d. Il existe deux troncs brachio-encéphaliques veineux.
e. Après avoir passé le foramen magnum, l'artère vertébrale rejoint l'artère controlatérale pour donner l'artère basilaire.

104. Concernant l'appareil circulatoire, cocher la (les) proposition(s) correcte(s) :

a. La valve artérielle pulmonaire est derrière la valve aortique.
b. Il est possible de palper le pouls fémoral sous le ligament inguinal
c. L'artère carotide commune se divise derrière l'os hyoïde en artères carotides interne et externe.
d. Le tronc veineux brachiocéphalique est situé dans le côté gauche du corps.
e. Toutes les réponses sont exactes.

105. Concernant l'appareil circulatoire, cocher la (les) proposition(s) correcte(s) :

a. La systole correspond au bruit B2.
b. B2 correspond à la fermeture des valves artérielles et à la perfusion des carotides.
c. B1 correspond à la fermeture des valves atrio-ventriculaires et à la contraction ventriculaire.
d. L'artère circonflexe irrigue la partie latérale droite du cœur.
e. Aucune réponse n'est exacte.

106. Concernant l'appareil circulatoire, cocher la (les) proposition(s) correcte(s) :

a. L'artère coronaire droite chemine dans le sillon atrio-ventriculaire droit.
b. Le foramen de Botal est un orifice situé au niveau ventriculaire.
c. L'artère basilaire communique avec les artères carotides internes par les artères communicantes postérieures.
d. Les artères vertébrales remontent dans les trous vertébraux de C6 à C1.
e. La veine jugulaire interne reçoit notamment les veines thyroïdiennes, linguale et faciale.

107. Concernant l'appareil respiratoire, cocher la (les) proposition(s) correcte(s) :

a. Les fosses nasales servent à l'olfaction.
b. Le larynx sert à la phonation.
c. Les fosses nasales, le larynx et la trachée font partie des voies de conduction aériennes supérieures.
d. Les voies de conduction aériennes inférieures sont uniquement infrapulmonaires.
e. L'hématose se fait au niveau de la trachée.

108. Quels sont les étages du pharynx, cocher la (les) proposition(s) correcte(s) :

a. Le nasopharynx.
b. L'oropharynx.
c. Le laryngopharynx.
d. Le larynx.
e. La trachée.

109. Concernant l'appareil respiratoire, cocher la (les) proposition(s) correcte(s) :

a. L'orifice de la trompe auditive se situe dans l'oropharynx.
b. La cavité buccale se situe dans l'oropharynx.
c. Les amygdales se situent dans l'oropharynx.
d. Le carrefour aéro-digestif se situe dans le nasopharynx.
e. Les cordes vocales se situent dans le laryngopharynx.

110. Quels sont les différents sinus para-nasaux, cocher la (les) proposition(s) correcte(s) :

a. Le sinus occipital.
b. Le sinus frontal.
c. Les cellules ethmoïdales.
d. Le sinus maxillaire.
e. Le sinus sphénoïdal.

111. Quels sont les cartilages de soutien du larynx, cocher la (les) proposition(s) correcte(s) :

a. Le cartilage thyroïde.
b. Le cartilage cricoïde.
c. Le cartilage épiglottique.
d. Les cartilages arythénoïdes.
e. Le cartilage hyoïde.

112. Concernant l'appareil respiratoire, cocher la (les) proposition(s) correcte(s) :

a. Les cartilages de soutien maintiennent ouverte la filière laryngée.
b. Les cartilages de soutien interviennent dans la respiration.
c. Les cartilages aryténoïdes interviennent dans la phonation.
d. Les cartilages aryténoïdes interviennent uniquement dans la phonation.
e. La trompe auditive est un conduit de 10 cm s'étendant de la paroi latérale de l'Oropharynx à la paroi antérieure de la caisse du tympan.

113. Concernant l'appareil respiratoire, cocher la (les) proposition(s) correcte(s) :

- **a.** La trompe auditive permet d'équilibrer les pressions dans l'oreille externe.
- **b.** La trompe auditive est toujours ouverte.
- **c.** Le laryngo-pharynx est la limite supérieure de la trachée cervicale et de l'œsophage.
- **d.** La trachée commence au bord inférieur du cartilage cricoïde.
- **e.** La trachée thoracique donne les bronches souches droite et gauche.

114. Quelles sont les caractéristiques de la trachée, cocher la (les) proposition(s) correcte(s) :

- **a.** C'est un tuyau rigide.
- **b.** Elle est constituée de 16 à 20 cartilages.
- **c.** Les cartilages la constituant ont une forme en fer à cheval.
- **d.** Sa paroi postérieure est musculaire.
- **e.** Elle se divise à hauteur de T4.

115. Concernant l'appareil respiratoire, cocher la (les) proposition(s) correcte(s) :

- **a.** L'éperon sagittal séparant les deux bronches principales est la carène.
- **b.** Le feuillet viscéral de la plèvre est fortement adhérent à la surface pulmonaire.
- **c.** Le feuillet pariétal de la plèvre est peu adhérent à la paroi par le fascia endothoracique.
- **d.** En se réfléchissant l'un sur l'autre les deux feuillets de la plèvre forment le hile.
- **e.** En inspiration profonde le poumon et la plèvre viscérale descendent jusqu'à la 10e côte.

116. Concernant l'appareil respiratoire, cocher la (les) proposition(s) correcte(s) :

- **a.** Le feuillet pariétal de la plèvre et le diaphragme descendent jusqu'à la 12e côte en inspiration profonde.
- **b.** Lors de la respiration il se forme un récessus costo-diaphragmatique ou cul-de-sac pleural.
- **c.** Le poumon droit possède trois lobes.
- **d.** Le poumon gauche possède trois lobes.
- **e.** Le poumon droit possède deux scissures.

117. Concernant l'appareil respiratoire, cocher la (les) proposition(s) correcte(s) :

- **a.** La partie supérieure du lobe supérieur du poumon gauche est appelée Lingul
- **b.** La partie inférieure du lobe supérieur du poumon gauche est appelée Culmen.
- **c.** Les deux poumons sont constitués de 10 segments.
- **d.** Le hile pulmonaire est situé sur la face latérale du poumon.
- **e.** Le hile pulmonaire contient les bronches et le pédicule pulmonaire.

118. Quels sont les emplacements des différents constituants du hile pulmonaire, cocher la (les) proposition(s) correcte(s) :

- **a.** Les veines pulmonaires supérieures en arrière.
- **b.** Les veines pulmonaires inférieures en bas.

c. Les artères pulmonaires en haut.
d. Les bronches principales en avant.
e. L'artère pulmonaire qui se divise au milieu.

119. Concernant l'appareil respiratoire, cocher la (les) proposition(s) correcte(s) :

a. Les artères suivent les bronches.
b. Les veines suivent les bronches.
c. Lors de l'inspiration les muscles abdominaux se relâchent. Explication : Lors de l'inspiration les muscles abdominaux se contractent.
d. Lors de l'inspiration le diaphragme monte.
e. Le diaphragme agit comme un piston.

120. Concernant l'appareil respiratoire, cocher la (les) proposition(s) correcte(s) :

a. La petite scissure, localisée dans le poumon droit, sépare les lobes supérieur et moyen.
b. La lingula appartient au lobe pulmonaire supérieur gauche.
c. Les cartilages aryténoïdes appartiennent au pharynx.
d. La bronche principale est la structure la plus antérieure du hile pulmonaire.
e. Le diaphragme est le principal muscle expiratoire.

121. Concernant les vertèbres, cocher la (les) proposition(s) correcte(s) :

a. Les processus transverses des vertèbres thoraciques se dirigent en dehors et franchement en arrière.
b. Les processus transverses thoraciques se terminent par une extrémité libre, renflée.
c. Les processus transverses forment une articulation trochléaire avec la côte leur correspondant.
d. Les processus transverses de T11 et de T12 n'ont pas de surface costale.
e. Toutes les réponses sont exactes.

122. Concernant les vertèbres thoraciques, cocher la (les) proposition(s) correcte(s) :

a. Le processus épineux thoracique est court.
b. Le processus épineux thoracique est oblique en bas et en arrière.
c. Le sommet du process épineux de T6 se projette à la hauteur du corps de T7.
d. Les corps vertébraux sont reliés entre eux par le disque intervertébral.
e. Les jointures inter-vertébrales sont des jointures synoviales.

123. Concernant la colonne vertébrale dynamique, cocher la (les) proposition(s) correcte(s) :

a. Les processus articulaires forment des jointures cartilagineuses.
b. Les pédicules vertébraux sont reliées par les ligaments jaunes.
c. Les processus transverses ou épineux sont reliés par des ligaments ou des muscles inter-transversaires ou inter-épineux.
d. L'articulation costo-vertébrale est unique.
e. La tête de la côte s'articule avec les demi-facettes costales des corps des vertèbres sus- et sous-jacentes.

124. Concernant le tronc, cocher la (les) proposition(s) correcte(s) :

- **a.** Le tubercule costal s'articule avec la facette du processus transverse de la vertèbre sous-jacente.
- **b.** Toutes les côtes sont montantes vers l'avant.
- **c.** La torsion des côtes permet la rigidité respiratoire.
- **d.** Le sternum ferme ventralement la cage thoracique.
- **e.** Le sternum a 2 parties différentes.

125. Quelles sont les différentes parties du sternum, cocher la (les) proposition(s) correcte(s) :

- **a.** La malléole.
- **b.** Le processus styloïde.
- **c.** Le manubrium.
- **d.** Le corps.
- **e.** Le processus xyphoïde.

126. Concernant le sternum, cocher la (les) proposition(s) correcte(s) :

- **a.** Le sternum est en forme de glaive romain.
- **b.** Les 10 premières côtes s'articulent au sternum par un cartilage costal.
- **c.** La 1re articulation sterno-costale se situe entre le manubrium et le corps du sternum.
- **d.** La 5e articulation sterno-costale se situe à la partie la plus large du corps du sternum.
- **e.** Les côtes 7, 8, 9 et 10 s'articulent au sternum par le même cartilage.

127. Concernant le tronc, cocher la (les) proposition(s) correcte(s) :

- **a.** La 2e articulation costo-sternale se fait entre le processus xyphoïde et le corps du sternum.
- **b.** Les 11e et 12e côtes sont flottantes.
- **c.** Le manubrium sternal se projette entre T1 et T3.
- **d.** Le processus xyphoïde se projette en T10.
- **e.** L'orifice crânial du thorax est oblique à 45° par rapport au sternum.

128. Concernant le tronc, cocher la (les) proposition(s) correcte(s) :

- **a.** Le muscle diaphragme se projette sur T10 en respiration moyenne.
- **b.** Les espaces intercostaux droits et gauches sont fermés par les muscles intercostaux.
- **c.** L'orifice crânial du thorax sépare le thorax de l'abdomen.
- **d.** Le muscle diaphragme sépare le thorax du cou.
- **e.** Le diaphragme est le principal muscle expiratoire.

129. Quelles sont les limites de l'orifice crânial du thorax, cocher la (les) proposition(s) correcte(s) :

a. En arrière le corps de T1.
b. En arrière le corps de T2.
c. Latéralement les premières côtes.
d. En avant l'incisure jugulaire du manubrium.
e. En avant les deux articulations sterno-costo-claviculaires.

130. Concernant le diaphragme, cocher la (les) proposition(s) correcte(s) :

a. La partie dorsale du diaphragme est horizontale.
b. La partie ventrale du diaphragme est verticale.
c. La partie dorsale du diaphragme possède des insertions vertébrales.
d. La coupole droite du diaphragme se projette au 5e espace intercostal droit.
e. La coupole gauche du diaphragme se projette au 5e espace intercostal gauche.

131. Concernant le diaphragme, cocher la (les) proposition(s) correcte(s) :

a. Le diaphragme possède un centre tendineux.
b. Le centre tendineux du diaphragme possède 3 folioles.
c. L'orifice de la veine cave inférieure dans le diaphragme se projette en T12.
d. L'orifice de l'œsophage dans le diaphragme se projette en T10.
e. L'orifice de l'aorte dans le diaphragme se projette en T9.

132. Concernant le tronc, cocher la (les) proposition(s) correcte(s) :

a. La veine cave inférieure passe par le centre phrénique du diaphragme.
b. L'œsophage passe par un orifice musculaire du diaphragme.
c. L'orifice par lequel passe l'œsophage au niveau du diaphragme, est extensible.
d. L'aorte passe par un orifice musculaire du diaphragme.
e. L'orifice par lequel passe l'aorte au niveau du diaphragme est inextensible.

133. Concernant le tronc, cocher la (les) proposition(s) correcte(s) :

a. Les organes thoraciques sont protégés par une cage osseuse fermée en avant.
b. L'abdomen est limité en arrière par la colonne lombale.
c. L'abdomen est seulement limité par des muscles latéralement et en avant.
d. Les vertèbres lombales transmettent au bassin tout le poids du tronc
e. Toutes les propositions sont exactes.

134. Concernant les vertèbres lombales, cocher la (les) proposition(s) correcte(s) :

a. Le corps vertébral des vertèbres lombales modales est cylindrique.
b. Le foramen vertébral des vertèbres lombales modales est semi-cylindrique.
c. Les processus transverses des vertèbres lombales modales se dirigent en dedans.
d. Les processus transverses des vertèbres lombales modales sont appelés costiformes.
e. Les processus articulaires des vertèbres lombales modales regardent en dehors.

135. Concernant le tronc, cocher la (les) proposition(s) correcte(s) :

a. Les lames des vertèbres lombales sont aussi hautes que larges.
b. Le processus épineux des vertèbres lombales sont longs.
c. Le processus épineux des vertèbres lombales sont trampus.
d. Le petit pectoral s'insère sur le processus coracoïde de la scapula.
e. Le petit pectoral s'insère sur les côtes 3, 4 et 5.

136. Quels sont les endroits d'insertion du grand pectoral, cocher la (les) proposition(s) correcte(s) :

a. La scapul
b. La clavicule.
c. Les articulations sterno-costales.
d. Les insertions des droits abdominaux.
e. L'humérus.

137. Concernant le tronc, cocher la (les) proposition(s) correcte(s) :

a. La colonne lombale est convexe en arrière.
b. Le sommet de la lordose lombale se situe en L4.
c. La lordose lombale limite médialement les deux fosses lombaires.
d. La paroi latérale abdominale est formée par les muscles droits.
e. La paroi ventrale abdominale est formée par les muscles larges obliques et transverses.

138. Concernant les muscles larges, cocher la (les) proposition(s) correcte(s) :

a. Le muscle oblique externe est profond.
b. Le muscle oblique externe est oblique en bas et ventralement.
c. Le muscle oblique externe s'insère sur les 8 dernières côtes, la crête iliaque et la gaine des droits.
d. Le muscle oblique interne est oblique en haut et ventralement.
e. Le muscle oblique interne s'insère sur la tubérosité ischiatique, 4 côtes et la gaine des droits.

139. Concernant le tronc, cocher la (les) proposition(s) correcte(s) :

a. Le muscle transverse de l'abdomen est horizontal.
b. Le muscle transverse de l'abdomen s'insère sur les processus articulaires lombaires.
c. Les muscles droits de l'abdomen ferment ventralement l'abdomen.
d. Les muscles droits de l'abdomen s'insèrent sur les 2 derniers cartilages costaux.
e. Les muscles droits de l'abdomen s'insèrent sur la crête iliaque.

140. Concernant le tronc, cocher la (les) proposition(s) correcte(s) :

a. Les muscles droits de l'abdomen possèdent un seul ventre.
b. Les muscles droits de l'abdomen sont maintenus dans une gaine fibreuse formée par le diaphragme.

c. La gaine des muscles droits est formée par un seul feuillet ventral.
d. Les insertions costales du diaphragme se font à la face médiale des premiers cartilages costaux.
e. Aucune réponse n'est exacte.

141. Concernant les os courts, cocher la (les) proposition(s) correcte(s) :
a. L'adhérence du périoste est forte à la base du crâne.
b. L'adhérence du périoste est forte au niveau de l'épiphyse des os longs.
c. L'adhérence du périoste est faible au niveau des bords et des angles des os plats.
d. Le périoste a un rôle essentiel dans le développement, la vascularisation et la réparation des os.
e. Toutes les propositions sont exactes.

142. Concernant les foramens nourriciers des os, cocher la (les) proposition(s) correcte(s) :
a. Les foramens nourriciers assurent la vascularisation et l'innervation des os.
b. Les foramens nourriciers de premier ordre se situent au niveau de la diaphyse des os longs.
c. Les foramens nourriciers de premier ordre se situent au niveau des angles des os plats.
d. L'artère principale de l'os passe par les foramens nourriciers de premier ordre.
e. Les foramens nourriciers de deuxième ordre se situent au niveau des épiphyses des os longs.

143. Concernant les foramens nourriciers des os, cocher la (les) proposition(s) correcte(s) :
a. Les foramens de deuxième ordre se situent au niveau des bords et des angles des os plats.
b. Les foramens de deuxième ordre se situent au voisinage des surfaces articulaires.
c. Les foramens nourriciers de troisième ordre sont présents sur toute la surface articulaire des os.
d. Le périoste correspond aux foramens nourriciers de troisième ordre.
e. Toutes les réponses sont exactes.

144. Concernant la configuration interne des os, cocher la (les) proposition(s) correcte(s) :
a. Le tissu compact est plus épais au niveau de la diaphyse des os longs.
b. Le tissu spongieux est plus épais au niveau de la diaphyse des os longs.
c. Au niveau des os plats deux lames de tissu spongieux sont séparées par une couche de tissu compact.
d. Le diploé au niveau des os du crâne correspond à du tissu compact.
e. Les os courts sont composés d'une mince enveloppe de tissu compact entourant du tissu spongieux.

145. Concernant le système squelettique, cocher la (les) proposition(s) correcte(s) :
a. L'os présente des travées internes dans le sens des pressions qui s'exercent sur lui.
b. En scintigraphie osseuse on utilise le marqueur radio-actif TC 99 capté électivement par les ostéoclastes.

c. La scintigraphie est un examen physiologique.
d. La scintigraphie osseuse permet de repérer des phénomènes passifs normaux, par exemple la croissance osseuse.
e. La scintigraphie osseuse permet uniquement de repérer les phénomènes osseux normaux.

146. Concernant le système squelettique, cocher la (les) proposition(s) correcte(s) :

a. Le malleus est un os de la jambe.
b. Le nombre des os fixes est constant.
c. Le nombre des os sésamoïdes peut varier.
d. L'hyperactivité osseuse peut être un phénomène physiologique.
e. Toutes les réponses sont exactes.

147. Concernant le système squelettique, cocher la (les) proposition(s) correcte(s) :

a. L'hyperactivité osseuse est toujours un phénomène physiologique.
b. L'os palatin est impair.
c. L'os nasal est impair.
d. La colonne vertébrale forme le squelette appendiculaire.
e. Aucune réponse n'est exacte.

148. Concernant le système squelettique, cocher la (les) proposition(s) correcte(s) :

a. Les vertèbres sont des os rayonnés.
b. Les sinus de la face sont des os creusés d'une cavité.
c. La ceinture pelvienne est composée des os coxaux.
d. La scintigraphie met en évidence des phénomènes actifs.
e. Toutes les réponses sont exactes.

149. Concernant le système squelettique, cocher la (les) proposition(s) correcte(s) :

a. Chaque os a une configuration propre qui permet de le reconnaître.
b. La configuration propre d'un os précis varie d'un individu à l'autre dans une même espèce.
c. Un os précis a la même fonction en passant d'un individu à un autre.
d. Les radiographies simples sont faites de face et de profil.
e. Toutes les réponses sont exactes.

150. Quels sont les éléments contrôlés lors de l'examen clinique des os, cocher la (les) proposition(s) correcte(s) :

a. La stature.
b. Les repères osseux palpables.
c. Les repères osseux visibles.
d. La pathologie traumatique.
e. Les réflexes proprioceptifs.

151. Concernant les jointures, cocher la (les) proposition(s) correcte(s) :

a. Le système articulaire rassemble les moyens par lesquels les os s'unissent les uns aux autres.
b. Les jointures sont classées selon leur taille et stabilité.
c. Les jointures fibreuses sont appelées synarthrose.
d. Les jointures cartilagineuses sont appelées amphiarthroses.
e. Les jointures synoviales sont appelées diarthroses.

152. Lesquels de ces types de jointures sont des synarthroses, cocher la (les) proposition(s) correcte(s) :

a. La synchondrose.
b. La suture.
c. La gomphose.
d. La syndesmose.
e. La schyndylèse.

153. Quels sont les différents types de sutures, cocher la (les) proposition(s) correcte(s) :

a. La suture ronde.
b. La suture plane.
c. La suture curviligne.
d. La suture écailleuse.
e. La suture dentelée.

154. Concernant les jointures, cocher la (les) proposition(s) correcte(s) :

a. La suture est le tissu fibreux de la dent.
b. La syndesmose est un ligament interosseux ou une membrane interosseuse.
c. La schyndylèse est une crête osseuse s'encastrant dans une rainure.
d. La synchondrose est une articulation temporaire qui s'ossifie à l'âge adulte.
e. La gomphose est l'union de deux os par interposition de tissu fibreux.

155. Concernant les jointures, cocher la (les) proposition(s) correcte(s) :

a. La synchondrose est constituée par du cartilage hyalin.
b. Les symphyses sont constituées par du cartilage hyalin.
c. La jointure sacro-iliaque est une symphyse.
d. Les jointures synoviales sont aussi appelées articulations.
e. Les diarthroses ont des surfaces articulaires rugueuses recouvertes de tissu fibreux.

156. Concernant les jointures synoviales, cocher la (les) proposition(s) correcte(s) :

a. Dans une articulation les os sont séparés par une cavité articulaire.
b. Les articulations sont entourées d'une capsule et renforcées par des ligaments.
c. Les articulations sont limitées par une membrane fibreuse.
d. Les diarthroses sont mobiles.
e. Les cartilages ont une épaisseur proportionnelle à la pression supportée par unité de surface.

157. Concernant les articulations, cocher la (les) proposition(s) correcte(s):

- **a.** Le labrum articulaire a deux faces libres.
- **b.** Le ménisque articulaire a deux faces libres.
- **c.** Les labrums et les ménisques sont constitués de fibrocartillage.
- **d.** On retrouve un labrum au niveau de l'acétabulum de l'os coxal.
- **e.** On retrouve un labrum au niveau de la cavité glénoïde de la scapula.

158. Concernant les jointures synoviales, cocher la (les) proposition(s) correcte(s):

- **a.** On retrouve un ménisque au niveau de l'articulation du genou.
- **b.** On retrouve un disque de fibrocartilage au niveau de l'articulation du genou.
- **c.** Le cartilage articulaire n'est pas directement vascularisé.
- **d.** Le cartilage articulaire est directement innervé.
- **e.** La mobilité d'une jointure synoviale dépend du cartilage.

159. Quelles sont les sources de nutrition du cartilage articulaire, cocher la (les) proposition(s) correcte(s):

- **a.** Les chondrocytes.
- **b.** Les veines situées dans le cartilage articulaire.
- **c.** La vascularisation de voisinage.
- **d.** L'imbibition.
- **e.** L'os.

160. Concernant les jointures, cocher la (les) proposition(s) correcte(s):

- **a.** La mobilité d'une jointure synoviale dépend de sa taille.
- **b.** La mobilité de l'articulation est liée à la moindre résistance de la capsule et à sa distance d'insertion par rapport au cartilage.
- **c.** La capsule fibreuse est renforcée par des ligaments.
- **d.** La membrane synoviale tapisse la face profonde de la capsule fibreuse.
- **e.** La membrane synoviale s'insère au pourtour du cartilage.

161. Quels sont les rôles du cartilage d'une jointure synoviale, cocher la (les) proposition(s) correcte(s):

- **a.** La nutrition.
- **b.** La défense immunitaire.
- **c.** La protection des extrémités osseuses.
- **d.** La facilitation des mouvements.
- **e.** L'amortissement des chocs.

162. Concernant les jointures synoviales, cocher la (les) proposition(s) correcte(s):

- **a.** La membrane synoviale peut présenter des plis ou des franges synoviales.
- **b.** La membrane synoviale est très vascularisée et innervée.
- **c.** La membrane synoviale sécrète la synovie.
- **d.** L'innervation se fait par le cercle vasculaire péri-articulaire.
- **e.** L'innervation a un rôle capital dans la sensibilité nociceptive.

163. Concernant les jointures synoviales, cocher la (les) proposition(s) correcte(s) :

a. Les jointures fibreuses sont appelées jointures immobiles.
b. Les jointures cartilagineuses sont aussi appelées jointures mobiles.
c. Les jointures synoviales sont aussi appelées jointures semi-mobiles.
d. La forme des surfaces articulaires impose les axes de rotation autour desquels s'effectue le mouvement.
e. Les jointures synoviales ont jusqu'à 2 axes.

164. Concernant les jointures synoviales, cocher la (les) proposition(s) correcte(s) :

a. L'articulation trochoïde est une articulation à un axe.
b. L'articulation trochoïde tourne autour d'un axe vertical et possède une forme de cylindre.
c. Les articulations des phalanges sont des articulations trochoïdes.
d. Les ginglymes sont des articulations à un axe.
e. La ginglyme tourne autour d'un axe horizontal et possède une forme de cylindre.

165. Concernant les jointures synoviales, cocher la (les) proposition(s) correcte(s) :

a. L'articulation trochoïde assure un mouvement de flexion/extension.
b. L'articulation huméro-ulnaire est une ginglyme.
c. L'articulation trochléaire assure un mouvement de flexion/extension.
d. L'articulation trochléaire est aussi appelée ginglyme.
e. L'articulation ellipsoïde est une articulation à un axe.

166. Concernant les jointures synoviales, cocher la (les) proposition(s) correcte(s) :

a. L'articulation ellipsoïde a une surface convexe à rayons de courbure perpendiculaires.
b. L'articulation trapézo-métacarpienne du pouce est une articulation ellipsoïde.
c. L'articulation ellipsoïde permet un mouvement d'opposition.
d. L'articulation en selle est une articulation à trois axes.
e. L'articulation radio-carpienne est une articulation en selle.

167. Concernant les jointures synoviales, cocher la (les) proposition(s) correcte(s) :

a. L'articulation sphéroïde est aussi appelée énarthrose.
b. L'énarthrose est une articulation à 3 axes.
c. L'articulation gléno-humérale est un exemple d'articulation ellipsoïde.
d. L'énarthrose permet un mouvement de flexion/extension.
e. L'articulation coxo-fémorale est une énarthrose.

168. Concernant les jointures, cocher la (les) proposition(s) correcte(s) :

a. L'articulation plane n'a pas d'axe de direction.
b. L'articulation costo-vertébrale est un exemple d'articulation trochoïde.
c. L'articulation plane permet un mouvement de rotation.
d. Il peut y avoir une ébauche de cavité articulaire au centre du ligament interosseux.

e. Une diarthrose composite contient plusieurs types d'articulations au sein d'une même capsule.

169. Concernant les jointures, cocher la (les) proposition(s) correcte(s) :

a. L'articulation trapézo-métacarpienne est une articulation à trois axes comme l'articulation radio-carpienne.
b. L'arthroscopie est une méthode d'exploration clinique d'une jointure.
c. L'articulation ellipsoïde est une surface à rayon de courbure parallèle.
d. Dans une articulation la vascularisation se fait par un cercle vasculaire péri-articulaire.
e. Lors d'une exploration clinique d'une jointure on explore sa mobilité passive.

170. Concernant les jointures, cocher la (les) proposition(s) correcte(s) :

a. Les ligaments intra-capsulaires vont renforcer la capsule et maintenir la fixité des os entre eux.
b. L'articulation sterno-costo-claviculaire est en double selle.
c. Les jointures intervertébrales sont des jointures fibreuses.
d. Les disques intervertébraux s'observent par radiographie.
e. Aucune réponse n'est exacte.

171. Concernant les jointures, cocher la (les) proposition(s) correcte(s) :

a. La partie caudale du fémur est constituée de la trochlée fémorale en forme de poulie et des condyles fémoraux ovales.
b. La membrane synoviale est un manchon fibreux tapissé, au niveau de sa face profonde, par la capsule fibreuse.
c. Une luxation désigne le désemboitement d'une articulation.
d. Une luxation est une rupture d'un ligament.
e. L'articulation temporo-mandibulaire est un exemple de fibrocartilage en forme de disque.

172. Concernant les jointures, cocher la (les) proposition(s) correcte(s) :

a. La capsule articulaire de l'articulation de la hanche est renforcée par des ligaments présents à l'intérieur de celle-ci.
b. Le ligament ilio-fémoral, antérieur, est divisé en deux faisceaux.
c. Les jointures cartilagineuses ne possèdent pas d'ébauche de cavité articulaire.
d. La forme des surfaces articulaires impose des axes pour la direction des mouvements.
e. La sensibilité nociceptive et les réflexes proprioceptifs sont assurés par l'innervation de la jointure synoviale.

173. Concernant les jointures, cocher la (les) proposition(s) correcte(s) :

a. L'articulation médio-carpienne est trochoïde.
b. L'articulation entre la tête de la côte et la demi-facette de la vertèbre est plane.
c. L'articulation inter-phalangienne a deux axes.

d. Articulation trochoïde et trochléaire sont synonymes.
e. Aucune réponse n'est exacte.

174. Quelles sont les propriétés du muscle, cocher la (les) proposition(s) correcte(s)

a. La contraction.
b. La défense immunitaire.
c. L'excitabilité.
d. L'élasticité.
e. Le tonus.

175. Concernant le système musculaire, cocher la (les) proposition(s) correcte(s):

a. Un muscle est formé d'unités élémentaires: les fibres musculaires
b. Les muscles striés représentent 4/5 du poids du corps.
c. Les muscles striés sont au nombre d'environ 200 dans le corps humain.
d. Le corps charnu et contractile est appelé chef.
e. Les deux extrémités fibreuses, inertes sont appelées ventre.

176. Quelles sont les caractéristiques des muscles rouges, cocher la (les) proposition(s) correcte(s):

a. Ils sont lisses.
b. Ils sont volontaires.
c. Ils sont innervés par des fibres myélinisées.
d. Ce sont des muscles squelettiques.
e. Ce sont des muscles participant à la vie de relation.

177. Concernant les muscles blancs, cocher la (les) proposition(s) correcte(s):

a. Ils sont striés.
b. Ils sont volontaires.
c. Ils sont innervés par des fibres myélinisées.
d. Ce sont les muscles des viscères, des vaisseaux et de la peau.
e. Les muscles blancs appartiennent à la vie végétative.

178. Concernant les muscles striés, cocher la (les) proposition(s) correcte(s):

a. La fibre musculaire est entourée d'un endomysium.
b. Les fibres musculaires sont regroupées en faisceaux entourés par le périmysium.
c. Les nerfs et vaisseaux passent dans le périmysium.
d. Les faisceaux forment le muscle recouvert par l'épimysium.
e. Toutes les réponses sont exactes.

179. Concernant les muscles striés, cocher la (les) proposition(s) correcte(s):

a. Un muscle squelettique a deux insertions osseuses.
b. Les muscles squelettiques sont responsables du mouvement du squelette.
c. Un muscle peaucier s'insère sur lui-même.

d. Les muscles peauciers sont responsables de la fermeture des orifices naturels.
e. Les muscles annulaires s'insèrent sur eux-mêmes.

180. Concernant les muscles striés, cocher la (les) proposition(s) correcte(s) :

a. Les muscles annulaires sont responsables du plissement de la peau.
b. Les muscles longs sont superficiels, fusiformes et pluri-articulaires.
c. Les muscles courts se trouvent au niveau des parois du tronc et des racines des membres.
d. Les muscles circulaires se trouvent au niveau des sphincters striés.
e. Les muscles plats et larges sont losangiques au niveau des parois du tronc.

181. Concernant les muscles striés, cocher la (les) proposition(s) correcte(s) :

a. Les muscles simples possèdent un seul corps charnu entre 2 tendons.
b. Les muscles composés ont la spécificité de posséder plusieurs tendons.
c. Les muscles composés possèdent deux tendons avec un ventre intermédiaire.
d. Le droit de l'abdomen est un exemple de muscle composé successif.
e. Le triceps est un exemple de muscle successif.

182. Concernant les muscles striés, cocher la (les) proposition(s) correcte(s) :

a. Les muscles juxtaposés ont plusieurs chefs à une extrémité avec un tendon commun à l'autre extrémité.
b. L'insertion osseuse d'un muscle peut se faire par des fibres tendineuses sur une tubérosité osseuse.
c. Le muscle subscapulaire s'insère sur le tubercule majeur.
d. L'insertion osseuse d'un muscle peut se faire par un tendon sur des crêtes osseuses.
e. Le muscle brachial s'insère sur la face postérieure de l'humérus.

183. Concernant les muscles striés, cocher la (les) proposition(s) correcte(s) :

a. Le muscle deltoïde s'insère sur la tubérosité deltoïdienne.
b. L'insertion osseuse peut se faire par des fibres musculaires s'insérant sur une tubérosité osseuse.
c. La fibre musculaire peut se situer dans le prolongement du tendon.
d. Un muscle penniforme a des fibres musculaires obliques par rapport aux deux faces du tendon.
e. Un muscle penniforme induit une faible traction par un grand déplacement.

184. Concernant les muscles striés, cocher la (les) proposition(s) correcte(s) :

a. Le deltoïde est un rotateur puissant mais un abducteur faible.
b. Les fibres de type I induisent une contraction lente, soutenue et posturale.
c. Les fibres de type I fonctionnent par aérobie et sont peu fatigables.
d. Les fibres de type II induisent une contraction rapide, courte, phasique.
e. Les fibres de type II fonctionnent par aérobie et sont peu fatigables.

185. Concernant les muscles striés, cocher la (les) proposition(s) correcte(s) :

- **a.** Les deux types de fibres musculaires ne peuvent pas cohabiter dans un même muscle.
- **b.** Dans le triceps sural le soléaire contient exclusivement des fibres de type II.
- **c.** Dans le triceps sural les gastrocnémiens contiennent exclusivement des fibres de type I.
- **d.** Les aponévroses d'insertion sont des enveloppes fibreuses de recouvrement ou de glissement.
- **e.** Aucune réponse n'est exacte.

186. Concernant les muscles striés, cocher la (les) proposition(s) correcte(s) :

- **a.** Les fascias sont des enveloppes fibreuses de recouvrement ou de revêtement.
- **b.** Les aponévroses d'insertion sont des enveloppes de glissement.
- **c.** Les aponévroses forment la limite des fibres musculaires communes.
- **d.** Les fascias ont pour fonction d'assurer la contraction des muscles à fonction différente.
- **e.** Les bourses synoviales sont des cavités membraneuses de glissement.

187. Quels sont les différents types de bourses synoviales, cocher la (les) proposition(s) correcte(s) :

- **a.** Bourses sous viscérales.
- **b.** Bourses sous cutanées.
- **c.** Bourses situées entre deux muscles.
- **d.** Bourses situés entre deux tendons.
- **e.** Bourses situées entre 1 os et 1 muscle.

188. Concernant les muscles striés, cocher la (les) proposition(s) correcte(s) :

- **a.** La bourse prépatellaire est une bourse sous cutanée.
- **b.** La bourse infrapatellaire profonde est une bourse située entre deux tendons.
- **c.** La bourse suprapatellaire est une bourse située entre un os et un muscle.
- **d.** Les loges musculaires regroupent des muscles situés dans la même région et avec des fonctions opposées.
- **e.** Les loges musculaires sont des cloisons intermusculaires.

189. Concernant les muscles striés, cocher la (les) proposition(s) correcte(s) :

- **a.** Les loges musculaires sont extensibles.
- **b.** Les veines à proximité des muscles striés squelettiques sont munies de valvules.
- **c.** Les muscles striés squelettiques sont innervés par des nerfs moteurs myélinisés.
- **d.** n territoire musculaire innervé par un nerf moteur est appelé plaque motrice.
- **e.** Plus le mouvement d'un muscle est précis plus sa densité nerveuse est importante.

190. Concernant les muscles striés, cocher la (les) proposition(s) correcte(s) :

- **a.** Si un nerf innervant un muscle est détruit, il sera régénéré.
- **b.** Les nerfs moteurs renseignent sur l'état de tension d'un muscle.

c. Les nerfs moteurs permettent la posture involontaire ou la coordination volontaire.
d. L'innervation sensitive est destinée aux vaisseaux des muscles.
e. La terminaison d'une neurofibre sur une fibre musculaire est appelée plaque motrice.

191. Concernant les muscles striés, cocher la (les) proposition(s) correcte(s) :

a. Le mouvement opposé à la flexion est l'extension.
b. Le mouvement opposé à la supination est la pronation.
c. Le mouvement opposé à la rotation interne est la rotation externe.
d. Le mouvement opposé à l'adduction est la pronation.
e. Le mouvement opposé à l'élévation est l'abaissement.

192. Concernant les muscles striés, cocher la (les) proposition(s) correcte(s) :

a. Le mouvement opposé à la contraction est la distraction.
b. Le muscle droit de l'abdomen, le muscle transverse et les muscles obliques externes et internes sont agonistes.
c. Dans le cas d'une synergie d'action homo-latérale les muscles agonistes sont situés du côté opposé, les fibres étant parallèles.
d. Les muscles obliques externes et internes coopèrent pour l'inclinaison du tronc.
e. Dans le cas d'une synergie d'action contro-latérale les muscles agonistes sont situés de chaque côté, mais avec une même direction des fibres.

193. Quels sont les différents types de synergies musculaires, cocher la (les) proposition(s) correcte(s) :

a. La synergie d'action globale.
b. La synergie d'action homo latérale.
c. La synergie d'action contro-latérale.
d. La synergie d'action hétéro-marginale.

194. Synergie d'action anti-latérale. Concernant les muscles striés, cocher la (les) proposition(s) correcte(s) :

a. L'inclinaison du tronc se fait grâce à une synergie d'action homo-latérale.
b. La rotation du tronc se fait grâce à une synergie d'action contro-latérale.
c. Les muscles des gouttières vertébrales cervicales et lombaires travaillent ensemble pour redresser le tronc
d. La station debout est assurée par un seul muscle.
e. Le centre de gravité du corps humain est environ en regard de la vertèbre S3.

195. Quels sont les muscles assurant la station debout, cocher la (les) proposition(s) correcte(s) :

a. Les ischiaux jambiers.
b. Le muscle tibial.
c. Le muscle grand fessier.

d. Le muscle quadriceps.
e. Le muscle triceps sural.

196. Concernant les muscles striés, cocher la (les) proposition(s) correcte(s) :

a. Le muscle grand fessier est responsable de l'extension du tronc.
b. Le muscle quadriceps est responsable de l'extension de la cuisse.
c. Le muscle triceps sural est responsable de l'extension de la jambe.
d. Le muscle triceps sural est responsable de l'extension du bras.
e. La ligne de gravité est une ligne verticale allant du bord antérieur du foramen occipital à la tubérosité du calcanéus.

197. Concernant les muscles striés, cocher la (les) proposition(s) correcte(s) :

a. Lors d'un effort musculaire, le muscle agoniste se contracte, le muscle antagoniste s'étire en réaction à sa contraction.
b. La force musculaire peut se mesurer grâce au testing musculaire de 1 à 5.
c. Les tendons sont faits de longues fibres côniques.
d. Les tendons transmettent la contraction aux muscles.
e. L'échographie n'est pas une méthode d'imagerie appropriée pour les muscles.

198. Concernant les muscles lisses, cocher la (les) proposition(s) correcte(s) :

a. Ce sont des muscles involontaires.
b. Les muscles lisses sont à contraction rapide.
c. Les muscles lisses sont plus petits que les myocytes des muscles striés.
d. Les muscles lisses sont très vascularisés.
e. L'innervation des muscles lisses est sensitive.

199. Concernant le myocarde, cocher la (les) proposition(s) correcte(s) :

a. Le myocarde est un muscle involontaire.
b. Le myocarde est composé de fibres lisses.
c. Le myocarde possède un système de conduction : le système cardio-necteur.
d. Le système cardio-necteur est régulé par le système nerveux moteur
e. Le système sympathique a un effet accélérateur sur le cœur, le système parasympathique un effet freinateur.

200. Concernant les muscles lisses, cocher la (les) proposition(s) correcte(s) :

a. Le muscle détrusor est un muscle lisse plat.
b. Le muscle orbiculaire est un muscle lisse annulaire.
c. Le muscle Dartos est un muscle lisse plat.
d. Le muscle myomètre de l'utérus est un muscle sacculaire.
e. Les muscles érecteurs des poils sont des muscles striés.

201. Quels sont les phénomènes prenant place au niveau du pelvis, cocher la (les) proposition(s) correcte(s) :

a. La grossesse.
b. Le prolapsus.
c. Le cancer du côlon.
d. L'infarctus du myocarde.
e. Le cancer de la prostate.

202. Concernant le pelvis, cocher la (les) proposition(s) correcte(s) :

a. La ligne arquée sépare le thorax du bassin.
b. La cavité abdominale correspond au grand bassin.
c. La cavité pelvienne correspond au petit bassin.
d. La partie inférieure du tronc est le lieu de la différenciation sexuelle.
e. Dans le pelvis on a de haut en bas 3 étages.

203. Concernant le pelvis, cocher la (les) proposition(s) correcte(s) :

a. Dans le pelvis on a d'avant en arrière 3 compartiments.
b. L'os coxal est composé du pubis, de l'ischion et de l'os illiaque.
c. Le sacrum est composé de 5 pièces sacrées soudées.
d. Les branches antérieures des nerfs sacrés passent par le foramen sacré.
e. Le coccyx est composé de 3 à 6 pièces.

204. Concernant le pelvis, cocher la (les) proposition(s) correcte(s) :

a. Le détroit promonto-pubien est le détroit supérieur du pelvis.
b. Le détroit sacro-pubien est le détroit moyen du pelvis.
c. Le détroit coccygo-pubien est le détroit moyen du pelvis.
d. Les os du pelvis sont solidarisés par des ligaments.
e. Le fœtus passe par deux détroits lors de l'accouchement par voie basse.

205. Quels sont les caractéristiques du ligament sacro-épineux, cocher la (les) proposition(s) correcte(s) :

a. Il est horizontal.
b. Il est court.
c. Il est antérieur.
d. Il est tendu du sacrum à l'épine ischiatique.
e. Il est tendu du sacrum à l'épine illiaque.

206. Quels sont les caractéristiques du ligament sacro-tubéral, cocher la (les) proposition(s) correcte(s) :

a. Il est horizontal.
b. Il est vertical.
c. Il est long.
d. Il est postérieur.
e. Il est tendu du sacrum à la tubérosité ischiatique.

207. Concernant le pelvis, cocher la (les) proposition(s) correcte(s):

- **a.** Deux muscles moteurs de la hanche tapissent la face interne du pelvis.
- **b.** Le muscle obturateur externe couvre le foramen obturé.
- **c.** Le muscle obturateur interne passe par la grande incisure ischiatique.
- **d.** Le muscle piriforme couvre la face antérieure du sacrum.
- **e.** Le muscle piriforme sort par la grande incisure ischiatique.

208. Concernant le périnée, cocher la (les) proposition(s) correcte(s):

- **a.** Le périnée est le toit musculaire du pelvis.
- **b.** Le périnée se divise en 2 niveaux.
- **c.** Le niveau profond du périnée contient les muscles annexés aux corps erectiles.
- **d.** Le niveau moyen du périnée contient les sphincters et stabilisateurs du périnée.
- **e.** Le niveau superficiel du périnée contient les muscles annexés aux corps érectiles.

209. Concernant le pelvis, cocher la (les) proposition(s) correcte(s):

- **a.** Le muscle pubococcygien ferme le pelvis.
- **b.** Le muscle iliococcygien ferme le pelvis.
- **c.** La cavité pelvienne est majoritairement musculaire.
- **d.** Le périnée est majoritairement viscéral.
- **e.** Aucune réponse n'est exacte.

210. Concernant le pelvis, cocher la (les) proposition(s) correcte(s):

- **a.** Le compartiment pelvien antérieur est digestif.
- **b.** Le compartiment pelvien moyen est génital.
- **c.** Le compartiment pelvien postérieur est urinaire.
- **d.** L'étage supérieur pelvien contient majoritairement des réservoirs.
- **e.** L'étage inférieur pelvien contient majoritairement des réservoirs.

211. Concernant le pelvis mâle, cocher la (les) proposition(s) correcte(s):

- **a.** Les voies séminales s'abouchent dans l'uretère.
- **b.** L'urètre est un conduit exclusivement urinaire.
- **c.** L'urètre est long de 2 cm.
- **d.** Dans la prostate l'urètre draine uniquement les conduits éjaculateurs.
- **e.** Dans le périnée, l'urètre est un conduit mixte.

212. Concernant le pelvis féminin, cocher la (les) proposition(s) correcte(s):

- **a.** Les voies urinaires et génitales sont indépendantes.
- **b.** L'urètre mesure 15 cm.
- **c.** L'urètre est un conduit purement génital.
- **d.** L'anus s'ouvre à la vulve.
- **e.** Aucune réponse n'est exacte.

213. Concernant le pelvis urinaire, cocher la (les) proposition(s) correcte(s) :

a. La vessie se situe devant la symphyse pubienne.
b. La vessie reçoit les urètres gauche et droit.
c. Le globe vésical est le conduit d'évacuation de la vessie.
d. Les uretères sont dans l'espace entre la paroi pelvienne et les viscères pelviens.
e. L'urètre est entouré à sa partie moyenne d'un muscle qui constitue les sphincters de l'urètre.

214. Concernant le pelvis, cocher la (les) proposition(s) correcte(s) :

a. Le rectum est situé devant le sacrum.
b. Le rectum se continue à l'angle anorectal avec le canal anal.
c. Le rectum mesure 4 cm.
d. Le canal anal mesure 12 cm.
e. Le canal anal est entouré d'un anneau musculaire formé de deux sphincters.

215. Concernant le pelvis, cocher la (les) proposition(s) correcte(s) :

a. Le rectum est séparé de la vessie par le cul-de-sac rectovésical du péritoine.
b. Le fascia de Denonvilliers sépare le rectum de la vessie.
c. Le rapport postérieur du rectum est le sacrum.
d. L'artère iliaque interne est une branche de division de l'artère iliaque commune.
e. Toutes les réponses sont exactes.

216. Quels sont les différents types de rameaux de l'artère iliaque interne, cocher la (les) proposition(s) correcte(s) :

a. Les rameaux pariétaux.
b. Les rameaux musculaires.
c. Les rameaux externes.
d. Les rameaux viscéraux.
e. Les rameaux terminaux.

217. Quels sont les rameaux pariétaux de l'artère iliaque interne, cocher la (les) proposition(s) correcte(s) :

a. L'artère obturatrice.
b. L'artère rectale moyenne.
c. L'artère glutéale supérieure.
d. L'artère pudendale.
e. L'artère génitale accessoire.

218. Quels sont les différents rameaux viscéraux de l'artère iliaque interne, cocher la (les) proposition(s) correcte(s) :

a. L'artère glutéale inférieure.
b. L'artère vésicale.
c. L'artère génitale principale (prostatique/vaginale).

d. L'artère génitale accessoire (vésiculo déférentielle/utérine).
e. L'artère rectale moyenne.

219. Quels sont les rameaux terminaux de l'artère iliaque interne, cocher la (les) proposition(s) correcte(s) :

a. L'artère génitale principale.
b. L'artère génitale accessoire.
c. L'artère pudendale.
d. L'artère glutéale inférieure.
e. L'artère vésicale.

220. Quels sont les différents lymphonœuds du pelvis lymphatique, cocher la (les) proposition(s) correcte(s) :

a. Le lymphonœud iliaque externe sous-veineux.
b. Le lymphonœud acétabulaire.
c. Le lymphonœud prostatique.
d. Le lymphonœud iliaque interne.
e. Le lymphonœud présacré.

221. Quels sont les organes innervés par le plexus hypogastrique, cocher la (les) proposition(s) correcte(s) :

a. La vessie et l'urètre.
b. Les voies génitales et les corps érectiles.
c. Le muscle pubococcygien.
d. Le muscle élévateur de l'anus.
e. Le rectum et le canal anal.

222. Concernant le pelvis, cocher la (les) proposition(s) correcte(s) :

a. Le nerf pudendal innerve les muscles lisses du périnée.
b. Le nerf pudendal provient de la 4e racine lombaire avec des rameaux venant de L2 et L3.
c. Le nerf pudendal passe derrière le ligament sacro-tubéral.
d. Le nerf pudendal rejoint le périnée sous le muscle élévateur de l'anus.
e. La vessie remonte dans l'abdomen quand elle se remplit.

223. Concernant le pelvis mâle, cocher la (les) proposition(s) correcte(s) :

a. La vessie s'évacue par l'uretère.
b. La contraction vésicale est sous commande parasympathique.
c. La contraction du sphincter lisse urétral est sous commande sensitive.
d. La contraction du sphincter strié urétral est sous commande somitique.
e. Le rectum se remplit de matières venant du colon sigmoïde.

224. Concernant le pelvis, cocher la (les) proposition(s) correcte(s) :

a. Le rectum est évacué par l'urètre.
b. La contraction rectale est sous commande sympathique.
c. La contraction du sphincter lisse rectal est sous commande para sympathique.
d. La contraction du sphincter strié rectal est sous commande somitique.
e. Aucune réponse n'est exacte.

225. Concernant le pelvis, cocher la (les) proposition(s) correcte(s) :

a. Les conduits déférents, les vésicules séminales et la prostate se situent dans le pelvis.
b. L'éjaculation se fait d'abord dans l'urètre prostatique et ensuite vers l'extérieur.
c. L'éjaculation est sous commande para sympathique.
d. L'érection est provoquée par les corps érectiles.
e. Toutes les réponses sont exactes.

226. Concernant le pelvis, cocher la (les) proposition(s) correcte(s) :

a. L'érection est sous commande para sympathique.
b. Les corps érectiles sont vascularisés par l'artère caverneuse.
c. L'artère caverneuse est un rameau de l'artère pudendale.
d. Le retour veineux par la veine ventrale du pénis.
e. Toutes les réponses sont exactes.

227. Concernant le pelvis, cocher la (les) proposition(s) correcte(s) :

a. À 5 mois l'utérus est à 16 cm du pubis, il répond à l'ombilic.
b. À terme l'utérus est à 50 cm du pubis, il est thoracique.
c. Le pelvis androïde possède un foramen obturé ovoïde.
d. L'arche sous-pubienne du pelvis androïde fait un angle de 120°.
e. Le pelvis gynoïde possède un foramen obturé ovoïde.

228. Concernant le pelvis, cocher la (les) proposition(s) correcte(s) :

a. L'arche sous-pubienne du pelvis gynoïde possède un angle de 120°.
b. L'innervation viscérale du pelvis se fait par le biais du plexus hypogastrique, qui comprend des nerfs appartenant au système nerveux végétatif.
c. L'organe génital externe de la femme est le vagin.
d. Le ligament large relie l'ovaire à la paroi latérale de l'utérus.
e. Toutes les réponses sont exactes.

229. Concernant le pelvis, cocher la (les) proposition(s) correcte(s) :

a. Le sacrum comporte des foramens sacrés antérieurs et postérieurs.
b. Le détroit supérieur du bassin est limité par le bord supérieur de la première vertèbre sacrée et la face postérieure du pubis.
c. Le pelvis mâle contient un réservoir et trois sphincters.

d. Le fascia de Denonvilliers est uniquement présent chez les hommes entre le rectum et les vésicules séminales.
e. Aucune réponse n'est exacte.

230. Concernant le pelvis, cocher la (les) proposition(s) correcte(s) :

a. Le pelvis est lieu de la digestion, l'abdomen le lieu de la miction.
b. L'utérus est l'organe de la gestation.
c. Les corps érectiles sont innervés par le nerf pudendal.
d. Le testicule et l'épendyme se situent dans le scrotum.
e. Aucune réponse n'est exacte.

231. Concernant le tronc, cocher la (les) proposition(s) correcte(s) :

a. La colonne vertébrale thoracique est composée de 7 vertèbres.
b. La cage thoracique possède 10 côtes droites et gauches.
c. Le sternum fait partie du thorax.
d. Le diaphragme est un muscle strié digastrique.
e. La colonne vertébrale lombale est composée de 6 vertèbres.

232. Concernant le tronc, cocher la (les) proposition(s) correcte(s) :

a. Les muscles obliques et transverses sont des muscles latéraux de l'abdomen.
b. Les muscles droits de l'abdomen sont ventraux.
c. La colonne vertébrale est l'axe central du squelette.
d. La colonne vertébrale est située au niveau de la partie médiane et ventrale du corps.
e. La colonne vertébrale est formée par l'empilement d'éléments identiques, les côtes.

233. Quelles sont les caractéristiques du corps vertébral, cocher la (les) proposition(s) correcte(s) :

a. Médian.
b. Ventral.
c. Massif.
d. Elément clé de la statique vertébrale.
e. Séparé des autres corps vertébraux par un disque intervertébral.

234. Concernant l'arc vertébral, cocher la (les) proposition(s) correcte(s) :

a. Les pédicules vertébraux sont antéro-postérieurs.
b. Les pédicules vertébraux sont les ponts d'union avec le corps.
c. Les lames vertébrales se dirigent en arrière et en dehors.
d. Les lames vertébrales sont distantes entre elles.
e. L'arc vertébral est dorsal.

235. Concernant les processus vertébraux, cocher la (les) proposition(s) correcte(s) :

a. Une vertèbre possède au total 7 processus.
b. Les processus transverses sont médiaux.
c. Il existe un processus articulaire supérieur et un processus articulaire inférieur.
d. Les processus articulaires s'articulent entre eux formant la colonne des articulaires.
e. Une vertèbre possède un seul processus épineux.

236. Quelles sont les caractéristiques du processus épineux, cocher la (les) proposition(s) correcte(s) :

a. Impair.
b. Latéral.
c. Dorsal.
d. Palpable.
e. Toutes les réponses sont exactes.

237. Concernant le tronc, cocher la (les) proposition(s) correcte(s) :

a. Le foramen vertébral est limité par la face ventrale du corps vertébral en arrière.
b. Le foramen vertébral est limité par l'arc vertébral en arrière.
c. L'ensemble des foramens vertébraux forme le canal vertébral.
d. La colonne vertébrale possède 7 vertèbres cervicales.
e. L'homme possède une seule vertèbre sacrale.

238. Concernant les courbures vertébrales, cocher la (les) proposition(s) correcte(s) :

a. La colonne vertébrale possède une cyphose cervicale.
b. La colonne vertébrale possède une lordose thoracique.
c. La colonne vertébrale possède une cyphose lombaire.
d. Le sacrum possède une convexité vers l'avant.
e. Aucune proposition n'est exacte.

239. Concernant le tronc, cocher la (les) proposition(s) correcte(s) :

a. La ligne de gravité du corps passe par la face antérieure du corps des vertèbres cervicales et lombales et la face postérieure des vertèbres thoraciques.
b. Les 12 vertèbres thoraciques s'articulent avec les côtes.
c. Les 12 vertèbres thoraciques constituent le squelette du thorax.
d. Le corps vertébral des vertèbres thoraciques modales est un demi-cylindre.
e. Le corps vertébral des vertèbres thoraciques modales présente deux demi-facettes articulaires costales supérieures et inférieures situées sur la face latérale.

240. Concernant les vertèbres thoraciques, cocher la (les) proposition(s) correcte(s) :

a. Le foramen vertébral des vertèbres thoraciques est cylindrique.
b. Le pédicule des vertèbres thoraciques se dirige franchement en arrière.
c. La lame des vertèbres thoraciques est plus haute que large.

d. La facette articulaire supérieure des vertèbres thoraciques s'oriente franchement en arrière, à peine en haut et en dehors.
e. Les processus articulaires des vertèbres thoraciques sont dirigés horizontalement.

241. Concernant le tronc, cocher la (les) proposition(s) correcte(s) :

a. Les insertions diaphragmatiques se font au même niveau que les insertions des digitations du muscle transverse de l'abdomen.
b. La surface articulaire des processus articulaires lombaux est horizontale en segment de triangle.
c. Le promontoire est la partie antérieure et supérieure de la partie antérieure et supérieure de la première vertèbre sacrale.
d. La vertèbre lombale modale est caractérisée entre autres par un corps semi-cylindrique et des processus transverses costiformes.
e. Les courbures de la colonne vertébrale sont la cyphose cervicale, la cyphose thoracique et la lordose lombaire.

242. Quels sont les phénomènes prenant place à l'expiration, cocher la (les) proposition(s) correcte(s) :

a. Les muscles larges se relâchent.
b. Le foie descend.
c. Le diaphragme descend.
d. Le volume thoracique diminue.
e. Aucune des propositions n'est exacte.

243. Quels sont les phénomènes prenant place à l'inspiration, cocher la (les) proposition(s) correcte(s) :

a. Les poumons se vident de l'air.
b. Le volume thoracique diminue.
c. Le diaphragme descend.
d. Le foie descend.
e. Les muscles larges se contractent.

244. Concernant le tronc, cocher la (les) proposition(s) correcte(s) :

a. L'arc vertébral est constitué des pédicules et des lames.
b. L'articulation costo-vertébrale est une articulation plane.
c. Le foramen intervertébral est situé entre deux pédicules vertébraux en haut et en bas, deux corps vertébraux et un disque intervertébral en avant, et deux processus articulaires en arrière.
d. Le sacrum s'articule uniquement aux vertèbres supérieures et inférieures.
e. Le corps vertébral est un élément clef de la dynamique vertébrale.

245. Concernant le tronc, cocher la (les) proposition(s) correcte(s) :

a. La colonne cervicale est constituée de 5 vertèbres dont 4 sont modales.
b. Le pédicule s'insère sur la face latérale du corps vertébral.
c. Le pédicule de la vertèbre lombale est fin et se dirige en arrière.
d. L'arc vertébral délimite le foramen intervertébral
e. La lordose lombaire explique la topographie de l'abdomen, divisé en deux fosses lombaires latéralement et en arrière, avec la cavité péritonéale en avant.

246. Concernant le tronc, cocher la (les) proposition(s) correcte(s) :

a. Pour une ponction lombaire, le trocart est introduit entre les processus articulaires.
b. L'espace épidural contient des éléments fibreux et graisseux.
c. Les pédicules antéropostérieurs sont un point d'union avec le corps vertébral.
d. Le tubercule costal est en dessous du processus transverse de la vertèbre thoracique sur lequel il s'articule.
e. La fin du sternum se projette en T10.

247. Concernant l'appareil circulatoire, cocher la (les) proposition(s) correcte(s) :

a. Les artères arrivent au cœur.
b. Les veines partent du cœur.
c. L'appareil circulatoire est un système tubulaire fermé composé de vaisseaux sanguins dans lequel le cœur agit comme pompe centrale.
d. Le système lymphatique ne fait pas partie de l'appareil circulatoire.
e. Aucune réponse n'est exacte.

248. Quelles sont les caractéristiques de la circulation pulmonaire, cocher la (les) proposition(s) correcte(s) :

a. Sa fonction est l'oxygénation des tissus.
b. L'atrium droit en fait partie.
c. Le ventricule gauche en fait partie.
d. L'artère pulmonaire en fait partie.
e. Les membranes entre organes et capillaires en font partie.

249. Quelles sont les caractéristiques de la circulation systémique, cocher la (les) proposition(s) correcte(s) :

a. Sa fonction est l'hématose.
b. Le ventricule droit en fait partie.
c. L'aorte en fait partie.
d. Les veines caves en font partie.
e. Elle fonctionne à une pression plus haute que la circulation pulmonaire.

250. Concernant l'appareil circulatoire, cocher la (les) proposition(s) correcte(s) :

a. La valve tricuspide fait partie du cœur droit.
b. La valve mitrale fait partie du cœur gauche.

c. Les valves artérielles possèdent 2 valvules.
d. La valve mitrale possède 3 valvules.
e. L'appareil sous-valvulaire est composé de cordages musculaires et de piliers tendineux.

251. Concernant les artères coronaires, cocher la (les) proposition(s) correcte(s):

a. Elles irriguent le myocarde.
b. Elles naissent de l'aorte descendante.
c. Elles sont perfusées en systole.
d. Les sinus aortiques donnent 3 artères coronaires.
e. L'artère coronaire droite donne l'IVA et l'artère circonflexe.

252. Concernant l'appareil circulatoire, cocher la (les) proposition(s) correcte(s):

a. Le nœud sinusal a un rythme de 30 battements par minute.
b. Le nœud atrio-ventriculaire a un rythme de 50 battements par minute.
c. Le réseau de Purkinja a un rythme de 30 battements par minute.
d. La diastole est la phase de remplissage.
e. B2 est le bruit de la fermeture des valves artérielles et de la perfusion des coronaires.

253. Concernant l'appareil circulatoire, cocher la (les) proposition(s) correcte(s):

a. La systole est la phase de remplissage.
b. B1 est le bruit de la fermeture des valves atrio-ventriculaires.
c. Les artères proches du cœur sont fibreuses.
d. Les artères proches du cœur ont une pression élevée.
e. Les artères proches du cœur ne possèdent pas de membrane limitante élastique interne.

254. Concernant l'appareil circulatoire, cocher la (les) proposition(s) correcte(s):

a. Les artères éloignées du cœur sont musculaires.
b. Les artères éloignées du cœur ont une média possédant un grand nombre de fibres élastiques et un petit nombre de fibres musculaires.
c. Il existe 3 troncs supra-aortiques.
d. Le tronc brachio céphalique se divise en artère carotide commune droite et artère sub-clavière droite.
e. L'artère carotide commune gauche et l'artère sub-clavière gauche naissent directement au niveau de la crosse de l'aorte.

255. Concernant les couches des artères, cocher la (les) proposition(s) correcte(s):

a. L'adventice est la couche la plus interne d'une artère.
b. L'intima est la couche la plus externe d'une artère.
c. La média d'une artère se situe entre l'intima et l'adventice.
d. La limitante élastique externe se situe entre la média et l'intima.
e. La limitante élastique interne se situe entre la média et l'adventice.

256. Concernant l'appareil circulatoire, cocher la (les) proposition(s) correcte(s) :

a. La bifurcation aortique en artères iliaques se projette en L4.
b. L'artère carotide commune vascularise la tête et le cou.
c. L'artère sub-clavière vascularise le membre supérieur.
d. La bifurcation carotidienne se projette en T4.
e. La bifurcation carotidienne se fait devant la thyroïde.

257. Concernant l'appareil circulatoire, cocher la (les) proposition(s) correcte(s) :

a. L'artère vertébrale naît de l'artère sub-clavière.
b. L'artère vertébrale monte dans le cou par les trous vertébraux de C6 à C1.
c. L'artère vertébrale passe par le foramen magnum.
d. L'artère vertébrale rejoint l'artère vertébrale controlatérale pour donner l'artère basilique.
e. La vascularisation de l'encéphale est assurée par l'artère vertébrale et l'artère carotide externe.

258. Concernant l'appareil circulatoire, cocher la (les) proposition(s) correcte(s) :

a. L'artère iliaque interne vascularise le membre supérieur.
b. L'artère iliaque externe vascularise le membre inférieur.
c. L'artère fémorale est palpable à la fosse poplitée.
d. La paroi des veines est constituée d'un endothélium et d'une couche mince de fibres musculaires lisses.
e. Les veines profondes sont musculaires.

259. Concernant l'appareil circulatoire, cocher la (les) proposition(s) correcte(s) :

a. La veine céphalique se jette dans la veine brachiale.
b. La veine basilique se jette dans la veine axillaire.
c. Les valvules veineuses sont un mécanisme de lutte contre la pesanteur.
d. Le « M veineux » se situe au niveau du poignet.
e. La pompe musculaire est un mécanisme de lutte contre la pesanteur.

260. Concernant l'appareil circulatoire, cocher la (les) proposition(s) correcte(s) :

a. Le sang de la face, de la boîte crânienne et du cou se rassemble dans une grosse veine jugulaire externe.
b. La veine jugulaire interne forme avec la veine sub-clavière le confluent jugulo-subclavier.
c. La veine petite saphène se termine dans le trigone fémoral.
d. La veine grande saphène se termine dans le trigone fémoral.
e. Le système lymphatique est parallèle à la circulation artérielle.

Corrigés

Anatomie

1. Concernant l'appareil uro-génital, cocher la (les) proposition(s) correcte(s):
   a. **FAUX**: Les calices sont formés par la partie extra-rénale du bassinet qui vient se ventouser aux sommets des pyramides rénales appelées papilles.
   Explication: Les calices sont formés par la partie intra-rénale du bassinet qui vient se ventouser aux sommets des pyramides rénales appelées papilles.
   b. **FAUX**: Les tubules droits des néphrons se situent dans le cortex rénal.
   Explication: Les tubules droits des néphrons se situent dans la médulla rénale.
   c. **FAUX**: Le pénis est un ensemble de 2 lacs sanguins veineux entourés de cloisons fibreuses.
   Explication: Le pénis est un ensemble de 3 lacs sanguins veineux entourés de cloisons fibreuses.
   d. **FAUX**: Le trajet des spermatozoïdes, depuis la périphérie du testicule, se fait par les tubes semi-contournés, puis droits, le rete testis, les cônes déférent, le conduit épididymaire et le conduit efférent.
   Explication: Le trajet des spermatozoïdes, depuis la périphérie du testicule, se fait par les tubes semi-contournés, puis droits, le rete testis, les cônes efférents, le conduit épididymaire et le conduit déférent.
   e. **VRAI**: Aucune réponse n'est exacte.

2. Concernant l'appareil uro-génital, cocher la (les) proposition(s) correcte(s):
   a. **VRAI**: L'ACTH produite par l'adénohypophyse est une hormone non-gonadotrope.
   b. **VRAI**: Le rein gauche est légèrement plus haut que le rein droit.
   c. **FAUX**: Le pénis comporte 3 corps caverneux qui sont des lacs sanguins veineux.
   Explication: Le pénis comporte 3 corps érectiles qui sont des lacs sanguins veineux.
   d. **VRAI**: Le sommet des pyramides rénales dessine le relief des papilles.
   e. **FAUX**: Toutes les réponses sont exactes.
   Explication: La réponse C est fausse.

3. Concernant l'appareil uro-génital, cocher la (les) proposition(s) correcte(s):
   a. **VRAI**: Le pic de LH, qui a lieu à J15 stimule la production d'œstrogène et déclenche l'ovulation.
   b. **VRAI**: À l'arrière de chacun des lobes de la thyroïde, on trouve deux glandes parathyroïdes
   c. **VRAI**: L'urètre membraneux est vertical tout comme l'urètre prostatique.
   d. **FAUX**: L'urètre prostatique prend le nom d'urètre membraneux au niveau du sphincter lisse.
   Explication: L'urètre prostatique prend le nom d'urètre membraneux au niveau du sphincter strié.
   e. **FAUX**: Toutes les réponses sont exactes.
   Explication: La réponse D est fausse.

4. Concernant l'appareil uro-génital, cocher la (les) proposition(s) correcte(s):
   a. **VRAI**: Le rétropéritoine comprend les reins, les gros vaisseaux et les glandes surrénales.
   b. **FAUX**: L'uretère lombaire droit croise l'artère iliaque commune.
   Explication: L'uretère lombaire droit croise l'artère iliaque externe.

c. **FAUX** : L'uretère lombaire gauche croise l'artère iliaque externe.
Explication : L'uretère lombaire gauche croise l'artère iliaque commune.

d. **FAUX** : Les urètres lombaires sont devant les apophyses costiformes.
Explication : Les uretères lombaires sont devant les apophyses costiformes

e. **FAUX** : Aucune réponse n'est exacte.
Explication : La réponse A est exacte.

5. Concernant le système nerveux central, cocher la (les) proposition(s) correcte(s) :
   a. **VRAI** : Le système nerveux de la vie de relation met en relation l'organisme avec le milieu extérieur.
   b. **FAUX** : Le système nerveux de la vie végétative met en relation l'organisme avec le milieu extérieur.
   Explication : Le système nerveux de la vie végétative régule le milieu intérieur et les organes.
   c. **VRAI** : Les deux systèmes nerveux (vie de relation et vie végétative) ne sont pas indépendants l'un de l'autre.
   d. **FAUX** : Le système nerveux périphérique est indépendant du système nerveux central.
   Explication : Le système nerveux périphérique est dépendant du système nerveux central.
   e. **FAUX** : Le système nerveux central correspond exclusivement aux structures nerveuses contenues dans le crâne.
   Explication : Le système nerveux central correspond exclusivement aux structures nerveuses contenues dans le crâne et le canal vertébral.

6. Concernant le système nerveux central, cocher la (les) proposition(s) correcte(s) :
   a. **VRAI** : Le système nerveux périphérique est constitué des structures nerveuses situées en dehors du crâne et du canal vertébral.
   b. **FAUX** : Les structures du système nerveux périphérique sont toutes formées de fibres nerveuses.
   Explication : Les structures du système nerveux périphérique sont formées de fibres nerveuses sauf au niveau des ganglions nerveux.
   c. **VRAI** : La substance blanche correspond aux fibres nerveuses.
   d. **VRAI** : L'encéphale et la moelle spinale sont entourés d'enveloppes appelées méninges.
   e. **VRAI** : La dure-mère crânienne est accolée à la boîte crânienne.

7. Concernant le système nerveux central, cocher la (les) proposition(s) correcte(s) :
   a. **FAUX** : La dure-mère crânienne est physiologiquement décollée à certains endroits.
   Explication : La dure-mère crânienne est toujours décollée accidentellement.
   b. **FAUX** : Les hématomes intra-duraux sont dus au décollement de la dure-mère crânienne.
   Explication : Les hématomes extra-duraux sont dus au décollement de la dure-mère crânienne.
   c. **FAUX** : La dure-mère se dédouble pour former les sinus artériels.
   Explication : La dure-mère se dédouble pour former les sinus veineux.
   d. **FAUX** : Les sinus veineux drainent une petite partie du sang veineux de l'encéphale.
   Explication : Les sinus veineux drainent tout le sang veineux de l'encéphale.
   e. **VRAI** : La dure-mère crânienne applique les vaisseaux sur l'os ou ils laissent des empreintes.

8. Concernant le système nerveux central, cocher la (les) proposition(s) correcte(s) :

a. **FAUX** : Les sinus veineux latéraux forment les veines jugulaires externes.
Explication : Les sinus veineux latéraux forment les veines jugulaires internes.

b. **VRAI** : Les veines jugulaires internes sont les principales voies de drainage veineux de l'encéphale.

c. **FAUX** : La faux du cerveau est horizontale.
Explication : La faux du cerveau est verticale.

d. **FAUX** : La faux du cerveau sépare le tronc cérébral du cerveau.
Explication : La faux du cerveau sépare les deux hémisphères cérébraux.

e. **VRAI** : La tente du cervelet est horizontale.

9. Concernant le système nerveux central, cocher la (les) proposition(s) correcte(s) :

a. **FAUX** : La tente du cervelet sépare les deux hémisphères cérébraux.
Explication : La tente du cervelet sépare le cerveau du tronc cérébral et du cervelet.

b. **VRAI** : La dure-mère spinale est décollée du canal vertébral.

c. **FAUX** : L'arachnoïde est la méninge la plus profonde.
Explication : L'arachnoïde est la méninge intermédiaire.

d. **FAUX** : Il y a un espace entre la dure-mère et l'arachnoïde.
Explication : L'arachnoïde est accolée à la dure-mère.

e. **VRAI** : La dure-mère spinale forme un espace épidural rempli par des éléments fibreux, vasculaires et graisseux.

10. Concernant le système nerveux central, cocher la (les) proposition(s) correcte(s) :

a. **FAUX** : L'arachnoïde est accolée à la pie-mère.
Explication : L'arachnoïde est séparée de la pie-mère par l'espace subarachnoïdien.

b. **FAUX** : Le liquide cérébro-spinal se trouve dans l'espace entre la dure-mère et l'arachnoïde.
Explication : Le liquide cérébro-spinal se trouve dans l'espace subarachnoïdien entre l'arachnoïde et la pie mère.

c. **FAUX** : L'arachnoïde est la méninge tapissant la substance nerveuse.
Explication : La pie mère est la méninge tapissant la substance nerveuse.

d. **VRAI** : L'espace épidural est le siège des anesthésies péridurales.

e. **FAUX** : Le liquide cérébro-spinal est résorbé au niveau des sinus longitudinaux latéraux.
Explication : Le liquide cérébro-spinal est résorbé au niveau du sinus longitudinal supérieur.

11. Concernant le système nerveux central, cocher la (les) proposition(s) correcte(s) :

a. **FAUX** : Le liquide cérébro-spinal est résorbé par les plexus choroïdes.
Explication : Le liquide cérébro-spinal est résorbé par les villosités arachnoïdiennes.

b. **VRAI** : La pie-mère s'engage au fond des anfractuosités de la substance nerveuse.

c. **FAUX** : Le liquide cérébro-spinal est sécrété par les villosités arachnoïdiennes.
Explication : Le liquide cérébro-spinal est sécrété par les plexus choroïdes.

d. **VRAI** : Le liquide cérébro-spinal circule dans les ventricules de l'encéphale.

e. **FAUX** : Le liquide cérébro-spinal sort au niveau du 3e ventricule dans les espaces subarachnoïdiens.
Explication : Le liquide cérébro-spinal sort au niveau du 4e ventricule dans les espaces subarachnoïdiens.

12. Quels sont les endroits dans lesquels se situent les plexus choroïde sécrétant le LCS, cocher la (les) proposition(s) correcte(s):

a. VRAI: Les ventricules latéraux.

b. FAUX: Le canal vertébral.
Explication: Le LCS n'est pas sécrété au niveau du canal vertébral.

c. VRAI: Le 3e ventricule.

d. VRAI: Le 4e ventricule.

e. FAUX: Le 5e ventricule.
Explication: Le LCS n'est pas sécrété au niveau du 5e ventricule.

13. Concernant le système nerveux central, cocher la (les) proposition(s) correcte(s):

a. VRAI: Les deux hémisphères cérébraux constituent le télencéphale.

b. FAUX: Le cerveau intermédiaire est aussi appelé mésencéphale.
Explication: Le cerveau intermédiaire est aussi appelé diencéphale.

c. VRAI: Le pont correspond au métencéphale.

d. VRAI: Le bulbe correspond au myélencéphale.

e. FAUX: Les pédoncules cérébraux correspondent au diencéphale.
Explication: Les pédoncules cérébraux correspondent au mésencéphale.

14. Concernant le système nerveux central, cocher la (les) proposition(s) correcte(s):

a. VRAI: Le cervelet possède deux hémisphères cérébelleux.

b. VRAI: Le cervelet possède un vermis.

c. FAUX: Le corps cellulaire a un rôle de transmission de l'influx nerveux.
Explication: Le corps cellulaire a un rôle d'effecteur.

d. FAUX: Les fibres nerveuses ont un rôle d'effecteurs.
Explication: Les fibres nerveuses ont un rôle de transmission de l'influx nerveux.

e. VRAI: Les corps cellulaires constituent la substance grise.

15. Concernant le système nerveux central, cocher la (les) proposition(s) correcte(s):

a. VRAI: Au niveau de l'encéphale la substance grise est située dans la couche corticale.

b. FAUX: Au niveau de l'encéphale la substance grise est située en profondeur du cerveau et du cervelet.
Explication: Au niveau de l'encéphale la substance grise est située dans la couche corticale et les noyaux gris.

c. VRAI: L'hypothalamus appartient au diencéphale.

d. VRAI: L'hypothalamus est formé de nombreux noyaux.

e. FAUX: L'hypothalamus est le centre supérieur du contrôle des fonctions motrices et exocrâniennes.
Explication: L'hypothalamus est le centre supérieur du contrôle des fonctions végétatives et endocriniennes.

16. Concernant le système nerveux central, cocher la (les) proposition(s) correcte(s):

a. VRAI: L'hypothalamus a un rôle neurœndocrinien et comportemental fondamental.

b. FAUX: Au niveau de l'encéphale la substance blanche est située en périphérie du cerveau et du cervelet.
Explication: Au niveau de l'encéphale la substance blanche est située en profondeur du cerveau et du cervelet.

c. **FAUX** : Il existe 6 cavités dans l'encéphale.
Explication : Il existe 5 cavités dans l'encéphale : les ventricules.
d. **VRAI** : Il existe une cavité dans la moelle spinale : le canal de l'épendyme.
e. **VRAI** : On a un ventricule latéral par hémisphère cérébral.

17. Quels sont les différents amas de substance grise au niveau de l'encéphale, cocher la (les) proposition(s) correcte(s) :

a. **VRAI** : Le thalamus.
b. **VRAI** : Le noyau lenticulaire.
c. **FAUX** : La couronne rayonnante.
Explication : La couronne rayonnante est constituée de substance blanche.
d. **VRAI** : Le noyau caudé.
e. **FAUX** : La capsule interne.
Explication : La capsule interne est constituée de substance blanche.

18. Quels sont les différents amas de substance blanche au niveau de l'encéphale, cocher la (les) proposition(s) correcte(s) :

a. **FAUX** : Le thalamus.
Explication : Le thalamus est constitué de substance grise.
b. **FAUX** : Le noyau caudé.
Explication : Le noyau caudé est constitué de substance grise.
c. **VRAI** : La couronne rayonnante.
d. **VRAI** : La capsule interne.
e. **VRAI** : Le corps calleux.

19. Concernant le système nerveux central, cocher la (les) proposition(s) correcte(s) :

a. **VRAI** : Les ventricules latéraux présentent 3 prolongements ou cornes.
b. **VRAI** : Les ventricules latéraux ont chacun un prolongement frontal, occipital et temporal.
c. **FAUX** : Les ventricules latéraux communiquent avec le troisième ventricule par les foramens interventriculaires et le corps calleux.
Explication : Les ventricules latéraux communiquent uniquement avec le troisième ventricule par les foramens interventriculaires.
d. **VRAI** : Le troisième ventricule est la cavité du cerveau intermédiaire ou le diencéphale.
e. **FAUX** : Le troisième ventricule communique avec le quatrième ventricule par le foramen interventriculaire.
Explication : Le troisième ventricule communique avec le quatrième ventricule par l'aqueduc du cerveau.

20. Concernant le système nerveux central, cocher la (les) proposition(s) correcte(s) :

a. **VRAI** : Le troisième ventricule communique avec les ventricules latéraux par les foramens interventriculaires.
b. **FAUX** : Le quatrième ventricule est la cavité des hémisphères cérébraux.
Explication : Le quatrième ventricule est la cavité du pont, de la moelle allongée et du cervelet.

c. **FAUX** : Le cinquième ventricule présente les orifices d'écoulement du LCS des ventricules vers les espaces sous-arachnoïdiens.
Explication : Le quatrième ventricule présente les orifices d'écoulement du LCS des ventricules vers les espaces sous-arachnoïdiens.
d. **FAUX** : L'aqueduc du cerveau est la cavité ventriculaire du pont.
Explication : L'aqueduc du cerveau est la cavité ventriculaire des pédoncules cérébraux.
e. **VRAI** : L'aqueduc du cerveau unit le troisième ventricule au quatrième.

21. Concernant l'appareil digestif, cocher la (les) proposition(s) correcte(s) :
a. **VRAI** : La face postérieure du foie se positionne le long de la veine cave inférieure.
b. **VRAI** : Le hile du foie se situe à la face inférieure du foie.
c. **VRAI** : Le pancréas est une glande à la fois exocrine et endocrine.
d. **FAUX** : La sécrétion endocrine du pancréas est la testostérone par les îlots de Langerhans.
Explication : La sécrétion endocrine du pancréas est l'insuline par les îlots de Langerhans.
e. **VRAI** : La sécrétion exocrine du pancréas est le suc pancréatique porteur d'enzymes.

22. Concernant l'appareil digestif, cocher la (les) proposition(s) correcte(s) :
a. **VRAI** : Le carrefour des voies biliaires et pancréatiques se situe dans la tête du pancréas.
b. **FAUX** : L'ampoule Biliopancréatique se jette dans D1.
Explication : L'ampoule Biliopancréatique se jette dans D2.
c. **VRAI** : Le système porte est un système veineux compris entre deux réseaux capillaires sans passer par le cœur.
d. **VRAI** : L'origine du système porte se situe derrière le pancréas.
e. **FAUX** : Le système porte se termine au centre du lobule hépatique.
Explication : Le système porte se termine en périphérie du lobule hépatique.

23. Quelle est l'orientation des différentes portions du duodénum, cocher la (les) proposition(s) correcte(s) :
a. **FAUX** : D1 est vertical.
Explication : D1 est horizontal.
b. **VRAI** : D1 est horizontal.
c. **VRAI** : D2 est vertical.
d. **VRAI** : D3 est horizontal.
e. **VRAI** : D4 est vertical.

24. Concernant l'appareil digestif, cocher la (les) proposition(s) correcte(s) :
a. **VRAI** : Le rôle du système porte abdominal est le transport des produits de l'absorption intestinale vers le foie.
b. **FAUX** : Les veines centrolobulaires se réunissent en veines hépatiques qui rejoignent le système porte.
Explication : Les veines centrolobulaires se réunissent en veines hépatiques qui rejoignent la veine cave.
c. **VRAI** : Les hépatocytes sont groupés en cocarde.
d. **VRAI** : Le flux portal arrive en périphérie du lobule hépatique par les espaces porte.

e. **FAUX** : Les produits de l'absorption traversent l'hépatocyte de façon centrifuge et sont transformés.
Explication : Les produits de l'absorption traversent l'hépatocyte de façon centripète et sont transformés.

25. Concernant l'appareil digestif, cocher la (les) proposition(s) correcte(s) :

a. **VRAI** : La somatostatine est sécrétée par les cellules D des îlots de Langerhans du pancréas.
b. **VRAI** : L'aldostérone est sécrétée par la zone glomérulée du cortex surrénalien.
c. **VRAI** : L'ampoule biliopancréatique se jette habituellement dans la deuxième portion du duodénum.
d. **FAUX** : Les voies biliaires comportent une voie biliaire principale qui passe en arrière de D2, c'est le cholédoque.
Explication : Les voies biliaires comportent une voie biliaire principale qui passe en arrière de D1, c'est le cholédoque.
e. **FAUX** : Toutes les réponses sont exactes.

26. Explication : La réponse C est fausse. Concernant l'appareil digestif, cocher la (les) proposition(s) correcte(s) :

a. **FAUX** : Le conduit cystique est extra hépatique.
Explication : Le conduit cystique est intra hépatique.
b. **FAUX** : Le pylore est la jonction entre estomac et œsophage.
Explication : Le pylore est la jonction entre estomac et duodénum.
c. **VRAI** : L'œsophage est un conduit musculo-membraneux et fait suite au laryngopharynx.
d. **FAUX** : L'œsophage prend naissance à la hauteur du bord inférieur du cartilage thyroïde au niveau de C6.
Explication : L'œsophage prend naissance à la hauteur du bord inférieur du cartilage cricoïde au niveau de C6.
e. **FAUX** : Aucune réponse n'est exacte.
Explication : La réponse C est exacte.

27. Concernant l'appareil digestif, cocher la (les) proposition(s) correcte(s) :

a. **VRAI** : Les veines centro-lobulaires se jettent dans les veines hépatiques.
b. **FAUX** : Les lames porte-vaisseaux raccordent les organes vasculaires à la paroi.
Explication : Les lames porte-vaisseaux raccordent les organes digestifs à la paroi.
c. **VRAI** : L'œsophage cervical devient thoracique à hauteur de l'incisure jugulaire, qui se projette en T2.
d. **VRAI** : Le vestibule correspond à l'espace situé entre les lèvres et les dents.
e. **FAUX** : Toutes les réponses sont exactes.
Explication : La réponse B est fausse.

28. Concernant l'appareil digestif, cocher la (les) proposition(s) correcte(s) :

a. **VRAI** : Le rétro péritoine est situé derrière le péritoine pariétal postérieur.
b. **FAUX** : Le tube digestif est recouvert d'une paroi à 3 couches : muqueuse, musculeuse et séreuse.
Explication : Le tube digestif est recouvert d'une paroi à 4 couches : muqueuse, sous muqueuse, musculeuse et séreuse.

c. **FAUX** : Le contenu de la vésicule biliaire rejoint le canal cystique par le canal cholédoque.
Explication : Le contenu de la vésicule biliaire rejoint le canal cholédoque par le canal cystique.

d. **FAUX** : Le cardia est la jonction entre estomac et duodénum.
Explication : Le cardia est la jonction entre estomac et œsophage.

e. **FAUX** : Aucune réponse n'est exacte.
Explication : La réponse A est exacte.

29. Concernant l'appareil uro-génital, cocher la (les) proposition(s) correcte(s) :

a. **FAUX** : Les reins appartiennent au bas appareil urinaire.
Explication : Les reins appartiennent au haut appareil urinaire.

b. **FAUX** : Les uretères appartiennent au bas appareil urinaire.
Explication : Les uretères appartiennent au haut appareil urinaire.

c. **VRAI** : La vessie appartient au bas appareil.

d. **FAUX** : L'urètre appartient au haut appareil urinaire.
Explication : L'urètre appartient au bas appareil urinaire.

e. **VRAI** : Les reins ont pour fonction la filtration et l'excrétion.

30. Concernant l'appareil uro-génital, cocher la (les) proposition(s) correcte(s) :

a. **VRAI** : Le cortex rénal est la partie périphérique du rein.

b. **VRAI** : Les colonnes rénales se situent entre les pyramides rénales.

c. **VRAI** : La médulla rénale est constituée de 8 à 10 pyramides rénales.

d. **VRAI** : Les sommets des pyramides rénales dessinent le relief des papilles.

e. **FAUX** : Le sinus rénal est la partie extra-rénale du bassinet.
Explication : Le sinus rénal est la partie intra-rénale du bassinet.

31. Concernant l'appareil uro-génital, cocher la (les) proposition(s) correcte(s) :

a. **FAUX** : Les glomérules se situent dans la médulla rénale.
Explication : Les glomérules se situent dans le cortex rénal.

b. **VRAI** : Les tubes contournés se situent dans le cortex rénal.

c. **FAUX** : Les vaisseaux droits se situent dans le cortex rénal.
Explication : Les vaisseaux droits se situent dans la médulla rénale.

d. **VRAI** : Les tubes droits se situent dans la médulla rénale.

e. **FAUX** : Le rétropéritoine est l'autre nom du péritoine pariétal postérieur.
Explication : Le rétropéritoine est situé derrière le péritoine pariétal postérieur.

32. Quels sont les organes situés dans le rétropéritoine, cocher la (les) proposition(s) correcte(s) :

a. **FAUX** : Le foie.
Explication : Le foie ne se trouve pas dans le rétropéritoine.

b. **FAUX** : La rate.
Explication : La rate ne se situe pas dans le rétropéritoine.

c. **VRAI** : Les reins.

d. **VRAI** : Les glandes surrénales.

e. **VRAI** : Les gros vaisseaux.

33. Quels sont les constituants des pédicules rénaux, cocher la (les) proposition(s) correcte(s) :

- **a.** **FAUX** : L'urètre.
  Explication : L'urètre n'est pas l'un des constituants des pédicules rénaux.
- **b.** **FAUX** : L'artère mésentérique.
  Explication : L'artère mésentérique n'est pas l'un des constituants du pédicule rénal.
- **c.** **VRAI** : L'artère rénale.
- **d.** **VRAI** : La veine rénale.
- **e.** **VRAI** : L'uretère.

34. Concernant l'appareil uro-génital, cocher la (les) proposition(s) correcte(s) :

- **a.** **VRAI** : Les reins sont situés dans les loges rénales.
- **b.** **FAUX** : La vessie est le réservoir des selles dans l'intervalle de la digestion.
  Explication : La vessie est le réservoir de l'urine dans l'intervalle des mictions.
- **c.** **FAUX** : La vessie comporte une musculeuse et une muqueuse plexiforme.
  Explication : La vessie comporte une muqueuse et une musculeuse plexiforme.
- **d.** **VRAI** : La zone fonctionnelle de la vessie est le trigone vésical.
- **e.** **FAUX** : La zone fonctionnelle de la vessie est le globe vésical.
  Explication : La zone fonctionnelle de la vessie est le trigone vésical.

35. Concernant l'appareil uro-génital, cocher la (les) proposition(s) correcte(s) :

- **a.** **FAUX** : Le trigone vésical est compris entre deux méats des urètres et l'orifice de l'uretère.
  Explication : Le trigone vésical est compris entre deux méats des uretères et l'orifice de l'urètre.
- **b.** **FAUX** : La vessie vide dépasse le plan de la symphyse.
  Explication : La vessie vide ne dépasse pas le plan de la symphyse.
- **c.** **FAUX** : L'urètre est soit prostatique soit spongieux.
  Explication : L'urètre a aussi une partie membraneuse.
- **d.** **VRAI** : L'urètre spongieux a une partie bulbaire.
- **e.** **VRAI** : L'urètre spongieux a une partie pénienne.

36. Lesquelles sont les voies exclusivement génitales masculines, cocher la (les) proposition(s) correcte(s) :

- **a.** **VRAI** : Le testicule.
- **b.** **FAUX** : La prostate.
  Explication : C'est une voie uro-génitale.
- **c.** **FAUX** : L'urètre.
  Explication : L'urètre est une voie uro-génitale.
- **d.** **FAUX** : Le pénis.
  Explication : Le pénis est une voie uro-génitale.
- **e.** **VRAI** : Le conduit éjaculateur.

37. Concernant l'appareil uro-génital, cocher la (les) proposition(s) correcte(s) :

- **a.** **VRAI** : L'épididyme surplombe le testicule en cimier de casque.
- **b.** **VRAI** : L'épididyme se prolonge par le canal déférent.

c. **VRAI** : Le conduit déférent remonte sur la face médiale du testicule.
d. **FAUX** : L'albuginée est une enveloppe élastique contenue dans le testicule.
Explication : L'albuginée est une enveloppe résistante contenue dans le testicule.
e. **FAUX** : Chaque lobule du testicule contient des tubes séminifères droits puis contournés.
Explication : Chaque lobule du testicule contient des tubes séminifères contournés puis droits.

38. Concernant l'appareil uro-génital, cocher la (les) proposition(s) correcte(s) :
a. **VRAI** : Les tubes séminifères droits se réunissent en un réseau dense : le rete testis.
b. **FAUX** : Le conduit déférent est long de 10 cm.
Explication : Le conduit déférent est long de 35 à 40 cm.
c. **VRAI** : Le conduit déférent transporte les spermatozoïdes de la bourse à l'urètre prostatique.
d. **FAUX** : Le conduit déférent comporte trois parties : scrotale, inguinale et latéro-vésicale.
Explication : Le conduit déférent comporte quatre parties : scrotale, inguinale, latéro-vésicale et rétro-vésicale.
e. **FAUX** : La partie scrotale du conduit déférent présente un grand risque de hernies.
Explication : La partie inguinale du conduit déférent présente un grand risque de hernies.

39. Concernant l'appareil uro-génital, cocher la (les) proposition(s) correcte(s)
a. **VRAI** : La glande prostatique entoure l'urètre proximal sous la vessie.
b. **VRAI** : La prostate englobe le carrefour uro-génital et sécrète le liquide séminal.
c. **FAUX** : La prostate a la forme d'une châtaigne avec un sommet supérieur
Explication : La prostate a la forme d'une châtaigne avec un sommet inférieur.
d. **FAUX** : La prostate est séparée en deux par le passage des deux canaux déférents.
Explication : La prostate est séparée en deux par le passage des deux canaux éjaculateurs.
e. **FAUX** : Les canaux éjaculateurs se jettent dans le colliculus médian de l'uretère.
Explication : Les canaux éjaculateurs se jettent dans le colliculus médian de l'urètre.

40. Concernant l'appareil uro-génital, cocher la (les) proposition(s) correcte(s) :
a. **FAUX** : Le pénis se compose de trois parties : la racine, le corps et la pointe du pénis.
Explication : Le pénis se compose de deux parties : la racine et le corps du pénis.
b. **VRAI** : Le pénis se compose de 3 corps érectiles.
c. **VRAI** : La racine du pénis est fixée au puis et au périnée par l'insertion des corps caverneux.
d. **FAUX** : Le corps caverneux ou bulbe entoure l'urètre.
Explication : Le corps spongieux ou bulbe entoure l'urètre.
e. **VRAI** : Le corps du pénis est formé par la réunion des deux corps caverneux.

41. Concernant l'appareil uro-génital, cocher la (les) proposition(s) correcte(s) :
a. **FAUX** : Le corps caverneux s'élargit en gland à l'extrémité du pénis.
Explication : Le corps spongieux s'élargit en gland à l'extrémité du pénis.
b. **VRAI** : Les corps caverneux s'adossent en canon de fusil au-dessus du corps spongieux.
c. **VRAI** : Les annexes de l'appareil génital féminin sont les ovaires et les trompes utérines.

d. **FAUX** : L'utérus possède deux parties : l'isthme et le col.
Explication : L'utérus possède trois parties : l'isthme, le corps et le col.
e. **VRAI** : L'organe génital externe de la femme est la vulve.

42. Concernant l'appareil uro-génital, cocher la (les) proposition(s) correcte(s) :
a. **FAUX** : Les corps spongieux féminins forment le clitoris.
Explication : Les corps caverneux féminins forment le clitoris.
b. **FAUX** : La cavité utérine est tapissée de muqueuse malpighienne.
Explication : La cavité utérine est tapissée de muqueuse glandulaire.
c. **VRAI** : Le vagin est tapissé de muqueuse malpighienne.
d. **FAUX** : Le vestibule comprend l'orifice urétral, vaginal et anal.
Explication : Le vestibule comprend uniquement l'orifice urétral et vaginal.
e. **VRAI** : Les grandes lèvres sont des replis cutanés compris entre le mont du pubis et l'anus, reliés par des commissures.

43. Concernant l'appareil uro-génital, cocher la (les) proposition(s) correcte(s) :
a. **VRAI** : Les petites lèvres sont des replis cutanés dépourvus de graisse entourant le vestibule du vagin.
b. **VRAI** : Une glande endocrine est une glande à sécrétion interne.
c. **FAUX** : Les glandes endocrines secrètent des enzymes.
Explication : Les glandes endocrines secrètent des hormones.
d. **VRAI** : Les substances sécrétées par les glandes endocrines arrivent dans la circulation sanguine.
e. **FAUX** : Toutes les réponses sont exactes.
Explication : La réponse C est fausse.

44. Lesquelles de ces glandes sont endocrines, cocher la (les) proposition(s) correcte(s) :
a. **FAUX** : La parotide.
Explication : La parotide est une glande exocrine.
b. **VRAI** : L'hypophyse.
c. **VRAI** : La thyroïde.
d. **VRAI** : Les surrénales.
e. **VRAI** : Les testicules.

45. Concernant le système endocrinien, cocher la (les) proposition(s) correcte(s) :
a. **FAUX** : La selle turcique est la loge hypothalamique.
Explication : La selle turcique est la loge hypophysaire.
b. **FAUX** : La selle turcique est une excavation creusée à la face supérieure du corps de l'os ethmoïde.
Explication : La selle turcique est une excavation creusée à la face supérieure du corps de l'os sphénoïde.
c. **VRAI** : L'axe hypothalamo-hypophysaire assure le contrôle hormonal.
d. **VRAI** : L'hypophyse se divise en deux parties.
e. **VRAI** : La neurohypophyse est la partie postérieure de l'hypophyse.

46. Quelles sont les hormones sécrétées par l'adénohypophyse, cocher la (les) proposition(s) correcte(s) :

a. VRAI : L'FSH.

b. VRAI : L'ACTH.

c. FAUX : L'ocytocine.
Explication : L'ocytocine est sécrétée par la neurohypophyse.

d. VRAI : La TSH.

e. FAUX : La vasopressine.
Explication : La vasopressine est sécrétée par la neurohypophyse.

47. Concernant le système endocrinien, cocher la (les) proposition(s) correcte(s) :

a. VRAI : L'ocytocine sensibilise la musculature lisse.

b. VRAI : La vasopressine élève la pression artérielle et la réabsorption d'eau.

c. FAUX : Les hormones gonadotropes agissent sur les glandes surrénales.
Explication : Les hormones gonadotropes agissent sur les ovaires et les testicules.

d. FAUX : Les hormones corticotropes agissent sur la thyroïde.
Explication : Les hormones corticotropes agissent sur les glandes surrénales.

e. FAUX : Les hormones thyréotropes agissent sur les ovaires ou testicules.
Explication : Les hormones thyréotropes agissent sur la thyroïde.

48. Concernant le système endocrinien, cocher la (les) proposition(s) correcte(s) :

a. FAUX : Les hormones gonadotropes du lobe antérieur de l'hypophyse sont libérées par des « Releasing Factors » de la neurohypophyse.
Explication : Les hormones gonadotropes du lobe antérieur de l'hypophyse sont libérées par des « Releasing Factors » de l'Hypothalamus.

b. VRAI : La thyroxine, la tri-iodothyronine et la calcitonine sont des hormones thyroïdiennes.

c. FAUX : La calcitonine est responsable de la régulation du métabolisme de base.
Explication : La thyroxine et la tri-iodothyronine sont responsables de la régulation du métabolisme de base.

d. VRAI : La calcitonine est hypocalcémiante.

e. VRAI : La calcitonine stimule l'ostéogénèse.

49. Concernant l'appareil uro-génital, cocher la (les) proposition(s) correcte(s) :

a. FAUX : La parathormone est la seule hormone hypocalcémiante.
Explication : La parathormone est la seule hormone hypercalcémiante.

b. VRAI : La parathormone stimule les ostéoclastes.

c. FAUX : Le pancréas contient un million d'îlots de Langerhans qui sécrètent 2 types d'hormones : le glucagon et l'insuline.
Explication : Le pancréas contient un million d'ilôts de Langerhans qui sécrètent 3 types d'hormones : le glucagon, l'insuline et la somatostatine.

d. FAUX : Le glucagon est sécrété par les cellules B.
Explication : Le glucagon est sécrétée par les cellules A.

e. VRAI : 20 % des îlots de Langerhans sécrètent du glucagon.

50. Concernant l'appareil uro-génital, cocher la (les) proposition(s) correcte(s):

a. **FAUX**: L'insuline est sécrétée par les cellules D.
Explication: L'insuline est sécrétée par les cellules B.

b. **VRAI**: 80 % des îlots de Langerhans sécrètent de l'insuline.

c. **FAUX**: La somatostatine est sécrétée par les cellules B.
Explication: La somatostatine est sécrétée par les cellules D.

d. **FAUX**: La glande surrénale droite est haute en forme de virgule.
Explication: La glande surrénale droite est haute en forme d'accent circonflexe.

e. **VRAI**: La glande surrénale droite tombe sur le bord médial du rein.

51. Concernant le système endocrinien, cocher la (les) proposition(s) correcte(s):

a. **VRAI**: La cortico-surrénale se divise en 3 parties.

b. **FAUX**: La zone glomérulaire de la cortico-surrénale sécrète des catécholamines.
Explication: La zone glomérulaire de la cortico-surrénale sécrète des minéralocorticoïdes.

c. **VRAI**: La zone fasciculaire sécrète des glucocorticoïdes.

d. **VRAI**: La zone réticulaire de la cortico-surrénale sécrète des stéroïdes sexuels.

e. **FAUX**: Les cellules chromaffines se situent dans la cortico-surrénale.
Explication: Les cellules chromaffines se situent dans la médullo-surrénale.

52. Concernant le système endocrinien, cocher la (les) proposition(s) correcte(s):

a. **FAUX**: La cortico-surrénale apparaît brune sur une coupe axiale de l'abdomen.
Explication: La cortico-surrénale apparaît jaune chamois sur une coupe axiale de l'abdomen.

b. **FAUX**: La médullo-surrénale apparaît jaune chamois sur une coupe axiale de l'abdomen.
Explication: La médullo-surrénale apparaît brune sur une coupe axiale de l'abdomen.

c. **FAUX**: Le taux élevé de testostérone inhibe la production de FSH et LH.
Explication: Le taux élevé de progestérone inhibe la production de FSH et LH.

d. **VRAI**: Les hormones mâles sont produites par les cellules interstitielles de Leydig.

e. **VRAI**: Les cellules interstitielles de Leydig sont situées dans l'espace conjonctif qui entoure les tubes séminifères.

53. Quels sont les effets de la testostérone, cocher la (les) proposition(s) correcte(s):

a. **FAUX**: Elle stimule l'ovogénèse.
Explication: Elle stimule la spermatogène.

b. **VRAI**: Elle agit sur les voies séminales et développe les vésicules séminales et la prostate.

c. **VRAI**: Elle active le développement et le maintien des caractères sexuels secondaires.

d. **VRAI**: Elle stimule la fonction des glandes sébacées et sudoripares.

e. **FAUX**: Elle inhibe la libido.
Explication: Elle stimule la libido.

54. Quels sont les organes féminins ciblés par l'axe hypothalamo-hypophysaire, cocher la (les) proposition(s) correcte(s):

a. **FAUX**: Le vagin.
Explication: Le vagin n'est pas un organe cible de l'axe hypothalamo-hypophysaire

- **b. FAUX** : Le clitoris.
  Explication : Le clitoris n'est pas un organe cible de l'axe hypothalamo-hypophysaire.
- **c. VRAI** : L'ovaire.
- **d. VRAI** : L'endomètre.
- **e. VRAI** : Le col de l'utérus à l'accouchement.

55. Concernant le système endocrinien, cocher la (les) proposition(s) correcte(s) :
- **a. VRAI** : La phase folliculaire ou œstrogénique va du 5e au 14e jour du cycle ovarien.
- **b. FAUX** : Le mûrissement du follicule se fait lors de la phase lutéinique.
  Explication : Le mûrissement du follicule se fait lors de la phase œstrogénique.
- **c. FAUX** : L'ovulation se fait à J1.
  Explication : L'ovulation se fait à J15.
- **d. FAUX** : L'ovulation est provoquée par le pic de FSH.
  Explication : L'ovulation est provoquée par le pic de LH.
- **e. FAUX** : La phase lutéinique ou progestative va du 1er au 5e jour du cycle ovarien.
  Explication : La phase lutéinique ou progestative va du 15e au 28e jour du cycle ovarien.

56. Quelles sont les conséquences du pic de LH, cocher la (les) proposition(s) correcte(s) :
- **a. VRAI** : La stimulation de la production d'œstrogènes.
- **b. VRAI** : Le déclenchement de l'ovulation.
- **c. FAUX** : La transformation du corps jaune en follicule.
  Explication : La transformation du follicule vide en corps jaune.
- **d. VRAI** : La transformation du follicule vide en corps jaune.
- **e. VRAI** : Le déclenchement de la sécrétion de progestérone.

57. Concernant le système endocrinien, cocher la (les) proposition(s) correcte(s) :
- **a. VRAI** : L'arrivée des aliments dans l'iléon distal déclenche la sécrétion de GLP1.
- **b. FAUX** : La GLP1 est sécrétée par les cellules G de l'iléon distal.
  Explication : La GLP1 est sécrétée par les cellules L de l'iléon distal.
- **c. VRAI** : La GLP1 agit sur le pancréas.
- **d. VRAI** : La GLP1 améliore la sécrétion d'insuline.
- **e. FAUX** : La GLP1 protège les cellules alpha des îlots de Langerhans.
  Explication : La GLP1 protège les cellules bêta des îlots de Langerhans.

58. Concernant l'appareil uro-génital, cocher la (les) proposition(s) correcte(s) :
- **a. VRAI** : La papille appartient à la médulla rénale.
- **b. VRAI** : Le glomérule appartient au cortex rénal.
- **c. VRAI** : la face postérieure de la vessie, le conduit déférent est en dedans de la vésicule séminale.
- **d. FAUX** : L'uretère spongieux est entouré par un sphincter strié.
  Explication : L'uretère membraneux est entouré par un sphincter strié.
- **e. VRAI** : La face postérieure de la vessie le conduit déférent rejoint la vésicule séminale et est ensuite appelé conduit éjaculateur.

59. Concernant l'appareil uro-génital, cocher la (les) proposition(s) correcte(s) :

a. **FAUX** : L'uretère spongieux est entouré par le corps caverneux.
Explication : L'uretère spongieux est entouré par le corps spongieux.

b. **VRAI** : Les calices adhèrent aux papilles rénales.

c. **VRAI** : Les uretères s'abouchent dans le trigone vésical.

d. **VRAI** : Le rétro péritoine est situé derrière le péritoine pariétal postérieur.

e. **FAUX** : Les conduits déférents ne croisent pas les uretères.
Explication : Les conduits déférents croisent les uretères ventralement.

60. Concernant l'appareil uro-génital, cocher la (les) proposition(s) correcte(s) :

a. **FAUX** : Le conduit déférent remonte su la face latérale du testicule pour rejoindre le carrefour uro-génital.
Explication : Le conduit déférent remonte su la face médiale du testicule pour rejoindre le carrefour uro-génital.

b. **VRAI** : L'hypophyse est située entre le 3e ventricule et le 4e ventricule cérébral.

c. **VRAI** : L'adénohypophyse sécrète les hormones effectrices somato- et mélanotropes.

d. **FAUX** : Le colliculus est situé au niveau de l'urètre membraneux.
Explication : Le colliculus est situé au niveau de l'urètre prostatique.

e. **VRAI** : Le globe vésical est un état pathologique de la vessie.

61. Concernant les généralités en anatomie, cocher la (les) proposition(s) correcte(s) :

a. **VRAI** : L'anatomie est la science de la forme du corps humain.

b. **FAUX** : Vésale est à l'origine de l'anatomie comparée.
Explication : Aristote est à l'origine de l'anatomie comparée.

c. **VRAI** : D'après Aristote l'homme est un animal raisonnable, qui se tient debout, qui a deux mains et qui parle.

d. **FAUX** : Aristote est à l'origine de la 1re nomenclature anatomique unique.
Explication : Galien est à l'origine de la 1re nomenclature anatomique unique.

e. **VRAI** : Galien est à l'origine de l'anatomie fonctionnelle et de la neuro-anatomie.

62. Quelles sont les sciences morphologiques, cocher la (les) proposition(s) correcte(s) :

a. **VRAI** : L'anatomie.

b. **FAUX** : La physiologie.
Explication : Ceci n'est pas une science de la forme mais plutôt une science de la fonction.

c. **VRAI** : L'histologie.

d. **VRAI** : L'embryologie.

e. **VRAI** : L'anapathologie.

63. Quelles sont les sources d'inspiration des termes utilisés en anatomie, cocher la (les) proposition(s) correcte(s) :

a. **FAUX** : La religion.
Explication : Ceci n'est pas l'une des sources d'inspiration pour les termes utilisés en anatomie.

b. **VRAI** : Des objets usuels.

c. **FAUX** : La forme des chiffres.
Explication : Ceci n'est pas l'une des sources d'inspiration pour les termes utilisés en anatomie.

d. **VRAI**: La forme des lettres de l'alphabet grec.
e. **VRAI**: Les observations faites sur des structures anatomiques.

64. Concernant les généralités en anatomie, cocher la (les) proposition(s) correcte(s):
a. **FAUX**: Galien sera le premier à considérer l'anatomie comme une science.
Explication: Vésale sera le premier à considérer l'anatomie comme une science.
b. **VRAI**: Vésale a rédigé le premier traité d'anatomie illustré.
c. **VRAI**: Vésale confrontait ses observations personnelles sur des cadavres humains aux travaux anciens.
d. **FAUX**: Galien a rédigé la première nomenclature anatomique internationale.
Explication: La première nomenclature anatomique internationale est la Parisiensa NominaAnatomica datant de 1955, bien longtemps après Galien!
e. **FAUX**: L'anatomie décrit des structures dans un espace à 2 dimensions.
Explication: L'anatomie décrit des structures dans un espace à 3 dimensions.

65. Concernant les généralités en anatomie, cocher la (les) proposition(s) correcte(s):
a. **VRAI**: Le plan transversal correspond au plan axial.
b. **VRAI**: Le plan frontal correspond au plan coronal.
c. **FAUX**: Le plan sagittal correspond à un plan horizontal.
Explication: Le plan sagittal correspond à un plan vertical de profil.
d. **VRAI**: Le plan axial est un plan horizontal.
e. **FAUX**: Le plan frontal correspond a un plan vertical de profil.
Explication: Le plan frontal correspond à un plan vertical de face.

66. Quelles sont les caractéristiques de la position anatomique de référence, cocher la (les) proposition(s) correcte(s):
a. **FAUX**: Le sujet est mort.
Explication: Le sujet est vivant.
b. **FAUX**: Le sujet est allongé.
Explication: Le sujet est debout.
c. **VRAI**: Le sujet tient les membres supérieurs le long du corps.
d. **VRAI**: Le sujet tient les paumes tournées vers l'avant.
e. **FAUX**: Le côté gauche est décrit en référence pour les structures paires et symétriques.
Explication: Le côté droit est décrit en référence pour les structures paires et symetriques.

67. Concernant les généralités en anatomie, cocher la (les) proposition(s) correcte(s):
a. **FAUX**: Le plan de Francfort passe par le bord supérieur de l'orbite et le bord inférieur du méat acoustique.
Explication: Le plan de Francfort passe par le bord inférieur de l'orbite et le bord supérieur du méat acoustique.
b. **FAUX**: Le plan transversal est perpendiculaire au sol.
Explication: Le plan transversal est parallèle au sol.
c. **FAUX**: Le plan transversal définit un espace gauche et un espace droit.
Explication: Le plan transversal définit un espace crânial et un espace caudal.
d. **FAUX**: Le plan frontal est perpendiculaire au front.
Explication: Le plan frontal est parallèle au front.
e. **VRAI**: Aucune réponse n'est exacte.

68. Concernant les généralités en anatomie, cocher la (les) proposition(s) correcte(s):

- **a. FAUX**: Le plan parallèle définit un espace caudal et un plan crânial.
  Explication: Le plan parallèle définit un espace ventral et un espace dorsal.
- **b. FAUX**: Un plan sagittal médian définit un espace crânial et un espace caudal.
  Explication: Un plan sagittal médian définit un côté gauche et un côté droit.
- **c. VRAI**: Un plan sagittal paramédian définit un espace médial et un espace latéral.
- **d. FAUX**: Un système définit toutes les structures qui contribuent à une même fonction.
  Explication: Un système définit tous les organes qui ont une même structure.
- **e. FAUX**: Un appareil définit toutes les structures qui contribuent à une même fonction.
  Explication: Un appareil définit tous les organes qui ont une même structure.

69. Concernant les généralités en anatomie, cocher la (les) proposition(s) correcte(s):

- **a. VRAI**: On appelle vie tous les appareils qui sont régis par le même degré de conscience.
- **b. VRAI**: En anatomie fonctionnelle on considère la structure anatomique en mouvement pour étudier la fonction qu'elle remplit.
- **c. VRAI**: Le tube digestif fait partie de l'appareil digestif.
- **d. VRAI**: Les organes du sens appartiennent à la vie de relation.
- **e. VRAI**: Toutes les réponses sont exactes.

70. Quelles sont les structures appartenant à l'appareil circulatoire, cocher la (les) proposition(s) correcte(s):

- **a. FAUX**: Les reins.
  Explication: Les reins appartiennent à l'appareil urinaire.
- **b. VRAI**: Le cœur.
- **c. VRAI**: Le système artériel.
- **d. VRAI**: Le système veineux.
- **e. VRAI**: Le système lymphatique.

71. Quels sont les rôles du système squelettique, cocher la (les) proposition(s) correcte(s):

- **a. VRAI**: Statique.
- **b. VRAI**: Dynamique.
- **c. FAUX**: Excitabilité.
  Explication: Ceci n'est pas l'un des rôles du système squelettique.
- **d. FAUX**: Contraction.
  Explication: Ceci n'est pas l'un des rôles du système squelettique.
- **e. VRAI**: Protection.

72. Concernant le système squelettique, cocher la (les) proposition(s) correcte(s):

- **a. FAUX**: Le thorax constitue l'axe médian du squelette.
  Explication: La colonne vertébrale constitue l'axe médian du squelette.
- **b. FAUX**: Le squelette appendiculaire entoure les viscères.
  Explication: Le squelette axial entoure les viscères.
- **c. VRAI**: Le membre supérieur et le membre inférieur font partie du squelette appendiculaire.
- **d. VRAI**: On dénombre un total de 206 os.

e. **FAUX** : Les membres supérieurs comptent plus d'os que les membres inférieurs.
Explication : Les membres supérieurs (64 os) comptent moins d'os que les membres inférieurs (62 os).

73. Concernant les os longs, cocher la (les) proposition(s) correcte(s) :

a. **VRAI** : Les os longs ont une longueur supérieure à leur largeur.
b. **VRAI** : Les os longs ont une largeur environ égale à leur épaisseur.
c. **VRAI** : Les os longs ont une diaphyse et deux épiphyses.
d. **VRAI** : Les métatarsiens sont des os longs.
e. **FAUX** : Les côtes sont des os longs.
Explication : Les côtes sont des os plats.

74. Concernant les os plats, cocher la (les) proposition(s) correcte(s) :

a. **FAUX** : Les os plats ont une longueur supérieure à la largeur.
Explication : Les os plats ont une longueur supérieure à la largeur.
b. **VRAI** : Les os plats ont une largeur supérieure à l'épaisseur.
c. **FAUX** : Les os plats ont une face, des bords et des angles.
Explication : Les os plats ont deux faces, des bords et des angles.
d. **FAUX** : Les os plats sont les os des membres.
Explication : Les os plats sont les os de protection des viscères.
e. **VRAI** : Le sternum est un os plat.

75. Lesquels de ces os font partie des os du crâne, cocher la (les) proposition(s)correcte(s) :

a. **VRAI** : L'os frontal.
b. **VRAI** : Le sphénoïde.
c. **FAUX** : Le maxillaire.
Explication : Le maxillaire est un os de la face.
d. **VRAI** : L'éthmoïde.
e. **FAUX** : La mandibule.
Explication : La mandibule est un os de la face.

76. Lesquels de ces os font partie des os de la face, cocher la (les) proposition(s) correcte(s) :

a. **VRAI** : L'os nasal.
b. **VRAI** : L'os lacrymal.
c. **VRAI** : L'os zygomatique.
d. **FAUX** : L'os occipital.
Explication : L'os occipital est un os du crâne.
e. **VRAI** : L'os palatin.

77. Concernant les os courts, cocher la (les) proposition(s) correcte(s) :

a. **FAUX** : Les os courts ont une longueur supérieure à la largeur.
Explication : Les os courts ont une longueur environ égale à la largeur.
b. **VRAI** : Les os courts ont une largeur environ égale à l'épaisseur.
c. **FAUX** : Les os courts ont habituellement une forme sphérique.
Explication : Les os courts ont habituellement une forme cubique.

d. **FAUX** : Les métacarpes sont des os courts.
Explication : Les métacarpes sont des os longs.
e. **VRAI** : Les os courts associent solidité et mobilité.

78. Lesquels de ces os font partie de la rangée distale du carpe, cocher la (les) proposition(s) correcte(s) :

a. **VRAI** : L'os hamatum.
b. **FAUX** : Le lunatum.
Explication : Le lunatum fait partie de la rangée proximale du carpe.
c. **VRAI** : Le trapézoïde.
d. **VRAI** : Le trapèze.
e. **FAUX** : Le pisiforme.
Explication : Le pisiforme fait partie de la rangée proximale du carpe.

79. Lesquels de ces os font partie du tarse, cocher la (les) proposition(s) correcte(s) :

a. **FAUX** : Le scaphoïde.
Explication : C'est un os du carpe.
b. **FAUX** : Le triquetrum.
Explication : C'est un os du carpe.
c. **FAUX** : Le trapèze.
Explication : C'est un os du carpe.
d. **VRAI** : Le cuboïde.
e. **FAUX** : Le capitatum.
Explication : C'est un os du carpe.

80. Concernant le système squelettique, cocher la (les) proposition(s) correcte(s) :

a. **VRAI** : Les vertèbres sont des os irréguliers rayonnés.
b. **VRAI** : Les sinus sont des os irréguliers pneumatiques.
c. **VRAI** : Le périoste est une membrane blanchâtre qui recouvre l'os.
d. **FAUX** : Le périoste recouvre la totalité de l'os.
Explication : Le périoste ne recouvre pas les surfaces articulaires des os.
e. **VRAI** : Le périoste a une adhérence faible au niveau de la diaphyse des os longs

81. Concernant l'appareil respiratoire, cocher la (les) proposition(s) correcte(s) :

a. **FAUX** : La foliole médiane du centre tendineux du diaphragme est dorsale.
Explication : La foliole médiane du centre tendineux du diaphragme est ventrale.
b. **VRAI** : La veine pulmonaire supérieure gauche est en position caudale par rapport à l'aorte thoracique.
c. **FAUX** : Le diaphragme est vertical à sa partie antérieure.
Explication : Le diaphragme est horizontal à sa partie antérieure.
d. **FAUX** : Le diaphragme est horizontal à sa partie postérieure.
Explication : Le diaphragme est vertical à sa partie postérieure.
e. **FAUX** : Sur une IRM en T2 les sinus apparaissent en blanc.
Explication : Sur une IRM en T2 les sinus apparaissent en noir.

82. Concernant l'appareil respiratoire, cocher la (les) proposition(s) correcte(s) :

a. **FAUX** : Les cornets, ou turbines, sont des lames cartilagineuses saillantes dans les fosses nasales recouvertes de muqueuse
Explication : Les cornets, ou turbines, sont des lames osseuses saillantes dans les fosses nasales recouvertes de muqueuse

b. **VRAI** : La trachée est fermée en arrière par une membrane tapissée à sa face profonde par une couche de cellules musculaires lisses formant le muscle trachéal.

c. **FAUX** : La cavité buccale est limitée en avant par le plan sagittal passant par les piliers postérieurs des tonsilles palatines.
Explication : La cavité buccale est limitée en arrière par le plan frontal passant par les piliers antérieurs des tonsilles palatines.

d. **VRAI** : La contraction des muscles larges entraîne l'élévation du diaphragme.

e. **FAUX** : Les muscles droits s'insèrent sur les 8 derniers cartilages costaux, ainsi que sur la tubérosité ischiatique.
Explication : Les muscles droits s'insèrent sur les 4 derniers cartilages costaux, ainsi que sur l'épine pubienne.

83. Concernant l'appareil respiratoire, cocher la (les) proposition(s) correcte(s)

a. **FAUX** : La margelle laryngée correspond à l'ouverture de la paroi antérieure du larynx.
Explication : La margelle laryngée correspond à l'ouverture de la paroi postérieure du pharynx.

b. **VRAI** : Les cartilages de soutien interviennent dans la respiration.

c. **VRAI** : La bronche souche droite est plus verticale que la bronche souche gauche.

d. **VRAI** : La Lingula est formée des segments 4 et 5 du poumon gauche.

e. **FAUX** : Toutes les réponses sont exactes.
Explication : La réponse A est fausse.

84. Lesquelles de ces régions appartiennent au tube digestif, cocher la (les) proposition(s) correcte(s) :

a. **FAUX** : Les fosses nasales.
Explication : Les fosses nasales n'appartiennent pas au tube digestif.

b. **VRAI** : La cavité buccale.

c. **VRAI** : L'oro-pharynx.

d. **FAUX** : La trachée.
Explication : La trachée n'appartient pas au tube digestif.

e. **VRAI** : L'œsophage.

85. Lesquelles de ces régions appartiennent au tube digestif, cocher la (les) proposition(s) correcte(s) :

a. **FAUX** : Le rein.
Explication : Le rein n'appartient pas au tube digestif.

b. **VRAI** : L'estomac.

c. **VRAI** : Le duodénum.

d. **VRAI** : L'intestin grêle.

e. **FAUX** : La vessie.
Explication : La vessie n'appartient pas au tube digestif.

86. Quelles sont les glandes annexes de l'appareil digestif, cocher la (les) proposition(s) correcte(s) :

- **a. VRAI** : Les glandes salivaires.
- **b. FAUX** : La glande thyroïde.
  Explication : La glande thyroïde n'est pas annexée à l'appareil digestif.
- **c. VRAI** : Le foie.
- **d. VRAI** : Le pancréas.
- **e. VRAI** : La rate.

87. Concernant l'appareil digestif, cocher la (les) proposition(s) correcte(s) :

- **a. VRAI** : La digestion peut être mécanique.
- **b. VRAI** : La digestion peut être chimique.
- **c. VRAI** : L'absorption consiste dans l'utilisation des nutriments.
- **d. FAUX** : Le pharynx appartient à la partie tronculaire du tube digestif.
  Explication : Le pharynx appartient à la partie céphalique du tube digestif.
- **e. VRAI** : L'intestin grêle appartient à la partie tronculaire du tube digestif.

88. Concernant l'appareil digestif, cocher la (les) proposition(s) correcte(s) :

- **a. FAUX** : La fonction de la cavité buccale est la déglutition en morceaux des aliments.
  Explication : La fonction de la cavité buccale est l'absorption des aliments.
- **b. FAUX** : La fonction du pharynx est l'absorption des aliments.
  Explication : La fonction du pharynx est la déglutition en morceaux des aliments.
- **c. FAUX** : La fonction de l'œsophage est la digestion mécanique et chimique.
  Explication : La fonction de l'œsophage est le transport du bol alimentaire.
- **d. VRAI** : La fonction des glandes salivaires est la lubrification des aliments.
- **e. VRAI** : La fonction de l'intestin grêle est l'absorption des nutriments préparés par les sécrétions des glandes.

89. Concernant l'appareil digestif, cocher la (les) proposition(s) correc œsophage te(s) :

- **a. VRAI** : La fonction de l'estomac est la digestion mécanique et chimique.
- **b. VRAI** : La fonction du colon est l'absorption e l'eau et des électrolytes.
- **c. VRAI** : Les tonsilles palatines se situent dans la cavité buccale.
- **d. VRAI** : L'œsophage a trois parties.
- **e. FAUX** : Avant d'arriver dans l'œsophage la nourriture passe par le larynx.
  Explication : Avant d'arriver dans l'œsophage la nourriture passe par le laryngopharynx.

90. Concernant l'appareil digestif, cocher la (les) proposition(s) correcte(s) :

- **a. FAUX** : L'œsophage cervical va de C5 à C7.
  Explication : L'œsophage cervical va de C6 à T2.
- **b. FAUX** : La fin de l'œsophage cervical se projette au niveau de l'incisure carotidienne.
  Explication : La fin de l'œsophage cervical se projette au niveau de l'incisure jugulaire.
- **c. VRAI** : L'œsophage thoracique va de T2 à T10.
- **d. FAUX** : L'orifice hiatal de l'œsophage se projette à T9.
  Explication : L'orifice hiatal de l'œsophage se projette à T10
- **e. VRAI** : L'œsophage abdominal a une longueur de 4 cm.

91. Concernant l'appareil digestif, cocher la (les) proposition(s) correcte(s) :

a. **FAUX** : Le bord gauche de l'estomac est la petite courbure.
Explication : Le bord gauche de l'estomac est la grande courbure.

b. **FAUX** : Le duodénum ne fait pas partie de l'intestin grêle.
Explication : Le duodénum fait partie de l'intestin grêle.

c. **VRAI** : Le duodénum est la partie immobile de l'intestin grêle.

d. **FAUX** : Le duodénum se divise en 3 parties.
Explication : Le duodénum se divise en 4 parties.

e. **FAUX** : Le duodénum entoure la queue du pancréas.
Explication : Le duodénum entoure la tête du pancréas.

92. Quels sont les organes appartenant à l'étage sus-mésocolique, cocher la (les) proposition(s) correcte(s) :

a. **FAUX** : La partie D3 du duodénum.
Explication : La partie D1 du duodénum et 2/3 de D2.

b. **FAUX** : L'intestin grêle mobile.
Explication : L'intestin grêle mobile appartient à l'étage sus-mésocolique.

c. **VRAI** : Le foie.

d. **VRAI** : La vésicule biliaire.

e. **VRAI** : L'estomac.

93. Quels sont les organes appartenant à l'étage sous-mésocolique, cocher la (les) proposition(s) correcte(s) :

a. **FAUX** : Le duodénum entier.
Explication : Seulement 1/3 de D2, D3 et D4.

b. **VRAI** : L'intestin grêle mobile.

c. **VRAI** : Le cadre colique.

d. **FAUX** : Le foie.
Explication : Le foie fait partie de l'étage sus-mésocolique.

e. **VRAI** : La partie D4 du duodénum.

94. Concernant l'appareil digestif, cocher la (les) proposition(s) correcte(s) :

a. **VRAI** : L'intestin grêle mobile mesure 6 m.

b. **FAUX** : L'ordre des parties de l'intestin grêle est Ileum puis Jéjunum.
Explication : L'ordre des parties de l'intestin grêle est Jéjunum puis Iléum.

c. **FAUX** : L'intestin grêle est relié à la paroi postérieure par un repli de la plèvre : le méso-colon.
Explication : L'intestin grêle est relié à la paroi postérieure par un repli du péritoine : le mésentère.

d. **FAUX** : Le cadre colique mesure 3 m.
Explication : Le cadre colique mesure 1,5 m.

e. **FAUX** : Le colon droit est descendant.
Explication : Le colon droit est ascendant.

95. Concernant l'appareil digestif, cocher la (les) proposition(s) correcte(s) :

- **a.** **VRAI** : Le colon gauche est descendant.
- **b.** **FAUX** : L'appendice se projette habituellement au point cutané dit Mac Douglas.
  Explication : L'appendice se projette habituellement au point cutané dit Mac Burney.
- **c.** **VRAI** : L'appendice se projette à la jonction tiers externe-tiers moyen d'une ligne tendue entre l'ombilic et l'épine iliaque antéro-supérieure.
- **d.** **FAUX** : Le péritoine est une séreuse composée d'un seul feuillet.
  Explication : Le péritoine est une séreuse composée de deux feuillets.
- **e.** **FAUX** : Le feuillet pariétal est appliqué sur les viscères qu'il recouvre.
  Explication : Le feuillet pariétal tapisse les parois de l'abdomen.

96. Concernant l'appareil digestif, cocher la (les) proposition(s) correcte(s) :

- **a.** **VRAI** : Le feuillet viscéral est appliqué sur les viscères qu'il recouvre.
- **b.** **FAUX** : La cavité péritonéale est volumineuse.
  Explication : La cavité péritonéale est presque virtuelle.
- **c.** **VRAI** : Le péritoine permet le glissement des viscères lors de la respiration ou des contractions de l'intestin.
- **d.** **VRAI** : La glande parotide est comprise entre la branche montante de la mandibule et le muscle sterno-cléido-mastoïdien.
- **e.** **FAUX** : Le canal de Virsung est le canal excréteur du conduit parotidien.
  Explication : Le canal de Sténon est le canal excréteur du conduit parotidien.

97. Concernant l'appareil digestif, cocher la (les) proposition(s) correcte(s) :

- **a.** **FAUX** : Le canal de Sténon s'ouvre dans l'oropharynx.
  Explication : Le canal de Sténon s'ouvre dans la cavité buccale.
- **b.** **FAUX** : Le canal de Sténon s'ouvre en regard de la 2e prémolaire supérieure.
  Explication : Le canal de Sténon s'ouvre en regard de la 2e molaire supérieure.
- **c.** **VRAI** : La glande parotide est traversée par le nerf facial.
- **d.** **FAUX** : La parotidite est l'inflammation spécifique de la grippe.
  Explication : La parotidite est l'inflammation spécifique des oreillons.
- **e.** **FAUX** : La glande sub-mandibulaire est située au-dessus du bord supérieur de la mandibule.
  Explication : La glande sub-mandibulaire est située en dessous du bord inférieur de la mandibule.

98. Concernant l'appareil digestif, cocher la (les) proposition(s) correcte(s) :

- **a.** **VRAI** : Le canal excréteur de la glande sub-mandibulaire est le conduit de Wharton.
- **b.** **FAUX** : Le conduit de Wharton se termine dans le toit de la bouche.
  Explication : Le conduit de Wharton se termine dans le plancher de la bouche.
- **c.** **FAUX** : La glande sub-linguale est derrière la glande sub-mandibulaire.
  Explication : La glande sub-linguale est en avant de la glande sub-mandibulaire.
- **d.** **FAUX** : La glande sub-linguale se situe entre la langue et le corps du maxillaire.
  Explication : La glande sub-linguale se situe entre la langue et le corps de la mandibule.
- **e.** **FAUX** : La glande sub-linguale se draine par un seul canal excréteur, le canal cholédoque.
  Explication : La glande sub -linguale se draine par de nombreux canaux excréteurs le long du repli sublingual qui recouvre la glande.

99. Concernant l'appareil digestif, cocher la (les) proposition(s) correcte(s) :

a. **VRAI** : Le foie est la plus volumineuse glande digestive.

b. **FAUX** : Le foie intervient uniquement dans le métabolisme des glucides.
Explication : Le foie intervient dans tous les métabolismes.

c. **VRAI** : Le foie assure la détoxication des produits de l'absorption intestinale.

d. **FAUX** : Les produits de l'absorption intestinale sont apportés au foie par la veine cave.
Explication : Les produits de l'absorption intestinale sont apportés au foie par le système cave.

e. **VRAI** : Le foie sécrète la bile de façon exocrine.

100. Concernant l'appareil digestif, cocher la (les) proposition(s) correcte(s) :

a. **FAUX** : Les pigments biliaires sont l'aboutissement de la dégradation du glycogène.
Explication : Les pigments biliaires sont l'aboutissement de la dégradation de l'hémoglobine.

b. **VRAI** : La bile est libérée par les voies biliaires dans l'intestin sous forme d'acides biliaires.

c. **VRAI** : La bile est nécessaire à l'absorption intestinale des graisses.

d. **VRAI** : Le foie est situé sous la coupole diaphragmatique droite.

e. **VRAI** : La face supérieure du foie est moulée sur le diaphragme et la paroi abdominale.

101. Concernant l'appareil circulatoire, cocher la (les) proposition(s) correcte(s) :

a. **VRAI** : Le système lymphatique accompagne les grosses artères.

b. **FAUX** : La voie terminale du système lymphatique est le conduit vertébral.
Explication : La voie terminale du système lymphatique est le conduit thoracique.

c. **VRAI** : Le système lymphatique est le système de drainage du secteur conjonctif de la peau et des organes.

d. **VRAI** : Le système lymphatique prend relais dans les collecteurs régionaux.

e. **FAUX** : La terminaison du système lymphatique se jette dans le confluent veineux jugulo-subclavier droit.
Explication : La terminaison du système lymphatique se jette dans le confluent veineux jugulo-subclavier gauche.

102. Concernant l'appareil circulatoire, cocher la (les) proposition(s) correcte(s) :

a. **FAUX** : La veine cave supérieure est la confluence des deux veines iliaques.
Explication : La veine cave supérieure est la confluence des deux troncs brachio-céphaliques droit et gauche.

b. **VRAI** : La veine porte transporte les produits de l'absorption intestinale vers le foie.

c. **VRAI** : Le sang arrive au foie par la veine porte, en repart par les veines centrolobulaires qui se réunissent en veines hépatiques qui se jettent dans la veine cave inférieure au-dessus du foie.

d. **VRAI** : Le tronc brachio-céphalique veineux reçoit une veine subclavière et une veine jugulaire interne.

e. **FAUX** : Toutes les réponses sont exactes.
Explication : La réponse A est fausse.

103. Concernant l'appareil circulatoire, cocher la (les) proposition(s) correcte(s):

a. **VRAI**: Le système porte est un système veineux compris entre deux réseaux capillaires.
b. **VRAI**: Après avoir passé le foramen magnum, l'artère vertébrale rejoint l'artère controlatérale pour donner l'artère basilaire.
c. **FAUX**: La veine céphalique est médiale par rapport à la veine basilique.
Explication: La veine céphalique est latérale par rapport à la veine basilique.
d. **VRAI**: Il existe deux troncs brachio-encéphaliques veineux.
e. **VRAI**: Après avoir passé le foramen magnum, l'artère vertébrale rejoint l'artère controlatérale pour donner l'artère basilaire.

104. Concernant l'appareil circulatoire, cocher la (les) proposition(s) correcte(s):

a. **FAUX**: La valve artérielle pulmonaire est derrière la valve aortique.
Explication: La valve artérielle pulmonaire est en avant de la valve aortique.
b. **VRAI**: Il est possible de palper le pouls fémoral sous le ligament inguinal
c. **VRAI**: L'artère carotide commune se divise derrière l'os hyoïde en artères carotides interne et externe.
d. **VRAI**: Le tronc veineux brachiocéphalique est situé dans le côté gauche du corps.
e. **FAUX**: Toutes les réponses sont exactes.
Explication: La réponse A est fausse.

105. Concernant l'appareil circulatoire, cocher la (les) proposition(s) correcte(s):

a. **FAUX**: La systole correspond au bruit B2.
Explication: La diastole correspond au bruit B2.
b. **FAUX**: B2 correspond à la fermeture des valves artérielles et à la perfusion des carotides.
Explication: B2 correspond à la fermeture des valves artérielles et à la perfusion des coronaires.
c. **VRAI**: B1 correspond à la fermeture des valves atrio-ventriculaires et à la contraction ventriculaire.
d. **FAUX**: L'artère circonflexe irrigue la partie latérale droite du cœur.
Explication: L'artère circonflexe irrigue la partie latérale gauche du cœur.
e. **FAUX**: Aucune réponse n'est exacte.
Explication: La réponse C est exacte.

106. Concernant l'appareil circulatoire, cocher la (les) proposition(s) correcte(s):

a. **VRAI**: L'artère coronaire droite chemine dans le sillon atrio-ventriculaire droit.
b. **FAUX**: Le foramen de Botal est un orifice situé au niveau ventriculaire.
Explication: Le foramen de Botal est un orifice situé au niveau atrial.
c. **VRAI**: L'artère basilaire communique avec les artères carotides internes par les artères communicantes postérieures.
d. **VRAI**: Les artères vertébrales remontent dans les trous vertébraux de C6 à C1.
e. **VRAI**: La veine jugulaire interne reçoit notamment les veines thyroïdiennes, linguale et faciale.

107. Concernant l'appareil respiratoire, cocher la (les) proposition(s) correcte(s):

a. **VRAI**: Les fosses nasales servent à l'olfaction.
b. **VRAI**: Le larynx sert à la phonation.

c. **FAUX** : Les fosses nasales, le larynx et la trachée font partie des voies de conductionaériennes supérieures.
Explication : La trachée fait partie des voies de conduction aériennes inférieures.
d. **FAUX** : Les voies de conduction aériennes inférieures sont uniquement infrapulmonaires.
Explication : Les voies de conduction aériennes inférieures sont extra-pulmonaires et infrapulmonaires.
e. **FAUX** : L'hématose se fait au niveau de la trachée.
Explication : L'hématose se fait au niveau de la membrane alvéolo-capillaire.

108. Quels sont les étages du pharynx, cocher la (les) proposition(s) correcte(s) :
a. **VRAI** : Le nasopharynx.
b. **VRAI** : L'oropharynx.
c. **VRAI** : Le laryngopharynx.
d. **FAUX** : Le larynx.
Explication : Le larynx n'est pas un étage du pharynx.
e. **FAUX** : La trachée.
Explication : La trachée n'est pas l'un des étages du pharynx.

109. Concernant l'appareil respiratoire, cocher la (les) proposition(s) correcte(s) :
a. **FAUX** : L'orifice de la trompe auditive se situe dans l'oropharynx.
Explication : L'orifice de la trompe auditive se situe dans le nasopharynx.
b. **VRAI** : La cavité buccale se situe dans l'oropharynx.
c. **VRAI** : Les amygdales se situent dans l'oropharynx.
d. **FAUX** : Le carrefour aéro-digestif se situe dans le nasopharynx.
Explication : Le carrefour aéro-digestif se situe dans le laryngopharynx.
e. **VRAI** : Les cordes vocales se situent dans le laryngopharynx.

110. Quels sont les différents sinus para-nasaux, cocher la (les) proposition(s) correcte(s) :
a. **FAUX** : Le sinus occipital.
Explication : Cette structure n'existe pas.
b. **VRAI** : Le sinus frontal.
c. **VRAI** : Les cellules ethmoïdales.
d. **VRAI** : Le sinus maxillaire.
e. **VRAI** : Le sinus sphénoïdal.

111. Quels sont les cartilages de soutien du larynx, cocher la (les) proposition(s) correcte(s) :
a. **VRAI** : Le cartilage thyroïde.
b. **VRAI** : Le cartilage cricoïde.
c. **VRAI** : Le cartilage épiglottique.
d. **FAUX** : Les cartilages arythénoïdes.
Explication : Ce sont des cartilages mobiles.
e. **FAUX** : Le cartilage hyoïde.
Explication : Ce cartilage n'existe pas, c'est l'os hyoïde.

112. Concernant l'appareil respiratoire, cocher la (les) proposition(s) correcte(s):

a. VRAI: Les cartilages de soutien maintiennent ouverte la filière laryngée.

b. VRAI: Les cartilages de soutien interviennent dans la respiration.

c. VRAI: Les cartilages aryténoïdes interviennent dans la phonation.

d. FAUX: Les cartilages aryténoïdes interviennent uniquement dans la phonation.
Explication: Les cartilages aryténoïdes interviennent aussi dans la déglutition.

e. FAUX: La trompe auditive est un conduit de 10 cm s'étendant de la paroi latérale de l'Oropharynx à la paroi antérieure de la caisse du tympan.
Explication: La trompe auditive est un conduit de 4 cm s'étendant de la paroi latérale du Nasopharynx à la paroi antérieure de la caisse du tympan.

113. Concernant l'appareil respiratoire, cocher la (les) proposition(s) correcte(s):

a. FAUX: La trompe auditive permet d'équilibrer les pressions dans l'oreille externe.
Explication: La trompe auditive permet d'équilibrer les pressions dans l'oreille moyenne.

b. FAUX: La trompe auditive est toujours ouverte.
Explication: La trompe auditive s'ouvre uniquement lors des mouvements de déglutition ou de bâillement.

c. VRAI: Le laryngo-pharynx est la limite supérieure de la trachée cervicale et de l'œsophage.

d. VRAI: La trachée commence au bord inférieur du cartilage cricoïde.

e. VRAI: La trachée thoracique donne les bronches souches droite et gauche.

114. Quelles sont les caractéristiques de la trachée, cocher la (les) proposition(s) correcte(s):

a. FAUX: C'est un tuyau rigide.
Explication: C'est un tuyau élastique.

b. VRAI: Elle est constituée de 16 à 20 cartilages.

c. VRAI: Les cartilages la constituant ont une forme en fer à cheval.

d. VRAI: Sa paroi postérieure est musculaire.

e. FAUX: Elle se divise à hauteur de T4.
Explication: Elle se divise à hauteur de T5.

115. Concernant l'appareil respiratoire, cocher la (les) proposition(s) correcte(s):

a. VRAI: L'éperon sagittal séparant les deux bronches principales est la carène.

b. FAUX: Le feuillet viscéral de la plèvre est fortement adhérent à la surface pulmonaire.
Explication: Le feuillet viscéral de la plèvre est faiblement adhérent à la surface pulmonaire.

c. FAUX: Le feuillet pariétal de la plèvre est peu adhérent à la paroi par le fascia endothoracique.
Explication: Le feuillet pariétal de la plèvre est très adhérent à la paroi par le fascia endothoracique.

d. VRAI: En se réfléchissant l'un sur l'autre les deux feuillets de la plèvre forment le hile.

e. VRAI: En inspiration profonde le poumon et la plèvre viscérale descendent jusqu'à la 10e côte.

116. Concernant l'appareil respiratoire, cocher la (les) proposition(s) correcte(s):

- **a. VRAI**: Le feuillet pariétal de la plèvre et le diaphragme descendent jusqu'à la 12e côte en inspiration profonde.
- **b. VRAI**: Lors de la respiration il se forme un récessus costo-diaphragmatique ou cul-de-sac pleural.
- **c. VRAI**: Le poumon droit possède trois lobes.
- **d. FAUX**: Le poumon gauche possède trois lobes.
  Explication: Le poumon gauche possède deux lobes.
- **e. VRAI**: Le poumon droit possède deux scissures.

117. Concernant l'appareil respiratoire, cocher la (les) proposition(s) correcte(s):

- **a. FAUX**: La partie supérieure du lobe supérieur du poumon gauche est appelée Lingula.
  Explication: La partie supérieure du lobe supérieur du poumon gauche est appelée Lingula.
- **b. FAUX**: La partie inférieure du lobe supérieur du poumon gauche est appelée Culmen.
  Explication: La partie inférieure du lobe supérieur du poumon gauche est appelée Lingula.
- **c. VRAI**: Les deux poumons sont constitués de 10 segments.
- **d. FAUX**: Le hile pulmonaire est situé sur la face latérale du poumon.
  Explication: Le hile pulmonaire est situé sur la face médiastinale du poumon.
- **e. VRAI**: Le hile pulmonaire contient les bronches et le pédicule pulmonaire.

118. Quels sont les emplacements des différents constituants du hile pulmonaire, cocher la (les) proposition(s) correcte(s):

- **a. FAUX**: Les veines pulmonaires supérieures en arrière.
  Explication: Les veines pulmonaires supérieures en avant.
- **b. VRAI**: Les veines pulmonaires inférieures en bas.
- **c. VRAI**: Les artères pulmonaires en haut.
- **d. FAUX**: Les bronches principales en avant.
  Explication: Les bronches principales en arrière.
- **e. VRAI**: L'artère pulmonaire qui se divise au milieu.

119. Concernant l'appareil respiratoire, cocher la (les) proposition(s) correcte(s):

- **a. VRAI**: Les artères suivent les bronches.
- **b. FAUX**: Les veines suivent les bronches.
  Explication: Les veines sont entre les lobules, puis entre les segments.
- **c. FAUX**: Lors de l'inspiration les muscles abdominaux se relâchent.
  Explication: Lors de l'inspiration les muscles abdominaux se contractent.
- **d. FAUX**: Lors de l'inspiration le diaphragme monte.
  Explication: Lors de l'inspiration le diaphragme s'abaisse.
- **e. VRAI**: Le diaphragme agit comme un piston.

120. Concernant l'appareil respiratoire, cocher la (les) proposition(s) correcte(s):

- **a. VRAI**: La petite scissure, localisée dans le poumon droit, sépare les lobes supérieur et moyen.
- **b. VRAI**: La lingula appartient au lobe pulmonaire supérieur gauche.

c. **FAUX** : Les cartilages aryténoïdes appartiennent au pharynx.
Explication : Les cartilages aryténoïdes appartiennent au larynx.
d. **FAUX** : La bronche principale est la structure la plus antérieure du hile pulmonaire.
Explication : La bronche principale est la structure la plus postérieure du hile pulmonaire.
e. **FAUX** : Le diaphragme est le principal muscle expiratoire.
Explication : Le diaphragme est le principal muscle inspiratoire.

121. Concernant les vertèbres, cocher la (les) proposition(s) correcte(s) :
a. **VRAI** : Les processus transverses des vertèbres thoraciques se dirigent en dehors et franchement en arrière.
b. **VRAI** : Les processus transverses thoraciques se terminent par une extrémité libre, renflée.
c. **FAUX** : Les processus transverses forment une articulation trochléaire avec la côte leur correspondant.
Explication : Les processus transverses forment une articulation trochoïde avec la côte leur correspondant.
d. **VRAI** : Les processus transverses de T11 et de T12 n'ont pas de surface costale.
e. **FAUX** : Toutes les réponses sont exactes.
Explication : La réponse C est fausse.

122. Concernant les vertèbres thoraciques, cocher la (les) proposition(s) correcte(s) :
a. **FAUX** : Le processus épineux thoracique est court.
Explication : Le processus épineux thoracique est long.
b. **VRAI** : Le processus épineux thoracique est oblique en bas et en arrière.
c. **FAUX** : Le sommet du processs épineux de T6 se projette à la hauteur du corps de T7.
Explication : Le sommet du processs épineux de T6 se projette à la hauteur du corps de T8.
d. **VRAI** : Les corps vertébraux sont reliés entre eux par le disque intervertébral.
e. **FAUX** : Les jointures inter-vertébrales sont des jointures synoviales.
Explication : Les jointures inter-vertébrales sont des jointures cartilagineuses.

123. Concernant la colonne vertébrale dynamique, cocher la (les) proposition(s) correcte(s) :
a. **FAUX** : Les processus articulaires forment des jointures cartilagineuses.
Explication : Les processus articulaires forment des jointures synoviales.
b. **FAUX** : Les pédicules vertébraux sont reliées par les ligaments jaunes.
Explication : Les lames vertébrales sont reliées par les ligaments jaunes.
c. **VRAI** : Les processus transverses ou épineux sont reliés par des ligaments ou des muscles inter-transversaires ou inter-épineux.
d. **FAUX** : L'articulation costo-vertébrale est unique.
Explication : L'articulation costo-vertébrale est double.
e. **VRAI** : La tête de la côte s'articule avec les demi facettes costales des corps des vertèbres sus- et sous-jacentes.

124. Concernant le tronc, cocher la (les) proposition(s) correcte(s) :
a. **FAUX** : Le tubercule costal s'articule avec la facette du processus transverse de la vertèbre sous-jacente.
Explication : Le tubercule costal s'articule avec la facette du processus transverse de la vertèbre sus-jacente.

b. **FAUX** : Tous les côtes sont montantes vers l'avant.
Explication : Tous les côtes sont descendantes vers l'avant.
c. **FAUX** : La torsion des côtes permet la rigidité respiratoire.
Explication : La torsion des côtes permet la mobilité respiratoire.
d. **VRAI** : Le sternum ferme ventralement la cage thoracique.
e. **FAUX** : Le sternum a 2 parties différentes.
Explication : Le sternum a 3 parties différentes.

125. Quelles sont les différentes parties du sternum, cocher la (les) proposition(s) correcte(s) :
a. **FAUX** : La malléole.
Explication : La malléole ne fait pas partie du sternum (articulation entre la jambe et le pied).
b. **FAUX** : Le processus styloïde.
Explication : Le processus styloïde se trouve au niveau du crâne.
c. **VRAI** : Le manubrium.
d. **VRAI** : Le corps.
e. **VRAI** : Le processus xyphoïde.

126. Concernant le sternum, cocher la (les) proposition(s) correcte(s) :
a. **VRAI** : Le sternum est en forme de glaive romain.
b. **VRAI** : Les 10 premières côtes s'articulent au sternum par un cartilage costal.
c. **FAUX** : La 1re articulation sterno-costale se situe entre le manubrium et le corps du sternum.
Explication : La 1re articulation sterno-costale est sterno-claviculaire.
d. **VRAI** : La 5e articulation sterno-costale se situe à la partie la plus large du corps du sternum.
e. **VRAI** : Les côtes 7, 8, 9 et 10 s'articulent au sternum par le même cartilage.

127. Concernant le tronc, cocher la (les) proposition(s) correcte(s) :
a. **FAUX** : La 2e articulation costo-sternale se fait entre le processus xyphoïde et le corps du sternum.
Explication : La 2^e^ articulation costo-sternale se fait entre le manubrium et le corps du sternum.
b. **VRAI** : Les 11e et 12e côtes sont flottantes.
c. **FAUX** : Le manubrium sternal se projette entre T1 et T3.
Explication : Le manubrium sternal se projette entre T2 et T4.
d. **VRAI** : Le processus xyphoïde se projette en T10.
e. **VRAI** : L'orifice crânial du thorax est oblique à 45° par rapport au sternum.

128. Concernant le tronc, cocher la (les) proposition(s) correcte(s) :
a. **FAUX** : Le muscle diaphragme se projette sur T10 en respiration moyenne.
Explication : Le muscle diaphragme se projette sur T8 en respiration moyenne.
b. **VRAI** : Les espaces intercostaux droits et gauches sont fermés par les muscles intercostaux.

c. **FAUX** : L'orifice crânial du thorax sépare le thorax de l'abdomen.
Explication : L'orifice crânial du thorax sépare le thorax du cou.
d. **FAUX** : Le muscle diaphragme sépare le thorax du cou.
Explication : Le muscle diaphragme sépare le thorax de l'abdomen.
e. **FAUX** : Le diaphragme est le principal muscle expiratoire.
Explication : Le diaphragme est le principal muscle inspiratoire.

129. Quelles sont les limites de l'orifice crânial du thorax, cocher la (les) proposition(s) correcte(s) :
a. **VRAI** : En arrière le corps de T1.
b. **FAUX** : En arrière le corps de T2.
Explication : En arrière le corps de T1.
c. **VRAI** : Latéralement les premières côtes.
d. **VRAI** : En avant l'incisure jugulaire du manubrium.
e. **VRAI** : En avant les deux articulations sterno-costo-claviculaires.

130. Concernant le diaphragme, cocher la (les) proposition(s) correcte(s) :
a. **FAUX** : La partie dorsale du diaphragme est horizontale.
Explication : La partie dorsale du diaphragme est verticale.
b. **FAUX** : La partie ventrale du diaphragme est verticale.
Explication : La partie ventrale du diaphragme est horizontale.
c. **VRAI** : La partie dorsale du diaphragme possède des insertions vertébrales.
d. **FAUX** : La coupole droite du diaphragme se projette au 5e espace intercostal droit.
Explication : La coupole droite du diaphragme se projette au 4e espace intercostal droit.
e. **VRAI** : La coupole gauche du diaphragme se projette au 5e espace intercostal gauche.

131. Concernant le diaphragme, cocher la (les) proposition(s) correcte(s) :
a. **VRAI** : Le diaphragme possède un centre tendineux.
b. **VRAI** : Le centre tendineux du diaphragme possède 3 folioles.
c. **FAUX** : L'orifice de la veine cave inférieure dans le diaphragme se projette en T12.
Explication : L'orifice de la veine cave inférieure dans le diaphragme se projette en T9.
d. **VRAI** : L'orifice de l'œsophage dans le diaphragme se projette en T10.
e. **FAUX** : L'orifice de l'aorte dans le diaphragme se projette en T9.
Explication : L'orifice de l'aorte dans le diaphragme se projette en T12.

132. Concernant le tronc, cocher la (les) proposition(s) correcte(s) :
a. **VRAI** : La veine cave inférieure passe par le centre phrénique du diaphragme.
b. **VRAI** : L'œsophage passe par un orifice musculaire du diaphragme.
c. **VRAI** : L'orifice par lequel passe l'œsophage au niveau du diaphragme, est extensible.
d. **FAUX** : L'aorte passe par un orifice musculaire du diaphragme.
Explication : L'aorte passe par un orifice fibreux du diaphragme.
e. **VRAI** : L'orifice par lequel passe l'aorte au niveau du diaphragme est inextensible.

133. Concernant le tronc, cocher la (les) proposition(s) correcte(s) :
a. **VRAI** : Les organes thoraciques sont protégés par une cage osseuse fermée en avant.
b. **VRAI** : L'abdomen est limité en arrière par la colonne lombale.

c. **VRAI** : L'abdomen est seulement limité par des muscles latéralement et en avant.
d. **VRAI** : Les vertèbres lombales transmettent au bassin tout le poids du tronc.
e. **VRAI** : Toutes les propositions sont exactes.

134. Concernant les vertèbres lombales, cocher la (les) proposition(s) correcte(s) :
a. **FAUX** : Le corps vertébral des vertèbres lombales modales est cylindrique.
Explication : Le corps vertébral des vertèbres lombales modales est réniforme.
b. **FAUX** : Le foramen vertébral des vertèbres lombales modales est semi-cylindrique.
Explication : Le foramen vertébral des vertèbres lombales modales est triangulaire.
c. **FAUX** : Les processus transverses des vertèbres lombales modales se dirigent en dedans.
Explication : Les processus transverses des vertèbres lombales modales se dirigent en dehors.
d. **VRAI** : Les processus transverses des vertèbres lombales modales sont appelés costiformes.
e. **FAUX** : Les processus articulaires des vertèbres lombales modales regardent en dehors.
Explication : Les processus articulaires des vertèbres lombales modales regardent en dedans.

135. Concernant le tronc, cocher la (les) proposition(s) correcte(s) :
a. **FAUX** : Les lames des vertèbres lombales sont aussi hautes que larges.
Explication : Les lames des vertèbres lombales sont plus hautes que larges.
b. **FAUX** : Le processus épineux des vertèbres lombales sont longs.
Explication : Le processus épineux des vertèbres lombales sont massifs.
c. **VRAI** : Le processus épineux des vertèbres lombales sont trampus.
d. **VRAI** : Le petit pectoral s'insère sur le processus coracoïde de la scapula.
e. **VRAI** : Le petit pectoral s'insère sur les côtes 3, 4 et 5.

136. Quels sont les endroits d'insertion du grand pectoral, cocher la (les) proposition(s) correcte(s) :
a. **FAUX** : La scapula.
Explication : Ceci n'est pas l'un des endroits d'insertion du grand pectoral.
b. **VRAI** : La clavicule.
c. **VRAI** : Les articulations sterno-costales.
d. **VRAI** : Les insertions des droits abdominaux.
e. **VRAI** : L'humérus.

137. Concernant le tronc, cocher la (les) proposition(s) correcte(s) :
a. **FAUX** : La colonne lombale est convexe en arrière.
Explication : La colonne lombale est convexe en avant.
b. **FAUX** : Le sommet de la lordose lombale se situe en L4.
Explication : Le sommet de la lordose lombale se situe en L3.
c. **VRAI** : La lordose lombale limite médialement les deux fosses lombaires.
d. **FAUX** : La paroi latérale abdominale est formée par les muscles droits.
Explication : La paroi latérale abdominale est formée par les muscles larges obliques et transverses.

e. **FAUX** : La paroi ventrale abdominale est formée par les muscles larges obliques et transverses.
Explication : La paroi ventrale abdominale est formée par les muscles droits.

138. Concernant les muscles larges, cocher la (les) proposition(s) correcte(s) :

a. **FAUX** : Le muscle oblique externe est profond.
Explication : Le muscle oblique externe est superficiel.

b. **VRAI** : Le muscle oblique externe est oblique en bas et ventralement.

c. **VRAI** : Le muscle oblique externe s'insère sur les 8 dernières côtes, la crête iliaque et la gaine des droits.

d. **VRAI** : Le muscle oblique interne est oblique en haut et ventralement.

e. **FAUX** : Le muscle oblique interne s'insère sur la tubérosité ischiatique, 4 côtes et la gaine des droits.
Explication : Le muscle oblique interne s'insère sur la crête iliaque, 4 côtes et la gaine des droits.

139. Concernant le tronc, cocher la (les) proposition(s) correcte(s) :

a. **VRAI** : Le muscle transverse de l'abdomen est horizontal.

b. **FAUX** : Le muscle transverse de l'abdomen s'insère sur les processus articulaires lombaires.
Explication : Le muscle transverse de l'abdomen s'insère sur les processus transverses lombaires.

c. **VRAI** : Les muscles droits de l'abdomen ferment ventralement l'abdomen.

d. **FAUX** : Les muscles droits de l'abdomen s'insèrent sur les 2 derniers cartilages costaux.
Explication : Les muscles droits de l'abdomen s'insèrent sur les 4 derniers cartilages costaux.

e. **FAUX** : Les muscles droits de l'abdomen s'insèrent sur la crête iliaque.
Explication : Les muscles droits de l'abdomen s'insèrent sur l'épine pubienne.

140. Concernant le tronc, cocher la (les) proposition(s) correcte(s) :

a. **FAUX** : Les muscles droits de l'abdomen possèdent un seul ventre.
Explication : Les muscles droits de l'abdomen sont polygastriques.

b. **FAUX** : Les muscles droits de l'abdomen sont maintenus dans une gaine fibreuse formée par le diaphragme.
Explication : Les muscles droits de l'abdomen sont maintenus dans une gaine fibreuse formée par les obliques.

c. **FAUX** : La gaine des muscles droits est formée par un seul feuillet ventral.
Explication : La gaine des muscles droits est formée par un feuillet ventral et un feuillet dorsal.

d. **FAUX** : Les insertions costales du diaphragme se font à la face médiale des premiers cartilages costaux.
Explication : Les insertions costales du diaphragme se font à la face médiale des derniers cartilages costaux.

e. **VRAI** : Aucune réponse n'est exacte.

141. Concernant les os courts, cocher la (les) proposition(s) correcte(s) :

a. VRAI : L'adhérence du périoste est forte à la base du crâne.

b. VRAI : L'adhérence du périoste est forte au niveau de l'épiphyse des os longs.

c. FAUX : L'adhérence du périoste est faible au niveau des bords et des angles des os plats.
Explication : L'adhérence du périoste est forte au niveau des bords et des angles des os plats.

d. VRAI : Le périoste a un rôle essentiel dans le développement, la vascularisation et la réparation des os.

e. FAUX : Toutes les propositions sont exactes.
Explication : La proposition C est fausse.

142. Concernant les foramens nourriciers des os, cocher la (les) proposition(s) correcte(s) :

a. VRAI : Les foramens nourriciers assurent la vascularisation et l'innervation des os.

b. VRAI : Les foramens nourriciers de premier ordre se situent au niveau de la diaphyse des os longs.

c. FAUX : Les foramens nourriciers de premier ordre se situent au niveau des angles des os plats.
Explication : Les foramens nourriciers de premier ordre se situent au niveau de la face des os plats.

d. VRAI : L'artère principale de l'os passe par les foramens nourriciers de premier ordre.

e. VRAI : Les foramens nourriciers de deuxième ordre se situent au niveau des épiphyses des os longs.

143. Concernant les foramens nourriciers des os, cocher la (les) proposition(s) correcte(s) :

a. VRAI : Les foramens de deuxième ordre se situent au niveau des bords et des angles des os plats.

b. VRAI : Les foramens de deuxième ordre se situent au voisinage des surfaces articulaires.

c. FAUX : Les foramens nourriciers de troisième ordre sont présents sur toute la surface articulaire des os.
Explication : Les foramens nourriciers de troisième ordre sont présents sur toute la surface non articulaire des os.

d. VRAI : Le périoste correspond aux foramens nourriciers de troisième ordre.

e. FAUX : Toutes les réponses sont exactes.
Explication : La réponse C est fausse.

144. Concernant la configuration interne des os, cocher la (les) proposition(s) correcte(s) :

a. VRAI : Le tissu compact est plus épais au niveau de la diaphyse des os longs.

b. FAUX : Le tissu spongieux est plus épais au niveau de la diaphyse des os longs.
Explication : Le tissu spongieux est plus épais au niveau des épiphyses des os longs.

c. FAUX : Au niveau des os plats deux lames de tissu spongieux sont séparées par une couche de tissu compact.
Explication : Au niveau des os plats deux lames de tissu compact sont séparées par une couche de tissu spongieux.

d. FAUX : Le diploé au niveau des os du crâne correspond à du tissu compact.
Explication : Le diploé au niveau des os du crâne correspond à du tissu spongieux.

e. VRAI : Les os courts sont composés d'une mince enveloppe de tissu compact entourant du tissu spongieux.

145. Concernant le système squelettique, cocher la (les) proposition(s) correcte(s):

a. **VRAI**: L'os présente des travées internes dans le sens des pressions qui s'exercent sur lui.

b. **FAUX**: En scintigraphie osseuse on utilise le marqueur radio-actif TC 99 capté électivement par les ostéoclastes.
Explication: En scintigraphie osseuse on utilise le marqueur radio-actif TC 99 capté électivement par les ostéoblastes.

c. **VRAI**: La scintigraphie est un examen physiologique.

d. **FAUX**: La scintigraphie osseuse permet de repérer des phénomènes passifs normaux, par exemple la croissance osseuse.
Explication: La scintigraphie osseuse permet de repérer des phénomènes actifs normaux, par exemple la croissance osseuse.

e. **FAUX**: La scintigraphie osseuse permet uniquement de repérer les phénomènes osseux normaux.
Explication: La scintigraphie osseuse permet aussi de repérer les phénomènes osseux pathologiques par exemple la métastase d'un cancer.

146. Concernant le système squelettique, cocher la (les) proposition(s) correcte(s):

a. **FAUX**: Le malleus est un os de la jambe.
Explication: Le malleus est un os du crâne.

b. **VRAI**: Le nombre des os fixes est constant.

c. **VRAI**: Le nombre des os sésamoïdes peut varier.

d. **VRAI**: L'hyperactivité osseuse peut être un phénomène physiologique.

e. **FAUX**: Toutes les réponses sont exactes.
Explication: La réponse A est fausse.

147. Concernant le système squelettique, cocher la (les) proposition(s) correcte(s):

a. **FAUX**: L'hyperactivité osseuse est toujours un phénomène physiologique.
Explication: L'hyperactivité osseuse peut être un phénomène pathologique.

b. **FAUX**: L'os palatin est impair.
Explication: L'os palatin est pair.

c. **FAUX**: L'os nasal est impair.
Explication: L'os nasal est pair.

d. **FAUX**: La colonne vertébrale forme le squelette appendiculaire.
Explication: La colonne vertébrale forme l'axe médian.

e. **VRAI**: Aucune réponse n'est exacte.

148. Concernant le système squelettique, cocher la (les) proposition(s) correcte(s):

a. **VRAI**: Les vertèbres sont des os rayonnés.

b. **VRAI**: Les sinus de la face sont des os creusés d'une cavité.

c. **FAUX**: La ceinture pelvienne est composée des os coxaux.
Explication: La ceinture pelvienne est composée des os coxaux et du sacrum.

d. **VRAI**: La scintigraphie met en évidence des phénomènes actifs.

e. **FAUX**: Toutes les réponses sont exactes.
Explication: La réponse C est fausse.

149. Concernant le système squelettique, cocher la (les) proposition(s) correcte(s) :

a. **VRAI** : Chaque os a une configuration propre qui permet de le reconnaître.

b. **FAUX** : La configuration propre d'un os précis varie d'un individu à l'autre dans une même espèce.
Explication : La configuration propre d'un os précis est la même d'un individu à l'autre dans une même espèce.

c. **VRAI** : Un os précis a la même fonction en passant d'un individu à un autre.

d. **VRAI** : Les radiographies simples sont faites de face et de profil.

e. **FAUX** : Toutes les réponses sont exactes.
Explication : La réponse B est fausse.

150. Quels sont les éléments contrôlés lors de l'examen clinique des os, cocher la (les) proposition(s) correcte(s) :

a. **VRAI** : La stature.

b. **VRAI** : Les repères osseux palpables.

c. **VRAI** : Les repères osseux visibles.

d. **VRAI** : La pathologie traumatique.

e. **FAUX** : Les réflexes proprioceptifs.
Explication : Cet élément fait plutôt partie de l'examen clinique neurologique.

151. Concernant les jointures, cocher la (les) proposition(s) correcte(s) :

a. **VRAI** : Le système articulaire rassemble les moyens par lesquels les os s'unissent les uns aux autres.

b. **FAUX** : Les jointures sont classées selon leur taille et stabilité.
Explication : Les jointures sont classées selon leur degré d'indépendance.

c. **VRAI** : Les jointures fibreuses sont appelées synarthrose.

d. **VRAI** : Les jointures cartilagineuses sont appelées amphiarthroses.

e. **VRAI** : Les jointures synoviales sont appelées diarthroses.

152. Lesquels de ces types de jointures sont des synarthroses, cocher la (les) proposition(s) correcte(s) :

a. **FAUX** : La synchondrose.
Explication : La synchondrose est une amphiarthrose.

b. **VRAI** : La suture.

c. **VRAI** : La gomphose.

d. **VRAI** : La syndesmose.

e. **VRAI** : La schyndylèse.

153. Quels sont les différents types de sutures, cocher la (les) proposition(s) correcte(s) :

a. **FAUX** : La suture ronde.
Explication : Ceci n'est pas l'un des types de sutures.

b. **VRAI** : La suture plane.

c. **FAUX** : La suture curviligne.
Explication : Ceci n'est pas l'un des types de sutures.

d. **VRAI** : La suture écailleuse.

e. **VRAI** : La suture dentellée.

154. Concernant les jointures, cocher la (les) proposition(s) correcte(s) :

a. FAUX : La suture est le tissu fibreux de la dent.
Explication : La suture est l'union de deux os par interposition de tissu fibreux.

b. VRAI : La syndesmose est un ligament interosseux ou une membrane interosseuse.

c. VRAI : La schyndylèse est une crête osseuse s'encastrant dans une rainure.

d. VRAI : La synchondrose est une articulation temporaire qui s'ossifie à l'âge adulte.

e. FAUX : La gomphose est l'union de deux os par interposition de tissu fibreux.
Explication : La gomphose est le tissu fibreux de la dent.

155. Concernant les jointures, cocher la (les) proposition(s) correcte(s) :

a. VRAI : La synchondrose est constituée par du cartilage hyalin.

b. FAUX : Les symphyses sont constituées par du cartilage hyalin.
Explication : Les symphyses sont constituées par du fibrocartilage.

c. VRAI : La jointure sacro-iliaque est une symphyse.

d. VRAI : Les jointures synoviales sont aussi appelées articulations.

e. FAUX : Les diarthroses ont des surfaces articulaires rugueuses recouvertes de tissu fibreux.
Explication : Les diarthroses ont des surfaces articulaires lisses recouvertes de tissu cartilagineux.

156. Concernant les jointures synoviales, cocher la (les) proposition(s) correcte(s) :

a. VRAI : Dans une articulation les os sont séparés par une cavité articulaire.

b. VRAI : Les articulations sont entourées d'une capsule et renforcées par des ligaments.

c. FAUX : Les articulations sont limitées par une membrane fibreuse.
Explication : Les articulations sont limitées par une membrane synoviale.

d. VRAI : Les diarthroses sont mobiles.

e. VRAI : Les cartilages ont une épaisseur proportionnelle à la pression supportée par unité de surface.

157. Concernant les articulations, cocher la (les) proposition(s) correcte(s) :

a. FAUX : Le labrum articulaire a deux faces libres.
Explication : Le labrum articulaire a une face libre et une face adhérente.

b. VRAI : Le ménisque articulaire a deux faces libres.

c. VRAI : Les labrums et les ménisques sont constitués de fibrocartillage.

d. VRAI : On retrouve un labrum au niveau de l'acétabulum de l'os coxal.

e. VRAI : On retrouve un labrum au niveau de la cavité glénoïde de la scapula.

158. Concernant les jointures synoviales, cocher la (les) proposition(s) correcte(s) :

a. VRAI : On retrouve un ménisque au niveau de l'articulation du genou.

b. FAUX : On retrouve un disque de fibrocartilage au niveau de l'articulation du genou.
Explication : On retrouve un disque de fibrocartilage au niveau de l'articulation temporo-mandibulaire.

c. VRAI : Le cartilage articulaire n'est pas directement vascularisé.

d. FAUX : Le cartilage articulaire est directement innervé.
Explication : Le cartilage articulaire n'est pas directement innervé.

e. VRAI : La mobilité d'une jointure synoviale dépend du cartilage.

159. Quelles sont les sources de nutrition du cartilage articulaire, cocher la (les) proposition(s) correcte(s) :

a. FAUX : Les chondrocytes.
Explication : Les chondrocytes ne sont pas source de nutrition du cartilage articulaire.

b. FAUX : Les veines situées dans le cartilage articulaire.
Explication : Le cartilage articulaire n'est pas directement vascularisé, il ne contient pas de vaisseaux.

c. VRAI : La vascularisation de voisinage.

d. VRAI : L'imbibition.

e. VRAI : L'os.

160. Concernant les jointures, cocher la (les) proposition(s) correcte(s) :

a. FAUX : La mobilité d'une jointure synoviale dépend de sa taille.
Explication : La mobilité d'une jointure synoviale dépend du cartilage.

b. VRAI : La mobilité de l'articulation est liée à la moindre résistance de la capsule et à sa distance d'insertion par rapport au cartilage.

c. VRAI : La capsule fibreuse est renforcée par des ligaments.

d. VRAI : La membrane synoviale tapisse la face profonde de la capsule fibreuse.

e. VRAI : La membrane synoviale s'insère au pourtour du cartilage.

161. Quels sont les rôles du cartilage d'une jointure synoviale, cocher la (les) proposition(s) correcte(s) :

a. FAUX : La nutrition.
Explication : Le cartilage ne contient pas de vaisseaux, il ne peut donc pas nourrir les cellules de la jointure synoviale.

b. FAUX : La défense immunitaire.
Explication : Ceci n'est pas l'un des rôles du cartilage des jointures synoviales.

c. VRAI : La protection des extrémités osseuses.

d. VRAI : La facilitation des mouvements.

e. VRAI : L'amortissement des chocs.

162. Concernant les jointures synoviales, cocher la (les) proposition(s) correcte(s) :

a. VRAI : La membrane synoviale peut présenter des plis ou des franges synoviales.

b. VRAI : La membrane synoviale est très vascularisée et innervée.

c. VRAI : La membrane synoviale sécrète la synovie.

d. FAUX : L'innervation se fait par le cercle vasculaire péri-articulaire.
Explication : La vascularisation se fait par le cercle vasculaire péri-articulaire.

e. VRAI : L'innervation a un rôle capital dans la sensibilité nociceptive.

163. Concernant les jointures synoviales, cocher la (les) proposition(s) correcte(s) :

a. VRAI : Les jointures fibreuses sont appelées jointures immobiles.

b. FAUX : Les jointures cartilagineuses sont aussi appelées jointures mobiles.
Explication : Les jointures cartilagineuses sont aussi appelées jointures semi-mobiles.

c. FAUX : Les jointures synoviales sont aussi appelées jointures semi-mobiles.
Explication : Les jointures synoviales sont aussi appelées jointures mobiles.

d. VRAI : La forme des surfaces articulaires impose les axes de rotation autour desquels s'effectue le mouvement.
e. FAUX : Les jointures synoviales ont jusqu'à 2 axes.
Explication : Les jointures synoviales ont jusqu'à 3 axes.

164. Concernant les jointures synoviales, cocher la (les) proposition(s) correcte(s) :
a. VRAI : L'articulation trochoïde est une articulation à un axe.
b. VRAI : L'articulation trochoïde tourne autour d'un axe vertical et possède une forme de cylindre.
c. FAUX : Les articulations des phalanges sont des articulations trochoïdes.
Explication : Les articulations des phalanges sont des articulations trochléaires.
d. VRAI : Les ginglymes sont des articulations à un axe.
e. FAUX : La ginglyme tourne autour d'un axe horizontal et possède une forme de cylindre.
Explication : La ginglyme tourne autour d'un axe horizontal et possède une forme de poulie.

165. Concernant les jointures synoviales, cocher la (les) proposition(s) correcte(s) :
a. FAUX : L'articulation trochoïde assure un mouvement de flexion/extension.
Explication : L'articulation trochléaire assure un mouvement de flexion/extension.
b. VRAI : L'articulation huméro-ulnaire est une ginglyme.
c. VRAI : L'articulation trochléaire assure un mouvement de flexion/extension.
d. VRAI : L'articulation trochléaire est aussi appelée ginglyme.
e. FAUX : L'articulation ellipsoïde est une articulation à un axe.
Explication : L'articulation ellipsoïde est une articulation à deux axes.

166. Concernant les jointures synoviales, cocher la (les) proposition(s) correcte(s) :
a. VRAI : L'articulation ellipsoïde a une surface convexe à rayons de courbure perpendiculaires.
b. FAUX : L'articulation trapézo-métacarpienne du pouce est une articulation ellipsoïde.
Explication : L'articulation trapézo-métacarpienne du pouce est une articulation en selle.
c. FAUX : L'articulation ellipsoïde permet un mouvement d'opposition.
Explication : L'articulation ellipsoïde permet un mouvement de latéralité et flexion/extension.
d. FAUX : L'articulation en selle est une articulation à trois axes.
Explication : L'articulation en selle est une articulation à deux axes.
e. FAUX : L'articulation radio-carpienne est une articulation en selle.
Explication : L'articulation radio-carpienne est une articulation ellipsoïde.

167. Concernant les jointures synoviales, cocher la (les) proposition(s) correcte(s) :
a. VRAI : L'articulation sphéroïde est aussi appelée énarthrose.
b. VRAI : L'énarthrose est une articulation à 3 axes.
c. FAUX : L'articulation gléno-humérale est un exemple d'articulation ellipsoïde.
Explication : L'articulation gléno-humérale est un exemple d'articulation sphéroïde.
d. FAUX : L'énarthrose permet un mouvement de flexion/extension.
Explication : L'énarthrose permet un mouvement de circumduction.
e. VRAI : L'articulation coxo-fémorale est une énarthrose.

168. Concernant les jointures, cocher la (les) proposition(s) correcte(s) :

- **a. VRAI** : L'articulation plane n'a pas d'axe de direction.
- **b. FAUX** : L'articulation costo-vertébrale est un exemple d'articulation trochoïde.
  Explication : L'articulation costo-vertébrale est un exemple d'articulation plane.
- **c. FAUX** : L'articulation plane permet un mouvement de rotation.
  Explication : L'articulation plane permet un mouvement de glissement léger.
- **d. VRAI** : Il peut y avoir une ébauche de cavité articulaire au centre du ligament interosseux.
- **e. VRAI** : Une diarthrose composite contient plusieurs types d'articulations au sein d'une même capsule.

169. Concernant les jointures, cocher la (les) proposition(s) correcte(s) :

- **a. FAUX** : L'articulation trapézo-métacarpienne est une articulation à trois axes comme l'articulation radio-carpienne.
  Explication : L'articulation trapézo-métacarpienne est une articulation à deux axes comme l'articulation radio-carpienne.
- **b. VRAI** : L'arthroscopie est une méthode d'exploration clinique d'une jointure.
- **c. FAUX** : L'articulation ellipsoïde est une surface à rayon de courbure parallèle.
  Explication : L'articulation ellipsoïde est une surface à rayon de courbure perpendiculaire.
- **d. VRAI** : Dans une articulation la vascularisation se fait par un cercle vasculaire péri-articulaire.
- **e. VRAI** : Lors d'une exploration clinique d'une jointure on explore sa mobilité passive.

170. Concernant les jointures, cocher la (les) proposition(s) correcte(s) :

- **a. FAUX** : Les ligaments intra-capsulaires vont renforcer la capsule et maintenir la fixité des os entre eux.
  Explication : Les ligaments extra-capsulaires vont renforcer la capsule et maintenir la fixité des os entre eux.
- **b. VRAI** : L'articulation sterno-costo-claviculaire est en double selle.
- **c. FAUX** : Les jointures intervertébrales sont des jointures fibreuses.
  Explication : Les jointures intervertébrales sont des jointures cartilagineuses.
- **d. FAUX** : Les disques intervertébraux s'observent par radiographie.
  Explication : Les disques intervertébraux s'observent par IRM.
- **e. FAUX** : Aucune réponse n'est exacte.
  Explication : La réponse B est exacte.

171. Concernant les jointures, cocher la (les) proposition(s) correcte(s) :

- **a. VRAI** : La partie caudale du fémur est constituée de la trochlée fémorale en forme de poulie et des condyles fémoraux ovales.
- **b. FAUX** : La membrane synoviale est un manchon fibreux tapissé, au niveau de sa face profonde, par la capsule fibreuse.
  Explication : La capsule fibreuse est un manchon fibreux tapissé, au niveau de sa face profonde, par la membrane synoviale.
- **c. VRAI** : Une luxation désigne le désemboitement d'une articulation
- **d. FAUX** : Une luxation est une rupture d'un ligament.
  Explication : Une entorse est une rupture d'un ligament.
- **e. VRAI** : L'articulation temporo-mandibulaire est un exemple de fibrocartilage en forme de disque.

172. Concernant les jointures, cocher la (les) proposition(s) correcte(s) :

a. **FAUX** : La capsule articulaire de l'articulation de la hanche est renforcée par des ligaments présents à l'intérieur de celle-ci.
Explication : La capsule articulaire de l'articulation de la hanche est renforcée par des ligaments situés latéralement à celle-ci.

b. **VRAI** : Le ligament ilio-fémoral, antérieur, est divisé en deux faisceaux.

c. **FAUX** : Les jointures cartilagineuses ne possèdent pas d'ébauche de cavité articulaire.
Explication : La symphyse pubienne possède une ébauche de cavité articulaire.

d. **VRAI** : La forme des surfaces articulaires impose des axes pour la direction des mouvements.

e. **VRAI** : La sensibilité nociceptive et les réflexes proprioceptifs sont assurés par l'innervation de la jointure synoviale.

173. Concernant les jointures, cocher la (les) proposition(s) correcte(s) :

a. **FAUX** : L'articulation médio-carpienne est trochoïde.
Explication : L'articulation médio-carpienne est condylienne.

b. **VRAI** : L'articulation entre la tête de la côte et la demi-facette de la vertèbre est plane.

c. **FAUX** : L'articulation inter-phalangienne a deux axes.
Explication : L'articulation inter-phalangienne a un seul axe.

d. **FAUX** : Articulation trochoïde et trochléaire sont synonymes.
Explication : Elles ont toutes les deux un axe, mais l'une permet la rotation alors que l'autre permet la flexion/extension.

e. **FAUX** : Aucune réponse n'est exacte.
Explication : La réponse B est exacte.

174. Quelles sont les propriétés du muscle, cocher la (les) proposition(s) correcte(s)

a. **VRAI** : La contraction.

b. **FAUX** : La défense immunitaire.
Explication : Ceci n'est pas l'une des propriétés du muscle.

c. **VRAI** : L'excitabilité.

d. **VRAI** : L'élasticité.

e. **VRAI** : Le tonus.

175. Concernant le système musculaire, cocher la (les) proposition(s) correcte(s) :

a. **VRAI** : Un muscle est formé d'unités élémentaires : les fibres musculaires.

b. **FAUX** : Les muscles striés représentent 4/5 du poids du corps.
Explication : Les muscles striés représentent 2/5 du poids du corps.

c. **FAUX** : Les muscles striés sont au nombre d'environ 200 dans le corps humain.
Explication : Les muscles striés sont au nombre d'environ 600 dans le corps humain.

d. **FAUX** : Le corps charnu et contractile est appelé chef.
Explication : Le corps charnu et contractile est appelé ventre.

e. **FAUX** : Les deux extrémités fibreuses, inertes sont appelées ventre.
Explication : Les deux extrémités fibreuses, inertes sont appelées tendons d'insertion ou chefs.

176. Quelles sont les caractéristiques des muscles rouges, cocher la (les) proposition(s) correcte(s) :

- **a.** **FAUX** : Ils sont lisses.
  Explication : Ils sont striés.
- **b.** **VRAI** : Ils sont volontaires.
- **c.** **VRAI** : Ils sont innervés par des fibres myélinisées.
- **d.** **VRAI** : Ce sont des muscles squelettiques.
- **e.** **VRAI** : Ce sont des muscles participant à la vie de relation.

177. Concernant les muscles blancs, cocher la (les) proposition(s) correcte(s) :

- **a.** **FAUX** : Ils sont striés.
  Explication : Ils sont lisses.
- **b.** **FAUX** : Ils sont volontaires.
  Explication : Ils sont involontaires.
- **c.** **FAUX** : Ils sont innervés par des fibres myélinisées.
  Explication : Ils sont innervés par des fibres amyéliniques.
- **d.** **VRAI** : Ce sont les muscles des viscères, des vaisseaux et de la peau.
- **e.** **VRAI** : Les muscles blancs appartiennent à la vie végétative.

178. Concernant les muscles striés, cocher la (les) proposition(s) correcte(s) :

- **a.** **VRAI** : La fibre musculaire est entourée d'un endomysium.
- **b.** **VRAI** : Les fibres musculaires sont regroupées en faisceaux entourés par le périmysium.
- **c.** **VRAI** : Les nerfs et vaisseaux passent dans le périmysium.
- **d.** **VRAI** : Les faisceaux forment le muscle recouvert par l'épimysium.
- **e.** **VRAI** : Toutes les réponses sont exactes.

179. Concernant les muscles striés, cocher la (les) proposition(s) correcte(s) :

- **a.** **VRAI** : Un muscle squelettique a deux insertions osseuses.
- **b.** **VRAI** : Les muscles squelettiques sont responsables du mouvement du squelette.
- **c.** **FAUX** : Un muscle peaucier s'insère sur lui-même.
  Explication : Un muscle peaucier a une insertion osseuse et une insertion sous-cutanée.
- **d.** **FAUX** : Les muscles peauciers sont responsables de la fermeture des orifices naturels.
  Explication : Les muscles peauciers sont responsables du plissement de la peau.
- **e.** **VRAI** : Les muscles annulaires s'insèrent sur eux-mêmes.

180. Concernant les muscles striés, cocher la (les) proposition(s) correcte(s) :

- **a.** **FAUX** : Les muscles annulaires sont responsables du plissement de la peau.
  Explication : Les muscles annulaires sont responsables de la fermeture des orifices naturels.
- **b.** **VRAI** : Les muscles longs sont superficiels, fusiformes et pluri-articulaires.
- **c.** **FAUX** : Les muscles courts se trouvent au niveau des parois du tronc et des racines des membres.
  Explication : Les muscles courts sont profonds, se trouvent au voisinage d'articulations et sont mono-articulaires.
- **d.** **VRAI** : Les muscles circulaires se trouvent au niveau des sphincters striés.
- **e.** **VRAI** : Les muscles plats et larges sont losangiques au niveau des parois du tronc.

181. Concernant les muscles striés, cocher la (les) proposition(s) correcte(s) :

a. VRAI : Les muscles simples possèdent un seul corps charnu entre 2 tendons.

b. FAUX : Les muscles composés ont la spécificité de posséder plusieurs tendons.
Explication : Les muscles composés ont la spécificité de posséder plusieurs corps charnus.

c. FAUX : Les muscles composés possèdent deux tendons avec un ventre intermédiaire.
Explication : Les muscles composés possèdent deux ventres avec un tendon intermédiaire.

d. VRAI : Le droit de l'abdomen est un exemple de muscle composé successif.

e. FAUX : Le triceps est un exemple de muscle successif.
Explication : Le triceps est un exemple de muscle juxtaposé.

182. Concernant les muscles striés, cocher la (les) proposition(s) correcte(s) :

a. VRAI : Les muscles juxtaposés ont plusieurs chefs à une extrémité avec un tendon commun à l'autre extrémité.

b. FAUX : L'insertion osseuse d'un muscle peut se faire par des fibres tendineuses sur une tubérosité osseuse.
Explication : L'insertion osseuse d'un muscle peut se faire par un tendon sur une tubérosité osseuse.

c. FAUX : Le muscle subscapulaire s'insère sur le tubercule majeur.
Explication : Le muscle subscapulaire s'insère sur le tubercule mineur.

d. FAUX : L'insertion osseuse d'un muscle peut se faire par un tendon sur des crêtes osseuses.
Explication : L'insertion osseuse d'un muscle peut se faire par des fibres tendineuses sur des crêtes osseuses.

e. FAUX : Le muscle brachial s'insère sur la face postérieure de l'humérus.
Explication : Le muscle brachial s'insère sur la face antérieure de l'humérus.

183. Concernant les muscles striés, cocher la (les) proposition(s) correcte(s) :

a. VRAI : Le muscle deltoïde s'insère sur la tubérosité deltoïdienne.

b. FAUX : L'insertion osseuse peut se faire par des fibres musculaires s'insérant sur une tubérosité osseuse.
Explication : L'insertion osseuse peut se faire par des fibres musculaires s'insérant directement sur l'os.

c. VRAI : La fibre musculaire peut se situer dans le prolongement du tendon.

d. VRAI : Un muscle penniforme a des fibres musculaires obliques par rapport aux deux faces du tendon.

e. FAUX : Un muscle penniforme induit une faible traction par un grand déplacement.
Explication : Un muscle penniforme induit une forte traction par un petit déplacement.

184. Concernant les muscles striés, cocher la (les) proposition(s) correcte(s) :

a. FAUX : Le deltoïde est un rotateur puissant mais un abducteur faible.
Explication : Le deltoïde est un rotateur faible mais un abducteur puissant.

b. VRAI : Les fibres de type I induisent une contraction lente, soutenue et posturale.

c. VRAI : Les fibres de type I fonctionnent par aérobie et sont peu fatiguable.

d. VRAI : Les fibres de type II induisent une contraction rapide, courte, phasique.

e. FAUX : Les fibres de type II fonctionnent par aérobie et sont peu fatiguables.
Explication : Les fibres de type II fonctionnent par anaérobie, sont les plus puissantes mais fatigables.

185. Concernant les muscles striés, cocher la (les) proposition(s) correcte(s) :

- **a. FAUX** : Les deux types de fibres musculaires ne peuvent pas cohabiter dans un même muscle.
  Explication : Au sein d'un même muscle des fibres de physiologie différente peuvent cohabiter dans des proportions variables.
- **b. FAUX** : Dans le triceps sural le soléaire contient exclusivement des fibres de type II.
  Explication : Dans le triceps sural le soléaire contient exclusivement des fibres de type I.
- **c. FAUX** : Dans le triceps sural les gastrocnémiens contiennent exclusivement des fibres de type I.
  Explication : Dans le triceps sural les gastrocnémiens contiennent exclusivement des fibres de type II.
- **d. FAUX** : Les aponévroses d'insertion sont des enveloppes fibreuses de recouvrement ou de glissement.
  Explication : Les aponévroses d'insertion sont des prolongements tendineux de fibres musculaires.
- **e. VRAI** : Aucune réponse n'est exacte.

186. Concernant les muscles striés, cocher la (les) proposition(s) correcte(s) :

- **a. VRAI** : Les fascias sont des enveloppes fibreuses de recouvrement ou de revêtement.
- **b. FAUX** : Les aponévroses d'insertion sont des enveloppes de glissement.
  Explication : Les fascias sont des enveloppes de glissement.
- **c. FAUX** : Les aponévroses forment la limite des fibres musculaires communes.
  Explication : Les fascias forment la limite des fibres musculaires communes.
- **d. VRAI** : Les fascias ont pour fonction d'assurer la contraction des muscles à fonction différente.
- **e. VRAI** : Les bourses synoviales sont des cavités membraneuses de glissement.

187. Quels sont les différents types de bourses synoviales, cocher la (les) proposition(s) correcte(s) :

- **a. FAUX** : Bourses sous viscérales.
  Explication : Ceci n'est pas l'un des types de bourses synoviales.
- **b. VRAI** : Bourses sous cutanées.
- **c. VRAI** : Bourses situées entre deux muscles.
- **d. VRAI** : Bourses situés entre deux tendons.
- **e. VRAI** : Bourses situées entre 1 os et 1 muscle.

188. Concernant les muscles striés, cocher la (les) proposition(s) correcte(s) :

- **a. VRAI** : La bourse prépatellaire est une bourse sous cutanée.
- **b. VRAI** : La bourse infrapatellaire profonde est une bourse située entre deux tendons.
- **c. VRAI** : La bourse suprapatellaire est une bourse située entre un os et un muscle.
- **d. FAUX** : Les loges musculaires regroupent des muscles situés dans la même région et avec des fonctions opposées.
  Explication : Les loges musculaires regroupent des muscles situés dans la même région et avec des fonctions proches.
- **e. VRAI** : Les loges musculaires sont des cloisons intermusculaires.

189. Concernant les muscles striés, cocher la (les) proposition(s) correcte(s):

- **a.** **FAUX**: Les loges musculaires sont extensibles.
  Explication: Les loges musculaires sont inextensibles.
- **b.** **VRAI**: Les veines à proximité des muscles striés squelettiques sont munies de valvules.
- **c.** **VRAI**: Les muscles striés squelettiques sont innervés par des nerfs moteurs myélinisés.
- **d.** **FAUX**: En territoire musculaire innervé par un nerf moteur est appelé plaque motrice.
  Explication: Un territoire musculaire innervé par un nerf moteur est appelé unité motrice.
- **e.** **VRAI**: Plus le mouvement d'un muscle est précis plus sa densité nerveuse est importante.

190. Concernant les muscles striés, cocher la (les) proposition(s) correcte(s):

- **a.** **FAUX**: Si un nerf innervant un muscle est détruit, il sera régénéré.
  Explication: Il n'y a pas de suppléance si un nerf est détruit.
- **b.** **FAUX**: Les nerfs moteurs renseignent sur l'état de tension d'un muscle.
  Explication: Les nerfs sensitifs renseignent sur l'état de tension d'un muscle.
- **c.** **FAUX**: Les nerfs moteurs permettent la posture involontaire ou la coordination volontaire.
  Explication: Les nerfs sensitifs permettent la posture involontaire ou la coordination volontaire.
- **d.** **FAUX**: L'innervation sensitive est destinée aux vaisseaux des muscles.
  Explication: L'innervation végétative est destinée aux vaisseaux des muscles.
- **e.** **VRAI**: La terminaison d'une neurofibre sur une fibre musculaire est appelée plaque motrice.

191. Concernant les muscles striés, cocher la (les) proposition(s) correcte(s):

- **a.** **VRAI**: Le mouvement opposé à la flexion est l'extension.
- **b.** **VRAI**: Le mouvement opposé à la supination est la pronation.
- **c.** **VRAI**: Le mouvement opposé à la rotation interne est la rotation externe.
- **d.** **FAUX**: Le mouvement opposé à l'adduction est la pronation.
  Explication: Le mouvement opposé à l'adduction est l'abduction.
- **e.** **VRAI**: Le mouvement opposé à l'élévation est l'abaissement.

192. Concernant les muscles striés, cocher la (les) proposition(s) correcte(s):

- **a.** **FAUX**: Le mouvement opposé à la contraction est la distraction.
  Explication: Le mouvement opposé à la contraction est la dilatation.
- **b.** **VRAI**: Le muscle droit de l'abdomen, le muscle transverse et les muscles obliques externes et internes sont agonistes.
- **c.** **FAUX**: Dans le cas d'une synergie d'action homo-latérale les muscles agonistes sont situés du côté opposé, les fibres étant parallèles.
  Explication: Dans le cas d'une synergie d'action homo-latérale les muscles agonistes sont situés du même côté, les fibres étant croisées.
- **d.** **VRAI**: Les muscles oblique externe et interne coopèrent pour l'inclinaison du tronc.
- **e.** **VRAI**: Dans le cas d'une synergie d'action contro-latérale les muscles agonistes sont situés de chaque côté, mais avec une même direction des fibres.

193. Quels sont les différents types de synergies musculaires, cocher la (les) proposition(s) correcte(s) :

a. VRAI : La synergie d'action globale.
b. VRAI : La synergie d'action homo latérale.
c. VRAI : La synergie d'action contro-latérale.
d. FAUX : La synergie d'action hétéro-marginale.
Explication : Ceci n'est pas l'un des types de synergies musculaires.
e. FAUX : Synergie d'action anti-latérale.
Explication : Ceci n'est pas l'un des types de synergies musculaires.

194. Concernant les muscles striés, cocher la (les) proposition(s) correcte(s) :

a. VRAI : L'inclinaison du tronc se fait grâce à une synergie d'action homo-latérale.
b. VRAI : La rotation du tronc se fait grâce à une synergie d'action contro-latérale.
c. VRAI : Les muscles des goutières vertébrales cervicales et lombaires travaillent ensemble pour redresser le tronc.
d. FAUX : La station debout est assurée par un seul muscle.
Explication : La station debout est assurée par une chaîne musculaire composée de nombreux muscles.
e. VRAI : Le centre de gravité du corps humain est environ en regard de la vertèbre S3.

195. Quels sont les muscles assurant la station debout, cocher la (les) proposition(s) correcte(s) :

a. FAUX : Les ischiaux jambiers.
Explication : Les ischiaux jambiers n'assurent pas la station debout.
b. FAUX : Le muscle tibial.
Explication : Le muscle tibial n'assure pas la station debout.
c. VRAI : Le muscle grand fessier.
d. VRAI : Le muscle quadriceps.
e. VRAI : Le muscle triceps sural.

196. Concernant les muscles striés, cocher la (les) proposition(s) correcte(s) :

a. VRAI : Le muscle grand fessier est responsable de l'extension du tronc.
b. VRAI : Le muscle quadriceps est responsable de l'extension de la cuisse.
c. VRAI : Le muscle triceps sural est responsable de l'extension de la jambe.
d. FAUX : Le muscle triceps sural est responsable de l'extension du bras.
Explication : Le muscle triceps sural est responsable de l'extension de la jambe.
e. VRAI : La ligne de gravité est une ligne verticale allant du bord antérieur du foramen occipital à la tubérosité du calcanéus.

197. Concernant les muscles striés, cocher la (les) proposition(s) correcte(s) :

a. VRAI : Lors d'un effort musculaire, le muscle agoniste se contracte, le muscle antagoniste s'étire en réaction à sa contraction.
b. FAUX : La force musculaire peut se mesurer grâce au testing musculaire de 1 à 5.
Explication : La force musculaire peut se mesurer grâce au testing musculaire de 0 à 5.
c. FAUX : Les tendons sont faits de longues fibres côniques.
Explication : Les tendons sont faits de longues fibres cylindriques.

d. **VRAI** : Les tendons transmettent la contraction aux muscles.
e. **FAUX** : L'échographie n'est pas une méthode d'imagerie appropriée pour les muscles.
Explication : L'échographie permet l'étude para-clinique des tendons et fascias.

198. Concernant les muscles lisses, cocher la (les) proposition(s) correcte(s) :
a. **VRAI** : Ce sont des muscles involontaires.
b. **FAUX** : Les muscles lisses sont à contraction rapide.
Explication : Les muscles lisses sont à contraction lente.
c. **VRAI** : Les muscles lisses sont plus petits que les myocytes des muscles striés.
d. **FAUX** : Les muscles lisses sont très vascularisés.
Explication : Les muscles lisses sont peu vascularisés.
e. **FAUX** : L'innervation des muscles lisses est sensitive.
Explication : L'innervation des muscles lisses est végétative.

199. Concernant le myocarde, cocher la (les) proposition(s) correcte(s) :
a. **VRAI** : Le myocarde est un muscle involontaire.
b. **FAUX** : Le myocarde est composé de fibres lisses.
Explication : Le myocarde est composé de fibres striées.
c. **VRAI** : Le myocarde possède un système de conduction : le système cardio-necteur.
d. **FAUX** : Le système cardio-necteur est régulé par le système nerveux moteur.
Explication : Le système cardio-necteur est régulé par le système nerveux végétatif.
e. **VRAI** : Le système sympathique a un effet accélérateur sur le cœur, le système parasympathique un effet freinateur.

200. Concernant les muscles lisses, cocher la (les) proposition(s) correcte(s) :
a. **FAUX** : Le muscle détrusor est un muscle lisse plat.
Explication : Le muscle détrusor est un muscle lisse trifurqué.
b. **VRAI** : Le muscle orbiculaire est un muscle lisse annulaire.
c. **VRAI** : Le muscle Dartos est un muscle lisse plat.
d. **VRAI** : Le muscle myomètre de l'utérus est un muscle sacculaire.
e. **FAUX** : Les muscles érecteurs des poils sont des muscles striés.
Explication : Les muscles érecteurs des poils sont des muscles lisses.

201. Quels sont les phénomènes prenant place au niveau du pelvis, cocher la (les) proposition(s) correcte(s) :
a. **VRAI** : La grossesse.
b. **VRAI** : Le prolapsus.
c. **FAUX** : Le cancer du colon.
Explication : Ce phénomène prend place dans l'abdomen.
d. **FAUX** : L'infarctus du myocarde.
Explication : Ce phénomène prend place au niveau du thorax.
e. **VRAI** : Le cancer de la prostate.

202. Concernant le pelvis, cocher la (les) proposition(s) correcte(s) :
a. **FAUX** : La ligne arquée sépare le thorax du bassin.
Explication : La ligne arquée sépare le petit bassin du grand bassin.

b. **VRAI** : La cavité abdominale correspond au grand bassin.
c. **VRAI** : La cavité pelvienne correspond au petit bassin.
d. **VRAI** : La partie inférieure du tronc est le lieu de la différenciation sexuelle.
e. **FAUX** : Dans le pelvis on a de haut en bas 3 étages.
Explication : Dans le pelvis on a de haut en bas 2 étages.

203. Concernant le pelvis, cocher la (les) proposition(s) correcte(s) :
a. **VRAI** : Dans le pelvis on a d'avant en arrière 3 compartiments.
b. **VRAI** : L'os coxal est composé du pubis, de l'ischion et de l'os illiaque.
c. **VRAI** : Le sacrum est composé de 5 pièces sacrées soudées.
d. **VRAI** : Les branches antérieures des nerfs sacrés passent par le foramen sacré.
e. **VRAI** : Le coccyx est composé de 3 à 6 pièces.

204. Concernant le pelvis, cocher la (les) proposition(s) correcte(s) :
a. **VRAI** : Le détroit promonto-pubien est le détroit supérieur du pelvis.
b. **VRAI** : Le détroit sacro-pubien est le détroit moyen du pelvis.
c. **FAUX** : Le détroit coccygo-pubien est le détroit moyen du pelvis.
Explication : Le détroit coccygo-pubien est le détroit inférieur du pelvis.
d. **VRAI** : Les os du pelvis sont solidarisés par des ligaments.
e. **FAUX** : Le fœtus passe par deux détroits lors de l'accouchement par voie basse.
Explication : Le fœtus passe par trois détroits lors de l'accouchement par voie basse.

205. Quels sont les caractéristiques du ligament sacro-épineux, cocher la (les) proposition(s) correcte(s) :
a. **VRAI** : Il est horizontal.
b. **VRAI** : Il est court.
c. **VRAI** : Il est antérieur.
d. **VRAI** : Il est tendu du sacrum à l'épine ischiatique.
e. **FAUX** : Il est tendu du sacrum à l'épine illiaque.
Explication : Il est tendu du sacrum à l'épine ischiatique.

206. Quels sont les caractéristiques du ligament sacro-tubéral, cocher la (les) proposition(s) correcte(s) :
a. **FAUX** : Il est horizontal.
Explication : Il est vertical.
b. **VRAI** : Il est vertical.
c. **VRAI** : Il est long.
d. **VRAI** : Il est postérieur.
e. **VRAI** : Il est tendu du sacrum à la tubérosité ischiatique.

207. Concernant le pelvis, cocher la (les) proposition(s) correcte(s) :
a. **VRAI** : Deux muscles moteurs de la hanche tapissent la face interne du pelvis.
b. **FAUX** : Le muscle obturateur externe couvre le foramen obturé.
Explication : Le muscle obturateur interne couvre le foramen obturé.
c. **FAUX** : Le muscle obturateur interne passe par la grande incisure ischiatique.
Explication : Le muscle obturateur interne passe par la petite incisure ischiatique.

d. **VRAI** : Le muscle piriforme couvre la face antérieure du sacrum.
e. **VRAI** : Le muscle piriforme sort par la grande incisure ischiatique.

208. Concernant le périnée, cocher la (les) proposition(s) correcte(s) :
a. **FAUX** : Le périnée est le toit musculaire du pelvis.
Explication : Le périnée est le plancher musculaire du pelvis.
b. **FAUX** : Le périnée se divise en 2 niveaux.
Explication : Le périnée se divise en 3 niveaux.
c. **FAUX** : Le niveau profond du périnée contient les muscles annexés aux corps érectiles.
Explication : Le niveau profond du périnée contient le muscle élévateur de l'anus.
d. **VRAI** : Le niveau moyen du périnée contient les sphincters et stabilisateurs du périnée.
e. **VRAI** : Le niveau superficiel du périnée contient les muscles annexés aux corps érectiles.

209. Concernant le pelvis, cocher la (les) proposition(s) correcte(s) :
a. **FAUX** : Le muscle pubococcygien ferme le pelvis.
Explication : Le muscle pubococcygien limite le hiatus urogénital.
b. **VRAI** : Le muscle iliococcygien ferme le pelvis.
c. **FAUX** : La cavité pelvienne est majoritairement musculaire.
Explication : La cavité pelvienne est majoritairement viscérale.
d. **FAUX** : Le périnée est majoritairement viscéral.
Explication : Le périnée est majoritairement musculaire.
e. **FAUX** : Aucune réponse n'est exacte.
Explication : La réponse B est exacte.

210. Concernant le pelvis, cocher la (les) proposition(s) correcte(s) :
a. **FAUX** : Le compartiment pelvien antérieur est digestif.
Explication : Le compartiment pelvien antérieur est urinaire.
b. **VRAI** : Le compartiment pelvien moyen est génital.
c. **FAUX** : Le compartiment pelvien postérieur est urinaire.
Explication : Le compartiment pelvien postérieur est digestif.
d. **VRAI** : L'étage supérieur pelvien contient majoritairement des réservoirs.
e. **FAUX** : L'étage inférieur pelvien contient majoritairement des réservoirs.
Explication : L'étage inférieur pelvien contient majoritairement des conduits d'évacuation et leurs sphincters.

211. Concernant le pelvis mâle, cocher la (les) proposition(s) correcte(s) :
a. **FAUX** : Les voies séminales s'abouchent dans l'uretère.
Explication : Les voies séminales s'abouchent dans l'urètre prostatique.
b. **FAUX** : L'urètre est un conduit exclusivement urinaire.
Explication : L'urètre est un conduit urogénital.
c. **FAUX** : L'urètre est long de 2 cm.
Explication : L'urètre est long de 15 cm.
d. **FAUX** : Dans la prostate l'urètre draine uniquement les conduits éjaculateurs.
Explication : Dans la prostate l'urètre draine la vessie et les conduits éjaculateurs.
e. **VRAI** : Dans le périnée, l'urètre est un conduit mixte.

212. Concernant le pelvis féminin, cocher la (les) proposition(s) correcte(s) :

- **a. VRAI** : Les voies urinaires et génitales sont indépendantes.
- **b. FAUX** : L'urètre mesure 15 cm.
  Explication : L'urètre mesure 3 cm.
- **c. FAUX** : L'urètre est un conduit purement génital.
  Explication : L'urètre est un conduit purement génital.
- **d. FAUX** : L'anus s'ouvre à la vulve.
  Explication : Le vagin s'ouvre à la vulve.
- **e. FAUX** : Aucune réponse n'est exacte.
  Explication : La réponse A est exacte.

213. Concernant le pelvis urinaire, cocher la (les) proposition(s) correcte(s) :

- **a. FAUX** : La vessie se situe devant la symphyse pubienne.
  Explication : La vessie se situe derrière la symphyse pubienne.
- **b. FAUX** : La vessie reçoit les urètres gauche et droit.
  Explication : La vessie reçoit les uretères gauche et droit.
- **c. FAUX** : Le globe vésical est le conduit d'évacuation de la vessie.
  Explication : Le col de la vessie est le conduit d'évacuation de la vessie.
- **d. VRAI** : Les uretères sont dans l'espace entre la paroi pelvienne et les viscères pelviens.
- **e. VRAI** : L'urètre est entouré à sa partie moyenne d'un muscle qui constitue les sphincters de l'urètre.

214. Concernant le pelvis, cocher la (les) proposition(s) correcte(s) :

- **a. VRAI** : Le rectum est situé devant le sacrum.
- **b. VRAI** : Le rectum se continue à l'angle anorectal avec le canal anal.
- **c. FAUX** : Le rectum mesure 4 cm.
  Explication : Le rectum mesure 12 cm.
- **d. FAUX** : Le canal anal mesure 12 cm.
  Explication : Le canal anal mesure 4 cm.
- **e. VRAI** : Le canal anal est entouré d'un anneau musculaire formé de deux sphincters.

215. Concernant le pelvis, cocher la (les) proposition(s) correcte(s) :

- **a. VRAI** : Le rectum est séparé de la vessie par le cul-de-sac rectovésical du péritoine.
- **b. FAUX** : Le fascia de Denonvilliers sépare le rectum de la vessie.
  Explication : Le fascia de Denonvilliers sépare le rectum de la prostate.
- **c. VRAI** : Le rapport postérieur du rectum est le sacrum.
- **d. VRAI** : L'artère iliaque interne est une branche de division de l'artère iliaque commune.
- **e. FAUX** : Toutes les réponses sont exactes.
  Explication : La réponse B est fausse.

216. Quels sont les différents types de rameaux de l'artère iliaque interne, cocher la (les) proposition(s) correcte(s) :

- **a. VRAI** : Les rameaux pariétaux.
- **b. FAUX** : Les rameaux musculaires.
  Explication : Ceci n'est pas l'un des types de rameaux de l'artère iliaque interne.
- **c. FAUX** : Les rameaux externes.
  Explication : Ceci n'est pas l'un des types de rameaux de l'artère iliaque interne.

d. **VRAI** : Les rameaux viscéraux.
e. **VRAI** : Les rameaux terminaux.

217. Quels sont les rameaux pariétaux de l'artère iliaque interne, cocher la (les) proposition(s) correcte(s) :

a. **VRAI** : L'artère obturatrice.
b. **FAUX** : L'artère rectale moyenne.
Explication : L'artère rectale moyenne est un rameau viscéral.
c. **VRAI** : L'artère glutéale supérieure.
d. **FAUX** : L'artère pudendale.
Explication : L'artère pudendale est un rameau terminal.
e. **FAUX** : L'artère génitale accessoire.
Explication : L'artère génitale accessoire est un rameau viscéral.

218. Quels sont les différents rameaux viscéraux de l'artère iliaque interne, cocher la (les) proposition(s) correcte(s) :

a. **FAUX** : L'artère glutéale inférieure.
Explication : L'artère glutéale inférieure est un rameau terminal.
b. **VRAI** : L'artère vésicale.
c. **FAUX** : L'artère génitale principale (prostatique/vaginale).
Explication : L'artère génitale principale (vésiculodéférentielle/utérine).
d. **FAUX** : L'artère génitale accessoire (vésiculodéférentielle/utérine).
Explication : L'artère génitale accessoire (prostatique/vaginale).
e. **VRAI** : L'artère rectale moyenne.

219. Quels sont les rameaux terminaux de l'artère iliaque interne, cocher la (les) proposition(s) correcte(s) :

a. **FAUX** : L'artère génitale principale.
Explication : L'artère génitale principale est un rameau viscéral.
b. **FAUX** : L'artère génitale accessoire.
Explication : L'artère génitale accessoire est un rameau viscéral.
c. **VRAI** : L'artère pudendale.
d. **VRAI** : L'artère glutéale inférieure.
e. **FAUX** : L'artère vésicale.
Explication : L'artère vésicale est un rameau viscéral.

220. Quelssontlesdifférentslymphonœudsdupelvislymphatique, cocherla (les) proposition(s) correcte(s) :

a. **VRAI** : Le lymphonœud iliaque externe sous-veineux.
b. **FAUX** : Le lymphonœud acétabulaire.
Explication : Ceci n'est pas l'un des lymphonœuds du pelvis.
c. **FAUX** : Le lymphonœud prostatique.
Explication : Ceci n'est pas l'un des lymphonœuds du pelvis.
d. **VRAI** : Le lymphonœud iliaque interne.
e. **VRAI** : Le lymphonœudprésacré.

221. Quels sont les organes innervés par le plexus hypogastrique, cocher la (les) proposition(s) correcte(s):

- **a. VRAI**: La vessie et l'urètre.
- **b. VRAI**: Les voies génitales et les corps érectiles.
- **c. FAUX**: Le muscle pubococcygien.
  Explication: Le muscle pubococcygien a une innervation motrice.
- **d. FAUX**: Le muscle élévateur de l'anus.
  Explication: Le muscle élévateur de l'anus a une innervation motrice.
- **e. VRAI**: Le rectum et le canal anal.

222. Concernant le pelvis, cocher la (les) proposition(s) correcte(s):

- **a. FAUX**: Le nerf pudendal innerve les muscles lisses du périnée.
  Explication: Le nerf pudendal innerve les muscles striés du périnée.
- **b. FAUX**: Le nerf pudendal provient de la 4e racine lombaire avec des rameaux venant de L2 et L3.
  Explication: Le nerf pudendal provient de la 4e racine sacrée avec des rameaux venant de S2 et S3.
- **c. FAUX**: Le nerf pudendal passe derrière le ligament sacro-tubéral.
  Explication: Le nerf pudendal passe derrière le ligament sacro-épineux.
- **d. VRAI**: Le nerf pudendal rejoint le périnée sous le muscle élévateur de l'anus.
- **e. VRAI**: La vessie remonte dans l'abdomen quand elle se remplit.

223. Concernant le pelvis mâle, cocher la (les) proposition(s) correcte(s):

- **a. FAUX**: La vessie s'évacue par l'uretère.
  Explication: La vessie s'évacue par l'urètre.
- **b. VRAI**: La contraction vésicale est sous commande parasympathique.
- **c. FAUX**: La contraction du sphincter lisse urétral est sous commande sensitive.
  Explication: La contraction du sphincter lisse urétral est sous commande sympathique.
- **d. VRAI**: La contraction du sphincter strié urétral est sous commande somitique.
- **e. VRAI**: Le rectum se remplit de matières venant du colon sigmoïde.

224. Concernant le pelvis, cocher la (les) proposition(s) correcte(s):

- **a. FAUX**: Le rectum est évacué par l'urètre.
  Explication: Le rectum est évacué par le canal anal.
- **b. FAUX**: La contraction rectale est sous commande sympathique.
  Explication: La contraction rectale est sous commande para sympathique.
- **c. FAUX**: La contraction du sphincter lisse rectal est sous commande para sympathique.
  Explication: La contraction du sphincter lisse rectal est sous commande sympathique.
- **d. VRAI**: La contraction du sphincter strié rectal est sous commande somitique.
- **e. FAUX**: Aucune réponse n'est exacte.
  Explication: La réponse D est exacte.

225. Concernant le pelvis, cocher la (les) proposition(s) correcte(s):

- **a. VRAI**: Les conduits déférents, les vésicules séminales et la prostate se situent dans le pelvis.
- **b. VRAI**: L'éjaculation se fait d'abord dans l'urètre prostatique et ensuite vers l'extérieur.

c. **FAUX** : L'éjaculation est sous commande para sympathique.
Explication : L'éjaculation est sous commande sympathique.
d. **VRAI** : L'érection est provoquée par les corps érectiles.
e. **FAUX** : Toutes les réponses sont exactes.
Explication : La réponse C est fausse.

226. Concernant le pelvis, cocher la (les) proposition(s) correcte(s) :
a. **VRAI** : L'érection est sous commande para sympathique.
b. **VRAI** : Les corps érectiles sont vascularisés par l'artère caverneuse.
c. **VRAI** : L'artère caverneuse est un rameau de l'artère pudendale.
d. **FAUX** : Le retour veineux par la veine ventrale du pénis.
Explication : Le retour veineux par la veine dorsale du pénis.
e. **FAUX** : Toutes les réponses sont exactes.
Explication : La réponse D est fausse.

227. Concernant le pelvis, cocher la (les) proposition(s) correcte(s) :
a. **VRAI** : A 5 mois l'utérus est à 16 cm du pubis, il répond à l'ombilic.
b. **FAUX** : A terme l'utérus est à 50 cm du pubis, il est thoracique.
Explication : A terme l'utérus est à 32 cm du pubis, il est abdomino-thoracique.
c. **VRAI** : Le pelvis androïde possède un foramen obturé ovoïde.
d. **FAUX** : L'arche sous pubienne du pelvis androïde fait un angle de 120°.
Explication : L'arche sous pubienne du pelvis androïde fait un angle de 60°.
e. **FAUX** : Le pelvis gynoïde possède un foramen obturé ovoïde.
Explication : Le pelvis gynoïde possède un foramen obturé triangulaire.

228. Concernant le pelvis, cocher la (les) proposition(s) correcte(s) :
a. **VRAI** : L'arche sous pubienne du pelvis gynoïde possède un angle de 120°.
b. **VRAI** : L'innervation viscérale du pelvis se fait par le biais du plexus hypogastrique, qui comprend des nerfs appartenant au système nerveux végétatif.
c. **FAUX** : L'organe génital externe de la femme est le vagin.
Explication : L'organe génital externe de la femme est la vulve.
d. **VRAI** : Le ligament large relie l'ovaire à la paroi latérale de l'utérus.
e. **FAUX** : Toutes les réponses sont exactes.
Explication : La réponse C est fausse.

229. Concernant le pelvis, cocher la (les) proposition(s) correcte(s) :
a. **VRAI** : Le sacrum comporte des foramens sacrés antérieurs et postérieurs.
b. **VRAI** : Le détroit supérieur du bassin est limité par le bord supérieur de la première vertèbre sacrée et la face postérieure du pubis.
c. **FAUX** : Le pelvis mâle contient un réservoir et trois sphincters.
Explication : Le pelvis mâle contient deux réservoirs et deux sphincters.
d. **VRAI** : Le fascia de Denonvilliers est uniquement présent chez les hommes entre le rectum et les vésicules séminales.
e. **FAUX** : Aucune réponse n'est exacte.
Explication : La réponse C est fausse.

230. Concernant le pelvis, cocher la (les) proposition(s) correcte(s):

a. FAUX: Le pelvis est lieu de la digestion, l'abdomen le lieu de la miction.
Explication: Le pelvis est lieu de la miction, l'abdomen le lieu de la digestion.

b. VRAI: L'utérus est l'organe de la gestation.

c. FAUX: Les corps érectiles sont innervés par le nerf pudendal.
Explication: Les corps érectiles sont innervés par les nerfs caverneux.

d. FAUX: Le testicule et l'épendyme se situent dans le scrotum.
Explication: Le testicule et l'épididyme se situent dans le scrotum.

e. FAUX: Aucune réponse n'est exacte.
Explication: La réponse B est exacte.

231. Concernant le tronc, cocher la (les) proposition(s) correcte(s):

a. FAUX: La colonne vertébrale thoracique est composée de 7 vertèbres.
Explication: La colonne vertébrale thoracique est composée de 12 vertèbres

b. FAUX: La cage thoracique possède 10 côtes droites et gauches.
Explication: La cage thoracique possède 12 côtes droites et gauches.

c. VRAI: Le sternum fait partie du thorax.

d. VRAI: Le diaphragme est un muscle strié digastrique.

e. FAUX: La colonne vertébrale lombale est composée de 6 vertèbres.
Explication: La colonne vertébrale lombale est composée de 5 vertèbres.

232. Concernant le tronc, cocher la (les) proposition(s) correcte(s):

a. VRAI: Les muscles obliques et transverses sont des muscles latéraux de l'abdomen.

b. VRAI: Les muscles droits de l'abdomen sont ventraux.

c. VRAI: La colonne vertébrale est l'axe central du squelette.

d. FAUX: La colonne vertébrale est située au niveau de la partie médiane et ventrale du corps.
Explication: La colonne vertébrale est située au niveau de la partie médiane et dorsale du corps.

e. FAUX: La colonne vertébrale est formée par l'empilement d'éléments identiques, les côtes.
Explication: La colonne vertébrale est formée par l'empilement d'éléments identiques, les vertèbres.

233. Quelles sont les caractéristiques du corps vertébral, cocher la (les) proposition(s) correcte(s):

a. VRAI: Médian.

b. VRAI: Ventral.

c. VRAI: Massif.

d. VRAI: Elément clé de la statique vertébrale.

e. VRAI: Séparé des autres corps vertébraux par un disque intervertébral.

234. Concernant l'arc vertébral, cocher la (les) proposition(s) correcte(s):

a. VRAI: Les pédicules vertébraux sont antéro-postérieurs.

b. VRAI: Les pédicules vertébraux sont les ponts d'union avec le corps.

c. **FAUX** : Les lames vertébrales se dirigent en arrière et en dehors.
Explication : Les lames vertébrales se dirigent en arrière et en dedans.
d. **FAUX** : Les lames vertébrales sont distantes entre elles.
Explication : Les lames vertébrales se réunissent entre elles.
e. **VRAI** : L'arc vertébral est dorsal.

235. Concernant les processus vertébraux, cocher la (les) proposition(s) correcte(s) :
a. **VRAI** : Une vertèbre possède en total 7 processus.
b. **FAUX** : Les processus transverses sont médiaux.
Explication : Les processus transverses sont latéraux.
c. **FAUX** : Il existe un processus articulaire supérieur et un processus articulaire inférieur.
Explication : Il existe deux processus articulaires supérieurs et deux processus articulaires inférieurs.
d. **VRAI** : Les processus articulaires s'articulent entre eux formant la colonne des articulaires.
e. **VRAI** : Une vertèbre possède un seul processus épineux.

236. Quelles sont les caractéristiques du processus épineux, cocher la (les) proposition(s) correcte(s) :
a. **VRAI** : Impair.
b. **FAUX** : Latéral.
Explication : Médian.
c. **VRAI** : Dorsal.
d. **VRAI** : Palpable.
e. **FAUX** : Toutes les réponses sont exactes.
Explication : La réponse B est fausse.

237. Concernant le tronc, cocher la (les) proposition(s) correcte(s) :
a. **FAUX** : Le foramen vertébral est limité par la face ventrale du corps vertébral en arrière.
Explication : Le foramen vertébral est limité par la face dorsale du corps vertébral en avant.
b. **VRAI** : Le foramen vertébral est limité par l'arc vertébral en arrière.
c. **VRAI** : L'ensemble des foramens vertébraux forme le canal vertébral.
d. **VRAI** : La colonne vertébrale possède 7 vertèbres cervicales.
e. **FAUX** : L'homme possède une seule vertèbe sacrale.
Explication : L'homme possède 5 vertèbres sacrales.

238. Concernant les courbures vertébrales, cocher la (les) proposition(s) correcte(s) :
a. **FAUX** : La colonne vertébrale possède une cyphose cervicale.
Explication : La colonne vertébrale possède une lordose cervicale.
b. **FAUX** : La colonne vertébrale possède une lordose thoracique.
Explication : La colonne vertébrale possède une cyphose thoracique.
c. **FAUX** : La colonne vertébrale possède une cyphose lombaire.
Explication : La colonne vertébrale possède une lordose lombaire.

d. **FAUX** : Le sacrum possède une convexité vers l'avant.
Explication : Le sacrum possède une concavité vers l'avant.
e. **VRAI** : Aucune proposition n'est exacte.

239. Concernant le tronc, cocher la (les) proposition(s) correcte(s) :
a. **FAUX** : La ligne de gravité du corps passe par la face antérieure du corps des vertèbres cervicales et lombales et la face postérieure des vertèbres thoraciques.
Explication : La ligne de gravité du corps passe par la face postérieure du corps des vertèbres cervicales et lombales et la face antérieure des vertèbres thoraciques.
b. **VRAI** : Les 12 vertèbres thoraciques s'articulent avec les côtes.
c. **VRAI** : Les 12 vertèbres thoraciques constituent le squelette du thorax.
d. **VRAI** : Le corps vertébral des vertèbres thoraciques modales est un demi cylindre.
e. **VRAI** : Le corps vertébral des vertèbres thoraciques modales présente deux demi-facettes articulaires costales supérieures et inférieures situées sur la face latérale.

240. Concernant les vertèbres thoraciques, cocher la (les) proposition(s) correcte(s) :
a. **VRAI** : Le foramen vertébral des vertèbres thoraciques est cylindrique.
b. **VRAI** : Le pédicule des vertèbres thoraciques se dirige franchement en arrière.
c. **FAUX** : La lame des vertèbres thoraciques est plus haute que large.
Explication : La lame des vertèbres thoraciques est aussi haute que large.
d. **VRAI** : La facette articulaire supérieure des vertèbres thoraciques s'oriente franchement en arrière, à peine en haut et en dehors.
e. **FAUX** : Les processus articulaires des vertèbres thoraciques sont dirigés horizontalement.
Explication : Les processus articulaires des vertèbres thoraciques sont dirigés verticalement.

241. Concernant le tronc, cocher la (les) proposition(s) correcte(s) :
a. **VRAI** : Les insertions diaphragmatiques se font au même niveau que les insertions des digitations du muscle transverse de l'abdomen.
b. **FAUX** : La surface articulaire des processus articulaires lombaux est horizontale en segment de triangle.
Explication : La surface articulaire des processus articulaires lombaux est horizontale en segment de triangle.
c. **VRAI** : Le promontoire est la partie antérieure et supérieure de la partie antérieure et supérieure de la première vertèbre sacrale.
d. **FAUX** : La vertèbre lombale modale est caractérisée entre autres par un corps semi-cylindrique et des processus transverses costiformes.
Explication : La vertèbre lombale modale est caractérisée entre autres par un corps réniforme et des processus transverses costiformes.
e. **FAUX** : Les courbures de la colonne vertébrale sont la cyphose cervicale, la cyphose thoracique et la lordose lombaire.
Explication : Les courbures de la colonne vertébrale sont la lordose cervicale, la cyphose thoracique et la lordose lombaire.

242. Quels sont les phénomènes prenant place à l'expiration, cocher la (les) proposition(s) correcte(s) :

- **a.** **FAUX** : Les muscles larges se relâchent.
  Explication : Les muscles larges se contractent.
- **b.** **FAUX** : Le foie descend.
  Explication : Le foie monte.
- **c.** **FAUX** : Le diaphragme descend.
  Explication : Le diaphragme monte.
- **d.** **VRAI** : Le volume thoracique diminue.
- **e.** **FAUX** : Aucune des propositions n'est exacte.
  Explication : La proposition D est exacte.

243. Quels sont les phénomènes prenant place à l'inspiration, cocher la (les) proposition(s) correcte(s) :

- **a.** **FAUX** : Les poumons se vident de l'air.
  Explication : Les poumons se remplissent d'air.
- **b.** **FAUX** : Le volume thoracique diminue.
  Explication : Le volume thoracique augmente.
- **c.** **VRAI** : Le diaphragme descend.
- **d.** **VRAI** : Le foie descend.
- **e.** **FAUX** : Les muscles larges se contractent.
  Explication : Les muscles larges se relâchent.

244. Concernant le tronc, cocher la (les) proposition(s) correcte(s) :

- **a.** **VRAI** : L'arc vertébral est constitué des pédicules et des lames.
- **b.** **VRAI** : L'articulation costo-vertébrale est une articulation plane.
- **c.** **VRAI** : Le foramen intervertébral est situé entre deux pédicules vertébraux en haut et en bas, deux corps vertébraux et un disque intervertébral en avant, et deux processus articulaires en arrière.
- **d.** **FAUX** : Le sacrum s'articule uniquement aux vertèbres supérieures et inférieures.
  Explication : Les ailes du sacrum s'articulent avec les os coxaux par les surfaces auriculaires.
- **e.** **FAUX** : Le corps vertébral est un élément clef de la dynamique vertébrale.
  Explication : Le corps vertébral est un élément clef de la statique vertébrale.

245. Concernant le tronc, cocher la (les) proposition(s) correcte(s) :

- **a.** **FAUX** : La colonne cervicale est constituée de 5 vertèbres dont 4 sont modales.
  Explication : La colonne cervicale est constituée de 7 vertèbres dont 4 sont modales.
- **b.** **VRAI** : Le pédicule s'insère sur la face latérale du corps vertébral.
- **c.** **FAUX** : Le pédicule de la vertèbre lombale est fin et se dirige en arrière.
  Explication : Le pédicule de la vertèbre lombale est massif et se dirige en arrière.
- **d.** **FAUX** : L'arc vertébral délimite le foramen intervertébral
  Explication : L'arc vertébral délimite le foramen vertébral.
- **e.** **VRAI** : La lordose lombaire explique la topographie de l'abdomen, divisé en deux fosses lombaires latéralement et en arrière, avec la cavité péritonéale en avant.

246. Concernant le tronc, cocher la (les) proposition(s) correcte(s) :

a. **FAUX** : Pour une ponction lombaire, le trocart est introduit entre les processus articulaires.
Explication : Pour une ponction lombaire, le trocart est introduit entre les processus épineux.

b. **VRAI** : L'espace épidural contient des éléments fibreux et graisseux.

c. **VRAI** : Les pédicules antéropostérieurs sont un point d'union avec le corps vertébral.

d. **FAUX** : Le tubercule costal est en dessous du processus transverse de la vertèbre thoracique sur lequel il s'articule.
Explication : Le tubercule costal est au-dessus du processus transverse de la vertèbre thoracique sur lequel il s'articule.

e. **VRAI** : La fin du sternum se projette en T10.

247. Concernant l'appareil circulatoire, cocher la (les) proposition(s) correcte(s) :

a. **FAUX** : Les artères arrivent au cœur.
Explication : Les artères partent du cœur.

b. **FAUX** : Les veines partent du cœur.
Explication : Les veines arrivent au cœur.

c. **VRAI** : L'appareil circulatoire est un système tubulaire fermé composé de vaisseaux sanguins dans lequel le cœur agit comme pompe centrale.

d. **FAUX** : Le système lymphatique ne fait pas partie de l'appareil circulatoire.
Explication : Le système lymphatique fait partie de l'appareil circulatoire.

e. **FAUX** : Aucune réponse n'est exacte.
Explication : La réponse C est exacte.

248. Quelles sont les caractéristiques de la circulation pulmonaire, cocher la (les) proposition(s) correcte(s) :

a. **FAUX** : Sa fonction est l'oxygénation des tissus.
Explication : Sa fonction est l'hématose.

b. **VRAI** : L'atrium droit en fait partie.

c. **FAUX** : Le ventricule gauche en fait partie.
Explication : Le ventricule droit en fait partie.

d. **VRAI** : L'artère pulmonaire en fait partie.

e. **FAUX** : Les membranes entre organes et capillaires en font partie.
Explication : Les membranes entre alvéoles et capillaires en font partie.

249. Quelles sont les caractéristiques de la circulation systémique, cocher la (les) proposition(s) correcte(s) :

a. **FAUX** : Sa fonction est l'hématose.
Explication : Sa fonction est l'oxygénation des tissus.

b. **FAUX** : Le ventricule droit en fait partie.
Explication : Le ventricule gauche en fait partie.

c. **VRAI** : L'aorte en fait partie.

d. **VRAI** : Les veines caves en font partie.

e. **VRAI** : Elle fonctionne à une pression plus haute que la circulation pulmonaire.

250. Concernant l'appareil circulatoire, cocher la (les) proposition(s) correcte(s) :

a. **VRAI** : La valve tricuspide fait partie du cœur droit.

b. **VRAI** : La valve mitrale fait partie du cœur gauche.

c. **FAUX** : Les valves artérielles possèdent 2 valvules.
Explication : Les valves artérielles possèdent 3 valvules.

d. **FAUX** : La valve mitrale possède 3 valvules.
Explication : La valve mitrale possède 2 valvules.

e. **FAUX** : L'appareil sous-valvulaire est composé de cordages musculaires et de piliers tendineux.
Explication : L'appareil sous-valvulaire est composé de cordages tendineux et de piliers musculaires.

251. Concernant les artères coronaires, cocher la (les) proposition(s) correcte(s) :

a. **VRAI** : Elles irriguent le myocarde.

b. **FAUX** : Elles naissent de l'aorte descendante.
Explication : Elles naissent de l'aorte ascendante.

c. **FAUX** : Elles sont perfusées en systole.
Explication : Elles sont perfusées en diastole.

d. **FAUX** : Les sinus aortiques donnent 3 artères coronaires.
Explication : Les sinus aortiques donnent 2 artères coronaires.

e. **FAUX** : L'artère coronaire droite donne l'IVA et l'artère circonflexe.
Explication : L'artère coronaire gauche donne l'IVA et l'artère circonflexe.

252. Concernant l'appareil circulatoire, cocher la (les) proposition(s) correcte(s) :

a. **FAUX** : Le nœud sinusal a un rythme de 30 battements par minute.
Explication : Le nœud sinusal a un rythme de 70 battements par minute.

b. **VRAI** : Le nœudatrio-ventriculaire a un rythme de 50 battements par minute.

c. **VRAI** : Le réseau de Purkinja a un rythme de 30 battements par minute.

d. **VRAI** : La diastole est la phase de remplissage.

e. **VRAI** : B2 est le bruit de la fermeture des valves artérielles et de la perfusion des coronaires.

253. Concernant l'appareil circulatoire, cocher la (les) proposition(s) correcte(s) :

a. **FAUX** : La systole est la phase de remplissage.
Explication : La systole est la phase d'éjection.

b. **VRAI** : B1 est le bruit de la fermeture des valves atrio-ventriculaires.

c. **FAUX** : Les artères proches du cœur sont fibreuses.
Explication : Les artères proches du cœur sont élastiques.

d. **VRAI** : Les artères proches du cœur ont une pression élevée.

e. **FAUX** : Les artères proches du cœur ne possèdent pas de membrane limitante élastique interne.
Explication : Les artères proches du cœur possèdent une membrane limitante élastique interne développée.

254. Concernant l'appareil circulatoire, cocher la (les) proposition(s) correcte(s) :

a. **VRAI** : Les artères éloignées du cœur sont musculaires.

b. **FAUX** : Les artères éloignées du cœur ont une média possédant un grand nombre de fibres élastiques et un petit nombre de fibres musculaires.
Explication : Les artères éloignées du cœur ont une média possédant peu de fibres élastiques et un grand nombre de fibres musculaires.

c. **VRAI** : Il existe 3 troncs supra-aortiques.

d. **VRAI** : Le tronc brachio céphalique se divise en artère carotide commune droite et artère sub-clavière droite.

e. **VRAI** : L'artère carotide commune gauche et l'artère sub-clavière gauche naissent directement au niveau de la crosse de l'aorte.

255. Concernant les couches des artères, cocher la (les) proposition(s) correcte(s) :

a. **FAUX** : L'adventice est la couche la plus interne d'une artère.
Explication : L'adventice est la couche la plus externe d'une artère.

b. **FAUX** : L'intima est la couche la plus externe d'une artère.
Explication : L'intima est la couche la plus interne d'une artère.

c. **VRAI** : La média d'une artère se situe entre l'intima et l'adventice.

d. **FAUX** : La limitante élastique externe se situe entre la média et l'intima.
Explication : La limitante élastique externe se situe entre la média et l'adventice.

e. **FAUX** : La limitante élastique interne se situe entre la média et l'adventice.
Explication : La limitante élastique interne se situe entre la média et l'intima.

256. Concernant l'appareil circulatoire, cocher la (les) proposition(s) correcte(s) :

a. **VRAI** : La bifurcation aortique en artères iliaques se projette en L4.

b. **VRAI** : L'artère carotide commune vascularise la tête et le cou.

c. **VRAI** : L'artère sub-clavière vascularise le membre supérieur.

d. **FAUX** : La bifurcation carotidienne se projette en T4.
Explication : La bifurcation carotidienne se projette en C4.

e. **FAUX** : La bifurcation carotidienne se fait devant la thyroïde.
Explication : La bifurcation carotidienne se fait derrière l'os hyoïde.

257. Concernant l'appareil circulatoire, cocher la (les) proposition(s) correcte(s) :

a. **VRAI** : L'artère vertébrale naît de l'artère subclavière.

b. **VRAI** : L'artère vertébrale monte dans le cou par les trous vertébraux de C6 à C1.

c. **VRAI** : L'artère vertébrale passe par le foramen magnum.

d. **FAUX** : L'artère vertébrale rejoint l'artère vertébrale controlatérale pour donner l'artère basilique.
Explication : L'artère vertébrale rejoint l'artère vertébrale controlatérale pour donner l'artère basilaire.

e. **FAUX** : La vascularisation de l'encéphale est assurée par l'artère vertébrale et l'artère carotide externe.
Explication : La vascularisation de l'encéphale est assurée par l'artère vertébrale et l'artère carotide interne.

258. Concernant l'appareil circulatoire, cocher la (les) proposition(s) correcte(s) :

a. **FAUX** : L'artère iliaque interne vascularise le membre supérieur.
Explication : L'artère iliaque interne vascularise le bassin.

b. **VRAI** : L'artère iliaque externe vascularise le membre inférieur.

c. **FAUX** : L'artère fémorale est palpable à la fosse poplitée.
Explication : L'artère fémorale est palpable à la racine de la cuisse.

d. **VRAI** : La paroi des veines est constituée d'un endothélium et d'une couche mince de fibres musculaires lisses.

e. **VRAI** : Les veines profondes sont musculaires.

259. Concernant l'appareil circulatoire, cocher la (les) proposition(s) correcte(s) :

a. **FAUX** : La veine céphalique se jette dans la veine brachiale.
Explication : La veine céphalique se jette dans la veine axillaire.

b. **FAUX** : La veine basilique se jette dans la veine axillaire.
Explication : La veine basilique se jette dans la veine brachiale.

c. **VRAI** : Les valvules veineuses sont un mécanisme de lutte contre la pesanteur.

d. **FAUX** : Le « M veineux » se situe au niveau du poignet.
Explication : Le « M veineux » se situe au niveau du pli du coude.

e. **VRAI** : La pompe musculaire est un mécanisme de lutte contre la pesanteur.

260. Concernant l'appareil circulatoire, cocher la (les) proposition(s) correcte(s) :

a. **FAUX** : Le sang de la face, de la boîte crânienne et du cou se rassemble dans une grosse veine jugulaire externe.
Explication : Le sang de la face, de la boîte crânienne et du cou se rassemble dans une grosse veine jugulaire interne.

b. **VRAI** : La veine jugulaire interne forme avec la veine sub-clavière le confluent jugulo-subclavier.

c. **FAUX** : La veine petite saphène se termine dans le trigone fémoral.
Explication : La veine petite saphène se termine dans la veine poplitée au genou.

d. **VRAI** : La veine grande saphène se termine dans le trigone fémoral.

e. **FAUX** : Le système lymphatique est parallèle à la circulation artérielle.
Explication : Le système lymphatique est parallèle au retour veineux.

Initiation à la connaissance du médicament

1. Concernant l'opium, les opioïdes et les opiacés, cocher la (les) proposition(s) correcte(s) :

a. Les opioïdes agissent sur les récepteurs aux opiacés.
b. L'opium est une substance issue de l'hydratation du suc du pavot.
c. L'opium a été utilisé comme sédatif dans l'Égypte ancienne.
d. Les opioïdes sont des opiacés synthétiques ou endogènes.
e. La morphine est un opiacé.

2. Concernant la morphine, cocher la (les) proposition(s) correcte(s) :

a. Elle a été découverte par Wright.
b. La chimie de synthèse a permis la production de la morphine.
c. La morphine a été prescrite contre certaines maladies comme le diabète et l'alcoolisme.
d. Les gouttes calmantes sont à base de chlorhydrate de morphine.
e. C'est Stockmann qui souligne sa puissance analgésique.

3. Concernant la lutte contre la douleur, cocher la (les) proposition(s) correcte(s) :

a. L'analgésie n'est acceptée qu'à partir du XXe en obstétrique.
b. Galien confectionne la Thériaque impériale.
c. Magendie rédige un formulaire pour l'emploi et la préparation de médicament en 1821.
d. Descartes a fait une analyse de la « transmission douloureuse » et des membres fantômes.
e. Montaigne recherchait la douleur.

4. Concernant les récepteurs aux opioïdes, cocher la (les) proposition(s) correcte(s) :

a. Ce sont des récepteurs nucléaires.
b. Ils ont été découverts en 1975.
c. Ils en existent 3 types, les récepteurs μ,κ et δ.
d. Ils sont hautement homologues et de sélectivité similaire.
e. La met-enképhaline et leu-enképhaline sont des peptides opioïdes endogènes.

5. Concernant l'héroïne, cocher la (les) proposition(s) fausse(s) :

a. C'est une substance analgésique.
b. Elle a été obtenue par Wright par hémisynthèse en 1874.
c. Elle appartient à la catégorie des substances vénéneuses.
d. Elle est commercialisée dès la fin du XIXe siècle.
e. Elle peut être remplacée par la méthadone.

6. Parmi les substances suivantes, cocher celle (celles) qui appartient (appartiennent) aux antagonistes morphiniques :

a. Codéthyline
b. Héroïne
c. Pholcodine
d. Naloxone
e. Fentanyl

7. Concernant l'usage et la mentalité autour de l'opium et ses dérives, cocher la (les) proposition(s) correcte(s) :

- **a.** L'opium est beaucoup consommé lors de soirées de la bourgeoisie.
- **b.** La guerre de 1870-1871 a joué un rôle dans la toxicomanie à la morphine.
- **c.** La convention de La Haye contrôle la production du commerce et d'usage de la morphine.
- **d.** En France, l'emploi du carnet à souches pour la prescription de stupéfiants est obligatoire à partir de 1916.
- **e.** La méthadone joue un rôle central dans la toxicomanie en France.

8. Parmi les produits suivants, lequel (lesquels) est (sont) considéré(s) comme un (des) produit(s) de santé soumis au contrôle de l'ANSM ?

- **a.** Produits sanguins labiles
- **b.** Produits thérapeutiques annexes
- **c.** Produits phytopharmaceutiques
- **d.** Produits cosmétiques
- **e.** Produits de tatouage

9. Concernant la définition juridique du médicament, cocher la (les) proposition(s) correcte(s) ?

- **a.** La définition par présentation ne concerne que les médicaments qui ont un effet avéré.
- **b.** La définition par fonction doit tenir compte des modalités d'emploi du produit.
- **c.** La définition par présentation permet de lutter contre le charlatanisme.
- **d.** La définition par présentation est indépendante de toute idée de maladie.
- **e.** La définition par fonction repose notamment sur les propriétés pharmacologiques des différentes substances du produit.

10. Parmi les produits suivants, lequel (lesquels) est (sont) soumis à une procédure abrégée de l'AMM ?

- **a.** Les médicaments homéopathiques.
- **b.** Les médicaments dérivés du sang.
- **c.** Les médicaments génériques.
- **d.** Les médicaments orphelins.
- **e.** Les médicaments de thérapie innovante.

11. Concernant les préparations artisanales, cocher la (les) proposition(s) correcte(s) ?

- **a.** Les préparations officinales sont préparées en pharmacie.
- **b.** Les préparations magistrales sont dispensées selon une prescription médicale.
- **c.** Les préparations hospitalières sont destinées à un malade déterminé.
- **d.** Les préparations officinales sont inscrites à la pharmacopée.
- **e.** Les préparations hospitalières sont autorisées par l'Agence Régionale de Santé.

12. Concernant les médicaments de thérapie innovante, cocher la (les) proposition(s) fausse(s) ?

- **a.** Un médicament combinant thérapie génique et thérapie cellulaire est considéré comme un médicament de thérapie génique.
- **b.** Un médicament de thérapie cellulaire un acide nucléique recombinant.
- **c.** Les préparations de thérapie cellulaire sont juridiquement des médicaments.
- **d.** Les médicaments de thérapie innovante doivent avoir subi une manipulation substantielle de la molécule biologique pour être définis ainsi.
- **e.** Les préparations de thérapie cellulaire doivent faire l'objet d'une autorisation de l'ANSM.

13. Concernant les produits de santé, cocher la (les) proposition(s) correcte(s) ?

- **a.** Les dispositifs médicaux sont mis sur le marché selon une procédure de certification.
- **b.** Les dispositifs médicaux sont classés selon quatre classes : les classes I, II, III, IV
- **c.** Les produits cosmétiques sont soumis à une AMM.
- **d.** Les produits sanguins labiles sont au commerce.
- **e.** Les produits sanguins labiles sont prélevés et collectés par le Laboratoire français du fractionnement et des biotechnologies (LFB).

14. À propos des minéraux, cocher la (les) proposition(s) correcte(s) :

- **a.** Le talc est composé de silicate de potassium.
- **b.** Un déficit en calcium peut provoquer un rachitisme.
- **c.** Les diurétiques augmentent l'élimination urinaire de magnésium.
- **d.** Le sodium est un ion extracellulaire qui intervient dans les mouvements d'ions.
- **e.** Un excès de fluor peut causer une fluorose dentaire.

15. À propos des vitamines, cocher la (les) proposition(s) correcte(s) :

- **a.** Les vitamines K, B12, H sont synthétisées par l'organisme humain.
- **b.** La vitamine B1 joue un rôle dans le fonctionnement du système nerveux central.
- **c.** Isotrétinoïne est un dérivé de la vitamine A qui peut induire des troubles mentaux.
- **d.** Un manque de vitamine C peut provoquer le scorbut.
- **e.** Les rayons UV permettent la formation de vitamine D3 d'origine végétale.

16. Parmiles composés suivant, lequel ou lesquels sont des alcaloïdes ?

- **a.** Nicotine
- **b.** Quinine
- **c.** Digitaline
- **d.** Théophylline
- **e.** Digoxine

17. Parmi les propositions suivantes, laquelle (lesquelles) est (sont) correcte(s) ?

a. Les résines sont normalement dissoutes dans les essences.
b. Les tanins sont des composés terpéniques.
c. La ciclosporine est extraite d'un champignon.
d. La pénicilline est produite par des bactéries.
e. Les flavonoïdes sont parfois utilisés contre la fragilité capillaire.

18. Parmi les pathologies suivantes, laquelle ou lesquelles peuvent être prévenues par l'usage d'un vaccin issu d'agents vivants atténués :

a. Rougeole
b. Poliomyélite
c. Tétanos
d. Grippe
e. Tuberculose

19. Parmi les propositions suivantes, laquelle (lesquelles) est (sont) correcte(s) ?

a. L'héparine est un médicament contre l'hémophilie.
b. Les hormones de croissances sont recombinantes.
c. Les facteurs VIII ou IX ont des risques de transmission de la maladie Creutzfeldt-Jacob.
d. L'insuline est une protéine recombinante.
e. La protéine antithrombine est présente à l'état naturel dans le sang chez l'homme.

20. Parmi les propositions suivantes, laquelle (lesquelles) est (sont) fausses ?

a. Le contenu des gélules peut être granuleux.
b. Les gélules sont toujours fabriquées par les industriels.
c. L'enveloppe des gélules gastro-résistantes résiste aux sucs gastriques.
d. Les gélules à libération prolongée peuvent être dissoutes ;
e. L'enveloppe en gélatine est dure et mince.

21. Concernant les comprimés, cocher la (les) proposition(s) correcte(s) ?

a. Les comprimes sont la forme pharmaceutiques la plus répandue.
b. La fabrication des comprimés peut être industrielle et pharmaceutique.
c. Les comprimés sont destinés à être avalé, croqué ou dissout dans l'eau.
d. Les comprimés ne peuvent être pris par des enfants en dessous de l'âge de 10 ans.
e. Les comprimés solubles doivent être dissous dans l'eau.

22. Concernant les comprimés, cocher la (les) proposition(s) correcte(s) ?

a. Les comprimés orodispersibles se désagrègent de 30 mins à 60 mins selon l'épaisseur de l'enrobage.
b. Les comprimés effervescents libèrent du gaz carbonique.
c. Les comprimés sublinguaux sont destinés à être placés sur la langue.
d. L'aspirine effervescente est sans risque pour les insuffisants cardiaques.
e. Les comprimés sublinguaux subissent un métabolisme présystémique.

23. Parmi les propositions suivantes, laquelle (lesquelles) est (sont) correcte(s) ?

- **a.** La gomme doit être mâchée, gardée contre la muqueuse buccale puis peut être avalée.
- **b.** Un soluté buvable peut être sous forme d'unidose ou de multidose.
- **c.** Les gouttes buvables sont à distinguer du liquide oral que l'on n'avale pas.
- **d.** Il faut agiter la suspension avant emploi.
- **e.** Le mauvais goût d'un médicament est souvent associé à un facteur d'efficacité.

24. Concernant les dispositifs transdermiques, cocher la (les) proposition(s) correcte(s) ?

- **a.** Cette voie évite le passage gastro-intestinal et l'effet de premier passage hépatique.
- **b.** L'administration se fait à vitesse variable pendant plusieurs jours.
- **c.** Les patchs à la trinitrine sont contre l'angine de poitrine.
- **d.** Les patchs à la scopolamine sont destinés à être collé sur le bras.
- **e.** Ils possèdent un support externe imperméable.

25. Concernant les excipients, cocher la (les) proposition(s) correcte(s) ?

- **a.** Les excipients assurent la conservation du médicament.
- **b.** Les excipients ne modifient pas la biodisponibilité.
- **c.** L'amidon de blé peut provoquer des troubles digestifs.
- **d.** Lanoline peut provoquer de l'eczéma.
- **e.** L'éthanol n'a pas de contradiction particulière.

26. Concernant le développement préclinique, cocher la (les) proposition(s) correcte(s) ?

- **a.** Les voies d'administration sont identiques à celles prévues chez l'homme.
- **b.** Lors d'une étude préclinique d'une toxicité subaiguë, les doses sont répétées pendant 3 mois et plus.
- **c.** La dose létale 50 est évaluée lors d'une toxicité chronique.
- **d.** Une autopsie et un examen histologique est demandé lors d'une toxicité aiguë.
- **e.** La durée de suivi lors d'une étude préclinique de toxicité subaiguë est de 28 jours.

27. Parmi les propositions suivantes, laquelle (lesquelles) est (sont) correcte(s) ?

- **a.** Les études de reprotoxicité se font sur deux espèces animales.
- **b.** Il y a un examen des gonades uniquement dans les études de fertilité chez les mâles.
- **c.** Une atteinte chez la descendance est une tératogénicité.
- **d.** Une mutation est une modification permanente et transmissible de l'ADN.
- **e.** Le test d'Ames est un test de mutation sur bactérie.

28. Concernant la phase 1 du développement clinique, laquelle (lesquelles) des propositions est (sont) correcte(s) ?

- **a.** Elle se fait sur un petit nombre de malades.
- **b.** Elle correspond à l'administration d'une dose unique.
- **c.** Elle permet d'établir les paramètres pharmacocinétiques.
- **d.** Les voies d'administration sont diverses.
- **e.** Un des objectifs de la phase 1 est la tolérance.

29. Concernant la phase 2 du développement clinique, laquelle (lesquelles) ces propositions est (sont) correcte(s) ?

a. Le nombre de patients est restreint.
b. Le médicament expérimental peut être comparé à un placébo ou à un médicament de référence.
c. Elle permet d'établir la relation dose-effet.
d. Elle permet de définir les conditions optimales d'utilisation.
e. Lors de la phase 2 on compare plusieurs doses.

30. Concernant la phase 3 du développement clinique, laquelle (lesquelles) ces propositions est (sont) correcte(s) ?

a. La phase 3 se fait après l'obtention de l'AMM.
b. Un des objectifs de la phase 3 est l'efficacité.
c. L'effectif est représentatif des patients à traiter.
d. Le médicament est toujours comparé à un placebo.
e. Lors de la phase 3, l'essai est randomisé.

31. Concernant la phase 4 du développement clinique, laquelle (lesquelles) ces propositions est (sont) correcte(s) ?

a. La phase 4 est un enjeu industriel très important.
b. Les études de la phase 4 sont réalisées après la commercialisation.
c. Elle permet d'établir la pharmacovigilance.
d. Elle permet d'affiner la posologie.
e. Lors de la phase 4, il y a une évolution des effets indésirables rares.

32. Parmi les propositions suivantes, laquelle (lesquelles) est (sont) fausse(s) ?

a. Dans les établissements pharmaceutiques, la préparation du médicament répond à des normes garanties par un médecin responsable.
b. Dans une pharmacie le seuil maximal de préparation est de 500 unités par lot.
c. Lors de la dessiccation, la lyophilisation permet de préparer des formes très hydrophobes.
d. Le séchage peut se faire par l'air libre, par l'air chaud ou bien par nébulisation notamment.
e. La dessiccation chimique utilise des déshydratants type gel de silice.

33. Parmi les appareils suivants, lequel (lesquels) est (sont) utilisé(s) en milieu industriel lors de l'étape de broyage ?

a. Broyeur à écrasement.
b. Broyeur à hélice.
c. Broyeur à cisaillement.
d. Broyeur à air comprimé.
e. Broyeur par percussion.

34. Parmi les facteurs suivants, lequel (lesquels) est (ont) un rôle dans l'étape du mélange ?

a. Le volume de remplissage.
b. La vitesse.
c. La taille des particules.
d. La température.
e. L'ordre d'introduction.

35. Concernant la stérilisation, laquelle (lesquelles) de ces propositions est (sont) correcte(s) ?

a. Elle peut se faire par rayonnement gamma.
b. Elle peut se faire par chaleur humide.
c. Elle peut se faire par infrarouge.
d. Elle peut se faire par chaleur sèche.
e. Elle peut se faire par gaz.

36. Parmi les opérations suivantes lors de la fabrication des gélules, laquelle (lesquelles) est (sont) correcte(s) ?

a. Mélange.
b. Remplissage.
c. Compression.
d. Arasement.
e. Éjection.

37. Concernant la fabrication des comprimés, laquelle (lesquelles) des propositions est (sont) correcte(s) ?

a. Les désagrégeants peuvent être utilisés comme excipients.
b. Lors de la granulation par voie humide, il y a une étape de séchage et de tamisage.
c. Lors de la granulation par voie humide, il y a une introduction de lubrifiants.
d. Les machines à comprimer sont de types alternatives (rapides) ou rotatives (puissantes mais lentes).
e. L'enrobage du comprimé permet de protéger la substance active.

38. Concernant l'autorisation de mise sur le marché (AMM), laquelle (lesquelles) des propositions est (sont) correcte(s) ?

a. L'AMM est nécessaire pour la parapharmacie.
b. L'ANSM est la seule autorité compétente pouvant délivrer une AMM.
c. Les bases scientifiques de l'évaluation de l'AMM sont la qualité pharmaceutique, la sécurité, l'efficacité.
d. Les patients avec une pathologie cardiaque font partis des populations à risques.
e. Une étude de comparaison avec un placébo est une étude de supériorité.

39. Parmi les propositions suivants, laquelle (lesquelles) des propositions est (sont) correcte(s) ?

- **a.** Les nouvelles AMM nationales sont réservées à des produits du marché français.
- **b.** Lors de la réévaluation d'anciennes AMM nationales, il y a deux issues possibles.
- **c.** Lors d'une procédure centralisée, il y a un état rapporteur et un état co-rapporteur.
- **d.** Lors d'une procédure décentralisée, le produit n'existe dans aucun pays.
- **e.** Un arbitrage est possible pour la procédure de reconnaissance mutuelle.

40. Parmi les propositions suivantes, laquelle (lesquelles) des propositions est (sont) correcte(s) ?

- **a.** Les médicaments orphelins sont pour des pathologies affectant moins de 0,05 % de la population européenne.
- **b.** Une ATU de cohorte impose une autorisation d'importation.
- **c.** Les RTU permettent d'encadrer certaines prescriptions hors AMM.
- **d.** Les ATU sont des autorisations temporaires avec une durée maximale de 3 ans.
- **e.** Les médicaments orphelins ont une exclusivité commerciale en Europe de 5 ans.

41. Dans quel(s) intervalle(s) de bioéquivalence peut se situer un médicament générique à marge thérapeutique étroite ?

- **a.** 80 %-110 %
- **b.** 90 %-115 %
- **c.** 80 %-125 %
- **d.** 90 %-110 %
- **e.** 95 %-105 %

42. Parmi les différents ordres des procédures concernant un nouveau médicament, lequel (lesquelles) est (sont) correct(s) ?

- **a.** Essais cliniques puis brevet puis autorisation de mise sur le marché.
- **b.** Autorisation de mise sur le marché puis fixation du prix puis taux de remboursement.
- **c.** Brevet puis autorisation de mise sur le marché puis taux de remboursement.
- **d.** Autorisation de mise sur le marché puis brevet puis fixation du prix.
- **e.** Essais cliniques puis autorisation de mise sur le marché puis fixation du prix.

43. Parmi les critères suivants, lequel (lesquels) fait (font) parti(s) de l'évaluation du SMR ?

- **a.** Gravité de la maladie.
- **b.** Nature du traitement.
- **c.** La classe pharmaco-thérapeutique donnée.
- **d.** L'intérêt pour la santé publique.
- **e.** Le taux de remboursement.

44. Parmi les propositions suivantes, laquelle (lesquelles) est (sont) correcte(s) ?

- **a.** La fixation des prix des médicaments est faite par le CEPS qui s'aide du niveau du SMR.
- **b.** Un ASMR de niveau 1 entraîne d'office un prix plus bas que les comparateurs.
- **c.** L'ASMR correspond au progrès thérapeutique apporté par un médicament.
- **d.** Un médicament de nature diagnostique évite la maladie.
- **e.** Le SMR est évalué par la commission de Transparence.

45. Parmi les propositions suivantes, laquelle (lesquelles) est (sont) correcte(s) ?

- **a.** Un médicament ayant un SMR majeur ou important possède un remboursement de 100 %.
- **b.** Le SMR est donné pour 5 ans.
- **c.** Les médicaments dits irremplaçables et coûteux sont remboursés à 100 %.
- **d.** La gravité de la maladie, nécessaire à l'évaluation du SMR, prend en compte l'entraînement d'un handicap.
- **e.** La prise en charge à 100 % est systématique pour les médicaments du SIDA.

46. Quel est l'acteur ou quels sont les acteurs intervenant dans le dossier du SMR ?

- **a.** Le CEPS (comité économique des produits de santé).
- **b.** La Haute autorité de santé.
- **c.** Le ministre chargé de la sécurité sociale.
- **d.** Le ministre chargé de l'économie.
- **e.** Le CHMP (Comittee on Human Medicinal Products).

47. Concernant la consommation de médicaments en France, qui consomme le plus ?

- **a.** Les non-résidents
- **b.** Les personnes âgées
- **c.** Les patients atteints du cancer
- **d.** Les patients atteints du sida
- **e.** Les enfants

48. À propos du montant de la consommation des soins et biens médicaux en France en 2012, indiquer laquelle (lesquelles) de ces propositions est (sont) fausses ?

- **a.** Il dépasse 150 milliards d'euros par an.
- **b.** Il avoisine 170 millions d'euros par an.
- **c.** Il correspond à 2 600 euros/habitant.
- **d.** Il correspond à moins de 10 % du PIB.
- **e.** Il correspond à plus de 12 % du PIB.

49. Concernant la consommation en France de médicaments, laquelle (lesquelles) de ces propositions est (sont) correcte(s) ?

- **a.** La consommation de médicaments a été freinée en « volume » mais pas forcément en « prix ».
- **b.** Le marché des médicaments est en recul dans les hôpitaux.

c. La consommation de médicament est en diminution de 2,2 % par rapport à 2011.
d. Le recul du marché est dû en partie à une baisse des prix des médicaments.
e. Le recul du marché est dû en partie à un développement des génériques.

50. Parmi les propositions suivantes, laquelle (lesquelles) est (sont) correcte(s) ?

a. Les statines, dans les études réalisées en Europe en prévention primaire, montrent des résultats extrapolables en France.
b. Les statines peuvent entraîner un surcoût pour la collectivité.
c. La prescription des antihypertenseurs le soir permet de réduire au maximum le risque d'oubli de prise.
d. La proportion de malades traités convenablement en France pour l'hypertension artérielle est de plus de 30 %.
e. L'observance joue un rôle important dans les maladies comme le diabète et le sida.

51. Concernant les médicaments génériques, laquelle (lesquelles) de ces propositions est (sont) correcte(s) ?

a. Ils sont surveillés.
b. Ils sont plus chers que les médicaments princeps.
c. Ils poussent les firmes vers la recherche sur les médicaments orphelins.
d. Ils sont toujours aussi facilement acceptés par les patients.
e. Certains sont produits par la même firme que celle du produit original.

52. Concernant la médecine alternative, laquelle (lesquelles) des propositions est (sont) correcte(s) ?

a. Ce sont des pratiques plus courantes en Europe de l'est qu'en Europe du nord.
b. Ce sont des méthodes de traitement fondées sur une méthode expérimentale ou scientifique.
c. 45-75 % des Français utilisent les médecines douces, surtout les femmes.
d. Certaines médecines alternatives sont remboursées.
e. L'acupuncture soigne le terrain.

53. Concernant les effets indésirables médicamenteux, laquelle (lesquelles) des propositions est (sont) correcte(s) ?

a. 2 à 35 % des patients hospitalisés le sont pour des causes d'effets indésirables graves.
b. En moyenne 7 % des décès ont pour causes des événements indésirables graves.
c. Le risque de dépression par prise de Rimonabant est de 2,51 %.
d. Isoméride, Rimonabant, Aspirine ont des effets mortels, c'est pourquoi ils ont été retirés du marché.
e. En moyenne le coût des séquelles liées aux événements indésirables graves est d'environ 18 000 euros.

54. Concernant les différentes maladies, laquelle (lesquelles) des propositions est (sont) correcte(s) ?

a. L'insuffisance coronaire touche 3 millions de personnes en France.
b. L'insuffisance cardiaque touche 3 millions de personnes en France.
c. L'asthme touche 3 millions de personnes en France.
d. L'hypertension artérielle pulmonaire est une maladie rare.
e. L'insuffisance cardiaque touche 1 million de personne en France.

55. Concernant la trinitrine, laquelle (lesquelles) des propositions est (sont) fausse(s) ?

a. La trinitrine entraîne une augmentation du GMPc.
b. Il s'agit d'un ester nitrique obtenu à partir du propane-triol.
c. La trinitine est indiquée dans l'insuffisance coronaire.
d. La biodisponibilité de la trinitrine est plus importante par voie sublinguale que par voie orale.
e. La trinitrine a été découverte à partir de données empiriques.

56. Concernant de l'aspirine, laquelle (lesquelles) des propositions est (sont) correcte(s) ?

a. Elle possède un effet antalgique.
b. Elle est également appelée acide salicylique.
c. Ses effets sont dus à son effet inducteur des cyclo-oxygénases.
d. Elle empêche la formation de prostaglandine.
e. L'aspirine est le deuxième médicament le plus consommé dans le monde après le paracétamol.

57. Concernant les récepteurs bêta-adrénergiques, laquelle (lesquelles) des propositions est (sont) correcte(s) ?

a. Les récepteurs bêta-3, situés dans les adipocytes, activent la lipogenèse.
b. Le salbutamol est un bêta-2 agoniste agissant notamment sur l'utérus.
c. Les bêta-1 bloquants sont des antagonistes non compétitifs.
d. Le débit cardiaque est égal au produit de la fréquence cardiaque par le volume d'éjection systolique.
e. On a découvert ces molécules à partir de l'utilisation de modèles.

58. Concernant les inhibiteurs de l'enzyme de conversion à l'angiotensine I, laquelle (lesquelles) des propositions est (sont) correcte(s) ?

a. Leur chef de fil est le Captopril.
b. Ils empêchent la formation de l'angiotensine II.
c. Ce sont des vasodilatateurs artériels.
d. Ils sont indiqués dans l'hypertension artérielle et l'insuffisance cardiaque.
e. Leur découverte a eu lieu par modélisation moléculaire.

59. Concernant les diurétiques, laquelle (lesquelles) des propositions est (sont) correcte(s) ?

- **a.** Ils augmentent l'élimination de l'eau et du sodium par le rein.
- **b.** Les diurétiques de l'anse bloquent le co-transporteur Na_{+}/Cl-.
- **c.** Les diurétiques thiazidiques bloquent le co-transporteur Na+/K+/2 Cl-.
- **d.** Les Hydrochlorothiazides sont les diurétiques du tube contourné distal.
- **e.** Les furosémides sont les diurétiques de l'anse.

60. Concernant le bosentan, laquelle (lesquelles) des propositions est (sont) fausse(s) ?

- **a.** Les récepteurs de l'endothéline 1 sont localisés au niveau des cellules musculaires lisses vasculaires.
- **b.** Le bosentan est un antagoniste de l'enthéline.
- **c.** Les antagonistes de l'endothéline ont des propriétés hypoglycémiantes.
- **d.** Il possède des propriétés vasodilatatrices, mais aussi anti-inflammatoires et antiprolifératives.
- **e.** L'effet du bosantan est dû à son effet inhibiteur de la liaison de l'endothéline 1 à son récepteur.

61. Parmi les médicaments suivants, lequel (lesquelles) est (sont) utilisé(s) dans le traitement pour l'insuffisance cardiaque ?

- **a.** Bosentan
- **b.** Captopril
- **c.** Propanolol
- **d.** Salbutamol
- **e.** Trinitrine

62. Concernant les différentes cibles moléculaires, laquelle (lesquelles) des propositions est correcte(s) ?

- **a.** Les récepteurs représentent 50 % des cibles moléculaires des médicaments.
- **b.** Les canaux ioniques représentent 15 % des cibles moléculaires des médicaments.
- **c.** Les neurotransmetteurs sont sécrétés par les neurones et ont une durée d'action longue et à courte distance du lieu de sécrétion.
- **d.** Les autacoïdes comme la prostaglandine ont une durée d'action courte et à courte distance du lieu de sécrétion.
- **e.** L'adrénaline est sécrétée par des cellules endocrines dans le compartiment sanguin et a une durée d'action longue.

63. Parmi les molécules suivantes, laquelle (lesquelles) est (sont) un (des) neurotransmetteurs ?

- **a.** Noradrénaline
- **b.** Dopamine
- **c.** Adrénaline
- **d.** Prostaglandine
- **e.** Glutamate

64. Concernant les canaux ioniques, laquelle (lesquelles) des propositions est (sont) correcte(s) ?

- **a.** Ils sont présents dans la membrane de toutes les cellules.
- **b.** Ils interviennent dans la génération du potentiel d'action.
- **c.** La nifédipine est un bloqueur de canaux calciques.
- **d.** Le nicorandil ferme les canaux potassiques.
- **e.** Le nicorandil est un médicament anti-angoureux.

65. Concernant les enzymes, laquelle (lesquelles) des propositions est (sont) correcte(s) ?

- **a.** Un inhibiteur est une molécule totalement différente du substrat endogène.
- **b.** Les pro-drogues permettent d'inhiber les enzymes.
- **c.** Les pro-drogues sont des molécules directement actives.
- **d.** Les inhibiteurs sont des substrats endogènes.
- **e.** Les faux substrats se fixent à des enzymes et mènent à la formation de métabolites anormaux.

66. Concernant les transporteurs, laquelle (lesquelles) des propositions est (sont) correcte(s) ?

- **a.** Il y a une liaison de la molécule à la face externe de la membrane du transporteur.
- **b.** Ils peuvent activer une protéine G.
- **c.** Ils peuvent produire d'un second messager.
- **d.** Le transport d'une molécule peut entraîner un changement de conformation du transporteur.
- **e.** Certains antidépresseurs inhibent le transport de sérotonine.

67. Concernant les récepteurs couplés à une protéine G (RCPG), laquelle (lesquelles) des propositions est (sont) correcte(s) ?

- **a.** Ils sont la cible de 25 % des médicaments.
- **b.** La salbutamol est antagoniste des récepteurs bêta-2.
- **c.** L'acébutolol est un antagoniste des récepteurs bêta-1.
- **d.** Le recepteur GABA-B est un RCPG.
- **e.** La liaison d'un médiateur à son RCPG entraîne souvent la production d'un second messager.

68. Concernant les récepteurs canaux, laquelle (lesquelles) des propositions est (sont) correcte(s) ?

- **a.** Les substituts nicotiniques sont utilisés pour le sevrage tabagique.
- **b.** L'amantadine est un bloqueur du canal ionique utilisé dans le traitement de la maladie de parkinson.
- **c.** Le récepteur GABA-A est un RCPG.
- **d.** Un récepteur canal à perméabilité cationique entraîne une hyperpolarisation.
- **e.** Les benzodiazépines sont utilisées en traitement anxiolytique, sédatif, myorelaxant, anticonvulsivant.

69. Concernant les récepteurs nucléaires, laquelle (lesquelles) des propositions est (sont) correcte(s) ?

- **a.** Ils sont extracellulaires.
- **b.** Les ligands sont lipophiles.
- **c.** Les récepteurs à la vitamine D sont des récepteurs nucléaires contrairement à ceux des hormones thyroïdiennes.
- **d.** La progestérone est utilisée en traitement contre les contractions utérines.
- **e.** Les corticoïdes sont impliqués dans la gestation.

70. Concernant l'affinité d'une molécule pour son récepteur, laquelle (lesquelles) des propositions est (sont) correcte(s) ?

- **a.** Elle est évaluée par la constante de dissociation (K_D).
- **b.** Elle est évaluée par Emax.
- **c.** Elle peut être déterminée à partir de la courbe de liaison spécifique.
- **d.** Elle peut être mesurée in vivo.
- **e.** Elle peut être mesurée in vitro.

71. Concernant le sens de la CE50, laquelle (lesquelles) des propositions est (sont) correcte(s) ?

- **a.** La CE_{50} permet de mesurer la puissance d'un agoniste.
- **b.** La CE_{50} permet de mesurer la puissance de l'antagoniste.
- **c.** La CE_{50} permet de mesurer la marge thérapeutique d'un agoniste.
- **d.** La CE_{50} permet de mesurer l'efficacité d'un agoniste.
- **e.** La CE_{50} permet de mesurer l'efficacité d'un antagoniste.

72. Concernant un antagoniste non compétitif, laquelle (lesquelles) des propositions est (sont) correcte(s) ?

- **a.** Il se fixe sur un site différent de celui de l'agoniste.
- **b.** Il forme un complexe avec l'agoniste.
- **c.** Il ne modifie pas l'effet maximum de l'agoniste.
- **d.** Il diminue l'affinité de l'agoniste.
- **e.** Il se fixe sur le même site que celui de l'antagoniste compétitif.

73. Concernant l'EPO, laquelle (lesquelles) des propositions est (sont) correcte(s) ?

- **a.** C'est une hormone majoritairement produite par le foie.
- **b.** Son récepteur est membranaire.
- **c.** L'activation de son récepteur est suivie d'une modification de l'activité transcriptionelle.
- **d.** Son récepteur est localisé à la surface des globules rouges.
- **e.** Elle permet la différenciation des cellules souches hématopoïétiques en globules rouges.

74. Parmi les molécules suivantes, laquelle (lesquelles) possède(nt) des propriétés immunostimulantes ?

- **a.** La ciclosporine
- **b.** L'interleukine-2
- **c.** La calcineurine
- **d.** Interféron-alpha
- **e.** La flucytosine

75. Parmi les propositions suivantes, laquelle (lesquelles) est (sont) des cibles potentielles des antiviraux ?

- **a.** L'entrée du virus dans la cellule cible.
- **b.** La transcription de l'ADN en ARN.
- **c.** La synthèse des protéines virales.
- **d.** La réplication de l'ADN.
- **e.** La synthèse des acides nucléiques.

76. Parmi les antibiotiques suivant, lequel (lesquelles) altèrent l'enveloppe cellulaire bactérienne ?

- **a.** Les sulfamides
- **b.** Les polymyxines
- **c.** Les glycopeptides
- **d.** Les bêta-lactamines
- **e.** Les macrolides

77. Concernant la pharmacocinétique, laquelle (lesquelles) des propositions est (sont) correcte(s) ?

- **a.** C'est l'étude de l'effet du médicament sur l'organisme.
- **b.** C'est l'étude de l'effet de l'organisme sur le médicament.
- **c.** Elle est décrite par le calcul de paramètres pharmacocinétiques.
- **d.** Elle est utilisée en clinique pour adapter le traitement.
- **e.** Elle est décrite en 4 étapes : l'absorption, la distribution, le métabolisme et l'excrétion.

78. Concernant les mécanismes d'absorption, laquelle (lesquelles) des propositions est (sont) correcte(s) ?

- **a.** Le passage d'un médicament peut se faire par passage à travers des pores dans la membrane.
- **b.** Plus le médicament est hydrophile plus la diffusion est possible.
- **c.** La diffusion passive dépend du pka du médicament.
- **d.** Le transport actif s'effectue contre le gradient de concentration.
- **e.** La diffusion facilitée est spécifique et saturable.

79. Concernant les différentes voies d'administration, laquelle (lesquelles) des propositions est (sont) correcte(s) ?

- **a.** La voie conjonctivale est une voie dite topique.
- **b.** La voie sublinguale permet un effet de 1er passage.
- **c.** Il y a perte par dégradation dans la lumière intestinale lors de l'usage de médicament par voie orale.
- **d.** Les médicaments administrés par voie rectale possèdent une action locale et peuvent passer dans la circulation sanguine.
- **e.** La voie orale est la voie la plus courante.

80. Parmi les propositions suivantes, laquelle (lesquelles) est (sont) une (des) propriété(s) physico-chimique du principe actif qui influe(nt) sur l'absorption intestinale ?

- **a.** Le poids moléculaire.
- **b.** La forme galénique.
- **c.** L'hydrosolubilité.
- **d.** Le pka.
- **e.** La taille des particules.

81. Concernant l'effet de premier passage, laquelle (lesquelles) des propositions est (sont) correcte(s) ?

- **a.** Il concerne l'ensemble des médicaments administrés par voie orale.
- **b.** Il décrit les phénomènes subis par un médicament en son métabolite actif.
- **c.** Il conduit toujours à la transformation du médicament en son métabolite actif.
- **d.** Il correspond à un phénomène survenant après chaque prise de certains médicaments.
- **e.** Il peut limiter l'absorption orale digestive de certains médicaments.

82. Concernant la biodisponibilité d'un médicament, laquelle (lesquelles) des propositions est (sont) fausse(s) ?

- **a.** Elle caractérise l'étape de distribution.
- **b.** Elle peut être de 100 % pour des médicaments administrés par voie orale.
- **c.** Elle est toujours de 100 % en intraveineuse.
- **d.** Les paramètres de biodisponibilité sont Cmax, Tmax et AUC.
- **e.** La vitesse de passage joue un rôle dans la biodisponibilité.

83. Concernant la distribution du médicament, laquelle (lesquelles) des propositions est (sont) correcte(s) ?

- **a.** La distribution systémique représente le devenir du médicament dans le tissu.
- **b.** La forme liée du médicament distribué dans le sang est pharmacologiquement active et diffusible.
- **c.** Les formes liées distribuées dans les tissus sont actives.
- **d.** La distribution est un équilibre statique entre compartiments et formes.
- **e.** La distribution conditionne la durée et le délai d'action.

84. Concernant la liaison d'un médicament aux protéines plasmatiques, laquelle (lesquelles) des propositions est (sont) correcte(s) ?

- **a.** Elle dépend de la quantité de protéines disponibles.
- **b.** La présence d'autres substances peut conduire à une compétition pour le site de liaison.
- **c.** La quantité de médicament peut, quand elle est faible, conduire à augmenter la concentration de la forme libre.
- **d.** Elle favorise la filtration glomérulaire.
- **e.** Elle conditionne le délai d'action.

85. À propos du métabolisme, laquelle (lesquelles) de ces propositions est (sont) fausse(s) ?

- **a.** La transformation de la structure moléculaire du médicament se fait toujours dans l'intestin.
- **b.** Il existe généralement plusieurs voies métaboliques pour un principe actif.
- **c.** Les réactions de phase I sont des réactions de conjugaison.
- **d.** Une inhibition enzymatique se traduit par une diminution de l'activité enzymatique.
- **e.** Les macrolides sont des inhibiteurs enzymatiques.

86. Concernant l'excrétion rénale d'un médicament, indiquer laquelle (lesquelles) des propositions est (sont) correcte(s) ?

- **a.** Le médicament peut être filtré au niveau du tube distal.
- **b.** La sécretion tubulaire est un phénomène passif.
- **c.** La réabsorption tubulaire se fait par transport actif pour les molécules polaires et ionisées.
- **d.** La filtration glomérulaire est un phénomène passif.
- **e.** L'excrétion rénale est quantifiée par la clairance rénale.

87. Concernant l'utilisation des médicaments chez le sujet âgé, laquelle (lesquelles) des propositions est (sont) fausse(s) ?

- **a.** Le sujet âgé doit être considéré comme un insuffisant hépatique modéré.
- **b.** Le volume de distribution est diminué.
- **c.** La dose de médicament doit être diminuée chez le sujet âgé comme chez le nouveau-né.
- **d.** Les données pharmacologiques dans cette classe d'âge sont suffisantes pour la plupart des médicaments.
- **e.** Le sujet âgé présente des risques médicamenteux particuliers comme la polymédication.

88. Concernant l'insuffisance rénale, laquelle (lesquelles) des propositions est (sont) correcte(s) ?

- **a.** Elle s'accompagne d'une diminution de la sécrétion tubulaire.
- **b.** La demi-vie du principe actif est plus courte.
- **c.** Elle expose à des risques de surdosage.

d. Elle s'accompagne d'une élimination plus rapide du médicament.
e. Elle a pour conséquence une augmentation de la dose.

89. Concernant l'utilisation des médicaments chez la femme enceinte, laquelle (lesquelles) des propositions est (sont) correcte(s) ?

a. Le plus souvent le traitement est destiné au fœtus.
b. Il y a une augmentation de la volémie responsable d'une hémodilution.
c. Le métabolisme est augmenté.
d. L'absorption digestive est variable.
e. L'élimination rénale est diminuée.

90. Concernant les interactions médicamenteuse, laquelle (lesquelles) des propositions est (sont) correcte(s) ?

a. Elles peuvent intervenir à toutes les étapes de la pharmacocinétique.
b. Elles peuvent entraîner une accélération du métabolisme.
c. Elles peuvent entraîner une élimination plus lente lors d'une inhibition du métabolisme
d. Une inhibition de métabolisme est un phénomène d'installation lente et durable.
e. La cigarette et l'alcool entraîne une inhibition du métabolisme.

91. Parmi les médicaments suivants, lequel (lesquelles) est (sont) à l'origine d'une induction du métabolisme ?

a. Erythromycine
b. Rifampicine
c. Macrolides
d. Imidazoles
e. Phénobarbital

92. Concernant la pharmacogénétique, laquelle (lesquelles) des propositions est (sont) correcte(s) ?

a. Elle peut être inter-individuelle.
b. Elle peut être intra-individuelle.
c. Les métaboliseurs rapides sont exposés au risque de sous-dosage.
d. Le génotypage renseigne directement sur les causes de variabilité.
e. Les variabilités pharmacocinétique impliquent une adaptation de la posologie.

93. Concernant le volume de distribution des médicaments, laquelle (lesquelles) des propositions est (sont) correcte(s) ?

a. C'est un volume théorique qui ne peut dépasser le volume physiologique de l'organisme.
b. Il est d'autant plus petit que les molécules sont lipophiles.
c. Il est d'autant plus grand qu'il s'agit de macromolécules.
d. Les molécules basiques ont un fort volume de distribution.
e. Il s'exprime en milligramme par litre.

94. Parmi les paramètres pharmacocinétiques suivants, lequel (lesquels) intervient (interviennent) dans le calcul de la clairance ?

a. Le volume de distribution
b. L'aire sous la courbe
c. La demi-vie d'élimination
d. La dose
e. La constante de vitesse d'absorption

95. Concernant la clairance, laquelle (lesquelles) des propositions est (sont) correcte(s) ?

a. Elle est exprimée en litre par heure.
b. Elle est exprimée en gramme par litre.
c. Elle ne varie pas avec l'âge.
d. Elle peut être influencée par d'autres médicaments.
e. C'est un paramètre secondaire.

96. Concernant l'aire sous la courbe, laquelle (lesquelles) des propositions est (sont) correcte(s) ?

a. L'aire sous la courbe est un paramètre pharmacocinétique primaire.
b. Elle reflète la quantité de médicament présente dans le système biologique.
c. Elle s'exprime en litre.
d. Elle peut se calculer par des méthodes graphiques.
e. Elle peut se calculer à partir de la concentration à l'origine et de la constante de vitesse d'élimination.

97. Parmi les propositions suivantes, laquelle (lesquelles) est (sont) un paramètre secondaire ?

a. Le temps de demi-vie.
b. Le volume de distribution.
c. La clairance.
d. L'aire sous la courbe.
e. La hauteur de la courbe.

98. Concernant les médicaments sur liste II, laquelle (lesquelles) des propositions est (sont) correcte(s) ?

a. La prescription doit être écrite sur une ordonnance sécurisée.
b. La durée de prescription est limitée à 12 mois.
c. La prescription ne peut être renouvelée.
d. Les stupéfiants appartiennent à la liste II.
e. La quantité délivrée par le pharmacien est de 30 jours maximum.

99. Parmi les propositions suivantes, laquelle (lesquelles) est (sont) correcte(s) ?

a. Les pédicures-podologues ne peuvent pas prescrire de médicaments.
b. Les masseurs-kinésithérapeutes peuvent prescrire tous les dispositifs médicaux.

c. Les prescriptions des sages-femmes peuvent être prises en charge par l'assurance maladie.
d. Les chirurgiens-dentistes ne peuvent pas prescrire de stupéfiants.
e. Les vétérinaires peuvent prescrire un médicament autorisé pour l'usage humain s'il n'y a pas d'autres alternatives.

100. Concernant l'ordonnance, laquelle (lesquelles) des propositions est (sont) fausse(s) ?

a. L'ordonnance n'est destinée qu'au malade et au pharmacien.
b. L'ordonnance comporte toujours le nom du malade.
c. L'ordonnance doit être établie en double exemplaire.
d. Les règles de rédaction de l'ordonnance sont encadrées par le code de la santé publique et le code pénal.
e. L'ordonnance doit être rédigée après l'interrogatoire et l'examen clinique du malade

101. Parmi les informations suivantes, laquelle (lesquelles) doit (doivent) figurer sur l'ordonnance ?

a. La qualité du prescripteur.
b. Le numéro du patient.
c. Le nom du produit prescrit.
d. Le mode d'emploi des médicaments prescrits.
e. Le nom du pharmacien.

102. Concernant les différents types d'ordonnance, laquelle (lesquelles) des propositions est (sont) correcte(s) ?

a. L'ordonnance sécurisée n'est utilisable uniquement pour les stupéfiants.
b. L'ordonnance sécurisée est réimprimée en bleu.
c. Dans une ordonnance sécurisée, le nombre de médicaments prescrits est reporté en chiffre dans un carré bleu en bas à droite.
d. L'ordonnance bizone comporte trois parties.
e. Dans une ordonnance bizone, la partie haute est remboursée à 50 %.

103. Concernant les règles particulières de prescription, laquelle (lesquelles) des propositions est (sont) correcte(s) ?

a. Les médicaments à prescription initiale hospitalière peuvent être renouvelés que par un médecin de ville.
b. Les médicaments à prescription hospitalière peuvent être prescrits en ville.
c. L'ordonnance des stupéfiants ne sera pas exécutée dans sa totalité même si elle n'est pas présentée au pharmacien dans un délai de 3 jours suivant sa date d'établissement.
d. Les médicaments à prescription initiale hospitalière doivent être prescrits dans un établissement de santé.
e. Les médicaments classés en réserve hospitalière sont administrés uniquement au cours d'une hospitalisation.

104. Concernant la délivrance des médicaments par le pharmacien, laquelle (lesquelles) des propositions est (sont) correcte(s) ?

a. La contraception d'urgence peut être délivrée gratuitement à un mineur.
b. Lorsqu'un médicament est délivré en une seule fois en raison d'un départ à l'étranger, le pharmacien peut dispenser 12 mois traitement.
c. Le pharmacien peut toujours substituer un médicament princeps par un générique.
d. Les pharmaciens ne peuvent effectuer la première délivrance d'un médicament inscrit sur la liste I que sur présentation d'une ordonnance datant de moins de 3jours.
e. Le pharmacien ne peut jamais délivrer de médicament à partir d'une prescription dont la durée de validité est expirée.

105. Parmi ces propositions, laquelle (lesquelles) fait (font) partie(s) du dictionnaire VIDAL ?

a. Le surdosage
b. Les contre-indications
c. Le prix
d. Les indications
e. Les effets indésirables

106. À propos du rapport bénéfice risque, laquelle (lesquelles) des propositions est (sont) correcte(s) ?

a. Avant de prescrire, le médecin doit systématiquement évaluer le rapport bénéfice/risque en se basant sur le principe de non-malfaisance.
b. Le rapport bénéfice/risque peut être établi une fois le RCP et l'ASMR établis.
c. La prescription d'un médicament coûteux à un patient non couvert par l'assurance maladie marque une diminution du rapport bénéfice/risque.
d. Le bénéfice est souvent mieux évalué donc mieux connu que le risque.
e. C'est la décision thérapeutique personnalisée qui définit le rapport bénéfice/risque.

107. À propos du rôle du prescripteur, laquelle (lesquelles) des propositions est (sont) correcte(s) ?

a. Il doit éviter les pièges notamment ceux de la « règle des 4P » pour personne âgée, polythérapie, prescripteurs et prouvée.
b. Il doit prendre son temps pour expliquer au patient l'intérêt de son traitement afin d'améliorer l'observance.
c. En cas de polypathologies, le prescripteur doit hiérarchiser les priorités thérapeutiques.
d. Si le prescripteur a un doute sur un médicament, il peut se renseigner en consultant le VIDAL ou encore les fiches de transparence de la HAS.
e. Un médicament réserve à l'adulte peut être prescrit chez l'enfant en l'absence de médicament pédiatrique avec la même indication.

108. Quel est ou quels sont le ou les effet(s) spécifique(s) aux effets indésirables graves ?

- **a.** La mort
- **b.** Le prolongement d'une hospitalisation
- **c.** Une invalidité importante mais non permanente
- **d.** Une anomalie congénitale.
- **e.** Une douleur intense.

109. Parmi les éléments suivants, lequel ou lesquelles sont intentionnelle(s) ?

- **a.** Les effets indésirables
- **b.** L'erreur médicamenteuse.
- **c.** L'abus
- **d.** L'aléa thérapeutique
- **e.** Le mésusage.

110. Concernant les effets indésirables, laquelle (lesquelles) des propositions est (sont) correcte(s) ?

- **a.** Un effet indésirable survenant avec une fréquence de 0,05 % est très rare.
- **b.** Le risque hémorragique des antivitamines K est en rapport avec l'effet thérapeutique recherché.
- **c.** Un effet thérapeutique de type B est généralement connu avant la commercialisation.
- **d.** Le distilbène peut entraîner un effet retardé de type D.
- **e.** Les effets de type E sont liés à la dose.

111. Concernant les effets indésirables de type A, laquelle (lesquelles) est (sont) correcte(s) ?

- **a.** Ils sont en rapport avec une propriété pharmacodynamique connue du médicament.
- **b.** Ils sont non prédictibles.
- **c.** Ils sont plutôt fréquents.
- **d.** Ils peuvent être dus à des mécanismes immuno-allergiques.
- **e.** Ils peuvent être en rapport avec l'effet thérapeutique recherché.

112. Concernant les antivitamines K (AVK) ou les anti-inflammatoires non stréoïdiens (AINS), laquelle (lesquelles) des propositions est (sont) correcte(s) ?

- **a.** Les AINS diminuent le débit sanguin.
- **b.** Les AINS augmentent la production du mucus.
- **c.** Les AVK peuvent causer des hémorragies intracérébrales.
- **d.** Les AINS augmentent la sécrétion de H+
- **e.** Les AINS diminuent la filtration glomérulaire.

113. Parmi les produits suivants, lequel (lesquelles) est (sont) soumis au système de pharmacovigilance ?

- **a.** Les spécialités pharmaceutiques soumises à AMM.
- **b.** Les médicaments immunologiques.
- **c.** Les médicaments radiopharmaceutiques.

d. Les préparations magistrales.
e. Les médicaments dérivés du sang.

114. Concernant la pharmacovigilance, laquelle (lesquelles) des propositions est (sont) correcte(s) ?

a. Elle a pour objet de prévenir le risque d'effet indésirable résultant de l'utilisation des médicaments.
b. Elle comporte le signalement des effets indésirables suspectés d'être dus à un médicament.
c. Elle permet une prise en charge plus rationnelle des patients en cas d'effets indésirables.
d. Elle permet une diminution de la morbidité et de la mortalité.
e. Elle comporte la réalisation de toutes les études et de tous les travaux concernant la sécurité d'emploi des médicaments.

115. Parmi les propositions suivantes, laquelle (lesquelles) est (sont) des niveaux d'imputabilité correcte(s) ?

a. Possible
b. Douteux
c. Vraisemblable
d. Très vraisemblable
e. Probable

116. Parmi les propositions, laquelle (lesquelles) est (sont) une (des) raison(s) pour limiter les informations avant la commercialisation ?

a. Un trop petit nombre de sujets inclus dans les essais cliniques.
b. Une durée trop longue des essais cliniques.
c. Des critères d'inclusions dans les essais trop restrictifs.
d. Trop de médicaments associés.
e. Des modalités de prescription du médicament pas assez limitées.

117. Parmi les différents acteurs, lequel (lesquels) a (ont) l'obligation de déclaration immédiate ?

a. Médecin
b. Pharmacien
c. Chirurgiens-dentistes
d. Sages-femmes
e. Patient

118. Concernant les centres régionaux de pharmacovigilance (CRPV), laquelle (lesquelles) des propositions est (sont) fausse(s) ?

a. Ils recueillent les déclarations relatives aux EI.
b. Ils complètent et analysent ces données.
c. Ils réunissent et transmettent les données de l'HAS.

d. Ils contribuent au développement des connaissances sur le médicament.
e. Ils publient les données sur les EI.

119. Concernant le cas particulier des produits sanguins, laquelle (lesquelles) des propositions est (sont) correcte(s) ?

a. Les produits sanguins stables sont des médicaments.
b. Les produits sanguins labiles sont des médicaments.
c. Les produits sanguins stables nécessitent une traçabilité des lots.
d. En cas d'EI, la déclaration doit être effectuée dans les 3 jours qui suivent.
e. Les effets indésirables des produits sanguins stables résultent de la pharmacovigilance.

120. Concernant les différents usages du médicament, laquelle (lesquelles) des propositions est (sont) correcte(s) ?

a. Les médicaments antimalariques sont utilisés en usage préventif.
b. L'insuline utilisée dans le cas du diabète est un usage symptomatique.
c. Un traitement de remplacement des hormones est un usage substitutif.
d. Les soins palliatifs sont un usage symptomatique.
e. L'aspirine peut être utilisée en usage préventif, symptomatique et substitutif.

121. Concernant l'évaluation d'un médicament, laquelle (lesquelles) des propositions est (sont) correcte(s) ?

a. La biologique du médicament doit être prise en compte dans l'évaluation de la tolérance.
b. L'évaluation de l'efficacité permet parfois de révéler des effets positifs inattendus.
c. La tolérance est évaluée notamment sur la toxicité hépatique et rénale.
d. L'observance doit être évaluée avant de conclure à une inefficacité du traitement.
e. L'observance moyenne des médicaments en utilisation chronique est de 50 %.

122. Parmi les personnes suivantes, laquelle (lesquelles) des propositions est (sont) correcte(s) ?

a. Un médecin
b. Un aide-soignant
c. Une infirmière
d. Un patient
e. Un proche du patient

123. Indiquer lequel (lesquelles) de ces éléments participe(nt) au diagnostic d'un événement iatrogène ?

a. L'acceptabilité.
b. La gravité.
c. La variabilité.
d. L'évitabilité.
e. La fréquence.

124. Concernant l'erreur médicamenteuse, laquelle (lesquelles) des propositions est correcte(s) ?

a. Si elle est interceptée avant l'administration, l'erreur est dite latente.
b. L'erreur peut être avérée si elle résulte en l'administration au patient.
c. Elle peut être à l'origine d'un événement indésirable.
d. C'est la réalisation d'un acte intentionnel.
e. Elle est synonyme de surdosage.

125. Parmi les erreurs médicamenteuses suivantes, laquelle (lesquelles) des propositions est (sont) correcte(s) ?

a. Une erreur de dose.
b. Une erreur de moment d'administration.
c. Une erreur de prescription
d. Une erreur du patient
e. Une erreur de médicament.

126. Concernant l'observance, laquelle (lesquelles) des propositions est (sont) correcte(s) ?

a. En France 20 % des médicaments prescrits ne sont pas consommés.
b. Le coût de la non-observance en France est d'environ 2 millions d'euros par an.
c. Les dosages pourraient être contrôlés par des analyses de sang, des cheveux, des ongles.
d. Le contrôle de l'observance permet de vérifier les effets cliniques.
e. Elle peut se faire par un contrôle de la prise par une webcam par exemple.

127. Parmi les propositions suivantes, laquelle (lesquelles) est (sont) des actions de la HAS ?

a. Décider des médicaments qui doivent être utilisés à l'hôpital.
b. Évaluer les pratiques professionnelles.
c. Définir les indications des médicaments.
d. Contrôler les informations médicales disponibles sur internet.
e. Décider du taux de remboursement des médicaments.

128. Parmi ces propositions, laquelle (lesquelles) participe(nt) à la prévention primaire ?

a. La vaccination
b. L'éducation alimentaire chez les diabétiques.
c. La loi Evin
d. L'accompagnement en fin de vie.
e. Apprentissage de la prise de la glycémie.

129. Parmi ces propositions, laquelle (lesquelles) est (sont) des facteurs liés aux malades influençant l'observance ?

a. Le caractère du patient
b. Les modalités d'administration
c. La qualité de la relation médecin-patient

d. La durée du traitement
e. La complexité des prises

130. Parmi les propositions suivantes, laquelle (lesquelles) est (sont) des nouvelles technologies contribue(nt) à l'amélioration de l'observance ?

a. SMS de rappel.
b. Vidéos d'information sur internet.
c. Seriousgames de diagnostics.
d. Piluliers connectés.
e. Télé-assistance.

Corrigés

Initiation à la connaissance du médicament

1. Concernant l'opium, les opioïdes et les opiacés, cocher la (les) proposition(s) correcte(s) :
   a. **VRAI** : Les opioïdes agissent sur les récepteurs aux opiacés.
   b. **FAUX** : L'opium est une substance issue de l'hydratation du suc du pavot.
   Explication : l'opium est issu de la déshydratation du pavot
   c. **VRAI** : L'opium a été utilisé comme sédatif dans l'Égypte ancienne.
   d. **FAUX** : Les opioïdes sont des opiacés naturels.
   Explication : Ce sont les opiacés qui sont des opioïdes naturels.
   e. **VRAI** : La morphine est un opiacé.

2. Concernant la morphine, cocher la (les) propositions correcte(s) :
   a. **FAUX** : Elle a été découverte par Wright.
   Explication : elle a été découverte par Friedrich Sertürner
   b. **FAUX** : La chimie de synthèse a permis sa production.
   Explication : c'est la chimie extractive qui a permis la production de la morphine alors que la chimie de synthèse a permis la production des dérives de la morphine.
   c. **VRAI** : Elle a été prescrite contre certaines maladies comme le diabète et l'alcoolisme.
   d. **FAUX** : Les gouttes calmantes sont à base de chlorhydrate de morphine.
   Explication : les gouttes calmantes sont à base d'acétate de morphine.
   e. **FAUX** : C'est Stockmann qui souligne sa puissance analgésique.
   Explication : Stockmann a souligné la puissance analgésique de l'héroïne.

3. Concernant la lutte contre la douleur, cocher la (les) proposition(s) correcte(s) :
   a. **VRAI** : L'analgésie n'est acceptée qu'à partir du XXe siècle en obstétrique.
   b. **VRAI** : Galien confectionne la Thériaque impériale.
   c. **VRAI** : Magendie rédige un formulaire pour l'emploi et la préparation de médicament en 1821.
   d. **VRAI** : Descartes a fait une analyse de la « transmission douloureuse » et des membres fantômes.
   e. **FAUX** : Montaigne recherchait la douleur.
   Explication : Montaigne était en quête lucide et réfléchie d'un « mieux souffrir », c'est Pascal qui recherchait la douleur.

4. Concernant les récepteurs aux opioïdes, cocher la (les) proposition(s) correcte(s) :
   a. **FAUX** : Ce sont des récepteurs nucléaires.
   Explication : Ce sont des récepteurs transmembranaires
   b. **FAUX** : Ils ont été découverts en 1975.
   Explication : Ils ont été découverts en 1973, ce sont les peptides opioïdes endogènes qui ont été découverts en 1975 ;
   c. **VRAI** : Ils en existent 3 types, les récepteurs μ, κ et δ.
   d. **FAUX** : Ils sont hautement homologues et de sélectivité similaire.
   Explication : Ils sont bien hautement homologues mais ils sont de sélectivité différente. Cependant ils sont tous capables d'intéragir avec les différents morphinomimétiques et d'avoir un effet analgésique.
   e. **VRAI** : La met-enképhaline et leu-enképhaline sont des peptides opioïdes endogènes.

5. Concernant l'héroïne, cocher la (les) proposition(s) fausse(s) :

Attention dans cette question on demandait les réponses fausses.

a. **VRAI** : C'est une substance analgésique.

b. **VRAI** : Elle a été obtenue par Wright par hémisynthèse en 1874.

c. **FAUX** : Elle appartient à la catégorie des substances vénéneuses.
Explication : elle appartient à la catégorie des stupéfiants.

d. **VRAI** : Elle est commercialisée dès la fin du XIXe siècle.

e. **VRAI** : Elle peut être remplacée par la méthadone.

6. Parmi les substances suivantes, cocher celle (celles) qui appartient (appartiennent) aux antagonistes morphiniques :

a. **FAUX** : Codéthyline
Explication : c'est un morphinique de synthèse

b. **FAUX** : Héroïne
Explication : c'est un morphinique de synthèse

c. **FAUX** : Pholcodine
Explication : c'est un morphinique de synthèse

d. **VRAI** : Naloxone

e. **FAUX** : Fentanyl
Explication : c'est un morphinique de synthèse

7. Concernant l'usage et la mentalité autour de l'opium et ses dérives, cocher la (les) proposition(s) correcte(s) :

a. **VRAI** : L'opium est beaucoup consommé lors de soirées de la bourgeoisie.

b. **VRAI** : La guerre de 1870-1871 a joué un rôle dans la toxicomanie à la morphine.

c. **VRAI** : La convention de La Haye contrôle la production du commerce et d'usage de la morphine.

d. En France, l'emploi du carnet à souches pour la prescription de stupéfiants est obligatoire à partir de 1916.
Explication : Il est obligatoire à partir de 1948.

e. **FAUX** : La méthadone joue un rôle central dans la toxicomanie en France.
Explication : la méthadone joue un rôle central dans la toxicomanie mais aux États-Unis pas en France ou elle est interdite.

8. Parmi les produits suivants, lequel (lesquels) est (sont) considéré(s) comme un (des) produit(s) de santé soumis au contrôle de l'ANSM ?

a. **VRAI** : Produits sanguins labiles

b. **VRAI** : Produits thérapeutiques annexes

c. **FAUX** : Produits phytopharmaceutiques
Explication : les produits phytopharmaceutiques ne sont pas considérés comme des produits de santé.

d. **VRAI** : Produits cosmétiques

e. **VRAI** : Produits de tatouage

9. Concernant la définition juridique du médicament, cocher la (les) proposition(s) correcte(s) ?

- **a. FAUX** : La définition par présentation ne concerne que les médicaments qui ont un effet avéré.
  Explication : la définition par présentation concerne les produits qui ont un effet avéré et ceux qui ne seraient pas suffisamment efficaces ou qui n'auraient pas l'effet que les patients seraient en droit d'attendre au regard de leur présentation.
- **b. VRAI** : La définition par fonction doit tenir compte des modalités d'emploi du produit.
- **c. VRAI** : La définition par présentation permet de lutter contre le charlatanisme.
- **d. FAUX** : La définition par présentation est indépendante de toute idée de maladie.
  Explication : c'est la définition par fonction qui est indépendante de toute idée de maladie.
- **e. VRAI** : La définition par fonction repose notamment sur les propriétés pharmacologiques des différentes substances du produit

10. Parmi les produits suivants, lequel (lesquels) est (sont) soumis à une procédure abrégée de l'AMM ?

- **a. VRAI** : Les médicaments homéopathiques.
- **b. FAUX** : Les médicaments dérivés du sang.
  Explication : les médicaments dérivés du sang sont soumis à l'AMM.
- **c. VRAI** : Les médicaments génériques.
- **d. FAUX** : Les médicaments orphelins
  Explication : les médicaments orphelins sont soumis à une procédure centralisée de l'AMM.
- **e. FAUX** : Les médicaments de thérapie innovante
  Explication : les médicaments de thérapie innovante sont soumis à une procédure centralisée de l'AMM.

11. Concernant les préparations artisanales, cocher la (les) proposition(s) correcte(s) ?

- **a. VRAI** : Les préparations officinales sont préparées en pharmacie.
- **b. VRAI** : Les préparations magistrales sont dispensées selon une prescription médicale.
- **c. FAUX** : Les préparations hospitalières sont destinées à un malade déterminé.
  Explication : les préparations hospitalières sont destinées à un ou plusieurs patients ce sont les préparations magistrales qui sont destinées à un malade.
- **d. VRAI** : Les préparations officinales sont inscrites à la pharmacopée.
- **e. FAUX** : Les préparations hospitalières sont autorisées par l'Agence Régionale de Santé.
  Explication : les préparation hospitalières sont autorisées par l'ANSM ce sont les préparations magistrales qui sont autorisées par l'agence régionale de santé.

12. Concernant les médicaments de thérapie innovante, cocher la (les) proposition(s) fausse(s) ? *Attention ici dans cette question on demandait les réponses fausses.*

- **a. VRAI** : Un médicament combinant thérapie génique et thérapie cellulaire est considéré comme un médicament de thérapie génique.
- **b. FAUX** : Un médicament de thérapie cellulaire contient ou constitue un acide nucléique recombinant.
  Explication : ce sont les médicaments de thérapie cellulaire qui contiennent ou constitue un acide nucléique recombinant.

c. **FAUX** : Les préparations de thérapie cellulaire sont juridiquement des médicaments.
Explication : les préparations de thérapie cellulaire ne sont juridiquement pas des médicaments.
d. **VRAI** : Les médicaments de thérapie innovante doivent avoir subi une manipulation substantielle de la molécule biologique pour être définis ainsi.
e. **VRAI** : Les préparations de thérapie cellulaire doivent faire l'objet d'une autorisation de l'ANSM.

13. Concernant les produits de santé, cocher la (les) proposition(s) correcte(s) ?
a. **VRAI** : Les dispositifs médicaux sont mis sur le marché selon une procédure de certification.
b. **FAUX** : Les dispositifs médicaux sont classés selon quatre classes : les classes I, II, III, IV
Explication : les classes sont I, IIa, IIb, III
c. **FAUX** : Les produits cosmétiques sont soumis à une AMM.
Explication : les produits cosmétiques sont hors AMM.
d. **VRAI** : Les produits sanguins labiles sont au hors commerce.
e. **FAUX** : Les produits sanguins labiles sont prélevés et collectés par le Laboratoire français du fractionnement et des biotechnologies (LFB).
Explication : les produits sanguins labiles sont prélevés et collectés par l'établissement français du sang (EFS).

14. À propos des minéraux, cocher la (les) proposition(s) correcte(s) :
a. **FAUX** : Le talc est composé de silicate de potassium.
Explication : le talc est un composé de silicate de sodium.
b. **VRAI** : Un déficit en calcium peut provoquer un rachitisme.
c. **FAUX** : Les diurétiques augmentent l'élimination urinaire de magnésium.
Explication : les diurétiques augmentent l'élimination urinaire de sodium.
d. **VRAI** : Le sodium est un ion extracellulaire qui intervient dans les mouvements d'ions.
e. **VRAI** : Un excès de fluor peut causer une fluorose dentaire.

15. À propos des vitamines, cocher la (les) proposition(s) correcte(s) :
a. **FAUX** : Les vitamines K, B12, H sont synthétisées par l'organisme humain.
Explication : les vitamines K, B12, H sont synthétisées par les bactéries intestinales et non l'organisme humain.
b. **VRAI** : La vitamine B1 joue un rôle dans le fonctionnement du système nerveux central.
c. **VRAI** : Isotrétinoïne est un dérivé de la vitamine A qui peut induire des troubles mentaux.
d. **VRAI** : Un manque de vitamine C peut provoquer le scorbut.
e. **FAUX** : Les rayons UV permettent la formation de vitamine D3 d'origine végétale.
Explication : les rayons UV permettent la formation de vitamine D3 d'origine animale.

16. Parmi les composés suivant, lequel ou lesquels sont des alcaloïdes ?
a. **VRAI** : Nicotine
b. **VRAI** : Quinine
c. **FAUX** : Digitaline
Explication : c'est un hétéroside

d. **VRAI** : Théophylline
e. **FAUX** : Digoxine
Explication : c'est un hétéroside

17. Parmi les propositions suivantes, laquelle (lesquelles) est (sont) correcte(s) ?
a. **VRAI** : Les résines sont normalement dissoutes dans les essences.
b. **FAUX** : Les tanins sont des composés terpéniques.
Explication : les tanins sont des composés phénoliques.
c. **VRAI** : La ciclosporine est extraite d'un champignon.
d. **FAUX** : La pénicilline est produite par des bactéries.
Explication : la péniciline est produite par de la moisissure.
e. **VRAI** : Les flavonoïdes sont parfois utilisés contre la fragilité capillaire.

18. Parmi les pathologies suivantes, laquelle ou lesquelles peuvent être prévenues par l'usage d'un vaccin issu d'agents vivants atténués :
a. **VRAI** : Rougeole
b. **FAUX** : Poliomyélite
Explication : c'est par l'usage d'un vaccin issu d'agents infectieux inactivés.
c. **FAUX** : Tétanos
Explication : c'est par l'usage d'un vaccin constitué d'anatoxines.
d. **FAUX** : Grippe
Explication : c'est par l'usage d'un vaccin constitué de sous unités d'agents infectieux.
e. **VRAI** : Tuberculose

19. Parmi les propositions suivantes, laquelle (lesquelles) est (sont) correcte(s) ?
a. **FAUX** : L'héparine est un médicament contre l'hémophilie.
Explication : l'héparine est un médicament anticoagulant au contraire.
b. **VRAI** : Les hormones de croissances sont recombinantes.
c. **FAUX** : Les facteurs VIII ou IX ont des risques de transmission de la maladie Creutzfeldt-Jacob.
Explication : ce sont les hormones de croissantes qui ont des risques de transmission de la maladie de Creutzfeldt-Jakob.
d. **VRAI** : L'insuline est une protéine recombinante.
e. **VRAI** : La prothéine antithrombine est présente à l'état naturel dans le sang chez l'homme.

20. Parmi les propositions suivantes, laquelle (lesquelles) est (sont) fausses ?
Attention dans cette question on demandait les réponses fausses.
a. **VRAI** : Le contenu des gélules peut être granuleux.
b. **FAUX** : Les gélules sont toujours fabriquées par les industriels.
Explication : elles peuvent être fabriquées par les pharmaciens.
c. **VRAI** : L'enveloppe des gélules gastro-résistantes résiste aux sucs gastriques.
d. **FAUX** : Les gélules à libération prolongée peuvent être dissoutes.
Explication : les gélules à libération prolongée ne peuvent être dissoutes ou écrasées.
e. **VRAI** : L'enveloppe en gélatine est dure et mince.

21. Concernant les comprimés, cocher la (les) proposition(s) correcte(s) ?

a. VRAI : Les comprimes sont la forme pharmaceutiques la plus répandue.

b. FAUX : La fabrication des comprimés peut être industrielle et pharmaceutique.
Explication : la fabrication des comprimés est uniquement industrielle.

c. VRAI : Les comprimés sont destinés à être avalé, croqué ou dissout dans l'eau.

d. FAUX : Les comprimés ne peuvent être pris par des enfants en dessous de l'âge de 10 ans.
Explication : les comprimés ne peuvent être pris par des enfants en dessous de l'âge de 6ans.

e. VRAI : Les comprimés solubles doivent être dissous dans l'eau.

22. Concernant les comprimés, cocher la (les) proposition(s) correcte(s) ?

a. FAUX : Les comprimés orodispersibles se désagrègent de 30 mins à 60 mins selon l'épaisseur de l'enrobage.
Explication : ce sont les comprimés enrobés quise désagrègent de 30 mins à 60 mins selon l'épaisseur de l'enrobage.

b. VRAI : Les comprimés effervescents libèrent du gaz carbonique.

c. FAUX : Les comprimés sublinguaux sont destinés à être placés sur la langue.
Explication : les comprimes sublinguaux sont destinés à être placés sous la langue.

d. FAUX : L'aspirine effervescente est sans risque pour les insuffisants carciaques.
Explication : l'aspirine effervescente présente un risque pour les insuffisants cardiaques car elle apporte beaucoup d'ions de sodium.

e. FAUX : Les comprimés sublinguaux subissent un métabolisme présystémique.
Explication : les comprimés sublinguaux ne subissent pas de métabolisme présystémique dans le tractus gastro-intestinal ou le foie.

23. Parmi les propositions suivantes, laquelle (lesquelles) est (sont) fausse(s) ?
Attention dans cette question on demandait les réponses fausses.

a. FAUX : La gomme doit être mâchée, gardée contre la muqueuse buccale puis peut être avalée.
Explication : la gomme ne peut pas être avalée.

b. VRAI : Un soluté buvable peut être sous forme d'unidose ou de multidose.

c. VRAI : Les gouttes buvables sont à distinguer du liquide oral que l'on n'avale pas.

d. VRAI : Il faut agiter la suspension avant emploi.

e. VRAI : Le mauvais goût d'un médicament est souvent associé à un facteur d'efficacité.

24. Concernant les dispositifs transdermiques, cocher la (les) proposition(s) correcte(s) ?

a. VRAI : Cette voie évite le passage gastro-intestinal et l'effet de premier passage hépatique.

b. FAUX : L'administration se fait à vitesse variable pendant plusieurs jours.
Explication : l'administration se fait à vitesse constante.

c. VRAI : Les patchs à la trinitrine sont contre l'angine de poitrine.

d. FAUX : Les patchs à la scopolamine sont destinés à être collé sur le bras.
Explication : ils sont destinés à être collé derrière l'oreille.

e. VRAI : Ils possèdent un support externe imperméable.

25. Concernant les excipients, cocher la (les) proposition(s) correcte(s) ?

a. VRAI : Les excipients assurent la conservation du médicament.

b. FAUX : Les excipients ne modifient pas la biodisponibilité.
Explication : les excipients modifient la biodisponibilité, ils ont un rôle important dans la vitesse de mise à disposition du principe actif dans l'organisme.

c. FAUX : L'amidon de blé peut provoquer des troubles digestifs.
Explication : c'est le lactose qui peut provoquer des troubles digestifs.

d. VRAI : Lanoline peut provoquer de l'eczéma.

e. FAUX : L'éthanol n'a pas de contradiction particulière.
Explication : l'éthanol est contre-indiqué chez les femmes enceintes et les enfants de moins de 12 ans, les personnes alcooliques ou épileptiques, les personnes atteintes de maladies du foie

26. Concernant le développement préclinique, cocher la (les) proposition(s) correcte(s) ?

a. VRAI : Les voies d'administration sont identiques à celles prévues chez l'homme.

b. FAUX : Lors d'une étude préclinique d'une toxicité subaiguë, les doses sont répétées pendant 3 mois et plus.
Explication : Lors d'une étude préclinique d'une toxicité subaiguë, les doses sont répétées pendant 28 jours.

c. FAUX : La dose létale 50 est évaluée lors d'une toxicité chronique.
Explication : la dose létale 50 est évaluée lors d'une toxicité aiguë.

d. VRAI : Une autopsie et un examen histologique est demandé lors d'une toxicité aiguë.

e. VRAI : La durée de suivi lors d'une étude préclinique de toxicité subaiguë est de 28 jours.

27. Parmi les propositions suivantes, laquelle (lesquelles) est (sont) correcte(s) ?

a. VRAI : Les études de reprotoxicité se font sur deux espèces animales.

b. FAUX : Il y a un examen des gonades uniquement dans les études de fertilité chez les mâles.
Explication : il y a aussi un examen des gonades chez les femelles.

c. VRAI : Une atteinte chez la descendance est une tératogénicité.

d. VRAI : Une mutation est une modification permanente et transmissible de l'ADN.

e. VRAI : Le test d'Ames est un test de mutation sur bactérie.

28. Concernant la phase 1 du développement clinique, laquelle (lesquelles) des propositions est (sont) correcte(s) ?

a. FAUX : Elle se fait sur un petit nombre de malades.
Explication : elle se fait sur un petit nombre de volontaires sains.

b. VRAI : Elle correspond à l'administration d'une dose unique.

c. FAUX : Elle permet d'établir les paramètres pharmacocinétiques.
Explication : c'est la phase 2 qui permet d'établir les paramètres pharmacocinétiques.

d. VRAI : Les voies d'administration sont diverses.

e. VRAI : Un des objectifs de la phase 1 est la tolérance.

29. Concernant la phase 2 du développement clinique, laquelle (lesquelles) des propositions est (sont) correcte(s) ?

a. **VRAI** : Le nombre de patients est restreint.

b. **VRAI** : Le médicament expérimental peut être comparé à un placébo ou a un médicament de référence.

c. **VRAI** : Elle permet d'établir la relation dose-effet.

d. **VRAI** : Elle permet de définir les conditions optimales d'utilisation.

e. **VRAI** : Lors de la phase 2 on compare plusieurs doses.

30. Concernant la phase 3 du développement clinique, laquelle (lesquelles) des propositions est (sont) correcte(s) ?

a. **FAUX** : La phase 3 se fait après l'obtention de l'AMM.
Explication : la phase 3 se fait avant l'obtention de l'AMM.

b. **VRAI** : Un des objectifs de la phase 3 est l'efficacité.

c. **VRAI** : L'effectif est représentatif des patients à traiter.

d. **FAUX** : Le médicament est toujours comparé à un placebo.
Explication : le médicament peut aussi être comparé à un traitement de référence.

e. **VRAI** : Lors de la phase 3, l'essai est randomisé.

31. Concernant la phase 4 du développement clinique, laquelle (lesquelles) des propositions est (sont) correcte(s) ?

a. **FAUX** : La phase 4 est un enjeu industriel très important.
Explication : c'est la phase 3 qui est un enjeu industriel très important.

b. **VRAI** : Les études de la phase 4 sont réalisées après la commercialisation.

c. **VRAI** : Elle permet d'établir la pharmacovigilance.

d. **VRAI** : Elle permet d'affiner la posologie.

e. **VRAI** : Lors de la phase 4, il y a une évaluation des effets indésirables rares.

32. Parmi les propositions suivantes, laquelle (lesquelles) est (sont) fausse(s) ?
Attention dans cette question on demandait les réponses fausses.

a. **FAUX** : Dans les établissements pharmaceutiques, la préparation du médicament répond à des normes garanties par un médecin responsable.
Explication : Dans les établissements pharmaceutiques, la préparation du médicament répond à des normes garanties par un pharmacien responsable.

b. **FAUX** : Dans une pharmacie le seuil maximal de préparation est de 500 unités par lot.
Explication : le seul maximal de préparation est de 300 unités par lot.

c. **FAUX** : Lors de la dessiccation, la lyophilisation permet de préparer des formes très hydrophobes.
Explication : la lyophilisation permet de préparer des formes très hydrophiles.

d. **VRAI** : Le séchage peut se faire par l'air libre, par l'air chaud ou bien par nébulisation notamment.

e. **VRAI** : La dessiccation chimique utilise des déshydratants type gel de silice.

33. Parmi les appareils suivants, lequel (lesquels) est (sont) utilisé(s) en milieu industriel lors de l'étape de broyage ?

- **a. VRAI** : Broyeur à écrasement.
- **b. FAUX** : Broyeur à hélice.
  Explication : c'est un appareil utilisé en officine.
- **c. VRAI** : Broyeur à cisaillement.
- **d. VRAI** : Broyeur à air comprimé.
- **e. VRAI** : Broyeur par percussion.

34. Parmi les facteurs suivants, lequel (lesquels) est (ont) un rôle dans l'étape du mélange ?

- **a. VRAI** : Le volume de remplissage.
- **b. VRAI** : La vitesse.
- **c. FAUX** : La taille des particules.
  Explication : ce facteur a un rôle dans la dissolution.
- **d. FAUX** : La température.
  Explication : ce facteur a un rôle dans la dissolution.
- **e. VRAI** : L'ordre d'introduction.

35. Concernant la stérilisation, laquelle (lesquelles) de ces propositions est (sont) correcte(s) ?

- **a. VRAI** : Elle peut se faire par rayonnement gamma.
- **b. VRAI** : Elle peut se faire par chaleur humide.
- **c. FAUX** : Elle peut se faire par infrarouge.
  Explication : la stérilisation ne peut se faire par infrarouge.
- **d. VRAI** : Elle peut se faire par chaleur sèche.
- **e. VRAI** : Elle peut se faire par gaz.

36. Parmi les opérations suivantes lors de la fabrication des gélules, laquelle (lesquelles) est (sont) correcte(s) ?

- **a. VRAI** : Mélange.
- **b. VRAI** : Remplissage.
- **c. FAUX** : Compression.
  Explication : l'étape de compression est présente dans la fabrication des comprimés.
- **d. VRAI** : Arasement.
- **e. VRAI** : Éjection.

37. Concernant la fabrication des comprimés, laquelle (lesquelles) des propositions est (sont) correcte(s) ?

- **a. VRAI** : Les désagrégeants peuvent être utilisés comme excipients.
- **b. VRAI** : Lors de la granulation par voie humide, il y a une étape de séchage et de tamisage.
- **c. FAUX** : Lors de la granulation par voie humide, il y a une introduction de lubrifiants.
  Explication : c'est lors de la granulation par voie sèche qu'il y a une introduction de lubrifiants.
- **d. FAUX** : Les machines à comprimer sont de types alternatives (rapides) ou rotatives (puissantes mais lentes).
  Explication : les machines à comprimer alternative sont puissantes mais lentes tandis que les rotatives sont rapides.
- **e. VRAI** : L'enrobage du comprimé permet de protéger la substance active.

38. Concernant l'autorisation de mise sur le marché (AMM), laquelle (lesquelles) des propositions est (sont) correcte(s) ?

a. FAUX : L'AMM est nécessaire pour la parapharmacie.
Explication : l'AMM n'est pas nécessaire pour la parapharmacie.

b. FAUX : L'ANSM est la seule autorité compétente pouvant délivrer une AMM.
Explication : les autorités compétentes sont l'ANSM et l'EMA.

c. VRAI : Les bases scientifiques de l'évaluation de l'AMM sont la qualité pharmaceutique, la sécurité, l'efficacité.

d. FAUX : Les patients avec une pathologie cardiaque font partis des populations à risques.
Explication : ce sont les patients avec une pathologie rénale et hépatique qui font partis des populations à risque.

e. VRAI : Une étude de comparaison avec un placébo est une étude de supériorité.

39. Parmi les propositions suivants, laquelle (lesquelles) des propositions est (sont) fausse(s) ?
Attention dans cette question, on demandait les réponses fausses.

a. VRAI : Les nouvelles AMM nationales sont réservées à des produits du marché français.

b. FAUX : Lors de la réévaluation d'anciennes AMM nationales, il y a deux issues possibles.
Explication : il y a trois issues possibles : le maintien de l'AMM, le retrait de l'AMM, la modification du résumé des caractéristiques du produit.

c. VRAI : Lors d'une procédure centralisée, il y a un état rapporteur et un état co-rapporteur.

d. VRAI : Lors d'une procédure décentralisée, le produit n'existe dans aucun pays.

e. VRAI : Un arbitrage est possible pour la procédure de reconnaissance mutuelle.

40. Parmi les propositions suivantes, laquelle (lesquelles) des propositions est (sont) correcte(s) ?

a. VRAI : Les médicaments orphelins sont pour des pathologies affectant moins de 0,05 % de la population européenne.

b. FAUX : Une ATU de cohorte impose une autorisation d'importation.
Explication : ce sont les ATU nominative qui imposent une autorisation d'importation.

c. VRAI : Les RTU permettent d'encadrer certaines prescriptions hors AMM.

d. VRAI : Les ATU sont des autorisations temporaires avec une durée maximale de 3 ans.

e. FAUX : Les médicaments orphelins ont une exclusivité commerciale en Europe de 5 ans.
Explication : les médicaments orphelins ont une exclusivité commerciale en Europe de 10 ans.

41. Dans quel(s) intervalle(s) de bioéquivalence peut se situer un médicament générique à marge thérapeutique étroite ?

a. FAUX : 80 %-110 %

b. FAUX : 90 %-115 %

c. FAUX : 80 %-125 %

d. VRAI : 90 %-110 %

e. FAUX : 95 %-105 %

42. Parmi les différents ordres des procédures concernant un nouveau médicament, lequel (lesquelles) est (sont) correct(s) ?

a. **FAUX** : Essais cliniques puis brevet puis autorisation de mise sur le marché.

b. **FAUX** : Autorisation de mise sur le marché puis fixation du prix puis taux de remboursement.

c. **VRAI** : Brevet puis autorisation de mise sur le marché puis taux de remboursement.

d. **FAUX** : Autorisation de mise sur le marché puis brevet puis fixation du prix.

e. **VRAI** : Essais cliniques puis autorisation de mise sur le marché puis fixation du prix.
Explication : brevet puis essais cliniques puis AMM puis remboursement puis prix.

43. Parmi les critères suivants, lequel (lesquels) fait (font) parti(s) de l'évaluation du SMR ?

a. **VRAI** : Gravité de la maladie.

b. **VRAI** : Nature du traitement.

c. **FAUX** : La classe pharmaco-thérapeutique donnée.
Explication : c'est un critère de l'évaluation de l'amélioration du SMR.

d. **VRAI** : L'intérêt pour la santé publique.

e. **FAUX** : Le taux de remboursement.
Explication : ce n'est pas un critère de l'évaluation du SMR.

44. Parmi les propositions suivantes, laquelle (lesquelles) est (sont) correcte(s) ?

a. **FAUX** : La fixation des prix des médicaments est faite par le CEPS qui s'aide du niveau du SMR.
Explication : La fixation des prix des médicaments est faite par le CEPS qui s'aide du niveau de l'ASMR.

b. **FAUX** : Un ASMR de niveau 1 entraîne d'office un prix plus bas que les comparateurs.
Explication : c'est l'ASMR de niveau 5 qui entraîne d'office un prix plus bas que les comparateurs.

c. **VRAI** : L'ASMR correspond au progrès thérapeutique apporté par un médicament.

d. **FAUX** : Un médicament de nature diagnostique évite la maladie.
Explication : un médicament de nature diagnostique améliore les performances d'un examen.

e. **VRAI** : Le SMR est évalué par la commission de Transparence.

45. Parmi les propositions suivantes, laquelle (lesquelles) est (sont) correcte(s) ?

a. **FAUX** : Un médicament ayant un SMR majeur ou important possède un remboursement de 100 %.
Explication : Un médicament ayant un SMR majeur ou important possède un remboursement de 65 %.

b. **VRAI** : Le SMR est donné pour 5 ans.

c. **VRAI** : Les médicaments dits irremplaçables et coûteux sont remboursés à 100 %.

d. **VRAI** : La gravité de la maladie, nécessaire à l'évaluation du SMR, prend en compte l'entraînement d'un handicap.

e. **VRAI** : La prise en charge à 100 % est systématique pour les médicaments du SIDA.

46. Quel est l'acteur ou quels sont les acteurs intervenant dans le dossier du SMR ?

- **a.** **FAUX** : Le CEPS (comité économique des produits de santé).
  Explication : il intervient dans l'ASMR.
- **b.** **VRAI** : La Haute autorité de santé.
- **c.** **VRAI** : Le ministre chargé de la sécurité sociale.
- **d.** **FAUX** : Le ministre chargé de l'économie.
  Explication : il intervient dans l'ASMR.
- **e.** **FAUX** : Le CHMP (Comittee on Human Medicinal Products).
  Explication : il joue un rôle dans la procédure centralisée d'AMM.

47. Concernant la consommation de médicaments en France, qui consomme le plus ?

- **a.** **VRAI** : Les non-résidents
- **b.** **VRAI** : Les personnes âgées
- **c.** **VRAI** : Les patients atteints du cancer
- **d.** **VRAI** : Les patients atteints du sida
- **e.** **FAUX** : Les enfants
  Explication : les enfants ne font pas partie des personnes consommant le plus de médicaments.

48. À propos du montant de la consommation des soins et biens médicaux en France en 2012, indiquer laquelle (lesquelles) de ces propositions est (sont) fausses ?

Attention dans cette question on demandait les réponses fausses.

- **a.** **VRAI** : Il dépasse 150 milliards d'euros par an.
- **b.** **FAUX** : Il avoisine 170 millions d'euros par an.
  Explication : il avoisine les 170 milliards d'euros par an.
- **c.** **VRAI** : Il correspond à 2 600 euros/habitant.
- **d.** **FAUX** : Il correspond à moins de 10 % du PIB.
  Explication : il correspond à 12,3 % du PIB.
- **e.** **VRAI** : Il correspond à plus de 12 % du PIB.

49. Concernant la consommation en France de médicaments en 2012, laquelle (lesquelles) de ces propositions est (sont) correcte(s) ?

- **a.** **FAUX** : La consommation de médicaments a été freinée en « volume » mais pas forcément en « prix ».
  Explication : c'est l'inverse, La consommation de médicaments a été freinée en « prix » mais pas forcément en « volume ».
- **b.** **FAUX** : Le marché des médicaments est en recul dans les hôpitaux.
  Explication : le marché des médicaments est en recul dans les officines.
- **c.** **VRAI** : La consommation de médicament est en diminution de 2,2 % par rapport à 2011.
- **d.** **VRAI** : Le recul du marché est dû en partie à une baisse des prix des médicaments.
- **e.** **VRAI** : Le recul du marché est dû en partie à un développement des génériques.

50. Parmi les propositions suivantes, laquelle (lesquelles) est (sont) correcte(s) ?

- **a. FAUX** : Les statines, dans les études réalisées en Europe en prévention primaire, montrent des résultats extrapolables en France.
  Explication : les études réalisées en Europe ne sont pas forcément extrapolables en France.
- **b. VRAI** : Les statines peuvent entraîner un surcoût pour la collectivité.
- **c. FAUX** : La prescription des antihypertenseurs le soir permet de réduire au maximum le risque d'oubli de prise.
  Explication : c'est la prescription le matin qui permet de réduire au maximum le risque d'oubli de prise.
- **d. VRAI** : La proportion de malades traités convenablement en France pour l'hypertension artérielle est de plus de 30 %.
- **e. VRAI** : L'observance joue un rôle important dans les maladies comme le diabète et le sida.

51. Concernant les médicaments génériques, laquelle (lesquelles) de ces propositions est (sont) correcte(s) ?

- **a. VRAI** : Ils sont surveillés.
- **b. FAUX** : Ils sont plus chers que les médicaments princeps.
  Explication : ils sont moins chers que les médicaments princeps.
- **c. VRAI** : Ils poussent les firmes vers la recherche sur les médicaments orphelins.
- **d. FAUX** : Ils sont toujours aussi facilement acceptés par les patients.
  Explication : ils sont parfois difficilement acceptés surtout par les personnes âgées.
- **e. VRAI** : Certains sont produits par la même firme que celle du produit original.

52. Concernant la médecine alternative, laquelle (lesquelles) des propositions est (sont) correcte(s) ?

- **a. FAUX** : Ce sont des pratiques plus courantes en Europe de l'est qu'en Europe du nord.
  Explication : elles sont plus répandues en Europe du nord qu'en Europe de l'est.
- **b. FAUX** : Ce sont des méthodes de traitement fondées sur une méthode expérimentale ou scientifique.
  Explication : Ce sont des méthodes de traitement fondées sur une méthode expérimentale ou scientifique.
- **c. VRAI** : 45-75 % des français utilisent les médecines douces, surtout les femmes.
- **d. VRAI** : Certaines médecines alternatives sont remboursées.
- **e. FAUX** : L'acupuncture soigne le terrain.
  Explication : l'acupuncture est une médecine énergétique d'influx.

53. Concernant les effets indésirables médicamenteux, laquelle (lesquelles) des propositions est (sont) correcte(s) ?

- **a. VRAI** : 2 à 35 % des patients hospitalisés le sont pour des causes d'effets indésirables graves.
- **b. VRAI** : En moyenne 7 % des décès ont pour causes des événements indésirables graves.
- **c. VRAI** : Le risque de dépression par prise de Rimonabant multipliée par 2,51.
- **d. FAUX** : Isoméride, Rimonabant, Aspirine ont des effets mortels, c'est pourquoi ils ont été retirés du marché.
  Explication : aspirine n'a pas été retirée du marché malgré ses risques d'hémorragie.

e. **FAUX** : En moyenne le coût des séquelles liées aux événements indésirables graves est d'environ 18 000 euros.
Explication : le coût des séquelles s'élèvent à environ 28 000 euros.

54. Concernant les différentes maladies, laquelle (lesquelles) des propositions est (sont) correcte(s) ?

a. **VRAI** : L'insuffisance coronaire touche 3 millions de personnes en France.
b. **FAUX** : L'insuffisance cardiaque touche 3 millions de personnes en France.
Explication : elle touche 1 million de personnes en France.
c. **VRAI** : L'asthme touche 3 millions de personnes en France.
d. **VRAI** : L'hypertension artérielle pulmonaire est une maladie rare.
e. **VRAI** : L'insuffisance cardiaque touche 1 million de personnes en France.

55. Concernant la trinitrine, laquelle (lesquelles) des propositions est (sont) fausse(s) ?

a. **VRAI** : La trinitrine entraîne une augmentation du GMPc.
b. **VRAI** : Il s'agit d'un ester nitrique obtenu à partir du propane-triol.
c. **VRAI** : La trinitine est indiquée dans l'insuffisance coronaire.
d. **VRAI** : La biodisponibilité de la trinitrine est plus importante par voie sublinguale que par voie orale.
e. **FAUX** : La trinitrine a été découverte à partir de données empiriques.
Explication : c'est le cas de l'aspirine, la trinitrine a été découverte par hasard.

56. Concernant de l'aspirine, laquelle (lesquelles) des propositions est (sont) correcte(s) ?

a. **VRAI** : Elle possède un effet antalgique.
b. **FAUX** : Elle est également appelée acide salicylique.
Explication : c'est de l'acide acétylsalicylique.
c. **FAUX** : Ses effets sont dus à son effet inducteur des cyclo-oxygénases.
Explication : Ses effets sont dus à son effet inhibiteur des cyclo-oxygénases.
d. **VRAI** : Elle empêche la formation de prostaglandine.
e. **FAUX** : L'aspirine est le deuxième médicament le plus consommé dans le monde après le paracétamol.
Explication : c'est le premier médicament le plus consommé.

57. Concernant les récepteurs bêta-adrénergiques, laquelle (lesquelles) des propositions est (sont) correcte(s) ?

a. **FAUX** : Les récepteurs bêta-3, situés dans les adipocytes, activent la lipogenèse.
Explication : ils activent la lipolyse.
b. **VRAI** : Le salbutamol est un bêta-2 agoniste agissant notamment sur l'utérus.
c. **FAUX** : Les bêta-1 bloquants sont des antagonistes non compétitifs.
Explication : ce sont des antagonistes compétitifs.
d. **VRAI** : Le débit cardiaque est égal au produit de la fréquence cardiaque par le volume d'éjection systolique.
e. **VRAI** : On a découvert ces molécules à partir de l'utilisation de modèles.

58. Concernant les inhibiteurs de l'enzyme de conversion à l'angiotensine I, laquelle (lesquelles) des propositions est (sont) correcte(s) ?

a. VRAI : Leur chef de fil est le Captopril.
b. VRAI : Ils empêchent la formation de l'angiotensine II.
c. VRAI : Ce sont des vasodilatateurs artérielles.
d. VRAI : Ils sont indiqués dans l'hypertension artérielle et l'insuffisance cardiaque.
e. VRAI : Leur découverte a eu lieu par modélisation moléculaire.

59. Concernant les diurétiques, laquelle (lesquelles) des propositions est (sont) correcte(s) ?

a. VRAI : Ils augmentent l'élimination de l'eau et du sodium par le rein.
b. FAUX : Les diurétiques de l'anse bloquent le co-transporteur Na+/Cl-.
Explication : ce sont les diurétiques thiazidiques qui bloquent ces transporteurs.
c. FAUX : Les diurétiques thiazidiques bloquent le co-transporteur Na+/K+/2Cl-.
Explication : ce sont les diurétiques de l'anse qui bloquent ces co-transporteurs.
d. VRAI : Les Hydrochlorothiazides sont les diurétiques du tube contourné distal.
e. VRAI : Les furosémides sont les diurétiques de l'anse.

60. Concernant le bosentan, laquelle (lesquelles) des propositions est (sont) fausse(s) ?

a. VRAI : Les récepteurs de l'endothéline 1 sont localisés au niveau des cellules musculaires lisses vasculaires.
b. VRAI : Le bosentan est un antagoniste de l'enthéline.
c. FAUX : Les antagonistes de l'endothéline ont des propriétés hypoglycémiantes.
Explication : ils sont dépourvus de propriétés hypoglycémiantes.
d. VRAI : Il possède des propriétés vasodilatatrices, mais aussi anti-inflammatoires et antiprolifératives.
e. VRAI : Il traite l'hypertension artérielle pulmonaire.

61. Parmi les médicaments suivants, lequel (lesquelles) est (sont) utilisé(s) dans le traitement pour l'insuffisance cardiaque ?

a. VRAI : Bosentan
b. VRAI : Captopril
c. VRAI : Propanolol
d. FAUX : Salbutamol
Explication : le salbutamol est utilisé pour traiter l'asthme et les risques d'accouchement prématuré.
e. FAUX : Trinitrine
Explication : la trinitrine est utilisé pour traiter l'insuffisance coronaire.

62. Concernant les différentes cibles moléculaires, laquelle (lesquelles) des propositions est correcte(s) ?

a. VRAI : Les récepteurs représentent 50 % des cibles moléculaires des médicaments.
b. VRAI : Les canaux ioniques représentent 15 % des cibles moléculaires des médicaments.
c. FAUX : Les neurotransmetteurs sont sécrétés par les neurones et ont une durée d'action longue et à courte distance du lieu de sécrétion.
Explication : Les neurotransmetteurs sont sécrétés par les neurones et ont une durée d'action COURTE et à courte distance du lieu de sécrétion

d. **VRAI** : Les autacoïdes comme la prostaglandine ont une durée d'action courte et à courte distance du lieu de sécrétion.
e. **VRAI** : L'adrénaline est sécrétée par des cellules endocrines dans le compartiment sanguin et a une durée d'action longue.

63. Parmi les molécules suivantes, laquelle (lesquelles) est (sont) un (des) neurotransmetteurs ?

a. **VRAI** : Noradrénaline
b. **VRAI** : Dopamine
c. **FAUX** : Adrénaline
Explication : l'adrénaline est une hormone
d. **FAUX** : Prostaglandine
Explication : les prostaglandines sont des autacoïdes.
e. **VRAI** : Glutamate

64. Concernant les canaux ioniques, laquelle (lesquelles) des propositions est (sont) correcte(s) ?

a. **VRAI** : Ils sont présents dans la membrane de toutes les cellules.
b. **VRAI** : Ils interviennent dans la génération du potentiel d'action.
c. **VRAI** : La nifédipine est un bloqueur de canaux calciques.
d. **FAUX** : Le nicorandil ferme les canaux potassiques.
Explication : le nicorandil ouvre les canaux potassiques.
e. **VRAI** : Le nicorandil est un médicament anti-angoureux.

65. Concernant les enzymes, laquelle (lesquelles) des propositions est (sont) correcte(s) ?

a. **FAUX** : Un inhibiteur est une molécule totalement différente du substrat endogène.
Explication : c'est analogue du substrat endogène, donc c'est une molécule qui ressemble beaucoup au substrat endogène ;
b. **FAUX** : Les pro-drogues permettent d'inhiber les enzymes.
Explication : les pro-drogues sont des molécules qui ont besoin d'une réaction enzymatique pour libérer un métabolite actif.
c. **FAUX** : Les pro-drogues sont des molécules directement actives.
Explication : les pro-drogues sont des molécules qui ont besoin d'une réaction enzymatique pour libérer un métabolite actif.
d. **FAUX** : Les inhibiteurs sont des substrats endogènes.
Explication : ce sont des substrats exogènes.
e. **VRAI** : Les faux substrats se fixent à des enzymes et mènent à la formation de métabolites anormaux.

66. Concernant les transporteurs, laquelle (lesquelles) des propositions est (sont) correcte(s) ?

a. **VRAI** : Il y a une liaison de la molécule à la face externe de la membrane du transporteur.
b. **FAUX** : Ils peuvent activer une protéine G.
Explication : ce sont les récepteurs couplés à une protéine G.
c. **FAUX** : Ils peuvent produire d'un second messager.
Explication : ce sont les récepteurs couplés à une protéine G.

d. **VRAI** : Le transport d'une molécule peut entraîner un changement de conformation du transporteur.
e. **VRAI** : Certains antidépresseurs inhibent le transport de sérotonine.

67. Concernant les récepteurs couplés à une protéine G (RCPG), laquelle (lesquelles) des propositions est (sont) correcte(s) ?
a. **VRAI** : Ils sont la cible de 25 % des médicaments.
b. **FAUX** : Le salbutamol est un antagoniste des récepteurs bêta-2.
Explication : le salbutamol est un agoniste des récepteurs bêta-2.
c. **VRAI** : L'acébutolol est un antagoniste des récepteurs bêta-1.
d. **VRAI** : Le recepteur GABA-B est un RCPG.
e. **VRAI** : La liaison d'un médiateur à son RCPG entraîne souvent la production d'un second messager.

68. Concernant les récepteurs canaux, laquelle (lesquelles) des propositions est (sont) correcte(s) ?
a. **VRAI** : Les substituts nicotiniques sont utilisés pour le sevrage tabagique.
b. **VRAI** : L'amantadine est un bloqueur du canal ionique utilisé dans le traitement de la maladie de parkinson.
c. **FAUX** : Le récepteur GABA-A est un RCPG.
Explication : le récepteur GABA-A est un récepteur canal.
d. **FAUX** : Un récepteur canal à perméabilité cationique entraîne une hyperpolarisation.
Explication : un récepteur canal à perméabilité cationique entraîne une hyperpolarisation.
e. **VRAI** : Les benzodiazépines sont utilisées en traitement anxiolytique, sédatif, myorelaxant, anticonvulsivant.

69. Concernant les récepteurs nucléaires, laquelle (lesquelles) des propositions est (sont) correcte(s) ?
a. **FAUX** : Ils sont extracellulaires.
Explication : ils sont intracellulaires.
b. **VRAI** : Les ligands sont lipophiles.
c. **FAUX** : Les récepteurs à la vitamine D sont des récepteurs nucléaires contrairement à ceux des hormones thyroïdiennes.
Explication : les hormones thyroïdiennes ont aussi des récepteurs nucléaires.
d. **VRAI** : La progestérone est utilisée en traitement contre les contractions utérines.
e. **FAUX** : Les corticoïdes sont impliqués dans la gestation.
Explication : c'est la progestérone qui est impliquée dans la gestation.

70. Concernant l'affinité d'une molécule pour son récepteur, laquelle (lesquelles) des propositions est (sont) correcte(s) ?
a. **VRAI** : Elle est évaluée par la constante de dissociation (Kd).
b. **FAUX** : Elle est évaluée par Emax.
Explication : Emax évalue l'efficacité de l'agoniste.
c. **VRAI** : Elle peut être déterminée à partir de la courbe de liaison spécifique.
d. **VRAI** : Elle peut être mesurée in vivo.

e. FAUX : Elle peut être mesurée in vitro.
Explication : ce sont des études fonctionnelles qui sont mesurée in vitro.

71. Concernant le sens de la CE50, laquelle (lesquelles) des propositions est (sont) correcte(s) ?

a. FAUX : La CE50 permet de mesurer la puissance d'un agoniste.
b. FAUX : La CE50 permet de mesurer la puissance de l'antagoniste.
c. FAUX : La CE50 permet de mesurer la marge thérapeutique d'un agoniste.
d. VRAI : La CE50 permet de mesurer l'efficacité d'un agoniste.
e. FAUX : La CE50 permet de mesurer l'efficacité d'un antagoniste.

72. Concernant un antagoniste non compétitif, laquelle (lesquelles) des propositions est (sont) correcte(s) ?

a. VRAI : Il se fixe sur un site différent de celui de l'agoniste.
b. FAUX : Il forme un complexe avec l'agoniste.
Explication : c'est le récepteur qui forme un complexe avec l'agoniste.
c. FAUX : Il ne modifie pas l'effet maximum de l'agoniste.
Explication : il diminue dans l'effet maximum.
d. VRAI : Il diminue l'affinité de l'agoniste.
e. FAUX : Il se fixe sur le même site que celui de l'antagoniste compétitif.
Explication : il se fixe sur un site différent de l'antagoniste compétitif.

73. Concernant l'EPO, laquelle (lesquelles) des propositions est (sont) correcte(s) ?

a. FAUX : C'est une hormone produite majoritairement par le foie.
Explication : c'est une hormone majoritairement produite par les reins.
b. VRAI : Son récepteur est membranaire.
c. VRAI : L'activation de son récepteur est suivie d'une modification de l'activité transcriptionelle.
d. FAUX : Son récepteur est localisé à la surface des globules rouges.
Explication : son récepteur est localisé à la surface des cellules souches hématopoïétiques.
e. VRAI : Elle permet la différenciation des cellules souches hématopoïétiques en globules rouges.

74. Parmi les molécules suivantes, laquelle (lesquelles) possède(nt) des propriétés immunostimulantes ?

a. FAUX : La ciclosporine
Explication : c'est un immunosuppresseur.
b. VRAI : L'interleukine-2
c. FAUX : La calcineurine
Explication : c'est un inhibiteur de la calcineurine.
d. VRAI : Interféron-alpha
e. FAUX : La flucytosine
Explication : c'est un antifongique

75. Parmi les propositions suivantes, laquelle (lesquelles) est (sont) des cibles potentielles des antiviraux ?

- **a. VRAI** : L'entrée du virus dans la cellule cible.
- **b. FAUX** : La transcription de l'ADN en ARN.
  Explication : c'est une cible des antibiotiques.
- **c. VRAI** : La synthèse des protéines virales.
- **d. FAUX** : La réplication de l'ADN.
  Explication : c'est une cible des antifongiques.
- **e. VRAI** : La synthèse des acides nucléiques.

76. Parmi les antibiotiques suivants, lequel (lesquelles) altèrent l'enveloppe cellulaire bactérienne ?

- **a. FAUX** : Les sulfamides
  Explication : ils inhibent la synthèse de l'ADN.
- **b. VRAI** : Les polymyxines
- **c. VRAI** : Les glycopeptides
- **d. VRAI** : Les bêta-lactamines
- **e. FAUX** : Les macrolides
  Explication : ils inhibent la synthèse protéique.

77. Concernant la pharmacocinétique, laquelle (lesquelles) des propositions est (sont) correcte(s) ?

- **a. FAUX** : C'est l'étude de l'effet du médicament sur l'organisme.
  Explication : c'est la définition de la pharmacodynamique.
- **b. VRAI** : C'est l'étude de l'effet de l'organisme sur le médicament.
- **c. VRAI** : Elle est décrite par le calcul de paramètres pharmacocinétiques.
- **d. VRAI** : Elle est utilisée en clinique pour adapter le traitement.
- **e. VRAI** : Elle est décrite en 4 étapes : l'absorption, la distribution, le métabolisme et l'excrétion.

78. Concernant les mécanismes d'absorption, laquelle (lesquelles) des propositions est (sont) correcte(s) ?

- **a. VRAI** : Le passage d'un médicament peut se faire par passage à travers des pores dans la membrane.
- **b. FAUX** : Plus le médicament est hydrophile plus la diffusion est possible.
  Explication : plus le médicament est hydrophile moins la diffusion est possible.
- **c. VRAI** : La diffusion passive dépend du pka du médicament.
- **d. VRAI** : Le transport actif s'effectue contre le gradient de concentration.
- **e. FAUX** : La diffusion facilitée est spécifique et saturable.
  Explication : c'est le transport actif qui est spécifique et saturable.

79. Concernant les différentes voies d'administration, laquelle (lesquelles) des propositions est (sont) correcte(s) ?

- **a. VRAI** : La voie conjonctivale est une voie dite topique.
- **b. FAUX** : La voie sublinguale permet un effet de 1er passage.
  Explication : au contraire elle permet d'éviter l'effet du premier passage hépatique.

c. **VRAI** : Il y a perte par dégradation dans la lumière intestinale lors de l usage de médicament par voie orale.
d. **VRAI** : Les médicaments administrés par voie rectale possèdent une action locale et peuvent passer dans la circulation sanguine.
e. **VRAI** : La voie orale est la voie la plus courante.

80. Parmi les propositions suivantes, laquelle (lesquelles) est (sont) une (des) propriété(s) physico-chimique du principe actif qui influe(nt) sur l'absorption intestinale ?

a. **VRAI** : Le poids moléculaire.
b. **FAUX** : La forme galénique.
Explication : la forme galénique influence bien l'absorbance mais ce n'est pas une propriété physico-chimique du principe actif.
c. **VRAI** : L'hydrosolubilité.
d. **VRAI** : Le pka.
e. **VRAI** : La taille des particules.

81. Concernant l'effet de premier passage, laquelle (lesquelles) des propositions est (sont) correcte(s) ?

a. **FAUX** : Il concerne l'ensemble des médicaments administrés par voie orale.
Explication : il ne concerne pas tous les médicaments
b. **VRAI** : Il décrit les phénomènes subis par un médicament en son métabolite actif.
c. **FAUX** : Il conduit toujours à la transformation du médicament en son métabolite actif.
Explication : il conduit à la transformation d'un métabolite qui peut être actif, inactif, toxique, polaire, hydrophobe.
d. **VRAI** : Il correspond à un phénomène survenant après chaque prise de certains médicaments.
e. **VRAI** : Il peut limiter l'absorption orale digestive de certains médicaments.

82. Concernant la biodisponibilité d'un médicament, laquelle (lesquelles) des propositions est (sont) fausse(s) ?

Attention dans cette question on demandait les réponses fausses.

a. **FAUX** : Elle caractérise l'étape de distribution.
Explication : elle caractérise l'étape d'administration.
b. **VRAI** : Elle peut être de 100 % pour des médicaments administrés par voie orale.
c. **VRAI** : Elle est toujours de 100 % en intraveineuse.
d. **VRAI** : Les paramètres de biodisponibilité sont Cmax, Tmax et AUC.
e. **VRAI** : La vitesse de passage joue un rôle dans la biodisponibilité.

83. Concernant la distribution du médicament, laquelle (lesquelles) des propositions est (sont) correcte(s) ?

a. **FAUX** : La distribution systémique représente le devenir du médicament dans le tissu.
Explication : elle représente le devenir du médicament dans le sang.
b. **FAUX** : La forme liée du médicament distribué dans le sang est pharmacologiquement active et diffusible.
Explication : c'est la forme libre qui est active et diffusible, la forme liée est transportée par des protéines ou des cellules pour atteindre le tissu cible.

c. **VRAI** : Les formes liées distribuées dans les tissus sont actives.
d. **FAUX** : La distribution est un équilibre statique entre compartiments et formes.
Explication : c'est un équilibre dynamique.
e. **VRAI** : La distribution conditionne la durée et le délai d'action.

84. Concernant la liaison d'un médicament aux protéines plasmatiques, laquelle (lesquelles) des propositions est (sont) correcte(s) ?
a. **VRAI** : Elle dépend de la quantité de protéines disponibles.
b. **VRAI** : La présence d'autres substances peut conduire à une compétition pour le site de liaison.
c. **FAUX** : La quantité de médicament peut, quand elle est faible, conduire à augmenter la concentration de la forme libre.
Explication : La quantité de médicament peut, quand elle est élevée, conduire à augmenter la concentration de la forme libre.
d. **FAUX** : Elle favorise la filtration glomérulaire.
Explication : la filtration glomérule est favorisée par la forme non liée.
e. **VRAI** : Elle conditionne le délai d'action.

85. À propos du métabolisme, laquelle (lesquelles) de ces propositions est (sont) fausse(s) ?
Attention dans cette question on demandait les réponses fausses.
a. **FAUX** : La transformation de la structure moléculaire du médicament se fait toujours dans l'intestin.
Explication : elle peut se faire dans le foie et les poumons aussi.
b. **VRAI** : Il existe généralement plusieurs voies métaboliques pour un principe actif.
c. **FAUX** : Les réactions de phase I sont des réactions de conjugaison.
Explication : les réactions de phase I sont des réactions de fonctionnalisation.
d. **VRAI** : Une inhibition enzymatique se traduit par une diminution de l'activité enzymatique.
e. **VRAI** : Les macrolides sont des inhibiteurs enzymatiques.

86. Concernant l'excrétion rénale d'un médicament, indiquer laquelle (lesquelles) des propositions est (sont) correcte(s) ?
a. **FAUX** : Le médicament peut être filtré au niveau du tube distal.
Explication : elle se fait un niveau des glomérules.
b. **FAUX** : La sécrétion tubulaire est un phénomène passif.
Explication : c'est un phénomène actif.
c. **VRAI** : La réabsorption tubulaire se fait par transport actif pour les molécules polaires et ionisées.
d. **VRAI** : La filtration glomérulaire est un phénomène passif.
e. **VRAI** : L'excrétion rénale est quantifiée par la clairance rénale.

87. Concernant l'utilisation des médicaments chez le sujet âgé, laquelle (lesquelles) des propositions est (sont) fausse(s) ?
Attention dans cette question on demandait les réponses fausses.
a. **VRAI** : Le sujet âgé doit être considéré comme un insuffisant hépatique modéré.
b. **FAUX** : Le volume de distribution est diminué.
Explication : le volume de distribution est augmenté.

c. **VRAI** : La dose de médicament doit être diminuée chez le sujet âgé comme chez le nouveau-né.
d. **FAUX** : Les données pharmacologiques dans cette classe d'âge sont suffisantes pour la plupart des médicaments.
Explication : les données pharmacologiques dans cette classe d'âge sont insuffisantes pour la plupart des médicaments.
e. **VRAI** : Le sujet âgé présente des risques médicamenteux particuliers comme la polymédication.

88. Concernant l'insuffisance rénale, laquelle (lesquelles) des propositions est (sont) correcte(s) ?
a. **VRAI** : Elle s'accompagne d'une diminution de la sécrétion tubulaire.
b. **FAUX** : La demi-vie du principe actif est plus courte.
Explication : la demi-vie du principe actif est plus longue.
c. **VRAI** : Elle expose à des risques de surdosage.
d. **FAUX** : Elle s'accompagne d'une élimination plus rapide du médicament.
Explication : elle s'accompagne d'une élimination plus lente du médicament.
e. **FAUX** : Elle a pour conséquence une augmentation de la dose.
Explication : elle a pour conséquence une diminution de la dose.

89. Concernant l'utilisation des médicaments chez la femme enceinte, laquelle (lesquelles) des propositions est (sont) correcte(s) ?
a. **FAUX** : Le plus souvent le traitement est destiné au fœtus.
Explication : le plus souvent le traitement est destiné à la mère.
b. **VRAI** : Il y a une augmentation de la volémie responsable d'une hémodilution.
c. **FAUX** : Le métabolisme est augmenté.
Explication : le métabolisme est peu modifié.
d. **VRAI** : L'absorption digestive est variable.
e. **FAUX** : L'élimination rénale est diminuée.
Explication : l'élimination rénale est augmentée.

90. Concernant les interactions médicamenteuse, laquelle (lesquelles) des propositions est (sont) correcte(s) ?
a. **VRAI** : Elles peuvent intervenir à toutes les étapes de la pharmacocinétique.
b. **VRAI** : Elles peuvent entraîner une accélération du métabolisme.
c. **VRAI** : Elles peuvent entraîner une élimination plus lente lors d'une inhibition du métabolisme
d. **FAUX** : Une inhibition de métabolisme est un phénomène d'installation lente et durable.
Explication : une inhibition de métabolisme est un phénomène d'installation immédiate.
e. **FAUX** : La cigarette et l'alcool entraîne une inhibition du métabolisme.
Explication : la cigarette et l'alcool entraîne une induction du métabolisme.

91. Parmi les médicaments suivants, lequel (lesquelles) est (sont) à l'origine d'une induction du métabolisme ?
a. **FAUX** : Erythromycine
Explication : c'est un inhibiteur du métabolisme.

b. **VRAI** : Rifampicine
c. **FAUX** : Macrolides
Explication : c'est un inhibiteur du métabolisme.
d. **FAUX** : Imidazoles
Explication : c'est un inhibiteur du métabolisme.
e. **VRAI** : Phénobarbital

92. Concernant la pharmacogénétique, laquelle (lesquelles) des propositions est (sont) correcte(s) ?
a. **VRAI** : Elle peut être inter-individuelle.
b. **VRAI** : Elle peut être intra-individuelle.
c. **VRAI** : Les métaboliseurs rapides sont exposés au risque de sous-dosage.
d. **FAUX** : Le génotypage renseigne directement sur les causes de variabilité.
e. **VRAI** : Les variabilités pharmacocinétiques impliquent une adaptation de la posologie.

93. Concernant le volume de distribution des médicaments, laquelle (lesquelles) des propositions est (sont) correcte(s) ?
a. **FAUX** : C'est un volume théorique qui ne peut dépasser le volume physiologique de l'organisme.
Explication : c'est un volume théorique qui peut dépasser le volume physiologique de l'organisme.
b. **FAUX** : Il est d'autant plus petit que les molécules sont lipophiles.
Explication : il est d'autant plus grand que les molécules sont lipophiles.
c. **FAUX** : Il est d'autant plus grand qu'il s'agit de macromolécules.
Explication : il est d'autant plus petit quand il s'agit de macromolécules.
d. **VRAI** : Les molécules basiques ont un fort volume de distribution.
e. **FAUX** : Il s'exprime en milligramme par litre.
Explication : il s'exprime en litre.

94. Parmi les paramètres pharmacocinétiques suivants, lequel (lesquels) intervient (interviennent) dans le calcul de la clairance ?
a. **VRAI** : Le volume de distribution
b. **VRAI** : L'aire sous la courbe
c. **FAUX** : La demi-vie d'élimination
Explication : la demi-vie d'élimination n'intervient pas dans le calcul de la clairance.
d. **VRAI** : La dose
e. **FAUX** : La constante de vitesse d'absorption
Explication : la constante de vitesse d'absorption n'intervient pas dans le calcul de la clairance.

95. Concernant la clairance, laquelle (lesquelles) des propositions est (sont) correcte(s) ?
a. **VRAI** : Elle est exprimée en litre par heure.
b. **FAUX** : Elle est exprimée en gramme par litre.
Explication : elle est exprimée en litre par heure ou en millilitre par min.
c. **FAUX** : Elle ne varie pas avec l'âge.
Explication : elle varie avec l'âge.

d. **VRAI** : Elle peut être influencée par d'autres médicaments.
e. **FAUX** : C'est un paramètre secondaire
Explication : c'est un paramètre primaire.

96. Concernant l'aire sous la courbe, laquelle (lesquelles) des propositions est (sont) correcte(s) ?

a. **VRAI** : L'aire sous la courbe est un paramètre pharmacocinétique primaire.
b. **VRAI** : Elle reflète la quantité de médicament présente dans le système biologique.
c. **FAUX** : Elle s'exprime en litre.
Explication : elle s'exprime en quantité par unité de temps.
d. **VRAI** : Elle peut se calculer par des méthodes graphiques.
e. **VRAI** : Elle peut se calculer à partir de la concentration à l'origine et de la constante de vitesse d'élimination.

97. Parmi les propositions suivantes, laquelle (lesquelles) est (sont) un paramètre secondaire ?

a. **VRAI** : Le temps de demi-vie.
b. **FAUX** : Le volume de distribution.
Explication : c'est un paramètre primaire.
c. **FAUX** : La clairance.
Explication : c'est un paramètre primaire.
d. **VRAI** : L'aire sous la courbe.
e. **FAUX** : La hauteur de la courbe.
Explication : ce n'est pas un paramètre.

98. Concernant les médicaments sur liste II, laquelle (lesquelles) des propositions est (sont) correcte(s) ?

a. **FAUX** : La prescription doit être écrite sur une ordonnance sécurisée.
Explication : la prescription doit être écrite sur une ordonnance simple.
b. **VRAI** : La durée de prescription est limitée à 12 mois.
c. **FAUX** : La prescription ne peut être renouvelée.
Explication : la prescription peut être renouvelée sauf mention contraire « non renouvelable ».
d. **FAUX** : Les stupéfiants appartiennent à la liste II.
Explication : les stupéfiants sont une classe de médicaments.
e. **VRAI** : La quantité délivrée par le pharmacien est de 30 jours maximum.

99. Parmi les propositions suivantes, laquelle (lesquelles) est (sont) correcte(s) ?

a. **VRAI** : Les pédicures-podologues ne peuvent pas prescrire de médicaments.
b. **VRAI** : Les masseurs-kinésithérapeutes peuvent prescrire tous les dispositifs médicaux.
c. **VRAI** : Les prescriptions des sages-femmes peuvent être prises en charge par l'assurance maladie.
d. **FAUX** : Les chirurgiens-dentistes ne peuvent pas prescrire de stupéfiants.
Explication : les chirurgiens-dentistes peuvent prescrire des stupéfiants.
e. **VRAI** : Les vétérinaires peuvent prescrire un médicament autorisé pour l'usage humain s'il n'y a pas d'autres alternatives.

100. Concernant l'ordonnance, laquelle (lesquelles) des propositions est (sont) fausse(s) ?

- **a. FAUX** : L'ordonnance n'est destinée qu'au malade et au pharmacien.
  Explication : elle est aussi destinée aux organismes de couverture sociale.
- **b. VRAI** : L'ordonnance comporte toujours le nom du malade.
- **c. VRAI** : L'ordonnance doit être établie en double exemplaire.
- **d. FAUX** : Les règles de rédaction de l'ordonnance sont encadrées par le code de la santé publique et le code pénal.
  Explication : elles sont encadrées par le code déontologie, santé publique, sécurité sociale.
- **e. VRAI** : L'ordonnance doit être rédigée après l'interrogatoire et l'examen clinique du malade.

101. Parmi les informations suivantes, laquelle (lesquelles) doit (doivent) figurer sur l'ordonnance ?

- **a. VRAI** : La qualité du prescripteur.
- **b. FAUX** : Le numéro du patient.
- **c. VRAI** : Le nom du produit prescrit.
- **d. VRAI** : Le mode d'emploi des médicaments prescrits.
- **e. FAUX** : Le nom du pharmacien.

102. Concernant les différents types d'ordonnance, laquelle (lesquelles) des propositions est (sont) correcte(s) ?

- **a. FAUX** : L'ordonnance sécurisée n'est utilisable uniquement pour les stupéfiants.
  Explication : elle peut aussi être utilisée pour de médicaments de liste I et II.
- **b. VRAI** : L'ordonnance sécurisée est réimprimée en bleu.
- **c. VRAI** : Dans une ordonnance sécurisée, le nombre de médicaments prescrits est reporté en chiffre dans un carré bleu en bas à droite.
- **d. FAUX** : L'ordonnance bizone comporte trois parties.
  Explication : l'ordonnance bizone comporte deux parties.
- **e. FAUX** : Dans une ordonnance bizone, la partie haute est remboursée à 50 %.
  Explication : dans une ordonnance bizone, la partie haute est remboursée à 100 %.

103. Concernant les règles particulières de prescription, laquelle (lesquelles) des propositions est (sont) correcte(s) ?

- **a. VRAI** : Les médicaments à prescription initiale hospitalière peuvent être renouvelés par un médecin de ville.
- **b. FAUX** : Les médicaments à prescription hospitalière peuvent être prescrits en ville.
  Explication : les médicaments à prescription hospitalière ne peuvent pas être prescrit en ville.
- **c. VRAI** : L'ordonnance des stupéfiants ne sera pas exécutée dans sa totalité même si elle n'est pas présentée au pharmacien dans un délai de 3 jours suivant sa date d'établissement.
- **d. VRAI** : Les médicaments à prescription initiale hospitalière doivent être prescrits dans un établissement de santé.
- **e. VRAI** : Les médicaments classés en réserve hospitalière sont administrés uniquement au cours d'une hospitalisation.

104. Concernant la délivrance des médicaments par le pharmacien, laquelle (lesquelles) des propositions est (sont) correcte(s) ?

a. VRAI : La contraception d'urgence peut être délivrée gratuitement à un mineur.

b. FAUX : Lorsqu'un médicament est délivré en une seule fois en raison d'un départ à l'étranger, le pharmacien peut dispenser 12 mois de traitement.
Explication : le pharmacien peut dispenser 6 mois de traitement.

c. FAUX : Le pharmacien peut toujours substituer un médicament princeps par un générique.
Explication : le pharmacien ne peut pas toujours substituer un médicament princeps par un générique.

d. FAUX : Les pharmaciens ne peuvent effectuer la première délivrance d'un médicament inscrit sur la liste I que sur présentation d'une ordonnance datant de moins de 3 jours.
Explication : les pharmaciens ne peuvent effectuer la première délivrance d'un médicament inscrit sur la liste I que sur présentation d'une ordonnance datant de moins de 3 mois.

e. VRAI : Le pharmacien ne peut jamais délivrer de médicament à partir d'une prescription dont la durée de validité est expirée.

105. Parmi ces propositions, laquelle (lesquelles) fait (font) partie(s) du dictionnaire VIDAL ?

a. VRAI : Le surdosage

b. VRAI : Les contre-indications

c. FAUX : Le prix
Explication : le prix ne fait pas parti du dictionnaire VIDAL

d. VRAI : Les indications

e. VRAI : Les effets indésirables

106. A propos du rapport bénéfice risque, laquelle (lesquelles) des propositions est (sont) correcte(s) ?

a. VRAI : Avant de prescrire, le médecin doit systématiquement évaluer le rapport bénéfice/risque en se basant sur le principe de non malfaisance.

b. FAUX : Le rapport bénéfice/risque peut être établi une fois le RCP et l'ASMR établis.
Explication : l'ASMR est établi pour déterminer le prix du médicament.

c. VRAI : La prescription d'un médicament coûteux à un patient non couvert par l'assurance maladie marque une diminution du rapport bénéfice/risque.

d. VRAI : Le bénéfice est souvent mieux évalué donc mieux connu que le risque.

e. VRAI : C'est la décision thérapeutique personnalisée qui définit le rapport bénéfice/risque.

107. À propos du rôle du prescripteur, laquelle (lesquelles) des propositions est (sont) correcte(s) ?

a. FAUX : Il doit éviter les pièges notamment ceux de la « règle des 4P » pour personne âgée, polythérapie, prescripteurs et prouvée.
Explication : le dernier P est pas prouvée.

b. VRAI : Il doit prendre son temps pour expliquer au patient l'intérêt de son traitement afin d'améliorer l'observance.

c. **VRAI** : En cas de polypathologies, le prescripteur doit hiérarchiser les priorités thérapeutiques.
d. **VRAI** : Si le prescripteur a un doute sur un médicament, il peut se renseigner en consultant le VIDAL ou encore les fiches de transparence de la HAS.
e. **FAUX** : Un médicament réserve à l'adulte peut être prescrit chez l'enfant en l'absence de médicament pédiatrique avec la même indication.
Explication : dans le cadre où un médicament est réservé à l'adulte, il faut respecter la restriction.

108. Quel est ou quels sont le ou les effet(s) spécifique(s) aux effets indésirables graves ?
a. **VRAI** : La mort
b. **VRAI** : Le prolongement d'une hospitalisation
c. **VRAI** : Une invalidité importante mais non permanente
d. **VRAI** : Une anomalie congénitale.
e. **FAUX** : Une douleur intense.
Explication : ce n'est pas un effet indésirable grave.

109. Parmi les éléments suivants, lequel ou lesquelles sont intentionnelle(s) ?
a. **FAUX** : Les effets indésirables
Explication : un effet indésirable est une réaction non désirée du médicament.
b. **FAUX** : L'erreur médicamenteuse.
Explication : l'erreur médicamenteuse n'est pas intentionnelle.
c. **VRAI** : L'abus
d. **FAUX** : L'aléa thérapeutique
Explication : l'aléa thérapeutique n'est intentionnel.
e. **VRAI** : Le mésusage.

110. Concernant les effets indésirables, laquelle (lesquelles) des propositions est (sont) correcte(s) ?
a. **FAUX** : Un effet indésirable survenant avec une fréquence de 0,05 % est très rare.
Explication : c'est un effet indésirable rare.
b. **VRAI** : Le risque hémorragique des antivitamines K est en rapport avec l'effet thérapeutique recherché.
c. **FAUX** : Un effet thérapeutique de type B est généralement connu avant la commercialisation.
Explication : un effet de type B est généralement méconnu avant la commercialisation.
d. **VRAI** : Le distilbène peut entrainer un effet retardé de type D.
e. **FAUX** : Les effets de type E sont liés à la dose.

111. Concernant les effets indésirables de type A, laquelle (lesquelles) est (sont) correcte(s) ?
a. **VRAI** : Ils sont en rapport avec une propriété pharmacodynamique connue du médicament.
b. **FAUX** : Ils sont non prédictibles.
Explication : ils sont souvent prédictibles.
c. **VRAI** : Ils sont plutôt fréquents.

d. **FAUX** : Ils peuvent être dus à des mécanismes immuno-allergiques.
Explication : ce sont les effets de type B qui peuvent être dus à des mécanismes immuno-allergiques.
e. **VRAI** : Ils peuvent être en rapport avec l'effet thérapeutique recherché.
Explication : ce sont les effets de type C qui sont liés à la dose.

112. Concernant les antivitamines K (AVK) ou les anti-inflammatoires non stéroïdiens (AINS), laquelle (lesquelles) des propositions est (sont) correcte(s) ?
a. **VRAI** : Les AINS diminuent le débit sanguin.
b. **FAUX** : Les AINS augmentent la production du mucus.
Explication : ils diminuent la production du mucus.
c. **VRAI** : Les AVK peuvent causer des hémorragies intracérébrales.
d. **VRAI** : Les AINS augmentent la sécrétion de H+
e. **VRAI** : Les AINS diminuent la filtration glomérulaire.

113. Parmi les produits suivants, lequel (lesquelles) est (sont) soumis au système de pharmacovigilance ?
a. **VRAI** : Les spécialités pharmaceutiques soumises à AMM.
b. **VRAI** : Les médicaments immunologiques.
c. **VRAI** : Les médicaments radiopharmaceutiques.
d. **FAUX** : Les préparations magistrales.
Explication : elles ne sont pas soumises au système de pharmacovigilance.
e. **VRAI** : Les médicaments dérivés du sang.

114. Concernant la pharmacovigilance, laquelle (lesquelles) des propositions est (sont) correcte(s) ?
a. **VRAI** : Elle a pour objet de prévenir le risque d'effet indésirable résultant de l'utilisation des médicaments.
b. **VRAI** : Elle comporte le signalement des effets indésirables suspectés d'être dus à un médicament.
c. **VRAI** : Elle permet une prise en charge plus rationnelle des patients en cas d'effets indésirables.
d. **VRAI** : Elle permet une diminution de la morbidité et de la mortalité.
e. **VRAI** : Elle comporte la réalisation de toutes les études et de tous les travaux concernant la sécurité d'emploi des médicaments.

115. Parmi les propositions suivantes, laquelle (lesquelles) est (sont) des niveaux d'imputabilité correcte(s) ?
a. **FAUX** : Possible
b. **VRAI** : Douteux
c. **VRAI** : Vraisemblable
d. **VRAI** : Très vraisemblable
e. **FAUX** : Probable

116. Parmi les propositions, laquelle (lesquelles) est (sont) une (des) raison(s) pour limiter les informations avant la commercialisation ?

a. **VRAI** : Un trop petit nombre de sujets inclus dans les essais cliniques.
b. **FAUX** : Une durée trop longue des essais cliniques.
Explication : la raison est une durée trop courte des essais cliniques.
c. **VRAI** : Des critères d'inclusions dans les essais trop restrictifs.
d. **FAUX** : Trop de médicaments associés.
Explication : au contraire, trop peu de médicaments associés.
e. **FAUX** : Des modalités de prescription du médicament pas assez limitées.
Explication : les modalités de prescription du médicament trop limitées.

117. Parmi les différents acteurs, lequel (lesquels) a (ont) l'obligation de déclaration immédiate ?

a. **VRAI** : Médecin
b. **VRAI** : Pharmacien
c. **VRAI** : Chirurgiens-dentistes
d. **VRAI** : Sages-femmes
e. **FAUX** : Patient
Explication : les patients ont une possibilité de déclaration.

118. Concernant les centres régionaux de pharmacovigilance (CRPV), laquelle (lesquelles) des propositions est (sont) fausse(s) ?

Attention dans cette question on demandait les réponses fausses.
a. **VRAI** : Ils recueillent les déclarations relatives aux EI.
b. **VRAI** : Ils complètent et analysent ces données.
c. **FAUX** : Ils réunissent et transmettent les données de l'HAS.
Explication : ils réunissent et transmettent les données de l'ANSM.
d. **VRAI** : Ils contribuent au développement des connaissances sur le médicament.
e. **FAUX** : Ils publient les données sur les EI.
Explication : c'est une mission de l'ANSM.

119. Concernant le cas particulier des produits sanguins, laquelle (lesquelles) des propositions est (sont) correcte(s) ?

a. **VRAI** : Les produits sanguins stables sont des médicaments.
b. **FAUX** : Les produits sanguins labiles sont des médicaments.
Explication : les produits sanguins labiles ne sont pas des médicaments.
c. **VRAI** : Les produits sanguins stables nécessitent une traçabilité des lots.
d. **FAUX** : En cas d'EI, la déclaration doit être effectuée dans les 3jours qui suivent.
Explication : la déclaration doit être effectuée le jour même.
e. **VRAI** : Les effets indésirables des produits sanguins stables résultent de la pharmacovigilanc

120. Concernant les différents usages du médicament, laquelle (lesquelles) des propositions est (sont) correcte(s) ?

- **a.** **VRAI** : Les médicaments antimalariques sont utilisés en usage préventif.
- **b.** **FAUX** : L'insuline utilisée dans le cas du diabète est un usage symptomatique. *Explication : l'insuline est utilisée dans le cas du diabète est un usage substitutif.*
- **c.** **VRAI** : Un traitement de remplacement des hormones est un usage substitutif.
- **d.** **VRAI** : Les soins palliatifs sont un usage symptomatique.
- **e.** **FAUX** : L'aspirine peut être utilisée en usage préventif, symptomatique et substitutif. *Explication : l'aspirine peut être utiliséée en usage préventif, symptomatique et curatif.*

121. Concernant l'évaluation d'un médicament, laquelle (lesquelles) des propositions est (sont) correcte(s) ?

- **a.** **VRAI** : La biologique du médicament doit être prise en compte dans l'evaluation de la tolérance.
- **b.** **VRAI** : L'évaluation de l'efficacité permet parfois de révéler des effets positifs inattendus.
- **c.** **VRAI** : La tolérance est évaluée notamment sur la toxicité hépatique et rénale.
- **d.** **VRAI** : L'observance doit être évaluée avant de conclure à une inefficacité du traitement.
- **e.** **VRAI** : L'observance moyenne des médicaments en utilisation chronique est de 50 %.

122. Parmi les personnes suivantes, laquelle (lesquelles) peut (peuvent) être responsable dun événement iatrogène ?

- **a.** **VRAI** : Un médecin
- **b.** **VRAI** : Un aide-soignant
- **c.** **VRAI** : Une infirmière
- **d.** **FAUX** : Un patient *Explication : cette action ne peut être effectuée que par des médecins, personnel paramédicale et tout personnel de santé habilité.*
- **e.** **FAUX** : Un proche du patient *Explication : cette action ne peut être effectuée que par des médecins, personnel paramédicale et tout personnel de santé habilité.*

123. Indiquer lequel (lesquelles) de ces éléments participe(nt) au diagnostic d'un événement iatrogène ?

- **a.** **VRAI** : L'acceptabilité.
- **b.** **VRAI** : La gravité.
- **c.** **FAUX** : La variabilité. *Explication : ce n'est pas un élément qui participe au diagnostic d'un événement iatrogène.*
- **d.** **VRAI** : L'évitabilité.
- **e.** **FAUX** : La fréquence. *Explication : ce n'est pas un élément qui participe au diagnostic d'un événement iatrogène.*

124. Concernant l'erreur médicamenteuse, laquelle (lesquelles) des propositions est correcte(s) ?

- **a. FAUX** : Si elle est interceptée avant l'administration, l'erreur est dite latente.
  Explication : si elle est interceptée avant l'administration l'erreur est dite potentielle.
- **b. VRAI** : L'erreur peut être avérée si elle résulte en l'administration au patient.
- **c. VRAI** : Elle peut être à l'origine d'un événement indésirable.
- **d. FAUX** : C'est la réalisation d'un acte intentionnel.
  Explication : c'est la réalisation d'un acte non intentionnel.
- **e. FAUX** : Elle est synonyme de surdosage.
  Explication : surdosage et erreur médicamenteuse ne sont pas synonymes.

125. Parmi les erreurs médicamenteuses suivantes, laquelle (lesquelles) des propositions est (sont) correcte(s) ?

- **a. VRAI** : Une erreur de dose.
- **b. VRAI** : Une erreur de moment d'administration.
- **c. FAUX** : Une erreur de prescription
  Explication : ce n'est pas une erreur médicamenteuse.
- **d. VRAI** : Une erreur du patient
- **e. VRAI** : Une erreur de médicament.

126. Concernant l'observance, laquelle (lesquelles) des propositions est (sont) correcte(s) ?

- **a. FAUX** : En France 20 % des médicaments prescrits ne sont pas consommés.
  Explication : en France 50 % des médicaments prescrit ne sont pas consommés.
- **b. FAUX** : Le coût de la non-observance en France est d'environ 2 millions d'euros par an.
  Explication : le coût de la non-observance en France est de 2 milliards d'euros par an.
- **c. VRAI** : Les dosages pourraient être contrôlés par des analyses de sang, des cheveux, des ongles.
- **d. VRAI** : Le contrôle de l'observance permet de vérifier les effets cliniques.
- **e. VRAI** : Elle peut se faire par un contrôle de la prise par une webcam par exemple.

127. Parmi les propositions suivantes, laquelle (lesquelles) est (sont) des actions de la HAS ?

- **a. FAUX** : Décider des médicaments qui doivent être utilisés à l'hôpital.
  Explication : c'est une mission de CAPI et CBUS.
- **b. VRAI** : Évaluer les pratiques professionnelles.
- **c. VRAI** : Définir les indications des médicaments.
- **d. VRAI** : Contrôler les informations médicales disponibles sur internet.
- **e. VRAI** : Décider du taux de remboursement des médicaments.

128. Parmi ces propositions, laquelle (lesquelles) participe(nt) à la prévention primaire ?

- **a. VRAI** : La vaccination
- **b. FAUX** : L'éducation alimentaire chez les diabétiques.
  Explication : c'est une prévention tertiaire.
- **c. VRAI** : La loi Evin
- **d. FAUX** : L'accompagnement en fin de vie.
  Explication : c'est une prévention quaternaire.

e. **FAUX**: Apprentissage de la prise de la glycémie.
Explication : c'est une prévention tertiaire.

129. Parmi ces propositions, laquelle (lesquelles) est (sont) des facteurs l és aux malades influençant l'observance ?

a. **VRAI**: Le caractère du patient
b. **FAUX**: Les modalités d'administration
Explication : c'est un facteur lié au traitement.
c. **VRAI**: La qualité de la relation médecin-patient
d. **FAUX**: La durée du traitement
Explication : c'est un facteur lié au traitement.
e. **FAUX**: La complexité des prises
Explication : c'est un facteur lié au traitement.

130. Parmi les propositions suivantes, laquelle (lesquelles) est (sont) des nouvelles technologies contribue(nt) à l'amélioration de l'observance ?

a. **VRAI**: SMS de rappel.
b. **VRAI**: Vidéos d'information sur internet.
c. **VRAI**: Seriousgames de diagnostics.
d. **VRAI**: Piluliers connectés.
e. **VRAI**: Télé-assistanc

Imprimé en Italie par «La Tipografica Varese Srl» Varese